金蝶ERP-K/3
完全使用详解（第2版）

何亮 刘丽香◎编著

人民邮电出版社

北京

图书在版编目（CIP）数据

金蝶ERP-K/3完全使用详解 / 何亮，刘丽香编著. --2版. -- 北京：人民邮电出版社，2023.6（2023.12重印）
ISBN 978-7-115-58407-6

Ⅰ. ①金… Ⅱ. ①何… ②刘… Ⅲ. ①财务软件—使用方法 Ⅳ. ①F232

中国版本图书馆CIP数据核字(2021)第270621号

内 容 提 要

本书通过大量源自一线工作的实例，系统、详细地介绍了金蝶 ERP-K/3 的相关知识与应用方法。全书分 3 篇共 35 章。

入门篇（第 1～16 章）：重点讲述各系统的功能，让读者对金蝶 ERP-K/3 有一个完整的认识，了解金蝶 ERP-K/3 可以在工作中实现的功能。

实战篇（第 17～27 章）：辅以"深圳市成越实业有限公司"实际手工业务，让读者在已有认知的基础上，把金蝶 ERP-K/3 应用在工作中，以企业的业务单据流转为主线，循序渐进地引导读者掌握将手工业务转换为信息化操作的能力，达到理论联系实际的目的。

高级应用篇（第 28～35 章）：内容含账套的特殊管理方法、销售订单的全程跟踪、库存物料超储/短缺、呆滞物料分析、生产任务高级应用和基础数据的导入与导出操作等高级应用实例，帮助读者提高对金蝶 ERP-K/3 的操作能力。

本书适合金蝶 ERP-K/3 学习者的自学参考书，亦可作为各类院校及相关培训机构的教学用书。

◆ 编　著　何亮　刘丽香
　责任编辑　李永涛
　责任印制　王　郁　胡　南

◆ 人民邮电出版社出版发行　北京市丰台区成寿寺路 11 号
　邮编　100164　电子邮件　315@ptpress.com.cn
　网址　https://www.ptpress.com.cn
　北京九州迅驰传媒文化有限公司印刷

◆ 开本：787×1092　1/16
　印张：53　　　　　　　2023 年 6 月第 2 版
　字数：1 408 千字　　　2023 年 12 月北京第 2 次印刷

定价：249.90 元

读者服务热线：(010)81055410　印装质量热线：(010)81055316
反盗版热线：(010)81055315
广告经营许可证：京东市监广登字 20170147 号

前　言

随着全球商业化发展，企业与企业之间竞争日益激烈，如何寻找利润突破口的问题时常摆在会议桌上，营销模式的改变、成本的控制、管理工具的使用都是为了实现利润的提升。

随着信息技术的发展，信息技术人才队伍不断壮大，ERP作为信息化发展中具有代表性的产品之一，已经越来越被企业作为管理工具所使用。企业在使用ERP的过程中，通过数据的归纳分析当前数据报表，查找可改善点，提出改善方案，可以谋求更大的利润空间，从而实现管理上的同步提升。

一、选择金蝶 ERP-K/3

金蝶 ERP-K/3 作为目前 ERP 市场上的主流产品之一，其界面直观易懂，简洁不单调，功能结构安排合理、用户友好，操作起来非常顺手，软件的三层结构，特别是中间层功能比较突出，三层结构界限清晰，开发的理念先进，紧跟行业潮流，是真正面向企业的 ERP 软件。

二、本书特点

如何了解金蝶 ERP-K/3？如何学习金蝶 ERP-K/3？如何操作金蝶 ERP-K/3？如何将金蝶 ERP-K/3 熟练应用到工作中？这些是金蝶 ERP-K/3 入门者和操作者最迫切想解决的问题。

笔者结合多年的实施培训经验，参考市面上的一些相关书籍，并听取了部分企业、学校和操作员的建议，编写了这本可以轻快入门、理论与实际场景相结合、通过学习可以具有自行在公司实施 ERP 系统的能力的图书。本书以入门、实战、高级应用为主线，以软件结合企业的业务流程为特色，重点描述了大量的实例场景及在实际应用中可能会遇到的问题，让读者能快速、轻松地提高金蝶 ERP-K/3 操作能力。

具体而言，本书有以下特点。

1．操作步骤明晰

涉及操作和练习的步骤时，每一步都会详细描述，并配以相关图片，让读者可以轻松理解和操作。

2．实例丰富

本书中实例丰富又典型，涵盖了日常工作中的绝大部分实战内容。

3．软件与实际业务场景相结合

在实战和高级应用篇中，都尽量以实际业务场景还原软件操作，读者在练习后能够很轻松地处理工作单位中的各种任务。

4．配套操作视频

为帮助读者快速、直观地学好本书，本书配置相应的操作视频供读者同步学习。

5．学习过程紧扣读者成长过程

入门→实战→高级应用，这也是每个读者的成长过程。

- 入门篇，让读者对金蝶 ERP-K/3 有一个认知的过程，以了解 ERP 系统可以实现什么样的功能。
- 实战篇，让读者在已有认知的基础上，把金蝶 ERP-K/3 实际应用在工作中，以企业的业务单据流转为主线，循序渐进地引导读者将手工业务转换为信息化操作，达到理论联系实际的目的。
- 高级应用篇，讲述了一些系统维护和数据交换的辅助工具的使用方法，帮助读者提高使用系统的操作能力。

三、学习建议

笔者在写作过程中，尽量全面展示金蝶 ERP-K/3 的使用方法，并结合了大量的实例，所以整本书的篇幅较大。建议读者像下面这样学习。

（1）如果是未接触过金蝶 ERP-K/3 的读者，则按顺序学习，一步步地操作。先学习入门篇，再学习实战篇，最后学习高级应用篇，这样学习难度系数小。

（2）如果是会简单操作金蝶 ERP-K/3 的读者，可以直接学习实战篇和高级应用篇。

（3）多看、多留意各个处理窗口上有哪些项目，这些项目有什么功能。

（4）多想，要多想想为什么要这么操作，结果会是什么样，能否利用其他方法完成任务。

（5）多试，根据自己所猜想的去练习。学习不能循规蹈矩，要多试验，这样才能了解软件的众多细节，做到举一反三。

由于编者水平所限，书中难免存在不足之处，殷切希望读者批评指正（可发邮件至 yite_book@sina.com）。编辑联系邮箱：liyongtao@ptpress.com.cn。

编者

目 录

入 门 篇

第1章 金蝶软件概述 ... 2
1.1 金蝶 ERP-K/3 WISE（V15.1）简介 ... 2
1.2 金蝶 K/3 数据流程 ... 3
1.3 安装金蝶 K/3 ... 4
   1.3.1 金蝶 K/3 对硬件和软件环境的要求 ... 5
   1.3.2 金蝶 K/3 的安装方法 ... 5
   1.3.3 金蝶 K/3 的卸载/更改 ... 16
1.4 课后习题 ... 17

第2章 账套管理 ... 18
2.1 快速浏览金蝶 K/3 ... 18
   2.1.1 引入演示账套 ... 18
   2.1.2 快速浏览金蝶 K/3 系统 ... 20
2.2 金蝶 K/3 操作流程 ... 23
2.3 账套管理 ... 23
   2.3.1 建立账套 ... 24
   2.3.2 属性设置和启用账套 ... 26
   2.3.3 备份账套 ... 27
   2.3.4 恢复账套 ... 30
   2.3.5 删除账套 ... 31
2.4 用户管理 ... 31
   2.4.1 新增用户组 ... 31
   2.4.2 新增用户 ... 32
   2.4.3 设置权限 ... 35
   2.4.4 修改、删除用户 ... 37
2.5 账套管理常用菜单介绍 ... 37
   2.5.1 系统 ... 37
   2.5.2 数据库 ... 38
   2.5.3 账套 ... 39
2.6 课后习题 ... 39

第3章 公共资料设置 ... 40
3.1 科目 ... 40
   3.1.1 引入会计科目 ... 40
   3.1.2 新增科目 ... 42
   3.1.3 修改科目 ... 46
   3.1.4 禁用、反禁用科目 ... 47
   3.1.5 删除、引出、预览、打印科目 ... 47
3.2 币别 ... 47
3.3 凭证字 ... 49
3.4 计量单位 ... 49
3.5 结算方式 ... 51
3.6 仓位 ... 52
3.7 核算项目 ... 53
   3.7.1 客户 ... 53
   3.7.2 供应商、部门、职员 ... 56
   3.7.3 物料 ... 57
   3.7.4 仓库 ... 65
   3.7.5 现金流量项目 ... 66
3.8 辅助资料 ... 67
3.9 课后习题 ... 67

第4章 销售管理 ... 68
4.1 概述 ... 68
4.2 初始设置 ... 70
   4.2.1 初始化 ... 70

4.2.2 基础资料·······74
  4.2.3 系统设置·······82
 4.3 日常业务处理·······93
  4.3.1 可视化管理·······94
  4.3.2 模拟报价·······97
  4.3.3 销售报价单·······102
  4.3.4 销售合同·······109
  4.3.5 销售订单·······114
  4.3.6 发货通知·······121
  4.3.7 销售出库·······122
  4.3.8 销售结算·······128
  4.3.9 退货通知·······134
 4.4 销售报表分析查询·······134
  4.4.1 报表分析·······135
  4.4.2 库存查询·······142
 4.5 课后习题·······145

第5章 生产数据管理·······146
 5.1 概述·······146
 5.2 工厂日历·······146
  5.2.1 工厂日历设置·······147
  5.2.2 工厂日历维护·······147
 5.3 BOM 维护·······149
  5.3.1 BOM 录入·······150
  5.3.2 BOM 维护·······154
  5.3.3 BOM 合法性检查·······157
  5.3.4 BOM 低位码维护·······158
  5.3.5 BOM 成批修改、成批新增、成批删除·······158
  5.3.6 客户 BOM 维护·······158
  5.3.7 订单 BOM 维护·······161
 5.4 BOM 查询·······163
  5.4.1 BOM 单级展开·······163
  5.4.2 BOM 多级展开·······164
  5.4.3 BOM 综合展开·······164
  5.4.4 BOM 单级反查·······165

  5.4.5 BOM 多级反查·······165
  5.4.6 成本 BOM 查询·······166
  5.4.7 BOM 差异分析·······167
  5.4.8 BOM 树形查看·······168
 5.5 课后习题·······169

第6章 物料需求计划·······170
 6.1 概述·······170
 6.2 产品预测单·······172
  6.2.1 产品预测单录入·······172
  6.2.2 产品预测单维护·······173
 6.3 系统设置·······174
  6.3.1 MRP 计划方案维护·······174
  6.3.2 项目 MRP 计划方案维护·······184
  6.3.3 计划展望期维护·······185
 6.4 MRP 计算·······185
  6.4.1 MRP 计算·······185
  6.4.2 预计量单据锁单·······189
  6.4.3 计算向导配置·······190
 6.5 MRP 维护·······190
  6.5.1 计划订单录入·······190
  6.5.2 计划订单维护·······191
  6.5.3 计划员工作台—MRP·······195
 6.6 MRP 查询·······196
  6.6.1 MRP 运算结果查询·······196
  6.6.2 参与运算单据查询·······197
  6.6.3 按销售订单查询计划订单·······198
  6.6.4 按物料查询计划订单·······198
  6.6.5 MRP 日志·······199
 6.7 物料替代清单·······200
 6.8 报表查询分析·······201
  6.8.1 MPS/MRP 横式报表·······201
  6.8.2 生产计划明细表、采购计划明细表、委外加工计划明细表·······201
  6.8.3 物料替代建议表·······202

6.8.4　销售订单综合跟踪表 ·············· 202
　　6.8.5　物料供需汇总表 ··················· 203
　　6.8.6　物料配套查询表 ··················· 203
6.9　课后习题 ·································· 204

第 7 章　采购管理 ·························· 205
7.1　概述 ······································· 205
7.2　初始设置 ·································· 207
　　7.2.1　初始化 ································ 207
　　7.2.2　基础资料 ···························· 207
　　7.2.3　系统设置 ···························· 212
7.3　日常业务处理 ···························· 214
　　7.3.1　采购合同 ···························· 215
　　7.3.2　采购申请 ···························· 216
　　7.3.3　采购订单 ···························· 222
　　7.3.4　收料/退料通知单 ················ 226
　　7.3.5　外购入库 ···························· 227
　　7.3.6　采购发票 ···························· 230
7.4　报表分析 ·································· 233
7.5　课后习题 ·································· 234

第 8 章　生产任务管理 ··················· 235
8.1　概述 ······································· 235
8.2　初始设置 ·································· 236
8.3　日常业务处理 ···························· 239
　　8.3.1　生产任务单 ·························· 240
　　8.3.2　备料管理 ···························· 246
　　8.3.3　任务单汇报/请检 ················ 249
8.4　报表分析 ·································· 250
8.5　课后习题 ·································· 251

第 9 章　仓存管理 ·························· 252
9.1　概述 ······································· 252
9.2　初始设置 ·································· 254
　　9.2.1　初始化 ································ 254
　　9.2.2　基础资料 ···························· 254
　　9.2.3　系统设置 ···························· 254
9.3　日常业务处理 ···························· 257

　　9.3.1　入库、出库业务 ··················· 257
　　9.3.2　仓库调拨 ···························· 268
　　9.3.3　受托加工 ···························· 268
　　9.3.4　虚仓管理 ···························· 269
　　9.3.5　组装/拆卸作业 ··················· 270
　　9.3.6　盘点作业 ···························· 272
9.4　仓存报表分析 ···························· 275
9.5　课后习题 ·································· 276

第 10 章　应收款应付款管理系统 ····· 277
10.1　系统概述 ································ 277
10.2　初始设置 ································ 279
　　10.2.1　应收款管理系统参数 ············ 279
　　10.2.2　基础资料 ·························· 286
　　10.2.3　应收初始数据录入 ··············· 291
10.3　日常处理 ································ 294
　　10.3.1　合同 ································ 294
　　10.3.2　发票处理 ·························· 295
　　10.3.3　其他应收单 ······················· 295
　　10.3.4　收款单 ····························· 297
　　10.3.5　票据处理 ·························· 299
　　10.3.6　结算 ································ 304
　　10.3.7　凭证处理 ·························· 306
　　10.3.8　坏账处理 ·························· 308
10.4　账表查询 ································ 310
10.5　期末处理 ································ 311
10.6　课后习题 ································ 311

第 11 章　存货核算 ························ 312
11.1　概述 ······································ 312
11.2　初始设置 ································ 313
　　11.2.1　系统设置 ·························· 314
　　11.2.2　期初调整 ·························· 318
11.3　日常业务处理 ·························· 321
　　11.3.1　入库核算 ·························· 322
　　11.3.2　出库核算 ·························· 328
　　11.3.3　计划价维护 ······················· 331

11.3.4 无单价单据维护……333	13.3.2 人员变动……377
11.3.5 凭证管理……334	13.4 工资报表……378
11.3.6 期末处理……336	13.5 基金处理……381
11.4 报表分析……337	13.5.1 基金设置……381
11.5 课后习题……339	13.5.2 基金计算……383
	13.5.3 基金报表……385
第 12 章 固定资产管理……340	13.6 期末结账……385
12.1 系统概述……340	13.7 课后习题……386
12.2 初始设置……341	
12.3 日常处理……351	**第 14 章 总账**……387
12.3.1 固定资产新增……351	14.1 概述……387
12.3.2 固定资产清理……352	14.2 初始设置……388
12.3.3 固定资产变动……353	14.2.1 总账系统参数……388
12.3.4 批量清理与变动……353	14.2.2 初始数据录入……392
12.3.5 固定资产卡片查看及编辑和删除……353	14.3 凭证处理……394
12.3.6 固定资产拆分……354	14.3.1 凭证录入……395
12.3.7 固定资产审核……355	14.3.2 凭证查询……399
12.3.8 设备检修……355	14.3.3 凭证审核……400
12.3.9 凭证管理……355	14.3.4 凭证修改/删除……403
12.4 报表……357	14.3.5 凭证打印……403
12.5 期末处理……358	14.3.6 凭证过账……407
12.5.1 工作量管理……358	14.3.7 凭证汇总……408
12.5.2 计提折旧……358	14.4 账簿……408
12.5.3 折旧管理……359	14.5 财务报表……410
12.5.4 自动对账……360	14.6 往来……411
12.5.5 计提修购基金……360	14.6.1 核销管理……412
12.5.6 期末结账……361	14.6.2 往来对账单……412
12.6 课后习题……361	14.6.3 账龄分析表……413
	14.7 结账……414
第 13 章 工资管理系统……362	14.7.1 期末调汇……414
13.1 系统概述……362	14.7.2 自动转账……416
13.2 初始设置……363	14.7.3 结转损益……418
13.2.1 类别管理……363	14.7.4 期末结账……418
13.2.2 基础设置……365	14.8 课后习题……419
13.3 日常处理……372	
13.3.1 工资业务……372	**第 15 章 现金管理系统**……420
	15.1 系统概述……420

15.2 初始设置 ················· 421	15.6	凭证管理 ················· 443
15.2.1 现金管理参数 ········· 421	15.7	课后习题 ················· 443
15.2.2 现金管理初始数据录入 ··· 423	第 16 章	报表 ···················· 444
15.3 日常处理 ················· 427	16.1	概述 ···················· 444
15.3.1 总账数据 ············· 427	16.2	报表处理 ················· 444
15.3.2 现金 ················· 429	16.2.1	查看报表 ············· 445
15.3.3 银行存款 ············· 434	16.2.2	公式向导 ············· 446
15.3.4 票据 ················· 437	16.2.3	打印 ················· 448
15.4 报表 ······················ 442	16.3	课后习题 ················· 452
15.5 期末结账 ················· 442		

实 战 篇

第 17 章 模拟实例资料 ············ 454	19.5.4	结算方式 ············· 507
17.1 企业介绍 ················· 454	19.5.5	会计科目 ············· 507
17.2 基础数据（一）··········· 454	19.5.6	核算项目 ············· 511
17.3 实例数据（一）··········· 457	19.6	业务初始数据录入 ········· 517
17.3.1 生产数据管理实例 ····· 457	19.7	启用业务系统 ············· 519
17.3.2 业务数据实例 ········· 458	第 20 章	用户管理 ················ 520
17.4 基础数据（二）··········· 469	20.1	用户组新增 ··············· 520
17.5 实例数据（二）··········· 470	20.2	用户新增 ················· 521
第 18 章 账套管理 ················ 492	20.3	权限设置 ················· 523
18.1 建立账套 ················· 492	20.4	用户属性、用户删除 ······· 525
18.2 属性设置和启用账套 ······· 493	第 21 章	生产数据管理 ············ 527
第 19 章 账套初始化（一）········ 495	21.1	BOM 管理 ················· 527
19.1 账套初始化概述 ··········· 495	21.1.1	BOM 档案的录入 ······· 527
19.2 初始化设置流程 ··········· 496	21.1.2	BOM 档案的审核 ······· 532
19.3 引入会计科目 ············· 496	21.1.3	BOM 档案的使用 ······· 533
19.4 系统设置 ················· 498	21.1.4	BOM 档案计算累计提前期 ··· 534
19.4.1 系统参数设置 ········· 498	21.1.5	BOM 档案的查询 ······· 535
19.4.2 工厂日历 ············· 500	21.2	工厂日历 ················· 537
19.4.3 系统设置 ············· 502	第 22 章	业务系统实战 ············ 539
19.5 基础资料设置 ············· 503	22.1	模拟报价、销售报价处理 ··· 539
19.5.1 币别 ················· 504	22.1.1	模拟报价处理 ········· 539
19.5.2 凭证字 ··············· 504	22.1.2	销售报价处理 ········· 543
19.5.3 计量单位 ············· 505	22.2	销售订单处理 ············· 545

22.3 物料需求计划实战 …… 548
　22.3.1 MRP 计划方案维护处理 …… 548
　22.3.2 计划展望期维护处理 …… 549
　22.3.3 MRP 计算处理 …… 550
　22.3.4 MRP 计划单据查询 …… 553
　22.3.5 MRP 计划单审核和投放 …… 555
22.4 采购订单处理（一） …… 560
22.5 外购入库处理（一） …… 565
22.6 委外加工任务单处理 …… 569
22.7 委外加工出库单处理 …… 572
22.8 采购订单处理（二） …… 575
22.9 外购入库处理（二） …… 577
22.10 委外加工入库处理 …… 578
22.11 生产任务单处理 …… 580
22.12 生产领料单处理 …… 582
22.13 产品入库单处理 …… 584
22.14 销售出库单处理 …… 586

第23章 账套初始化（二） …… 590
23.1 系统参数设置 …… 590
　23.1.1 总账系统参数 …… 590
　23.1.2 应收账款系统参数 …… 592
　23.1.3 应付账款系统参数 …… 596
　23.1.4 存货核算系统设置 …… 597
23.2 初始数据录入 …… 598
　23.2.1 应收款初始数据录入 …… 599
　23.2.2 应付款初始数据录入 …… 604
　23.2.3 总账初始数据设置 …… 608

第24章 财务系统实战（一） …… 612
24.1 采购发票处理（一） …… 612
　24.1.1 采购发票的录入和审核 …… 612
　24.1.2 采购发票钩稽 …… 614
24.2 外购入库成本核算（一） …… 617
24.3 采购发票处理（二） …… 619
24.4 外购入库成本核算（二） …… 622
24.5 委外加工入库成本核算 …… 624
　24.5.1 委外发票处理 …… 624
　24.5.2 委外发票钩稽 …… 626
　24.5.3 委外加工入库核销 …… 628
　24.5.4 材料出库成本核算 …… 629
　24.5.5 委外加工入库成本核算 …… 632
24.6 销售发票处理 …… 632
　24.6.1 销售发票的录入和审核 …… 633
　24.6.2 销售发票钩稽 …… 635
24.7 付款单处理 …… 636
　24.7.1 应付款查询 …… 636
　24.7.2 付款单录入 …… 638
　24.7.3 付款单审核 …… 640
24.8 收款单处理 …… 645
　24.8.1 应收款查询 …… 645
　24.8.2 收款单录入 …… 646
　24.8.3 收款单审核 …… 648
24.9 材料成本核算 …… 651
　24.9.1 自制入库核算 …… 651
　24.9.2 产成品出库核算 …… 652

第25章 财务系统实战（二） …… 653
25.1 供应链单据生成凭证 …… 653
　25.1.1 采购发票生成凭证 …… 654
　25.1.2 委外发料单生成凭证 …… 658
　25.1.3 委外加工入库单生成凭证 …… 660
　25.1.4 生产领料单生成凭证 …… 663
　25.1.5 产品入库单生成凭证 …… 664
　25.1.6 销售发票生成凭证 …… 666
25.2 财务单据生成凭证 …… 668
　25.2.1 付款单生成凭证 …… 668
　25.2.2 收款单生成凭证 …… 671
25.3 总账凭证处理 …… 672
　25.3.1 凭证录入 …… 673
　25.3.2 凭证查询 …… 678
　25.3.3 凭证的修改和删除 …… 680
　25.3.4 凭证审核 …… 681

25.3.5	凭证过账	682
25.3.6	期末调汇	683
25.3.7	自动转账	685
25.3.8	结转损益	692

第 26 章　财务账簿和报表 693
26.1　账簿查询 693
26.1.1　总分类账 693
26.1.2　明细分类账 694
26.1.3　多栏账 695
26.1.4　科目余额表 696
26.1.5　试算平衡表 696
26.2　报表 697
26.2.1　查看报表 697
26.2.2　打印 698
26.2.3　自定义报表 701

第 27 章　期末结账 705
27.1　业务系统结账 705
27.2　应收款管理结账 706
27.3　应付款管理结账 708
27.4　总账结账 708

高级应用篇

第 28 章　金蝶 K/3 安装不成功的解决方案 710

第 29 章　账套高级应用 714
29.1　账套升级 714
29.2　设置账套自动备份计划 717
29.3　系统使用状况 718

第 30 章　销售、采购管理高级应用 719
30.1　销售订单全程跟踪 719
30.2　销售订单自定义 722
30.3　销售订单变更 727
30.4　采购最高限价预警 729
30.5　外购入库不允许超采购订单 732
30.6　数量、单价精度控制 733
30.7　业务单据录入高级应用 735
    30.7.1　录入相同物料时提示 736
    30.7.2　录入物料后自动跳转下一行 737
    30.7.3　保存后立即新增 738
30.8　单据套打设计 739
30.9　使用 Excel 打印模板 751

第 31 章　仓存管理高级应用 758
31.1　采购备品 758
31.2　采购退货 759
31.3　生产退料单 761
31.4　销售退货 764
31.5　不同仓库同时出库/入库 766
31.6　物料配套查询录入 767
31.7　库存配套分析表 768
31.8　安全库存预警分析表 769
31.9　超储/短缺库存分析表 771
31.10　库存账龄分析表 772
31.11　库存呆滞料分析表 774

第 32 章　BOM 高级应用 775
32.1　配置类 BOM 775
32.2　虚拟件 BOM 779
32.3　倒冲业务 781
32.4　BOM 成批修改 788

第 33 章　物料需求计划和生产任务高级应用 791
33.1　产品预测单 791
33.2　指定单据进行 MRP 计算 792
33.3　生产任务单全程跟踪 794
33.4　生产任务单可视化查看 796

第34章 财务系统高级应用·············799
- 34.1 显示科目最新余额············799
- 34.2 模式凭证·····················800
- 34.3 从报表数据联查原始单据·······803
- 34.4 报表非会计科目类取数函数·····806
- 34.5 报表多表页管理···············810
- 34.6 凭证套打打印·················813
- 34.7 账簿打印····················816

第35章 其他高级应用················821
- 35.1 K/3数据交换平台·············821
- 35.2 供应链数据导入导出···········824
- 35.3 单据金额查看权限············828

附录 部分习题答案················833

入门篇

第 1 章 金蝶软件概述

本章重点

- 金蝶 K/3 功能和数据流程
- 安装金蝶 K/3 所需要的硬件、软件环境
- 金蝶 K/3 的安装方法

1.1 金蝶 ERP-K/3 WISE（V15.1）简介

金蝶 ERP-K/3 WISE（V15.1）（本书中简称为金蝶 K/3）集成了财务管理、供应链管理、智能 WMS、电子商务、成本管理、计划管理、生产制造管理、智能 MES、人力资源管理、客户关系管理、供应链协同、移动商务等全面应用，有效地整合了现有系统与银企互联平台、考勤机、金税系统、条码设备等第三方系统或硬件。"主界面"窗口如图 1-1 所示。

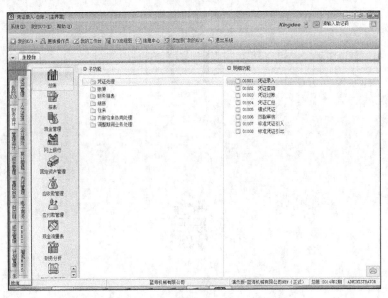

图 1-1

金蝶 K/3 支持 Windows 7/8/10 操作系统，后台使用的数据库是微软公司的 SQL Server。

使用金蝶 K/3 不仅可以减轻企业人员处理业务过程中的手工劳动，还可以实现企业信息共享，在业务执行过程中体现出事前计划、事中控制和事后分析的业务特点。

本书主要介绍 MRP 计算系统（生产数据管理、物料需求计划）、生产任务管理、供应链系统（销售管理、采购管理、仓存管理、存货核算）、财务会计系统（总账、应收款管理、应付款管理、报表、固定资产管理、现金管理）和工资管理系统，这些系统在大部分企业初次部署系统时都会被选用。

1.2 金蝶 K/3 数据流程

理解各功能系统的基本功能和数据传递流程是用好金蝶 K/3 的前提条件，用户可结合企业的业务需求来决定需要使用的功能系统。并不一定所有功能系统都启用后金蝶 K/3 才能正常运行，企业可根据自身的业务需要，选择适合自己的功能系统，如行政单位无销售业务，则不必启用销售管理系统。

金蝶 K/3 的数据流程如图 1-2 所示（图中只列出本书讲述的功能系统）。

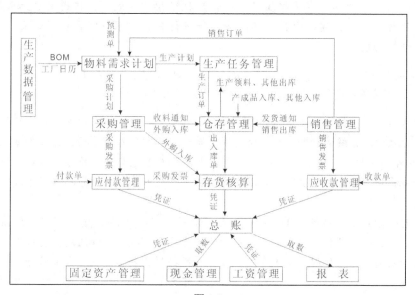

图 1-2

- 销售管理：销售部使用，对销售业务的全部流程进行管理，提供可视化管理、模拟报价、销售合同、销售报价、销售订单、销售发货及销售发票的完整销售流程管理。提供信用管理、报警功能、销售利润分析和折扣资料维护等。
- 生产数据管理：工程部使用，对 BOM 清单（产品结构）进行维护和查询、维护工程变更单、设置工艺路线和维护工厂日历等，是进行 MRP（物料需求计划）计算的基础。
- 物料需求计划：计划部使用，对销售订单、预测单根据已设置好的 MRP 计算方案和 BOM 档案进行处理，形成各种计划单据，为生产车间提供生产计划单，为采购部提供采购计划单，为委外提供委外计划单。解决生产什么、生产多少、什么时候生产、什么时候完工、采购什么、采购多少、什么时候采购和什么时候到货等问题。
- 采购管理：采购部使用，对采购业务的全部流程进行管理，提供合同、采购申请、采购订单、收料通知、退货、采购入库、采购发票及采购结算的完整采购流程。用户可根据实际情况进行采购流程的定制。提供采购报表和采购分析报表。
- 生产任务管理：计划部和车间共同使用，计划部负责投生产任务单，车间主要查询生产任务情况，可对生产任务全程管理，提供生产任务投产、执行情况查询、周生产完成率、可视化查看、生产任务变更、模拟投料、足缺料分析报表等。
- 仓存管理：仓库部使用，处理由采购部传递过来的采购到货通知单，经检验通过后执行采购入库业务，检验不过关则退货；处理销售部传递过来的销售发货通知单；处理生产车间材料领用，半成品和产成品入库、调拨和盘点等工作；查询各种库存账表（如库存台账、出入库流水账、收发存汇总表等）；提供最高库存、最低库存和安全库存报警等功能。

- 应付款管理：应付会计使用，处理供应商应付账款，包括录入应付单据，审核应付单据；填制付款单据，并进行审核；核销应付账款；生成凭证传递到总账管理中；提供应付款的账龄分析、付款分析和付款预测；提供合同管理和担保处理功能。
- 应收款管理：应收会计使用，处理客户应收账款，包括录入应收单据，审核应收单据；填制收款单，审核收款单；核销应收账款；生成凭证传递到总账管理中；提供应收账龄分析、周转分析、坏账分析等统计分析；根据客户信用设置，系统提供信用预警功能。

> **注** 应收与应付的业务处理流程一样，只不过数据刚好反向，一个是处理收款，另一个是处理付款。应收与应付之间可以实现业务对冲（如应收冲应付）。

- 存货核算：材料会计使用，处理存货会计信息，包括接收采购管理系统的外购入库单和应付款管理系统的采购发票，仓存管理系统的各种出入库单据，进行各类入库成本核算（如外购入库核算、估价核算等），根据物料预先定义好的计价方法（如先进先出法、后进先出法、移动平均法等）自动计算材料出库成本；各种核算单据可生成凭证并传递到总账中。
- 工资管理：财务部使用（人事部也可以使用），核算职员薪资，可以做到简单的人事档案管理，生成各种工资报表；处理计价工资业务，提供工资的现金发放清单或银行代发工资功能；可以处理员工工资中代扣个人所得税业务，月底生成工资凭证并传递到总账管理中。
- 固定资产管理：财务部使用（行政部也可以使用），管理固定资产业务，将固定资产以卡片形式登记；处理固定资产的新增、变动、自动计提折旧等业务；生成固定资产的相关凭证（如固定资产新增、折旧、清理等），并将其传递到总账管理中。
- 总账：财务部使用，处理由各系统传递过来的凭证，也可以自己填制凭证，审核、过账后生成财务账簿，在期末进行自动转账、结转损益和期末结账等工作。

> **注** 如果只使用总账系统，而没有使用其他系统，则企业的所有业务处理都在总账系统中以填制凭证的方式完成，这是金蝶 K/3 最简单的使用方式，适合会计信息核算简单的单位使用。

- 现金管理：出纳使用，处理现金和银行存款的各项业务，有日记账录入（也可从总账引入日记账）、银行对账单录入，提供资金日报表等各种报表。
- 报表：提供资产负债表、损益表等常用报表模版，也可以自定义自己所需要的报表。

1.3 安装金蝶 K/3

金蝶 K/3 有两种使用环境。

（1）在局域网环境下，如果多用户使用金蝶 K/3，则可以指定一台计算机作为数据库服务器和中间层服务器，其他计算机作为客户机。服务器兼有计算、保存数据、响应客户端请求等工作，因此系统配置应该高一些。在服务器上应先安装 SQL Server 2005/2008/2012/2014，然后再安装金蝶 K/3。客户端计算机则只需安装金蝶 K/3 客户端即可。

（2）单机环境下，用户计算机大多安装的是 Windows 7/10 操作系统，它既是服务器又是客户机，需先安装 SQL Server 2005/2008/2012/2014，然后再安装金蝶 K/3。

1.3.1 金蝶 K/3 对硬件和软件环境的要求

金蝶 K/3 的安装和使用对计算机的配置有所要求，其中包括硬件配置和软件配置，下面介绍的最低配置是系统运行的基础条件。为能更好地完成工作任务，金蝶公司提供了该软件的推荐配置，如果硬件和软件不能满足基本要求，则运行速度慢或根本无法使用，所以一定要注意金蝶公司推荐的配置。

1．硬件环境

金蝶 K/3 是 3 层结构的客户/服务器数据库应用系统，包括数据服务器端、中间层服务器端和客户端。

（1）数据服务器端。

建议配置：采用专业服务器，CPU 推荐 Xeon E3/E5 系列，处理器速率为最低 2.4GHz、8 核，16GB 内存，100GB 剩余硬盘空间，网卡 1000Mbit/s。适合网络版使用。

（2）中间层服务器端。

建议配置：采用专业服务器，CPU 推荐 Xeon E3/E5 系列，处理器速率为最低 2.4GHz、8 核，16GB 内存，100GB 剩余硬盘空间，网卡 1000Mbit/s。适合网络版使用。

（3）客户端。

建议配置：CPU 酷睿或更快的 x86 处理器，双核 2.4GHz，4GB 内存，50GB 剩余硬盘空间。

 说明　　如果使用金蝶 K/3 网络版，站点数很少时，数据服务器端和中间层服务器端可以使用高配置的计算机，而且数据服务器端与中间层服务器端也可以使用同一台计算机。为保证软件运行速度，建议采用高配置的硬件，并且将数据服务器端、中间层服务器端和客户端安装在不同计算机上。

2．软件环境

（1）数据服务器端需要安装的软件有数据库系统（SQL Server 2005/2008/2012/2014 标准版/企业版）和 Windows Server 2003/2012 操作系统。

（2）中间层服务器端需要安装 Windows Server 2003/2012 操作系统。

（3）客户端需要安装 Windows 7/8/10 操作系统。

 说明　　网络环境多用户操作下，服务器操作系统要求是 Windows Server 2003/2012。

1.3.2 金蝶 K/3 的安装方法

安装金蝶 K/3 分两步，首先要安装数据库软件 SQL Server 2005/2008/2012/2014，然后再安装金蝶 K/3。

金蝶 K/3 的安装方法同其他软件的安装方法基本相同，只需按照安装向导层层递进即可。本书讲述 Windows 7 环境下安装单机版金蝶 K/3 的方法，数据库软件选择的是 SQL Server 2008。在其他操作系统上的安装方法基本类似，可参照本小节。

1. 安装 SQL Server 2008

金蝶 K/3 的后台数据库是 SQL Server，该数据库由 Microsoft 公司开发，是比较流行的数据库之一，在安装金蝶 K/3 之前需先安装该软件。

（1）打开 SQL Server 2008 安装光盘，双击运行"Setup.exe"安装程序，系统检测后进入 SQL Server 安装中心，选择界面左侧列表中的"安装"，选择右侧的"全新安装或向现有安装添加功能"，如图 1-3 所示。

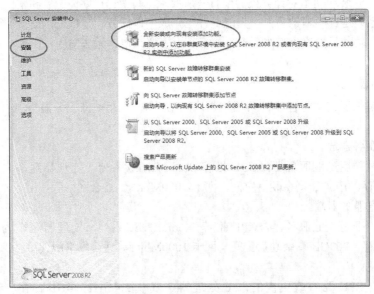

图 1-3

（2）单击"确定"按钮，指定 SQL Server 2008 版本和填写密钥，本文以"Evaluation"为例介绍安装过程，密钥可以向 Microsoft 官方购买，如图 1-4 所示。

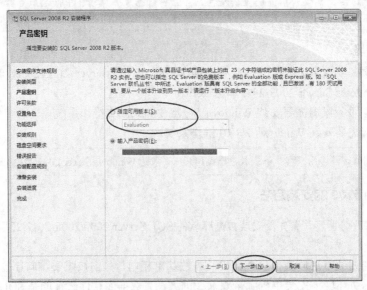

图 1-4

(3) 填写密钥后,单击"下一步"按钮进入许可条款界面中,选择"我接受许可条款",单击"下一步"按钮,接下来将进行安装程序支持文件检查,如图 1-5 所示。

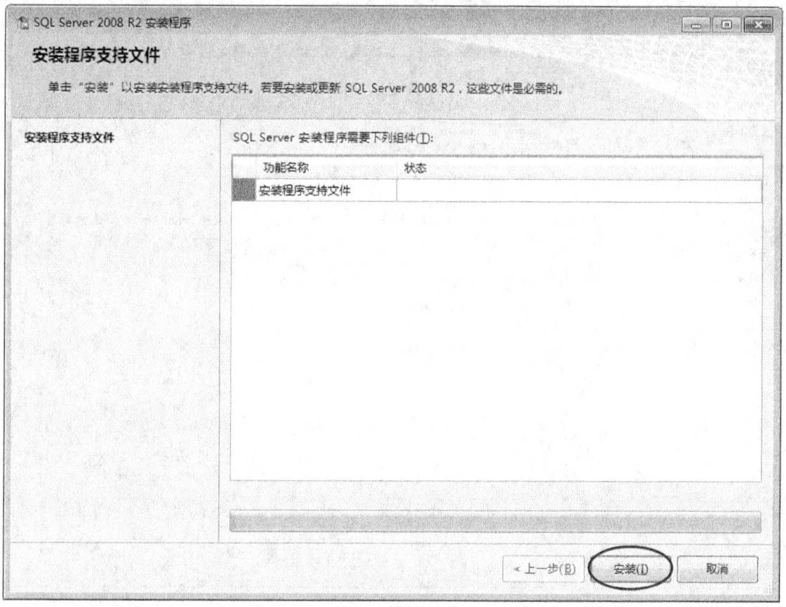

图 1-5

(4) 单击"安装"按钮继续安装,当所有检测都通过之后才能继续下面的安装。如果出现错误,需要更正所有错误后才能安装,如图 1-6 所示。

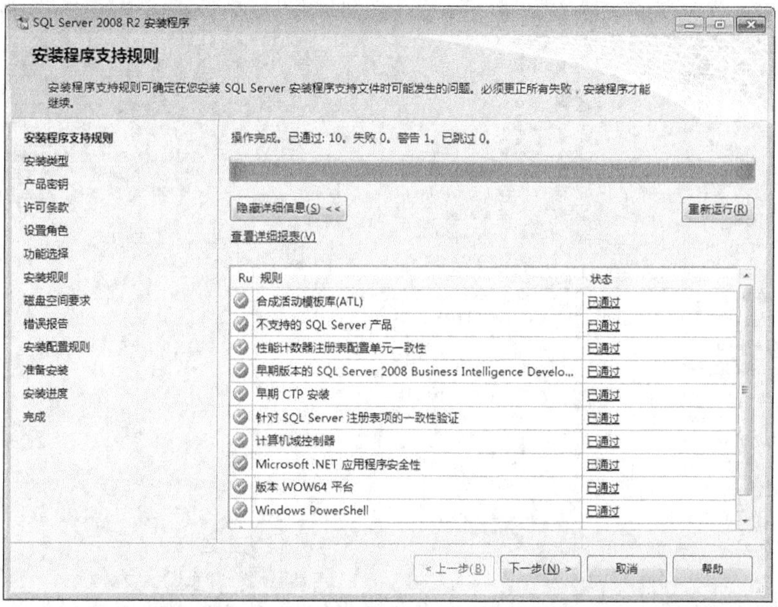

图 1-6

(5) 通过安装程序支持规则检查之后进入"设置角色"界面,如图 1-7 所示。

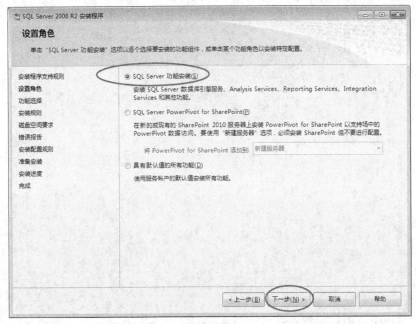

图 1-7

(6) 保持默认值,单击"下一步"按钮,进入"功能选择"界面,如图 1-8 所示。这里选择需要安装的 SQL Server 功能,以及安装路径。

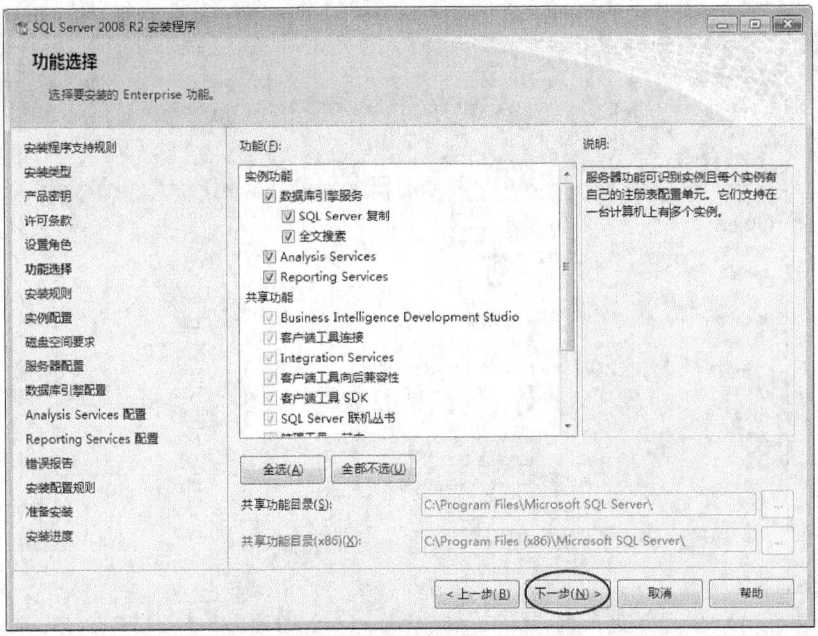

图 1-8

（7）单击"下一步"按钮，进入"安装类型"界面，这里选择默认的 ID 和路径，如图 1-9 所示。

图 1-9

（8）在完成安装内容选择之后会显示磁盘使用情况，可根据磁盘空间自行调整，单击"下一步"按钮进入"服务器配置"界面，需要为各种服务指定合法的账户，如图 1-10 所示。

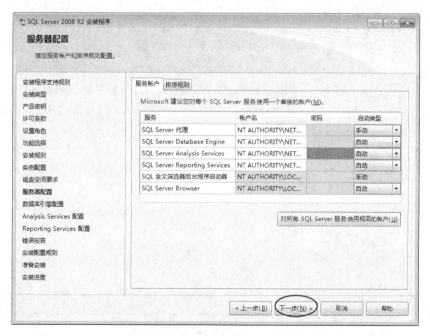

图 1-10

（9）单击"下一步"按钮，进入"数据库引擎配置"界面，以进行登录时的身份验证设置，选择"混合模式"并录入密码，然后单击"添加当前用户"按钮，如图1-11所示。

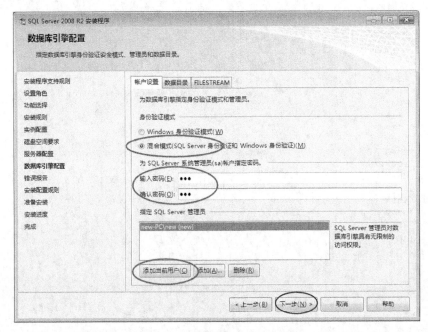

图1-11

（10）单击"下一步"按钮进入"安装配置规则"界面，再单击"下一步"按钮，最后根据功能配置选择再次进行环境检查，如图1-12所示。

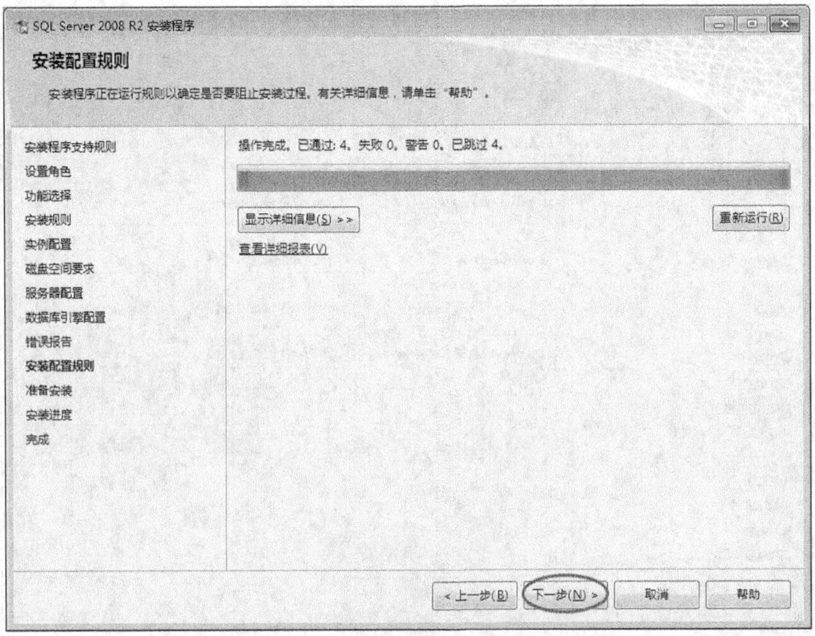

图1-12

（11）检查通过后，软件将会列出所有的配置信息，最后一次确认安装，如图1-13所示。

图 1-13

（12）单击"安装"按钮，开始安装，根据软硬件环境的差异，安装过程可能持续15～30分钟，如图1-14所示。

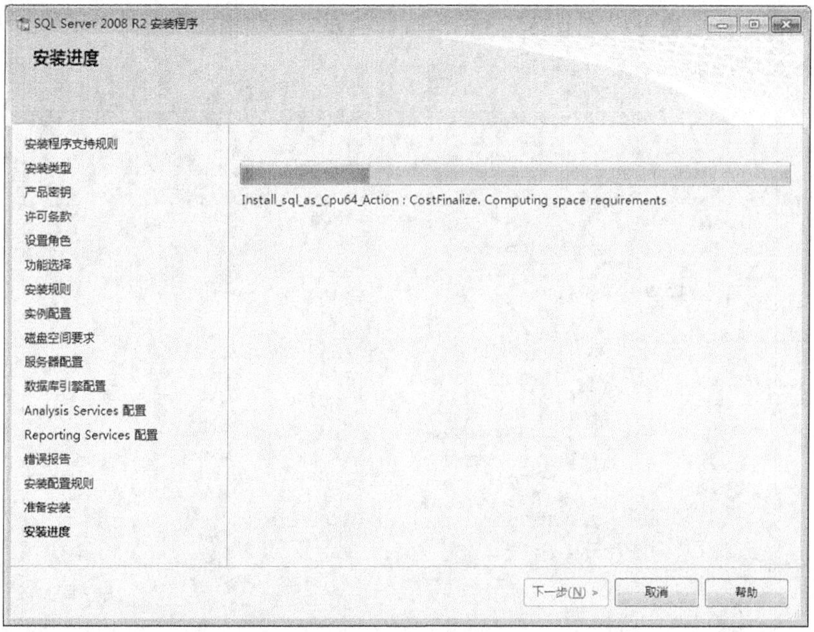

图 1-14

（13）安装完成之后，显示"完成"界面，如图 1-15 所示，单击"关闭"按钮，结束安装。

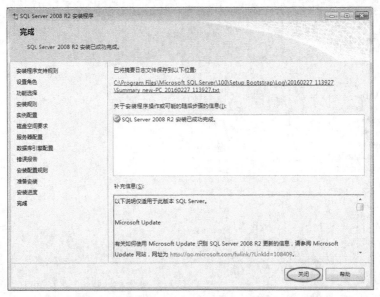

图 1-15

 注　使用网络版时，SQL Server 2008 只需安装在服务器上，客户端不用安装。

2．安装金蝶 K/3

金蝶 K/3 的安装方法如下。

（1）为保证软件环境更适宜金蝶 K/3 的运行，需要先安装相应资源补丁。将简体资源光盘放入光驱，进入光盘目录，如图 1-16 所示。

图 1-16

说明　为确保金蝶 K/3 安装成功，一定要先退出第三方软件，特别是杀毒软件和防火墙，再进行金蝶 K/3 安装，安装完成后再启用第三方软件。

（2）双击"Setup.exe"文件，系统进入"金蝶 K/3 安装程序"界面，如图 1-17 所示。

（3）选择"环境检测"选项，系统进入"金蝶 K/3 环境检测"界面，如图 1-18 所示。用户根据所要安装的内容选择要检测的项目，如选中客户端部件、中间层服务部件、数据库服务部件等 3 个项目，单击"检测"按钮开始检测，弹出问题提示界面，如图 1-19 所示。

图 1-17

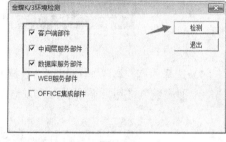

图 1-18

出现此提示是因为当前操作系统为非服务器版操作系统，单击"确定"按钮，继续检测进程，系统检测到缺少的组件，如图 1-20 所示。

图 1-19

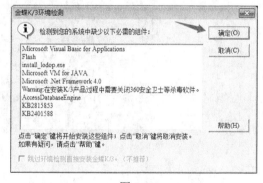

图 1-20

再次单击"确定"按钮，按照向导一步一步安装所需资源补丁。

说明　资源补丁安装过程中可能有部分补丁无法正确安装，可以先忽略然后继续安装，如果金蝶 K/3 安装成功，并且能建立账套和登录，表示未安装补丁暂时不影响程序运行。当然，技术力量强的读者可以想办法把补丁完全安装好。

（4）资源补丁安装完成后，将金蝶安装盘放入光驱中，进入光盘目录，双击"Setup.exe"文件，在"金蝶 K/3 安装程序"界面（见图 1-17）选择"安装金蝶 K/3"，系统经过检测后进入安装向导，如图 1-21 所示。

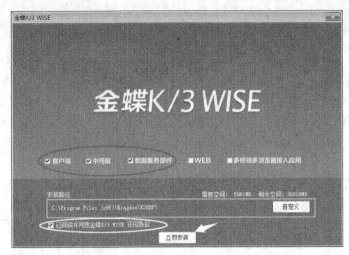

图 1-21

（5）选择"客户端""中间层""数据服务部件""已阅读并同意金蝶 K/3 WISE 许可协议"，单击"立即安装"按钮，系统进入"安装状态"界面，如图 1-22 所示。

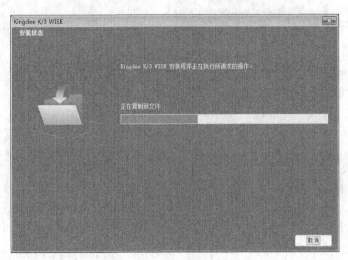

图 1-22

（6）安装完成后会提示是否立即重启计算机，单击"是"按钮重启计算机，重启系统后会弹出"是否立即安装 JRE 和 Tomcat?"提示，如图 1-23 所示。

图 1-23

（7）单击"是"按钮，系统会自动安装。稍后弹出"中间层组件安装"界面，如图 1-24 所示。

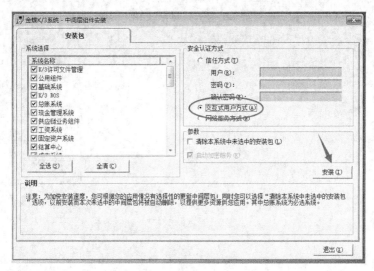

图 1-24

（8）选择"交互式用户方式"，单击"安装"按钮，开始中间层的安装。中间层安装完成后，自动隐藏进度条，稍后进入"Web 系统配置工具"界面，如图 1-25 所示。保持默认选择项目，单击"完成"按钮，系统开始配置，进入提示界面，如图 1-26 所示。

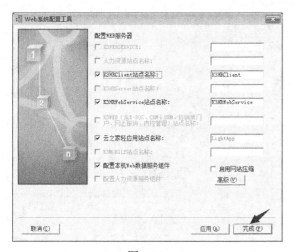

图 1-25

图 1-26

由于操作系统未安装"IIS 组件"，所以弹出该提示。该提示不会对本书操作有影响，单击"确定"按钮结束配置。

至此结束金蝶 K/3 的安装工作，安装成功后会在桌面上显示"金蝶 K3 WISE"图标，如图 1-27 所示。

图 1-27

1.3.3 金蝶 K/3 的卸载/更改

当需要卸载、更改金蝶 K/3 时，可按以下方法操作。
（1）进入"控制面板"窗口，如图 1-28 所示。
（2）单击"卸载程序"图标，系统进入"卸载或更改程序"窗口，如图 1-29 所示。

图 1-28

图 1-29

（3）选中要卸载/更改的程序名，如"Kingdee K/3 WISE"，再单击"卸载"/"更改"按钮，然后按照向导的提示操作即可完成卸载或更改。

> 注 在进行卸载/更改时，一定先要备份好所需的账套，以免造成不必要的损失。

1.4 课后习题

（1）安装金蝶 K/3 对硬件和软件环境的要求是什么？
（2）金蝶 K/3 的后台数据库是什么？
（3）使用网络版金蝶 K/3 时，各客户端计算机是否需要安装数据库？
（4）在对金蝶 K/3 进行卸载/更改时，要注意什么？

第 2 章 账套管理

本章重点

- 引入金蝶 K/3 演示账套
- 快速浏览金蝶 K/3
- 金蝶 K/3 操作流程
- 账套建立、启用、备份、恢复与删除
- 账套功能
- 用户设置

2.1 快速浏览金蝶 K/3

2.1.1 引入演示账套

在本书"配套资源\HELP\DEMO"文件夹中有多个演示账套,如"蓝海机械有限公司 NEW(正式)"演示账套,下面以该账套为例介绍如何通过账套管理引入账套。

(1)首先将"蓝海机械有限公司 NEW(正式)"压缩文件解压到某文件夹下。

(2)双击桌面上的"账套管理"图标,如图 2-1 所示,或选择"开始"→"所有程序"→"金蝶 K3 WISE"→"金蝶 K3 服务器配置工具"→"账套管理"。

图 2-1

系统弹出提示,如图 2-2 所示。这是因为第一次使用"账套管理"功能时,要设置数据库的配置,当配置设置好后,以后不会再有此提示出现。

单击"确定"按钮,系统进入"账套管理数据库设置",如图 2-3 所示。选择"SQL Server 身份验证",输入系统用户名和系统口令,单击"数据库文件路径"右侧的">"按钮,系统弹出"选择数据库文件路径"指定窗口,如图2-4所示。

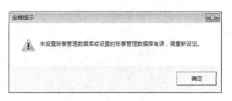

图2-2　　　　　　　　　　　　　　　　图2-3

选择一个目录路径,单击"确定"按钮返回设置窗口,此时"数据库文件路径"处于刚才所选中的目录,并且"数据库日志文件路径"也同时显示,单击"确定"按钮结束配置,并进入"账套管理登录"窗口,如图2-5所示。

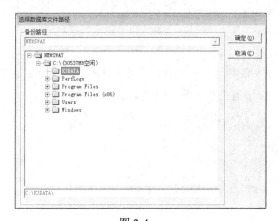

图2-4　　　　　　　　　　　　　　　　图2-5

> **注**　在图2-3中,若安装SQL时设置了sa密码,则需要在"系统口令"处录入正确的密码才能通过连接设置。

(3)用户名"Admin"是系统默认的账套管理员,"密码"默认为空,单击"确定"按钮,系统进入"金蝶K/3账套管理"窗口,如图2-6所示。

图2-6

（4）单击工具栏上的"恢复"按钮，系统弹出"选择数据库服务器"窗口，选择"SQL Server 身份验证"，录入 SQL 的 sa 用户口令，如图 2-7 所示。

（5）单击"确定"按钮，系统弹出"恢复账套"窗口，在"服务器端备份文件"栏选择刚才文件解压后的文件夹位置，选中要恢复的文件，"账套号"录入"005"，"账套名"保持默认值，然后选择"数据库文件路径"，如图 2-8 所示。

图 2-7

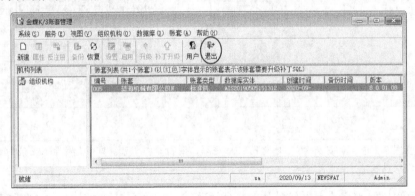

图 2-8

（6）单击"确定"按钮，开始恢复，稍后系统弹出"提示"窗口，单击"否"按钮即可。引入成功后演示账套如图 2-9 所示。单击"退出"按钮退出账套管理功能。

图 2-9

2.1.2 快速浏览金蝶 K/3 系统

当系统建立好或恢复好所需账套后，必须登录金蝶 K/3 系统才能进行业务处理，如系统基础设置、单据录入和查询相关报表等。登录时系统确认用户身份的合法性后才能进入系统处理相关业务。以"ADMINISTRATOR"的身份登录"蓝海机械有限公司 NEW（正式）"账套，操作步骤如下：

（1）双击桌面上的"金蝶 K3 WISE"图标，或选择"开始"→"所有程序"→"金蝶 K3 WISE"→"金蝶 K3 WISE"，系统弹出"金蝶 K/3 系统登录"窗口，如图 2-10 所示。

（2）单击"中文简体"，选择"组织机构"为"无"，选择"当前账套"为"蓝海机械有限公司 NEW（正式）"。

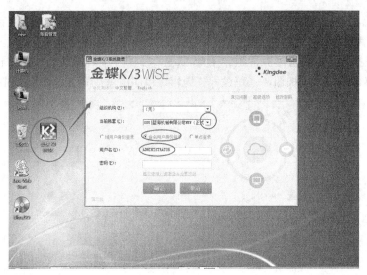

图 2-10

> 注　本书以后的所有练习都是在"中文简体、组织机构为无"下进行操作，具体要操作某个账套，在"当前账套"处指定即可。单击右上角的"修改密码"，可以修改当前用户的登录密码。

（3）登录方式有 3 种，在该例中以"命名用户身份登录"方式登录，选中该项，在"用户名"处录入"ADMINISTRATOR"，"密码"为空。

（4）单击"确定"按钮，用户身份通过系统检测后弹出提示窗口，如图 2-11 所示。

图 2-11

> 注　只有"演示版"才会出现此提示，无加密狗时可进入该系统演示状态使用，若超出演示限制时还想继续使用系统，则需要购买正版软件并注册。

（5）单击"确定"按钮，系统进入金蝶 K/3 主界面窗口，如图 2-12 所示。

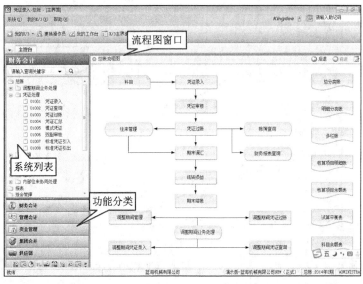

图 2-12

此窗口为流程图窗口模式，通过流程图用户可以轻松、快速、形象化地了解系统的数据流向，并且直接双击流程图中的图标可以快速进入相应的功能界面。如选择"供应链"→"销售管理"，此时右侧窗口切换到"销售管理流程图"界面，双击"销售订单"图标，系统弹出"过滤"窗口，保持默认值，单击"确定"按钮，系统进入"销售订单序时簿"窗口，如图2-13所示。

图 2-13

在"销售订单序时簿"窗口，可以查询订单信息，对订单进行修改、审核和删除等操作。

单击"主控台"选项卡，返回主控台界面，再单击工具栏中的"K/3 流程图"按钮，可以切换到流程图窗口模式。

若用户仍然习惯旧的金蝶 K/3 主界面窗口模式，在流程图模式下单击工具栏中的"K/3 主界面"按钮，系统就会切换到旧的金蝶 K/3 主界面窗口模式，如图2-14所示。

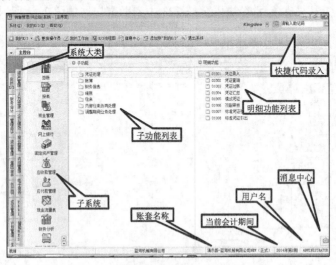

图 2-14

如需要查询总分类账簿，则依次选择"财务会计"→"总账"→"账簿"→"总分类账"，系统将弹出对话框，录入查询条件后单击"确定"按钮，即可查询账簿。

单击工具栏中的"我的工作台"按钮,系统弹出提示,单击"是"按钮,稍后进入"我的工作台"窗口,如图 2-15 所示。

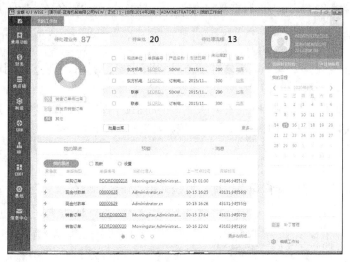

图 2-15

如果要返回到流程图或旧的金蝶 K/3 主界面窗口模式,则可以单击右上角的"切换到主控台"按钮进行切换。

2.2 金蝶 K/3 操作流程

在使用金蝶 K/3 系统之前,用户首先需要了解它的操作流程,流程如图 2-16 所示。

在使用金蝶 K/3 进行业务处理之前,首先要建立账套。账套建立成功后进行系统设置,系统设置包含系统参数设置、基础资料设置和初始数据录入。系统参数是与账套有关的信息,如账套的公司名称、地址、记账本位币等;基础资料是录入业务单据时要获取的基础数据,如会计科目、客户资料和物料资料等;之后,录入账套启用会计期间的初始数据,如会计科目的期初数据、累计数据和物料初始数据。然后检查数据是否正确,是否符合启用要求,如果符合,则可以结束初始化并启用账套。随后,可以进行日常的业务处理,如录入销售订单、MRP 计算得到计划单据、采购根据计划单据下达相应采购单据,最后所有数据都归纳到总

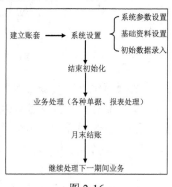

图 2-16

账系统,系统根据已保存的单据数据可生成相应的报表。每个月的业务工作处理完成后,可以进行月末结账,然后进入下一会计期间继续处理业务。

2.3 账套管理

信息化是指利用计算机代替人工进行账务和业务处理等工作,因此用户必须建立一个账套文件,存放公司的财务和业务资料,以便于使用计算机进行处理。

账套是一个数据库文件,可存放所有的业务数据资料,包含会计科目、凭证、账簿、报表和

出入库单据等内容,所有工作都需要打开账套后才能进行。一个账套只能做一个会计主体(公司)的业务,金蝶软件对账套的数量没有限制,也就是说,一套金蝶K/3可以做多家公司的账。

账套管理在金蝶K/3应用中占有重要的地位,只有建立正确的账套,才能保证账套的正常使用。

2.3.1 建立账套

建立账套之前需要确定以下几项内容:公司名称、要使用什么系统、启用账套时间,以及本位币的币别。

例 2-1 兴旺实业有限公司是一家生产文具用品的企业,该公司于2020年1月使用金蝶ERP-K/3 WISE(V15.1)系统,主要使用物料需求计划系统、供应链系统和财务会计系统,记账本位币为"人民币"。

操作步骤如下。

(1)双击桌面上的"账套管理"图标,系统弹出"账套管理登录"窗口,保持默认用户名和密码,单击"确定"按钮,系统进入"金蝶K/3账套管理"窗口,如图2-17所示。

图 2-17

> **注** 由于在前面小节已经配置好账套管理数据库,所以此时打开账套管理不会再有提示。

在"金蝶K/3账套管理"窗口中有两个列表——账套列表和机构列表。

- 账套列表:在窗口右侧显示。显示当前计算机中已经存有的账套信息。
- 机构列表:在窗口左侧显示。很多集团连锁性公司下的各分公司既要财务数据独立核算又需要汇总,为便于分类管理可以将其结构分层,然后在相应的组织结构下建立账套,如图2-18所示。

(2)建立组织机构的方法是在"组织机构"图标上右击,系统弹出快捷菜单,如图2-19所示。

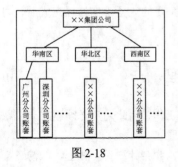

图 2-18

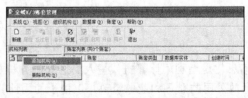

图 2-19

选择"添加机构"选项，系统弹出"添加机构"窗口，如图2-20所示。

在窗口中填写相应内容即可。因本例中的"兴旺实业有限公司"没有上级公司，所以暂不设置机构，读者可自行练习。

（3）选择"数据库"→"新建账套"，或者单击工具栏上的"新建"按钮，系统弹出"信息"窗口，如图2-21所示。请认真理解窗口中的内容，以便建立账套时选择相应类型。

图 2-20

（4）单击"关闭"按钮，系统弹出"新建账套"窗口，如图2-22所示。

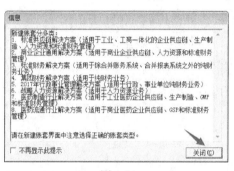

图 2-21

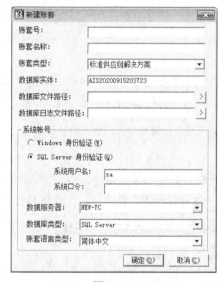

图 2-22

"新建账套"窗口中的各项目解释如表2-1所示。

表 2-1　　　　　　　　　　"新建账套"窗口中的各项目解释

项　　目	说　　明	是否为必填项
账套号	账套在系统中的编号，手动录入，不能有重号	是
账套名称	账套的名称	是
账套类型	系统提供8种账套类型选择，根据选择会自动建立相关内容	是
数据库实体	账套在SQL Server数据库服务器中的唯一标识。新建账套时，系统会自动产生一个数据实体，可以手工修改	是
数据库文件路径	账套保存的路径	是
数据库日志文件路径	账套操作日志保存的路径	是
系统账号	新建账套所要登录的数据服务器名称、登录数据服务器方式、登录用户名和密码	是

（5）录入账套号"001"，账套名称录入"兴旺实业有限公司"，在账套类型处选择"标准供应链解决方案"，数据库实体保持不变，单击"数据库文件路径"右侧的">"（浏览）按钮，系统弹出"选择数据库文件路径"窗口，如图2-23所示。

图 2-23

（6）选择希望保存的路径，单击"确定"按钮保存设置。用同样的方法设置"数据库日志文件路径"，选择"SQL Server 身份验证"并录入 sa 的密码，如图 2-24 所示。

> 注　如果对计算机的维护不很熟练，建议这两项都采用系统默认值，以便日后维护。

（7）设置完成后，单击"确定"按钮，系统开始建账，这可能需要几分钟的时间，具体时间由计算机配置的高低决定。

（8）账套建立成功后，账套信息会显示在窗口右侧的"账套列表"中，如图 2-25 所示。

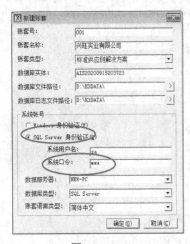

图 2-24

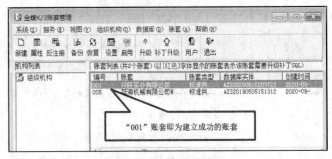

图 2-25

2.3.2　属性设置和启用账套

属性包括账套的机构名称、记账本位币和启用会计期间等内容，属性设置完成后才可以启用账套，设置步骤如下。

（1）在"账套列表"中选中"001—兴旺实业有限公司"账套，选择"账套"→"属性设置"，或者单击工具栏上的"设置"按钮，系统弹出"属性设置"窗口，如图 2-26 所示。

图 2-26

- 在"系统"选项卡中可以设置账套的基本信息。录入"兴旺实业有限公司""广东深圳""0755-22222222"。
- 在"总账"选项卡中可以设置记账时的基本信息。录入"RMB""人民币",其他选项采用默认值,如图2-27所示。
- 在"会计期间"选项卡单击"更改"按钮,系统弹出"会计期间"设置窗口,"启用会计年度"录入"2020","启用会计期间"录入"1",如图2-28所示。

图 2-27　　　　　　　　　　　　　　图 2-28

> 注
> (1)启用会计年度为"2020年",启用会计期间为"1月",表示初始设置中的期初数据是2019年12月的期末数。读者在启用账套时一定要注意账套的启用期间,以便准备初始数据。
> (2)如果会计期间需要特殊设置,可以取消勾选的"自然年度会计期间",这样读者可以设置"12"或"13"个会计期间,并且期间的"开始时间"可以自由修改。

(2)单击"确定"按钮保存会计期间设置,并返回"属性设置"窗口,单击"确认"按钮,系统弹出提示"确认启用当前账套吗?"的窗口,如图2-29所示。

(3)如果属性设置完成,单击"是"按钮,如果还需要修改,单击"否"按钮。在此单击"是"按钮,稍后系统弹出成功启用提示窗口,如图2-30所示。

图 2-29　　　　　　　　　　　　　图 2-30

(4)单击"确定"按钮,完成属性设置和账套启用工作。

> 注　该处的账套启用是指建立账套文件工作完成,而不是启用后可以录入业务单据。因初始数据还未录入,所以录入单据后的数据会与实际数据有出入。

2.3.3 备份账套

操作软件时,为预防数据出错或发生意外(如硬盘损坏、计算机中毒等),需要随时备份数据,以便恢复时使用。

备份工作可以随时进行，笔者建议至少每周备份一次。在下列情况下必须做备份。
（1）每月结账前和账务处理结束后。
（2）更新软件版本前。
（3）进行会计年度结账时。
金蝶 K/3 提供两种备份方法——单次备份和自动批量备份（即一次备份多个账套，而且备份工作在后台定时执行，不用人工操作）。

1. 单次备份

下面以备份"兴旺实业有限公司"账套为例，介绍单次备份的具体步骤。
（1）在"账套列表"中选中"兴旺实业有限公司"账套，选择"数据库"→"备份账套"，或者单击工具栏中的"备份"按钮，系统弹出"账套备份"窗口，如图 2-31 所示。

- 完全备份：执行完整数据库的备份，也就是为账套中的所有数据建立一个副本。备份后，生成完全备份文件。
- 增量备份：记录自上次完整数据库备份后对数据库所做的更改，也就是为上次完整数据库备份后发生变动的数据建立一个副本。备份后，生成增量备份文件。

增量备份比完全备份工作量小而且备份速度快，因此可以经常备份，以减小丢失数据的危险。

图 2-31

- 日志备份：事务日志是上次备份事务日志后，对数据库执行的所有操作的记录。一般情况下，事务日志备份比数据库备份使用的资源少，因此可以经常创建事务日志备份。经常备份将减小丢失数据的危险。
- 备份路径：备份所生成的*.dbb 和*.bak 文件的保存位置，应尽量采用默认值。
- 文件名称：备份时生成的文件名称可更改。
- 账套云备份：备份文件存储在金蝶云盘上，联网时可随时下载或上传。

> 注　第一次备份一定用完全备份；备份生成的*.dbb 和*.bak 文件，要定期复制到外部存储设备上。

（2）单击"备份路径"右侧的""（浏览）按钮，系统弹出"选择数据库文件路径"窗口，如图 2-32 所示。
（3）采用默认保存路径，单击"确定"按钮返回"账套备份"窗口。
（4）单击"确定"按钮，系统开始备份数据，稍后系统弹出提示窗口，如图 2-33 所示。

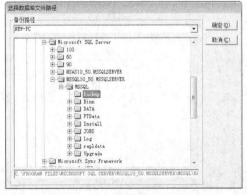

图 2-32

图 2-33

(5)单击"确定"按钮,备份工作完成。

> 注 一定要记住图 2-33 中的文件名和保存位置,这是要复制到外部存储设备上的文件。

2. 自动批量备份

当系统中有多个账套时,一次备份一个账套会比较麻烦。金蝶 K/3 提供账套自动批量备份工具,操作步骤如下。

(1)选择"数据库"→"账套自动批量备份",系统弹出"账套批量自动备份工具"窗口,如图 2-34 所示。

图 2-34

(2)选择"方案"→"新建",设置"备份开始时间"为当前计算机系统时间,"备份结束时间"设置为"无限期","增量备份时间间隔(小时)"设为"5","完全备份时间间隔(小时)"设为"100",勾选"是否备份",设置"备份路径"时单击右侧的"…"按钮,系统弹出"选择数据库文件路径"窗口,保存路径采用系统默认值,单击"确定"按钮返回工具窗口,设置完成的窗口如图 2-35 所示。

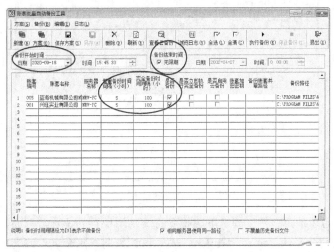

图 2-35

（3）选择"方案"→"保存方案"，系统弹出"方案保存"窗口，录入"自动备份1"，如图2-36所示，单击"确定"按钮，保存方案。

（4）单击"执行备份"按钮执行当前自动备份计划，单击"退出"按钮，系统弹出提示窗口，如图2-37所示，单击"是"按钮退出设置。

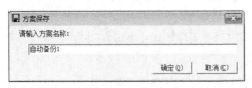

图2-36

图2-37

（5）至此，自动备份方案设置完成，重新启动计算机，则会在任务栏右下角显示"账套批量自动备份工具"图标，如图2-38所示。

账套自动批量备份方案启动后，如果系统检测到系统时间已经符合间隔时间，则会自动在后台备份数据。

2.3.4 恢复账套

如果账套出错，可利用"恢复账套"功能将备份文件恢复成账套文件，再继续进行账套处理。

下面以恢复"F兴旺实业有限公司"账套为例，讲述"恢复账套"方法，操作步骤如下。

图2-38

（1）选择"数据库"→"恢复账套"，或者单击工具栏上的"恢复"按钮，系统弹出"选择数据库服务器"窗口，选择正确的账号、服务器及数据库类型，在此采用默认值，单击"确定"按钮进入"恢复账套"窗口，如图2-39所示。

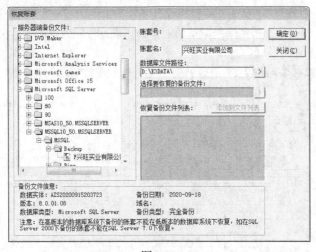

图2-39

（2）在"服务器端备份文件"列表下选择备份文件所保存的位置，例如，选中刚才所备份的"F兴旺实业有限公司"文件，录入"账套号"为"002"，将"账套名"改为"兴旺实业有限公司2"，单击"确定"按钮，稍后系统弹出"提示"窗口，单击"否"按钮完成恢复工作。这时在"账套列表"窗口中可以看到已经恢复成功的"兴旺实业有限公司2"账套。

> **注** 恢复账套时,"账套号""账套名"不能与系统内已存有的"账套号""账套名"相同。

2.3.5 删除账套

可以将不再使用的账套从系统中删除,以节约硬盘空间。下面以删除"002"账套为例,讲述删除账套的操作步骤。

选中"002"账套,选择"数据库"→"删除账套",系统弹出信息提示窗口,如图2-40所示,单击"是"按钮即可。

如果稍后在"账套列表"窗口未显示"002"账套,则表示删除成功。

图 2-40

2.4 用 户 管 理

用户管理是指对使用该账套的操作员进行管理,比如对权限进行控制可以控制哪些用户可以登录到指定的账套,可以使用账套中的哪些系统或子系统。

系统中预设有部分用户和用户组,可以在系统中增加用户并进行相应的授权。下面以表2-2中的数据为例讲述如何进行用户管理。

表 2-2   本账套的用户

用 户 名	用 户 组	权 限
陈静	Administrators	所有权限
张春	财务组	基础资料、现金管理使用
王丽	财务组	基础资料、应收账、应付账使用
吴晓英	财务组	基础资料、总账、固定资产、工资
南计算	财务组	存货核算
张工程	业务组	生产数据管理
游计划	业务组	物料需求计划、生产任务管理
郝销售	业务组	销售管理
郑采购	业务组	采购管理
易保管	业务组	仓存管理

2.4.1 新增用户组

为方便管理用户信息,可以将具有类似权限的用户分组。下面以新增表2-2中的数据"财务组"为例,操作步骤如下。

(1)选中"兴旺实业有限公司"账套,选择"账套"→"用户管理",或者单击工具栏上的"用户"按钮,系统弹出"用户管理"窗口,如图2-41所示。

(2)选择"用户管理"→"新建用户组",系统弹出"新增用户组"窗口,录入"财务组""财务核算",如图2-42所示。

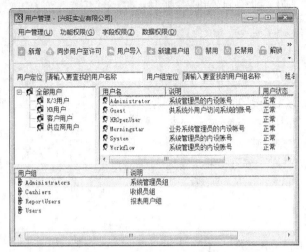
图 2-41

图 2-42

（3）设置完成后单击"确定"按钮，进行保存，这时在"用户管理"窗口下部可以看到已经新增的"财务组"内容。请读者自行添加"业务组"。

2.4.2 新增用户

下面以新增用户"张春"为例，讲述新增用户操作步骤。

（1）选择"用户管理"→"新增"，或者单击工具栏上的"新增"按钮，系统弹出"新增用户"窗口，如图 2-43 所示。

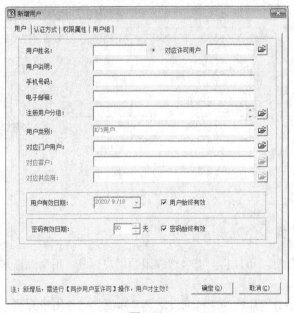
图 2-43

- "用户"选项卡各项目说明。
  - ➢ 用户姓名：是指登录账套时的用户名称，用户名称在同一个账套中应该是唯一的。

- ➢ 对应许可用户：主要针对军工及行政注册单位使用，用于进行企业员工离职、换岗、入职操作，只能选择 license 中已有的用户。
- ➢ 用户说明：对用户姓名进行补充说明。
- ➢ 手机号码、电子邮箱：非必录项。在做【同步用户至许可】操作时提示，需判断手机号码和电子邮箱是否为空。若申请许可采用免激活方式，则允许手机号码和邮箱都为空。
- ➢ 注册用户分组：用户选择拥有权限的加密站点分组。
- ➢ 用户类别：选择用户所属的用户类别。
- ➢ 对应门户用户：选择用户所关联门户用户的用户名，实现用户与门户用户的关联操作。当关联门户用户后，可以在主控台登录界面采用单点登录方式登录该账套。使用该项目的前提是"先在系统参数设置中设置门户站点"。
- ➢ 对应客户：当"用户类别"选择"客户用户"时，可以在此设置该用户对应的客户以形成关联。
- ➢ 对应供应商：当"用户类别"选择"供应商用户"时，可以在此设置该用户对应的供应商以形成关联。
- ➢ 用户有效日期：设置用户有效日期范围，超出则用户无法登录金蝶 K/3 系统。
- ➢ 密码有效日期：当采用传统密码认证方式，当前登录日期与前次修改密码日期的时间间隔超过密码有效期（天）时，系统提示登录用户必须修改用户密码，以提升数据的安全性。

⬤ "认证方式"选项卡（见图 2-44）各项目说明。

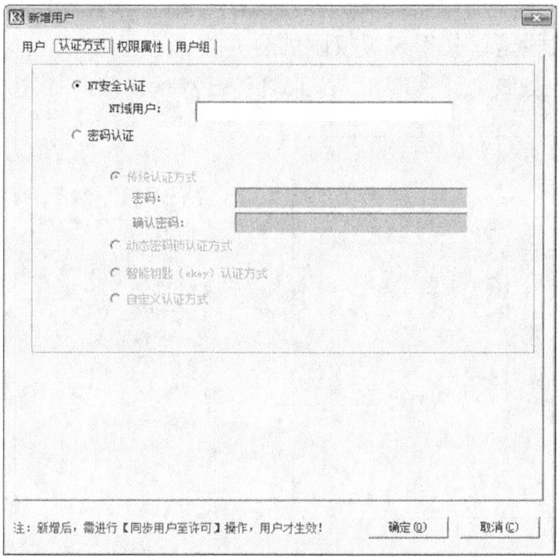

图 2-44

- ➢ NT 安全认证：当选择 NT 安全认证时，需要填写完整的 NT 域用户账号。
- ➢ 密码认证：密码认证方式具体分为 4 种。传统认证方式：密码是在密码框中输入的内容，这个密码是固定的。动态密码锁认证方式：密码由用户手中持有的动态密码卡动态产生。智能钥匙认证方式：密码为用户手中持有的智能钥匙的密码。自定义认证方式：密码为用户手中持有的动态密码卡动态产生或者持有的智能钥匙的密码。

- "权限属性"选项卡如图2-45所示。

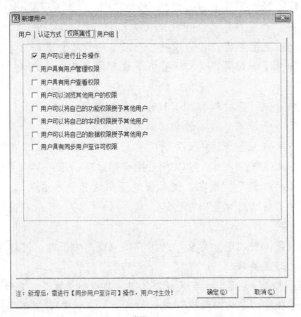

图2-45

在权限属性窗口可以对该用户的权限授予进行详细控制。

- "用户组"选项卡如图2-46所示。

设置用户具体属于哪一个用户组,默认为"Users"组,没有任何权限。如果用户属于多个用户组,那么用户的默认权限是这些用户组权限的合并。

(2)在"用户姓名"处录入"张春",其他项目保持默认值,如图2-47所示。

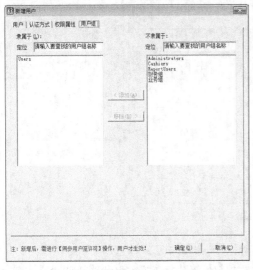

图2-46　　　　　　　　　　　　　　图2-47

(3)切换到"认证方式"选项卡,选择"密码认证"中的"传统认证方式",密码为空值,由用户自行修改,如图2-48所示。

(4)"权限属性"保持默认值,单击"用户组"选项卡,选中"隶属于"下的"财务组",单击"添加"按钮,"张春"即隶属于"财务组",如图 2-49 所示。

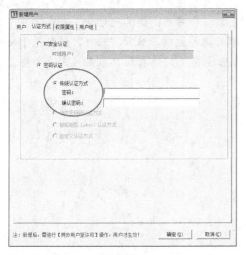

图 2-48　　　　　　　　　　　　图 2-49

(5)单击"确定"按钮,保存新增用户设置,这时新增的用户信息会显示在"用户管理"窗口中。请读者自行增加其他用户。新增完成的"用户管理"窗口如图 2-50 所示。

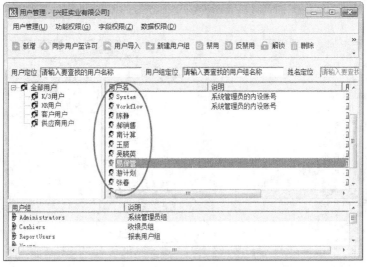

图 2-50

2.4.3 设置权限

权限设置在金蝶 K/3 系统占有非常重要的位置,系统管理员通过权限控制可以有效控制 ERP 资料的保密级别,如管理现金银行账的用户不能查看往来业务资料。金蝶 K/3 系统为用户提供三大权限设置的菜单——功能权限、字段权限和数据权限。

- 功能权限:是对各子系统中功能模块的功能的管理权和查询权,当用户拥有该子系统的功能模块的功能权限时,才能进行对应模块的功能操作。

- 字段权限：字段权限是指对各子系统中某数据类别的字段操作权限，只有当用户拥有该字段的字段权限时，才能对该字段进行对应的操作。如对应收款管理中的"金额"进行字段权限控制，当用户具有该字段权限时，则可以进行对应操作，如查询到金额数据，当用户不具有该字段权限时，则查询不到金额，但可以看到其他信息。
- 数据权限：数据权限是指对系统中具体数据的操作权限。如对"客户"数据进行权限控制，A业务员只能看到A本人的客户资料，B业务员只能看到B本人的客户资料，业务经理则可以设置为能同时看到所有人的客户资料。

下面以设置"张春"的"功能权限"为例，介绍用户权限设置的具体步骤。

（1）选中用户"张春"，选择"功能权限"→"功能权限管理"，或者单击工具栏上的"功能权限管理"按钮，系统弹出"用户管理_权限管理"窗口，如图2-51所示。

- 权限组：系统中所涉及的权限内容列表，在方框中打钩表示选中。查询权表示只能查看，管理权表示可以修改、删除等。
- 授权：选中相应权限，单击该按钮表示授予所选中的权限。
- 关闭：退出"权限管理"窗口。
- 高级：详细设置用户的权限。单击"高级"按钮，系统弹出"用户权限"窗口，如图2-52所示。

图 2-51

图 2-52

在"用户权限"窗口可以详细设置用户的权限，打钩表示选中。单击"授权"按钮对所选中的功能进行授权，单击"关闭"按钮返回"用户管理_权限管理"窗口。

- 全选：选中"权限组"的所有内容。
- 全清：不选择"权限组"的任一内容。
- 禁止使用工资数据授权检查和数据操作授权：选中"禁止使用工资数据授权检查"选项，就不能使用"工资数据授权"按钮；取消选中，单击"工资数据授权"按钮，系统弹出"项目授权"窗口，如图 2-53 所示。打钩选中相应的查看权和修改权，单击"授权"按钮表示授权保存。

（2）在"用户管理_权限管理"窗口选中"基础资料"和"现金管理"选项（移动滑动条，可见"现金管理"选项），"基础资料"如图2-54所示，单击"授权"按钮，保存权限功能。

图 2-53

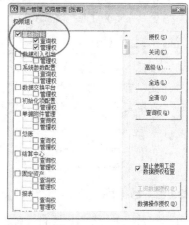
图 2-54

（3）其余用户的权限请读者自行设置。

 注　为不影响本书的演示进程，权限练习完成后，建议读者将所有操作员都加入"Administrators"组，以拥有所有权限进行书中实例练习。

2.4.4　修改、删除用户

可以在用户属性中修改用户信息。用户删除是指将未使用本账套的用户从系统中删除，已发生业务的用户不能删除，但可以禁用，禁用后该账号不能再登录本账套。

禁用方法：选择"用户管理"→"禁用"。

修改用户属性方法：选择"用户管理"→"属性"，在"用户属性"窗口可以修改该用户的名称、密码和隶属的组别。

当某些用户未使用该账套，为便于管理，可以将该用户从系统中删除，方法是在"用户管理"窗口选中要删除的用户，再选择"用户管理"→"删除"。

2.5　账套管理常用菜单介绍

2.5.1　系统

系统菜单用于设置"账套管理"中的一些系统参数，如是否检测账套的有效性等。系统菜单如图 2-55 所示。

- 预设连接。在使用新建账套、恢复账套和注册账套等功能时需要指定连接数据库服务器信息（需要选择登录方式，输入连接用户名、密码）。如果每次都手工设置，比较烦琐，因此，系统提供默认连接设置功能，设置后在弹出以上功能窗口时会带出参数。
- 修改密码。单击"系统"菜单下的"修改密码"命令，系统弹出"更改密码"窗口，输入旧密码、新密码和确认密码，单击"确定"按钮保存所做的密码修改，下次登录"账套管理"时"Admin"用户就必须以新密码登录。

图 2-55

> 注　旧密码为空时不用输入。

- 系统参数设置。单击"系统"菜单下的"系统参数设置"命令，系统弹出"系统参数设置"窗口，可以对日志、门户服务器和人力资源站点等进行管理。
- 系统用户管理。对具有"账套管理"功能的用户进行管理，操作方法类似前面的"用户管理"。
- 系统使用状况。系统使用状况用来监控本机加密狗的使用情况。同时注册许可文件也在此处申请和引入。

2.5.2　数据库

账套在系统中是非常重要的，它是存放各种数据的载体，财务数据和业务数据都存放在账套中，账套本身就是一个数据库文件。"数据库"菜单如图 2-56 所示，各项含义解释如下。

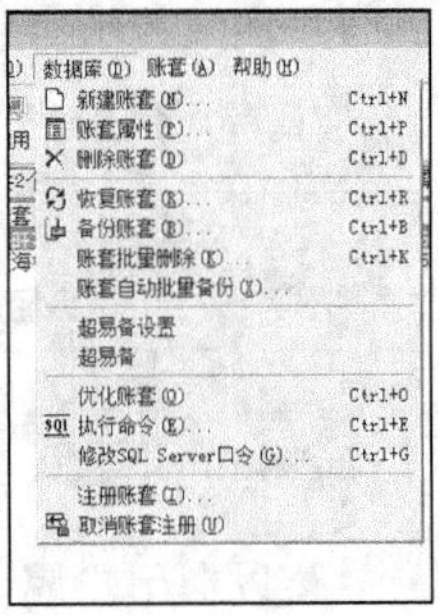

- 新建账套。建立一个新的账套文件。
- 账套属性。管理账套的属性信息。
- 删除账套。从系统中删除账套。
- 恢复账套。将备份文件恢复生成一个新的账套文件。
- 备份账套。备份账套数据，生成备份文件，以供恢复使用。
- 账套批量删除。如果要一次性删除多个账套，可以使用账套批量删除功能。单击"账套批量删除"命令，系统弹出"账套批量删除工具"窗口，选择需要删除的账套，在该账套的"是否删除"处打钩。如果被删除的账套还需要进行备份，则在该账套的"是否备份"处打钩，并选择备份路径。单击"删除"按钮，系统将删除选中的账套。

图 2-56

- 账套自动批量备份。设置账套自动批量备份方案，系统会根据已设置的方案，自动在后台进行账套备份。
- 优化账套。账套使用时间较长，数据量会很大，系统就会变慢。系统提供了优化账套的功能，可以帮助用户减少这种性能下降的问题。
- 执行命令。为系统管理员提供一个管理数据库的工具，其语法请参考 SQL 数据库的相关图书。
- 注册账套。注册账套的功能是将其他数据服务器上的金蝶账套，加入当前的账套管理工具中，以实现中间层对多个数据服务器、多个账套的管理，可以通过此功能连接网络内的其他机器上的金蝶账套,从而方便用户操作。
- 取消账套注册。取消账套注册与注册账套的功能刚刚相反,它是将当前账套从账套管理工具中去除。

2.5.3 账套

"账套"菜单提供针对选中的账套文件进行管理的命令,"账套"菜单如图 2-57 所示。

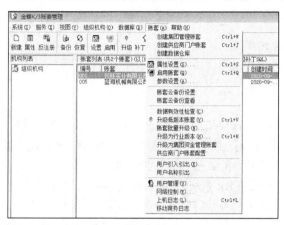

图 2-57

- 属性设置。对选中的账套进行属性管理。
- 启用账套。启用已经完成属性设置的账套。
- 参数设置。设置用户管理身份认证方式和离线查询功能。
- 数据有效性检查。在进行账套升级或结转账套前,使用该功能对账套数据的有效性进行检查,确保账套中数据的正确。
- 升级低版本账套。将账套从低版本升级到高版本。
- 升级为行业版本。将选中账套升级为行业账套。
- 用户引入引出。当系统中存在多个账套,用户名称相同时,如果逐一对账套进行授权,费时费力。用户引入引出功能允许将一个账套的用户组、用户及其权限复制到另一个或多个账套。
- 用户名称引出。用户名称引出功能可以将账套中的所有用户信息引出为一个文本文件。
- 用户管理。对选中账套的用户信息进行管理。
- 上机日志。查看用户选中账套的操作信息,如登录时间,从哪台机器上登录,做了哪些操作等。这样便于对系统的运行情况进行监控,确保数据的安全。
- 网络控制。为保证最大限度的网络并发控制和数据一致性,金蝶 K/3 提供了强大的网络控制功能,如账套备份、年度独占、月份独占和一般互斥等。正常情况下网络并发控制是由程序自动进行的,可以通过网络控制看到正在执行的任务。

2.6 课后习题

(1)什么是账套文件?
(2)建立账套之前需要确定哪些内容?
(3)备份的方法有几种?备份的方式有几种?
(4)将自己的姓名新增到"财务组"中并自行设置权限。

第 3 章 公共资料设置

本 章 重 点

- 科目、币别、凭证字设置方法
- 计量单位、结算方式设置方法
- 核算项目设置方法

公共资料在企业各部门中都要用到,是整个 ERP 系统的基础。用户在录入单据或凭证时,通过获取公共资料,如科目、币别、物料、客户等信息,可以快速生成所需要的单据。所有的凭证、单据都是由公共资料信息和具体的数量等信息组成的。

正确地管理公共资料,是 ERP 系统顺利应用的基本要求。公共资料的标准(如编码规则、名称等)必须得到各部门的认可,各部门应集合在一起开会讨论,定义出公认的数据规范,然后下发相关文档。如果一种材料,在仓库部门和技术部门的编码不一致,系统将会认定这是两种不同的材料,必然无法有效地对企业的业务进行真实处理。

参照第 2 章中关于登录金蝶 K/3 系统的内容,以"陈静"的身份登录"兴旺实业有限公司"账套,初次登录默认进入"我的工作台"窗口。为方便讲解和图片展示,本书采用流程图窗口模式,单击右侧的"切换到主控台"按钮,切换到主控台再单击"K/3 流程图"按钮切换到流程图窗口模式。

3.1 科 目

会计科目是填制会计凭证、登记会计账簿和编制会计报表的基础。会计科目是对会计对象具体内容分门别类进行核算所规定的项目。会计科目是一个完整的体系,是区别于流水账的标志,是复式记账和分类核算的基础。会计科目设置的完整性影响着会计过程的顺利实施,会计科目设置的层次、深度直接影响会计核算的详细、准确程度。除此之外,对于电算化系统,会计科目的设置还是用户应用系统的基础,是实施各个会计手段的前提。

会计科目的一级科目设置必须符合会计制度的规定,而在明细科目上,核算单位可以根据实际情况,在满足核算和管理要求及报表数据来源的基础上进行设置。会计科目设置的重点是明细科目和属性的设置。

"科目"公共资料允许用户对财务上使用的"会计科目"进行管理,如新增、修改、删除和禁用科目等操作。正确地对会计科目进行管理,是在以后的财务核算中进行有效核算的基础。

3.1.1 引入会计科目

金蝶 K/3 系统为用户预设有部分行业的一级会计科目和部分二级明细科目,包括新会计准则、企业会计制度和小企业会计制度科目等,需要用户先引入账套。详细的明细科目则由用户自行增加。

例3-1 向"兴旺实业有限公司"账套引入"新会计准则科目"。

(1) 单击窗口左下角的"▸"(展开)按钮,选择"系统设置"菜单,窗口左侧的系统列表会显示"系统设置"下的所有功能,选择"基础资料"→"公共资料"→"科目",此时右侧窗口同时显示"公共基础资料流程图",如图 3-1 所示。

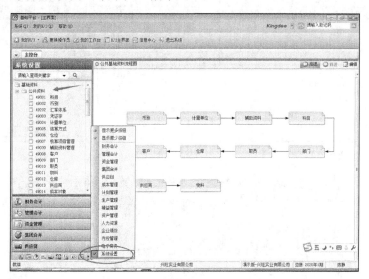

图 3-1

(2) 双击流程图中的"科目"功能按钮,或者双击左侧系统列表下的"科目"子功能,系统进入会计"科目"设置窗口,如图 3-2 所示。

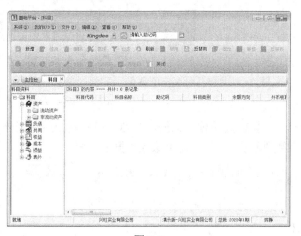

图 3-2

(3) 选择"文件"→"从模板中引入科目",弹出"科目模板"窗口,如图 3-3 所示。
(4) 单击"行业"下的下拉按钮,可以自由选择所需要的行业科目,单击"查看科目"按钮,可以查看该行业下预设的会计科目,如图 3-4 所示。
(5) 选择"新会计准则科目",单击"引入"按钮,系统弹出"引入科目"窗口,如图 3-5 所示。
(6) 单击"全选"按钮,再单击"确定"按钮,引入所有会计科目。稍后系统弹出"引入成功"提示,单击"确定"按钮返回会计"科目"设置窗口,引入科目后的窗口如图 3-6 所示。

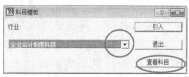

图 3-3

图 3-4

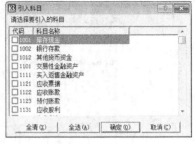
图 3-5

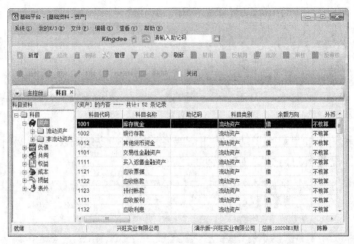
图 3-6

若屏幕上未显示所引入的会计科目，单击工具栏上的"刷新"按钮即可显示。

系统已将会计科目分为资产、负债、共同、权益、成本、损益和表外七大类，查看相应类别下科目的方法是单击该类别前的"+"号，可层层展开后查看。

 注　　在图 3-5 所示窗口中，如果不需要引入所有科目，单独勾选需要引入的科目，再单击"确定"按钮即可。

3.1.2 新增科目

从模板引入的会计科目已经预设有一级会计科目和部分二级明细科目，涉及更明细的核算科目时需要用户自行新增。选择"编辑"→"新增科目"，或者单击工具栏上的"新增"按钮，系统弹出"会计科目 - 新增"窗口，如图 3-7 所示。

窗口共有"科目设置"和"核算项目"两个选项卡。"科目设置"选项卡各项目解释如下。

- 科目代码：在账套中必须唯一，须先增加上级科目代码，再增加该科目的下级科目，明细级科目代码由"上级科目代码+本级科目代码"组成，中间用小数点进行分隔。如"1001.01"代码，表示一级代码是"1001"，二级代码是"01"，中间以"."间隔。该项目为必录项目。

- 助记码：在录入凭证时，为提高科目录入的速度，帮助记忆科目的编码。例如，"现金"科目的助记码设置为"xj"，则在凭证录入时在"会计科目"后输入"xj"，系统将会自动引用"现金"科目。该项目为非必录项目。
- 科目名称：会计科目的文字标识，输入的科目名称一般为汉字和字符。在命名科目名称时只需录入本级科目名称，不必带上级科目名称。该项目为必录项目。
- 科目类别：选择该科目所属的会计科目类别。该项目为必录项目。
- 余额方向：选择该科目的默认余额方向。该属性对于账簿或报表输出的数据有直接影响，系统将根据科目的默认余额方向来反映输出的数值。该项目为必录项目。

图 3-7

- 外币核算：指定该科目外币核算的类型，核算方式分3种。①不核算外币：不进行外币核算，只核算本位币，系统默认的是该方式。②核算所有外币：对本账套中设定的所有货币进行核算。③核算单一外币：只对本账套中某一种外币进行核算，使用这种核算方式，要求选择一种进行核算的外币的名称，系统在处理核算外币时，会默认使用在"币别"功能中输入的汇率。该项目根据管理情况设置。
- 期末调汇：当会计科目有设置外币核算时，设置期末是否进行汇率调整，如果选择期末调汇，则在期末执行"期末调汇"功能时对此科目进行调汇处理。该项目根据管理情况设置。
- 往来业务核算：选中此选项，凭证录入要求录入往来业务编号，以方便进行往来业务数据的核销处理，此项选择将影响到"往来对账单"和"账龄分析表"的输出。此项适合总账系统单独使用时设置。
- 数量金额辅助核算：设置该科目是否进行数量金额辅助核算，若进行数量金额辅助核算，要求选择核算的计量单位。该项目根据管理要求设置。
- 计量单位：选择科目的计量单位组及默认的计量单位。只有科目选择了数量金额辅助核算，此项目才可使用。
- 现金科目：选中此选项，指定为现金科目。现金日记账和现金流量中使用。
- 银行科目：选中此选项，指定为银行科目。银行日记账和现金流量中使用。
- 出日记账：选中此选项，查询"明细分类账"时，可以按日统计金额。
- 现金等价物：该选项供现金流量表取数使用。
- 预算科目：选中此选项，对该科目进行预算管理。同时单击"科目预算"按钮，系统弹出"科目预算"窗口，可以设置本科目的本年最高预算余额、本年最低预算余额等数据，如图3-8所示。
- 科目计息：选择此选项，则该科目参与利息的计算。
- 日利率：输入科目的日利率。只有选择了科目计息，日利率才可用。
- 科目受控系统：用户可以给明细的科目指定一个对应的受控系统。在用户录入应收应付系统中的收付款等单据时，系统将只允许使用那些被指定为受控于应收款应付款系统的科目。

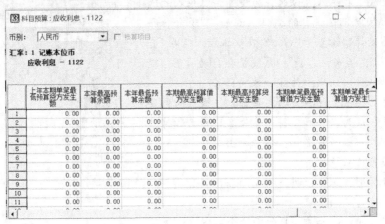

图 3-8

金蝶 K/3 为用户提供有多项目核算，可全方位、多角度地反映企业的财务信息，并且科目设置多项目核算比设置明细科目更直观、更简洁，处理速度更快。例如，企业的往来客户单位有 1000 个以上，如果将往来客户设置成明细科目，那么，应收账款的二级明细科目应该有 1000 多个；如果将往来客户设置成应收账款的核算项目，只要应收账款一个一级科目就可以了。每一科目可实现 1024 个核算项目的处理。切换到"核算项目"选项卡，如图 3-9 所示。

"核算项目"选项卡各项目分别解释如下。

- 增加核算项目类别：单击该按钮，系统弹出"核算项目类别"窗口，选择要进行核算的项目，如图 3-10 所示。该功能在本科目未使用的情况下才能使用，所以一般在初始化时就应对科目进行是否项目核算的设置。

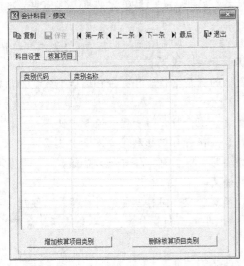

图 3-9　　　　　　　　　　　　图 3-10

- 删除核算项目类别：将不想进行项目核算的项目删除。必须在本科目未使用的情况下使用此功能。

3-2　新增表 3-1 中的所有会计科目。

表 3-1　　　　　　　　　　　　　　新增会计科目

科目代码	科目名称	科目代码	科目名称	科目代码	科目名称
1001.01	人民币	5101.02	房租	6602.01	房租
1001.02	港币	5101.03	水电费	6602.02	水电费
1002.01	工行东桥支行 125	5101.04	折旧费	6602.03	差旅费
1002.02	中行东桥支行 128 港币	5101.05	员工福利费	6602.04	业务招待费
2221.01	应交增值税	5101.06	员工工资	6602.05	办公费
2221.01.01	进项税额	6601.01	差旅费	6602.06	伙食费
2221.01.02	销项税额	6601.02	运输费	6602.07	工资
2221.01.03	已交税金	6601.03	业务招待费	6602.08	折旧费
4001.01	肖志向	6601.04	折旧费	6602.09	其他
4001.02	王成明	6601.05	员工工资	6602.10	坏账损失
5001.01	直接材料	6601.06	伙食费	6603.01	利息
5001.02	直接人工	6601.07	水电费	6603.02	银行手续费
5001.03	制造费用转入	6601.08	房租	6603.03	调汇
5101.01	伙食费				

新增"1001.01—人民币"科目。单击"新增"按钮，系统弹出"会计科目 - 新增"窗口，"科目代码"录入"1001.01"，"科目名称"录入"人民币"，如图 3-11 所示。

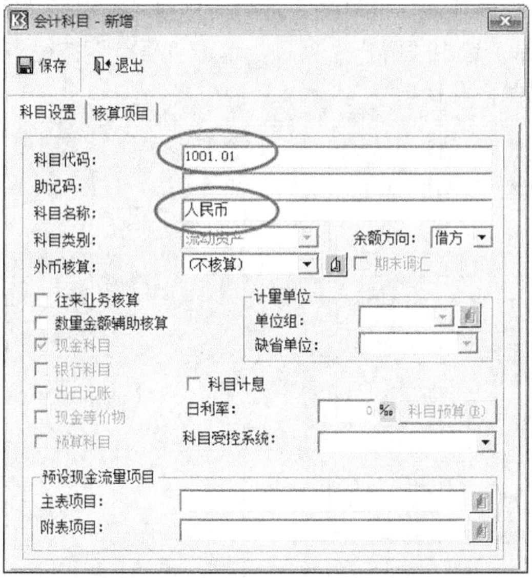

图 3-11

当录入"1001.02—港币"科目时，待"币别"管理中新增"港币"后再返回修改科目属性"核算单一外币"中的"港币"。

录入的科目名称相同时，系统会弹出"该科目名称在本账套已经存在，是否继续？"提示，根据实际情况选择即可。

3.1.3 修改科目

在日常账务处理过程中，需要对会计科目的属性进行修改，以增强核算功能，或者由于会计科目属性设置错误需要修改，可以利用"修改"功能对会计科目的属性进行修改。在"科目"资料窗口，选中要修改的"会计科目"，双击进入"会计科目 - 修改"窗口，对要修改的属性进行修改后，单击窗口上的"保存"按钮即可。

例3-3 修改"1001—库存现金"和"1002—银行存款"下的明细科目属性，选择"出日记账"；修改"1122—应收账款"和"2203—预收款"的科目属性，修改核算"客户"项目的功能，并且科目受控系统为"应收款系统"；修改"2202—应付账款"和"1123—预付款"的科目属性，修改核算"供应商"项目的功能，科目受控修改为"应付款系统"。

（1）选中要修改属性的会计科目。在"科目"资料窗口，选中"1001—库存现金"科目，双击进入"会计科目 - 修改"窗口，选中"出日记账"项目，如图3-12所示。

（2）单击"保存"按钮保存设置。用同样方法设置"1002—银行存款"科目。

图 3-12

（3）在"科目"资料窗口，选中"1122—应收账款"科目，双击弹出"会计科目 - 修改"窗口，"科目受控系统"选择"应收应付"，如图3-13所示。

（4）单击"核算项目"选项卡，再单击"增加核算项目类别"按钮，系统弹出"核算项目类别"窗口，如图 3-14 所示，选中"客户"项目，单击"确定"按钮，返回"会计科目 - 修改"窗口，单击"保存"按钮保存设置。

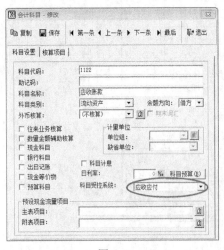

图 3-13

图 3-14

（5）同样方法修改"2203—预收款""2202—应付账款""1123—预付款"的科目属性。

> **注** 为什么在第（1）步中不选择现金下的明细科目修改属性？这是因为当修改上一级科目属性后，该科目下的明细科目会自动继承上级科目的属性。

3.1.4 禁用、反禁用科目

1．禁用科目

当不想使用某个会计科目时，可以禁用该科目，禁用后的科目不能再使用，不能录入涉及该科目的凭证，其他系统也不能使用该科目，并且不能修改、删除该科目。要禁用某一科目，先选中该科目，然后单击工具栏上的"禁用"按钮，或者右击，系统弹出快捷菜单，选择"禁用"命令。

 提示：如果要在"科目"资料窗口看到已禁用科目，选择"查看"→"选项"，系统弹出"基础资料查询选项"窗口，选中"显示禁用基础资料"，如图 3-15 所示，单击"确定"按钮，即可看到被禁用的基础资料。

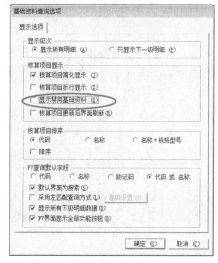

图 3-15

2．反禁用科目

若需要继续使用已被"禁用"的会计科目，可以进行反禁用。方法是选中已被"禁用"的会计科目，单击工具栏上的"反禁用"按钮。

3.1.5 删除、引出、预览、打印科目

1．删除科目

当不再使用某会计科目时，可以从账套中删除（已使用的科目不能被删除）——选中要删除的会计科目，单击工具栏上的"删除"按钮即可。

建议：系统引入的会计科目不要随意删除，因为这些科目与随后的资产负债表、利润表有关联，如果科目删除，可能在随后的报表中要重新设置公式，这样太烦琐。

2．引出科目

引出功能可以将会计科目资料从系统中引出为其他格式的文件，以供其他软件使用。可以引出的格式有 MS Excel、金蝶报表和 Text 等格式文件。操作方法是选择"文件"→"引出"，系统弹出"引出'科目'"窗口，如图 3-16 所示。选中要引出的"数据类型"，然后根据提示操作即可完成引出工作。

图 3-16

3．预览、打印科目

预览是预先查看会计科目资料的输出效果，如果不满意，可以随时进行格式和页面调整。

打印是对会计科目资料的预览效果满意后进行输出。

3.2 币　　别

币别项用于针对企业经营活动中所涉及的币种进行管理，功能有新增、修改、删除和禁用等。

当企业经营活动中有本位币以外的币别，则需要新增入系统以供调用，如港币、美元等币别。

例3-4 以表3-2中数据为例，介绍新增币别。

表3-2   币   别

币别代码	币别名称	记账汇率
HKD	港币	0.89

（1）在"系统设置"功能列表下，选择"基础资料"→"公共资料"，双击"币别"，系统弹出"币别"管理窗口，如图3-17所示。

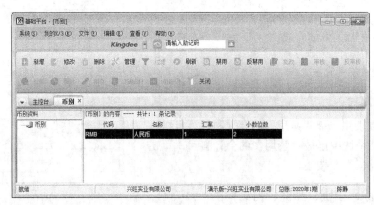

图3-17

（2）单击工具栏上的"新增"按钮，系统弹出"币别 - 新增"窗口，如图3-18所示。

- 币别代码：货币币别的代码，系统使用3个字符表示。建议使用惯例编码，如RMB、HKD等。货币代码尽量不要使用"$"符号，因该符号在自定义报表中已有特殊含义，如果使用该符号，在自定义报表中定义取数公式时可能会遇到麻烦。
- 币别名称：货币的名称，如人民币、港币等。
- 记账汇率：在经济业务发生时的记账汇率，期末调整汇兑损益时，系统自动按对应期间的记账汇率折算，并调整汇兑损益额度。
- 折算方式：系统提供两种折算公式。
- 金额小数位数：指定币别的精确的小数位数，范围为0~4。

（3）录入"币别代码"为"HKD"、"币别名称"为"港币"、"记账汇率"为"0.89"，如图3-19所示。

   图3-18   图3-19

（4）单击"确定"按钮保存设置，这时在"币别"管理窗口可以看到已经新增的"港币"。

3.3 凭证字

凭证字功能用于管理凭证处理时使用的凭证字,如收、付、转、记等,可以对凭证字进行新增、修改、删除等操作。

> 注 账套不使用总账系统时,凭证字可以不用设置。

3-5 新增"记"凭证字。

(1)选择"系统设置"→"基础资料"→"公共资料",双击"凭证字",系统弹出"凭证字"管理窗口,如图3-20所示。

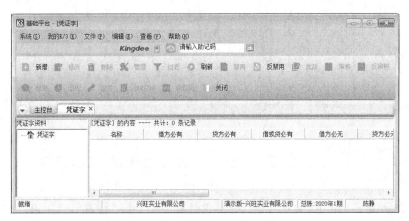

图 3-20

(2)单击工具栏上的"新增"按钮,系统弹出"凭证字 - 新增"窗口,在"凭证字"处录入"记",其他选项保持默认值,如图3-21所示。单击"确定"按钮保存设置。

- 科目范围:可以设置该凭证字使用的会计科目范围,如借方有某个科目时才能使用该凭证字。
- 限制多借多贷凭证:选中此选项,如是多借多贷凭证,则不允许保存该凭证,但可以保存一借一贷、一借多贷或多借一贷的凭证。

图 3-21

3.4 计量单位

计量单位是在系统进行存货核算和固定资产资料录入时,为不同的存货、固定资产设置的计量标准,如公斤、台、张等。

> 注 账套不使用固定资产管理系统和供应链系统时,计量单位可以不用设置。

3-6 以表3-3中数据为例,介绍新增方法。

表 3-3 计 量 单 位

组 别	代 码	名 称	系 数
重量组	01	公斤	1
	02	克	0.001
数量组	11	支	1
	12	张	1
固定资产	21	台	1
	22	辆	1

（1）选择"系统设置"→"基础资料"→"公共资料"，双击"计量单位"，系统弹出"计量单位"管理窗口，如图 3-22 所示。

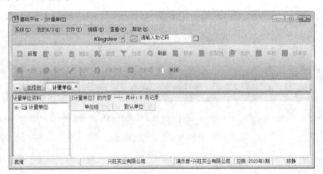

图 3-22

（2）需先新增一个组别。选中左侧"计量单位资料"下的"计量单位"，单击"新增"按钮，系统弹出"新增计量单位组"窗口，"计量单位组"录入"重量组"，如图 3-23 所示。

（3）单击"确定"按钮，保存设置并返回"计量单位"管理窗口，这时可以看到左侧新增的"计量单位组"资料。

（4）按步骤（2）的方法新增"数量组"和"固定资产"组。

（5）选中左侧窗口"计量单位"下的"重量组"，然后在右侧窗口任意空白处单击，再单击工具栏上"新增"按钮，系统弹出"计量单位 - 新增"窗口，录入"代码"为"01"、"名称"为"公斤"、"换算率"为"1"，如图 3-24 所示。

图 3-23

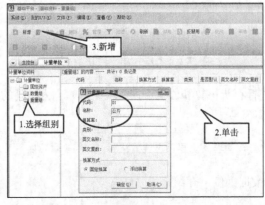

图 3-24

注

（1）换算率是计量单位与默认计量单位的换算系数。非默认计量单位与默认计量单位的换算关系为乘的关系，即 1（默认计量单位系数）×非默认计量单位系数。一个单位组中只能有一个默认计量单位。

（2）可以视管理要求决定是否录入英文名称和英文复数。

（6）单击"确定"按钮，保存设置并返回"计量单位"管理窗口，这时可以看到新增的"计量单位"资料。

（7）用步骤（5）的方法增加表中其他数据。

 注　新增"克"时注意系数，新增"张"时注意选择的单位组是"数量组"。

3.5　结算方式

结算方式是指管理往来业务中的结款方式，如现金结算、支票结算等。

例3-7　以新增表 3-4 中数据为例，介绍新增结算方式的方法。

表 3-4　　　　　　　　　　　结算方式

代　码	名　称
JF06	支票

（1）选择"系统设置"→"基础资料"→"公共资料"，双击"结算方式"，系统弹出"结算方式"管理窗口，如图 3-25 所示。

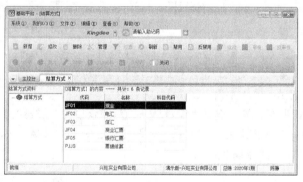

图 3-25

（2）单击工具栏上的"新增"按钮，系统弹出"结算方式 - 新增"窗口，录入"代码"为"JF06"、"名称"为"支票"，如图 3-26 所示。

（3）单击"确定"按钮，保存设置并返回"结算方式"管理窗口，这时可以看到窗口中已经新增的结算方式。

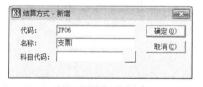

图 3-26

 注　"科目代码"设置的是哪个银行科目可以使用此结算方式，空值表示任意银行科目都可以使用。

3.6 仓　　位

仓位档案主要管理物料存放位置，是为了更明细地管理物料，如五金类放在五金仓位、塑胶类放在塑胶仓位。仓位档案与仓库档案是不相同的，仓库档案是仓库的具体名称，如原材料仓、半成品仓，仓位档案表示物料具体存放在仓库的哪个位置。

 注　若账套不使用供应链相关系统，仓位可以不设置；或者公司不想使用"仓位"来管理物料，也可以不用设置。

仓位档案的具体设置方法如下。

（1）选择"系统设置"→"基础资料"→"公共资料"，双击"仓位"，系统弹出"仓位"管理窗口，如图 3-27 所示。

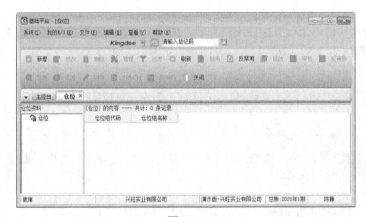

图 3-27

（2）进行仓位档案设置时，需要先设置一个"仓位组"，选择"编辑"→"新增仓位组"，系统弹出"仓位组新增"窗口，录入仓位组代码和仓位组名称，例如，"仓位组代码"录入"01"，"仓位组名称"录入"塑胶位"，如图 3-28 所示。

单击"确定"按钮保存设置，选择"编辑"→"新增仓位"，系统弹出"仓位 - 新增"窗口，如图 3-29 所示，再具体录入详细的仓位信息，录入完成后单击"保存"按钮保存设置。仓位档案的修改、删除等操作方法可参照前面章节。

图 3-28

图 3-29

3.7 核算项目

在金蝶 K/3 中,核算项目是操作相同、作用类似的一类基础数据的统称。把具有这些特征的数据统一归到核算项目中进行管理,这样比较方便,操作也比较容易。

核算项目的特点如下。

(1) 具有相同的操作,如新增、修改、删除、禁用、条形码管理、保存附件和审核等,并可以在单据中通过 "F7" 功能键进行调用。

(2) 核算项目是构成单据的必要信息,如录入单据时需要录入客户、供应商、商品、部门和职员等信息。

(3) 本身可以包含多个数据,并且这些数据需要以层级关系保存和显示。

选择 "系统设置" → "基础资料" → "公共资料",双击 "核算项目管理",系统弹出 "核算项目"管理窗口,如图 3-30 所示。单击核算项目前的 "+" 号可以层层查看相应类别下的内容。

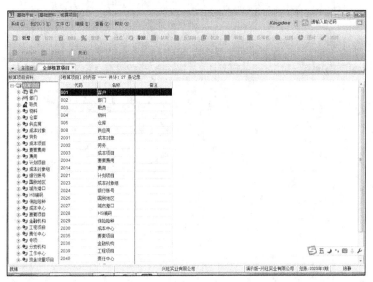

图 3-30

系统中预设多种核算项目类型——客户、部门、职员、物料、仓库、供应商、成本对象、劳务、成本项目、要素费用、费用、计划项目和现金流量项目等。用户可以根据自身需要定义核算项目类型。不要求设置所有核算项目,根据所使用的系统设置相关核算项目即可。

3.7.1 客户

客户是企业生产经营的对象,准确地设置客户信息对往来账务管理非常有利。客户资料在以下情况需要设置。

(1) 单独使用总账系统时,如果会计科目中的属性 "核算项目" 设置为 "客户",则客户资料需要设置。

(2) 使用应收款管理系统时,需要设置客户资料,因为在录入发票、其他应收单据时,需要调用客户信息。

(3)使用销售管理系统时,需要设置客户资料,因为在录入销售订单、销售合同、销售发货等单据时需要调用客户信息。

1. 新增

例 3-8 以新增表 3-5 中数据为例,介绍"客户"资料的新增方法,操作步骤如下。

表 3-5 客 户

代码	名 称	信用管理	默认运输提前期	应收科目	预收科目
01	深圳科林	是	1	1122	2203
02	东莞丽明	否	2	1122	2203

(1)在"核算项目"管理窗口,先选择"核算项目"→"客户",再在窗口右侧的"[客户]的内容"处的任意位置单击,再单击工具栏上的"新增"按钮,系统弹出"客户 - 新增"窗口,如图 3-31 所示。

图 3-31

"客户-新增"窗口有"项目属性""参数设置"两个选项卡,同时在"项目属性"下有"基本资料""应收应付资料""进出口资料""图片"和"条形码"5 个选项卡窗口。

① "基本资料"选项卡主要维护客户的一些基本信息,如公司名、地址、电话和联系人等。

● 代码:客户编号,金蝶 K/3 中一个代码只能标识一个客户。

● 名称和全名:都是客户名称,前者是本客户的具体名称,类似短代码,由用户手工录入;后者是包括上级名称在内的客户名称,类似长代码,由系统自动给出。

● 状态:有使用、未使用和冻结 3 种状态可以选择,对于未使用和冻结状态的客户,系统控制不提供业务处理,但如果改变了状态,之前的发生额可以显示在相关查询报表中。

● 是否进行信用管理:是销售管理和应收款管理系统中信用管理需要控制的属性,选中该选项后,还需到"基础资料"→"应收款管理"→"信用管理"下,进行信用资料的设置。

② "应收应付资料"选项卡用于设置客户资料在应收系统中需要使用的一些客户信息,如该

客户发生业务时的应收账款科目是什么，预收账款的科目是什么等信息。

③ "进出口资料"选项卡是设置进出口系统中需要使用的客户信息。

④ "图片"选项卡可以将客户的一些图片信息引入系统，如公司照片，为该客户生产的产品照片等。

（2）在基本资料窗口，录入"代码"为"01"、"名称"为"深圳科林"，勾选"是否进行信用管理"，默认运输提前期设置为"1"，切换到"应收应付资料"窗口，根据表 3-5 选择正确的科目。设置完成后单击"保存"按钮进行保存。单击"退出"按钮返回核算项目管理窗口，这时可以看到已经新增的客户资料。

> 注
> （1）若客户还需要分类，如分为大客户、一般客户之类，则在"客户 - 新增"窗口单击工具栏上的"上级组"按钮，先建立分类，再在相应类别下新增客户。
> （2）只使用总账系统，则只需输入代码和名称即可。

（3）其他客户资料请读者自行增加，新增完成后的窗口如图 3-32 所示。

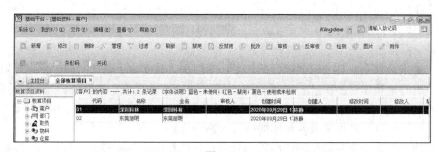

图 3-32

2. 修改

客户资料录入完成后，当客户属性中的某个项目内容需要修改时，在核算项目管理窗口中，选中需要修改的客户记录，双击进入该客户的档案"修改"窗口，修改所需要的项目内容，再单击"保存"按钮即可。

3. 审核

为预防资料被意外或恶意修改、删除，金蝶 K/3 提供客户档案审核功能，当审核后项目需要修改时，必须经过"审核人"反审核后才能进行修改。审核方法是在核算项目管理窗口中，选中要审核的记录，然后单击"审核"按钮。

4. 反审核

当审核后的项目需要修改时，必须经过反审核后才能进行修改。

5. 附件

附件是金蝶 K/3 的一个突出亮点，当项目中的基本属性不能满足表达该项目的要求时，可以通过附件进行解释，如客户属性中没有"工厂照片"，我们可以通过附件形式将该照片文件附在该客户信息上，以供查看。它的功能类似 E-mail 中的附件功能。操作方法如下。

（1）在核算项目管理窗口，选中需要增加附件的客户，如"深圳科林"。单击工具栏上的"附件"按钮，系统弹出"附件管理 - 编辑"窗口，如图 3-33 所示。

图 3-33

(2) 单击"附件说明",这时系统会自动增加一个项目,并且自动增加序号,在附件说明中进行录入,再单击"附件文件名"旁的"获取"按钮,系统弹出"请选择附件文件"窗口,正确选择"存放位置"和"文件名"即可。

(3) 附件文件设置完成后,在"附件管理 - 编辑"窗口中选中要打开的附件记录,单击"打开"按钮,即可查看附件内容;若不需要设置,则选中后单击"删除"按钮,然后单击"确定"按钮保存设置。

3.7.2 供应商、部门、职员

供应商:管理为企业提供各种物料的供应商信息。供应商资料在以下情况中需要设置。

(1) 单独使用总账系统,且会计科目中的属性设置"核算项目"为"供应商"时,供应商资料需要设置。

(2) 使用应付款管理系统时,需要设置供应商资料,因为在录入发票、其他应付单据时,需要调用供应商信息。

(3) 使用采购管理系统时,需要设置供应商资料,因为在录入采购订单、采购合同等单据时,需要调用供应商信息。

部门:用来设置企业各个职能部门的信息,是指某核算单位下辖的具有分别进行财务核算或业务管理要求的单元体,它不一定是实际中的部门机构(也就是说,如果该部门不进行财务核算,则没有必要在系统中设置该部门)。如果需要使用工资管理、固定资产管理、供应链等系统时,建议完整录入部门资料,以供录入各种单据时引入部门信息。

职员:用来设置企业各职能部门中需要对其进行核算和业务管理的职员信息,不需将公司所有的职员信息都设置进来,如生产部门就只需设置生产部负责人和各生产部文员即可,一般的生产人员在此没必要设置。若需要使用工资系统,建议完整录入职员资料,以供工资系统引入职员信息。

供应商、部门和职员的管理方法与客户资料的管理方法类似,读者可自行将表3-6、表3-7和表3-8中的资料录入系统。

表3-6　　　　　　　　　　　　供 应 商

代　码	名　　称	应　付　科　目	预　付　科　目
01	深圳南丰实业	2202	1123
02	深圳东方货运	2202	1123

表3-7　　　　　　　　　　　　部　　门

代　码	名　称	部门属性	代　码	名　称	部门属性
01	总经办	非车间	05	仓库	非车间
02	财务部	非车间	06	PMC	非车间
03	销售部	非车间	07	生产部	车间
04	采购部	非车间	08	行政部	非车间

表 3-8　　　　　　　　　　　职　员

代　码	姓　名	部　门	代　码	姓　名	部　门
01	肖志向	总经办	09	游计划	PMC
02	陈静	财务部	10	李小明	生产部
03	张春	财务部	11	李大明	生产部
04	王丽	财务部	12	王长明	生产部
05	吴晓英	财务部	13	李闻	行政部
06	郝销售	销售部	14	张工程	生产部
07	郑采购	采购部	15	南计算	财务部
08	易保管	仓库			

3.7.3 物料

用来设置企业中所涉及的所有物料档案，如原材料、半成品、产成品等。单独使用总账系统时根据管理要求确定是否设置物料资料；使用供应链系统时必须设置物料档案，以供各种出、入库单据引用物料信息。

物料管理在生产型企业中处于重要环节，只有正确设置物料属性，才能进行相关处理。如物料设置为"外购"属性，则系统在进行"物料需求计划"计算时，会生成采购计划单；将原材料A的提前期设置为3天，而生产需在2019年3月15日使用该原料，并且没有多余的该原料，则系统展开MRP计算时会自动计算出该物料应该在2019年3月12日下达采购订单和采购数量，以保证生产的正常进行。系统还提供最高库存、最低库存控制功能。

物料管理具有增加、修改、删除、复制、自定义属性、查询、引入、引出和打印等功能，对企业所使用物料的资料进行集中管理。与其他核算项目一样，物料也可以分级设置，用户可以从第一级到最明细级逐级设置。

物料设置窗口含有11个选项卡——基本资料、物流资料、计划资料、设计资料、标准数据、质量资料、进出口资料、服务资料、图片、条形码和附件，如图3-34所示。每个选项卡同时包含不同的物料属性信息，不必对每一个属性进行设置，只要根据用户所使用的系统情况，具体设置对应物料的属性即可。

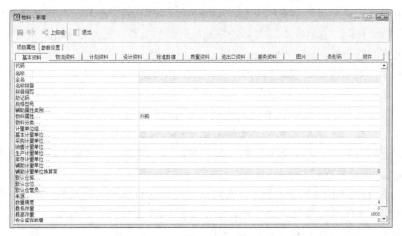

图 3-34

1. 基本资料

"基本资料"选项卡主要管理物料的一些基本信息,这些基本信息是各个系统都会使用的信息,如物料代码、名称、规格型号和计量单位等信息。

- 物料代码:物料的编号,在系统中一个代码只能标识一个物料。代码可以是数字、字母,或者两者的组合,建议中间不要带有特殊符号,如+、-、%等。在此录入该物料的长代码,如 1 是原材料,笔芯是原材料下的一种,则代码是"1.001",代码的上下级以"."(小数点)间隔。代码在物料资料中是必录项目。
- 名称和全名:两者都是物料名称,前者是该物料的具体名称,由用户手工录入,后者是包括上级名称在内的物料名称,类似长代码,由系统自动给出。名称是一个必录项目。
- 名称拼音和拼音缩写:根据名称字段自动生成。
- 助记码:为方便记忆物料,可以为物料设置助记码。助记码为可选录项目。
- 规格型号:录入物料的规格型号。此为可选录项目。
- 辅助属性类别:如果物料需要特殊属性,如需要对颜色、尺寸加以区分,则应先在"辅助资料管理"中进行设置,才能录入。此为可选录项目。
- 物料属性:物料属性是物料的基本性质和生产状态。用户需要从系统设定的 9 种属性中选择,包括规划类、配置类、特征类、外购、委外加工、虚拟件、组装件、自制和自制(特性配置)。物料属性是必录项目。如果要使用物料需求计划系统,则属性必须设置正确,否则系统进行 MRP 计算时,计算出的单据会是错误的。

(1)规划类:是针对一类产品定义的、为预测方便而设的、需要在预测时按类进行计划的一类物料。规划类的物料不是具体的物料,而只是在产品预测时使用的物料虚拟类别。也就是说,对应的物料是产品类,不是具体的产品。

在 BOM 中,规划类的物料可以是父项,也可以是子项,但该类物料只能划在规划类物料下,作为其他规划类物料的子项,而不能作为其他物料属性物料的子项进行定义。在产品预测单中可以录入对规划类物料的预测,在计算过程中会自动按比例分解到具体的物料。

(2)配置类:指该物料存在可以配置的项,是客户对外形或某个部件有特殊要求的产品,其某部分结构由用户指定。配置类的物料只能作为规划类物料的子项,而不能作为其他物料属性物料的子项进行定义。

(3)特征类:特征类物料与配置类物料配合使用,表示可配置的项的特征。它不是实际的物料,在 BOM 中只能是配置类物料的下级。特征类物料的下级才是真正由用户选择的物料。如汽车的颜色作为特征件,颜色本身不是实际的物料,但颜色是可由用户选择的,其下级可能是黄色、黑色,这才是实际的物料。

(4)外购:指从供应商处取得的物料,可以作为原材料来生产产品,也可以直接用于销售。在 BOM 设置中,不可以作为父项存在。

(5)委外加工:指该物料需要委托其他单位进行生产加工。

(6)虚拟件:指由一组具体物料(实件)组成的、以虚拟形式存在的成套件。如家具生产行业中,销售的产品为桌子,而实际发出的是能拼装成桌子的桌面、桌腿、零件等实件,此时这个"桌子"实际上就是一种虚拟件。

以虚拟属性存在的物料不是一个具体物料,不进行成本核算。当记载有虚拟件的销售订单关联以生成销售出库单时,虚拟件在销售出库单上展开,以子项的形式出库。

(7)组装件:是指一组物料组成的成套件。

（8）自制：指物料由企业自己生产制造的产成品。在系统中，如果是自制件，可以进行 BOM 设置，在 BOM 中，可以设置为父项，也可以设置为子项。

（9）自制（特性配置）：可以设置物料对应特性，并作为自制类或委外类物料特性配置方案的来源物料，自制（特性配置）类物料在业务应用上功能与自制类物料基本相同。

- 物料分类：物料所属的类别，其内容来源于辅助资料中的"物料类别"。此为可选录项目。
- 计量单位组：选择该物料采用的计量单位所处的计量单位组。此为必录项目。
- 基本计量单位：基本计量单位就是每个单位组中作为该物料的标准计量单位，其他计量单位都以它作为计算依据。每个物料必须有一个基本计量单位。
- 采购计量单位：设置后采购管理的单据默认使用该计量单位。此为可选录项目。
- 销售计量单位：设置后销售管理的单据默认使用该计量单位。此为可选录项目。
- 生产计量单位：设置后生产任务管理的单据默认使用该计量单位。此为可选录项目。
- 仓存计量单位：设置后仓存管理的单据默认使用该计量单位。此为可选录项目。
- 辅助计量单位：系统不会根据计量单位组自动携带浮动换算比例的计量单位，但是可以指定浮动换算比例的计量单位。此为可选录项目。
- 辅助计量单位换算率：系统根据辅助计量单位自动携带其浮动换算率，允许修改，在新增单据录入物料代码后，系统自动携带此处的换算率内容计算辅助计量单位数量。
- 默认仓库：默认仓库表明当前物料默认存放的仓库。在进行库存类单据的录入时，系统自动携带仓库信息，并且系统会根据仓存系统提供的选项"录单时物料的仓库和默认仓库不一致时给予提示"，来判断是否对仓库的确定予以提示，避免仓库选择错误。此为可选录项目。
- 默认仓位：如果默认仓库是进行仓位管理的，该属性就表明当前物料默认存放仓库所属的最明细级仓位。它与默认仓库一样，都是为方便用户而设置的，系统自动将默认仓库所属仓位组的默认仓位带出，供用户选择确认；如果不选择默认仓库就不能选择默认仓位。此为可选录项目。
- 来源：如果是外购物料，则是该物料默认供应商；如果是自制物料，则是该物料默认生产部门，是为用户处理业务单据的方便性而设的。此为可选录项目。
- 数量精度：确定物料在单据和报表中数量数据显示的小数位数长度，用户根据需要可随时设定。
- 最低存量、最高存量、安全库存数量：设置物料的最低存量、最高存量、安全库存数量，当系统设置了相关预警参数，在录入各业务单据时，若该物料的现存量与所设置的最低存量、最高存量和安全库存数量有冲突，系统会弹出提示窗口。这起到控制企业现存的存货价值的作用。此为可选录项目。
- 使用状态：是指物料当前的状态，目前内容包括逐步淘汰、将使用、历史资料、使用；物料使用状态仅在报表统计时使用，在单据中没有相应的控制。此项可随时修改。
- 是否为设备：对于某些外购类的物料，当企业用于生产用途时就成为设备，需要进入设备管理系统进行维护。系统规定只有外购类的物料才能成为设备。
- 设备编码：设备对应的编码。基础资料处的设备编码信息由设备档案系统反填，不需要用户维护。
- 是否为备件：系统规定外购类、委外加工类和自制类的物料都可以设置为备件。
- 批准文号：物料的批准文号，只供参考查看。

- 别名：物料的别名称呼，只供参考查看。

2. 物流资料

"物流资料"选项卡用于管理物料的物流信息，如保质期、是否采用业务批次管理和盘点期等。

- 采购负责人：当前物料的主要采购责任人员，该属性主要应用于采购报表的汇总选项。此为可选录项目。
- 毛利率（%）：毛利占销售收入的百分比，该字段目前只是在销售订单预评估时作为参考使用。此为可选录项目。
- 采购单价：采购物料时以基本计量单位计算的标准采购单价，单位为本位币货币。此为可选录项目。
- 销售单价：销售物料时以基本计量单位计算的标准销售单价，单位为本位币货币。此为可选录项目。
- 是否进行保质期管理：是否进行保质期管理是物料保质期管理的唯一确定依据，是食品、医药等行业要重点关注的。
- 保质期（天）：保质期用于确定具体的保质期限，系统要根据该期限确定物料是否到期，并提供到期日计算功能。使用该属性，用户在日常录入物料时可以自动带入单据相应字段，也可以直接修改。
- 是否需要库龄管理：选中此项，可以根据入库日期进行库龄分析，可以根据库龄输出相关报表。
- 是否采用业务批次管理：选中此项，则该物料在进行业务单据处理时，必须录入批号，方可保存。
- 是否需要进行订补货计划的运算：选中此项后，才可以对物料的订补货计划进行运算，否则该物料不能进行订补货计划。
- 失效提前期（天）：物料保质期提前的期限，目前只供参考查看。
- 盘点周期单位、盘点周期、每周/月第几天：设置物料盘点情况。此为可选录项目。
- 上次盘点日期：系统根据最近一次进行盘点操作的日期自动回填。
- 外购超收比例、外购欠收比例：是指外购入库时允许超过和低于计划数量的比例。
- 销售超交比例、销售欠交比例：是指销售出库时允许超过和低于计划数量的比例。
- 完工超收比例、完工欠收比例：是指完工入库时允许超过和低于计划数量的比例。
- 计价方法：是指存货出库结转存货成本所采用的计价方法，如先进先出法、后进先出法和加权平均法等。日常收发时，系统根据该物料所选定的计价方法，通过存货核算系统进行成本核算、生成凭证等管理，并统一将业务资料按规则自动形成财务信息，传入总账系统。此为必选项目。
- 计划单价：是指采用计划成本法计价时，物料所规定的计划单价。
- 单价精度：确定单据和报表中物料单价数据显示的小数位数，用户根据需要设定，可随时修改。
- 存货科目代码：物料作为存货对应的最明细会计科目，是物料重要的核算属性。可以通过设置凭证模板，在自动生成记账凭证时将核算类单据的相关采购成本、结转生产等成本直接对应归入该科目账户，还可以明细到该科目下挂的具体核算项目下，特别应用于仓存单据的凭证处理中。此为必须录入数据的项目。

- 销售收入科目代码：销售收入科目代码是当前物料用于销售时所对应的最明细会计科目，是物料重要的核算属性。录入后，可以通过设置凭证模板，在自动生成记账凭证时将销售发票的相关销售收入金额直接对应归入该科目账户，还可以明细到该科目下挂的具体核算项目下。此为必须录入数据的项目。
- 销售成本科目代码：销售成本科目代码是当前物料用于结转销售成本时所对应的最明细会计科目，是物料重要的核算属性。录入后，可以通过设置凭证模板，在自动生成记账凭证时将销售出库单据的相关销售成本直接对应归入该科目账户，还可以明细到该科目下挂的具体核算项目下。此为必须录入数据的项目。
- 成本差异科目代码：成本差异科目代码是当前物料采用计划成本法计算计划差价时所对应的最明细会计科目。此为可选录项目。
- 代管物资科目代码：是当前物料作为代管物资时所对应的最明细会计科目。
- 税目代码：物料核算时所使用的税目代码，从辅助资料中获取。
- 税率（%）：指当前物料的税率。
- 成本项目：物料进行成本核算时所隶属的成本项目。
- 是否进行序列号管理：是物料进行序列号管理的唯一依据，即当前物料是否实行序列号管理。
- 必须进行 SN 绑定：针对 PDA 工序汇报，勾选此项，则 PDA 上进行工序计划汇报/工序汇报批量录入时必须扫描带 SN 的二维码。
- SN 物料汇报时必须有 SN：针对 PDA 工序汇报，勾选此项，则 PDA 上进行工序计划汇报/工序汇报批量录入时会判断该 SN 有没有作为父项物料进行过 SN 绑定，绑定过才允许汇报。

3．计划资料

"计划资料"选项卡用于管理生产和计划系统需要使用到的信息，如提前期、订货策略、最小定量和最大定量等信息。

- 计划策略：指明物料以什么方式进行计划，其中主生产计划（MPS）类的物料需求来源为独立需求，要进行主生产计划运算；物料需求计划（MRP）和总装配（FAS）类目前暂不区分，都表示用物料需求计划（MRP）方式进行计划，"无计划"物料表示此物料不进行需求计划计算。

计划策略为 MPS 的物料，其需求计算在主生产计划中进行；如果业务流程中不进行主生产计划计算，只运行 MRP，则 MPS 物料也在 MRP 中进行计算。

计划策略为 MRP 的物料，其需求计算在物料需求计划中进行。但如果其下级物料为 MPS 物料，该物料也会在 MPS 中计算处理。

可以将完成品、重要的半成品、提前期特别长的物料设为 MPS 物料，进行主生产计划运算；将一般的自制件、采购件设为 MRP 物料；将数量大、金额小的不重要的物料设为"无"。

- 计划模式：有继承 BOM 中父件（IHT）、MTO 计划模式（MTO）、MTS 计划模式（MTS）等 3 个选项。当"是否进行序列号管理"为选中，则计划模式代码必须为 MTS。
- 订货策略：系统提供期间订货量（POQ）、批对批（LFL）、固定批量（FOQ）、再订货点（ROP）等 4 个选项。主要用于主生产计划（MPS）或物料需求计划（MRP）计算时对批量调整的不同处理。
- 固定提前期：固定提前期是指生产、采购不受批量调整的提前期部分。若需要使用计划系统，则需要录入本项目。
- 变动提前期：变动提前期是指生产受到需求批量影响的提前期部分，在取数时，表示生产变动提前期批量所需要的总的时间减去固定提前期。若需要使用计划系统,则需要录入本项目。

- 累计提前期:表示某物料从采购所有的原材料到成品装配入库的整个过程所需要的时间。该项在"BOM 维护"中的"计算累计提前期"后填写。
- 订货间隔期(天):物料订货策略为期间订货法时,两次订货的时间间隔,单位为天。
- 最小、最大订货批量:最小订货批量是指每次订货量不能低于此值;最大订货批量是指每次订货量不能大于此值。
- 批量增量:指物料的最小包装单位或最少生产数量。
- 固定/经济批量:是指每次订货最佳的批量。
- 变动提前期批量:变动提前期批量是和变动提前期联合使用的一个参数,用户可以定义为一个最佳生产批量,或者其他比较容易统计的生产量。
- 需求时界和计划时界:需求时界是在 MPS/MRP 计划期间的一个时间点,设定于目前日期与计划时界之间。在目前日期到 DTF(demand time fence,需求时界)之间,包含确认的客户订单。在此期间内,除了经过仔细分析和上级核准修改外,不能修改生产计划。计划时界介于需求时界和计划期间的最后日期之间,在需求时界和计划时界之间包含了实际及预测的订货,而在计划时界之后则只有预测的客户订单。
- 默认工艺路线:自制类物料生产时默认使用的工艺路线。
- 默认生产类型:自制类物料生产时默认使用的生产类型。在计划系统生成生产任务单时,会取该值作为默认值。
- 生产负责人:用于记录物料的生产负责人。
- 计划员:指定该物料计划制定人,MPS/MRP 指定计划员时,该计划员负责的物料参与计算。
- 是否倒冲:在制作 BOM 单据时,系统能够根据倒冲的物料标识自动带出倒冲仓库、仓位等信息。
- 倒冲仓库、倒冲仓位:选择倒冲时的仓库和仓位,未选中"是否倒冲",则该字段不可用。
- 投料自动取整:如果选上此项,则投料时该物料进行取整处理,否则维持原数据。
- 日消耗量:表示订货策略为再订货点的物料每天的使用量。
- MRP 计算是否合并需求:选中此项,表示要对该物料进行需求跟踪,计划系统在计算需求的过程中会对每个需求单据计算净需求,并进行跟踪查询;否则会将所有的需求按日期进行合并,再进行净需求的计算。
- MRP 计算是否产生采购申请:选中此项,MRP 计算后自动产生采购申请单,不选中此项,不自动产生采购申请单。
- 控制类型:可选值包括"看板"和"MRP",默认值为"MRP"。只有物料属性为"外购""自制",且未禁用的物料才能设置为"看板"控制类型,其他物料属性的物料只能设为"MRP"。注意,带有辅助属性的物料不能设置为看板控制类型。批号控制物料不能设置为看板控制类型。序列号管理的物料不能设置为看板控制类型。保质期管理的物料不能设置为看板控制类型。
- 控制策略:可选值包括"一次性"和"循环"。只有当物料的控制类型为"看板"时,此字段才可以维护。
- 容器名称:说明采用什么容量存放。

- 看板容量：只允许输入正整数，默认值为 1。修改物料资料时要检查此物料是否存在看板环路，如果存在看板环路，则此字段不可修改。
- 辅助属性参与计划运算：当物料为"自制""外购""委外""虚拟"，并且辅助属性类别"非空"时，此参数可以维护，默认为否。当勾选此参数，BOM 录入时，辅助属性字段必录；所有参与 MPS/MRP/MTO 计算的需求、预入、已分配单据入时，辅助属性字段必录；MPS/MRP/MTO 计算时以"物料+辅助属性"维度进行计算。

4．设计资料

"设计资料"选项卡主要保存物料的设计属性，如长度、宽度、高度等内容。这些内容根据实际情况录入。本选项卡项目为可选录项目。

5．标准数据

"标准数据"选项卡主要管理物料的标准项目信息，如标准成本、标准工时等。本选项卡项目为可选录项目。

- 单位标准成本：指生产一单位该物料所耗费的成本费用，如物料属性为"外购"，则在订单成本预测中直接作为单位预测成本。
- 单位标准工时：生产物料所耗费的单位标准工时。
- 标准工资率：指生产一单位该物料耗用一单位工时所需工资费用，可用于订单成本预测。
- 变动制造费用分配率：指生产一单位该物料耗用一单位工时所需的变动制造费用，可用于订单成本预测。
- 单位标准固定制造费用金额：一单位物料耗用的固定制造费用金额，可用于订单成本预测。
- 单位委外加工费：一单位物料委外加工需耗用的委外加工费，可用于订单成本预测。
- 单位计件工资：一单位物料需耗用的工资，可用于订单成本预测。

6．质量资料

"质量资料"选项卡主要管理与质量管理系统有关的信息，如检验方式等。如果要使用质量管理系统，则本选项卡信息为必录项目；不使用质量管理系统，为可选录项目。

- 检验方式：检验方式是指当前物料采用的检验方式，包括全检、抽检和免检 3 种选择。金蝶 K/3 系统提供了采购检验方式、产品检验方式、委外加工检验方式、发货检验方式、退货检验方式、库存检验方式和其他检验方式 7 个方式。
- 库存检验周期（天）：是指当前物料相隔多少天进行库存检验。
- 库存周期检验预警提前期（天）：是指当前物料提前多少天预警需要进行库存检验。
- 检验方案：如果选择了检验方式为全检或抽检，则该属性为必选项，可从给出的检验方案筛选框中直接选择。选择后，对于该物料系统就会采用相应的检验方案进行质量检验。
- 检验员：设置当前物料的主要检验责任人员。

7．进出口资料

"进出口资料"选项卡主要管理该物料的进出口信息。当要使用进口管理和出口管理系统时，本选项卡的项目需要设置；不使用进口管理和出口管理系统时，为可选录项目。

8．服务资料

"服务资料"选项卡管理本物料在销售出货后的保修设置。

9．图片

"图片"选项卡将物料的图片引入系统，以供不熟悉本物料的人员查看。单击"图片"选项卡，系统弹出"浏览图片"窗口,单击"引入"按钮,可以选择物料图片的存放位置和文件名,如图 3-35 所示;单击"引出"按钮,可以将图片另存至某个磁盘位置;单击"删除"按钮,可以将图片信息删除。

10. 条形码

"条形码"选项卡用于对物料的条形码信息进行管理,单击"条形码"选项卡,系统弹出"条形码管理"窗口,如图 3-36 所示,在该窗口可以进行条形码的设置和删除。

图 3-35

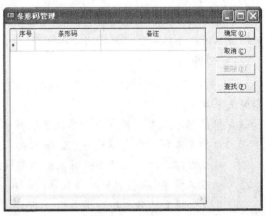
图 3-36

11. 附件

对于其他需要备注并且在各选项卡中不能设置的资料,可以用附件形式添加进来并进行管理。请读者自行新增表 3-9 中的物料资料。

表 3-9　　　　　　　　　　　　物　料

代　　码	1	1.01	1.02	1.03	2	2.01	3	3.01
名　　称	原材料	笔芯	笔壳	笔帽	半成品	笔身	成品	圆珠笔
物料属性	外购				自制			
计量单位组	数量组							
计量单位	支							
计价方法	加权平均法							
存货科目代码	1403				1405		1405	
销售收入科目代码	6001							
销售成本科目代码	6401							
计划策略	物料需求计划(MRP)							
订货策略	批对批(LFL)							
固定提前期		3	4	2		3		3

3.7.4 仓库

仓库档案用来管理企业存放物料的地方。仓库档案一般使用供应链系统时才进行设置。仓库档案管理方法可以参照 3.7.1 小节。新建立的账套仓库档案默认为空。

例 3-9 新增表 3-10 中仓库档案。

表 3-10　　　　　　　　　　仓　库　档　案

代　码	名　　称	仓库类型	是否 MPS/MRP 可用量
1	原材仓	普通仓	是
2	半成品仓	普通仓	是
3	成品仓	普通仓	是
4	赠品仓	赠品仓	否

（1）首先选中"仓库"项目，再在右侧任意位置单击，然后单击工具栏上的"新增"按钮，系统弹出"仓库 - 新增"窗口，如图 3-37 所示。

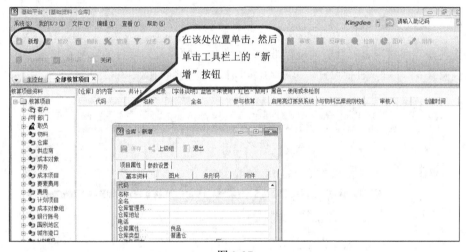

图 3-37

- 代码：录入仓库代码，必录项目。
- 名称：录入仓库名称，必录项目。
- 仓库管理员、仓库地址、电话：可以根据管理情况视要求录入。
- 仓库属性：选择该存放良品、不良品和在检品中的哪一种。
- 仓库类型：选择仓库类型，默认为普通仓。
- 是否 MPS/MRP 可用量：选中此项，该仓库参与 MRP 计算，即系统进行 MRP 计算时，考虑该仓库的物料情况；不选中此项，不参与 MRP 计算。
- 是否进行仓位管理：即该仓库是否下设仓位管理，或者说仓库结构管理。
- 仓位组：选中"是否进行仓位管理"项目时，则需要选择本项目。

（2）"代码"录入"1"，"名称"录入"原材仓"，"仓库类型"选择"普通仓"，选中"是否 MPS/MRP 可用量"项目，如图 3-38 所示。

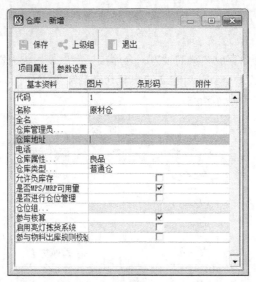

图 3-38

（3）其他项目保持默认值，单击"保存"按钮保存设置，继续新增其他仓库档案。

3.7.5 现金流量项目

现金流量项目对现金流量资料进行维护和管理，主要是处理项目的新增和修改操作。若需使用"现金流量表"，可以进行设置。"现金流量项目"的内容如图 3-39 所示。

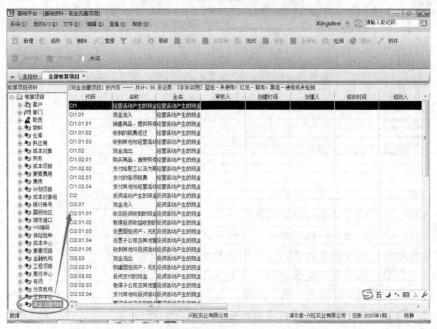

图 3-39

其他核算项目由于本书实例中不会涉及，在此暂不讲解，读者可以通过"F1"功能键来获取帮助，进行了解。

3.8 辅助资料

辅助资料是一个具体的核算项目或单据中经常使用的一些辅助属性或信息。这些属性或信息往往存在着多个属性值，这些属性值中有些是系统预先定义的固定的可选值，有些不是固定的，可以根据情况随时进行新增。例如，核算项目"职员"下的"职员的性别"属性，该属性定义就在辅助资料类别的"性别"中设置。

选择"系统设置"→"基础资料"→"公共资料"→"辅助资料管理"，系统进入"辅助资料"管理窗口，单击其中的选项即可显出具体的辅助信息，如单击"运输方式"选项，弹出图3-40所示的窗口，显示了"长途运输"等辅助信息。

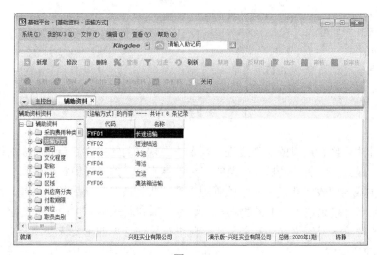

图 3-40

辅助资料的管理方法可以参照核算项目的管理方法。系统已经为每项辅助资料预设部分内容，基本可以满足企业需求，如果还需要细化，可以自行新增或修改。

3.9 课后习题

（1）会计科目是什么工作的基础？
（2）科目设置中的"科目受控系统"是什么功能？
（3）核算项目有什么特点？

第 4 章 销 售 管 理

本章重点

- 系统参数设置
- 销售合同管理
- 销售报价单
- 销售订单
- 销售发货和销售退货
- 销售发票
- 销售账表查询、销售分析

4.1 概 述

销售是企业生产经营成果的实现过程,是企业经营活动的中心。金蝶 K/3 的销售管理提供模拟报价、合同、报价、订货、发货及开票的完整销售流程,并可对销售价格和折扣进行监控。

由销售而生成的应收账款经过应收款管理之后,成为核算企业的收入来源。对于以销定产的生产型企业,销售订单也成为企业的物料需求计划、原材料采购和生产计划的重要数据。对于贸易性企业,销售订单(或销售预测)是采购部门进行采购订单的重要依据。

1. 需要设置的内容

- 公共资料:包括科目、币别、计量单位、客户、部门、职员、物料及仓库等,公共资料是本系统所涉及的最基础资料,必须设置,否则在进行单据处理时会受到相应的限制。
- 销售管理基础资料:金蝶 K/3 系统为用户提供公共资料的同时,又针对单独系统提供设置该系统基础资料的功能。销售管理基础资料有收款条件、价格资料维护、批号管理维护、信用管理维护、折扣方案维护、物料对应表维护、备注资料、条形码规则、条形码关联、客户 BOM 和批号对应表、物料辅助属性、序列号管理、存量管理、组装件 BOM 录入和组装件 BOM 维护。基础资料可以根据管理要求来确定是否进行设置。
- 初始化:系统进行初始化时,需要进行以下设置——设置系统参数、录入初始数据、录入启用期间前的未核销销售出库单及启动业务系统。
- 系统设置资料:系统设置针对该系统的参数进行再详细化设置,包含单据类型、打印控制、系统设置、单据设置、多级审核管理和业务流程设计设置。

公共资料和初始化是必须设置的。销售管理基础资料和系统设置资料可以根据管理要求确定是否需要设置,或者在以后的使用过程中再返回进行修改。

2. 可执行的查询与生成的报表

销售管理系统中可对模拟报价、合同、报价单、销售订单、销售发货单、销售发票和库存进行查询。

可查询的报表有客户销售增长分析报表、业务员销售增长分析表、部门销售增长分析表、合同金额执行明细表、合同执行情况汇报表、合同金额执行汇总表、合同到期款项列表、销售订单执行情况汇总表、销售订单执行情况明细表、销售订单批次跟踪表、销售订单虚拟物料跟踪表、销售订单预评估表、销售出库汇总表和明细表、销售收入统计表、客户销售明细表、销售退货明细表、费用发票汇总表、费用发票明细表、销售毛利润表、利润指标分析、产品销售增长分析、产品销售流向分析、产品销售结构分析、信用数量分析和信用额度分析等，同时提供"查询分析"工具，以供用户自行设置分析报表。

3．销售管理系统每期的操作流程（见图 4-1）

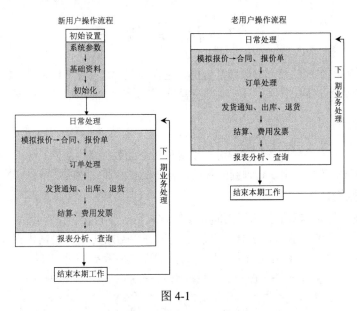

图 4-1

4．销售管理系统与其他系统的数据流向（见图 4-2）

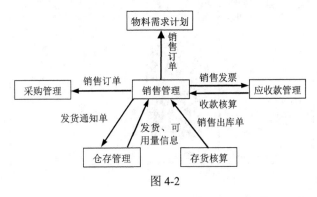

图 4-2

- 物料需求计划：销售订单向计划系统传递，作为主要需求数据来源之一。
- 采购管理系统：可以参照销售订单生成采购申请单或订单，或者由销售管理系统下推直接生成采购申请单或订单后，传递到采购管理系统，由采购员审核该笔单据。
- 仓存管理系统：销售管理系统填制发货通知单，传递到仓存管理系统，由仓管员审核发货通知单数据后，再审核该笔发货通知单，发货通知单审核信息同时返回销售管理系统，以供销售员查看产品发货情况。仓存管理系统还可为销售管理提供存货可用量查看。
- 应收款管理系统：由销售管理系统填制销售发票、费用发票，传递到应收款管理系统审核登记应收明细账，并进行制单，生成凭证传至总账系统。

- **存货核算系统**：销售管理中的销售出库单是进行产成品出库核算的原始依据之一，出库核算之后的出库成本将反填到销售出库单的成本单据中，核算完成的销售出库单将根据凭证模板生成相应的凭证。

销售管理系统可以单独使用，但这样只能管理基本的销售业务。销售管理系统也可以与物料需求计划系统、采购管理系统、仓存管理系统、应收款管理系统、存货核算系统等结合运用，这样能提供更完整、全面的企业物流业务流程管理和财务管理信息。

4.2 初始设置

初始设置是对本系统的核算参数和基础资料进行设置，如设置某年某月开始使用本系统，才能知道期初数据应该录入什么数据；只有基础资料设置成功后才能正常进行单据处理。

4.2.1 初始化

初始化设置是对本系统的核算参数进行设置和对初始数据进行录入。只有正确地进行初始化设置，在随后的日常业务处理中，查询到的各种报表才是正确和完整的，所以初始化工作非常重要。

1. 系统参数设置

系统参数设置是对本系统的启用期间和核算方式等进行设置。操作步骤如下。

（1）在"系统设置"窗口，选择"系统设置"→"初始化"→"销售管理"，双击"系统参数设置"，系统弹出"核算参数设置向导"窗口，如图 4-3 所示。

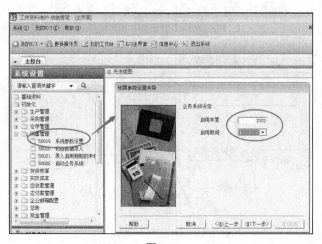

图 4-3

- 启用年度和启用期间：设置该系统何年何月开始使用。设置为 2020 年 1 期，表示录入的期初数据是 2019 年 12 期的期末数据。启用期间可以根据实际需要手工修改。

（2）单击"下一步"按钮，系统进入下一设置窗口，如图 4-4 所示。

- 核算方式：系统提供两种核算方式。
  - ➢ 数量核算：选择该项，则系统以后只核算数量，不核算金额，所显示的金额可能不正确。
  - ➢ 数量、金额核算：选择该项，则系统对材料数量和金额都进行核算。与财务各系统连接使用时，最好选择此项。

- 库存更新控制：系统提供两种选择。
  - ➢ 单据审核后才更新：系统将在库存类单据进行业务审核后才将该单据中物料的库存数量计算到即时库存中。
  - ➢ 单据保存后立即更新：系统将在库存类单据保存成功后就将该单据中物料的库存数量计算到即时库存中，并在修改、复制、删除、作废、反作废该库存单据时进行库存调整。
- 门店模块设置：启用门店管理，系统会把门店管理系统和系统设置涉及门店管理之外的菜单屏蔽。该项主要应用于连锁店形式的商业公司。

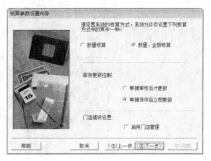

图 4-4

（3）保持默认值设置，单击"下一步"按钮，系统进入下一窗口，单击"完成"按钮，保存设置，并完成核算参数设置工作。

> 注
>
> （1）只有进行核算参数设置后，才能进行日常业务处理及针对本系统进行一些系统设置和基础设置。
>
> （2）核算参数设置是针对所有业务系统的，即该参数设置后，采购管理、仓存管理和生产任务管理系统的核算参数也是这样的设置。

2．初始数据录入

初始数据录入是设置供应链系统启用时物料的期初数据，如某物料在哪个仓库的期初数量是多少、金额是多少等。此数据主要是仓库的期初数据，适合于销售管理与仓存管理系统连接使用时录入。

例 4-1 新增表 4-1 中物料初始数据。

表 4-1　　　　　　　　　　　　　　　物料初始数据

仓库名称	物料代码	物料名称	期初数量	期初金额
原材仓	1.01	笔芯	10000	1000
原材仓	1.02	笔壳	9900	2970
成品仓	3.01	笔	5000	3000

（1）选择"系统设置"→"初始化"→"销售管理"，双击"初始数据录入"，系统弹出"初始数据录入"管理窗口，如图 4-5 所示。

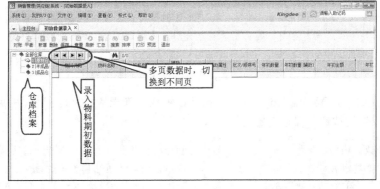

图 4-5

（2）录入初始数据。先选择"原材仓"，然后将鼠标指针放置到"物料代码"处，单击工具栏上的"查看"按钮，系统弹出"核算项目 - 物料"窗口，如图 4-6 所示。

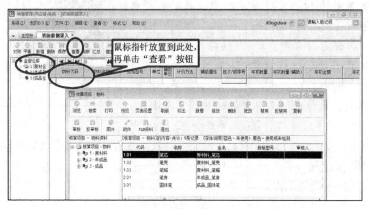

图 4-6

> **小技巧**　鼠标指针放置到"物料代码"处时，可以按键盘上的"F7"功能键，系统同样可以弹出"核算项目 - 物料"窗口，因此"F7"功能键被称为"万能查询键"。

在"核算项目 - 物料"窗口，可以对物料进行新增、修改和审核等操作。如果默认为"搜索"状态，则单击"浏览"按钮即可切换到所有物料档案窗口。

（3）双击"笔芯"物料，将该物料引入"初始数据录入"窗口，按照表 4-1 录入初始数据，录入成功的窗口如图 4-7 所示。

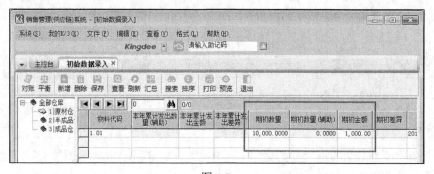

图 4-7

> **提示**　本年累计收入和本年累计发出，这两项数据是否录入视各企业管理而定，如果销售管理系统与财务系统同时启用，则必须录入，否则会导致无法与"总账"数据一致。
> 当物料采用的计价方法为分批计价法、先进先出法和后进先出法时，则"批次/顺序号"需要录入。采用计划成本法的物料，差异金额需要根据实际情况录入。

（4）选择正确的仓库，再单击"新增"按钮，继续增加表 4-1 中其他物料的期初数据，新增成功后单击"保存"按钮，保存初始数据录入。

> **注**　此处录入的初始数据与仓库、采购系统的初始数据是共享的，在仓库和采购的初始数据也可以录入本物料初始数据和修改本数据，所以当用户同时使用仓库和采购系统时，建议先确定在哪个系统下的"初始数据录入"窗口录入，以免在多个系统下录入时引起不必要错误。

在供应链系统初始化时,系统将业务初始数据自动转为财务初始数据,并同时将其传递到总账系统。这既减轻了总账系统的工作,又能避免手工录入容易造成的错误。在"初始数据录入"窗口,单击工具栏上的"对账"按钮,系统进入图4-8所示的窗口。

窗口中显示物料属性中所设置的"存货科目科目代码",并根据录入的初始数据汇总到总账中的会计科目。单击"传递"按钮,系统弹出提示窗口,如图4-9所示。

图 4-8

图 4-9

单击"是"按钮,则系统将初始数据传递到总账系统。单击"录入"按钮,返回初始数据录入状态。

3. 录入启用期前的未核销销售出库单

此功能是录入销售管理系统启用期间前已经开具的销售出库单,但是尚未开具销售发票的单据,录入本单据是为了方便以后发票的核销处理工作。

选择"系统设置"→"初始化"→"销售管理",双击"录入启用期前的未核销销售出库单",系统弹出"条件过滤"窗口,可以设置过滤的单据条件,在此保持默认值,单击"确定"按钮,系统进入"启用期前的未核销销售出库"单据管理窗口,如图4-10所示。

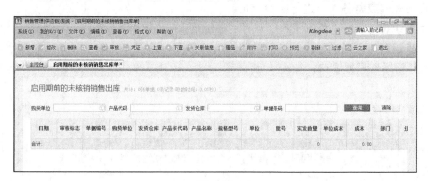
图 4-10

在单据管理窗口可以进行"未核销销售出库单"的新增、修改和删除等操作。具体操作方法可以参照本章后面的4.3.7小节。

4. 启动业务系统

业务系统的所有初始数据录入完成,可以结束初始化工作。业务系统一经启动,不能再进行初始数据录入工作,只有"反初始化"后才能录入初始数据。选择"系统设置"→"初始化"→"销售管理",双击"启动业务系统",系统弹出提示窗口,如图4-11所示。在此单击"是"按钮,启动业务系统。

图 4-11

> 注　此功能针对所有业务系统，即销售管理系统与仓存管理和采购管理系统在同一个启用期间使用时，仓存管理和采购管理系统必须录入正确的初始数据，才能启动业务系统，否则一经启动，则仓存管理和采购管理系统的初始数据无法继续录入。若销售管理系统单独使用，则不受此限制。

4.2.2 基础资料

基础资料是以后系统填制单据和查询报表的重要组成部分，只有正确填制基础资料，在以后系统的使用过程中才能顺利引用数据。基础资料分为公共资料和销售管理基础资料两种，公共资料是必须设置的项目，销售管理基础资料则根据管理要求判断是否进行设置。

- 公共资料：科目、币别、计量单位、客户、部门、职员、物料、仓库等公共资料是本系统所涉及的最基础资料，必须设置，否则在进行单据处理时会受到相应的限制。公共资料设置方法请参照第 3 章中的公共资料设置。
- 销售管理基础资料：金蝶 K/3 系统为用户提供公共资料的同时，又针对单独系统提供了设置该系统基础资料的功能。销售管理基础资料有收款条件、价格资料维护、批号管理维护、信用管理维护、折扣政策维护、客户物料对应表、备注资料、条形码规则、条形码关联、客户 BOM 和批号对应表、物料辅助属性、序列号管理、存量管理、组装件 BOM 录入和组装件 BOM 维护。

1．收款条件

收款条件是进行销售业务时对客户应收款事项的约定，如现款现货、月结 30 天、月结 45 天等收款条件。当收款条件设置后，在客户档案中的"应收应付"选项卡中关联收款条件，这样在录入销售出库单和销售发票时，可以根据预先设置的收款条件计算出该笔业务的应收款日期，从而方便应收款提醒或财务人员进行账龄分析。

选择"系统设置"→"基础资料"→"销售管理"，双击"收款条件"，系统进入"收款条件"管理窗口，在该窗口可以进行收款条件的新增、修改和删除操作。单击"新增"按钮，系统进入"收款条件 - 新增"设置窗口，如图 4-12 所示。

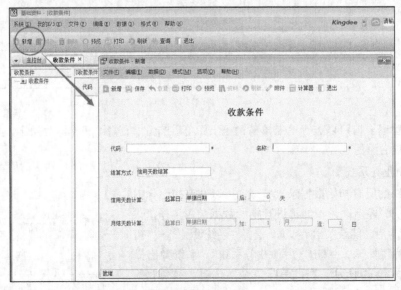

图 4-12

- 代码：录入收款条件编码。
- 名称：收款条件名称，如"月结30天"。
- 结算方式：指收款日期的计算方式，选择"信用天数结算"时，只能在"信用天数计算"下设置计算条件；选择"月结天数结算"时，只能在"月结天数计算"下设置计算条件。
- 信用天数计算方式起算日：计算起始日期点，选择单据日期，则起算日为单据日期；选择单据月末日期，则起算日为单据上日期所在月的最后一天。
- 信用天数计算方式后（ ）天：表示在起算日条件下后多少天，可录入大于等于0的整数，不能录入其他类型值，系统默认为0。
- 月结天数计算方式起算日（ ）：计算起始日期点，选择单据日期，则起算日为单据日期；选择单据月末日期，则起算日为单据上日期所在月的最后一天。
- 月结天数计算方式加（ ）月：表示在起算日基础上加多少月或多少天，日期单位可单击下拉框选择月或天，默认为月。加（ ）月（或天）可录入大于0的整数，系统默认为1。
- 月结天数计算方式逢（ ）日：录入1~31的数字，系统默认为1；如果录入的日期所在的月没有这个日期，则默认为该月最后一天。

2．价格资料维护

价格资料维护是针对不同客户、不同销售订单量的销售单价资料进行维护。例如，深圳科林购买笔，订单量为0~1000支时，单价是2.00元，1001~5000支时，单价是1.90元；而东莞丽明购买笔，订单量为0~1000支时，单价是2.10元，1001~5000支时，单价是2.05元。

当价格资料维护好后，在录入销售报价单和销售订单时，系统会根据客户信息和订单量信息，自动从价格资料中提取销售单价，如果系统识别无此客户的价格资料时，则单价需要操作员手工录入。当同一客户、同一订单量范围的单价经常变化时，建议不使用价格资料维护。

（1）选择"系统设置"→"基础资料"→"销售管理"，双击"价格资料维护"，系统弹出"条件过滤"窗口，保持默认过滤条件，单击"确定"按钮，系统进入"价格方案序时簿"管理窗口，如图4-13所示。

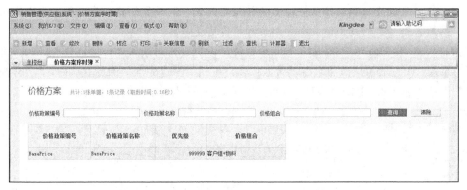

图 4-13

（2）在"价格方案序时簿"管理窗口，可以进行价格方案的新增、查看和修改等操作。单击"新增"按钮，系统进入"价格方案维护"窗口，如图4-14所示。

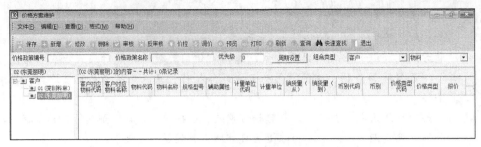

图 4-14

- 价格政策编号：录入新增价格方案的编号。
- 价格政策名称：录入新增价格方案的名称。
- 优先级：设置本价格方案的优先级别。
- 周期设置：如果价格方案需要进行周期控制，则单击"周期设置"按钮，系统弹出"周期设置"窗口，如图4-15所示。

图 4-15

在"周期设置"窗口，可以设置本价格是每天几点开始，几点结束；或者是一周中的某天的几点开始，几点结束；又或者是每月的第几天或第几周某天的几点开始，几点结束。

- 组合类型：可以针对客户与物料、客户类别与物料、业务员与物料等多种组合方式进行价格方案设置。如选择业务员与物料组合方式，则设置价格方案时要求先选择业务员，然后再选择某物料由该业务员销售时的价格是多少。

在进行价格资料维护时，必须对上面项目进行设置后方可录入"价格资料"，例如，"价格政策编号"录入"01"，"价格政策名称"录入"客户价格"，"优先级"保持默认值，"组合类型"选择"客户"和"物料"，单击"保存"按钮，保存政策信息，如图4-16所示。

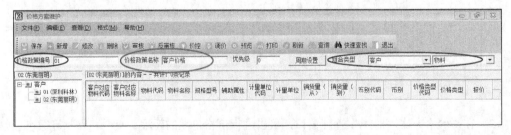

图 4-16

价格政策信息保存后，可以进行价格明细资料的维护。选择客户下的"深圳科林"，单击"新增"按钮，系统进入"价格明细维护-新增"窗口，如图4-17所示。

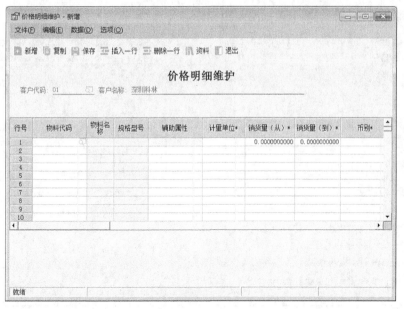

图 4-17

在表单中录入某物料的销货量范围、币别、报价及生效日期和失效日期等,录入完成后单击"保存"按钮即可。一个表单可以录入多个价格明细,即在同一表单中可以同时录入同一物料不同数量段的报价情况。

3. 批号管理维护

当物料的属性有选中"是否采用业务批次管理"选项时,在批号管理维护中对其进行批号的设置、查询和维护工作。在初始化阶段或正常使用阶段,都可以通过批号管理进行批号规则的设置、维护和查询工作。

可以按每个采用业务批次管理的物料分别设置批号编码,也可以按每组物料或全部物料统一设置批号编码。每个编码的设置又可以包括多个属性的确定,如当前往来单位、当前物料、日期等,这样就可以携带单据上多种不同信息,实现了编码的自定义设置。

(1)选择"系统设置"→"基础资料"→"销售管理",双击"批号管理维护",系统进入"批号管理"窗口,如图 4-18 所示。

图 4-18

(2)选中要进行设置的明细物料,单击工具栏上的"管理"按钮,系统弹出编码设置窗口,如图 4-19 所示。

(3)首先设置"编码级次"是几级次组成,然后再到级次明细中设置每一级次由哪些"属性"组成,以及格式、长度和补位符等内容。设置注意事项请注意窗口下部的提示。

（4）切换到"选项"选项卡，如图4-20所示。

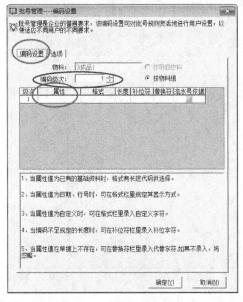

图 4-19

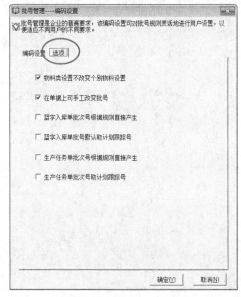

图 4-20

- 物料类设置不改变个别物料设置：选择该选项，进行物料类的编码设置时，系统会检查该类物料中是否有个别设置不同于其他物料的批号设置，如果有，则保持其个别设置；不选择该选项，进行物料类的编码设置时，一律将类设置编码规则应用于本类全部物料，以新编码规则更新全体物料。
- 在单据上可手工改变批号：选择该选项，在单据有批号规则的情况下也可以手工改变批号，不选择该选项，则不可以手工改变批号。
- 蓝字入库单批次号根据规则直接产生：选中该选项，表示在蓝字入库单（外购入库、委外入库、产品入库、其他入库、虚仓入库、盘盈入库、收料通知单、受托材料入库）上录入物料时，系统将根据批号规则自动直接生成批号信息；不选中该选项，以上单据录入时则需要先在单据对应字段按"F3"功能键才能触发产生批号信息。

（5）单击"取消"按钮，本账套不需要进行批号管理。

4. 信用管理维护

信用管理维护针对应收账款的信用时间和额度进行管理，主要对象包括客户（客户类别）、业务员（业务员类别）和部门。在日常业务处理时，当所设置信用管理的对象超出设置的信用额度、信用天数时，系统会弹出提示窗口，这样达到防止坏账、降低企业风险的目的。例如，客户"深圳科林"的信用额设置为5万元时，尚有1万元余款未收回，以后若该客户的业务款加上尚未收回余款超过5万元，系统会弹出提示。

要进行信用管理的前提：在录入管理对象的基础资料时，一定要选中启用信用管理。当在供应链系统中要使用客户信用管理时，应先启用应收应付系统，当用户使用信用管理时，系统检测应收应付系统是否结束初始化，并给予如下提示："应收应付系统尚未结束初始化，建议最好在应收应付结束初始化后再使用信用管理。"

（1）选择"系统设置"→"基础资料"→"销售管理"，双击"信用管理维护"，系统进入"信用管理"查询窗口，如图4-21所示。

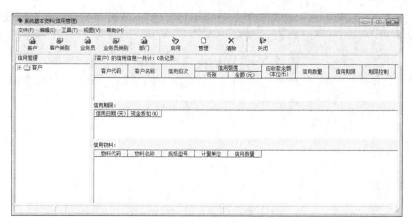

图 4-21

> **注** 在图 4-21 所示窗口的"客户"类别下有"深圳科林",表示在客户档案管理时,只有该客户选中"信用管理",未选中"信用管理"者,在此不会显示。

(2)首先单击工具栏上的对象按钮,即选择要对客户、客户类别、业务员、业务员类别和部门中某个对象进行设置。例如,单击"客户"按钮,再选择左侧的"01(深圳科林)",这时右侧会显示该客户的信用设置记录,双击该记录,系统弹出"信用管理"设置窗口,如图 4-22 所示。

图 4-22

(3)在"信用管理"设置窗口设置好信用管理信息后,单击"保存"按钮保存设置,单击"退出"按钮返回"信用管理"查询窗口,选中已设置好信用管理的对象,单击工具栏上的"启用"按钮,启用所设置的信用管理。当该对象不再进行信用管理时,单击"启用"按钮可以禁用信用设置。

5.折扣政策维护

折扣政策维护用于设置客户订单量处于不同数量段时的折扣率,设置方法可以参照"价格资料维护"功能。

6.客户物料对应表

客户物料对应表用于设置公司内部产品物料名称与各客户公司名称的对应关系,当客户所下达的订单为客户名称时,能快速知道其订单中的物料名称与公司何种物料相对应。例如,"3.01"是公司内容定义,而客户却称之为"原子笔"。

(1)选择"系统设置"→"基础资料"→"销售管理",双击"客户物料对应表",系统进入"物料对应管理"查询窗口,如图4-23所示。

图 4-23

(2)在窗口中可以进行"物料对应关系"新增、修改和删除等操作。新增方法是:先选择窗口左侧中的客户信息,再单击工具栏上的"新增"按钮,系统弹出"物料对应管理"窗口,在"物料代码"处按"F7"功能键获取"3.01"物料信息,然后录入"客户对应物料代码"和"客户对应物料名称",如图4-24所示。最后单击"保存"按钮保存设置。

7. 备注资料

在系统中进行单据处理时,可能需要经常对单据进行备注说明,以提升单据信息的透明度,特别是可以为使用频率较高的同一个备注资料建立一个备注档案,以供录入单据时快速引用。

(1)选择"系统设置"→"基础资料"→"销售管理",双击"备注资料",系统进入"系统基础资料(备注)"管理窗口,如图4-25所示。

图 4-24

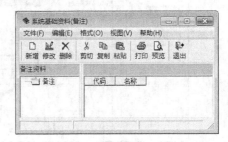

图 4-25

(2)在"系统基础资料(备注)"管理窗口可以进行备注资料的新增、修改、删除和复制等操作。单击"新增"按钮,系统弹出"新增项目"窗口,在"代码"处录入备注资料的代码,"名称"处录入备注资料信息,单击"保存"按钮保存录入设置,单击"退出"按钮退出项目窗口并返回"系统基础资料(备注)"管理窗口,可以查看到刚才所新增的档案。

对于管理窗口中的修改、删除和复制等按钮,读者可自行练习按钮的功能。

8. 条形码规则、条形码关联

条形码规则对系统中物料的条形码进行规则定制。条形码关联针对特定类型的单据设置使用特定类型的条形码规则。由于本书账套不涉及条形码,在此不详述有关条形码功能的内容。

9. 客户BOM和批号对应表

该功能设置客户的BOM与销售订单和批号的对应关系,使用本功能的前提是:①在系统设置中必须选中"启用订单批次跟踪功能";②只对配置类物料起作用,不能对其他类型的物料进行设置;③在生产数据管理系统录入客户 BOM 清单。

(1) 在"客户 BOM 和批号对应表"管理窗口,单击"新增"按钮,系统弹出设置窗口,如图 4-26 所示。

(2) 在窗口获取要设置对应关系的物料代码,录入销售订单编号、客户 BOM 编号和批号,并根据情况选择是否禁用本记录。设置完成后,单击"保存"按钮保存设置。

修改、删除和禁用等按钮请读者自行练习。

10. 物料辅助属性

前面章节已经讲述了物料属性的管理方法。当企业有特殊需求,在原有物料属性不能满足时,可以新增辅助属性,这样能达到更多的管理要求。

选择"系统设置"→"基础资料"→"销售管理",双击"物料辅助属性",系统进入"物料辅助属性管理"窗口,如图 4-27 所示。

图 4-26

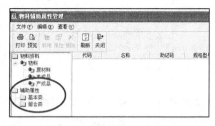

图 4-27

进行辅助属性设置的方法:先在基本类或者组合类中新增辅助属性项目,再对某个物料类别进行属性设置,以设置某个物料类别下的物料有什么类型的辅助属性。

11. 序列号管理

在工商业企业,特别是某些行业,如汽车、电器、手机、计算机等(一般表现为单件物料价值高、产品的技术含量高,以及需要提供较多或较长期的售后服务),从业务操作层面上能够实现每一单品的流动全过程跟踪。作为单品标识的序列号就可以作为切入单品管理的落脚点。通过对序列号的管理,一是可以实现对物料流向的跟踪和对严密售后体系的维护,提升每一笔业务的清晰性和透明度,二是可以在管理层面上通过序列号实现对企业分销渠道和运作平台的管理控制。

为满足用户对单品管理的要求,金蝶 K/3 系统实现了基于序列号的单品管理功能。在系统中,用户可以根据自己的需要对序列号的形成机制和类别属性进行个性化设置,同时通过对序列号状态的控制紧密衔接实际的单品流通业务路径和系统整体应用流程,实现了物流动向的有出必有进、出入相对照原则。

选择"系统设置"→"基础资料"→"销售管理",双击"序列号管理",系统进入"序列号管理"窗口,如图 4-28 所示。

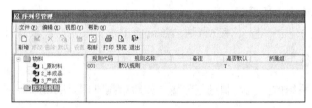

图 4-28

序列号管理的方法：先设置"序列号规则"，再设置某物料类别采用何种序列号规则。

12．存量管理

存量管理针对某项物料在某个仓库中的存量进行检查，以便及时地了解物料的即时存量情况，根据生成的检查表可以生成调拨单和采购申请单。

（1）选择"系统设置"→"基础资料"→"销售管理"，双击"存量管理"，系统进入"存量管理"窗口，如图 4-29 所示。

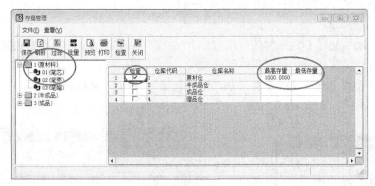

图 4-29

（2）在"存量管理"窗口，先在左侧选择要检查的物料名称，再选择要进行检查的仓库名称，并录入每一仓库要检查的最高存量和最低存量，单击工具栏上的"检查"按钮，系统弹出"存量检查"窗口，如图 4-30 所示。

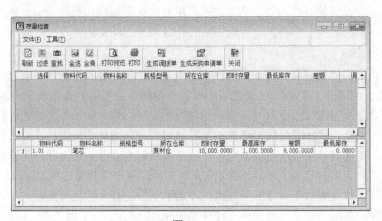

图 4-30

（3）在窗口中选择检查结果，单击"生成调拨单"或"生成采购申请单"按钮，可以进行相应的单据处理。

13．组装件 BOM 录入和维护

本功能是 BOM 的建立过程，建立方法参照后面第 5 章（生产数据管理）。

4.2.3 系统设置

系统设置针对本系统的一些控制进行设置，如对单据打印是否控制及单据编码的自定义格式等进行设置。

1．单据类型

单据类型是为对业务单据进行细分类，以最大限度利用单据来实现实际工作中复杂的业务处理而设置的。

选择"系统设置"→"系统设置"→"销售管理"，双击"单据类型"，系统进入"系统参数维护"窗口，选择左侧"单据类型"项目，系统将预设类型显示，单击"新增"按钮，系统弹出"单据类型"设置窗口，如图4-31所示。

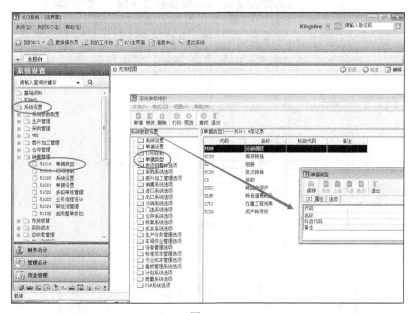

图 4-31

在"单据类型"设置窗口录入代码和名称，并设置该类型所涉及的科目代码和备注，设置完成后单击"保存"按钮即可。

当使用仓存管理系统录入和查询其他入库单和其他出库单时，单据类型应用有以下几点。

（1）应用于单据：在其他入库单和其他出库单的单据头的右上方分别有"入库类型"和"出库类型"的非必录项字段，用于记录细分后的单据类型，以方便报表筛选查询。使用"F7"功能键可调出"单据类型"设置窗口。

（2）应用于单据序时簿：单据序时簿和条件过滤中，同样分别有"入库类型"和"出库类型"字段，可以查询、筛选该字段。

（3）应用于业务报表：在仓存管理系统有两张报表，分别是"其他入库单分类表"和"其他出库单分类表"，就是针对其他入库单和其他出库单的单据类型分类的，方便用户查询汇总使用。

（4）应用于存货核算：如果要将这种单据类型的划分应用到核算处理中，则可在存货核算系统中，选择"凭证模板"，在新增的其他入库单或其他出库单的"科目来源"中选择单据类型所对应的会计科目。

2．打印控制

打印控制对每个单据的打印次数进行限制。这是为避免单据重复打印，同时限制业务单据的处理范围，将资料取得置于可控范围。

选择"系统设置"→"系统设置"→"销售管理"，双击"打印控制"，系统进入"系统参数维护"窗口,选择左侧"打印控制"项目,系统将显示可以进行打印控制的单据。选中"采购订单",单击工具栏上的"修改"按钮,系统弹出"修改打印次数限制"窗口,如图4-32所示。

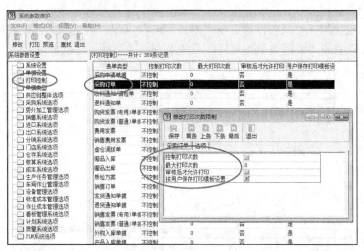

图 4-32

选中"控制打印次数",表示进行控制,不选中,则表示不控制;在"最大打印次数"后录入具体打印次数。设置完成后,单击"保存"按钮即可。

在"选项"选项卡可以设置该单据处理时的一些特性。

3. 单据设置

单据设置对系统内单据的编码格式和选项进行设置。

(1)选择"系统设置"→"系统设置"→"销售管理",双击"单据设置",系统进入"系统参数维护"窗口,选择左侧"单据设置"项目,系统将显示可以进行单据设置的单据。选中"销售订单",单击工具栏上的"修改"按钮,系统弹出"修改单据参数设置"窗口,如图4-33所示。

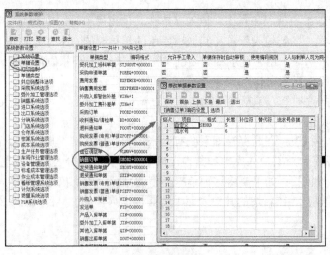

图 4-33

在"[销售订单]编码设置"选项卡中,可以自由设置每一级次的编码格式。单击"级次"所在行的"项目"栏,系统提供多种编码定义,可以选择自定义、日期、部门和流水号等多种项目。

选择相应项目后，必须录入项目格式、长度、补位符和替代符内容。编码设置成功后，在单据录入时系统会自动带入所设置的编码。

（2）单击"选项"选项卡，如图4-34所示。

- 允许手工录入：选中该选项，单据编码可以手工自由录入；不选中该选项，单据编码只能由系统生成。
- 单据保存时自动审核：选中该选项，单据一保存就默认自动审核；不选中该选项，手工审核单据。
- 使用编码规则：选中该选项，录入单据时使用设置好的规则进行编码生成；不选中该选项，手工录入编码。

（3）单据设置完成，单击"保存"按钮保存设置并返回"系统参数维护"窗口，若继续修改其他单据编码格式，选中右侧相应单据后，单击"修改"按钮即可。

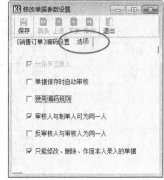

图 4-34

> 注　为保证系统内同一单据类型的编码一致，建议在初始化设置时就完成单据设置，以免录入了部分单据后，再返回修改单据参数，造成编码格式的混乱。

4．系统设置

系统设置针对要使用到的系统进行参数设置，以最大限度地满足企业管理要求，例如，对公司名称和专用发票精度等进行设置。系统设置需要对以下3项进行设置。

（1）系统设置。该项目设置本账套的一些基本信息，如公司名称、地址和专用发票精度等信息。选择"系统设置"→"系统设置"→"销售管理"，双击"系统设置"，系统进入"系统参数维护"窗口，选择左侧"系统设置"项目，系统将显示可以进行设置的项目。选中"电话"项目，单击"修改"按钮，系统将会弹出"修改系统参数设置"窗口，如图4-35所示。

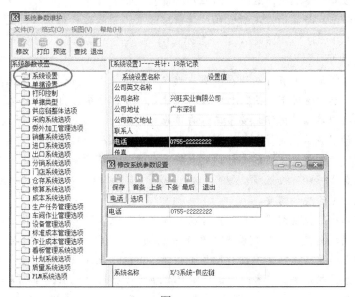

图 4-35

系统参数修改好后，单击"保存"按钮保存设置。若要继续修改其他项目，选中后单击"修改"按钮即可。

（2）供应链整体选项。该项目对整个供应链系统的参数进行设置，即该设置对销售管理系统起作用，同时也对其他供应链系统起作用。在"系统参数维护"窗口，选择左侧"供应链整体选项"项目，系统将显示可以进行设置的项目，如图4-36所示。

图 4-36

- 使用双计量单位：选中该选项，则在单据中显示主计量单位和数量，同时显示辅助单位和辅助数量；不选中该选项，只显示主计量单位。
- 基础资料录入与显示采用短代码：选中该选项，则基础资料录入时显示短代码，例如，录入"3.01"时，"代码"处只会显示"01"；不选中该选项，"代码"处会显示"3.01"长代码。
- 打印（打印预览）前自动保存单据：选中该选项，在录入或修改单据时，若在单据处于未保存状态的情况下，执行打印或打印预览命令，系统会自动保存当前单据；不选中该选项，打印单据后仍然需要手工保存单据。
- 数量合计栏显示纯数量合计：有时，同一张单据录入和显示的物料因为性质的不同而采用不同的计量单位，所以合计这些物料的数量是没有意义的，此时就不应选中该选项。而有的企业物料质检性质类似，计数方法也相同，就可以在数量合计栏显示纯数量合计，以满足一定的统计需要。
- 单据操作权限控制到操作员组：金蝶K/3系统的权限设置是按操作员组来区分不同部门或岗位的操作员的。不同操作员组的操作员会因为工作性质不同而处理不同的业务单据。该选项是从组的角度细分操作员功能，若选择此选项，则对业务单据的权限控制到操作员组，即系统会对查询序时簿时已根据其他条件过滤出的单据再进行一次过滤，过滤的条件是只显示当前操作员所在组的所有操作人员的单据，若某操作员隶属于多个组，则显示多个组中所有操作人员所录的单据。系统管理员组的用户不受此选项的限制，仍自动拥有所有的权限。
- 若应收应付系统未结束初始化，则业务系统发票不允许保存：当业务系统与财务系统连接使用时，例如，采购管理系统与应付款管理系统、销售管理系统与应收款管理系统都各自存在着紧密的联系，在发票的处理和客户的管理方面又是完整的整体，若要完整实现这种一致，则必须保证应收应付系统已先于业务系统启用。选中该选项，则应收款管理系统和应付款管理系统不启用，就不允许采购管理和销售管理系统保存发票。若不需要与应收应付系统保持同步，可不选中该选项。如果应收应付系统未结束初始化，则发票即时保存只能保存在供应链系统中，而不能反映到应收应付系统中。

- 启用多级审核：对业务单据进行多级审核管理是很多对企业管理要求严格的用户的要求，例如，某单据需要部门主管先审核，再由部门经理审核，最后由总经理审核后才能执行。金蝶 K/3 系统提供多级审核功能，选中该选项，则可以实现多级审核管理；不选中该选项，则普通审核即可执行。

> **注** 启用多级审核后，"多级审核管理"中设置的审核程序才会起作用。

- 序时簿最大行数：设置查询时，序时簿一页的最大行数。
- 序时簿拖动列宽后保存：选中该选项，当序时簿列宽发生变化时，系统保存列宽变化；不选中该选项，不对序时簿列宽拖动进行保存。
- 序时簿显示关联标志：选中该选项，在序时簿中可以显示关联标志；不选中该选项，序时簿中不显示关联标志。
- 启用锁库功能：选中该选项，可以对销售订单和投料单使用的物料进行锁库；反之，不对物料进行锁库。

> **注** 当账套存在锁库记录时该选项不能修改，只能选中。只有锁库记录为空时，该选项才能修改。

- 启用订单批次跟踪功能：选中该选项，可以对客户 BOM 和批号对应表进行维护，并且在即时库存查询、库存台账和物料收发汇总表中按客户 BOM 进行过滤；当用户不选择该选项时，不能对客户 BOM 和批号对应表进行维护，并且即时库存查询、库存台账和物料收发汇总表中不能按客户 BOM 进行过滤。
- 序时簿最大预警列数：用户根据实际情况可以修改序时簿预警的最大列数。当在序时簿显示时，如果序时簿过滤的数据超过设置显示的最大列数，系统将会给予提示。
- 辅助属性间隔符：当物料辅助属性设置组合属性，而且组合属性的名称由系统自动生成时，基本辅助属性值将以此处设置的分隔符分开，分隔符可为"/""-"","".", 系统默认为"/"。
- 允许红字销售出库录入历史曾销售过，但未在系统中维护的序列号：在不选中该选项的情况下，即严格按序列号进行跟踪的条件下，对于进行序列号管理的物料，出库只能出在库的序列号；出库后退回入库，只能退已出库的序列号；退购出库只能退在库的序列号。在选中该选项的情况下，对于进行序列号管理的物料，出库只能出在库的序列号；出库后红字销售出库单可以退已出库的序列号，也可以直接作为新序列号入库；退购出库只能退在库的序列号。
- 允许红字其他出库录入历史曾出库过，但未在系统中维护的序列号：在不选中该选项的情况下，即严格按序列号进行跟踪的条件下，对于进行序列号管理的物料，出库只能出在库的序列号；出库后退回入库，只能退已出库的序列号；退购出库只能退在库的序列号。在选中该选项的情况下，对于进行序列号管理的物料，出库只能出在库的序列号；出库后红字其他出库单可以退已出库的序列号，也可以直接作为新序列号入库；退购出库只能退在库的序列号。

- 单据保存后检查单据的序列号：选中该选项，当单据保存后检查序列号；不选中该选项，不检查序列号。
- 初始化录入显示过滤界面：选中该选项，进入初始化录入窗口先显示过滤界面；不选中该选项，不显示。
- 存货名称：根据用户录入数据在单据和报表上显示存货名称，以满足不同类型用户的需要，建议工业用户录入物料，商业客户录入商品。
- 单据编号重复时自动生成新号并保存：选中该选项，当单据号重复时自动生成新的单据号并保存。不选中该选项，在单据号重复时，提示"该单据号已被另一单据使用，是否继续？"选择是，则系统自动生成单据号并且保存；选择否，则由用户输入单据号，再进行保存。
- 使用辅助计量单位：选中该选项，在单据上显示辅助计量单位、换算率，并且可以维护；不选中该选项，单据上不显示辅助计量单位、换算率。
- 启用保税监管：针对有进出口业务的客户使用。选中该选项，启用保税监管；不选中该选项，不启用保税监管。
- 对等核销时允许仓库不一致：选中该选项，仓存单据间仓库不同可以核销；不选中该选项，不能核销。
- 对等核销时允许批号不一致：选中该选项，仓存单据间批号不同可以核销；不选中该选项，不能核销。
- 发票引出到金税系统后允许反审核：选中该选项，从系统中引出发票数据到金税系统后，可以再次返回系统反审核并修改发票；不选中该选项，不能反审核。
- 折扣额计算基础：选择"不含税金额"或"含税金额"，任选其一。
- 发票审核后才能引出到金税系统：选中该选项，发票只有审核后才能引出到金税系统。
- 允许红字生产领料单录入历史曾领料过，但未在系统中维护的序列号：在选中该选项的情况下，对进行序列号管理的物料，出库只能出在库的序列号；出库后红字生产领料单可以退已出库的序列号，也可以直接作新序列号入库。
- 发票引出到金税系统，已引出的发票不再引出：选中该选项，则数据交换工具"销售发票引入引出"不引出曾经引出过的销售发票。
- 单据中的汇率可修改：选中该选项，供应链各业务单据界面上的汇率字段允许用户手工录入汇率并修改，系统不控制汇率的有效性。
- 单据最大行数：系统默认为1000行，用户可以根据实际情况设置。
- 单据保存时检查项设置：设置各单据需要检查的项目。单击右侧按钮进行设置。

（3）销售系统选项。销售系统选项单独针对销售管理系统的系统参数进行设置。选择"系统设置"→"系统设置"→"销售管理"→"系统设置"，系统进入"系统参数维护"窗口，选择左侧"销售系统选项"项目，系统将显示可以进行设置的项目，如图4-37所示。

- 在销售系统中应用物料对应表：这是金蝶K/3系统提供的"供应商和客户对应物料表"功能的一部分。在很多用户的日常业务操作中，客户对其购买的物料、产品称呼与企业内部的称呼并不一致，很多情形下甚至有很大的差别，用户接收的单据或对外单据需要反映这些信息。选中该选项，则在各销售单据、序时簿中增加"对应代码""对应名称"的显示，即系统自动提取物料对应表中客户与物料相对应的代码、名称，用于显示、查询；不选中该选项，则相应字段在单据、序时簿和报表中不显示。

- 启用缺货预警：可以选择是在新增销售订单还是销售发票时进行预警，默认为不预警。
- 缺货预警参数设置：当启用缺货预警时，单击"缺货预警参数设置"，即可调出缺货预警参数进行设置。如图 4-38 所示，在"参数设置"窗口设置提前期和预计量参数。

图 4-37

图 4-38

- 已关闭的销售订单可以变更物料：选中该选项，则已关闭（包括自动关闭和手工关闭）的订单可以再进行订单的变更工作；不选中该选项，不能再进行变更工作。
- 与出库单相关联的销售发票钩稽时自动钩稽：选中该选项，当销售发票与出库单据采用单据关联生成时，如果发票符合钩稽条件，则系统自动完成钩稽；不选中该选项，则需要调出相应的钩稽界面，由用户自行选择单据，进行手工钩稽。
- 销售出库单审核后自动生成收料通知/请检单。
  > 发运业务，为分次提货的客户建立代管仓，该仓只进行数量核算，销售出库后，自动生成待检仓收料通知单，进入客户仓库进行发运管理。
  > 销售出库后再确认购进成本，可通过此功能在销售出库单审核后，自动生成实仓收料通知单，进行外购入库处理。

选中该选项，在审核销售出库单后，系统会自动显示收料通知单，由用户补录供应商、代管仓等内容后保存；不选中该选项，不生成收料通知单。

- 订单执行数量允许超过订单数量：选中该选项，①销售出库单选订单超过订单数量时允许保存；②发货通知单关联订单超过订单数量时允许保存；③销售出库单选关联订单生成的发货通知单时超过订单数量允许保存；不选中该选项，不允许保存。
- 销售发票和出库单钩稽数量不一致不允许钩稽：选中该选项，如果出库单和发票物料匹配但本次钩稽数量不符，则钩稽不成功；不选中该选项，如果出库单和发票物料匹配但本次钩稽数量不符，则系统会提示有差异，但仍允许用户钩稽成功。
- 合计数为零的物料钩稽时不参与物料匹配判断：选中该选项，出库单或发票上数量合计为零的物料在钩稽时不参与物料是否匹配的判断；不选中该选项，出库单或发票上数量合计为零的物料在钩稽时参与物料是否匹配的判断。
- 销售系统支持部分钩稽：选中该选项，表示销售出库单、销售发票允许部分钩稽，此时销售出库单、销售发票及序时簿中的钩稽人、钩稽期间将不可见；不选中该选项，销售出库单和销售发票只允许全部钩稽，此时销售出库单、销售发票及序时簿中的钩稽人、钩稽期间将可见。
- 订单按比例出库：选中该选项，在销售订单关联生成销售出库单后（包括直接关联和三方关联），出库单更新库存时需要判断订单出库数量是否在订单上的出库上下限的百分比范围之内；不选中该选项，在销售订单关联生成销售出库单后，销售出库单更新库存时不会判断订单是否按比例出库。
- 发票审核时自动调用钩稽：选中该选项，并且不选中"销售发票钩稽时自动钩稽"选项，在发票审核时自动调出钩稽界面，进行发票的钩稽。如果发票进行多级审核，则在完成业务级次审核时调出钩稽界面，进行发票的钩稽；如果多张发票一起审核，则调出第一张发票进行钩稽。选中该选项，并且同时选中"销售发票钩稽时自动钩稽"选项，在发票审核时自动进行发票的钩稽，如果符合钩稽条件，则提示钩稽成功，如果不符合钩稽条件，则调出钩稽界面，进行发票的钩稽。如果发票进行多级审核，则在完成业务级次审核时自动进行第一张发票的钩稽，如果符合钩稽条件，则提示钩稽成功，如果不符合钩稽条件，则调出钩稽界面，进行发票的钩稽；如果是多张发票一起审核，则只对第一张发票进行钩稽。当使用该功能时，系统首先审核，然后才进行钩稽，所以当钩稽不成功时，并不影响审核操作；不选中该选项，则在审核时不会调用钩稽。
- 销售系统税率来源：该选项的值可以选择为客户或物料，当选择客户时，则销售订单、销售发票（专用）和销售发票（普通）新增时直接取对应客户属性中的税率；当选择物料时，则销售订单、销售发票（专用）和销售发票（普通）新增时直接取对应物料属性中的税率。
- 按比例执行订单允许行业务反关闭：当订单按比例执行时，对还未达到执行上限但是已经自动进行业务关闭的订单，可以执行反关闭，继续执行订单。
- 销售订单不允许修改来源合同价格：选中该选项，不能修改从合同来源的单价。
- 应收日期起算环节：选择是从销售出库单日期开始计算，还是从销售发票日期开始计算。
- 销售订单价格为0下游单据直接携带：当销售订单价格为0时，下推生成单据时也可以引用该价格。
- 销售发票单价来源：选择当生成销售发票时，价格是三方关联还是销售出库。
- 默认汇率类型：设置销售系统业务单据的默认汇率类型，新增销售系统业务单据时，系统默认会从此汇率类型中取有效汇率。
- 允许钩稽以后期间发票：选中该选项，销售发票钩稽时可对以后期间的发票钩稽；不选中该选项，则只有以前期、当期的销售发票才可钩稽销售出库单。
- 销售出库单审核自动生成销售发票：设置是否审核时生成发票，以及生成哪个发票类型。
- 行业务关闭的销售订单不允许下推采购申请/采购订单：选中该选项，表示已经关闭的销售订单行不能生成采购申请或者采购订单，防止随意采购。

5. 多级审核管理

当在"供应链整体选项"中选中"启用多级审核"项目时，在此处所设置的"多级审核"管理才能起相应的作用。

多级审核设置的权限只授予系统管理员。多级审核管理实际上是一个授权工作平台，类似用户管理，是对多级审核、审核人、审核权限及审核效果等进行授权的工作。审核授权之前，最好先在"用户管理"中对所有用户执行授权。

（1）选择"系统设置"→"系统设置"→"销售管理"，双击"多级审核管理"，系统进入"多级审核管理"窗口，如图4-39所示。

图 4-39

（2）在管理窗口中可以对每一种单据管理和清除多级审核。例如，选中窗口左侧的"销售订单"项目，单击"管理"按钮，系统将会弹出"销售订单多级审核设置"窗口，如图 4-40 所示。

图 4-40

- 进行多级审核控制：选中该选项，则可以进行多级审核设置；不选中该选项，不能进行多级审核设置。
- 多级审核级次设定：设置可以有多少级次审核人，最大可以是六级次。级次越大，则需要越多的审核人审核，审核全部完成后，该单据才能有效，这样能更好地保证单据的安全性和降低企业的风险。
- 启用工作流：如果用户启用某种单据的多级审核控制，且启用工作流，则在用户单击参数界面确定时，将该种单据的每一级审核均作为事件导入工作流的事件库，并自动设定前后事件。例如，某单据要进行多级审核，并启用工作流，最高审核级次为四，则一至四级审核为事件，二级审核的前事件为一级审核，后事件为三级审核。默认形成的工作流规则是所有具有一级审核人权限的用户完成一级审核后自动发邮件给具备二级审核权限的人进行二级审核，依次类推。用户也可以修改规则或定义多个规则。收件人和发件人只能选择有相应权限的用户。

- 启用短信审批：选中该选项，则审批短信以手机短信的方式进行审批，可单击"审批短信设计"按钮对发送信息的格式进行设置。
- 按金额确认多级审核：选中该选项，则需要继续录入按本位币计算的金额，只有当业务金额达到了相应限额后才要启用多级审核。
- 按金额确认审核级次：只有以下几种单据可选，即采购订单、采购发票、采购费用发票、收料通知单、销售订单、销售发票、销售费用发票、发货通知单。根据用户确定的审核级次，分别增加一至六级本级审核最大限额（本位币）录入框，金额应控制为最多只能录入两位小数，默认为 0。录入框放在每一级次审批人名称列表的下方。只有选中"按金额确认审核级次"选项时，该录入项才会在界面出现，如图 4-41 所示。
- 审核时必须逐级进行：选中该选项，只有下一级审核人完成了审核之后，相对上一级审核人才能继续对该单据执行审核操作；不选中该选项，则每个授权审核的操作员都可以随时对该单据进行自己授权级次的审核。
- 修改无须反审核到最低一级审核：选中该选项，则表示如果不是业务级次审核通过，在之前均可以进行单据的修改工作；不选中该选项，则表示无论该单据审核到何级次，均要求反审核到最低一级才能修改该单据。
- 上一级审核人只能审核同一用户组成员的单据：该选项是对前面介绍的系统选项中"单据操作权限控制到操作员组"的细化，明细控制到每种业务单据。如果选择该选项，则表示上一级审核人只能选择本用户组成员制作的单据进行上一级审核，而不能审核其他用户组成员的单据。
- 审核级次：审核级次设定每一级次由哪一位操作员审核，设定方法是先选择级次，再在"用户列表"列表框中选择操作员，然后单击"->"按钮向右获取，在"审批人名称"列表框中显示选中的操作员，表示设置成功。例如，一级设置为"郝销售"审核，先单击"一级"选项卡，然后选择"郝销售"操作员，单击"->"按钮，如图 4-42 所示。

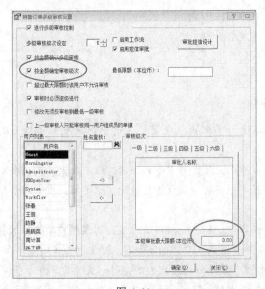

图 4-41

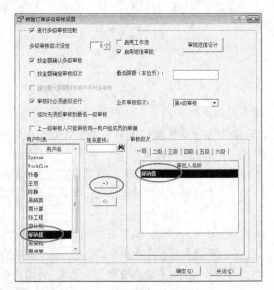

图 4-42

（3）多级审核各项目设置完成，单击"确定"按钮保存设置。由于本书账套暂不采用多级审核控制，所以取消"进行多级审核控制"的选中。

6．业务流程设计

业务流程设计是针对各单据的源单进行设置，例如，销售订单可以由产品预测单、合同（应收）和销售报价单生成，也可以由其中的某一种源单生成。选择"系统设置"→"系统设置"→"销售管理"，双击"业务流程设计"，系统进入"系统基本资料（业务流程自定义）"窗口，如图4-43所示。

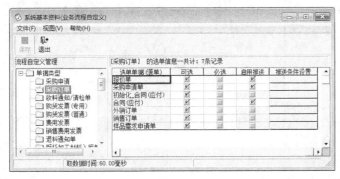

图 4-43

在窗口左侧选择要进行设置的"单据"，窗口右侧会显示该单据可以由哪些源单生成。例如，选择"采购订单"选项，窗口右侧显示该单据可以由报价单、采购申请单等单据生成。

- 选单单据（源单）：列出可以做源单的单据类型。
- 可选：是指该种目标单据和对应的源单关联所形成的业务路线可以作为选择方案，可选属性是共存的，系统将所有的流程和关联关系全部默认设置为可选。
- 必选：是指该种目标的红字单据和对应的源单关联所形成的业务路线是必须选择的方案。只能必选一种源单类型。
- 启用推送、推送条件设置：如果要启用推送功能，先勾选"启用推送"，再单击右侧按钮设置推送条件。

4.3　日常业务处理

基础资料、初始化设置和系统设置完成，可以进行日常的业务处理，日常业务处理包括各种销售单据录入、查询和修改等操作，以及根据录入的各种单据，查询相关报表，对企业的销售状况做出预测和分析处理。

选择"供应链"→"销售管理"，系统切换到"销售管理（供应链）系统-[主界面]"窗口，如图 4-44 所示。

要使用某个明细功能有两种方法：第一种是双击右侧流程图中的功能按钮，例如要录入销售报价单，双击流程图中的"报价单"按钮，系统弹出"过滤"窗口，保持默认条件，单击"确定"按钮进入"报价单序时簿"窗口，在该窗口可以进行报价单的新增、修改、审核和删除等操作。

第二种是选择左侧正确的子功能选项，然后双击子功能下相应的明细功能。例如，要录入销售报价单，选择"销售管理"→"销售报价"，双击"销售报价—新增"，进入"销售报价 - 新增"窗口。

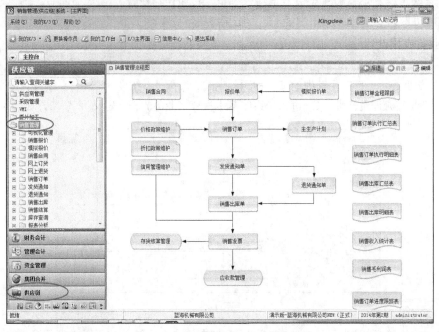

图 4-44

4.3.1 可视化管理

销售订单可视化管理功能以甘特图的形式，计划和跟进订单执行过程中的各个业务步骤处理情况，如开始时间、结束时间、完成状态等，并能够通过双击业务名称联查到相关业务单据，以便查看单据明细信息。可视化管理功能的应用，分为以下 3 步。

（1）通过"订单图形观察设置"功能定义图形观察的方案，确定在订单观察过程中需要查询什么业务步骤，以及各步骤的先后顺序和依赖关系。

（2）"订单图形观察"功能为销售订单选定适合的图形观察方案，以建立每个销售订单观察的方式，及计划各个业务步骤的开始时间和完成时间。

（3）通过"订单日常监控"功能跟踪每个订单各个业务步骤实际的开始时间和实际的完成时间及完成的状态。

第（1）步属于基础数据设置，只有在订单图形观察功能区启用时或图形观察方案有改变时才需要执行。第（2）步、第（3）步为日常的业务处理工作。

> 注 本功能通常适用于新产品开发和项目式订单使用。

为更好地达到"演示效果"，本功能演示将在"蓝海机械有限公司"账套下操作，双击桌面上的"金蝶 K3 主控台"图标，系统弹出登录窗口，当前账套选择"蓝海机械有限公司"，以命名用户身份登录，"用户名"录入"Administrator"，单击"确定"按钮，系统进入"主界面"窗口。

1．订单图形观察设置

订单图形观察设置是对要观察的对象进行方案设置。选择"销售管理"→"可视化管理"→"订单图形观察设置"，系统弹出"方案设置"窗口，如图 4-45 所示。

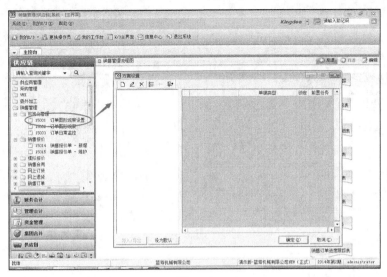

图 4-45

在"方案设置"窗口可以对观察方案进行新增、编辑和删除等操作。例如,建立一个测试方案,单击左上角的"□"(新建方案)按钮,系统弹出"方案向导"窗口,"方案名称"录入"测试方案","方案模板"保持默认值,如图 4-46 所示。

单击"下一步"按钮,系统进入选择任务步骤,如图 4-47 所示。

- 任务名称:显示系统中提供哪些任务过程可以观察。
- 单据类型:与任务名称对应的单据类型。
- 前置任务:是指当前任务要在何种任务完成后才能执行,该次序可以在后期编辑时修改。
- 最后一列为"选择列":选中,表示要观察该任务;不选中,表示不观察。

图 4-46

图 4-47

单击"全选"按钮,选中所有任务,单击"下一步"按钮,系统进入定制方案步骤,如图 4-48 所示。

在定制方案步骤,可以新增一些任务过程,也可以删除不需要的任务,同时可以上、下移动位置,单击"编辑"按钮后,可以在窗口下部修改"任务名称"和"前置任务"的序号。

单击"完成"按钮,新建完成,并返回"方案设置"窗口,此时,可以看到新增成功的"测试方案"图标,如图 4-49 所示。

图 4-48

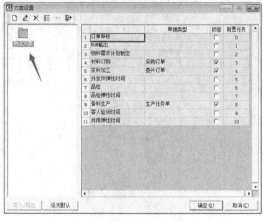
图 4-49

2．订单图形观察

订单图形观察是对要进行观察的销售订单，建立销售订单观察方式，以及计划各个业务步骤的开始时间和完成时间。订单图形观察操作步骤如下。

（1）选择"销售管理"→"可视化管理"→"订单图形观察"，系统进入"销售订单图形跟踪"窗口，如图 4-50 所示。

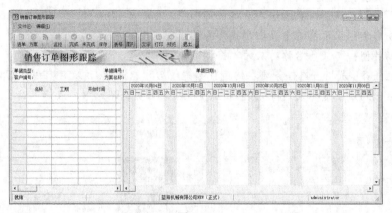
图 4-50

（2）单击"选单"按钮，系统进入"销售订单序时簿"窗口，如图 4-51 所示。

图 4-51

(3) 选中要观察的订单，单击"返回"按钮，返回"销售订单图形跟踪"窗口，此时可以看到系统根据方案自动生成表格和图形，如图 4-52 所示。

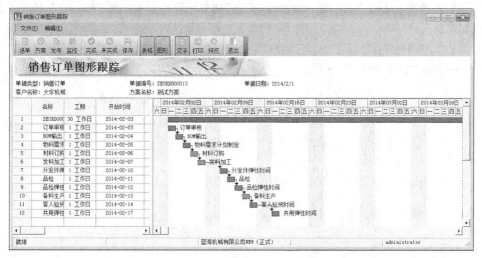

图 4-52

新生成的跟踪图，可以随时修改开始时间、完成时间和前置任务信息。若观察方案有变化，可以单击"方案"按钮，选择不同的观察方案。

(4) 单击"发布"按钮，发布该订单的跟踪方案，以供日常监控应用。

(5) 单击"监控"按钮，系统弹出"销售订单日常监控"选择窗口，如图 4-53 所示。

在选择窗口中切换到不同订单下的图形观察窗口，同时可以删除不再使用的监控。

(6) 任务完成后，在"销售订单图形跟踪"表格窗口中选中该任务，再单击"完成"按钮，系统弹出"销售订单图形跟踪"时间窗口，要求用户设置实际开始日期与实际完成日期，与计划中的日期进行对比，同时会在"销售订单图形跟踪"图形窗口以"黑色"时间条显示。

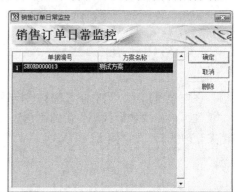

图 4-53

若误把未完成的任务设置为完成状态，可以选中后再单击"未完成"按钮，则该任务处于进行状态。

"表格""图形"和"文字"按钮是显示/隐藏相应窗口的功能按钮。

3．订单日常监控

本功能跟踪每个订单各个业务步骤实际的开始时间和实际的完成时间及完成的状态。操作方法可以参照前面的介绍。

4.3.2 模拟报价

企业通常需要根据产品结构，进行料、工、费的模拟计算，再加上合理利润，给客户进行报价。金蝶 K/3 的模拟报价管理功能采用向导方式，通过建立或指定模拟 BOM、设置相关费用，系统生成一张模拟报价单，按用户设置详细计算出产品报价。

模拟报价基本流程：建立工序资料→建立模拟 BOM→选择要报价的物料→选择报价方式→生成报价单。

下面以在"兴旺实业有限公司"账套中建立的模拟报价单为例，练习模拟报价操作，具体操作步骤如下。

（1）以"郝销售"身份登录"兴旺实业有限公司"账套，选择"供应链"→"销售管理"→"模拟报价"→"模拟报价向导"，系统进入"选择报价 BOM 单"向导窗口，如图 4-54 所示。

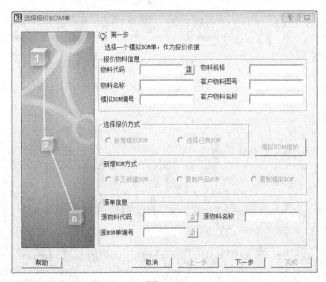

图 4-54

在向导窗口中，只有录入物料代码后，才能建立模拟 BOM 和工序工价资料。

（2）单击"物料代码"后的" "（获取）按钮，或者按"F7"功能键，系统弹出"物料"档案管理窗口，如图 4-55 所示。

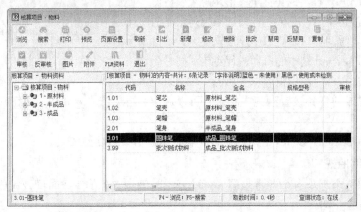

图 4-55

在"物料"档案管理窗口中，可以对物料档案进行新增、修改和删除等操作。若没有显示档案，单击"浏览"按钮切换到浏览状态窗口，即可看到所有物料。

（3）双击成品类别下的"圆珠笔"记录，并返回"选择报价 BOM 单"向导窗口，此时"新增模拟 BOM"功能激活，如图 4-56 所示。

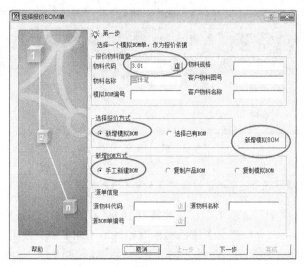

图 4-56

- "选择报价方式"下的"新增模拟 BOM":该选项与"新增 BOM 方式"下的各项目匹配。当选择"手工新增 BOM"时,单击"新增模拟 BOM"按钮,进入"模拟 BOM 维护"窗口进行模拟 BOM 的编辑;选择"复制产品 BOM"时,要求在"源单信息"下,分别获取源物料代码和其 BOM 档案;选择"复制模拟 BOM"时,要求在"源单信息"下,分别获取源物料代码和其 BOM 档案(该 BOM 档案为模拟 BOM)。
- "选择报价方式"下的"选择已有 BOM":当选择此项时,"报价物料信息"下的"模拟 BOM 编号"激活,在此处获取正确的 BOM 档案。

(4) 单击"新增模拟 BOM"按钮,系统进入"模拟 BOM 维护"窗口,如图 4-57 所示。

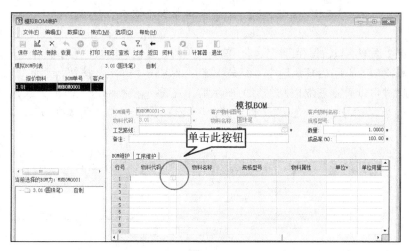

图 4-57

(5) 在表格窗口,单击"物料代码"处的" "(浏览)按钮,或者按"F7"功能键,分别获取"1.01—笔芯""1.02—笔壳"和"1.03—笔帽"物料,"单位用量"都录入为"1",如图 4-58 所示。

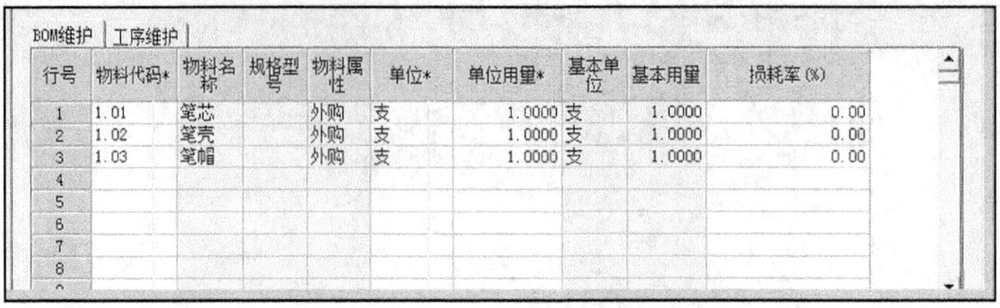

图 4-58

> 注 BOM 表中各项目说明可以参照后面的第 5 章（生产数据管理）。

（6）切换到"工序维护"选项卡，对当前模拟 BOM 要使用的工序进行选择，由于是第一次使用模拟 BOM 功能，所以先要建立工序档案。例如，本 BOM 中只使用一个"组装"工序。在"工序维护"选项卡的"工序代码"处按"F7"功能键，系统弹出"工序资料"管理窗口，在该窗口中可以进行工序的新增、修改和删除操作，单击"新增"按钮，系统弹出"工序资料 - 新增"窗口，"代码"录入"01"，"名称"录入"组装"，如图 4-59 所示。

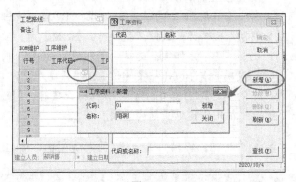

图 4-59

（7）单击"新增"按钮保存工序资料，单击"关闭"按钮并返回"工序资料"管理窗口，此时可以看到新增成功的工序档案，选中"组装"工序，单击"确定"按钮，返回"模拟 BOM 维护"窗口，此时可以看到获取成功的"01—组装"工序，在"标准工时"处录入"0.02"，"标准工资率（元/小时）"处录入"20"，"计件单价"处录入"0.5"，如图 4-60 所示。

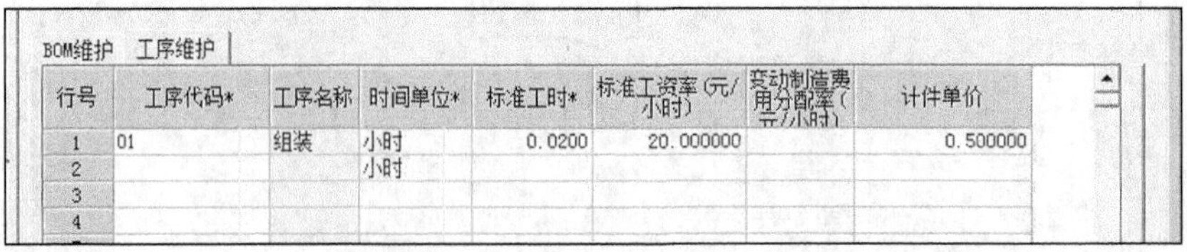

图 4-60

（8）单击"保存"按钮保存 BOM 编辑，再单击"返回"按钮，返回"选择报价 BOM 单"向导窗口，此时可以看到"模拟 BOM 编号"处有显示，表示获取成功，并且"新增模拟 BOM"按钮切换为"维护模拟 BOM"按钮，如图 4-61 所示。

（9）单击"下一步"按钮，系统进入第二步价格取数规则设置步骤，如图 4-62 所示。

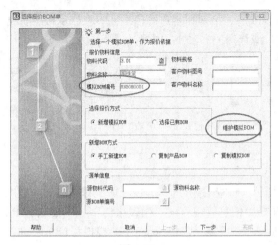
图 4-61

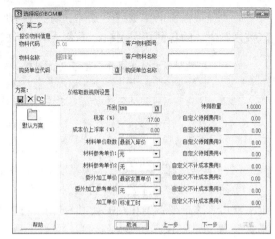
图 4-62

- 成本价上浮率：是指用实际成本乘以上浮率后作为报价。
- 材料单价取数：是设置 BOM 中各子件的成本价来源于何处。
- 材料参考单价 1：设置 BOM 中第一个参考单价的来源。
- 材料参考单价 2：设置 BOM 中第二个参考单价的来源。
- 委外加工单价、委外加工参考单价：选择委外加工费用来源。
- 加工单价：选择加工单价来源。此处与模拟 BOM 中的工序资料匹配。
- 自定义待摊费用：录入待摊入成本的费用，如工资、固定资产折旧费等。
- 自定义不计成本费用：录入不计成本的费用，以供参考。

（10）价格取数规则设置完成后，单击"下一步"按钮，系统进入"模拟报价单 - 新增"窗口，如图 4-63 所示。

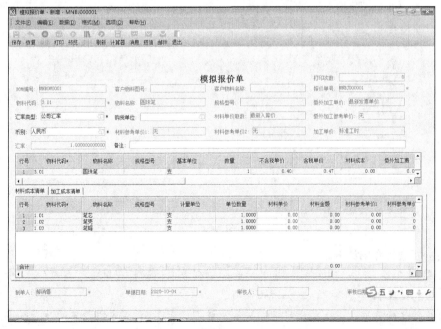
图 4-63

在"模拟报价单 - 新增"窗口,表头显示所报成品、币别和客户等信息;中表显示根据价格取数规则生成的各种费用明细;下表显示材料成本清单费用和加工成本清单费用。

> **注** 在材料成本清单表中,各子件的材料单价未取数成功,是因为当前账套中的基础资料中未设置材料单价,以及当前账套还未发生业务,不能取最新价格。所以想取数成功,以提高效率,必须具备相应的条件,也只有这样,报价单才能成功。
>
> 当然,系统同时提供在报价单窗口中修改补充数据的功能,窗口中的"白色"部分为可以录入信息的项目,如材料单价等。

(11) 单击"保存"按钮,保存模拟报价单,以供参考。

要查询和维护工序资料,可以选择"销售管理"→"模拟报价"→"工序资料维护",进入维护窗口修改;要查询和维护模拟 BOM,可以选择"销售管理"→"模拟报价"→"模拟 BOM 维护";要查询已保存的模拟报价单,可以选择"销售管理"→"模拟报价"→"模拟报价单查询"。

4.3.3 销售报价单

销售报价单将对客户报价的资料进行管理,以备随时查询,审核后的销售报价单可以被销售订单引用,报价单可以从模拟报价单据引用生成。

1. 销售报价单新增

选择"销售管理"→"销售报价"→"销售报价单—新增",系统进入"销售报价单 - 新增"窗口,如图 4-64 所示。

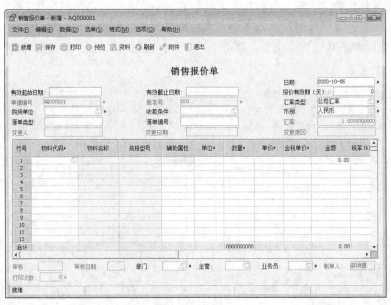

图 4-64

表头主要项目介绍如下。

- 购货单位:单击" "(浏览)按钮弹出列表以供选择,单击"查看"按钮或按"F7"功能键获取购货单位信息,为必录项。
- 有效起始日期、有效截止日期、报价有效期(天):设置本报价单的时效范围。
- 日期:报价单的日期,单击下拉按钮进行修改,为必录项。

- 单据编号:单据在系统中的编号,系统自动生成。
- 币别:单击"查看"按钮,选择报价单针对的币种,为必录项。
- 汇率:当币别为外币时,录入汇率。
- 源单类型:单击下拉按钮选择根据何种单据参考生成,为非必录项。
- 源单编号:当选择"源单类型"后,在此处按"F7"功能键获取要参考的单据。
- 审核、审核日期:显示报价由谁在什么日期审核。
- 部门:单击"查看"按钮,获取报价部门,为必录项。
- 主管:单击"查看"按钮,获取主管信息,为非必录项。
- 业务员:单击"查看"按钮,获取报价业务员。

表体主要项目介绍如下。

- 物料代码:单击" "(浏览)按钮弹出列表以供选择,或者录入部分代码,系统自动模糊查询,为必录项。
- 物料名称、规格型号、辅助属性和单位:由获取的产品代码所表示的物料档案显示。
- 数量:录入本次报价的数量。
- 单价、折扣率、备注:录入该行分录数量范围的单价、折扣率和备注信息。

例 4-2 录入图 4-65 所示的销售报价单。

购货单位	东莞丽明	日 期	2020/1/8	编 号	AQ000001
收款条件		币 别	人民币	汇 率	1.0000000

产品代码	产品名称	规格型号	单位	数量	含税单价	折扣率	折扣额	价税合计	备注
3.01	圆珠笔		支	5000	2.00	0%	0.00	10,000.00	
合计				汇总折扣额:	0.00		汇总价税合计:	10,000.00	

| 审核: | 郝销售 | 主管: | | 部门: | 销售部 | 业务员: | 郝销售 | 制单: | 郝销售 |

图 4-65

(1)单击"查看"按钮,获取"购货单位"为"东莞丽明"、"日期"为"2020-01-08"、"币别"为"人民币"。

(2)在第一条分录的"物料代码"处单击" "(浏览)按钮,选择"3.01","数量"录入"5000","含税单价"录入"2";单击"查看"按钮,获取"部门"为"销售部";单击"查看"按钮,获取"业务员"为"郝销售"。单击"保存"按钮保存单据,保存成功的窗口如图 4-66 所示。

> **注** 当录入购货单位后,选择"查看"→"价格资料查询",系统弹出"价格方案"窗口,以供用户选择价格资料,但该价格资料需要在基础资料中设置。

报价单若要修改,直接在"编辑单据"窗口修改正确信息后,单击"保存"按钮即可。

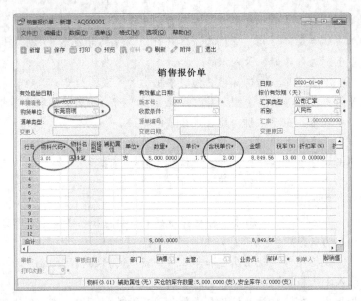

图 4-66

> **注** 已经审核的报价单,需取消审核后方能进行修改。

单击"审核"按钮可以对选中的单据进行审核,选择"编辑"→"反审核",可以对已经审核的单据取消审核。

由于系统默认销售报价单有多级审核限制,在此做一下修改以供后面审核使用。单击窗口左下角的"切换"按钮,弹出快捷菜单,切换到"系统设置"下,选择"系统设置"→"销售管理"→"审批流管理",系统进入"销售报价单_多级审核工作流"窗口,选中"销售报价单"明细项,再选择"用户设置"选项卡,选中"Administrators"组后单击" -> "(向右移动)按钮,此时该用户会显示到右侧列表中,如图 4-67 所示。

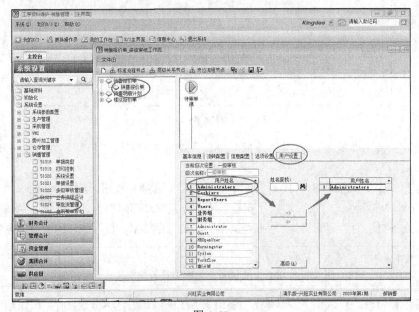

图 4-67

注　在此选择"Administrators"组是因为此为系统管理员组，并且所有用户都在该组，选择该组，即表示同时设置该组别下所有操作员。

单击"■"（保存）按钮保存设置，系统会弹出提示，直接单击"确定"按钮即可。单击"■"（退出）按钮结束修改。

2．销售报价单维护

销售报价单维护包括查询满足条件的报价单，以序时簿形式显示，在序时簿窗口对销售报价单进行新增、修改、删除、审核和作废等操作。

选择"销售管理"→"销售报价"→"销售报价单—维护"，系统弹出"过滤"窗口，如图4-68所示。

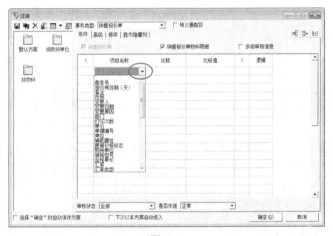

图 4-68

在"过滤"窗口，重点是过滤条件的设置，应用于当系统中资料过多时，只查询满足条件的资料。在"条件"选项卡设置基本条件，"项目名称"是要选择的条件，如产品编码等；"比较"处选择如何比较，如等于、大于或包含等；"比较值"处录入所选择过滤项目的值；窗口下部的"审核状态"是要查询已审核、未审核，还是全部的单据。

切换到"高级"选项卡，如图4-69所示。

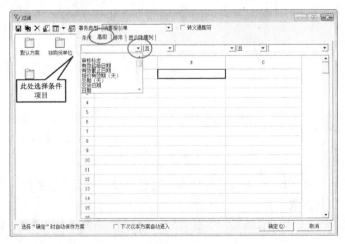

图 4-69

在"高级"选项卡中可以设置更详细的过滤条件。

切换到"排序"选项卡,如图 4-70 所示。

图 4-70

在"排序"选项卡中可以设置将查询出来的资料按照项目排序,以及是升序还是降序,方法是选择窗口上部的项目后,单击"添加"按钮,此时窗口下部排序字段处显示项目名称,当有多个项目时,可以使用"上移""下移"按钮移动,以进行排序。

切换到"显示隐藏列"选项卡,如图 4-71 所示。

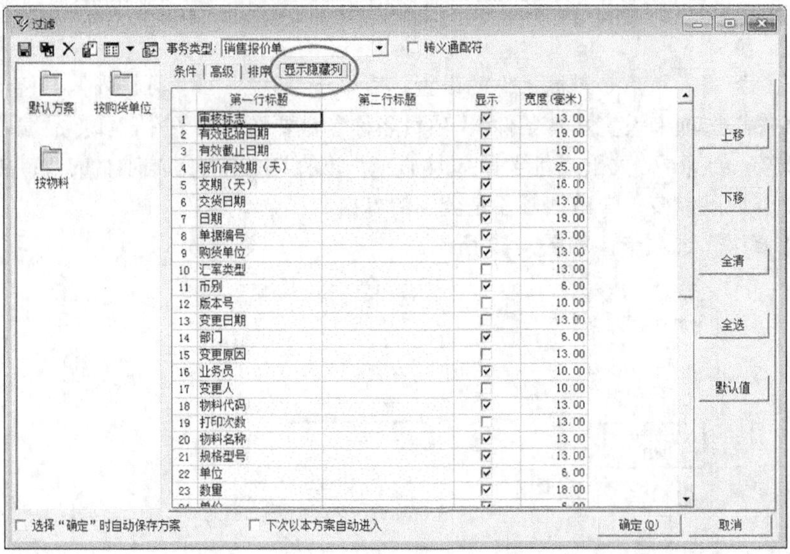

图 4-71

在"显示隐藏列"选项卡中,可设置查询出来的报表窗口中要显示哪些项目,打钩表示显示。还可以设置所显示项目的宽度。

在此暂时不做修改,保持默认方案,单击"确定"按钮,系统进入"销售报价单序时簿"窗口,如图 4-72 所示。

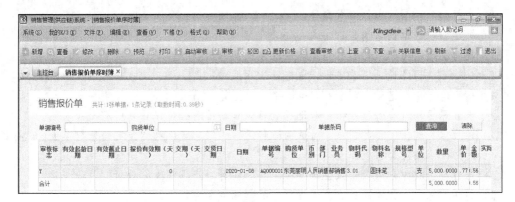

图 4-72

单击工具栏上的相应按钮可以进行相应的操作。如要删除销售报价单（前提是销售报价单未审核），则选中该销售报价单后，单击"删除"按钮即可。

单击"上查"按钮是查询该报价单由何种源单参考生成，单击"下查"按钮可以查询到该单据被何单据参考使用。

销售报价单作废表示该编号的销售报价单已经不需使用，不能再被其他单据所引用。在"销售报价单序时簿"窗口，选中要作废的报价单，选择"编辑"→"作废"即可。

若重新使用已经作废的单据，选中该张单据后，选择"编辑"→"反作废"即可。

在此单击"审核"按钮审核当前销售报价单，以供后面引用。

● 套打设置、打印合同：套打设置是利用金蝶 K/3 系统的套打进行合同单据的打印。

（1）在序时簿窗口，选择"文件"→"打印模板设置"，系统进入"打印设置"窗口，如图 4-73 所示。

（2）首次使用套打设置时，须引入"套打格式文件"，切换到"注册套打单据"选项卡，单击"批量引入"按钮，系统弹出"浏览文件夹"窗口，如图 4-74 所示。系统会默认定位到安装目录，单击"确定"按钮开始引入。

图 4-73

图 4-74

- 套打引入：引入套打格式文件。
- 批量引入：批量引入套打格式文件。
- 套打引出：将选中的套打格式文件从系统中引出。

（3）切换到"打印选项"选项卡，如图4-75所示。

利用"打印选项"选项卡对套打打印时的选项进行设置。

- 设置保存到所有套打模板：对选项进行设置的信息全部保存到所有套打模板。
- 设置保存到指定套打模板：对选项进行设置的信息只保存到指定的套打模板，选择该项时，要求指定套打模板。
- 每张单据打印分录数：设置每一张单据打印时的产品明细分录数。
- 打印起始点、打印终止点：设置打印的起始点和终止点。
- 单据活动文本颜色值：设置活动文本的颜色。
- 打印表格：选中该选项，需要打印表格；不选中该选项，不打印。
- 打印图章：选中该选项，需要打印图章；不选中该选项，不打印。
- 打印填充色：选中该选项，需要打印填充色；不选中该选项，不打印。
- 超出纸边距时警告：选中该选项，当所使用的套打格式宽度超出所使用打印纸张的边距时，系统弹出提示，并且不能打印；不选中该选项，超出纸边距可以打印和预览。
- 每条记录多张时改变颜色：选中该选项，当每条记录多张时改变颜色输出。
- 打印固定文本：选中该选项，打印固定文本项目；不选中该选项，不打印。

（4）在此取消"超出纸边距时警告"的选中。切换到"套打选择"选项卡，如图4-76所示。该选项卡在套打文件格式有多种时，选择要使用哪一种格式进行打印。

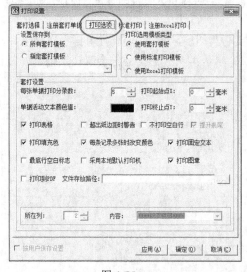

图 4-75

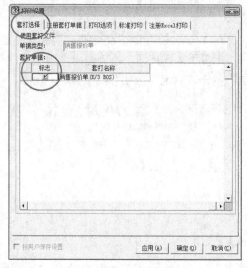

图 4-76

（5）套打设置完成，单击"确定"按钮保存设置。选择"文件"→"连续打印预览选定单据"，系统进入"打印预览"窗口，查看预览效果，若需要打印输出，则单击"打印"按钮。

3．销售报价单——生成销售订单

销售订单生成的方式有两种，一种是由销售报价单直接生成销售订单；另一种是在录入销售订单时，选择销售报价单作为源单，再选择由哪张报价单生成销售订单。两种方法达到的目的一样,不过操作方式不同。销售报价单生成销售订单的前提是该报价单已经审核。

在"销售报价单序时簿"窗口,选中要生成销售订单的分录,选择"下推"→"生成销售订单",系统直接进入"销售订单 - 新增"窗口,在销售订单窗口可以看到从销售报价单引用过来的资料,在"数量"处录入"6000","日期"修改为"2020-01-09","交货日期"修改为"2020-01-19",如图 4-77 所示。

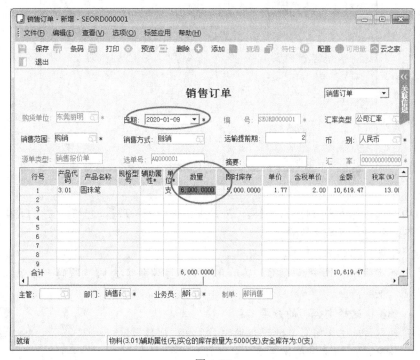

图 4-77

单击"保存"按钮保存生成的销售订单,单击"退出"按钮返回"销售报价单生成销售订单"窗口,再单击"退出"按钮退出"销售报价单生成销售订单"窗口。

通过下推方式生成订单,只是修改了数量,其他信息(如产品信息和价格等)都是自动引用,这样大大提高了处理效率。这就是参考引用的效果,也是 ERP 软件的重要特点之一。

> **注** 所生成的销售订单可以在"供应链"→"销售管理"→"销售订单"→"销售订单—维护"下查看。

4.3.4 销售合同

销售管理系统下的销售合同管理主要是针对应收类合同的管理,可以完成合同的新增、审核、修改和打印等操作,并且根据录入的合同资料,以及该笔合同的执行情况,可以查询到合同金额执行明细表、合同执行情况汇报表、合同金额执行汇总表和合同到期款项列表。

只有当合同档案录入系统中,才能跟踪合同执行情况,以达到相应的管理要求。合同新增是参照与客户签署的纸质合同资料录入系统,以供合同档案的管理。也可以先录入合同资料,再打印输出,然后与客户签署。选择"销售管理"→"销售合同"→"销售合同—新增",系统进入"合同(应收)- 新增"窗口,如图 4-78 所示。

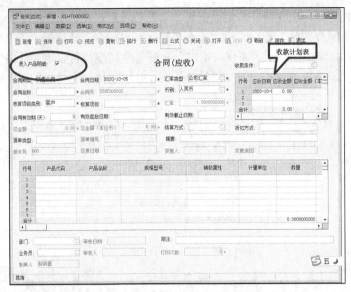

图 4-78

表格以内的项目称为表体项目，表格以外的项目称为表头项目，但右上角的表格项目称为收款计划表。下面分别介绍各项目的含义。

表头项目主要介绍如下。

- 录入产品明细：选中该选项，显示表头项目，以供本合同涉及的产品录入，不选中该选项，表头隐藏。
- 合同种类：选择本合同的分类名称。
- 合同日期：单击合同日期的下拉按钮，系统弹出日历窗口，如图 4-79 所示，选择合同的签署日期。
- 币别：单击"按钮，选择合同签署时的币别，系统默认为本位币。

图 4-79

- 汇率：当选择外币时，录入外币的汇率。
- 合同名称：录入合同的名称，为必录项。
- 合同号：由系统自动生成合同在系统中所处的编号。
- 核算项目类别：选择是客户，还是供应商。
- 核算项目：核算项目类别选择后，单击"按钮，选择本合同涉及的客户或供应商的名称。
- 折扣方式：手动录入折扣方式。
- 摘要：录入合同的摘要。
- 总金额、总金额（本位币）：如果需要录入产品明细，由产品明细合计金额生成"总金额"，"总金额（本位币）"显示当"总金额"是外币时其乘以汇率的数据。如果不需要录入产品明细，则"总金额"须手动录入。
- 部门和业务员：单击"按钮或按"F7"功能键获取合同由什么部门及哪位业务员签署。

表体项目包括以下几项。

- 产品代码：单击"按钮或按"F7"功能键获取合同涉及的产品明细。

- 产品名称、规格型号、辅助属性：由所获取的“产品代码”物料档案自动生成。
- 计量单位：选择产品核算时的计量单位。
- 数量：根据计量单位录入数量。

含税单价、不含税单价、折扣率、实际单价、折扣额、价税合计、税率、税额及金额之间的关系如下。

- 含税单价：手工录入。
- 折扣率：手工录入。
- 税率：手工录入，默认值为 13%。
- 不含税单价=含税单价×（1−税率）。
- 实际单价=含税单价×（1−折扣率）。
- 折扣额=含税单价×折扣率×数量。
- 价税合计=含税单价×数量。
- 税额=含税单价×税率×数量。
- 金额=含税单价×数量−税额−折扣额。
- 折扣额（本位币）、税额（本位币）、价税合计（本位币）、金额（本位币）：以本位币显示相应金额。
- 基本单位、基本数量：由物料档案中所设定的基本单位显示。

收款计划表主要介绍如下。

- 应收日期：可手工修改，应收日期作为应收款的一个参考值。
- 应收金额、应收金额（本位币）：与总金额和总金额（本位币）对应。

例 4-3 录入图 4-80 所示合同资料。

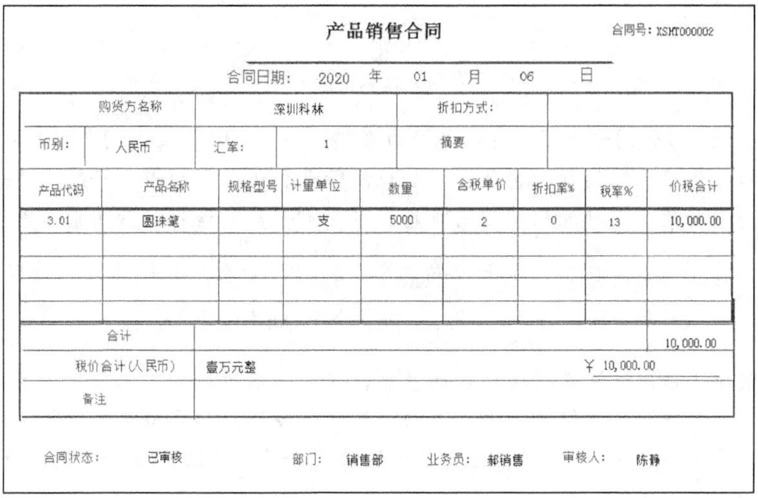

产品销售合同　　合同号：XSHT000002

合同日期：2020 年 01 月 06 日

购货方名称		深圳科林		折扣方式：				
币别：	人民币	汇率：	1	摘要				
产品代码	产品名称	规格型号	计量单位	数量	含税单价	折扣率%	税率%	价税合计
3.01	圆珠笔		支	5000	2	0	13	10,000.00
合计								10,000.00
税价合计(人民币)	壹万元整							￥10,000.00
备注								

合同状态：已审核　　部门：销售部　　业务员：郝销售　　审核人：陈静

图 4-80

（1）表头项目“合同日期”修改录入“2020-01-06”，“币别”录入“人民币”，“合同名称”录入“产品销售合同”，“核算项目类别”选择“客户”，“核算项目”选择“深圳科林”，“部门”选择“销售部”，“业务员”选择“郝销售”，其他项目保持默认值。

注　当不选中“录入产品明细”时，则需要录入“总金额”。

（2）"产品代码"获取"3.01"，系统自动引用"3.01—圆珠笔"资料，"数量"录入"5000"，"含税单价"录入"2.00"，税率不变，其他项目和收款计划保持默认值。

（3）单击"保存"按钮保存当前合同资料，保存成功的窗口如图 4-81 所示。

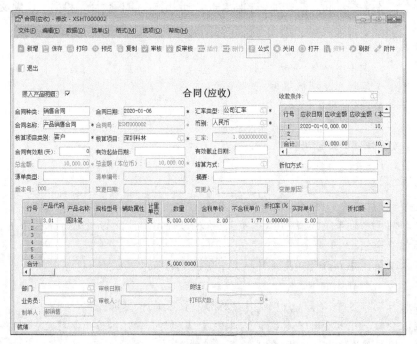

图 4-81

 注　（1）带"*"项目为必录项目。
　　　（2）当新增合同资料时，一经保存后，工具栏上的按钮会发生变化。

- 合同修改：当合同保存后，自动转换为修改状态。合同修改是指当前合同信息有错误时，可以修改为正确的信息后再保存，如合同数量和合同金额等，修改方法是直接在需要的项目处重新录入正确的信息，修改后，单击"保存"按钮保存当前修改业务。

 注　（1）已经审核后的合同，必须反审核该合同后才能修改。
　　　（2）已经关闭的合同，必须反关闭、反审核合同后才能进行修改。

- 合同复制：合同复制是将当前合同复制，生成一张新的合同记录，除"合同号"须重新编号外，其他项目都保持不变。单击"复制"按钮，稍后系统进入复制成功后的合同窗口，请注意"合同号"，若新生成的合同需要修改，修改相应项目后，直接单击"保存"按钮即可。

- 合同审核、反审核：为保证合同的正确性，合同审核后才能被其他单据引用。反审核的意思是取消审核。合同审核时，制单人与审核人不能为同一人。选择"系统"→"更换操作员"，系统弹出登录窗口，账套名不变，用户名录入"Administrator"，单击"确定"按钮，登录账套。

选择"销售管理"→"合同"→"销售合同—维护"，系统弹出"过滤"窗口，保持默认方案，单击"确定"按钮，进入"合同（应收）序时簿"窗口，如图 4-82 所示。

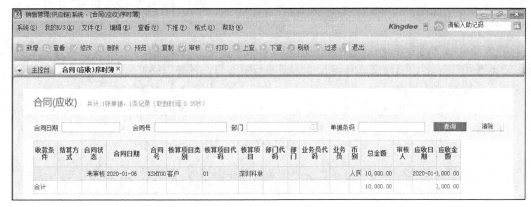

图 4-82

选中合同记录，单击"审核"按钮，稍后报表中第一列"合同状态"处显示"已审核"，表示审核成功。若要取消审核，选择"编辑"→"取消审核"即可。

为提高审核速度，系统提供"成批审核"功能，方法是按"Shift"键，然后单击选择要成批审核的合同资料，选择"编辑"→"成批审核"，稍后系统会根据审核情况弹出相应提示窗口。

在此账套中的合同暂不用取消审核，以备后面单据引用。若系统提示"审核人与制单人不能相同"时，切换为"陈静"用户审核即可，也可以去系统设置的单据设置中修改该单据的选项。

- 合同变更：在企业日常业务中，有些合同档案需要更改相应项目，这类更改称为合同变更，合同变更主要是针对数量、单价、折扣率和税率的变更，变更的前提是已审核后的合同。

选择"系统"→"更换操作员"，系统弹出登录窗口，账套名不变，用户名录入"郝销售"，单击"确定"按钮，登录账套，使用"销售合同—维护"功能，进入"合同序时簿"窗口，选中要变更的合同记录，选择"编辑"→"合同变更"，系统弹出"合同变更"窗口，修改正确的数量、单价、折扣率和税率后，单击"保存"按钮即可。

> 注　合同变更与合同修改是两个不同的功能，一个是针对审核后的合同，一个针对未审核的合同。

- 合同关闭、打开：合同关闭是指该编号的合同已经执行完成，或者以后该合同已经不能再被其他单据作源单引用。合同关闭的方法是在"合同序时簿"窗口，选中要关闭的合同，选择"编辑"→"关闭"。关闭后的合同记录会在"合同序时簿"窗口中的"合同状态"处显示"已关闭"字样。

合同打开是指将已关闭的合同重新启用，处于打开状态的合同可以被其他单据作源单引用。合同打开的方法是在"合同序时簿"窗口，选中要打开的合同记录，选择"编辑"→"打开"即可。

- 合同引出：合同引出是将合同序时簿中的合同档案引出为其他格式的文件，以供其他软件调用。

在"合同序时簿"窗口，选择"文件"→"引出序时簿数据"，系统弹出"引出'合同（应收）序时簿'"窗口，如图 4-83 所示。

选中要引出的"数据类型"，然后按照向导操作即可完成引出。

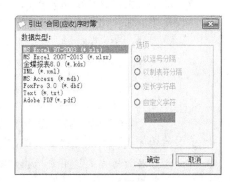

图 4-83

4.3.5 销售订单

销售订单的下达表示相关的销售报价单和合同资料客户已经确认，并且收到客户的采购订单，在系统中需要下达销售订单并将其传递到各相关部门，各部门根据接收到的销售订单信息，做好生产和发货准备工作。

销售订单可以根据销售报价单或合同资料生成，当系统中没有相关的销售报价单和合同资料时，也可以手工录入。

1. 销售订单录入

选择"销售管理"→"销售订单"→"销售订单—新增"，系统进入"销售订单 - 新增"窗口，如图 4-84 所示。

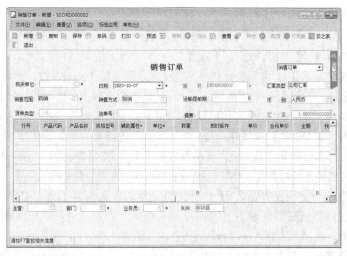

图 4-84

表头项目介绍如下。

- 购货单位：单击"🔍"（浏览）按钮弹出列表以供选择，或者单击"查看"按钮，或者按"F7"功能键获取购货单位信息，为必录项。
- 日期：销售订单发生的业务日期。
- 编号：由系统自动生成。
- 汇率类型：选择使用哪个汇率类型。
- 销售范围：用于区分购销和调拨两种业务。取得方法有如下两种。
  - ➢ 手工新增时：当上下游机构都是独立核算单位，两者之间是购销关系，则选择购销；当下游机构是上游机构的一个办事处，是非独立核算单位，两者之间是调拨关系，则选择调拨。
  - ➢ 当单据是由分销系统的单据转换生成的，则取采购订单的采购范围对应的值。单击"查看"按钮获取范围资料。
- 销售方式：系统目前提供现销、赊销、分期收款销售、委托代销、直运销售、受托代销等 6 种销售方式，用户根据需要选择。
- 运输提前期：即向该客户交货所需要提前的天数，为整数字型，系统将客户基础资料中当前客户的"默认运输提前期"属性直接带入该字段，用户可修改。如果用户进行 MRP

或 MPS 计算，运输提前期必须录入，因为 MRP 和 MPS 计算产品的完工日期需要考虑销售订单的运输提前期，以确保产品能按客户的需求日期及时交货。
- 币别：选择该笔业务采用何种币别进行结算。
- 源单类型：单击"下拉"按钮，选择本笔销售订单参考何种源单类型生成。
- 选单号：选择相应的源单类型后，光标放置在"选单号"处，单击"查看"按钮，系统中会有审核的源单显示，以供用户引用。但是已作废或已关闭的单据不会显示。
- 摘要：录入本笔销售订单的摘要。
- 部门、主管、业务员：同销售报价单。

表体项目中，黄色区域表示由系统中的相关档案生成，空白区域为手工录入。
- 产品代码：单击" "（浏览）按钮弹出列表以供选择，或者录入部分代码，系统自动模糊查询。也可由源单据上的产品代码生成。
- 产品名称、规格型号、辅助属性、单位：由选择的产品代码信息自动带出。
- 数量：以该产品的单位为计量标准时，录入数量。
- 辅助单位、换算率、辅助数量：由物料档案中设置的辅助单位自动带出。
- 单价：录入无税单价。
- 税率：录入税率。
- 含税单价=单价×（1+税率）。
- 金额=数量×单价。
- 折扣率：录入本笔销售订单的折扣率。
- 折扣额、实际含税单价、销售税额、价税合计：由公式自动计算生成。
- 交货日期：该交货日期表示产品交达客户手上的日期。
- 建议交货日期：由交货日期减去运输提前期而得，表示生产完工日期。
- 出库数量、源单单号、合同单号、开票数量等项目：这些项目在引用了相关源单，或者被其他单据引用后，可以显示相应数量，如该笔销售订单引用了合同生成，则在合同号显示引用的合同号，如该笔销售订单被销售出库单引用，则在"出库数量"处显示相应的数量。

例4-4 录入图 4-85 所示的销售订单。该订单由"XSHT000002"号合同参考生成。

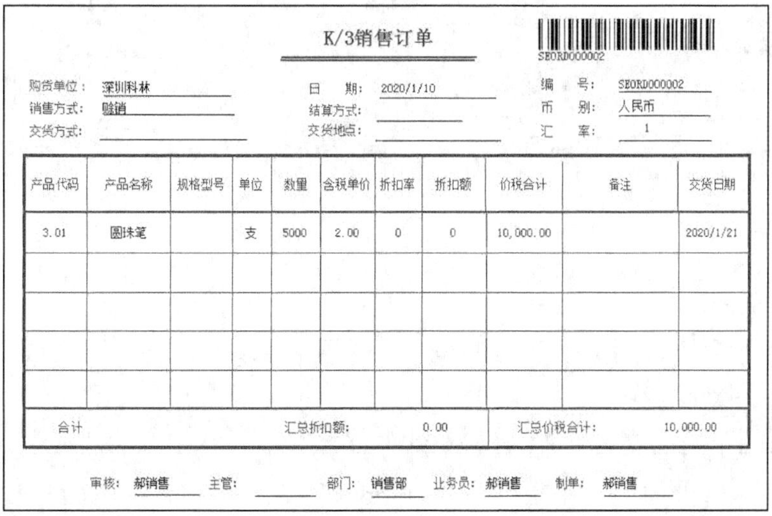

图 4-85

(1) 在"销售订单 - 新增"窗口,"源单类型"选择"合同(应收)",光标移动到"选单号"处,单击"查看"按钮,系统弹出"合同(应收)序时簿"窗口,窗口显示的合同档案为已审核、未关闭的合同档案,如图 4-86 所示。

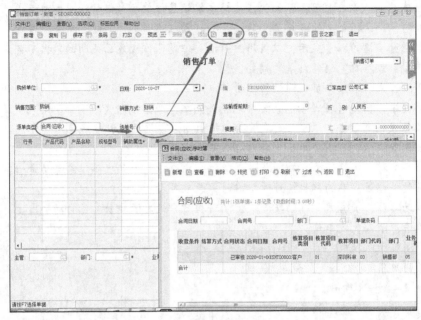

图 4-86

(2) 双击"XSHT000002"号合同记录,将该合同内容引用到销售订单中,修改日期为"2020-01-10",表体项目中的"交货日期"修改为"2020-01-21",单击"保存"按钮保存当前单据,保存成功的销售订单窗口如图 4-87 所示。

图 4-87

(3) 单击"审核"按钮审核当前单据。

2. 销售订单基本操作

选择"销售管理"→"销售订单"→"销售订单—维护",系统弹出"过滤"窗口,过滤条件的设置方法参照"销售报价单 - 维护",时间选择"全部",单击"确定"按钮,系统进入"销售订单序时簿"窗口,如图4-88所示。

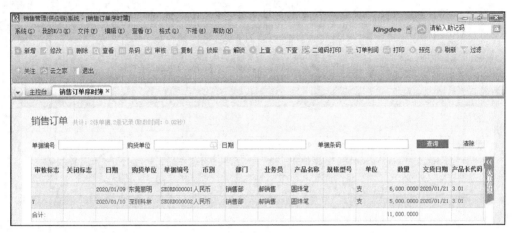

图 4-88

在"销售订单序时簿"窗口中可以进行销售订单的新增、修改、删除、审核、关闭和作废等操作,方法是选中相应单据后,再单击相应工具按钮。

> 注 关闭和作废功能在"编辑"菜单下。

销售订单打印可以在套打设置中设置后进行打印输出。

请审核当前未审核的销售订单以备后面单据引用。销售订单审核后,可返回查看合同金额执行明细表有何变化。

3. 销售订单变更

销售订单变更功能针对已经审核后的销售订单进行变更处理,变更时主体内容不能变更,即该笔订单的客户、所订产品不能变更,只能对数量、单价、税率和交货日期进行变更。变更与修改的不同是,变更针对的是已经审核后的销售订单,而修改针对的是未审核的销售订单。

在销售订单序时簿,选中要变更的销售订单,选择"编辑"→"订单变更",系统进入变更窗口,变更相应内容后,单击"保存"按钮即可。

4. 销售订单锁库、解锁

在按订单生产的企业或按项目管理物料的企业,为保证具有较高优先级的订单及时出库,需要为这些订单预分配库存,以防被其他订单先期使用,即锁库。锁库的条件为以下几种。

(1)只能对已审核并且未执行的销售订单进行锁库。
(2)已锁库的销售订单不能反审核或进行订单变更。
(3)锁库数量必须小于指定仓库的有效库存(即现在库存量减去已锁库数量大于零)。
(4)一行物料只能锁库一次。
(5)支持一次锁多个仓库。

在"销售订单序时簿"窗口,选中要执行锁库的订单,例如,选中"SEORD000001"号销售订单,单击工具栏上的"锁库"按钮,系统弹出"锁库明细"窗口,窗口上部显示选中的销售订单的"待锁库数量"信息,窗口下部显示可以对哪些仓库进行锁库操作和已经锁库的数量。锁库的方法是先选择要进行锁库的仓库,再在"当前单据锁库数量(常用)"处录入要求锁库的数量,在此录入"5000",然后单击"锁库"按钮,如图4-89所示。

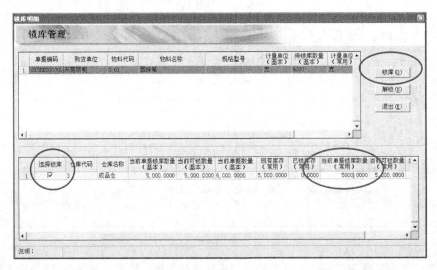

图 4-89

解锁的方法是,先取消对"选择锁库"的勾选,再单击"解锁"按钮即可。

5. 销售订单——生成其他业务单据

审核后的销售订单可以作为源单生成多种业务单据,例如,可以生成采购申请单,并且在采购管理系统中查询和调用所生成的采购申请单;可以生成销售发票,传递到应收款管理系统,以供调用和查询。在"销售订单序时簿"窗口中,可以查询到销售订单可以生成的业务单据类型,单击"下推"菜单,系统弹出可以生成的业务单据列表,如图4-90所示。

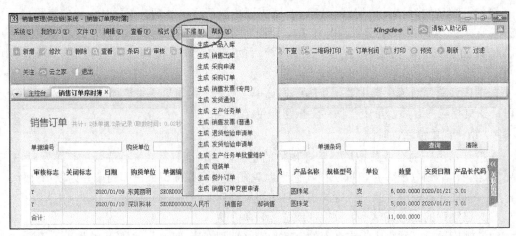

图 4-90

在此以销售订单生成图4-91所示的销售出库单为例,介绍销售订单生成其他业务单据的操作方法,操作步骤如下。

（1）在"销售订单序时簿"窗口中，单击"SEORD000001"号销售订单，再选择"下推"→"生成 销售出库"，系统弹出"销售订单 生成 销售出库"窗口，如图4-92所示。

图 4-91

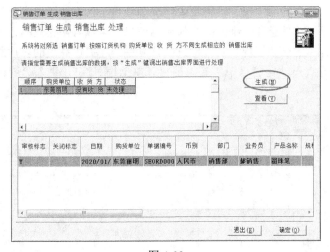

图 4-92

（2）在窗口中选中要生成销售出库的记录行，单击"生成"按钮，系统弹出"销售出库单 - 修改窗口，在该窗口中，所选中的销售订单的信息会被引用，如客户、产品和数量等信息。

（3）补充单据信息。补充交货地点，日期修改为正确的日期，发货仓库处单击工具栏上的"查看"按钮，获取"成品仓"，"实发数量"修改为"2000"，在"发货"和"保管"处单击"查看"按钮，获取"易保管"，其他项目可以保持默认值，录入完成的单据如图4-93所示。

> 注　录入销售出库单时一定要注意以下几项要录入正确：①发货仓库，只有录入正确的商品存放仓库，单据才能保存成功，否则会导致负结存现象；②日期，如果日期不对，可能会导致收发存汇总表有出入；③正确的产品代码；④实发数量。

（4）单击"保存"按钮，保存生成的销售出库单。

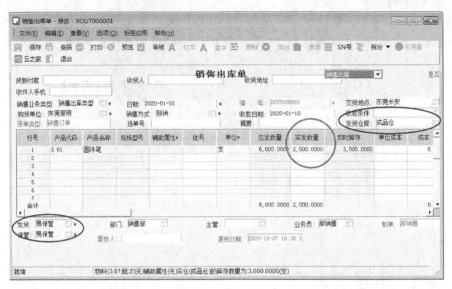

图 4-93

6. 销售订单全程跟踪

销售订单全程跟踪是在同一个窗口中显示销售订单的各个环节执行情况，包括订单发货情况、销售出库情况、销售开票情况、销售收款情况和订单是否下达了生产任务等多个环节，并提供了每个环节的执行汇总信息和详细的关联的单据信息，可以方便企业的订单跟踪人员或销售管理人员快速地掌握订单的全面情况，及时地进行计划生产和提供高效的客户服务。

选择"销售管理"→"销售订单"→"销售订单全程跟踪"，进入"销售订单全程跟踪"窗口，如图 4-94 所示。

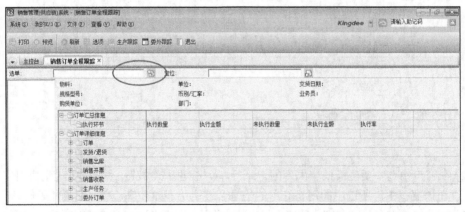

图 4-94

在"销售订单全程跟踪"窗口，必须通过"选单"功能选择要跟踪的销售订单。光标放置在"选单"处按"F7"功能键，获取"SEORD000001"号销售订单，并返回"销售订单全程跟踪"窗口，当选单成功后，系统会自动将订单全程情况显示出来，如图 4-95 所示。

窗口左部显示的是当前所选择的订单信息，右侧显示的是选中订单当前的全程情况，单击"+"可以看到订单执行过程的详细信息。单击工具栏"选项"按钮，系统弹出"选项"窗口，可以对当前"销售订单全程跟踪"窗口进行设置。

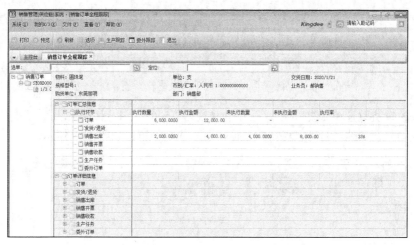

图 4-95

4.3.6 发货通知

发货通知单是销售部与仓库之间的信息传递纽带，当销售部根据销售订单上的交货日期确认需要给客户发货时，填写一张发货通知单传递到仓存管理系统，当仓库管理员接收到发货通知信息后，再根据发货通知单填写销售出库单。

 注 　对于发货通知上的物料，仓库是否有足够的数量出货，销售人员可以通过选择"销售管理"→"库存查询"→"即时库存查询"进行查询。

发货通知单的操作方法基本与销售订单处理方法相同。

例4-5 以图 4-96 为例介绍发货通知单的处理方法。

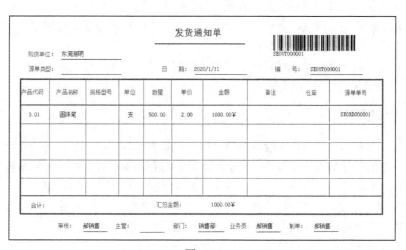

图 4-96

图 4-96 所示的发货通知单是以销售订单为源单类型，源单号为"SEORD000001"生成的发货通知单，只发数量 500 支，操作步骤如下。

（1）选择"销售管理"→"发货通知"→"发货通知—新增"，系统进入"发货通知单 - 新增"窗口，"源单类型"选择"销售订单"，将光标移到"选单号"处，按"F7"功能键，或者单击工具栏上的"查看"按钮,系统将满足条件的销售订单列表显示出来,双击"SEORD000001"号单据,并返回"发货通知单 - 新增"窗口,此时注意窗口的变化。

> 注:返回信息系统时,"数量"显示为"4000",此数量是该订单剩余发货数量,在此,信息系统体现出了其人性化和智能化的特点,以避免手工跟单模式下可能出现的数据错误。

(2)修改发货数量和交货日期。"数量"修改为"500",向右移动滚动条,"交货日期"修改为"2020-01-11",其他项目可以保持默认值,录入成功的窗口如图4-97所示。

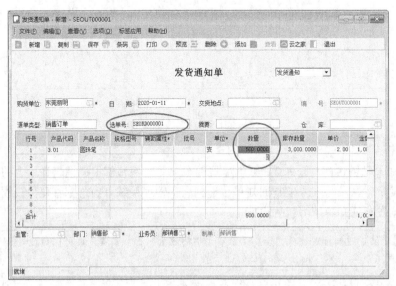

图 4-97

(3)单击"保存"按钮保存发货通知单。

发货通知单的查询、修改、审核、作废等操作可以参照前面单据的处理方法。请读者自行审核该发货通知单,以供后面单据练习使用。

发货通知单可以作为源单生成销售出库单、销售退货通知单和调拨单据,生成方法可以参照4.3.5小节中生成销售出库单的方法。

4.3.7 销售出库

销售出库单也就是送货单,是仓库管理员接收到销售部发货通知后,确认仓库有该产品,并且库存数量符合销售部需求时填写的一张出库单据。销售出库单有两种,一种是蓝字出库单,另一种是红字出库单,红字出库单是蓝字出库单的反向单据,代表物料的退回。

销售出库单一般是由仓库管理员填写,然后由销售部业务员签字后才能从仓库发货。金蝶K/3中的销售出库单可以通过两个路径录入,一个是在"销售管理"→"销售出库"中录入,另一个是在"仓存管理"→"领料发货"→"销售出库"中录入。

> 注:销售出库单由谁制单、谁审核及谁领料等,这是关于业务流程和权限的问题,与是在"销售管理"下填写出库单,还是在"仓存管理"下填写出库单没有关系。

1. 销售出库单录入

销售出库单的录入方法同前面单据。

例 4-6　以图 4-98 为例介绍销售出库的处理方法，该销售出库单是由发货通知单“SEOUT000001”作为源单生成的出库单。

销售出库单

XOUT000002

编　　号：XOUT000002

购货单位：东莞丽明　　　　日期：2020/1/11　　　　源单类型：

产品代码	产品名称	规格型号	单位	数量	单价	金额	批号	发货仓库	源单单号	备注
3.01	圆珠笔		支	500.00	2	1000		成品仓	SEOUT000001	

审核：郝销售　　记帐：　　发货：易保管　　保管：易保管　　制单：郝销售

图 4-98

（1）选择“销售管理”→“销售出库”→“销售出库单—新增”，系统进入“销售出库单 - 新增”窗口，“源单类型”选择“发货通知”，光标移至“选单号”处，按“F7”功能键或单击工具栏上的“查看”按钮，系统弹出“发货通知”窗口，双击选中“SEOUT000001”号发货通知单，并返回“销售出库单 - 新增”窗口。

（2）光标移至“发货仓库”处，按“F7”功能键或单击工具栏上的“查看”按钮，系统弹出“仓库”档案，双击选择“成品仓”，并返回“销售出库单”录入窗口。

（3）在“发货”和“保管”处单击工具栏上的“查看”按钮，系统弹出“职员”档案，双击选择“易保管”，并返回“销售出库单 - 新增”窗口。

（4）单击“保存”按钮保存销售出库单，并审核销售出库单，审核成功后如图 4-99 所示。

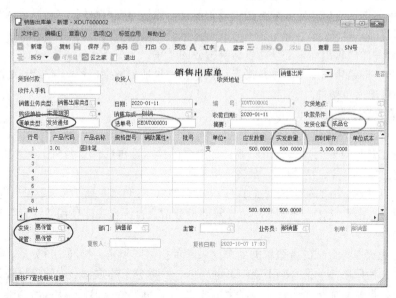

图 4-99

> **注** 红字出库单的录入方法是先单击工具栏上"红字"按钮,这时窗口右上角显示"红字"字样,表示当前处理状态为红字单据录入,蓝字单据的录入方法同红字出库单录入方法相同。

2. 销售出库基本操作

(1) 选择"销售管理"→"销售出库"→"销售出库单—维护",系统弹出"过滤"窗口,"时间"选择"全部",单击"确定"按钮进入"销售出库序时簿"窗口。

(2) 单击"编辑"菜单,系统弹出编辑功能列表,如图4-100所示。

(3) 单击修改、删除、审核和作废等功能,可以对单据进行相应的操作。

若要打印销售出库单,在"销售出库序时簿"窗口,双击要打印的出库单记录,系统进入销售出库单编辑状态,单击工具栏上的"预览"和"打印"按钮可以对单据进行打印操作。单击"文件"菜单下的"使用套打"命令,再利用菜单下的"套打设置"命令对销售出库单的套打格式登记后,可以打印出美观的出库单。

图4-100

3. 销售出库单的拆分和合并

在实际业务处理的过程中,因为分期收款或开发票时间,某些销售出库单的部分数量必须分期处理,导致一张单据不能在同一期间作为销售成本。例如,企业有可能月末统一开一张发票,这张发票并不一定包括前几次的所有送货。但是仓管是在发货的时候就录入单据的,也就是说,出库单上的记录可能比发票上的要多,因此系统提供了销售出库单的拆分和合并处理功能。出库单拆单是便于将需要在本期钩稽的部分拆分出来,从而解决上述实际销售业务问题。

(1) 拆分和合并条件。

① 进行拆分的销售出库单必须是已审核单据。

② 进行拆分的销售出库单必须是尚未核销单据,包括与发票核销,与另一张业务信息相同、数据相反的销售出库单核销。

③ 进行合并的销售出库单必须是以前被拆分的子单。

④ 进行合并的销售出库单必须是尚未核销单据,包括与发票核销,与另一张业务信息相同、数据相反的销售出库单核销。

⑤ 进行合并的销售出库单必须是未记账单据。

(2) 拆分单据方法。

在"销售出库序时簿"窗口,选中要进行拆分的单据,再选择"编辑"→"拆分单据",系统弹出"销售出库单 - 修改"窗口,如图4-101所示。

单据的产品代码、日期等字段均处于不可编辑状态,只增加一列"拆分数量"为可编辑状态,用户在该字段上直接录入按当前计量单位计算的拆分数量,操作完毕使用"保存"按钮保存拆单结果。

一张销售出库单拆分成的两张单据的单据头除单据号码外完全相同,拆分后,被拆分的单据减去拆分部分称为母单,单据号码不变,可继续拆分,拆分出的数量形成的单据称为子单,不能再拆分,在原单据号后加 A 标记,母单继续拆分后,子单编号加 B、C,依次类推。单据体中除数量、金额可能变动外，其他内容均不变。

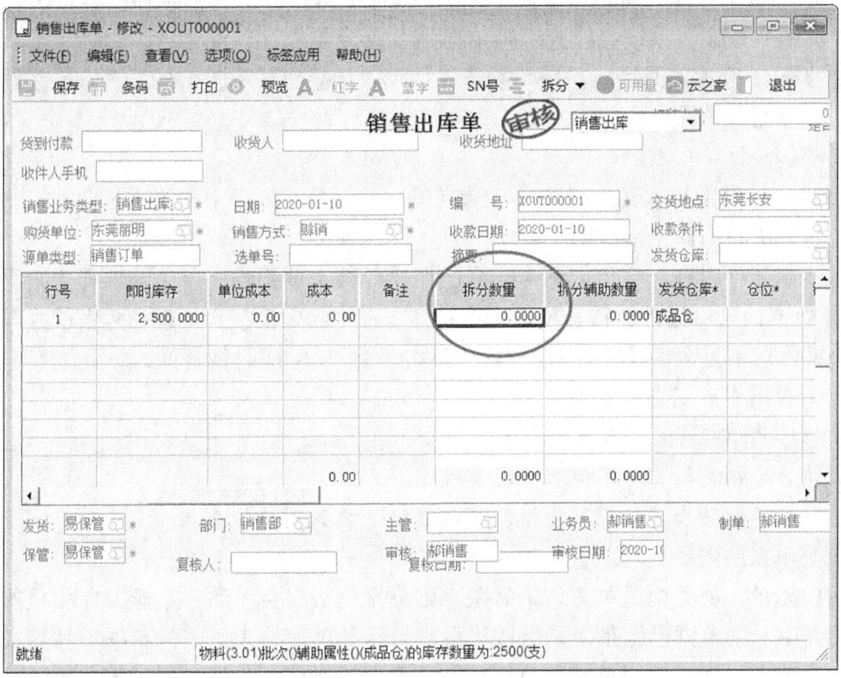

图 4-101

(3) 合并单据方法。
- 系统提供将已拆分的销售出库单（子单）合并到母单的功能。
- 拆分后的销售出库单可合并还原，但只能是一张子单与一张母单逐张合并。
- 在当前界面中，使用鼠标光标选中一张以前从母单拆分出的销售出库单，选择"编辑"→"合并单据"，该张单据即合并到母单中，系统提示操作成功。

(4) 拆分影响。

拆分单据后，对于被拆的母单和拆出的子单有以下影响。
- 已拆分的销售出库单不能反审核。
- 已拆分出子单的母单还可以再执行拆分操作。
- 已拆分出的子单不能执行拆分操作。

4. 销售出库单的核销

系统提供红字和蓝字出库单的核销和反核销的功能。

(1) 核销条件。
- 核销的单据必须分别为红字和蓝字的销售出库单。
- 核销的单据必须全部为已审核但尚未核销的出库单。
- 核销的单据必须是两张业务相同、数据相反的单据，包括两张单据的客户、销售方式、物料、辅助属性、批次、条目数、仓库等内容均一致，而每个条目的数量相反（即相加为零），满足这些条件的情形下才能予以核销。
- 可以允许一张单据为已做账单据（即前期或本期分期收款或委托代销单据）。
- 一次可以选择两张单据进行核销，但一次只能选择一张单据进行反核销。

（2）核销操作。

在"销售出库序时簿"窗口，使用"Ctrl"键选中两张符合核销条件的销售出库单，单击工具栏上的"核销"按钮，系统会检查两张单据是否符合要求，以及客户、物料、批次、条目数、数量（相加为零）、仓库等是否一致，然后予以核销；如果出现不符合的条件，系统给予提示，然后返回序时簿界面。

（3）反核销操作。

对于已经执行核销的单据，可以执行反核销。反核销时，选中一张单据，对其进行反核销，则另一张与其核销的单据也反核销了。

在"销售出库序时簿"窗口，选中一张已经执行核销的销售出库单，选择"编辑"→"反核销"，系统会检查该张单据是否符合要求，然后将二者一起做反核销处理，两张单据同时变为非钩稽状态；如果出现不符合的条件，系统给予提示，然后返回序时簿界面。

（4）核销对出库单状态的影响。
- 核销后的销售出库单不能执行反审核。
- 核销后的销售出库单不能再与发票核销。
- 核销后的销售出库单视同钩稽，可以通过查询钩稽关系查询。

（5）核销单据的账务处理。

核销的出库单，如果两张单据均未做账，则分别生成科目一致、金额方向相反的红字和蓝字凭证；如果其中一张单据已做账，则由核算系统特殊处理，将未做账的单据单独生成凭证。

核销的出库单，对于缺少单价的单据，仍需要通过相应的出、入库核算来确认单价后才能进行账务处理。

5. 销售出库单生成发票

销售发票是财务核算对客户的收款凭证，在销售管理系统录入正确的发票信息后，系统会自动将发票传递到应收款管理系统，经审核后挂客户的应收账款。销售出库单可以生成销售专用发票和销售普通发票。

由于发票涉及财务核算，所以应收款管理系统需要启用后方能生成发票并保存。如果用户只单独使用销售管理系统，不使用应收款管理系统，并且要录入发票，则在"系统参数维护"中更改选项后，方能录入发票并保存。设置方法在主控制台窗口，选择"系统设置"→"系统设置"→"销售管理"→"系统设置"，系统弹出"系统参数维护"窗口，将"供应链整体选项"项目下的"若应收应付系统未结束初始化，则业务系统发票不允许保存"的"√"（选中）去掉，如图 4-102 所示。

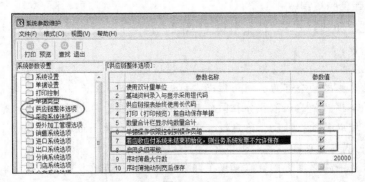

图 4-102

> 若销售管理与应收款管理系统连接使用，一定要在应收款系统结束初始化后，再生成发票，否则先生成的发票在应收款系统下查询不到。
>
> 一般企业管理应收款核算的部门都是财务部，所以在使用本软件时，建议将发票处理工作交由应收会计负责。

 4-7 以图 4-103 所示发票为例，介绍销售出库单生成发票的处理方法。该发票是由"XOUT000001"号销售出库单生成的发票。

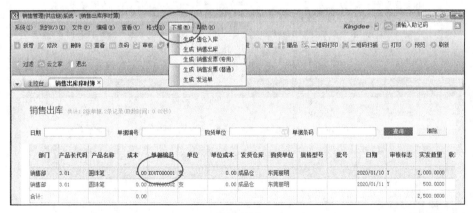

图 4-103

（1）以"王丽"身份重新登录练习账套。选择"供应链"→"销售管理"→"销售出库"→"销售出库单—维护"，系统弹出"过滤"窗口，"时间"选择"全部"，单击"确定"按钮进入"销售出库序时簿"窗口，在"销售出库序时簿"窗口选中"XOUT000001"号销售出库单，单击"下推"菜单，系统弹出菜单列表，如图 4-104 所示。

图 4-104

（2）选择"生成 销售发票（专用）"命令，系统弹出"销售出库单生成发票"窗口，单击"生成"按钮，系统进入"销售发票（专用）- 修改"窗口，这时要仔细检查单据、税率和金额等信息是否正确，单击"保存"按钮保存发票，并审核该发票，审核成功后如图 4-105 所示。

- 127 -

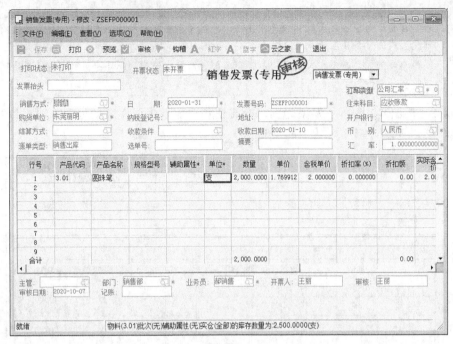

图 4-105

4.3.8 销售结算

销售结算主要是处理销售专用发票（增值税发票）、普通发票和费用发票，并可以进行销售发票与销售出库单的钩稽。销售发票可以由销售出库单、销售订单和合同等源单生成。

1．销售发票录入

选择"销售管理"→"销售结算"→"销售发票—新增"，系统进入"销售发票（专用）- 新增"窗口，如图 4-106 所示。

图 4-106

单击窗口右上角的下拉列表，选择要录入的发票是专用发票还是普通发票。

2．发票基本操作

（1）选择"销售管理"→"销售结算"→"销售发票—维护"，系统弹出"条件过滤"窗口，如图 4-107 所示。

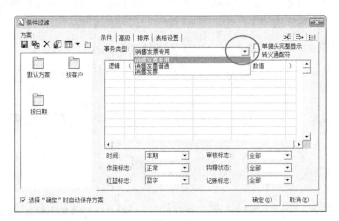

图 4-107

> **事务类型** "销售发票专用"选项表示只查询专用发票；"销售发票普通"选项表示只查询普通发票；"销售发票"选项表示查询所有类型发票。

（2）在此保持默认值，单击"确定"按钮进入"销售发票序时簿"窗口。单击"编辑"菜单，系统弹出编辑功能列表，单击修改、删除、审核和作废等功能，可以对所选中的单据进行相应操作。审核所有销售发票，以供后面单据调用。

3．钩稽与反钩稽

销售发票的钩稽主要是指发票与销售出库单的钩稽。对于分期收款和委托代销销售方式的销售发票，只有钩稽后才允许生成凭证，且无论是本期还是以前期间的发票，钩稽后都作为钩稽当期发票来计算收入；对于现销和赊销发票，钩稽的主要作用就是进行收入和成本的匹配确认，对于记账没有什么影响。

销售发票的钩稽、反钩稽的处理有两种操作方法：一种是在已审核的发票单据界面，使用钩稽和反钩稽功能进行操作；另一种是在"发票序时簿"窗口，也可以进行发票的钩稽、反钩稽操作。

- 销售发票可以进行钩稽的条件：发票必须为已审核、未完全钩稽的发票。
- 销售发票与出库单的钩稽的判断条件：在供应链系统中，一张销售发票可以与多张销售出库单钩稽，多张发票也可以与一张销售出库单钩稽，同样，多张销售发票可以与多张销售出库单钩稽。两者钩稽的判断条件包括以下几项。
  ➢ 客户必须一致。
  ➢ 销售方式的判断：分期收款销售、委托代销、受托代销、零售的发票必须和相同销售方式的出库单钩稽，现销和赊销两种方式之间可以混合钩稽。
  ➢ 单据状态必须是已审核且未完全钩稽（即钩稽状态是未钩稽或是部分钩稽）。
  ➢ 两者单据日期必须为以前期间或当期。
  ➢ 两者的物料、辅助属性以及钩稽数量必须一致。

> 注
>
> （1）由于销售发票允许保存物料数量为零、金额不为零的情况，因此在钩稽时，系统会根据"合计数为零的物料钩稽时不参与物料匹配判断"选中与否，来决定销售发票上数量为零的物料是否参与与出库单上物料条目对应的判断。
> （2）考虑到委托代销和分期收款一般是先出库，在结算的时候才开票，所以委托代销和分期收款方式的销售出库单在部分钩稽之后就可以生成凭证，但是委托代销和分期收款的销售发票只有完全钩稽才能生成凭证。

在此介绍在"销售发票序时簿"窗口进行钩稽的操作方法。

（1）在"销售发票序时簿"窗口，选择"编辑"→"钩稽"，系统进入"销售发票钩稽"窗口，如图4-108所示。

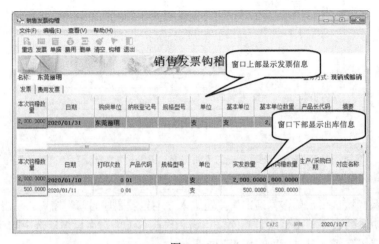

图4-108

- 重选：重新选择要进行钩稽的发票记录。
- 发票：单击该按钮进入"销售发票序时簿"窗口，在窗口中可以选择要钩稽的发票记录。
- 单据：单击该按钮进入"销售出库单"窗口，在窗口中选择要钩稽的出库记录。
- 费用：进入费用发票窗口，可以选择要钩稽的费用发票记录。
- 删单：对选中的记录进行删单处理，该单据将不能进行钩稽处理。
- 钩稽：对单据进行钩稽处理。
- 本次钩稽数量：窗口中的本次钩稽数量可以自行修改。
- 显示隐藏列：选择"文件"→"显示隐藏列"，可以针对相应的单据窗口设置显示隐藏项目。
- 自动选择单据：选择"查看"→"自动选择单据"，在钩稽时，系统会自动将与所选发票客户相同、销售方式和物料匹配的、已审核、尚未钩稽且日期不为以后期间的销售出库单显示在钩稽的下界面，并勾选上。该选项退出钩稽界面时会自动保存。
- 选择关联单据：选择"查看"→"选择关联单据"，在钩稽时，系统会自动搜寻出与所选发票关联的出库单，即将记载了该张发票号的所有出库单显示在钩稽的下界面，而不再将所有符合该张发票钩稽条件的出库单都过滤出来，可以缩小钩稽时自动选单的范围。如果找不到发票对应的上查关联单据，系统会自动再去找该发票所下推生成的出库单，并显示在下界面。

（2）在此将销售出库中数量为"500"的记录选中，单击工具栏上的"删单"按钮，再单击

"钩稽"按钮，稍后系统弹出钩稽成功提示，单击"确定"按钮，系统将已经钩稽的记录隐藏。

- 发票业务反钩稽：业务钩稽后的发票也不能再修改，对于当前已钩稽的单据，可以执行业务反钩稽，以使单据返回未钩稽或部分钩稽状态。

反钩稽的判断条件：只有某一组钩稽记录（一组记录的钩稽序号是一致的）的钩稽人才能对该组执行反钩稽操作，如果该操作员不是发票的钩稽人，则不允许其进行反钩稽操作，并给予提示。

反钩稽时只能反钩稽本期或者以后期间的发票，钩稽期间为以前期间的发票不能反钩稽；分期收款、委托代销类型的已经生成销售发票凭证的发票不能反钩稽。

反钩稽处理方法有两种：一种方法是在"发票序时簿"窗口，选中反钩稽的发票，选择"编辑"→"反钩稽"；另一种方法是选择"销售管理"→"销售结算"→"钩稽日志"，系统进入"钩稽日志"窗口，如图 4-109 所示。

图 4-109

在窗口中选中要反钩稽的记录后，单击工具栏中的"反钩"按钮即可。

- 补充钩稽与反补充钩稽。

补充钩稽可以在销售发票的序时簿或者钩稽日志中进行。销售发票进行补充钩稽的条件：

> 发票已经钩稽（包括部分钩稽或全部钩稽）；
> 发票为以前期间或当期但未生成凭证的。

在发票的序时簿选择已经钩稽的发票，选择"编辑"→"补充钩稽"或直接单击工具栏中的"补充钩稽"按钮就可以进行补充钩稽。如果该销售发票只有一组钩稽日志，即一次就全部钩稽完成或只进行了一次部分钩稽，并且销售发票符合补充钩稽的条件，系统会直接针对该组钩稽单据进行补充钩稽。如果该销售发票对应多组钩稽序号（即进行了多次部分钩稽），则在补充钩稽时，系统会先弹出该发票的钩稽日志，让用户选择所要补充钩稽的钩稽序号，然后系统只对用户选择的钩稽序号对应的钩稽单据进行补充钩稽。

用户还可以通过选择"销售管理"→"结算"→"销售发票—钩稽日志"，进入"钩稽日志序时簿"窗口，先确定需要补充钩稽的销售发票对应的具体的钩稽组（同一个钩稽序号），然后针对该钩稽组进行补充钩稽。

发票补充钩稽不需要判断发票和费用发票的购货单位是否相同，金额的方向是否一致，只要费用发票已经进行了业务级次的审核就可以进行钩稽，并且也不再判断发票的供货单位、物料、数量和出库单是否一致。

钩稽完成后，销售发票的钩稽期间不进行改变，原来参与钩稽的费用发票的钩稽期间也不进行更改，只能选择新的参与钩稽的费用发票的钩稽标志和钩稽期间。若钩稽期间在以后期间，则不允许进行补充钩稽。

反补充钩稽的费用发票需要满足的条件：①钩稽单据中有费用发票参与钩稽或补充钩稽；②钩稽人和反钩稽人必须一致；③钩稽期间为当期；④未生成凭证，如果一组钩稽单据中有多张费用发票，只要有一张费用发票符合以上条件即可允许反补充钩稽，即允许部分反补充钩稽。

在"销售发票序时簿"窗口或者在"钩稽日志序时簿"窗口中单击反补充钩稽按钮时，不管发票是否进行过补充钩稽，只要存在当期的和发票一起钩稽的费用发票，则将钩稽期间为当期且未生成凭证的费用发票进行反钩稽，但发票和出库单不进行反钩稽。

4．核销与反核销

销售发票的核销是指红字和蓝字销售发票的核销和反核销的功能。例如，同一张出库单，最终发票没有开出，用户希望能够使用红字出库单将其冲销；同一张发票，最终货物没有发出，使用红字发票对冲，但没有出库单相核销，这两张发票都无法审核成功……对于这些需求，金蝶 K/3 增加了红字和蓝字销售发票核销功能，以满足客户需要。

（1）核销条件。
- 核销的发票必须分别为红字和蓝字的销售发票。
- 核销的发票必须为已审核未钩稽的发票。
- 核销的发票事务类型必须一致，即蓝字销售发票普通对应红字销售发票普通、蓝字销售发票专用对应红字销售发票专用。
- 核销的单据必须是两张业务相同、数据相反的单据，即两张单据的客户、销售方式、物料、辅助属性及条目数等内容均一致，而每个条目的数据相反（即相加为零）的情形下才能予以核销。
- 一次可以选择两张单据进行核销，但一次只能选择一张单据进行反核销。

（2）核销操作方法。

在"销售发票序时簿"窗口，按住"Ctrl"键选中两张符合核销条件的销售发票，使用工具栏上的"核销"按钮，或者选择"编辑"→"核销"，系统会检查两张单据是否符合要求，以及客户、物料、条目数、数量（相加为零）和销售方式是否一致，然后予以核销；如果出现不符合的条件，系统给予提示，然后返回序时簿界面。

核销成功后，系统会将核销的操作员填入钩稽人字段，核销的时间填入钩稽时间，同时置钩稽标志。

（3）反核销操作方法。

对于已经执行核销的单据，可以执行反核销。反核销只能选中一张单据，对其进行反核销，而另一张与其核销的单据同时就被反核销了。

在"销售发票序时簿"窗口，选中一张已经执行核销的销售发票，选择"编辑"→"反核销"，系统会检查该张单据是否符合要求，然后将两者一起作反核销处理，两张单据同时变为非钩稽状态；如果出现不符合的条件，系统给予提示，然后返回序时簿界面。

（4）反核销，会取消单据的钩稽标志、钩稽时间和钩稽人。

（5）核销后的销售发票视同钩稽，核销后的销售发票不能再与发票核销。

（6）核销的销售发票，在核算系统分别生成科目一致、金额方向相反的红、蓝字的凭证。

5．费用发票

费用发票主要用来处理销售过程中产生的费用，如运输费用、报关费用等。销售发票包括应付费用发票和应收费用发票两种，其中应付费用发票用于处理销售时由销售方支付销售费用的情况；应收费用发票用于处理由销售方代垫运费或者由销售方提供运输或服务的情况，该发票作为该客户的应收款管理。

发票类型为应付费用发票、采购方式为赊购的销售费用发票保存时直接传递到应付款管理系统，生成其他应付单，现购的采购费用发票不传递到应付款管理系统；发票类型为应收费用发票、销售方式为赊销的销售费用发票保存时直接传递到应收款管理系统，生成其他应收单，现销的销售费用发票不传递到应收款管理系统。

费用发票也分为蓝字发票和红字发票，红字发票是蓝字发票的反向单据，代表费用退回，两者数量相反，但内容一致。

例 4-8　以图 4-110 为例，介绍费用发票的录入方法。本例是一张应收费用发票，汽车运费是 500 元。

销售费用发票

发票类型：应收费用发票　　日期：2011-1-12　　发票号码：XEXPENSE000001

供货单位：　　采购方式：　　币别　人民币

购货单位：东莞丽明　　销售方式：赊销　　汇率：1

费用代码	费用名称	费用类型	计量单位	数量	单价	金额	税率	税额	不含税金额	备注
运输费	01	运费		1.0000	500.0000	¥500.00	0.00	0.00	500.00	
合计：						¥500.00		¥.00	¥500.00	

审核：　　记账：　　部门：销售部　　业务员：郝销售　　制单人：王丽

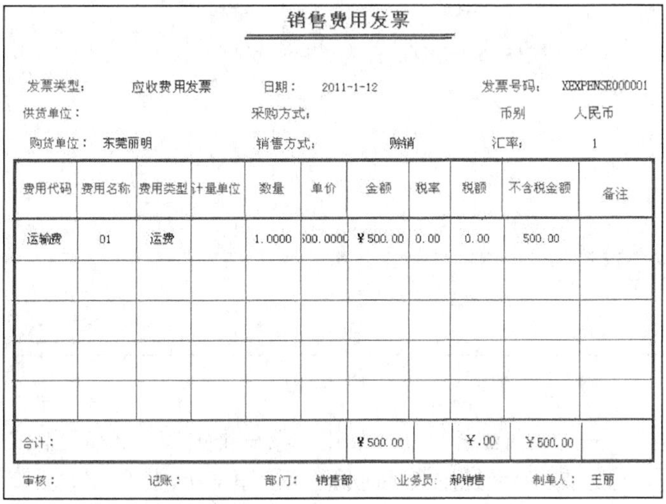

图 4-110

（1）选择“销售管理”→“销售结算”→“费用发票—新增”，系统进入“销售费用发票 - 新增”窗口。

（2）按“F7”功能键获取“购货单位”为“东莞丽明”公司，“发票类型”为“应收费用发票”，“往来科目”设置为“应收账款”科目，“销售方式”为“赊销”，“收款日期”修改为“2020-01-12”；由于系统中未录入“费用”档案，需要新增档案。光标移至表体“费用代码”处，按“F7”功能键，系统弹出“核算项目 - 费用”管理窗口，单击“新增”按钮，系统弹出“费用 - 新增”窗口，在窗口中“代码”处录入“01”，“名称”录入“运输费”，如图 4-111 所示。

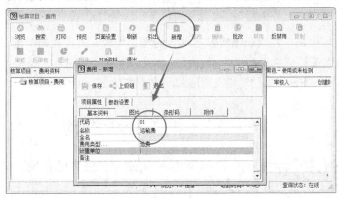

图 4-111

（3）单击"保存"按钮保存新增档案，在核算项目窗口，单击"刷新"按钮后可以看到新增的档案，双击"运输费"档案进入"销售费用发票 - 新增"窗口，"数量"录入"1"，"单价"录入"500"，"部门"获取"销售部"，"业务员"获取"郝销售"，如图 4-112 所示，单击"保存"按钮保存发票，并审核发票。

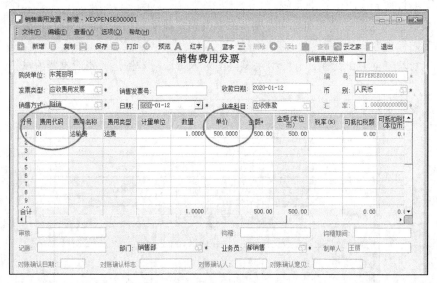

图 4-112

选择"销售管理"→"销售结算"→"费用发票—维护"，系统弹出"过滤"窗口，过滤条件的设置方法参照前面章节，设置过滤条件时请注意"事务类型""审核标志""作废标志"和"关闭标志"几个项目是否选择正确，在此保持默认值，单击"确定"按钮进入"销售费用发票序时簿"窗口。单击"编辑"菜单，系统弹出编辑功能列表，单击修改、删除、审核和作废等功能，可以对所选中的单据进行相应操作。

4.3.9 退货通知

退货通知单是处理由于某些因素，如质量因素、拖延交货期因素等，客户将销售货物退回的业务单据，是发货通知单的反向操作单据。作为发货通知单的反向执行单据，可以作为红字出库单的源单，执行退货操作。

退货通知单作为销售部与仓库之间信息传递的单据，一般由销售部填写后，仓库根据其生成红字出库单。

退货通知单可以由销售发票和销售发货单作为源单生成。退货通知单可以作为源单生成销售出库单，生成的出库单是红字出库单。

退货通知单的操作方法基本同销售发货通知单的操作方法，具体可以参照 4.3.6 小节。

4.4 销售报表分析查询

金蝶 K/3 系统提供强大的报表分析查询功能，可以查询销售毛利润分析、产品销售增长分析和信用额度分析等报表，并且可以自定义查询分析工具。

4.4.1 报表分析

报表分析可以查询合同执行情况汇总表、合同执行情况明细表、销售订单汇总和明细表、销售毛利润表、产品销售增长分析表、产品销售流向分析表、产品销售结构分析表、信用额度分析和分期收款清单等报表。报表分析可以为领导层决策提供有力的支持。

1．客户销售增长分析报表、业务员销售增长分析报表、部门销售增长分析报表

此 3 份报表用于查询分析不同类型销售数据增长情况，可以查询同比或者环比情况。

（1）选择"销售管理"→"报表分析"→"客户销售增长分析报表"，系统进入"过滤"窗口的"条件"选项卡，如图 4-113 所示。在"条件"选项卡中可以设置同比或环比，以及物料代码和客户代码等条件。

图 4-113

（2）保持默认条件，单击"确定"按钮进入"客户销售增长分析"窗口，如图 4-114 所示。

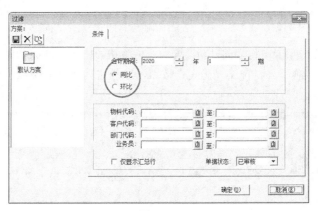

图 4-114

2．合同金额执行明细表、合同执行情况汇报表、合同金额执行汇总表

此 3 份报表用于查询合同执行过程中每一阶段的金额情况，要查询执行金额情况，前提是该合同号必须被以后的相关单据引用过，如被销售订单、销售发票和销售出库等单据引用过，才能查询到合同金额执行明细表。

（1）选择"销售管理"→"报表分析"→"合同金额执行明细表"，系统进入"过滤"窗口的"条件"选项卡，如图 4-115 所示。在"条件"选项卡中可以设置核算项目类别、项目代码范围、部门代码范围和合同日期范围等条件。

（2）切换到"高级"选项卡，如图 4-116 所示。在"高级"选项卡可以进行过滤条件的高级设置。

图 4-115

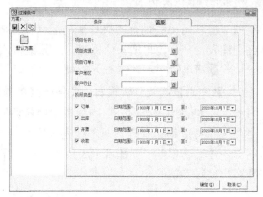
图 4-116

（3）在"条件"选项卡中将合同日期设置为"2020-01-01"至"2020-01-31"，保持"条件"和"高级"选项卡的其他项不变，单击"确定"按钮，系统进入"合同金额执行明细表"窗口，如图 4-117 所示。

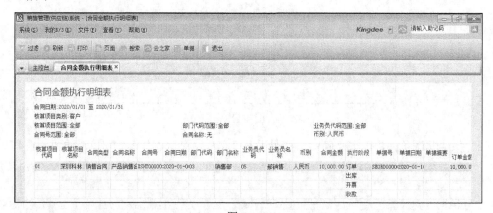
图 4-117

合同执行情况汇报表、合同金额执行汇总表的查询参照上述合同金额执行明细表的查询。

3. 合同到期款项列表

本报表用于查询合同收款计划的到期情况。选择"销售管理"→"报表分析"→"合同到期款项列表"，系统进入"过滤"窗口的"条件"选项卡，在此保持默认过滤条件，单击"确定"按钮，系统进入"合同到期款项列表"窗口，如图 4-118 所示。

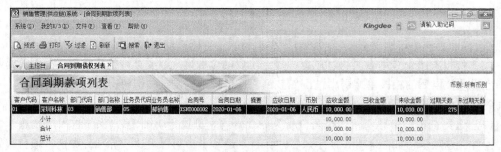
图 4-118

4. 销售订单执行情况汇总表、明细表

销售订单执行情况汇总表用于查询满足条件的某个汇总项目下的执行情况，可以查询到订单数量、发货数量和尚未出库等信息。下面以查询本账套中所有销售订单，以客户为汇总依据的汇总表为例，介绍统计报表的查询方法。

（1）选择"销售管理"→"报表分析"→"销售订单执行情况汇总表"，系统弹出"过滤"窗口，如图4-119所示。

（2）几个日期范围都设置为"2020年1月1日"至"2020年1月31日"，"汇总依据"选择"客户"，其他项目保持默认值，单击"确定"按钮，系统进入"销售订单执行情况汇总表"窗口，如图4-120所示。

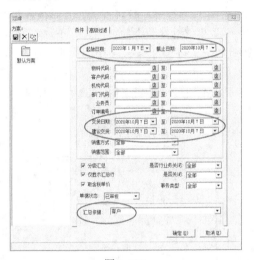

图4-119

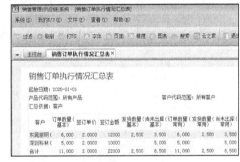

图4-120

销售订单执行情况明细表是查询销售订单执行的明细报表，查询方法基本同汇总表，查询到的"销售订单执行情况明细表"窗口如图4-121所示。

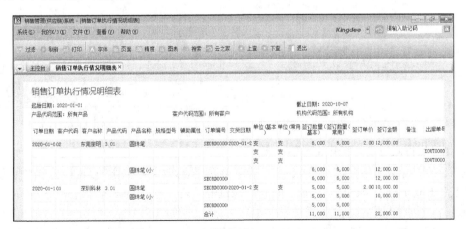

图4-121

销售订单统计报表用于在满足条件时，根据某个汇总项目所汇总的统计报表，查询某个客户在一定时间段内的销售订单汇总情况，查询某种物料类别在一定时间内的汇总情况，汇总条件和过滤条件可以任意设置。查询方法可以参照前面报表。

5. 销售订单预评估表

销售订单预评估报表以物料为对象，用来在接销售订单前，对订单进行评估（包括成本、库存数量、交货期及预估价等），以确定是否具有经济利益，能否按照订单上的日期及时交货。本表实现对订单成本、现有库存、预计库存、预估价进行计算和查询的功能。

选择"销售管理"→"报表分析"→"销售订单预评估表"，弹出"过滤"窗口，如图 4-122 所示。

- 选单：单击"选单"按钮，系统弹出"过滤"窗口，根据过滤出来的销售订单，双击选择要进行预评估的销售订单。
- 详细：单击"详细"按钮，系统弹出"BOM 展开选项"窗口，如图 4-123 所示。
- 进行数量计算：系统默认为"不选中"，即仅进行成本与预估价的计算（包括直接材料、直接人工、变动制造费用、固定制造费用、委外材料费、委外加工费、单价、金额、预估价与预估金额）；选中此选项，则对物料的现有库存、安全库存、预计入库及已分配量等进行分析，得出预计可用量。
- 成本计算方法：成本计算方法是通过成本 BOM 即时计算实现的，分为逐步综合结转和逐步分项结转。

选单和详细参数设置完成，单击"确定"按钮，进入"订单预评估"窗口。

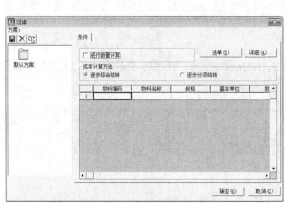

图 4-122

图 4-123

6. 销售出库汇总表、销售出库明细表

销售出库汇总表可以获取在某个时间，某些物料范围和客户范围，以及以何种销售方式，根据何种汇总方式进行汇总的销售出库汇总表。通过汇总表可以查询到出库数量、出库成本、出库金额和销售发票的开票情况。

（1）选择"销售管理"→"报表分析"→"销售出库汇总表"，系统弹出"过滤"窗口，时间范围设置为"2020 年 1 月 1 日"至"2020 年 1 月 31 日"，"汇总依据"设置为"客户+物料类别"，其他项目保持默认值，如图 4-124 所示。

（2）单击"确定"按钮，系统进入"销售出库汇总表"窗口，如图 4-125 所示。

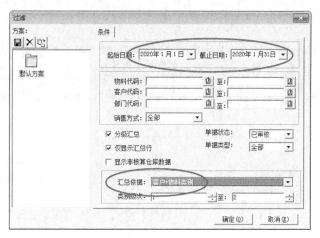

图 4-124

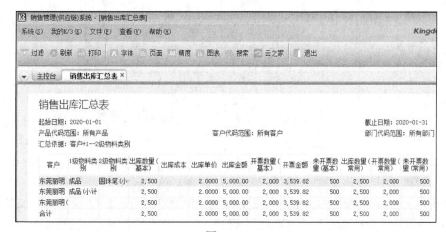

图 4-125

销售出库明细表用于查询符合条件的每一笔出库单据的明细情况，查询方法可以参照销售出库汇总表，查询到的"销售出库明细表"窗口，如图 4-126 所示。

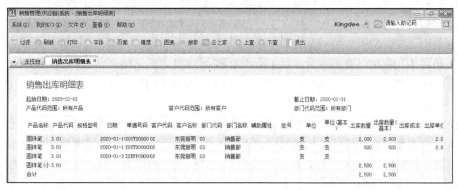

图 4-126

7．销售毛利润表

销售毛利润表用于查询一定时间范围内销售收入、销售成本及销售利润的情况，是针对销售毛利的汇总查询。

> **注** 因销售毛利润表中含有销售成本项目，所以必须销售管理系统与采购管理、仓存管理和存货核算系统连接使用，才能在报表中查询到销售成本数据。

选择"销售管理"→"报表分析"→"销售毛利润表"，系统弹出"过滤"窗口，如图 4-127 所示。

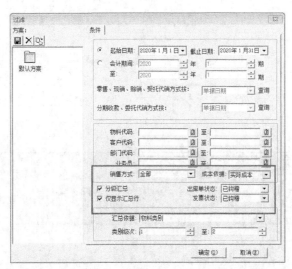

图 4-127

- 销售方式：包含全部和现销、赊销、分期收款、委托代销、受托代销、直运销售、零售等 7 种销售方式，系统默认为"全部"，单击下拉列表进行选择。

销售方式为直运销售时，表中的发货数量取直运采购发票的数量，销售成本取采购发票上不含税金额，单位成本为销售成本/出库数量；其他销售方式的发货数量、单位成本及销售成本都取销售出库单中相应的值。

- 成本依据：选择查询成本时，显示实际成本、参考采购价、最近入库价中的哪一种。

当所选的单据没有设为钩稽时，成本取数规则：销售数量取销售发票的数量；销售收入取销售发票的不含税金额；对于发货数量，如果销售方式是"直运销售"，则取直运采购发票的数量，如果是其他销售方式，则取销售出库单的数量。销售成本和单位成本的取数规则较为复杂，具体规则如下。

（1）当成本依据取"实际成本"时，如果销售方式是"直运销售"，则销售成本取直运采购发票的不含税金额，如果是其他销售方式，则销售成本取"销售出库单数量×单位成本"。单位成本=成本/发货数量。

（2）当成本依据取"参考采购价"时，如果选项"采购价格管理资料含税"没有被选中，则单位成本直接取物料采购价格；如果选中该选项，则判断税率来源，若税率来源取自供应商，则单位成本取"物料采购价格/（1+供应商的税率）"，若税率来源取自物料，则单位成本取"物料的采购价格/（1+物料的税率）"。

成本按照"成本=发货数量×单位成本"进行计算。

（3）当成本依据取"最近入库成本"时，如果销售方式是"直运销售"，则单位成本优先取直运采购发票的单价，取不到则置为 0。如果是其他销售方式，则单位成本按照以下优先级进行取数：

① 首先，优先取产品入库单或外购入库单的单位成本，如果两者都存在，则取最近单据中的单位成本；
② 其次，优先取其他入库单或成本调拨类型的调拨单的单位成本，如果两者都存在，则取最近单据中的单位成本；
③ 再次，优先取期初成本；
④ 最后，如果上述都取不到，则单位成本默认为0。
不管是哪种销售方式，成本都按照"成本＝发货数量×单位成本"进行计算。
当单据状态为"已钩稽"时，成本取数规则：当销售方式为"直运销售"时，由于系统默认直运销售发票是没有钩稽的单据，所以将不会返回任何数据。当销售方式为其他销售方式时，销售数量取销售发票已钩稽数量（包括全部钩稽和部分钩稽的数量），销售收入取销售发票已钩稽金额（包括全部钩稽和部分钩稽的金额），发货数量取销售出库单已钩稽数量（包括全部钩稽和部分钩稽的数量）。销售成本和单位成本的取数规则较为复杂，具体规则如下。
（1）当成本依据取"实际成本"时，销售成本取"销售出库单数量×单位成本"。单位成本＝成本/发货数量。
（2）当成本依据取"参考采购价"时，如果选项"采购价格管理资料含税"没有被选中，则单位成本直接取物料采购价格；如果选中该选项，则判断税率来源，若税率来源取自供应商，则单位成本取"物料采购价格/（1+供应商的税率）"；若税率来源取自物料，则单位成本取"物料采购价格/（1+物料的税率）"。
成本按照"成本＝发货数量×单位成本"进行计算。
（3）当成本依据取"最近入库成本"时，单位成本按照以下优先级进行取数：
① 首先，优先取产品入库单或外购入库单的单位成本，如果两者都存在，则取最近单据中的单位成本；
② 其次，优先取其他入库单或成本调拨类型的调拨单的单位成本，如果两者都存在，则取最近单据中的单位成本；
③ 再次，优先取期初成本；
④ 最后，如果上述都取不到，则单位成本默认为0。
成本都按照"成本＝发货数量×单位成本"进行计算。
● 单据状态：系统默认为已钩稽单据，并提供已审核、已钩稽、未审核和全部状态以供选择。
其他过滤条件项目的设置方法参照前面章节，在此保持默认值，单击"确定"按钮，系统进入"销售毛利润表"窗口，如图4-128所示。

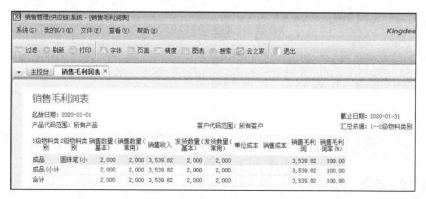

图 4-128

在金蝶K/3的分析报表中可以对报表进行图表式分析。具体操作如下。

（1）单击工具栏上"图表"按钮，系统弹出"图表反映报表"窗口，在窗口中可以新建、修改和删除图表方案。首先使用该功能需要新建立一个图表方案，单击"新建"按钮，系统弹出"图表向导"窗口，选择要生成的图表类型，并录入"方案名"，单击"下一步"按钮，进入"行关键字"选择步骤，单击下拉列表可以取所需要的关键字，单击"下一步"按钮，进入"请选择数据列"步骤，从左侧选中需要的列名，单击"　>　"按钮，将其引入右侧，表示要在图表中反映该数据，单击"　<　"按钮，则可以使右侧项目返回到左侧中，如图4-129所示。

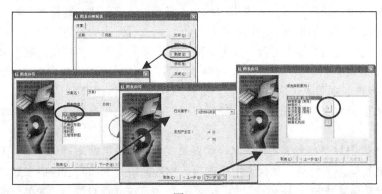

图 4-129

（2）在此将所有项目从左侧引入右侧，单击"完成"按钮，返回"图表反映报表"窗口，选中建立好的图表方案，选中后单击"打开"按钮，系统进入"方案1"窗口，如图4-130所示。

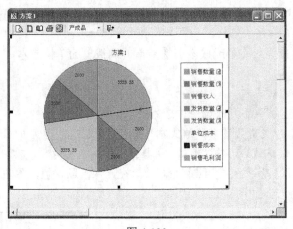

图 4-130

如果用户对得到的图表不满意，可以在"图表反映报表"窗口上选中图表方案后，单击"修改"按钮，对图表方案进行修改。

4.4.2 库存查询

在日常销售工作中，销售人员需要对库存产品进行了解，根据产品的库存状态对客户的询问进行相应的回答。

1. 即时库存查询

即时库存查询用于查询某种物料的现有库存情况，也可查看全部物料全部仓库的现有库存情况，还可查看某个仓库中存在多少种物料，以及每种物料的数量。查询的库存数量，系统会按"核算参数"中设置的"库存更新控制"来随时更新，库存更新控制分为保存后更新库存和审核后更新库存两种方式。

选择"销售管理"→"库存查询"→"即时库存查询"，系统进入"库存查询"窗口，如图4-131所示。

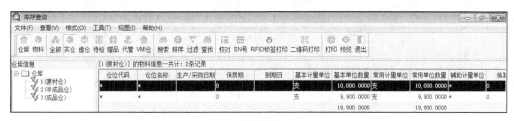

图 4-131

- 仓库：单击工具栏上的"仓库"按钮，查询不同仓库下的物料库存情况。
- 物料：单击工具栏上的"物料"按钮，查询物料在不同仓库的库存情况。
- 实仓、虚仓、待检、赠品和代管：单击相应按钮时只对对应仓库的物料进行库存查询。
- 全部：单击该按钮是对全部仓库进行查询。
- 搜索、排序、过滤和查找：单击相应按钮，系统弹出对应窗口，在窗口中设置条件后，系统会根据条件进行处理。

2．库存状态查询

库存状态查询工具是查询单个物料的现有库存、安全库存、预计入库量、已分配量、锁库量及扣除相关数量后剩余库存的功能。

选择"销售管理"→"库存查询"→"库存状态查询"，系统弹出"过滤"窗口，在此保持默认值，单击"确定"按钮进入"库存状态查询"窗口，如图4-132所示。

图 4-132

在"库存状态查询"窗口里，可以查询现有库存、安全库存、预计入库量、已分配量、锁库量和可用库存量。

- 预计入库量：从指定的日期到当前日期的未完成的预计入库量，具体计算按照参数设置中设置的参数进行计算。

- 已分配量：从指定的日期到当前日期的已分配量，具体计算按照参数设置中设置的参数进行计算。如果该销售订单分录或投料单分录已经锁库，则不会计算为已分配量。
- 锁库量：该物料在指定的时间范围内存在的销售订单或投料单的锁库数量。

单击工具栏上的"参数"按钮，系统弹出"参数设置"窗口，如图 4-133 所示。

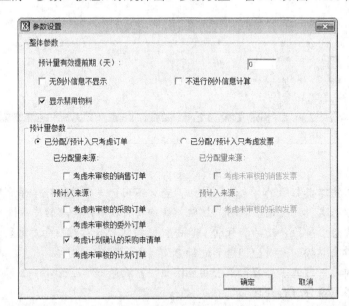

图 4-133

- 预计量有效提前期（天）：预计量有效提前期以天为单位，最大可以输入"9999"，它控制未完成出入库的相关单据是否纳入可用量计算的有效期间，其中采购订单以交货日期为基准，销售订单以建议交货日期为基准，未审核发票以制单日期为基准，已审核发票以审核日期为基准。
- 已分配/预计入只考虑订单：该选项表示预计入库量和已分配量的计算中可选参数只考虑采购订单和销售订单，而不考虑采购发票和销售发票。此时已分配量包括未执行的确认投料单数和未出库的已审核销售订单数。

当选择"考虑未审核的销售订单"时，则已分配量中包括未出库的未审核销售订单，当不选择该选项时，则不包含。

此时预计入库量包括：①未执行的确认生产计划数；②未执行的确认生产任务数；③未执行的已确认采购申请单数；④未入库的已审核采购订单数。

当选择"考虑未审核的采购订单"时，则预计入库量中包括未入库的未审核采购订单，当不选择该选项时，则不包含；若选择"考虑计划确认的采购申请单"时，则预计入库公式中将包括未执行完的已审核采购申请单数，当不选择该选项时，则不包括。

- 已分配/预计入只考虑发票：当"启用缺货预警"中选择了销售发票，则建议已分配和预计入库选择此选项。该选项表示预计入库量和已分配量的计算中可选参数只考虑采购发票和销售发票，而不考虑采购订单和销售订单。

此时已分配量包括未执行的确认投料单数和未出库的已审核销售发票数。

当选择"考虑未审核的销售发票"时，则预计入库量中包括未出库的未审核销售订单，当不选择该选项时，则不包括。

预计入库量包括未执行的确认生产计划数、未执行的确认生产任务单数及未入库的采购发票数。当选择"考虑未审核的采购发票"时，则预计入库量中包括未入库的未审核采购发票，当不选择该选项时，则不包括。

3．查询分析工具

在金蝶 K/3 系统中，利用强大的查询分析工具，用户可以根据自身需要生成自定义的业务和分析报表。

利用查询分析工具生成的查询分析报表，是一种自定义形式的报表，它不同于系统提供的固定报表，是用户根据自己业务和管理需要、利用系统提供的工具制作的报表。它包括两种报表：直接查询语句和交叉统计分析表。直接查询语句即直接使用 SQL 方式进行多种单据取数，可制作较为复杂的关联报表，熟悉 SQL Server 的用户可以用它来制作本企业的特殊报表；交叉统计分析表是利用交叉分析方式制作交叉分析报表，可选择任意一种单据，从可选字段列表中选定行汇总字段和列汇总字段，进行交叉汇总，还可进行多级汇总。

系统提供了查询分析报表的制作向导，在向导的指引下，用户可以轻松地制作自己所需要的各种报表。

4.5 课后习题

（1）画出销售管理系统每期的操作流程。
（2）画出销售管理系统与其他系统之间的数据流向图。
（3）简述销售管理系统生成发票的前提。

第 5 章 生产数据管理

本章重点

- BOM 新增、修改
- BOM 单级、多级正查
- BOM 单级、多级反查
- 工厂日历设置

5.1 概 述

生产数据管理系统是金蝶 K/3 中进行物料需求计划和主生产计划计算的基础。生产数据管理系统可以完成 BOM（Bill of Material，物料清单）的新增、修改和查询等操作，并且可以对 BOM 数据进行正向查看和反向查询，同时管理工程变更单、工艺路线、工厂日历和客户 BOM 资料等，并提供 PDM 的导入接口。

1．需要设置的内容和日常操作流程

生产数据管理系统是与基础资料类似的模块，它没有标准的操作流程，需要通过 BOM 或工厂日历等维护，直接双击相应明细功能即可启动该功能。

系统中必须有物料基础资料，否则不能建立 BOM 档案。例如，现在要组装一台成品电脑，必须购买硬盘、CPU、内存、主板和螺丝等零件才能装配，同样，要录入 BOM 档案，系统中必须有该 BOM 档案所涉及的零件档案（即物料档案），才能建立 BOM 档案。

2．可执行的查询与生成的报表

生产数据管理系统可以对建立的 BOM 档案进行正向和反向、单级和多级查看，可以查询工程变更单、工艺路线和工厂日历等资料。用户可以根据需要利用"查询分析工具"功能自定义报表查询。

3．生产数据管理系统与其他系统的数据流向（见图 5-1）

物料需求计划系统展开 MRP 计算时，必须要有正确的 BOM 资料和工厂日历做支持，否则计算出的数据是错误的。

生产数据管理系统通常需要与物料需求计划和主生产计划结合使用，录入的数据作为 MRP、MPS 计算的基础。建议不单独使用，单独使用时只能管理 BOM 档案。

图 5-1

由于本书主要讲述 MRP（物料需求计划）在金蝶 K/3 系统中的操作方法，不涉及 MPS（主生产计划），所以本章重点讲解 BOM 资料的新增、修改和查询，以及工作日历的设置方法。

5.2 工 厂 日 历

工厂日历是指在自然月份的基础上，设置工作与休息的时间表，以便计划部在制订计划时将休息日因素考虑在计划日期内,这是物料需求计划系统展开 MRP 计算的基础资料。下面举个例子说明。

现有客户需求某产品,要求在 2020 年 1 月 20 日发货,该产品的提前期为 5 天,则计划部所做出的计划应该是 1 月 13 日就开始采购或生产,而不是 1 月 15 日开始采购或生产,因为 1 月 18 日和 19 日属于休息日。

5.2.1 工厂日历设置

例 5-1 设置本账套的工厂日历。

(1)工厂日历通常由计划部负责,以"游计划"身份登录练习账套。工厂日历设置有两种方法,第 1 种方法:当业务系统未启用时,可以选择"系统设置"→"初始化"→"生产管理"→"工厂日历",如图 5-2 所示。系统弹出"工厂日历"设置窗口供用户设置。

第 2 种方法:当业务系统已启用,只要双击生产数据管理系统中的任一明细功能,系统就会弹出提示窗口,提示"工厂日历未设置,请设置",单击"确定"按钮,系统弹出"工厂日历"设置窗口,如图 5-3 所示。

图 5-2

- 工厂日历起始日:单击右侧下拉按钮,可以选择工厂日历的起始日期。
- 周六是休息日、周日是休息日:选中表示按照国家规定的休息日进行休息,未选中,表示周六或周日会作为正常生产日进行计划进度安排。

(2)参数设置好,单击"保存"按钮保存设置,系统切换到另一"工厂日历"设置窗口,如图 5-4 所示。在该窗口可以对工厂日历的"备注"项目进行修改,如修改为"国家规定放假日"等。

图 5-3

图 5-4

(3)单击"置换"按钮,可以将设置为"工厂日历"的日期置换为"休息日"。同理,可以将"休息日"的日期置换为"正常上班"日历。设置完成后,单击"保存"按钮保存设置。

5.2.2 工厂日历维护

工厂日历维护是查询系统所设置的工厂日历情况表,根据工厂日历情况表,用户可以对其进行修改，以适应新的生产进度。

选择"计划管理"→"生产数据管理"→"多工厂日历"，如图 5-5 所示。

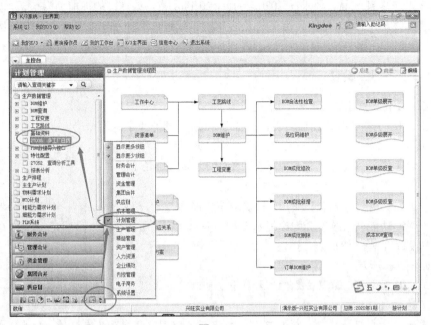

图 5-5

系统进入"多工厂日历设置"窗口，如图 5-6 所示。

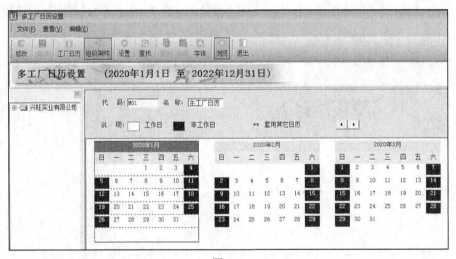

图 5-6

在设置窗口中可以对工厂日历进行修改，查看在"组织架构"状态下不同生产部门的工作日历安排情况；查看在"工厂日历"状态下预设日历情况。单击"设置"按钮，可以在屏幕上查看连续 3 个月的工厂日历。

日历表中白色表示工作日，蓝色表示非工作日（即休息日）。

工厂日历修改是对现有的工厂日历进行调整，以适应新的生产进度安排。在"多工厂日历设置"窗口,单击工具栏上"修改"按钮,双击需要取消的日期(蓝色),此时"蓝色"置换成"白色",表示设置成工作日;如果设置为休息日,方法是在工作日上双击,将"白色"置换成"蓝色",表示该工作日调整为休息日,单击"保存"按钮保存设置。

5.3　BOM 维护

BOM 档案是 MRP 展开计算的最基础资料,只有正确的 BOM 档案才能保证生产、销售的正常运作。正确的 BOM 档案必须能描述以下几点,如图 5-7 所示。

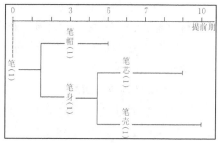

图 5-7

1. 物料关系

物料关系表示产品由什么物料组成。由图 5-7 可知,生产 1 支笔时,需要 1 个笔帽和 1 支笔身,得到笔身的前提是先有 1 根笔芯和 1 支笔壳。只有建立正确的物料关系,MRP 展开计算时才能有效地知晓生产"笔"产品时需要何种物料。该项在生产数据管理系统中的 BOM 维护中处理。

2. 数量关系

表示当生产 1 个单位的母件时子件分别需要多少数量,以及每一个子件生产时的损耗率是多少。例如,生产一台电脑需要 4PCS 相同规格的螺丝,当生产 1000 台时,就需要 4000PCS 螺丝。只有建立正确的数量关系,MRP 展开计算时才能有效地知晓组成一批产品时需要的各种物料的数量。该项在生产数据管理系统中的 BOM 维护中处理。

3. 时间关系

采购件的采购提前期,自制件的生产提前期。由图 5-7 可知,当不考虑批量、休息日和物料的现存量等因素时,假设要求 1 月 25 日完工一批"笔"产品,则需要在 1 月 15 日下达"笔壳"的采购订单,1 月 16 日下达"笔芯"的采购订单,这样才能保证 1 月 19 日两种物料同时到货,开始组装成"笔身"半成品;1 月 20 日下达"笔帽"的采购订单,才能保证 1 月 22 日到货后与同时完工的"笔身"开始组装成"笔",从而保证 1 月 25 日组装完成。

通过以上 3 点能有效地了解,生产一批"笔"时,需要什么物料,各物料需要多少数量,何时下达采购或生产订单,何时采购到货和生产完工,才能保证"笔"准确无误地生产完成,这样才能提高客户满意度。

> 注　MRP 计算时考虑的因素非常多,以上 3 点暂未考虑安全库存、各物料的现存量、已下达的采购订单等因素,涉及这部分因素的内容请参照后面章节。

- 母件:即产品,由下一级物料组成的物料,如图 5-7 中的笔、笔身是母件,它们都由下一级物料组成。
- 子件:母件的下一级物料叫做子件,例如,笔芯、笔壳是笔身的子件,笔身和笔帽是笔的子件。
- BOM 单类型:新增物料档案文件时,若物料属性(有规划类、配置类、特征类、自制类、外购类、委外加工类和虚拟件等类型)不同,那么在生产数据管理系统中可以生成不同的 BOM 类型档案。

不同 BOM 单类型在 BOM 分组的标题栏中将显示 BOM 的类型，不同的 BOM 类型在 BOM 编号前显示不同的小图标，以区分不同的物料类型对应的 BOM 类型。

1．自制类物料 BOM

自制类物料 BOM 是指"母件"的物料属性为"自制"属性，当 MRP 展开计算后，生成该母件物料的需求是一张"生产制令单"，而不是一张其他类型的计划单据。自制物料主要是指由公司内部生产车间自行生产的产品。

2．委外加工类物料 BOM

委外加工类物料 BOM 是指"母件"的物料属性为"委外"属性，当 MRP 展开计算后，生成该物料的需求是一张"委外生产制令单"，而不是其他类型的计划单据。委外是指由公司提供子件，由供应商协助组成该物料。当子件同时也由供应商提供时，该物料的属性应该是"外购"，而不能是"委外"，这一点一定要注意。

3．虚拟件物料 BOM

虚拟件物料 BOM 是指"母件"是由一组具体"子件"（实件）组成的、以虚拟形式存在的成套件。如家具生产行业中，销售的产品为"桌子"，而实际发出的是拼装成桌子的桌面、桌腿、零件等实件，此时这个"桌子"实际上就是一种虚拟件。

4．生产规划类物料 BOM

生产规划类 BOM 指"母件"的物料属性为"规划类"属性。生产规划类物料不是具体的产品，而是产品类别，新增生产规划类 BOM 时需要定义该类物料下产品的生产百分比。如生产自行车的企业，其产品分为男用车和女用车两种，在制订生产计划时，可能只指定总的自行车生产量，具体男用车、女用车生产多少则由在自行车类（将自行车设定为生产规划类物料）的 BOM 中定义的百分比决定，因此，生产规划类 BOM 子项必须在"计划百分比"一列录入相关的比例数据，其所有子项的计划百分比之和应该等于 100%。

5．配置类 BOM 和特征类 BOM

配置类 BOM 指"母件"的物料属性为"配置类"属性，配置类物料指其某下级物料有很多种选择，如汽车的颜色可以为灰色、白色和蓝色等，但只能选择一种。在这种情况下，该下级物料为特征类物料。特征类物料类似于虚项，表示一类物料的分组，如"汽车颜色"，可以定义为特征类物料。特征类物料的 BOM 为特征 BOM，表示该特征类物料的组成成员。如汽车颜色这个特征类物料，它的 BOM 由灰色、白色和蓝色组成，灰色、白色和蓝色为具体的物料，在客户进行产品配置时，只能选择其中一种。

5.3.1　BOM 录入

当一个产品的 BOM 档案有多层级时，BOM 档案需分层级录入，之后会自动生成多级的成品 BOM 档案，也就是说，BOM 档案录入的每一个层级为一份 BOM 单，而不需要重复录入半成品"子件"下的"子件"物料。

例5-2　以图 5-7 中的物料关系为例，介绍 BOM 录入方法。

（1）BOM 档案通常由工程部负责，以"张工程"登录练习账套。首先录入"笔身"的 BOM 档案。选择"计划管理"→"生产数据管理"→"BOM 维护"→"BOM—新增"，系统弹出"BOM 单 - 新增"窗口，如图 5-8 所示。

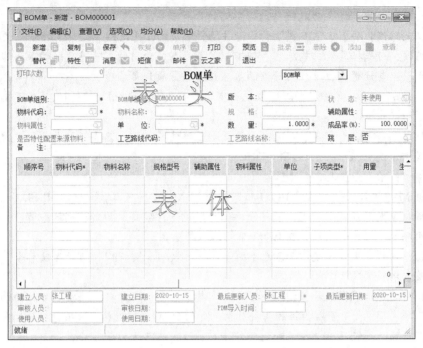

图 5-8

表头项目主要是录入母件信息，如母件编码、计量单位等。

- BOM 单组别：选择建立该 BOM 档案时所属的组别，该项为必录项目。光标放置在此处，单击工具栏上的"查看"按钮，系统弹出"BOM 组别选择"窗口，第一次使用时组别为空，需要单击"新增组"按钮进行组别的新增。请读者自行新增"文具笔"组别，如图 5-9 所示。

在"BOM 组别选择"窗口，可以对组别档案进行"修改组"和"删除组"设置，方法是选中列表中的组别名称后，单击窗口中的相应按钮。

图 5-9

- BOM 单编号：新增 BOM 单时，系统根据编码规则自动生成的一个编号。该项是必录项。若系统参数中设置该编号可以手工录入，录入的编号不能与其他 BOM 单编号重复。
- 版本：录入 BOM 的修改版本，手工修改。该项为可选录项。
- 状态：一个物料允许存在多个 BOM，但是使用状态的 BOM 只有一个，其余 BOM 只能为未使用状态，这样 MRP 展开计算时，只获取使用状态的 BOM 展开计算。新增 BOM 默认为未使用状态，将未使用状态修改为使用状态是在"生产数据管理"→"BOM 维护"→"BOM—维护"中修改。
- 物料代码：录入母件的物料代码，单击工具栏上的"查看"按钮，或按"F7"功能键获取母件的物料代码。该项为必录项。
- 物料名称、规格、物料属性：由母件物料档案中的基础资料属性自动带入。
- 单位：母件物料的计量单位，录入物料代码自动写入基本计量单位，若该母件有多个计量单位，按"F7"功能键可选择不同的计量单位。
- 工艺路线代码、工艺路线名称：母件物料对应的工艺路线。默认为物料主文件中的工艺路线，可选择其他工艺路线，但不能是不存在或禁用的工艺路线。该项为非必录项。
- 数量：与计量单位对应的母件的基准数量。该项为必录项。
- 成品率（%）：母件在加工组装过程中的成品比率，系统默认为100%，可手工修改。该项为必录项。
- 跳层：当BOM有多个层级时，设置是否跳过半成品，直接领用半成品下的材料，系统提供"是""否"两个选项，默认为"否"。
- 备注：录入BOM单的说明。
- PDM导入日期：当该笔BOM档案是由PDM导入时，记录导入的日期。

表体项目主要是录入组成母件的各子件信息，如子件编码、数量和损耗率等。
- 顺序号：记录子项物料在BOM单的录入顺序。
- 物料代码：录入组成该BOM单的子件物料代码。按"F7"功能键或单击"查看"按钮获取物料代码。
- 物料名称、规格型号、物料属性、基本单位：系统在物料代码录入后自动带入。
- 子项类型：表示子项物料的物料属性，按"F7"功能键选择。选项包括普通件、联产品、副产品、等级品、特征件和返还件等6种。系统默认为普通件。

对于联产品、副产品和等级品，其实际意义不是作为父项产品的消耗，而是一种产出。其用量代表其产出量与父项的比例关系，这3类物料不参与生产领料，在产品入库时可与其父项产品一同入库。

对于特征件，只适用于属性为特征类的子项物料，即当用户录入属性为特征类的子项物料时，系统自动将其类型设置为特征件，不允许用户修改。对于其他属性的物料，其类型一律不允许选择特征件。

对于返还件，其实际意义是在生产一种产品时对某物料的回收，回收物料需要从产品成本中扣减。
- 用量：用户录入计量单位对应的用量，手工录入。
- 配置属性：该项属性主要针对配置类BOM，表示某子项是必选还是可选，普通BOM此字段不可见。
- 生效日期、失效日期：对应子件物料的生效日期、失效日期，手工录入。此字段只有当"启用工程变更"的参数被选中之后可见，为必录字段。
- 计划百分比（%）：该项属性主要针对生产规划类BOM、特征类BOM、配置类BOM，表示各子项的使用比例。用法如下。

① 只有当BOM母件物料的属性为生产规划类、配置类、特征类时，该字段才为可维护状态。
② 当BOM母件物料的属性为配置类时，系统根据子项物料的配置属性填入计划百分比的默认值：当配置属性为通用时，系统默认为100，不允许用户修改；当配置属性为可选时，系统默认为50，用户可根据需要修改。
③ 当BOM父项物料的属性为生产规划类或特征类时，计划百分比由用户手工录入。
- 损耗率（%）：录入在BOM单中该子件的损耗率，即生产对应的父项物料允许该子项物料存在的一定的损耗范围，如生产1000个完成品，其下级某物料的单位用量比例为1:1，损耗率为5%，MRP展开计算时可以考虑该损耗率，根据公式"数量×[1+损耗率（%）]"计算得出毛需求数量1050。

- 位置号:录入当前子件所处的位置号,常用于 PCBA 行业。
- 工序号:录入表头的工艺路线对应的工序号,可维护。
- 工序:子件物料在 BOM 指定的工艺路线中所对应的工序名称。
- 工位:物料发放到车间的位置。
- 提前期偏置:对于生产周期较长的产品,其所耗用的物料在实际生产过程中往往是陆续投入,而非在产品开工之日一次性投入,为了更加精确地计算确定每一物料的需要日期,在 BOM 中增加提前期偏置的设置,表示子件物料需求日期相对于母件物料的投产日期的滞后天数,可以录入正数,也可录入负数(正数表示子件物料在母件开始生产后调达,负数表示该物料提前调达)。该参数对于 MRP 计算及生产投料单计划发料时间的确定具有重要作用。
- 是否倒冲:生产任务、委外加工及重复计划管理系统在对生产任务单进行倒冲领料时,根据此字段值来判断各物料是否倒冲。
- 关键件:从物料档案中带出,表示该物料是否为关键物料,为参考值,不起控制作用。
- 使用状态:从物料档案中带出,表示该物料是现在正在使用,还是将来使用,或是过去使用、现在已经废弃不用。
- 是否禁用:从物料档案中带出,表示该物料现在是否不允许使用。禁用的物料,使用"F7"功能键选择时不会显示。
- 发料仓库:表示该物料在生产发料时所属的仓库,如果物料已有定义,则自动带出,也可手工修改。
- 发料仓位:表示物料在生产发料时的仓位,具体用法如下。

① 由物料基础资料中的默认仓位信息自动带出。

② 只有在发料仓库的系统参数"使用仓位管理"被选中时,BOM 中才能输入发料仓位信息,否则不能录入。

③ 若发料仓库的系统参数"使用仓位管理"被选中,用户在 BOM 中选择仓库后,只能选择该仓库对应的仓位组下的仓位。

(2)在表头项目"BOM 单组别"处按"F7"功能键获取"文具笔"组别,"版本"录入"1.0","物料代码"录入"2.01","数量"保持为"1",其他项目采用默认值,如图 5-10 所示。

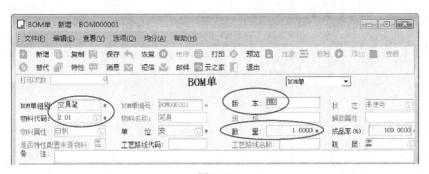

图 5-10

(3)在表体项目顺序号"1"处按"F7"功能键获取"物料代码"为"1.01","用量"为"1","损耗率"为空,表示该子件没有损耗;在顺序号"2"处以同样的方法获取"物料代码"为"1.02","用量"和"损耗率"都保持为默认值,如图 5-11 所示。

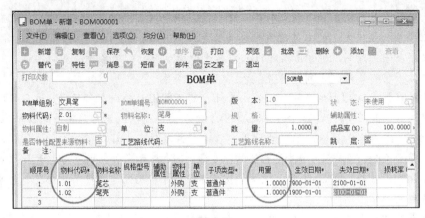

图 5-11

（4）BOM 单录入完成，单击"保存"按钮保存。

（5）"笔身"的 BOM 档案保存完成，然后开始录入"圆珠笔"的 BOM 单。单击"新增"按钮，系统弹出"BOM 单 - 新增"窗口，在表头项目"BOM 单组别"处按"F7"功能键获取"文具笔"，"版本"录入"1.0"，"物料代码"录入"3.01"，"数量"保持为"1"，其他项目采用默认值。在表体项目顺序号"1"处按"F7"功能键获取"物料代码"为"2.01"，"用量"为"1"，"损耗率"为空，表示该子件没有损耗；在顺序号"2"处以同样方法获取"物料代码"为"1.03"，"用量"和"损耗率"都保持为默认值，如图 5-12 所示。

图 5-12

（6）"圆珠笔"的 BOM 单录入完成，单击"保存"按钮保存。

5.3.2 BOM 维护

BOM 维护功能可以完成 BOM 档案的修改、删除、审核和使用等操作。选择"生产数据管理"→"BOM 维护"→"BOM—维护"，系统弹出"BOM 维护过滤界面"窗口，如图 5-13 所示。

在过滤窗口可以设置过滤条件、模糊查询和时间范围等，设置完成后单击"确定"按钮即可。在此一定要注意时间范围的设置，因为系统第一次使用本功能时，默认为当前的系统日期。将审核时间和建立时间均修改为正确的时间范围，修改完成后单击"确定"按钮，系统进入"BOM 资料维护"窗口，如图 5-14 所示。

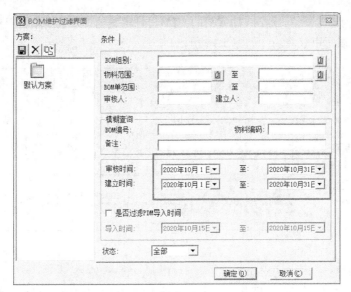

图 5-13

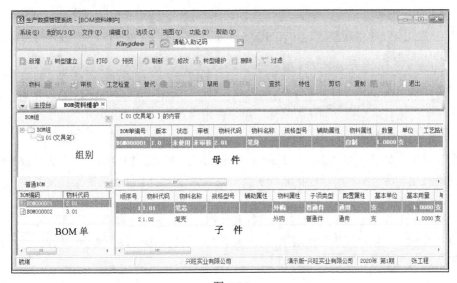

图 5-14

该窗口又分为4个小窗口，分别是"BOM组别""BOM单""母件"和"子件"窗口。查看某个 BOM 单的方法是，先选择 BOM 组别，再选择 BOM 单，然后系统会自动在右侧显示出 BOM 单明细情况。

1．审核和反审核

一般的 BOM 单经再次检查无误后即可进行审核处理，只有审核后的 BOM 单才能"使用"。

例 5-3 对本账套的笔身和笔两个 BOM 单进行审核操作。

（1）先选中要审核的 BOM 单，单击"笔组"组别，然后选择左下窗口中的"BOM00001 2.01 笔身"BOM 单，这时右侧窗口将显示笔身的 BOM 单，再单击工具栏上的"审核"按钮，或者选择"功能"→"审核"，稍后系统会弹出审核成功提示窗口。

（2）单击"确定"按钮。这时请注意右上窗口母件档案的"审核"项目已经由"未审核"修改为"已审核"，表示审核成功，如图 5-15 所示。

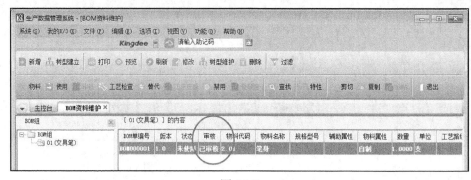

图 5-15

（3）使用同样方法对"BOM00002 3.01 笔"BOM 单进行审核。

反审核是审核的相反操作，即将已经审核后的 BOM 单取消审核，操作方法是先选择要取消审核的 BOM 单，然后选择"功能"→"反审核"。

2．使用和反使用

"使用"在 BOM 单中很重要，只有 BOM 单处于"使用"状态下，MRP 展开计算时才能获取正确的 BOM 单档案。

使用和反使用的操作方法基本与审核和反审核的操作方法相同，在此请读者将笔身和笔两个 BOM 单进行"使用"操作，以供后面的功能模块调用。"使用"成功的 BOM 单会在右上窗口"母件"的"状态"项目下显示"使用"字样，表示使用成功。

3．计算累计提前期

计算累计提前期是计算"使用"状态 BOM 的各物料的累计提前期。每个物料都有自己的制造或采购提前期，而产品或半成品的累计提前期定义为最大的子件物料的累计提前期加自身的变动提前期。公式如下：

$$母件累计提前期 = MAX（子件累计提前期）+ 母件本身变动提前期$$

选择"功能"→"计算累计提前期"，如图 5-16 所示，系统经后台处理后弹出提示窗口，提示计算累计提前期成功。

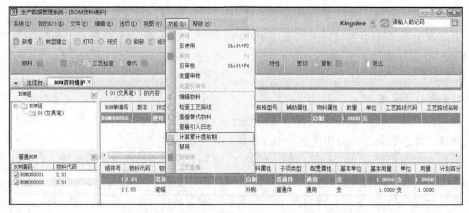

图 5-16

计算成功后的累计提前期会自动返填写到"物料"档案"计划资料"下的"累计提前期"项目中,如图 5-17 所示。

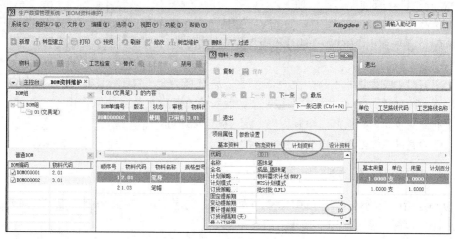

图 5-17

4．编辑物料

正常情况下 BOM 单由工程部维护,BOM 单下的各物料档案基础信息通常也是由工程部负责的,为了快捷、方便地修改 BOM 单,系统在 BOM 维护功能中提供了编辑物料的功能。操作方法是在窗口右侧选中要编辑的物料记录,单击工具栏上的"物料"按钮,系统弹出"物料 - 修改"窗口,在修改窗口中修改正确的属性后,单击"保存"按钮即可。

编辑物料的前提是该操作员必须要有可维护物料档案的权限。

5．查找、过滤

查找是在当前已显示出的 BOM 单中查找符合条件的 BOM 单,单击工具栏上的"查找"按钮,系统弹出"查找"窗口,如图 5-18 所示。

在窗口中设置好查找条件后,单击"查找"按钮即可。

过滤是重新设置 BOM 单的过滤范围。

6．新增、修改、删除、剪切、复制和粘贴

单击"新增"按钮,系统弹出显示有一张空白 BOM 单的窗口,以供 BOM 单录入。

修改和删除是对选中的 BOM 单进行相应的操作,前提条件是该 BOM 单处于未使用、未审核状态。

图 5-18

通过剪切、复制、粘贴按钮可以对有需要的 BOM 单进行相应的操作。

5.3.3 BOM 合法性检查

BOM 合法性检查主要是对 BOM 单中是否有嵌套情况以及 BOM 的完整性、BOM 单与工艺路线、工序的对应关系等进行检查,便于物料需求计划、生产计划的正确计算,同时也为生产过程中的生产发料与成本核算提供准确的依据。

- BOM 的嵌套检查:检查 BOM 中是否有上级物料在其本身的下级物料中使用的情况。
- BOM 的完整性检查:对 BOM 各数据项本身及各数据项之间的限制关系进行检查。

● BOM与工艺路线、工序的对应关系检查：对BOM对应的工艺路线是否存在、每一子件物料对应的工序是否存在等进行检查。

BOM合法性检查的操作方法如下。

（1）选择"生产数据管理"→"BOM 维护"→"BOM合法性检查"，系统弹出"BOM合法性检查"窗口，如图5-19所示。

（2）在窗口中首先选择"合法性检查选项"，再选择"检查范围"，设定完成后，单击"确定"按钮，稍后系统检查后弹出相应的结果窗口，如果窗口中有内容，表示检查不通过，对没能通过检查的BOM进行修改，然后再次检查。

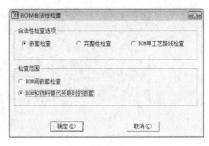

图 5-19

5.3.4 BOM 低位码维护

低位码是指同一物料在不同的 BOM 中处于最低的层次，它主要在计算主生产计划和物料需求计划中起作用。

选择"生产数据管理"→"BOM 维护"→"BOM 低位码维护"，系统弹出"低位码维护"窗口，如图5-20所示。

 窗口显示对低位码维护的建议，单击"确定"按钮，稍后系统弹出"低位码维护完毕"字样。

 （1）BOM单有变更时应该进行BOM低位码维护。
（2）在新建账套或首次进行MPS/MRP计算前必须先进行低位码维护。

图 5-20

5.3.5 BOM 成批修改、成批新增、成批删除

由于技术改进或别的原因需要大批量修改、新增或删除 BOM 单时，如果 BOM 单逐个进行对应的操作，则工作量会很大。因此，系统提供成批修改、新增和删除的功能。

● BOM成批修改：对不同母件物料的具有相同物料代码的子件物料进行批量替换。
● BOM成批新增：为不同母件物料成批新增相同物料代码的子件物料。
● BOM成批删除：对不同母件物料中具有相同物料代码的子件物料进行成批删除。

5.3.6 客户BOM 维护

客户 BOM 维护在产品是配置类物料时使用。客户 BOM 维护的功能有两种实现方法：第一种是使用"生产数据管理"下的"客户BOM维护"功能，提前维护好BOM，以供后面选择；第二种是当用户录入产品预测单、销售订单或生产任务单时，录入配置类物料代码后，在"客户BOM"项目处对该物料对应的配置类BOM进行客户化配置，即在"客户BOM"项目处按"F7"功能键，系统弹出"BOM选择"窗口，在该窗口维护好正确的客户BOM后，直接选择即可。

客户BOM的配置方法：选中要配置的BOM单，单击"配置"按钮，将指针移到特征件处，再单击"查看"按钮，调出该特征件的所有子项物料，双击想要的物料返回该行，将物料属性自动改为普通件，再单击"保存"按钮完成配置。

请以"Administrator"用户登录"蓝海机械有限公司NEW"账套，练习本功能。

（1）在"蓝海机械有限公司 NEW"账套下，选择"计划管理"→"生产数据管理"→"BOM 维护"→"客户 BOM 维护"，系统弹出"过滤"窗口，保持默认值，单击"确定"按钮进入"客户 BOM 维护"窗口，如图 5-21 所示。

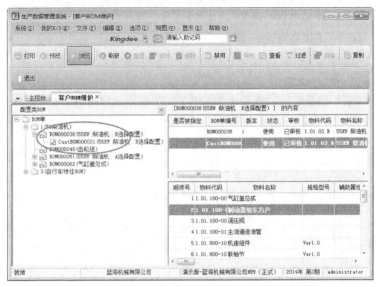

图 5-21

在窗口左侧显示的 BOM 都是配置类 BOM，它们可以配置成为客户 BOM 以供使用。BOM 编号以"Cust"起始的 BOM 都是已经配置好的客户 BOM。

下面以配置"1.01.03.B-55KW 柴油机 B 选择配置"为例，练习客户 BOM 维护。

（2）在窗口左侧选中"BOM000038"号 BOM 单，此时工具栏上的"配置"按钮激活，单击"配置"按钮，系统进入"客户 BOM 单 - 新增"窗口，因第二行为"特征类"，将光标移至该行"物料代码"处，按"F7"功能键或单击"查看"按钮，系统弹出"物料"档案窗口，如图 5-22 所示。

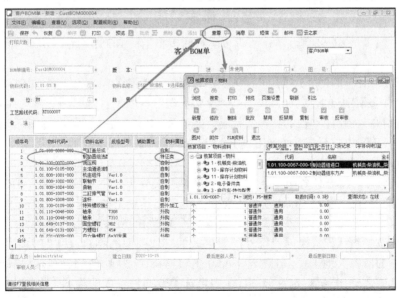

图 5-22

(3)选择"1.01.100-0067-000-1 制动器组进口"物料,双击并返回"客户 BOM 单 - 新增"窗口中,单击"保存"按钮保存当前配置。

> 注
> (1)配置属性为通用的子件物料不可删除或改为其他物料。配置属性为可选的子件物料允许删除或修改成其他物料,也可在此增加其他子件物料。
> (2)当选择"配置规则"→"保存时提示是否存在相同配置的客户 BOM"时,则保存时判断是否存在子项的物料代码、子项类型、提前期偏置、工序号、工序、工位、位置号均相同的客户 BOM,如果存在,提示用户是否保存。

(4)单击"退出"按钮返回"客户 BOM 维护"窗口,此时可以看见"CustBOM000004"即为刚才新建成功的 BOM 单,如图 5-23 所示。

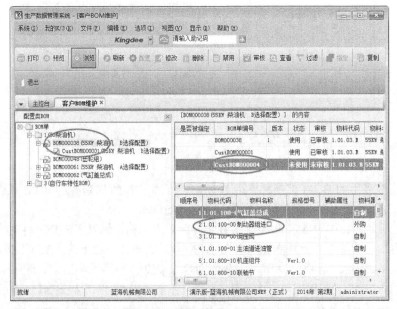

图 5-23

(5)选中该客户 BOM 单,单击"审核"按钮审核当前 BOM,此时 BOM 同步为"使用"状态。

(6)客户 BOM 单的使用。当用户录入产品预测单、销售订单或生产任务单时,录入配置类物料代码,会要求选择对应的客户 BOM。选择"销售管理"→"销售订单"→"销售订单—新增",系统进入"销售订单 - 新增"窗口,"产品代码"处录入"1.01.03.B",再向后移动到客户"BOM 编号"处,单击"查看"按钮,系统弹出"BOM 选择"窗口,如图 5-24 所示。

在"BOM 选择"窗口,可以同步处理客户 BOM 维护工作。

未被销售订单、生产任务单、重复生产计划单及委外加工生产任务单引用的客户 BOM 可修改。修改方法:在"客户 BOM 配置"窗口,单击工具栏上的"修改"按钮,系统自动弹出"客户 BOM - 修改"窗口,在该窗口中,根据标准配置 BOM 中通用的普通件生成的物料,不允许删除和修改物料代码;根据特征件配置生成的普通类型的物料,用"F7"功能键查询显示其母件特征件的所有其他子件,该物料不允许删除物料代码,修改的物料代码只能为其母件特征件的子件代码之一;根据标准配置 BOM 中可选的普通件生成的物料,或者用户补充的物料,允许删除和修改物料代码。

第 5 章 生产数据管理

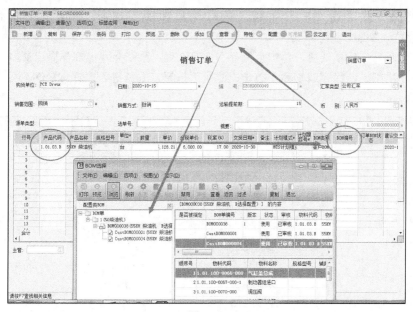

图 5-24

5.3.7 订单 BOM 维护

订单 BOM 维护是指在录入销售订单时，录入产品代码后，在"BOM 类别"处选择"订单 BOM"（见图 5-25），并且对已配置订单 BOM 的 BOM 档案进行维护。

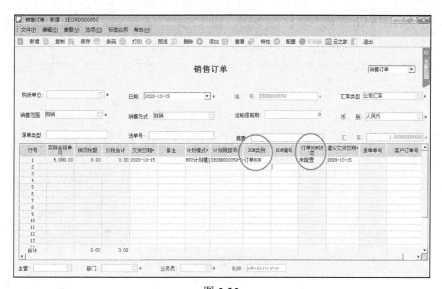

图 5-25

下面，在"蓝海机械有限公司 NEW"账套中，以录入一份销售订单并进行 BOM 配置为例，介绍订单 BOM 的处理方法。

（1）选择"销售管理"→"销售订单"→"销售订单—新增"，系统进入"销售订单 - 新增"窗口，"购货单位"任意选择，"产品代码"处录入"1.01.01.001"，"数量"录入"5"，再向后移动

— 161 —

到"BOM类别"处,单击"查看"按钮,选择"订单BOM",此时"订单BOM状态"处显示为"未配置"字样,如图5-25所示。

(2)其他项目保持默认值,单击"保存"按钮保存,系统会弹出部分提示窗口,按照提示再配置单据,不用审核。保存成功后,单击"配置"按钮,系统进入"订单BOM配置"窗口,如图5-26所示。

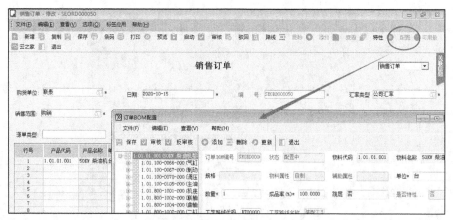

图 5-26

窗口左侧称为BOM目录树,当子件前面有"+"号时,表示该子件下还有子件,双击可以展开查询。

窗口右侧显示选中的子件信息,如用量和损耗率等。

(3)修改数值,比如将"1.01.649-0137-010-固定螺钉"的用量从"5"修改为"8"。在左侧选中子件"1.01.649-0137-010-固定螺钉",单击"修改子项",系统弹出"修改子项"窗口,"用量"处修改为"8",如图5-27所示。

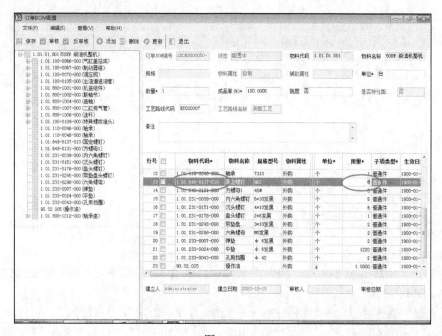

图 5-27

(4)单击"保存"按钮保存修改,单击"退出"按钮返回"订单 BOM 配置"窗口,再单击"保存"按钮保存当前配置 BOM,单击"审核"按钮审核修改。

(5)订单 BOM 维护。退出"销售订单 - 新增"窗口,选择"生产数据管理"→"BOM 维护"→"订单 BOM 维护",系统弹出"过滤"窗口,注意时间范围的设置,单击"确定"按钮,系统进入"订单 BOM 维护"窗口,单击左侧目录树最明细成品编码,即可看到配置成功的订单 BOM,如图 5-28 所示。"订单 BOM 差异记录"选项卡显示当前订单在标准 BOM 上的修改记录。

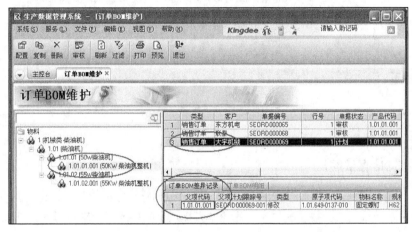

图 5-28

在订单 BOM 维护中,可以对 BOM 进行配置、删除和审核操作。

5.4 BOM 查询

金蝶 K/3 提供了丰富的 BOM 查询方式,可以单级、多级查询,还可以正向、反向查询 BOM 的成本。

5.4.1 BOM 单级展开

BOM 的单级展开指只查询 BOM 单直接的下级子件物料明细,即使下面的某子件还有下级子件物料,也不进行展开,与 BOM 单的录入窗口相似。

(1)选择"生产数据管理"→"BOM 查询"→"BOM 单级展开",系统弹出"过滤"窗口,如图 5-29 所示。

(2)在当前账套中的 BOM 单档案过多时,可以在"过滤"窗口设置过滤条件,这样能方便、快捷地查询自己所需要的 BOM 单。在此保持默认值,单击"确定"按钮,系统进入"BOM 单级展开"窗口,如图 5-30 所示。

图 5-29

查询某个 BOM 单的物料的方法:先选择窗口左侧中正确的组别,再选中 BOM 单号,系统会自动在窗口右侧显示该 BOM 单的母件和子件列表。

在此注意"圆珠笔"的 BOM 单只显示第一级物料明细。

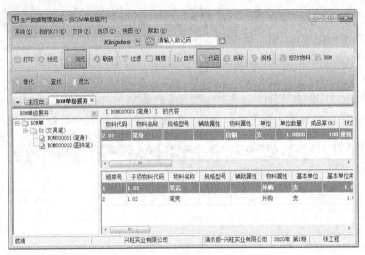

图 5-30

5.4.2 BOM 多级展开

多级 BOM 可看作一串单级 BOM 连接在一起，表明直接或间接用于制造各级父项所有的自制件或外购件及数量关系。按装配层次，无论是直接还是间接地用于制造母件的外购件或自制件，均可在多级 BOM 中反映出来。

选择"生产数据管理"→"BOM 查询"→"BOM 多级展开"，系统弹出"过滤"窗口，保持默认值，单击"确定"按钮，系统进入"BOM 多级展开"窗口，如图 5-31 所示。

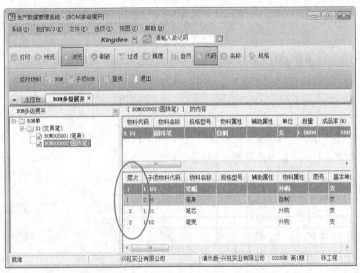

图 5-31

在此注意"圆珠笔"的 BOM 单列表，列表将笔的所有物料关系、层级关系和数量关系一一列出。

5.4.3 BOM 综合展开

BOM 综合展开是指根据零件号的次序，一次性列出用于最高层装配件的每个组件，同时也列出组件的数量。同一组件多次出现时,将其数量累加,综合展开不关心产品结构的层次关系。常用于快速估算一定数量装配的总需求,或者用于估计一个组件用于多个装配件时,它的变化对成本的影响。

5.4.4 BOM 单级反查

BOM 单级反查指从 BOM 的底层物料向上查看 BOM 结构,查看某个子件物料都用到哪些产品上,把产品结构的最底层与最终产品连接起来。

单级反查自底向上扫描一级产品结构,列出使用该零件的每个母件。

选择"生产数据管理"→"BOM 查询"→"BOM 单级反查",系统弹出"过滤"窗口,保持默认值,单击"确定"按钮,系统进入"BOM 单级反查"窗口,如图 5-32 所示。

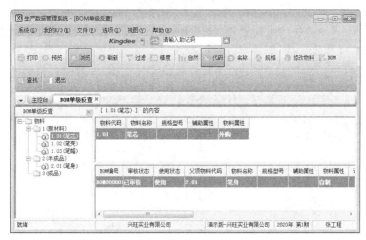

图 5-32

5.4.5 BOM 多级反查

BOM 多级反查是指自底向上扫描所有级次的产品结构。

选择"生产数据管理"→"BOM 查询"→"BOM 多级反查",系统弹出"过滤"窗口,保持默认值,单击"确定"按钮,系统进入"BOM 多级反查"窗口,如图 5-33 所示。

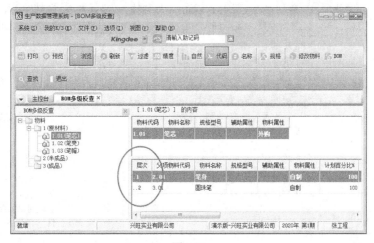

图 5-33

通过对"笔芯"的反查,可以看到"笔芯"的上级是"笔身",再上一级是"圆珠笔"。

5.4.6 成本 BOM 查询

成本 BOM 查询对组成该产品的下级子件物料的未增值材料价格按计划价格与标准价格进行 BOM 的成本计算,而按照标准价格计算 BOM 成本又分为逐步综合结转和逐步分项结转两种方式。BOM 成本计算是为了方便产品计划价与其未增值材料价格的比较,并对委外费用、固定制造费用以及变动制造费用等进行有效的掌控。

该功能应在未启用成本管理系统时使用。一般在确定产品的销售价格或计划价格前可使用此功能进行查询,也用于查询某一定生产量的产品的成本汇总和实现计划成本与实际成本的比较,为企业提供决策支持。

选择"计划管理"→"生产数据管理"→"BOM 查询"→"成本 BOM 查询",系统弹出"过滤"窗口,如图 5-34 所示。

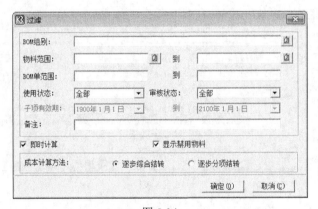

图 5-34

逐步综合结转与逐步分项结转参数说明如表 5-1 所示。

表 5-1　　　　　　　　　　逐步综合结转与逐步分项结转参数说明

参数名称	逐步综合结转参数说明			逐步分项结转参数说明		
	外购件特征件	委外加工件	自制件、配置类、规划类、虚拟件	外购件特征件	委外加工件	自制件、配置类、规划类、虚拟件
直接材料			直接子项外购类物料与直接子项委外加工类物料的金额之和＋直接子项自制件、配置类与规划物料普通件的金额之和－直接子项自制件、配置类与规划类物料的联副产品与返还件的金额			直接子项外购类物料与直接子项委外加工类的金额之和＋直接子项自制件、配置类与规划类物料普通件的直接材料费－直接子项自制件、配置类的联副产品、返还件直接材料费的金额
直接人工			用量×该产品标准工时×该产品标准工资率			用量×该产品标准工时×该产品标准工资率＋直接子项自制件、配置类与规划类普通件的物料直接人工金额－直接子项自制件、配置类联副产品、返还件的直接人工的金额

续表

参数名称	逐步综合结转参数说明			逐步分项结转参数说明		
	外购件特征件	委外加工件	自制件、配置类、规划类、虚拟件	外购件特征件	委外加工件	自制件、配置类、规划类、虚拟件
变动制造费用			用量×该产品标准工时×该产品变动费用分配率			用量×该产品标准工时×该产品变动费用分配率+直接子项自制件、配置类与规划类普通件的变动制造费用金额－直接子项自制件、配置类联副产品、返还件的变动制造费用的金额
固定制造费用			用量×物料资料中单位标准固定制造费用金额			用量×单位标准固定制造费用金额+直接子项自制件、配置类与规划类普通件的固定制造费用金额－直接子项自制件、配置类联副产品、返还件的固定制造费用的金额
委外材料费		下级物料的普通件的金额之和			下级物料的普通件的金额之和	
委外加工费		用量×物料资料中单位委外加工费			用量×物料资料中单位委外加工费	
单价	单位标准成本	金额/数量	金额/数量	单位标准成本	金额/数量	金额/数量
金额	单价×数量	委外材料费+委外加工费	直接材料费用+直接人工费用+变动制造费用+固定制造费用	单价×数量	委外材料费+委外加工费	直接材料费用+直接人工费用+变动制造费用+固定制造费用

保持默认过滤条件，单击"确定"按钮，系统进入"成本BOM查询"窗口，如图5-35所示。

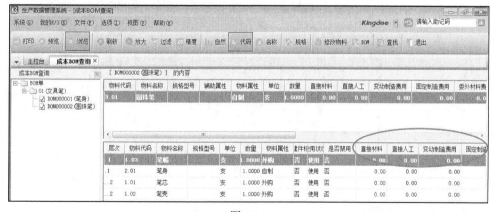

图 5-35

5.4.7　BOM差异分析

BOM差异分析主要是对产品结构相似的BOM单进行比较，对所用的不同材料、用量进行比较，以便对BOM进行管理和分析。

选择"生产数据管理"→"BOM查询"→"BOM差异分析",系统弹出"过滤"窗口,如图 5-36 所示。

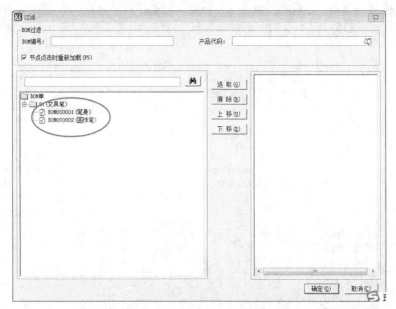

图 5-36

在窗口左侧将要进行对比的 BOM 单"选取"到右侧窗口,例如,将笔身和笔同时"选取"到右侧窗口,单击"确定"按钮,系统进入"BOM 差异分析"窗口,如图 5-37 所示。

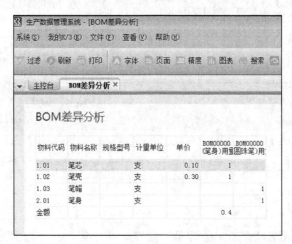

图 5-37

5.4.8 BOM 树形查看

BOM 树形查看主要是通过物料逐级展开,形象地显示物料的 BOM 结构。该窗口会将所有非外购类物料显示出来,单击任何物料都将显示其下级子件物料。

选择"生产数据管理"→"BOM 查询"→"BOM 树形查看",系统弹出"过滤"窗口,在此保持默认条件,单击"确定"按钮进入"BOM 树形查看"窗口,如图 5-38 所示。

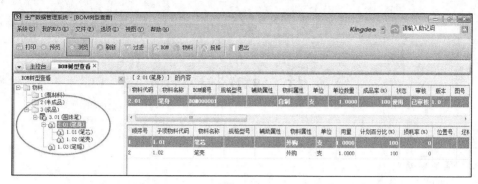

图 5-38

在窗口左侧可以将"圆珠笔"的 BOM 结构层层展开。

客户 BOM 查询和客户成本 BOM 查询针对配置类产品的 BOM 进行查询和计算,操作方法可以参照前面的 5.4.6 小节。

由于本账套不涉及工程变更、工艺路线和 PDM 数据导入接口功能,在此不再讲述,若读者要学习,可通过按"F1"功能键,查看帮助文件。

5.5 课后习题

(1)画出销售管理系统与其他系统之间的数据流向图。
(2)工厂日历的含义是什么?
(3)BOM 要表达哪 3 种关系?

第 6 章 物料需求计划

> **本章重点**
> - 预测单处理
> - MRP 系统设置
> - MRP 计算、维护和查询
> - 报表查询、分析

6.1 概　　述

物料需求计划（Material Requirement Planning，MRP）系统是金蝶 K/3 系统中的核心系统。通过物料需求计划，将已经审核的销售订单或已经审核的预测单作为需求，考虑各物料现存量、已分配量、预计入库等因素，通过 BOM 单档案展开 MRP 计算，得到主要产品（MRP 类物料）的计划量。物料需求计划主要解决以下问题。

（1）需要什么物料？
（2）需要多少数量？
（3）什么时候采购或开工？
（4）什么时候到货或完工？

金蝶 K/3 的物料需求计划系统具有以下特色功能。

- 灵活的预测单处理：支持手工录入普通自制物料、配置类物料、虚拟物料的产品预测单，对不同时间范围的预测，可以按月、周、日等不同间隔进行均化处理，对应于企业实际运作中的月计划、周计划、日计划管理。

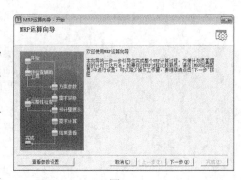

图 6-1

- 提供 MRP 计算向导：当系统进行 MRP 计算时，系统弹出"MRP 运算向导 - 开始"窗口，如图 6-1 所示，根据向导用户可以展开正确的 MRP 计算。

- 完整的物料替代处理方案：系统根据生产数据管理基础资料中定义好的物料替代关系以及计算过程中物料的预计库存情况，在 MRP 计算后自动给出物料替代建议，可帮助企业缩短交货时间，更好地满足客户的需求；降低库存，控制生产成本。

- 灵活的交期调整/取消处理：根据在 MRP 计算方案上定义的预计量提前、推后的天数和原则，并根据本次计算的实际需求日期和数量，对本次计算前已经安排的计划、在制、在途预计量业务提供调整/取消建议，帮助企业计划人员灵活地调整生产/采购计划，以更好地满足客户的实际需求，避免多余的库存。

- 需求跟踪、需求合并：在按单生产的企业，计划员需要掌握已有计划的改变是因哪些需求的改变造成的，新的需求会产生哪些新的计划，这就需要系统支持完整的需求跟踪策略。

MRP 计算过程中，系统会记录每一笔净需求和计划的需求来源，帮助计划人员在计划层面把握计划的准确性。同时，根据企业实际情况，一些通用料需要进行合并生产或者采购，没有必要跟踪其需求来源，可以通过系统为不需要完全跟踪的计划设定不同的合并策略，如按单合并/按天合并等，再投放成"生产任务单""采购申请单"或"委外加工任务单"，便于实际生产部门和供应商执行。

- 选择仓库作为库存量：可以自由指定需要参与 MRP 计算的仓库，如品质待检仓、待处理仓和废品仓等仓库；可以根据需要设定不参与 MRP 计算的仓库，这样当系统展开 MRP 计算时就不会考虑这些仓库的库存量。
- 灵活的 MRP 计算过程查询：系统提供灵活的查询手段，方便企业计划员查看需求产生的来源、期初库存，被其他生产任务、委外加工任务、重复生产任务占用的已分配数据和采购订单、生产任务、委外加工任务的预计入库数据，帮助计划员确认计划的准确性。
- 系统将单据进行细分处理：将预计入库细分为计划、在制、在途、在检、替代，将已分配细分为拖期销售、计划、任务、替代、锁库，方便企业计划人员对实际情况的了解，并帮助判断计划的准确性。
- 预设多个可用方案：系统根据不同行业、不同企业的实际情况，预设了多种计划方案。企业使用人员可以比较计划方案，理解计划方案，并根据企业的实际情况，选用或制订企业实际可用的计划方案。
- 提供自制/委外物料生成多种类型的目标单据：系统根据物料设置的参数，在计算后可以投放为不同的目标单据。同时支持自制→委外加工任务、自制→采购申请、委外→采购申请等多种方式。企业计划人员可以根据实际的生产情况，进行不同的处理。
- 提供详细、明确的计算过程日志，方便企业计划人员了解、理解计算过程。对在 MRP 计算过程中出现的问题，通过对此日志的分析，企业计划人员更容易找出产生错误的原因。
- 提供完整的提前期解决方法：固定提前期和变动提前期。在计算自制物料的生产时间时，考虑不同数量的生产任务单需要不同的生产时间，具体算法为：提前期=向上取整〔固定提前期+（计划订单量/变动提前期批量）×变动提前期〕，使通过 MRP 计算产生的生产任务单更准确。

1. 使用物料需求计划系统需要设置的内容

物料需求计划系统通常与其他业务系统连接使用，形成数据共享，这是 ERP 系统的特点。

- 公共资料：科目、币别、计量单位、客户、部门、职员、物料、仓库等公共资料是本系统所涉及的最基础资料，必须设置。
- 初始化：物料需求计划系统不需要初始数据录入，只要其他业务系统同时启用，也表示物料需求计划系统开始启用。

2. 物料需求计划系统可执行的查询与生成的报表

可查询的报表有：MRP 计划订单查询、MPS/MRP 横式报表、生产计划明细表、采购计划明细表、委外加工计划明细表、物料替代建议表、MRP 计算结果查询、按销售订单或物料查询计划订单、销售订单综合跟踪表和物料供需汇总表等多种报表。

3. 物料需求计划系统的操作流程（见图 6-2）

4. 物料需求计划系统与其他系统的数据流向（见图 6-3）

- 销售管理：物料需求计划系统接收从销售管理系统传递过来的已审核销售订单作为独立需求展开 MRP 计算。

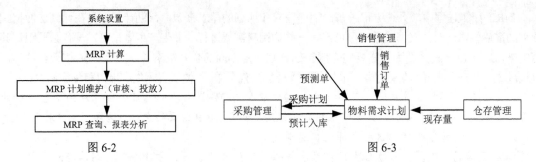

图 6-2　　　　　　　　　　　图 6-3

- 采购管理：物料需求计划系统生成的采购计划单经审核、投放后生成采购申请单，该采购申请单可以在采购管理系统中查询、审核、修改和下推继续生成采购订单。当 MRP 计算参数中要求考虑预计入库时，则采购管理中的预计入库数据传递到物料需求计划系统。
- 仓存管理：物料需求计划系统展开 MRP 计算时，会接收从仓存管理系统传递过来的"现存量""安全库存"等数据，这样使 MRP 计算出来的计划量更正确。

6.2　产品预测单

产品预测也可以称为备货式预测，是指企业为快速满足市场需要，根据公司以往的历史数据，如产品市场情况、以往年度或月份的产品销售情况，制订在未来一段时间内需要什么产品、需要多少数量的计划，以便公司安排生产什么产品、生产多少数量、什么时候生产完工的预测单据。产品预测单的作用是指导生产部门进行生产准备和生产，采购部门进行采购准备。预测单通常应用于将预测作为主要计划手段的企业。

6.2.1　产品预测单录入

产品预测单的录入方法基本同销售管理系统中的单据录入方法。

例6-1　以图 6-4 为例练习产品预测单的录入，预测开始时间为"2020-01-10"，预测截止时间为"2020-01-31"，产品名称是"3.01—圆珠笔"，预测需求量为"50000"支。

图 6-4

更换操作员，以"游计划"的用户身份登录本账套。

（1）选择"计划管理"→"物料需求计划"→"产品预测"→"产品预测—新增"，系统进入"产品预测单 - 新增"窗口。

（2）"建立日期"修改为"2020-01-10"，在"物料代码"处按"F7"功能键获取"3.01—圆珠笔","数量"录入"50000","预测开始日期"录入"2020-01-10","预测截止日期"录入"2020-01-31",录入完成后单击"保存"按钮保存,并审核该预测单,审核后如图6-5所示。

> 提示　产品预测单既可针对市场情况预测,同时也可以针对某个客户进行预测,如果该单据是针对某个客户进行预测的,就在"客户名称"处录入客户编码。

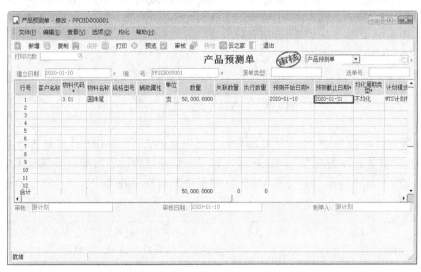

图 6-5

当在该单据中录入"客户名称"项目,同时该预测单的物料为配置类物料时,需要在"客户BOM"项目处录入该客户所使用的产品BOM。

6.2.2 产品预测单维护

使用产品预测单维护可以查询到系统内已有的预测单,并且根据预测单可以进行修改、复制、审核、作废、下查等操作。

选择"物料需求计划"→"产品预测"→"产品预测—维护",系统弹出"过滤条件"窗口,过滤条件的设置方法可以参照第4章,在此保持默认值,单击"确定"按钮,系统进入"产品预测单序时簿"窗口,如图6-6所示。

图 6-6

要修改某个预测单的方法是:选中该单据,单击工具栏上的"修改"按钮,系统弹出产品预测单"编辑单据"窗口,数据修改正确后,单击"保存"按钮保存修改后的数据。

> 注　预测单必须是"未审核"状态，才能被修改。

- 复制：对选中的单据进行复制，生成一张除单据编号不同，其他内容相同的产品预测单。
- 审核：对选中的单据进行审核处理。取消审核的方法是选择"编辑"→"反审核"。
- 作废：对选中的单据进行作废处理。系统同时提供反作废功能，方法是选择"编辑"→"反作废"。
- 下查：当预测单有被其他单据所引用时，单击"下查"按钮可以查询到关联单据。

6.3 系统设置

系统设置主要是对 MRP 计划方案的各项参数进行维护，如 MRP 计算是否考虑现有库存、损耗率等参数，哪些仓库需要参与 MRP 计算以及计划展望期的设置等。系统设置在"物料需求计划"模块中占有重要位置，要想使 MRP 计算出来的数据正确且接近理想状态的结果，就必须要仔细了解系统设置的各项设置。

> 提示　由于"系统设置"中的各项参数较复杂，并不是一次就可能设置成功，所以建议先根据自己的需求进行预设置，待查看 MRP 计算数据后，再确定是否返回修改系统设置。

6.3.1 MRP 计划方案维护

MRP 计划方案维护是针对不同的 MRP 计算方案进行设置，设置不同方案的需求来源，以及现有库存和损耗率等参数。

选择"物料需求计划"→"系统设置"→"MRP 计划方案维护"，系统弹出"计划方案维护"窗口，如图 6-7 所示。

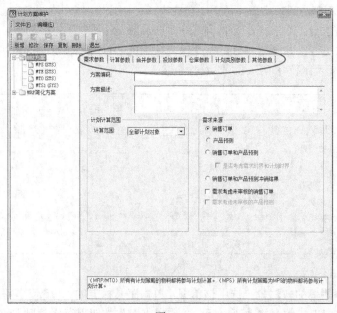

图 6-7

系统内已预设 MRP 方案和 MRP 简化方案两大类，大类下面又分了明细方案。在"计划方案维护"窗口可以对方案进行新增、修改、复制和删除处理。每种方案都有自己的参数配置，下面以"MRP 方案"下的"MTO（SYS）"的选项卡参数进行说明。

1. **需求参数**

（1）方案编码：录入/显示 MRP 方案编码。

（2）方案描述：对 MRP 方案进行说明。

（3）计划计算范围：指定 MRP 计算的单据范围。共有全部计划对象、指定需求单据、指定物料、指定计划员和主生产计划等 5 种范围，以上计算范围只能选择其中一种。

① 全部计划对象：所有计划策略非"无"的未禁用的物料、所有有效的销售订单或产品预测单均参与计算。这是所有物料的一个全重排计算，避免计划员漏考虑需求、物料范围等因素，计划的结果会比较全面、完整和准确；但相对时间较长，耗用系统资源较大，不利于日常接单频繁、需求变化较大、计划变更较多的企业应用。

② 指定需求单据：可以选择指定符合条件的销售订单或者指定预测单进行 MRP 计算。计算时只将指定范围内的销售订单或者预测单作为需求来源，以这些物料多层展开的物料为计划计算范围。相比较全部计划对象而言，这种计划更具有针对性，计划的应变周期更短，计算效率更高，更加符合接单频繁、按单排产的企业的应用。当选择"指定需求单据"参数来进行 MRP 计算时，在"MRP 运算向导 - 需求获取"窗口中会要求"选择"指定的需求单据，如图 6-8 所示。

③ 指定物料：对指定范围内的物料进行全重排计算，提高 MRP 计算效率。当选择"指定物料"参数时，系统同时要求选择"需求物料展开方式"，如图 6-9 所示。

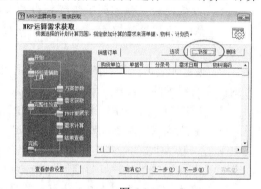

图 6-8

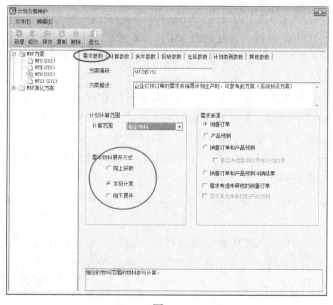

图 6-9

- 向上获取：对指定物料，按照 BOM 结构关系，首先向上查找到物料的所有多层级物料，指定物料及找到的所有上级物料的需求单据作为本次计算的需求来源。指定物料及找到的上级物料再向下全部多级展开，遍历到的所有物料为本次参与计算的物料。适用于采购周期较长、影响到生产的一些关键性物料，计划员需要特别关注这些物料计划的准确性，一段时间之后，需要特别对这些物料的库存和计划进行平衡。为保证某些关键物料的计划的准确性，需要通过指定关键物料，并且选择向上获取，对这些关键物料重新计划一次。这时的计划一般需要考虑库存、预计量等参数。
- 本级计算：选中此参数，指定物料对应的需求单据作为本次计算的需求来源。指定物料向下全部展开，遍历到的所有物料为本次参与计算的物料。适用于指定的物料为备件，同时企业应用中产品与备件均可独立销售或做预测，但是分开做计划。可以通过指定物料，并且选择本级计算，对备件进行全重排计算，得到备件的完整计划。
- 向下展开：选中此参数，按照 BOM 结构关系，首先对指定物料向下多级展开，找到所有多层的下级物料。指定物料及找到的下级物料的需求单据作为本次计算的需求来源。指定物料及找到的下级物料为本次参与计算的物料。适用于对不同产品系列分别作计划，可以通过指定不同的产品系列，并且选择向下展开，得到不同系列产品及其子项的计划。

④ 指定计划员：只对指定的计划员所负责的物料进行全重排计算。选择"指定计划员"参数时，系统要求同时设置"默认计划员"选项，单击"□"按钮选择计划员信息。

⑤ 主生产计划：MRP 计算时，以 MPS 计算结果作为需求来源。如果 MRP 有自己的独立需求，这些独立需求也将参与计算。如果 MPS 为指定销售订单，则本次 MRP 计算的物料范围为参与最近一次 MPS 的物料中的 MRP 策略的物料，因此要求 MPS 选单计划好后，立即执行 MRP 计算，否则，前次 MPS 的专用件（策略为 MRP）的需求，将无法得到计划。

（4）需求来源：设置 MRP 计算时的需求来源，是以销售订单作为需求来源，还是以预测单作为需求来源，或者同时考虑销售订单和预测单等。需求来源有销售订单、产品预测、销售订单和产品预测等几项参数设置。

- 销售订单：选中此参数，系统进行 MRP 计算时只以销售订单作为需求展开计算。
- 产品预测：选中此参数，系统进行 MRP 计算时只以产品预测单作为需求展开计算。
- 销售订单和产品预测：选中此参数，系统同时以销售订单和产品预测单作为需求展开 MRP 计算。
- 是否考虑需求时界和计划时界：当需求来源为销售订单和产品预测时，在需求时界内以销售订单为需求来源，在需求时界外到计划时界内以销售订单与产品预测单中数据大的单据作为需求来源，在计划时界外以产品预测量作为需求来源。
- 销售订单和产品预测冲销结果：选中此参数，以冲销结果作为需求数据。
- 需求考虑未审核的销售订单：选中此参数，把处于未审核状态的销售订单作为需求来源。
- 需求考虑未审核的产品预测：选中此参数，把处于未审核状态的产品预测单作为需求来源。

2. 计算参数

"计算参数"主要对 MPS/MRP 的计算参数进行设置。考虑到计划结果的可行性，系统把计划员安排计划时考虑的因素定义为几个可选参数，方便各种应用状态下进行不同的组合设置。这些参数将影响 MPS/MRP 的计算结果。计划人员可以根据实际生产管理情况设置这些参数。系统切换到"计算参数"选项卡，如图 6-10 所示。

第 6 章 物料需求计划

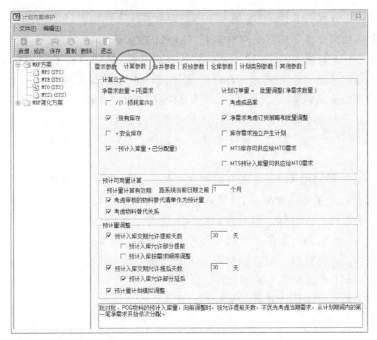

图 6-10

(1) 计算公式：设置 MRP 展开计算时的公式。

- /[1-损耗率（%）]：损耗在实际生产中难以避免，因此材料的生产或采购需求一定会大于标准用量的需求，该损耗率在 BOM 单中设置。当选中此参数，净需求考虑损耗率因素。损耗率计算公式从"系统设置"→"系统设置"→"生产管理"→"系统设置"→"计划系统选项"下的"损耗率计算公式"获取。
- -现有库存：MRP 展开计算时是否考虑仓库现有量。例如，A 物料的毛需求是 100 个，现存量为 10 个，如果考虑现存量，则 MRP 计算出来的净需求量为 90 个；如果不考虑现存量，净需求量则为 100 个。

  某些企业运行期初库存数据的准确性出入较大，可以先不考虑该参数，以得到一个总的需求量。某些情况下，产品、半成品的库存已有分配目标，又只希望得到所选单据的产品、半成品毛需求计划，此时可以不用考虑现有库存。全重排的情况下或者要得到通用件的计划的目标前提下，则要考虑现有库存。
- +安全库存：安全库存的设置主要是为了应对那些不时之需，满足超出了计划员预见的需求。选中此参数，MRP 计算公式：净需求数量=（毛需求+安全库存）。
- -预计入库量+已分配量：选中此参数，预计量和已分配量参与需求计算。选中此参数的计算公式：净需求数量=（毛需求-预计入库数量+已分配数量）。
- 考虑成品率：物料的 BOM 中会定义材料的标准成品率，成品率是由于实际生产中工艺的问题，不能保证 100%产出合格产品而定义的一个统计性参数。为了确保按量交货，计划员需要考虑该因素，放大相应的需求量。选中此参数，MRP 计算公式：计划订单量=（净需求数量/成品率）。
- 净需求考虑订货策略和批量调整：选中此参数，系统将根据物料主数据中的订货策略，对净需求进行批量调整，得到建议订单量。未选中此参数，建议订单量等于净需求；同时不管物料是何种订货策略，都将采用批对批（LFL）的逻辑进行计算。选中此参数的计算公式：计划订单量=批量调整（净需求数量）。

- 库存需求独立产生计划：选中该参数，MPS/MRP 计算时考虑安全库存，并且当现有库存低于安全库存时，此类由安全库存产生的净需求，可以在计划当天独立产生计划订单，并且计划订单上记录补充库存标记（该计划订单的开工/采购和到货/完工都在当天，计划员可手工修改到货/完工日期）。下次 MPS/MRP 计算时，首先将记录有补充库存的计划订单用于和安全库存进行冲减，避免重复产生计划订单。不选该参数，安全库存产生的净需求将和计划当天的其他净需求进行合并，一起产生计划订单，并且不记录补充库存标记。
- MTS 库存可供应给 MTO 需求：选中此参数，当 MTS 中有库存时也考虑。
- MTS 预计入库量可供应给 MTO 需求：选中此参数，当 MTS 中预计入库量数据时也考虑。

（2）预计可用量计算：对预计范围内的物料参数进行设置。

- 预计量计算有效期，距系统当前日期之前 n 个月：计算开始日期之前，应该存在该完工但未完工，该到货但未到货的业务。这些业务是否仍然有效，以及多长时间范围内的才算有效？如果计算公式考虑预计量，且选中该参数，则需求日期在 MRP 计算当天日期之前多少个月内的预计量单据全部参与计算。
- 考虑审核的物料替代清单作为预计量：选中此参数，MRP 计算时，首先考虑被替代料本身的库存、预计量，如果在这个基础上，被替代料不足，需要发生替代，将会产生替代料的计划。
- 考虑物料替代关系：选中此参数，MRP 计算时，首先考虑被替代料本身的库存、预计量。如果在这个基础上，被替代料不足，需要发生替代。系统将会根据审核状态的物料替代关系，判断替代料的预计可用库存是否可以满足被替代料，如果替代料在被替代料的需求当天存在预计可用库存，系统将根据替代料的预计可用库存进行替代。如果替代料的预计库存全部发生替代后，仍然无法满足被替代料的需求，将产生被替代料的计划。

（3）预计量调整。

- 预计入库交期允许提前天数：选中此参数，MRP 计算时，系统会自动建议将交货期在后面的预计量单据提前，用以满足前面的需求。允许的天数范围在后面的参数框中进行输入。计算结束后，在交货调整建议信息表中可以查询到相关的建议调整信息。
- 预计入库允许部分提前：选中此参数，MRP 计算时，将允许根据实际的需求量，判断后面的预计量单据应该调整多少数量给前面的需求。
- 预计入库按需求顺序调整：选中此参数，MRP 计算时，批对批、POQ 物料的预计入库量向前调整时，按允许提前天数，不优先考虑当期需求，从计划期间内的第一笔净需求开始依次分配。
- 预计入库允许部分延后：选中此参数，MPS 计算时，将允许根据实际的需求量，判断前面的预计量单据应该调整多少数量给后面的需求。
- 预计入库交期允许推后天数：选中此参数，MRP 计算时，系统会自动建议将交货期在前面的预计量单据延后，用以满足后面的需求。允许的天数范围在后面的参数框中进行输入。计算结束后，在交货调整建议信息表中可以查询到相关的建议调整信息。

3. 合并参数

本选项设置对 MPS/MRP 计算后的合并参数进行设置，这些参数将影响计划订单按哪种方式进行合并。切换到"合并参数"选项卡，如图 6-11 所示。

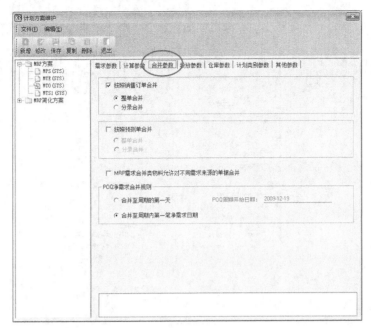

图 6-11

（1）按照销售订单合并：选中此参数，MRP 计算出来的计划订单按销售订单合并，具体的方式有以下两种。
- 整单合并：如果来自相同销售订单的同一个物料，存在多个计划订单，将计划订单进行数量合并，时间取最早的日期。
- 分录合并：如果来自相同销售订单上同一分录的同一个物料，存在多个计划订单，将计划订单进行数量合并，时间取最早的日期。

（2）按照预测单合并：选中此参数，计划订单按产品预测单合并，具体的方式有以下两种。
- 整单合并：如果来自相同产品预测单的同一个物料，存在多个计划订单，将计划订单进行数量合并，时间取最早的日期。
- 分录合并：如果来自相同产品预测单上同一分录的同一个物料，存在多个计划订单，将计划订单进行数量的合并，时间取最早的日期。

（3）MRP 需求合并类物料允许对不同需求来源的单据合并：选中此参数，对同一物料的计划订单，需求日期相同的进行合并，即按天进行合并。该参数只针对物料档案中选择了"MRP 计算是否合并需求"选项的物料有效。

（4）POQ 净需求合并：选中此参数，POQ 净需求合并的方式有以下两种。
- 合并至周期的第一天：周期开始日期为设定的 POQ 周期开始日期，各期间的净需求合并到周期的第一天。
- 合并至周期内第一笔净需求日期：周期开始日期为第一笔净需求产生的日期，各期间的净需求合并到周期内第一笔净需求日期。

4．投放参数

本选项设置对 MPS/MRP 计算后投放为目标单据的数据进行设置，这些参数将影响 MPS/MRP 计算后自动投放的结果。切换到"投放参数"选项卡，如图 6-12 所示。

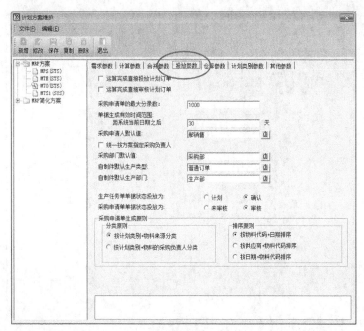

图 6-12

（1）运算完成直接投放计划订单：选中此参数，MRP 计算完成后，系统自动确认结果，并将计划订单投放为目标单据。这样可以提高工作效率。

（2）运算完成直接审核计划订单：在参数（1）的基础上直接对投放成功的单据进行审核。

（3）采购申请单的最大分录数：此参数控制一张采购申请单允许的最大分录条数。如果超过最大分录条数，系统会自动拆分成多个采购申请单。该参数的默认值是"1000"条，可以修改。

（4）单据生成有效时间范围，距系统当前日期之后 n 天：选择"运算完成直接投放计划订单"时，系统将对建议开工/采购日期在此参数范围内的计划订单进行投放。

（5）采购申请人默认值：当 MRP 采购计划单投放成采购申请单时，采购申请单上的申请人先取物料档案属性中的采购负责人，若为空，则取此处指定的采购申请人默认值。可以用"F7"功能键进行设置。

（6）统一按方案指定采购负责人：选中此参数，计划订单投放成采购申请单时，不先取物料档案中的采购负责人，而直接统一取此处的采购申请人默认值。

（7）采购部门默认值：设置采购计划单上的采购申请部门。

（8）自制件默认生产类型：对自制属性物料，生成计划订单时，计划订单上的生产类型先取物料档案中的默认生产类型，如为空，则取此处的自制件默认生产类型。

（9）自制件默认生产部门：对自制属性物料，生成生产计划订单时，计划订单上的生产部门先取物料档案中的"生产部"，若为空，则取此处的自制件默认生产部门。

> 注　只有当生产部门的档案中有"车间"类型时才能在此获取部门信息。

（10）采购申请单生成原则。

① 分类原则。

> 按计划类别＋物料来源分类：来自相同采购负责人，且相同供应商的物料的计划订单投放到一张采购申请单上。

> 按计划类别＋物料的采购负责人分类：来自相同采购负责人的物料的计划订单，不管供应商是否相同，都投放到一张采购申请单上。

② 排序原则。

> 按物料代码+日期排序：投放的采购申请单分录，先按物料代码升序排序，相同物料代码下，再按到货日期升序排序。

> 按供应商+物料代码排序：投放的采购申请单分录，先按供应商代码升序排序，相同供应商代码下，再按物料代码升序排序。

> 按日期+物料代码排序：投放的采购申请单分录，先按到货日期升序排序，相同到货日期下，再按物料代码升序排序。

5．仓库参数

本选项设置对 MPS/MRP 计算的仓库参数进行设置，设置哪些仓库参与计算，参与计算的仓库则考虑该仓库的物料现存量，反之不考虑。切换到"仓库参数"选项卡，如图 6-13 所示。

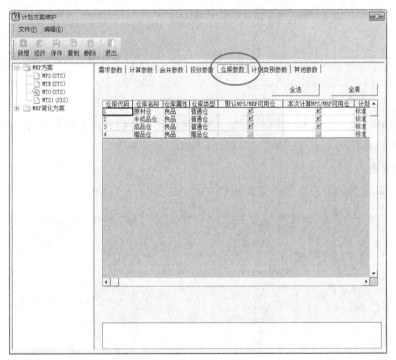

图 6-13

在"本次计算 MPS/MRP 可用仓"处打钩，表示要参与计算。

6．计划类别参数

切换到"计划类别参数"选项卡，如图 6-14 所示。

● 按需求来源单据的计划类别：生成计划订单时，计划订单上的计划类别与需求来源单据上的计划类别一致；若需求来源单据的计划类别不存在，再按计划订单的单据类型取方案中设置的默认的计划类别。

● 按默认计划类别：生成计划订单时，计划订单上的计划类别直接按计划订单的单据类型取本次计划方案中设置的默认计划类别。在各计划类别设置时按"F7"功能键修改。

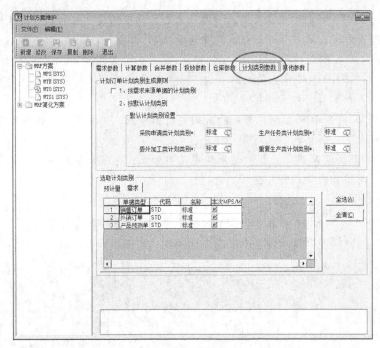

图 6-14

- 选取计划类别：在类别窗口打钩，表示该行计划类别的单据将参加 MPS/MRP 计算。系统默认将计划类别为"标准"类型的单据进行了勾选。

7. 其他参数

切换到"其他参数"选项卡，如图 6-15 所示。

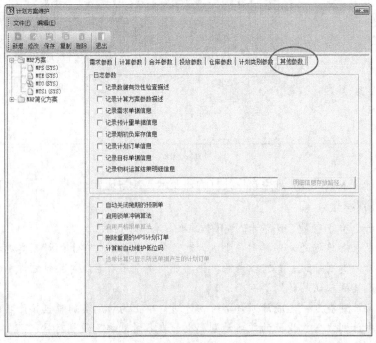

图 6-15

- 记录数据有效性检查描述：选中此参数，则在 MPS/MRP 日志中，将记录进行 BOM 的嵌套检查、完整性检查及低位码维护的结论信息。
- 记录计算方案参数描述：选中此参数，则在 MPS/MRP 日志中，将记录本次计算的方案参数信息。
- 记录需求单据信息：选中此参数，则在 MPS/MRP 日志中，将记录本次参与计算的销售订单或预测单的信息。
- 记录预计量单据信息：选中此参数，则在 MPS/MRP 日志中，将记录本次参与计算的预计入/已分配业务的信息。
- 记录期初负库存信息：选中此参数，则在 MPS/MRP 日志中，将记录本次参与计算的库存的信息。
- 记录计划订单信息：选中此参数，则在 MPS/MRP 日志中，将记录本次计算得到的计划订单的信息。
- 记录目标单据信息：选中此参数，则在 MPS/MRP 日志中，将记录本次计算自动投放的目标单据的信息。
- 记录物料运算结果明细信息：选中此参数，同时设置存放位置，将记录本次运算结果明细信息。
- 自动关闭拖期的预测单：选中此参数，则 MRP 计算时自动将所有分录上预测开始日期已经早于系统当前日期的预测单进行关闭。
- 启用锁单冲销算法：选中此参数，如果存在锁单业务，系统将按照锁单算法逻辑进行计算。锁单算法：MPS/MRP 计算之前或之后，对销售订单或产品预测单进行锁单。MPS/MRP 计算中，可以考虑库存及来自其他需求的预计量。计算完成之后系统自动将订单或预测单产生及关联的计划订单及其他预计量单据置上锁单标志。下次 MPS/MRP 计算时，对于有锁单标志的销售订单或预测单，系统将首先找到它们对应的锁单的预计量，这些预计量不管日期/数量是否被修改过，都将优先满足其本身销售订单或预测单的需求，保证计划的稳定性。
- 启用严格跟单算法：选中此参数，如果存在严格跟单业务，则严格跟单的需求不考虑已有库存和非本身产生的预计量，必须和启用锁单冲销算法参数同步考虑才有意义，适用于严格按单生产的某些客户订单或针对客户的预测。MPS/MRP 计算之前，对销售订单或预测单置上严格跟单标志。在 MPS/MRP 计算过程中，有严格跟单标志的销售订单或预测单不考虑库存，也不考虑来自其他需求的预计量单据。下次 MPS/MRP 计算时，有严格跟单标志的销售订单/预测单，只考虑单据本身的预计量。
- 删除重复的 MPS 计划订单：选中此参数，如果物料的计划策略是 MPS，并且进行过 MPS 计算，之后将物料变更为 MRP 物料，MRP 计算时，系统将自动把该物料此前存在的计划状态和手工关闭的 MPS 计划订单删除。
- 计算前自动维护低位码：选中此参数，系统计算前，自动重新计算物料的低位码；未选中此参数，则不维护低位码。
- 选单计算只显示所选单据产生的计划订单：此参数需要在"需求参数"选项卡中，设置"计算范围"为"指定需求单据"，并且勾选"考虑参与过计算的其他需求"选项，此参数才可选择。选中此参数，指定需求单据计算，选择销售订单、产品预测单时，计划订单序时簿只加载所选源单单据关联生成的计划订单，其他源单的计划订单隐藏。

8．实例操作

例6-2 本账套将以销售订单作为需求来源进行 MRP 计算，MRP 计划方案采用系统中默认的"MTO（SYS）"方案，因该方案下的"投放参数"未设置完成，在此练习方案维护操作。"投放参数"中采购申请人设置为"郑采购"，采购部默认值设置为"采购部"，自制件默认生产类型设置为"普通订单"，自制件默认生产部门设置为"生产部"。

（1）选择"物料需求计划"→"系统设置"→"MRP 计划方案维护"，系统弹出"计划方案维护"窗口。

（2）选中"MTO（SYS）"方案名称，单击工具栏上的"修改"按钮，再切换到"投放参数"选项卡。

（3）单击采购申请人默认值右侧的"获取"按钮，系统弹出核算项目窗口，双击"郑采购"职员记录，将该职员信息获取到"投放参数"选项卡。

（4）同样方法设置采购部默认值、自制件默认生产类型和自制件默认生产部门参数，设置完成的窗口如图 6-16 所示。

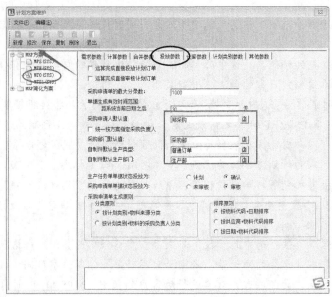

图 6-16

（5）其他参数保持默认值，单击工具栏上的"保存"按钮保存方案维护。

6.3.2 项目 MRP 计划方案维护

有些企业常常是面向订单直接生产，不制订主生产计划，它们需要的更多的是直接跟踪销售订单，即需要相关生产任务单（主物料的生产任务单），甚至是为该订单进行的采购订单的执行情况。

还有些企业需要对销售人员进行考核。为按期完成订单，确保订单的相关环节如采购、生产等不会出现拖期现象，销售人员需要对相关的订单进行全程的跟踪与催促，也需要针对订单级的计划与执行的跟踪及控制功能。

针对以上这种情况，金蝶 K/3 提供了项目 MRP 程序。项目 MRP 计划方案维护就是针对进行项目 MRP 计算时的参数进行设置。

项目 MRP 计划方案可以参照 6.3.1 小节的关于"MRP 计划方案维护"的内容，在此不再赘述。

6.3.3 计划展望期维护

计划展望期是 MRP 计划所覆盖的时间范围，即计划的时间跨度，此长度之外（计划的最后时间）是下一个计划的时间范围。计划展望期应大于产品的总提前期，一般以月、季度等作为计划展望期的时间跨度。

例6-3 在本账套中设置 1 个计划展望期，时区个数为 4，各时区天数为 90。

（1）选择"物料需求计划"→"系统设置"→"计划展望期维护"，系统弹出"计划展望期维护"窗口，如图 6-17 所示。

在窗口中可以对计划展望期进行新增、插入、删除和保存等操作，单击工具栏上的相应按钮即可。
- 时区序列：又称时区序号，系统自动编号。
- 时区个数：设置该计划展望期有几个时区。
- 各时区天数：设置各时区的天数。

（2）单击工具栏上的"新增"按钮，"计划展望期维护"窗口自动激活，"时区个数"录入"4"，"各时区天数"录入"90"，如图 6-18 所示。

图 6-17

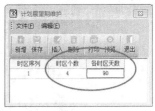

图 6-18

（3）单击"保存"按钮保存设置。

6.4 MRP 计算

MRP 计算是将需求单据转换为计划单据的计算过程。其计算原理是在"MRP 运算向导 - 开始"窗口选中要使用的 MRP 计划方案，系统根据计划方案获取对应的需求单据（如是销售订单、产品预测，或者是产品预测和销售订单），再获取需求单据上物料的 BOM 单，然后根据 MRP 计划方案上的"计算参数"选项计算出对应的计划单据过程。MRP 计算后可以得到以下信息。

（1）需要什么物料。
（2）需要多少数量。
（3）什么时间采购或开工。
（4）什么时间到货或完工。

6.4.1 MRP 计算

MRP 计算是将需求单据转换为计划单据的计算过程。

例6-4 以本账套中的销售订单作为需求单据进行 MRP 计算。

 提示　进行此练习之前，请将计算机的系统日期修改为 2020 年 1 月 6 日。在实际业务操作时，建议不要随意修改计算机系统日期，否则 MRP 计算出来的数据与实际会有差距。

（1）选择"物料需求计划"→"MRP 计算"→"MRP 计算"，系统弹出"MRP 运算向导 - 开始"窗口，如图 6-19 所示。

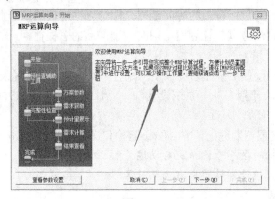

图 6-19

根据向导窗口，用户可以轻松地完成 MRP 计算过程。在每一步骤的界面，系统都对该步骤给出了具体的说明。

（2）单击"下一步"按钮，系统进入"MRP 运算向导 - 预检查辅助工具"窗口，如图 6-20 所示。

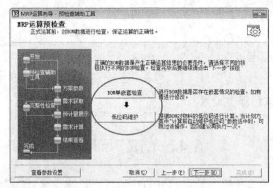

图 6-20

在该窗口，可以进行"BOM 单嵌套检查"和"低位码维护"操作。单击相应按钮即可完成相应操作。

（3）单击"下一步"按钮，系统进入"MRP 运算向导 - 方案参数"设置窗口，如图 6-21 所示。

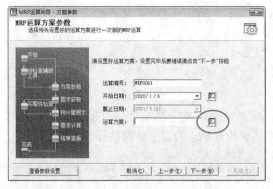

图 6-21

（4）单击"运算方案"输入框右侧的获取按钮，系统弹出"计划方案维护"窗口，如图 6-22 所示。

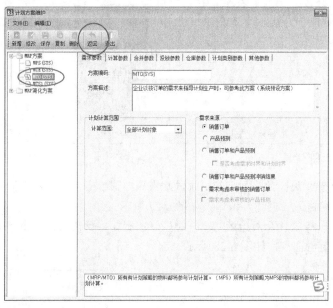

图 6-22

（5）在"计划方案维护"窗口可以进行方案的新增和修改等操作。在此，选中"MTO（SYS）"方案，单击"返回"按钮，将该方案获取到"MRP 运算向导 - 方案参数"窗口，如图 6-23 所示。

（6）用户要了解"MTO（SYS）"方案中各参数的设置情况，单击"查看参数设置"按钮，系统弹出"查看参数配置"窗口，如图 6-24 所示。

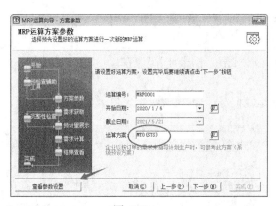

图 6-23　　　　　　　　　　　　　　图 6-24

单击"关闭"按钮退出"查看参数配置"窗口。

（7）单击"下一步"按钮，系统进入"MRP 运算向导 - 需求获取"窗口，如图 6-25 所示。

当 MRP 计划方案中的计算范围为全部对象时，在此步骤不用设置。若计划方案中的计算范围为指定需求单据、指定物料和指定计划员时，在此步骤则需要指定对应的对象。

（8）单击"下一步"按钮，进入"MRP 运算向导 - 预计量展示"窗口，如图 6-26 所示。

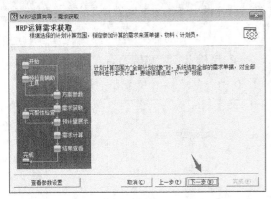
图 6-25

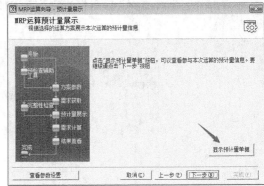
图 6-26

在该窗口可以查看预计量单据，若要跳过此步骤，则单击"下一步"按钮。单击"显示预计量单据"按钮，系统进入"过滤"窗口，如图 6-27 所示。

在该窗口可以选择要查看预计量的单据类型，在此保持默认值，单击"确定"按钮，系统进入"预计量单据"查看窗口，如图 6-28 所示。

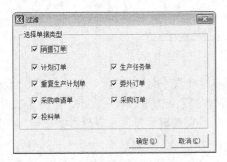
图 6-27

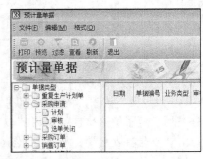
图 6-28

若系统中有预计量单据，则在此窗口可以查询到。单击"退出"按钮，返回"MRP 运算向导"窗口。

（9）单击"下一步"按钮，系统进入"MRP 运算向导 - 需求计算"窗口，并且开始计算，如图 6-29 所示。

（10）MRP 计算完成，系统自动进入"MRP 运算向导 - 结果查看"窗口，如图 6-30 所示。

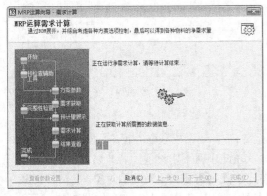
图 6-29

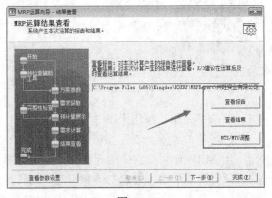
图 6-30

- 单击"查看报告"按钮，可以查询本次 MRP 计算产生的报告。
- 单击"查看结果"按钮，可以查询本次 MRP 计算产生的结果。单击此按钮，系统进入"MRP 运算结果查询"窗口，如图 6-31 所示。

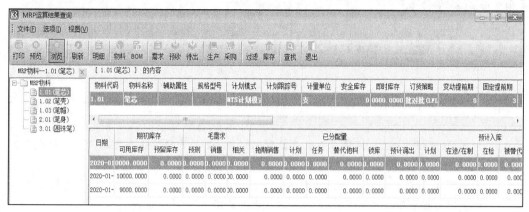

图 6-31

（11）单击"退出"按钮返回"MRP 运算向导"窗口，单击"下一步"按钮，系统进入"MRP 运算向导 - 完成"窗口，单击"完成"按钮，结束本次 MRP 计算。

6.4.2 预计量单据锁单

预计量单据锁单需要与 MRP 计划方案中"其他参数"下的"启用锁单冲销算法""启用严格跟单算法"结合起来使用。有关启用锁单冲销算法和启用严格跟单算法的说明请参照 6.3.1 小节中关于"其他参数"的内容。

（1）选择"物料需求计划"→"MRP 计算"→"预计量单据锁单"，系统弹出"过滤"窗口，如图 6-32 所示。

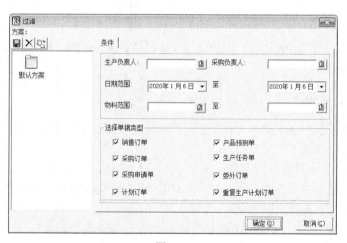

图 6-32

（2）在"过滤"窗口可以设置要查询的单据类型和日期范围等条件。在此保持默认值，单击"确定"按钮，系统进入"预计量单据锁单"窗口，如图 6-33 所示。

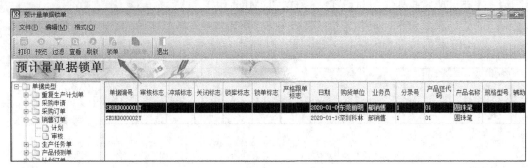

图 6-33

- 锁单/取消锁单：选择销售订单或产品预测记录，多行选择按键盘上的"Ctrl"键或"Shift"键，选择"编辑"→"锁单"/"取消锁单"即可。
- 严格跟单/取消严格跟单：选择销售订单或产品预测记录，多行选择按键盘上的"Ctrl"键或"Shift"键，选择"编辑"→"设置严格跟单"/"取消严格跟单"即可。

6.4.3 计算向导配置

"MRP运算向导"窗口可以一步一步指导MRP的数据计算，当用户操作熟练后，可以跳过某些步骤不用检查或查看，以提高MRP计算的效率。金蝶K/3为用户提供"计算向导"。

选择"物料需求计划"→"MRP计算"→"计算向导配置"，系统弹出"计算向导配置"窗口，如图6-34所示。

打钩表示选中，在"MRP运算向导"窗口中将显示该步骤，不选中则在"MRP运算向导"窗口中跳过该步骤。

图 6-34

6.5 MRP 维护

MRP维护是对上节MRP计算后的计划订单进行处理，如审核、合并、拆分和投放等，也可以手工录入计划单据。

6.5.1 计划订单录入

金蝶K/3为用户提供手工录入"计划订单"的功能，该功能通常用于进行"超出"需求来源单据范围内的计划订单录入。

本账套是2020年1月启用的，但是一些计划订单是有关2019年12月销售订单的MRP计划，由于本账套中不能录入去年的销售订单，所以MRP计算时不会考虑12月销售订单的计划订单需求，因此该部分计划订单可以手工录入。

选择"物料需求计划"→"MRP维护"→"MRP计划订单—新增"，系统弹出"计划订单"录入窗口，如图6-35所示。

- 计划模式：计划订单由MRP计算产生为前提，如果源销售订单/预测单中产品的计划模式为MTO、标准BOM，则计划订单中的计划模式默认取物料本身的计划模式；如果源销售订单中产品的计划模式为MTO、订单BOM，则计划订单中的计划模式默认取当前物料在订单 BOM 中的计划模式；如果源销售订单/预测单中产品的计划模式为 MTS，则计划订单中的计划模式默认取 MTS。

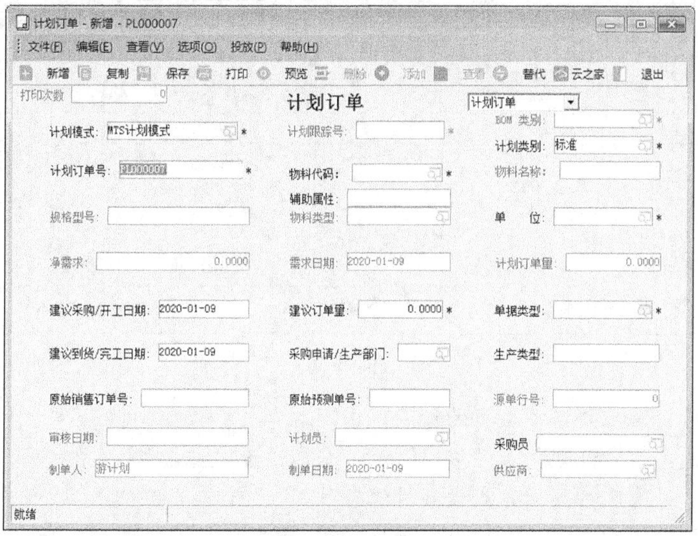

图 6-35

- 计划类别：标记此计划订单的计划类别。
- 计划订单号：系统自动生成。
- 物料代码：录入所下达计划订单的物料，按"F7"功能键获取，或者单击"查看"按钮获取。
- 物料名称、规格型号、物料类型、单位：由选择的物料代码自动带出。
- 净需求、需求日期、计划订单量：若是由系统进行 MRP 计算生成的计划订单，则显示。
- 建议采购/开工日期：录入该计划订单的建议采购/开工日期。
- 建议订单量：录入本订单的订单量。
- 单据类型：由选择的物料代码中的物料类型自动生成。
- 建议到货/完工日期：录入该计划订单的建议到货/完工日期。
- 采购申请/生产部门：录入该笔计划订单涉及的部门信息。
- 生产类型：选择该物料的生产类型。
- 原始销售订单号、原始预测单号：系统中有对应的销售订单和预测单，在此为该笔计划订单对应的销售订单号和预测单号。
- 审核日期：显示该笔计划订单审核的日期。

6.5.2 计划订单维护

计划订单维护是查询由 MRP 计算出的计划订单和手工录入的计划订单，在维护窗口可以对计划订单进行修改、删除、审核、合并和关闭等操作。

1．计划订单查询

（1）选择"物料需求计划"→"MRP 维护"→"MRP 计划订单—维护"，系统弹出"条件过滤"窗口，如图 6-36 所示。在"条件过滤"窗口可以设置要过滤的"运算编号"范围及单据状态。

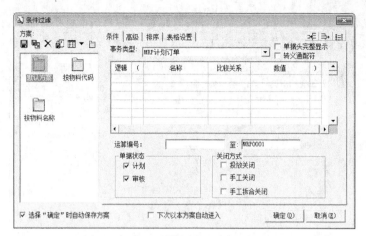

图 6-36

- 运算编号：录入要查询数据的编号范围。
- 单据状态：有"计划"和"审核"两种状态设置过滤条件。
- 关闭方式：有 3 种关闭方式设置过滤条件。

（2）选择"默认方案"，在此保持默认值，单击"确定"按钮，进入"计划订单序时簿（MRP）"窗口，如图 6-37 所示。

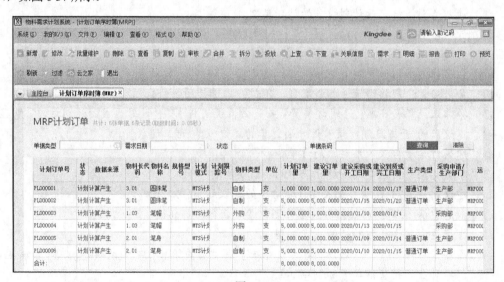

图 6-37

（3）在窗口中，可以详细查询到每一笔计划订单的情况，如计划订单号、状态、物料长代码、计划数量、计划日期和关联的销售订单号情况。双击要查看的计划单记录，系统进入"计划订单 - 修改"窗口，如图 6-38 所示。

（4）在"计划订单序时簿（MRP）"窗口可以进行计划订单的新增、修改、审核、合并、拆分和投放等操作，选择计划订单记录后，单击工具栏上相应按钮即可完成相应操作。

> 注　在"计划订单序时簿（MRP）"窗口中，没有显示笔芯和笔壳的计划订单记录，这是因为系统中的笔芯和笔壳的现存量已经满足要求，所以系统没有生成计划订单。

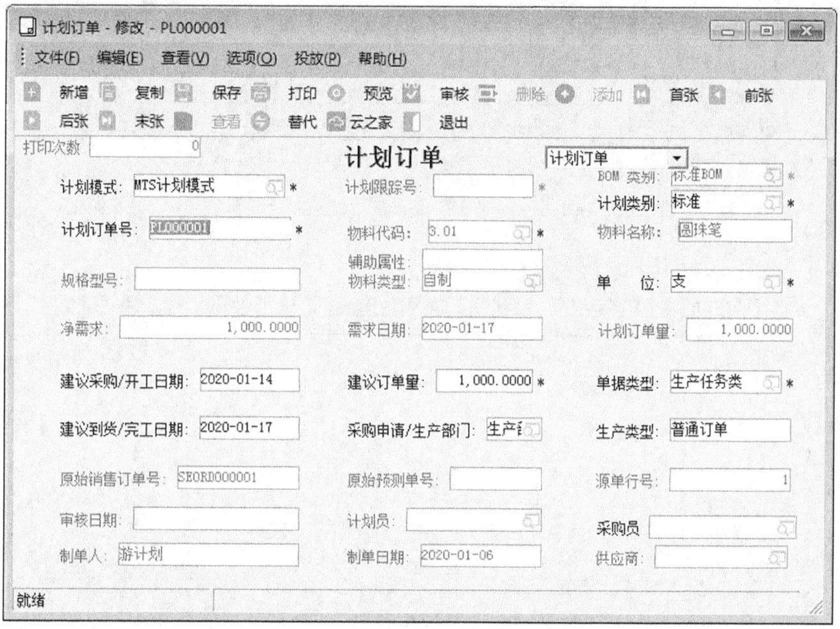

图 6-38

2. 计划订单合并/反合并、拆分

系统提供计划订单的合并和拆分功能。合并一般用于同种计划物料类型、同种计划类型的单据处理，如同为采购物料的两张或多张合并成一张计划单据，系统会自动将原两张单据删除，只显示合并后的单据和数量，所有参与合并的单据必须符合以下条件。

（1）单据必须处于"计划"状态。
（2）单据的来源类型不能为"拆分产生"的单据。
（3）单据不能由"严格跟单"方式的源订单产生。
（4）所有单据的物料必须相同。
（5）所有单据的 BOM 必须相同。

计划订单合并的操作方法是在"计划订单序时簿（MRP）"窗口中，同时选中符合条件的两张或两张以上的单据记录，再单击工具栏上的"合并"按钮即可。

计划订单反合并，即将合并后的计划订单重新恢复为未合并状态。操作方法是选中合并生成的计划订单，选择"编辑"→"反合并"。

拆分一般用于数量过大时平衡生产能力或采购能力，如一张 100 万数量级的计划单据拆分为 10 张 10 万数量级的计划订单，拆分的单据必须符合以下条件。

（1）单据必须处于"计划"状态。
（2）单据的来源类型不能为"合并产生"的计划单据。

拆分单据的操作方法是选中要进行拆分的计划单据，单击工具栏上的"拆分"按钮，系统弹出"计划订单拆分"窗口，如图 6-39 所示，单击"新增行"按钮，在"建议订单量"处录入拆分数量。

保存拆分结果，单击"确定"按钮；不保存拆分结果，则单击"取消"按钮。

> 注　系统中无反拆分功能，所以在拆分操作前请确认好该笔计划订单是否需要进行拆分操作。

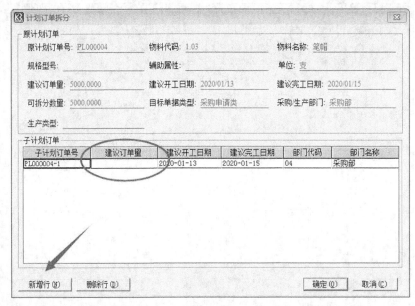

图 6-39

3. 计划订单修改、删除、审核、联查

计划订单修改的操作方法：选中要修改的计划订单记录，单击工具栏上的"修改"按钮，系统弹出"计划订单 - 修改"窗口，在该窗口可以修改该计划订单的数量、建议采购/开工日期和建议到货/完工日期等数据。修改计划订单的前提是该单据处于"计划"状态。

可以删除不需要使用的计划订单。选中要删除的计划订单记录，单击工具栏上的"删除"按钮即可完成删除操作。被删除的计划订单也必须处于"计划"状态才能被删除。

计划订单的审核表示该笔订单的数据无误，审核后可以向下投放。选中要审核的单据，单击工具栏上的"审核"按钮即可完成审核操作。若要一次审核多张计划订单，用"Ctrl"/"Shift"键选中要审核的记录后，单击"审核"按钮即可。审核后的记录会在"状态"项目下显示"审核"字样，表示审核成功。

系统同时提供反审核功能，方法是选中要取消审核的记录，选择"编辑"→"反审核"。

若要查询某张计划订单是否有关联单据，将其选中后，单击"上查""下查"按钮即可。

4. 计划订单投放

计划订单投放在物料需求计划系统中非常重要，它是将已经审核后的计划订单投放到相应系统的过程，只有订单投放后，在各系统中才能获取 MRP 计算而得的计划订单。计划订单的投放功能可以理解为将已经审核后的计划订单表交给相关部门，如采购部门或生产部门；也可以理解为相当于下推生成功能，即计划订单下推生成采购申请单、生产任务单和委外加工单的过程。

 注　投放时生产何种类型的单据由物料的"物料类型"确定，自制类物料生成的是"生产任务单"，该单据可以在生产任务管理系统中查询和使用；外购类物料生成的是"采购申请单"，该单据可以在采购管理系统中查询和使用；委外类物料生成的是"委外加工单"，该单据可以在委外加工管理系统中查询和使用。

计划订单投放的操作方法：选中已经审核并要投放的记录，多行选择时用"Ctrl"键、"Shift"键，单击工具栏上的"投放"按钮，系统处理后弹出提示窗口，单击"是"按钮可以查看投放报告，如图 6-40 所示。

投放成功后的计划订单在"状态"项目下显示"关闭"字样，表示投放成功。

建议用户将所有计划订单审核后投放，以备后面系统引用。

5．计划订单关闭/反关闭

计划订单关闭是指人为地关闭计划订单，关闭后的计划订单不能再次使用，若需要使用关闭后的计划订单，则需要进行反关闭设置。

图 6-40

计划订单的关闭方法：选中要关闭的计划订单，选择"编辑"→"关闭"。

反关闭的方法：选中要反关闭的计划订单，选择"编辑"→"反关闭"。

> 注　该处的"关闭"与投放成功后的"关闭"是不同的意思，该处的关闭是指关闭该计划订单不再使用，投放成功后的关闭是指计划订单"投放"成功后的关闭。

6.5.3　计划员工作台—MRP

计划员工作台—MRP 报表主要用于查询需求物料的需求数量来源情况。

（1）依次选择"物料需求计划"→"MRP 维护"→"计划员工作台—MRP"，系统弹出"过滤"窗口，如图 6-41 所示。

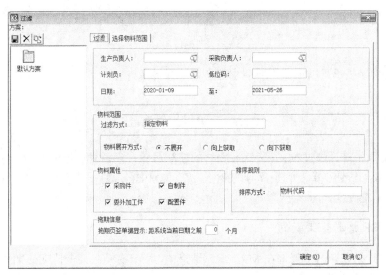

图 6-41

（2）在窗口中可以设置要查询的日期范围、过滤方式、物料展开方法和物料属性等条件，设置完成，单击"确定"按钮，系统进入"计划员工作台—MRP"窗口，如图 6-42 所示。

若要查询某个物料的需求情况，可以选中后，单击"展开"按钮，或者单击物料代码前面的"+"号，系统自动显示该物料的需求情况，如图 6-43 所示。

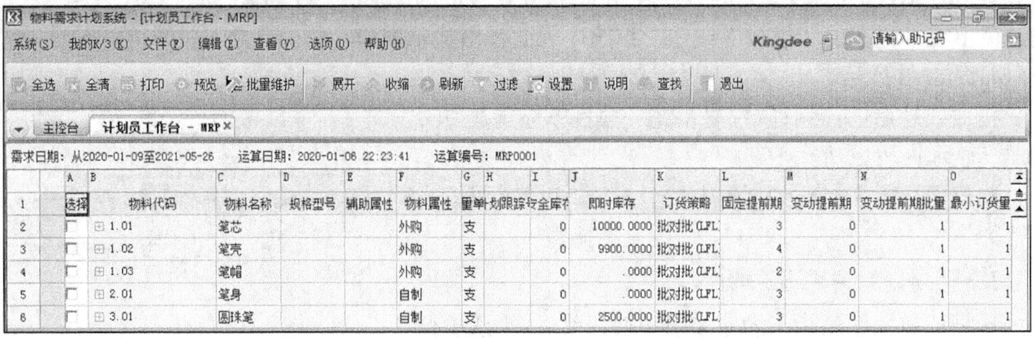

图 6-42

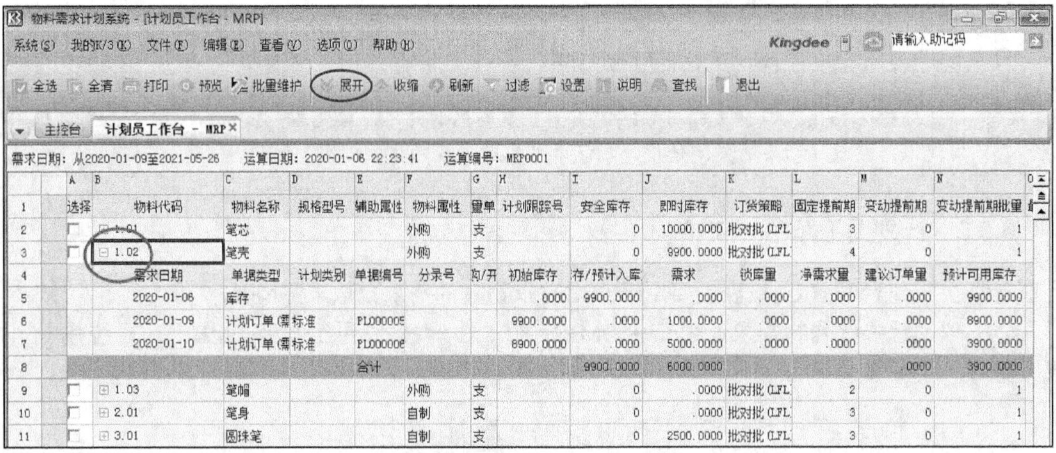

图 6-43

单击"收缩"按钮可以将该物料需求信息以单行显示。

6.6 MRP 查询

MRP 查询是指查询经过 MRP 运算后物料的期初库存、毛需求、已分配量、预计入库、锁单冲销量、净需求、计划订单及剩余库存的变化,帮助 MRP 计划人员了解生产计划的产生来源,确定生产计划的准确性。

6.6.1 MRP 运算结果查询

MRP 运算结果查询是指查询在 MRP 运算结果中,某个物料在某个日期的期初库存、毛需求、已分配量、预计入库情况。

(1)选择"物料需求计划"→"MRP 查询"→"MRP 运算结果查询",系统弹出"过滤"窗口,如图 6-44 所示。

(2)在窗口中可以设置查询的日期范围、物料范围和物料属性范围,设置完成,单击"确定"按钮,系统进入"MRP 运算结果查询"窗口,如图 6-45 所示。

第 6 章　物料需求计划

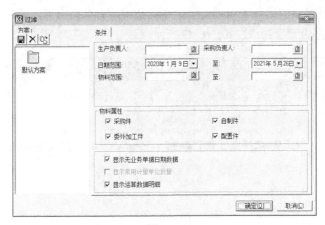

图 6-44

图 6-45

（3）在窗口左侧选择要查询的物料，窗口右上框中会显示该物料的基本属性，右下框中则显示该物料在不同时间段内的期初库存、毛需求、已分配量、预计入库、锁单冲销量、净需求、计划订单量及剩余库存的变化。

- 物料：结果按物料代码排序方式查询。
- BOM：结果按 BOM 的上下级方式查询。
- 需求：显示产生需求的明细资料。
- 预收：显示预计入库数据的明细资料。
- 待出：显示已分配量数据的明细资料。
- 生产：显示"生产任务单"的明细资料。
- 采购：显示"采购申请单"的明细资料。

6.6.2　参与运算单据查询

参与运算单据查询是查询 MRP 计算时有哪些单据参与计算，计划员可以根据参与计算的单据反查 MRP 计算结果是否正确。

查询方法如下。

（1）选择"物料需求计划"→"MRP 查询"→"参与运算单据查询"，系统弹出"过滤"窗口，如图 6-46 所示。

图 6-46

- 197 -

(2) 在窗口中选择要查询何种单据类型，在此选中所有单据类型，单击"确定"按钮，系统进入"MRP运算单据查询"窗口，如图6-47所示。

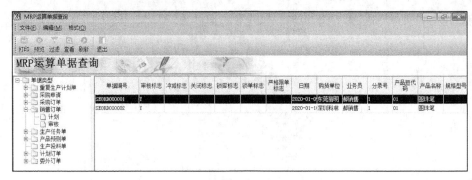

图 6-47

(3) 在窗口左侧选择要查询的单据类型，以及所处的状态，如果该单据类型下有参与MRP计算的单据，就显示出来；如果没有参与MRP计算的单据，则不显示。

6.6.3 按销售订单查询计划订单

该功能是查询每笔销售订单生成什么计划订单。

(1) 选择"物料需求计划"→"MRP查询"→"按销售订单查询计划订单"，系统弹出"过滤"窗口，在窗口中选择要查询的销售订单范围、销售订单生成的计划订单所处的状态，设置完成后，单击"确定"按钮，系统进入"按销售订单查询计划订单"窗口，如图6-48所示。

图 6-48

(2) 选择窗口左侧的销售订单号，窗口右上框中会显示该笔销售订单的信息，窗口右下框中则显示该笔销售订单生成的计划订单。

6.6.4 按物料查询计划订单

该功能是查询物料生成了什么样的计划订单。

选择"物料需求计划"→"MRP查询"→"按物料查询计划订单"，系统弹出"过滤"窗口，在窗口中可以选择要查询的物料范围和该物料生成的计划订单所处的状态，设置完成后，单击"确定"按钮，系统进入"按物料查询计划订单"窗口，如图6-49所示。

在窗口左侧选择要查询的物料，窗口右上框中显示该物料属性，窗口右下框中则显示该物料生成的计划订单情况。

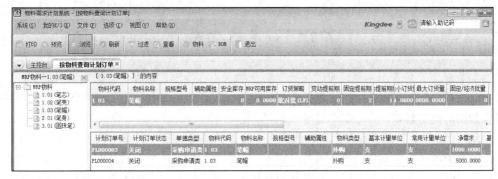

图 6-49

6.6.5 MRP 日志

MRP 日志用于查询每次 MRP 运算时的参数设置、运行过程及其他相关信息，并对运行结果中需要特别注意的信息进行跟踪处理。系统将相关信息写进 MRP 日志里，并提供一个日志编码（MRP 运算时的运算编号）。日志编码是每次 MRP 运行日志的唯一标识，用户可以对每次 MRP 运算的过程及结果进行查询。

选择"物料需求计划"→"MRP 查询"→"MRP 日志—查询"，系统进入"MRP 运算日志查询"窗口，如图 6-50 所示。

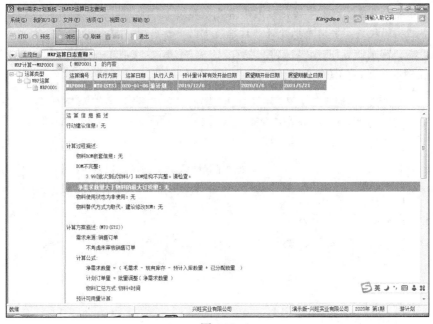

图 6-50

选择窗口左侧的运算编号，窗口右侧会显示该运算编号的运算日志。

当系统内运算日志太多时，用户可以将其删除，以提高系统效率。删除时选中要删除的运算编号，单击工具栏上的"删除"按钮即可。

删除日志时，系统会同时删除对应计算编号的计划订单。如果该次计算的计划订单未完全关闭，系统会进行提示。最近一次计算的日志不允许删除。

6.7 物料替代清单

当某物料库存数量不够时，可以采用某替代物料进行生产，这样可以防止物料缺货，并且降低库存。物料替代关系在"生产数据管理"中设置，可以定义替代规则、替代优先级，然后根据替代有效期的约定等规则自定义一些替代策略。

MRP 计划方案中有"考虑物料替代关系"和"考虑确认的物料替代清单作为预计量"两个参数。当 MRP 计算自动生成的物料替代清单，表示当原物料的库存不足时，由其替代料的库存来替代。同时，也允许用户自己建立物料替代清单，一经审核，即表示肯定要据此替代关系发生替代，计算时不论替代料库存数是否足够都将发生替代。

物料替代清单根据生成情况和执行情况，共可分为 4 种状态：计划、审核、业务关闭和手工关闭，这些状态相应的业务执行情况如下。

- 计划状态：单据刚录入或 MRP 生成时的状态。此时，可以进行单据的修改、删除、审核操作，不能直接手工关闭。
- 审核状态：对计划状态的单据，确认数据无误并审核。表示在此物料替代清单对应的生产任务单确认时可以自动生成替代料的投料单。在此状态下，如果没有执行，还可以反审核，可以直接手工关闭，当业务执行完毕即自动业务关闭，就不可以进行修改、删除等操作。
- 业务关闭状态：当替代物料生成的投料单的审核数量大于等于其关联的物料替代清单的实际替代量时，将业务关闭该物料替代清单。
- 手工关闭状态：当用户感觉计划订单没有必要执行时，可以手工关闭该订单。

选择"物料需求计划"→"物料替代清单"→"物料替代清单—新增"，系统进入"物料替代清单 - 新增"窗口，如图 6-51 所示。

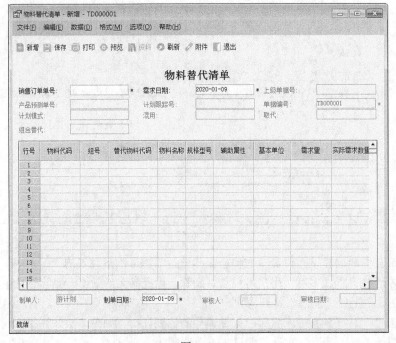

图 6-51

在该窗口可以进行物料替代清单的新增、修改、删除、审核和关闭等操作，操作方法可以参照前面章节的单据处理方法。

6.8 报表查询分析

6.8.1 MPS/MRP 横式报表

横式报表反映需求物料在不同"展望期"内的需求数量，查询方法如下。

选择"物料需求计划"→"报表分析"→"MPS/MRP 横式报表"，系统弹出"过滤"窗口，在窗口中可以设置要查询的日期范围、物料范围、单据类型和单据状态等条件，设置完成，单击"确定"按钮，系统进入"MRP 横式报表"窗口，如图 6-52 所示。

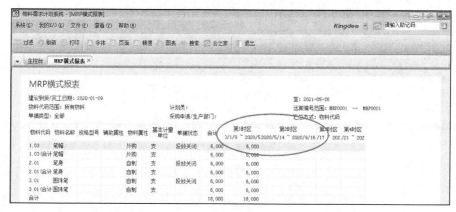

图 6-52

6.8.2 生产计划明细表、采购计划明细表、委外加工计划明细表

生产计划明细表、采购计划明细表及委外加工计划明细表的查询方法如下。

（1）选择"物料需求计划"→"报表分析"→"生产计划明细表"/"采购计划明细表"/"委外加工计划明细表"，系统弹出"过滤"窗口，如图 6-53 所示。

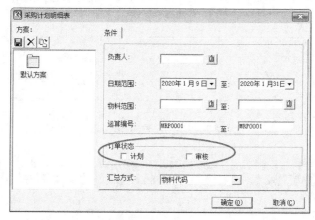

图 6-53

（2）在"过滤"窗口可以设置要查询的计划订单的时间范围、物料范围、运算编号和订单状态等条件，订单状态必须选择其中一种或两种。条件设置完成，单击"确定"按钮，系统进入相应的计划明细表窗口。

6.8.3 物料替代建议表

当 MRP 计算时需要考虑物料替代关系，可以在物料替代建议表中查询本次需要发生的物料替代。

选择"物料需求计划"→"报表分析"→"物料替代建议表"，系统弹出"过滤"窗口，在"过滤"窗口可以设置要查询的日期范围、物料范围和单据状态类型，设置完成，单击"确定"按钮系统进入"物料替代建议表"窗口，如图 6-54 所示。

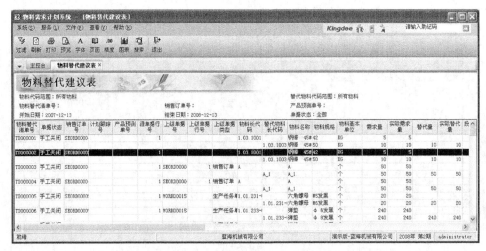

图 6-54

6.8.4 销售订单综合跟踪表

该功能可以查询销售订单生成的生产类和采购类单据情况。

选择"物料需求计划"→"报表分析"→"销售订单综合跟踪表"，系统弹出"过滤"窗口，在"过滤"窗口中可以设置要查询的销售订单范围和产品范围，设置完成，单击"确定"按钮，系统进入"销售订单综合跟踪表"窗口，如图 6-55 所示。

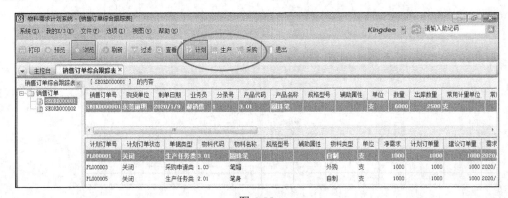

图 6-55

选择窗口左侧的销售订单号，窗口右上框显示该笔订单的详细情况，窗口右下框则显示该笔订单生成的计划订单情况。

- 计划：查询该笔销售订单下所有的计划订单。
- 生产：查询该笔销售订单下所有的生产计划订单。
- 采购：查询该笔销售订单下所有的采购计划订单。

6.8.5　物料供需汇总表

本报表反映在满足条件的情况下供需物料汇总情况。

选择“物料需求计划”→“报表分析”→“物料供需汇总表”，系统弹出“过滤”窗口，在“过滤”窗口中可以设置要查询的日期范围、物料范围和物料属性范围，设置完成后单击“确定”按钮，系统进入“物料供需汇总表”窗口，如图 6-56 所示。

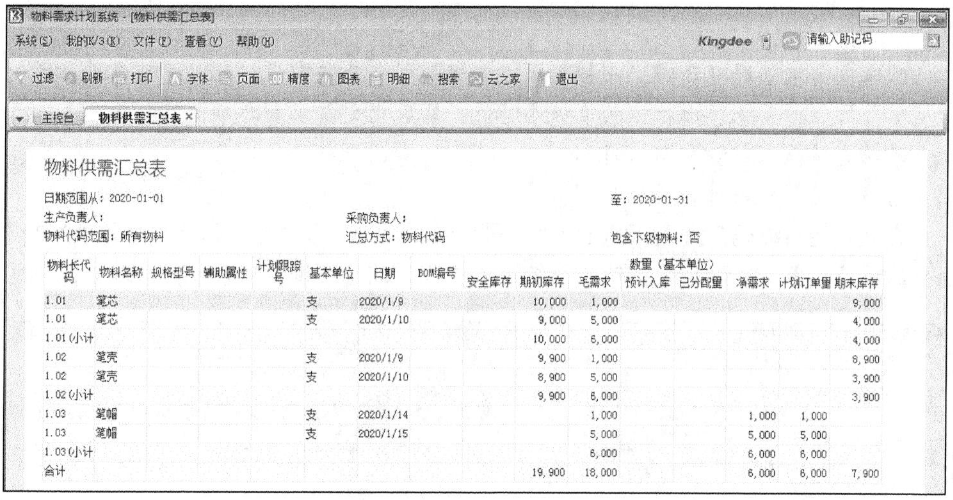

物料供需汇总表

日期范围从：2020-01-01　　至：2020-01-31

生产负责人：　　采购负责人：

物料代码范围：所有物料　　汇总方式：物料代码　　包含下级物料：否

物料长代码	物料名称	规格型号	辅助属性	计划跟踪号	基本单位	日期	BOM编号	数量（基本单位）							
								安全库存	期初库存	毛需求	预计入库	已分配量	净需求	计划订单量	期末库存
1.01	笔芯				支	2020/1/9			10,000	1,000					9,000
1.01	笔芯				支	2020/1/10			9,000	5,000					4,000
1.01(小计									10,000	6,000					4,000
1.02	笔壳				支	2020/1/9			9,900	1,000					8,900
1.02	笔壳				支	2020/1/10			8,900	5,000					3,900
1.02(小计									9,900	6,000					3,900
1.03	笔帽				支	2020/1/14				1,000			1,000	1,000	
1.03	笔帽				支	2020/1/15				5,000			5,000	5,000	
1.03(小计										6,000			6,000	6,000	
合计									19,900	18,000			6,000	6,000	7,900

图 6-56

6.8.6　物料配套查询表

本报表可以查询一个或一组物料，根据 BOM 结构和各自要求的汇总数量得到它们需要用到的所有物料的数量，并根据库存量、安全库存计算建议计划量。

（1）选择“物料需求计划”→“报表分析”→“物料配套查询表”，系统弹出“物料配套查询表”窗口，如图 6-57 所示。

- 完全展开：展开到 BOM 的最底层。
- 展开层次：设置展开到 BOM 的第几层。物料自身为第 0 层，子件为第 1 层，依次类推。若展开层次超过最大层次，则按最大层次展开。
- 物料汇总类型：有“汇总加工件物料”“汇总采购件物料”和“汇总所有物料”3 种选项。汇总加工件物料，是指查询结果中只包含自制件与委外加工件的物料情况；汇总采购件物料，是指查询结果只包含采购件的物料情况；汇总所有物料，是指查询结果包含所有物料的情况，此时相当于 MRP 的模拟运算。
- 详细：单击“详细”按钮，系统弹出“BOM 展开选项”窗口，用户可以根据需要设置各选项。

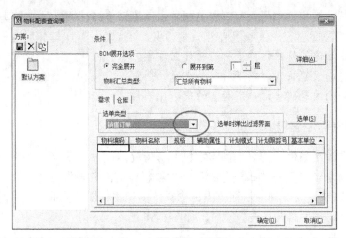

图 6-57

- 需求：需求来源有两种，一种是根据单据类型来确定需求，此时则可以单击右侧的"选单"按钮，系统弹出对应的单据序时簿，然后指定需求来源单；另一种是手工录入需求的物料编码、数量和需求日期。
- 仓库：选择参与计算的仓库。

（2）在此"物料编码"录入"3.01"，"数量"录入"1234"，"需求日期"录入"2020-01-20"，其他保持默认值，单击"确定"按钮，系统进入"物料配套查询表"窗口，如图6-58所示。

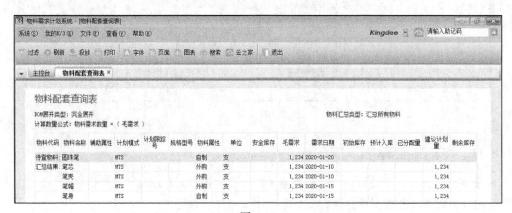

图 6-58

其他报表的查询方法可以参照本小节所述进行操作。

6.9 课后习题

（1）画出物料需求计划系统与其他系统之间的数据流向图。
（2）详述产品预测单的含义。
（3）详述 MRP 计划方案各项目的含义。
（4）MRP 计算后可以达到什么目的？

第 7 章 采购管理

本章重点

- 系统参数设置
- 采购合同管理
- 采购申请单
- 采购订单
- 收料通知单、外购入库单和退料通知单
- 采购发票、费用发票
- 采购账表查询、采购分析

7.1 概　　述

采购是企业实现生产经营的必要过程，只有正确地采购物料并及时地到货，才能保证正常的生产活动，而且通过各种账表分析能有效地控制采购成本。金蝶 K/3 的采购管理系统可用于完成合同、申请、订货、发货及开票的完整采购流程，可对采购价格和执行状态进行实时监控。

采购管理系统既可以单独使用，又能与物料需求计划系统、仓存管理系统、销售管理系统、存货核算系统和应付款管理系统集成使用，提供完整、全面的业务和财务流程处理功能。

1. 使用采购管理系统需要设置的内容

- 公共资料：科目、币别、计量单位、供应商、部门、职员、物料、仓库等公共资料是本系统所涉及的最基础资料，必须设置，否则在进行单据处理时会受到相应的限制。
- 采购管理基础资料：金蝶 K/3 系统为用户提供公共资料的同时，又针对单独系统提供了设置该系统基础资料的功能。采购管理基础资料有付款条件、采购价格管理、批号管理维护、供应商供货信息维护、备注资料、条形码规则、条形码关联、物料辅助属性、序列号管理、存量管理等。
- 初始化：系统进行初始化时，需要设置系统参数、初始数据录入、录入启用期前的暂估入库单和启动业务系统。
- 系统设置资料：系统设置是针对该系统的参数进行更加详细化的设置，包含单据类型、打印控制、系统设置、单据设置、多级审核管理和业务流程设计设置等。

公共资料和初始化是必须设置的，采购管理基础资料和系统设置资料可以根据管理要求确定是否需要设置，或者在以后的使用过程中可以返回再进行修改。

2. 采购管理系统可执行的查询与生成的报表

采购管理系统中可对合同、采购申请单、采购订单、外购入库单、采购发票和库存等进行查询。可查询的报表有合同金额执行明细表、合同执行情况汇报表、合同金额执行汇总表、合同到期款项列表、采购订单执行情况汇总表、采购订单执行情况明细表、采购发票明细表、采购费用发票汇总表、费用发票明细表、工序委外加工费对账表、采购汇总表、采购明细表、供应商供货 ABC 分析、采购价格分析、物料采购结构 ABC 分析和采购订单 ABC 分析等。

3. 采购管理系统每期的操作流程（见图 7-1）

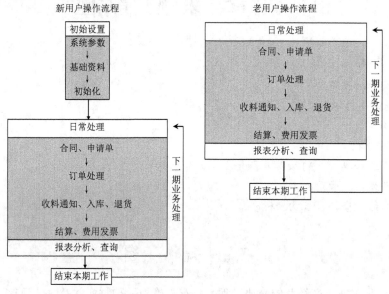

图 7-1

4. 采购管理系统与其他系统的数据流向（见图 7-2）

- 物料需求计划系统：采购管理接收从物料需求计划投放生成的采购申请单。
- 销售管理系统：可以参照销售订单生成采购申请单，或者由销售管理系统直接生成采购申请单后，传递到采购管理系统，由采购员审核该项申请单。
- 仓存管理系统：采购管理系统填制收料通知单，传递到仓存管理系统，仓管员接收到收料通知，根据供应商送货进行实物核查，生成外购入库单数据后，入库单信息同时反馈给采购管理系统，以供采购员

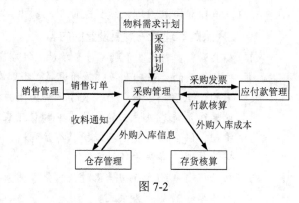

图 7-2

查看采购订单执行情况。仓存管理系统还要为采购管理提供存货现存量。
- 应付款管理系统：由采购管理系统填制采购发票和费用发票，传递到应付款管理系统审核登记应付明细账，并进行制单，生成凭证传至总账系统。
- 存货核算系统：采购管理系统中的采购发票与采购入库单钩稽后核算原材料入库成本，该入库成本传递到存货核算系统，是核算材料出库成本的重要依据。

采购管理系统可以单独使用，这样只能管理基本的采购操作。也可以与物料需求计划系统、销售管理系统、仓存管理系统、应付款管理系统、存货核算系统等结合运用，这样能提供更完整、全面的企业物流业务流程管理和财务管理信息。

采购管理系统的使用方法可以参照销售管理系统，这两个系统的业务操作流程相似。

7.2 初 始 设 置

初始设置用于对本系统的核算参数和基础资料进行设置，如设置某年某月使用本系统，这样才能知道期初数据应该录入什么时候的数据。只有基础资料设置成功才能正常进行单据处理。

7.2.1 初始化

初始化设置包含对本系统核算参数的设置和初始数据的录入。正确地进行初始化设置，在随后的日常业务处理中，查询到的各种报表才是正确和完整的，所以初始化工作显得非常重要。

1．系统参数设置

系统参数设置用于对本系统的启用期间和核算方式等进行设置，设置方法参照第 4 章。

2．初始数据录入

初始数据录入是设置本系统启用时物料的期初数据，如某物料的期初数量是多少、金额是多少等，录入方法可以参照第 4 章，若业务系统已经启用，则可以不用录入初始数据。

3．录入启用期前的暂估入库单

此功能是录入已经收到货物，但是供应商还未开具发票时暂估入库的单据。录入暂估入库单是为了在收到供应商发票时，重新核算材料入库成本。

（1）选择"系统设置"→"初始化"→"采购管理"→"录入启用期前的暂估入库单"，系统弹出"条件过滤"窗口，在此保持默认值，单击"确定"按钮，系统进入"启用期前的暂估入库单序时簿"窗口，如图 7-3 所示。

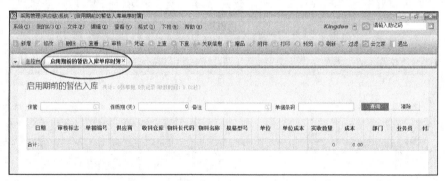

图 7-3

（2）在单据管理窗口可以进行"暂估入库单"的新增、修改和删除等操作。具体操作方法可以参照本章后面的 7.3.5 小节。

4．启用业务系统

此功能是指业务系统的所有初始数据录入完成，相当于结束初始化工作，一旦启用业务系统，就不能再进行初始数据录入工作，只有"反初始化"后才能录入初始数据。启用业务系统参照第 4 章。

7.2.2 基础资料

基础资料是系统填制单据和查询报表的重要组成部分，只有正确填制基础资料，在以后的系统使用过程中才能顺利引用数据。系统分为公共资料和采购管理基础资料两种，公共资料是必须设置项目，采购管理基础资料则视管理要求来确定是否设置。

- 公共资料：科目、币别、计量单位、供应商、部门、职员、物料和仓库等公共资料是本系统所涉及的最基础资料，必须设置，否则在进行单据处理时会受到相应的限制。公共资料设置方法可参照第3章中公共资料设置的相关内容。
- 采购管理基础资料：金蝶K/3系统在为用户提供公共资料的同时，又针对单独系统提供了设置该系统基础资料的功能。采购管理基础资料有付款条件、采购价格、批号、供应商供货信息、备注资料、条形码规则、条形码关联、物料辅助属性、序列号和存量等。

1. 付款条件

付款条件是进行采购业务时对供应商应付款事项的约定，如出货后15天、出货后30天、月结15天等付款条件。当付款条件设置后，在供应商档案中的"应收应付"选项卡中关联付款条件，这样在录入外购入库单和采购发票时，可以根据预先设置的付款条件计算出该笔业务的应付款日期，从而进行应付款提醒或财务人员进行账龄分析。

付款条件的设置方法可以参照第4章中关于收款条件的设置方法的内容。

2. 采购价格管理

采购价格管理就是采购报价管理，是录入同一种物料不同供应商供货时的采购价格，这样方便采购员对物料的采购成本进行管理，并且系统提供"最高价格"限价功能，当录入的采购价格高于该价格时，系统会弹出预警信息。

价格资料维护好后，在录入采购申请单和采购订单时，系统会自动从价格资料中提取单价，这样省去了手工录入单价容易出错的麻烦。

选择"系统设置"→"基础资料"→"采购管理"→"采购价格管理"，系统进入"采购价格管理"窗口，如图7-4所示。

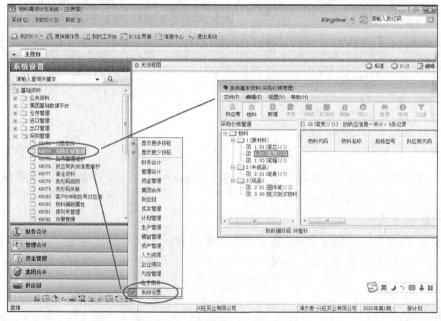

图 7-4

在"采购价格管理"窗口，可以进行物料采购价格的新增、查看和修改等操作。窗口左侧显示物料或供应商信息，切换方法是单击工具栏上的"供应商"和"物料"按钮，窗口右侧显示对应的采购价格记录。

例7-1 设置笔芯的采购价格。

（1）单击窗口左侧"物料"前面的"+"展开明细项目，再单击"1（原材料）"前的"+"展开明细，选中笔芯物料，单击"新增"按钮，系统弹出"供应商供货信息"窗口，如图7-5所示。

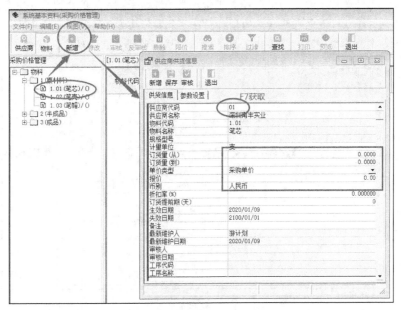

图 7-5

（2）在窗口中录入供应商信息、数量段和报价信息，单击"保存"按钮保存价格信息，单击"审核"按钮，对价格方案进行审核，审核后的价格方案才能在采购单据中被引用。

- 供应商代码、供应商名称：按"F7"功能键获取供应商代码。必录项。
- 物料代码、物料名称、规格型号：供应商提供的货物代码、名称和规格型号，从物料档案中获取。
- 计量单位：货物的计量单位。
- 订货量（从）、订货量（到）：价格适用的数量段范围。
- 币别：计量供货价格的货币名称。默认为本位币，如果供应商资料定义了币种，则录入供应商时，携带供应商币种。
- 单价类型：指当前供货信息的单价类型，系统提供委外加工单价、采购单价两种单价类型的选择。单价类型将决定不同（委外类、采购类）单据，按"F7"功能键查询不同的记录及携带的单价，订单更新时也会根据单价类型来决定返写订单记录。
- 报价：当前数量段、当前币别，供应商给出的报价。
- 折扣率（%）：针对当前供应商、当前物料、当前数量段、当前币别、当前报价，供应商可以提供的折扣，以百分比表示。一般情况下，如果该数量段范围是从最低供货量到最高供货量，则可能根据同一价格给予不同折扣。
- 订货提前期（天）：属于备注信息，提前期指完成一项活动所需要的时间。

- 生效日期：指该价格的生效时间，如果是通过订单更新的话，取订单保存时的系统日期，在单据上携带单价时，将会携带生效日期之后的记录。
- 失效日期：指该价格的失效时间，如果是通过订单新增的话，则默认取"2100/01/01"，如未修改原有记录，则失效日期不修改。在单据上携带单价时，将会携带生效日期之后且失效日期之前的记录。
- 最高限价设置：当物料设置最高限价后，在保存采购单据时，系统会提示"您所录入的采购价格已经超过了设定的采购最高限价，是否继续保存？"用户按需要决定是否修改报价信息，这样可以避免采购成本的增加。在"采购价格管理"窗口，选中要进行限价处理的价格方案，单击"限价"按钮，系统弹出"供应商供货最高限价"窗口，如图7-6所示。

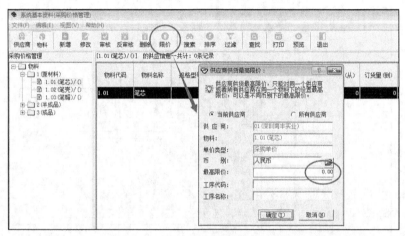

图 7-6

（3）在限价窗口可以设置是针对当前供应商还是所有供应商的最高限价，以及针对何种币别，设置完成，单击"确定"按钮即可。

3．供应商供货信息维护

供应商供货信息维护用来管理同一供应商供给何种物料，以及反查同一物料由哪几位供应商提供等事项。双击"系统设置"→"基础资料"→"采购管理"→"供应商供货信息维护"，系统进入"供应商供货信息"管理窗口，在窗口中可以进行供货信息的新增、修改和删除等操作。左侧窗口是供应商明细，右侧窗口显示该供应商所提供的物料。若单击工具栏上的"物料"按钮，则左侧窗口会显示物料明细，右侧窗口显示该物料由哪几位供应商供货。

选中"供应商"下的"01（深圳南丰实业）"记录，单击"新增"按钮，系统弹出"供应商供货信息"设置窗口，如图7-7所示。

- 供应商代码、供应商名称：由选中的供应商信息自动带出。
- 物料代码、物料名称、规格型号：按"F7"功能键获取。
- 供应商对应物料代码、供应商对应物料名称：若供应商提供的编码和名称不一致，可以在此录入供应商的物料编码和名称。
- 最小采购批量：录入该物料在该供应商处的最小采购批量。
- 供应商配额%：录入百分比应在0～100%之间，也可不录，不录时默认为0。表示一种存货在不同供应商间的配额分配，一种存货的配额之和应小于等于100%。

设置完成，单击"保存"按钮保存设置。

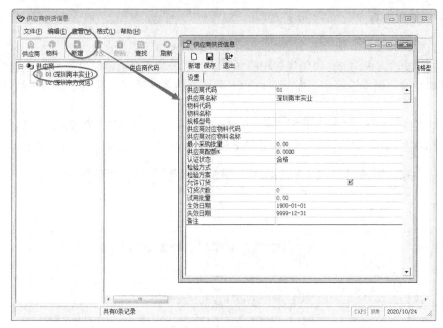

图 7-7

4．采购价格参数设置

采购价格参数设置是针对不同的应用场景下的价格进行控制设置。

选择"系统设置"→"基础资料"→"采购管理"→"采购价格参数设置",系统进入"采购价格参数设置"管理窗口,如图 7-8 所示。

图 7-8

- "修改控制"选项卡:针对修改价格进行控制。
- "限价控制"选项卡:针对限价价格进行控制。
- "应用场景"选项卡:针对应用场景中控制单据、控制时点进行设置。
- "其他"选项卡:对采购价格一些其他参数进行设置。

批号管理维护、备注资料、条形码规则、条形码关联请参照第 4 章。

7.2.3 系统设置

系统设置是为了对本系统进行控制而设计的，如对单据打印是否进行控制、单据编码的自定义格式等进行设置。采购管理和销售管理同属于业务系统，所以销售管理的系统设置也同时应用到采购管理系统的系统设置中，在此只讲述采购选项的系统设置，其他项目的系统设置可参照第4章。

选择"系统设置"→"系统设置"→"采购管理"→"系统设置"，系统进入"系统参数维护"窗口，选择左侧"采购系统选项"项目，系统将显示可以进行设置的项目，如图7-9所示。

图 7-9

- 在采购（委外）系统中应用物料对应表：选中该选项，则在各采购单据、序时簿中增加"对应代码"及"对应名称"显示，即系统自动取"供应商供货信息"中供应商与物料相对应的代码与名称，用于显示、查询，系统默认为不选中。

- 已关闭的采购订单可以变更物料：选中该选项，则已关闭（包括自动关闭和手工关闭）的采购订单都可以再进行订单的追加工作；反之，则不能变更，系统默认为不选中。

- 现购发票（费用发票）不传递到应付款系统：选中该选项，采购方式为现购的采购发票和采购费用发票不传递到应付款系统，应付款系统将不能查询和统计现购的采购发票以及现购的采购费用发票；反之，采购方式为现购的采购发票仍传递到应付款系统，同时传递一张采购费用的其他应付款单据到应付款系统。传递到应付款系统中的现购采购发票和现购采购费用发票视为已经付款的应付款，所以其状态默认是已核销。

- 与入库单相关联的采购发票钩稽时自动钩稽：选中该选项，则当采购发票与一张入库单据采用单据关联生成时，如果符合钩稽条件，系统自动完成钩稽；否则需要调出相应的钩稽界面，由用户自行选择单据进行手工钩稽。

- 检验单审核时自动生成退料通知单：选中该选项，则为采购入库检验类型的质检单审核时，①物料为全检，如果不合格数不为0，则审核时自动生成退料通知单，将不合格数量填入退料通知单，同时会将质检单对应的收料通知单号记录到退料通知单上，并反写收料通知单的关联数量；②物料为抽检，如果检验结果为不合格，则审核时自动生成退料通知单，将报检数量填入退料通知单，同时会将质检单对应的收料通知单号记录到退料通知单上，并反写收料通知单的关联数量；③物料为抽检，如果检验结果为合格，则审核时不生成退料通知单。不选中该选项，则不能自动生成退料通知单。

- 订单执行数量允许超过订单数量：选中该选项，①外购入库单选订单超过订单数量时允许保存；②收料通知单关联订单时超过订单数量允许保存；③外购入库单选关联订单生成的收料通知单时超过订单数量允许保存。

- 订单按比例入库：选中该选项，在采购订单关联生成外购入库单后（包括直接关联和三方关联），入库单更新库存时需要判断订单出库数量是否在订单上的出库上下限的百分比范围之内；反之，采购订单关联生成外购入库单，外购入库单更新库存时不会判断订单是否按比例出库。

- 采购发票和入库单钩稽数量不一致不允许钩稽：选中该选项，如果入库单和发票物料匹配但数量不一致，则钩稽时直接提示"采购发票中的物料数量和入库单中该物料的数量不一致。分别是……无法钩稽！"；不选中该选项，如果入库单和发票物料匹配但数量不一致，钩稽时的处理不变，即提示"采购发票中的物料数量和入库单中该物料的数量不一致。分别是……请确认是否钩稽？"用户选择"是"或者"否"。

- 反钩稽时清空发票应计费用及运费税金：选中该选项，则在反钩稽时将采购发票中的应计费用和运费税金字段中的内容清空；不选中该选项，则在反钩稽时不会将采购发票中的应计费用和运费税金字段中的内容清空。

- 发票审核时自动调用钩稽：选中该选项，并且不选中"采购发票审核时自动钩稽"选项，则在发票审核时自动调出钩稽界面，进行发票的钩稽；如果发票进行多级审核，则在完成业务级次审核时调出钩稽界面，进行发票的钩稽；如果是多张发票一起审核，则调出第一张发票进行钩稽。

- 采购申请分配前允许修改供货比例：选中该选项，则在供货按比例分配的过程中"供货比例"和"数量"字段允许用户修改；不选中该选项，则"供货比例"和"数量"字段不允许修改。

- 采购系统支持部分钩稽：选中该选项，外购入库单、采购发票允许部分钩稽，此时外购入库单、采购发票单据以及序时簿中的钩稽人、钩稽期间将不可见；不选中该选项，表示外购入库单和采购发票只允许全部钩稽，此时外购入库单、采购发票单据以及序时簿中的钩稽人及钩稽期间将可见。

> **注** 在"外购入库生成暂估冲回凭证"选项被选中时不能选中该选项；如果"外购入库生成暂估冲回凭证"不被选中，则新建账套未结束初始化时允许修改采购发票、外购入库单中允许钩稽的选项，结束初始化后只允许由不选中改为选中，不能由选中改为不选中。

- 采购（委外）系统税率来源：该选项的值可以选择为供应商或物料，当选择供应商时，则采购订单、采购发票（专用）新增时直接取对应供应商属性中的税率，当选择物料时，则采购订单、采购发票（专用）新增时直接取对应物料属性中的税率。

- 被跟踪的采购申请单允许合并：选中该选项，在合并当前采购申请单时，无论是否存在源单单号（包括采购申请单上存在的其他跟踪单号），皆可进行正常的合并操作，且无任何提示信息。
- 退料通知单直接退料：选中该选项，退料通知单关联收料通知单生成时，退料通知单中的退料数量满足公式"退料数量=收料通知单数量-已退料数量-已入库数量"；当该选项不选中，退料通知单中的退料数量满足公式"退料数量=已入库数量-已退料数量"。
- 允许钩稽以后期间单据：选中该选项，以前期间、本期、以后期间的发票可以和以前期间、本期、以后期间的外购入库存单进行钩稽，但不支持对以后期间费用发票的钩稽。
- 订单允许超额付款：选中该选项，则采购订单（进口订单）付款时不进行超额控制，允许超额付款。
- 采购发票或者采购费用发票钩稽时自动调用外购入库核算：只有在成本管理系统启用标准成本时才可选。选中该选项，则在事务类型为外购入库的采购发票或者费用发票钩稽时，自动调用外购入库核算，而不需切换到存货核算系统进行外购入库核算。
- 严格按申请采购：选中该选项，采购订单数量超过采购申请数量时不允许保存。
- 应付款日期确立依据：当选择外购入库单时，采购发票上的付款日期根据外购入库单的单据日期和付款条件计算；当选择采购发票时，采购发票上的付款日期根据采购发票的单据日期和付款条件计算，系统默认选择外购入库单。
- 反钩稽时清空委外加工入库单加工单价及加工费用：选中该选项，则在反钩稽时将委外加工入库单中的加工单价和加工费用字段中的内容清空。
- 采购发票单价来源：当选择三方关联时，采购发票的单价来源于订单；当选择外购入库时，采购发票的单价来源于外购入库单或委外加工入库单。
- 严格按供货信息控制采购业务：选中该选项，则委外订单、收料通知/请检单、来料检验申请单、外购入库单、委外入库单、委外出库单、采购订单、进口订单增加时，表头供应商字段不允许选择不存在供货信息的供应商，保存时对供货信息中是否允许订货、有效日期范围、订货次数、试用批量进行相关判断。
- 启用供应商评估流程：选中该选项，供应商资料中"评估状态"锁定，由供应商评分表审核时反写；不选中该选项，供应商资料中"评估状态"可编辑。
- 外购入库单审核自动生成采购发票：有无、采购发票（专用）、采购发票（普通）等3个选项，只能三选一。当选择采购发票（专用）时，则入库单审核生成的发票是专用发票。

7.3 日常业务处理

基础资料、初始化设置和系统设置完成，可以进行日常的业务处理，日常业务处理包括各种采购单据录入、查询和修改等操作，以及根据录入的各种单据，查询相关报表，以对企业的采购状况做出预测和分析处理。

选择"供应链"→"采购管理"，系统切换到包含所有采购管理功能的窗口，如图7-10所示。

使用某个明细功能的方法：先选择正确的子功能项，再双击子功能下正确的明细功能相应项目，也可以双击右侧流程图窗口中的对应功能按钮。例如，要录入采购订单，操作方法是先选择左侧窗口中"采购管理"下的"采购订单"，再双击"采购订单—新增"项目，系统进入"采购订单"的录入窗口。

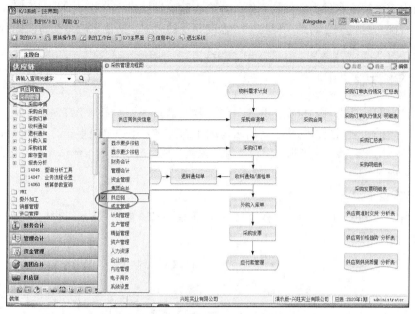

图 7-10

7.3.1 采购合同

采购管理系统下的合同管理主要是针对应付类合同的管理，可以完成合同的新增、审核、修改和打印等操作，并且根据录入的合同资料，以及该笔合同的执行情况，可以查询到合同金额执行明细表、合同执行情况汇报表、合同金额执行汇总表和合同到期款项列表。

选择"采购管理"→"采购合同"→"采购合同—新增"，进入"合同（应付）- 新增"窗口，如图 7-11 所示。

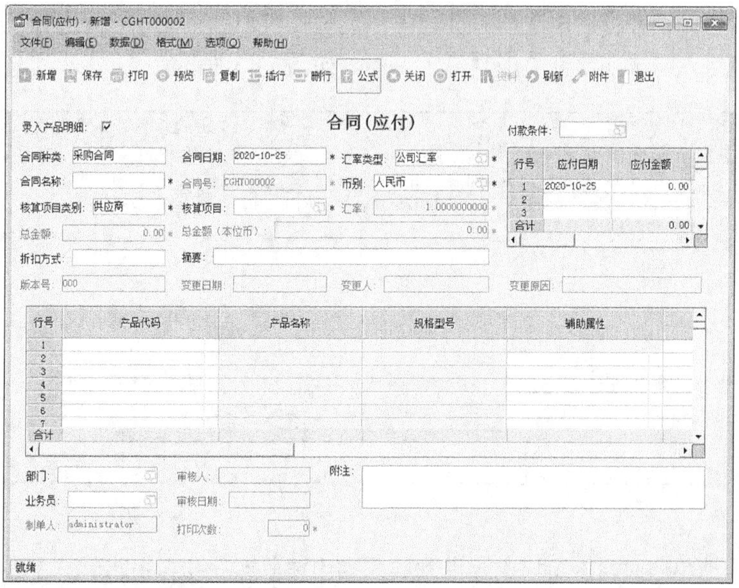

图 7-11

在窗口中可以进行应付类合同的新增、审核和删除等操作。

应付类合同与应收类合同是功能相同、方向相反的单据，所以，应付类合同的处理方法和报表查询方法可以参考 4.3.4 小节。

7.3.2 采购申请

采购申请单是各业务部门根据主生产计划、物料需求计划、库存管理需要、销售订货或零售需求等情况，向采购部门提请购货申请所填写的单据，只有申请单经审核后方能生成采购订单。

采购申请单同时可接收从"物料需求计划"模块投放生成的采购申请单，在"采购申请单—维护"中可以查询。

1．采购申请维护

（1）选择"采购管理"→"采购申请"→"采购申请—维护"，系统弹出"条件过滤"设置窗口，如图 7-12 所示。

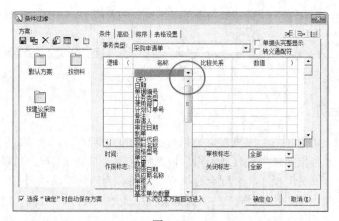

图 7-12

（2）在窗口可以设置查询申请单的过滤条件，选择"默认方案"，时间选择"全部"，单击"确定"按钮，系统进入"采购申请单序时簿"窗口，如图 7-13 所示。

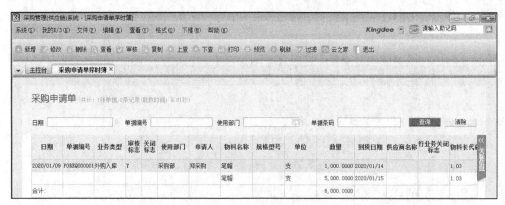

图 7-13

在"采购申请单序时簿"窗口中查询到的采购申请单即在物料需求计划中投放生成的采购申请单。

2. 采购申请单手工录入

采购申请单除物料需求计划系统投放生成一种方法外，还可以直接手工录入，手工录入时，可以直接录入，也可以参照销售订单录入，这种方法适用于采购管理系统单独使用，或者销售管理与采购管理系统结合使用的情况。

选择"采购管理"→"采购申请"→"采购申请—新增"，系统进入"采购申请单 - 新增"窗口，如图7-14所示。

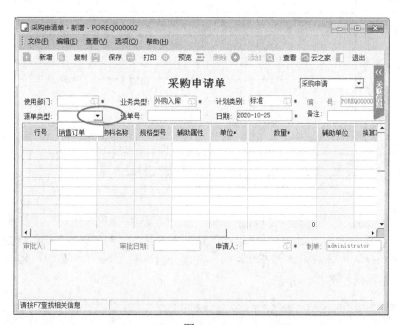

图 7-14

表头项目介绍如下。
- 使用部门：单击"查看"按钮，获取申请部门。
- 源单类型、选单号：有空白和销售订单两种方式，选择空白即为不参照任何单据，选择销售订单时，则可以在"选单号"处单击"查看"按钮，获取参照的销售订单信息。
- 申请人：单击"查看"按钮，获取该张单据的申请人信息。

日期、备注、制单等表头项目可参照"销售管理"中的单据处理方法。

表体项目介绍如下。
- 物料代码：单击"查看"或按"F7"功能键获取产品信息，为必录项。
- 物料名称、规格型号、辅助属性和单位：由获取的产品代码所表示的物料档案自动带出。
- 建议采购日期、到货日期：录入建议采购日期，系统会根据该项物料档案的提前期，自动计算到货日期，到货日期可以手工修改。
- 用途：录入申请该物料的用途，为非必录项。
- 供应商：可以指定该物料由某位供应商提供，为非必录项。一般来说，作为申请人没有权力指定供应商，所以该项目可以为空。

例7-2 录入图7-15所示的采购申请单。

（1）在"采购申请单 - 新增"窗口的"使用部门"处单击"查看"按钮，获取"PMC"部门，日期修改为"2020-01-10"。

图 7-15

（2）第一条分录"物料代码"处单击"查看"按钮，获取"1.01—笔芯"，"数量"录入"500"，"建议采购日期"录入"2020-01-15"，"用途"录入"备料"，"到货日期"录入"2020-01-18"。

（3）在"申请人"处单击"查看"按钮，获取"游计划"，单击"保存"按钮保存单据，并审核该单据，审核后如图 7-16 所示。

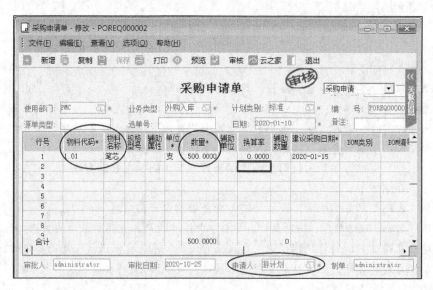

图 7-16

3. 采购申请单基本操作

选择"采购管理"→"采购申请"→"采购申请—维护"，系统弹出"过滤"条件设置窗口，选择"默认方案"，时间选择"全部"，单击"确定"按钮，系统进入"采购申请单序时簿"窗口，如图 7-17 所示。

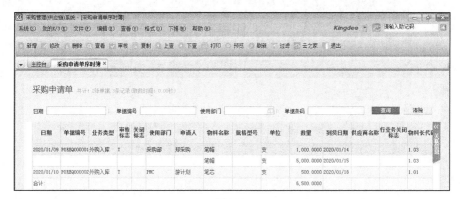

图 7-17

采购申请单的修改、审核和作废等操作请参照"销售管理"中的单据处理方法。读者可对刚才所生成的采购申请单进行审核，以备后面调用。

4．采购申请单——生成采购订单

采购申请单生成采购订单的方式有两种，一种是由采购申请单直接生成采购订单，另一种是在录入采购订单时，选择采购申请单作为源单后，再选择由哪张申请单生成采购订单，两种方法的结果一样，只是操作方式不同。

（1）在"采购申请单序时簿"窗口，选中要生成采购订单的分录，如选中第 1 行，即单号为"POREQ000001"的第 1 行，选择"下推"→"生成 采购订单"，系统弹出"采购申请单 生成 采购订单"窗口，如图 7-18 所示。

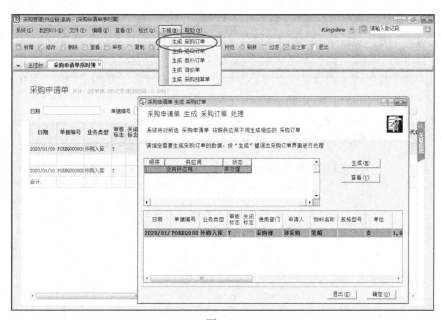

图 7-18

（2）单击"生成"按钮，系统进入"采购订单 - 修改"窗口，"供应商"获取"深圳南丰实业"，"单价"处录入"0.20"，"交货日期"保持默认值，"主管"获取"郑采购"，"部门"获取"采购部"，"业务员"获取"郑采购"，单击"保存"按钮保存生成的采购订单，保存成功的窗口如图 7-19 所示。

图 7-19

（1）刚才所生成的采购订单可以在"供应链"→"采购管理"→"采购订单"→"采购订单—维护"下查询到。

注 （2）几张申请单生成一张采购订单的方法是，在"采购申请单序时簿"窗口，按"Ctrl"键或"Shift"键选中要生成采购订单的申请单记录，然后选择"下推"→"生成 采购订单"。

（3）在生成采购订单的窗口，可以根据需要修改实际要求采购的数量信息。

5．物料配套查询录入

物料配套查询录入是根据 BOM 档案展开采购件物料的过程，是一个模拟 MRP 计算的过程，它根据用户指定的一个或一组产品的需求，按照 BOM 结构展开到用户指定的层次，并根据用户的参数设置考虑相应的现有库存、安全库存及预计出入库数量，计算得出构成产品的相关物料的建议计划数量。

（1）在维护窗口，单击"新增"按钮，进入"采购申请单 - 新增"窗口，选择"选项"→"物料配套查询录入"，系统弹出"物料配套查询表"窗口，如图 7-20 所示。

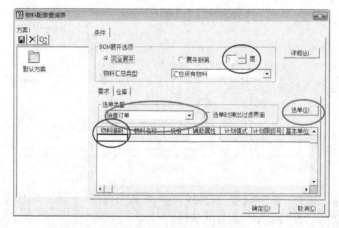

图 7-20

- 完全展开：BOM 有多个层级关系时，将所有级次中的物料展开。
- 展开到第×层：设置 BOM 展开时，只展开到第几层物料。
- 物料汇总类型：选择同一 BOM 中有多个相同物料的汇总方式，此处通常选择"只汇总采购件物料"。
- 选单类型：选择展开需要计算的源单类型后，再单击"选单"按钮，可以获取相应单据类型下的数据。

> 注　当不使用"选单"按钮选择源单时，也可以直接在"物料编码"处录入需求的物料。

- 仓库："仓库"选项卡用于设置哪些仓库需要参与计算。
- 详细：详细用于设置 MRP 展开时的计算公式和各种选项等。单击"详细"按钮，系统弹出"BOM 展开选项"窗口，各选项的含义可以参照第 6 章，请按图 7-21 所示进行设置。

（2）在"物料配套查询表"窗口，"物料代码"录入"3.01"，"数量"录入"333"，"需求日期"录入"2020-01-20"，单击"确定"按钮，系统进入"物料配套查询表"结果窗口，如图 7-22 所示。

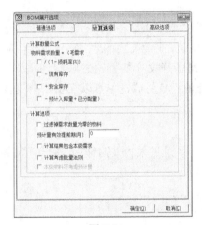

图 7-21

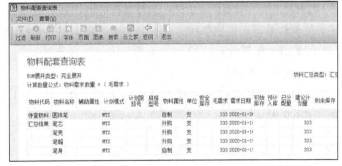

图 7-22

（3）在窗口中选择要进行采购申请的物料后，单击"返回"按钮，在"采购申请单 - 新增"窗口即可获取该物料的采购计划情况。

6．库存缺货查询录入

库存缺货查询录入是系统根据选项设置后，计算出库存缺货情况，再根据缺料表进行采购申请单录入的功能。

（1）在"采购申请单 - 新增"窗口，选择"选项"→"库存缺货查询录入"，系统弹出"足缺料分析"窗口，如图 7-23 所示。

在窗口中可以设置要查询的物料范围和计算方式，计算方式释义如下。

- 考虑预计量和现有库存：根据截止日期，利用预计可用量指标，对该指标为负的情形按其差缺量生成采购申请单。
- 再订货点策略：根据物料基础资料中的再订货点，针对现有即时库存低于再订货点的情形，按其差缺量生成采购申请单。
- 安全库存策略：针对现有即时库存小于安全库存的情形，按其差缺量生成采购申请单。
- 最低库存策略：针对现有即时库存小于最低库存量的情形，按其差缺量生成采购申请单。

(2) 各条件设置完成后，单击"确定"按钮，系统进入"足缺料分析"结果窗口，如图 7-24 所示。

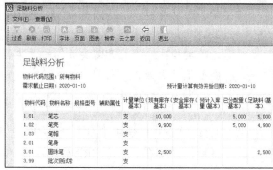

图 7-23　　　　　　　　　　　　　　图 7-24

(3) 在分析结果表，选择要进行采购申请的记录，单击"返回"按钮返回"采购申请单 - 新增"窗口，在该窗口中可以看到获取成功的物料信息。

7.3.3　采购订单

采购订单的下达表示相关采购申请单和采购合同资料已经确认，企业需要下达采购订单给供应商，以及传递到相关部门，各部门根据接收到的采购订单信息，准备好收货和生产安排与财务核算。

采购订单可以根据销售订单、采购申请单、合同资料和外销订单生成，也可以在系统中没有相关的源单时手工录入。

1. 采购订单新增

选择"采购管理"→"采购订单"→"采购订单—新增"，系统进入"采购订单 - 新增"窗口，如图 7-25 所示。

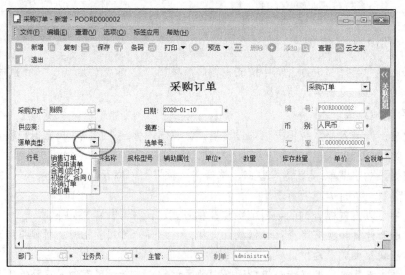

图 7-25

表头项目介绍如下。

- 采购方式：有直运采购、受托入库、现购和赊购 4 种方式，默认为赊购方式。

- 供应商：单击“查看”按钮获取供应商信息，或者由合同资料生成采购订单时，由合同资料中的客户信息自动生成，为必录项。
- 源单类型：单击下拉按钮，选择采购订单由什么类型的单据生成。
- 选单号：选择相应的源单类型后，光标放置在“选单号”处，单击“查看”按钮，系统会显示已审核的源单，以供用户引用。但是已作废或已关闭的单据不会显示。

表体项目中，黄色区域表示由系统中的相关档案生成，空白区域为手工录入。

- 物料代码：单击“查看”按钮，获取产品信息，也可由源单上的产品代码生成。
- 物料名称、规格型号、辅助属性、单位：由选择的产品代码信息自动带出。
- 数量：录入本笔采购订单的数量。
- 交货日期：要求供应商在此时间范围内交货，才能满足生产需求。

例 **7-3**　录入图 7-26 所示的采购订单。该订单由“POREQ000001”号申请单生成。

采购订单

POORD000002

供应商：深圳南丰实业　　日期：2020/1/10　　编　号：POORD000002

源单类型：　　币　别：人民币

物料代码	物料名称	规格型号	单位	数量	单价	金额	折扣率	折扣额	交货日期	备注	源单单号
1.03	笔帽		支	5,000.00	0.16	796.46	0	0.00	2020/1/15		POREQ000001
合　计						796.46		0.00			

审核：Administrat　主管：郑采购　部门：采购部　业务员：郑采购　制单：Administrator

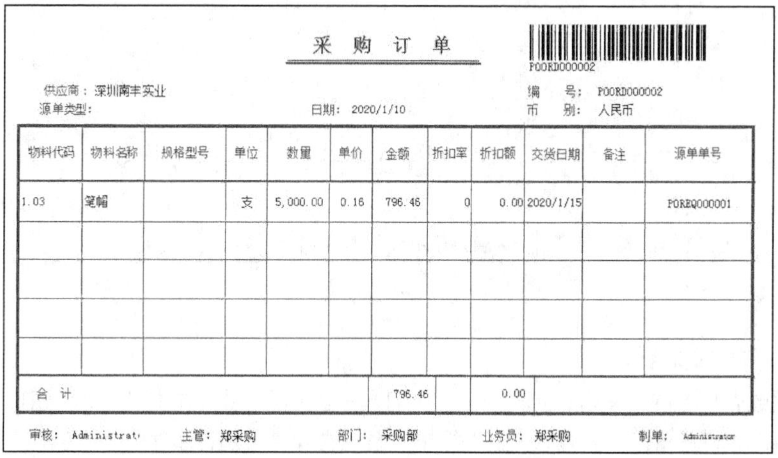

图 7-26

（1）在“采购订单 - 新增”窗口，源单类型选择“采购申请”，光标移动到“选单号”处，单击“查看”按钮，系统弹出“采购申请单序时簿”窗口，双击“POREQ000001”号采购申请单，将该单据内容引用到采购订单中，引用成功的“采购订单 - 新增”窗口如图 7-27 所示。

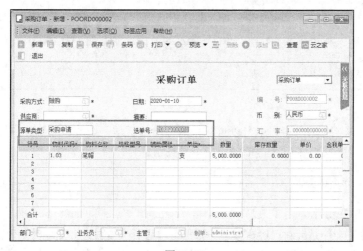

图 7-27

（2）光标移至"供应商"处，单击"查看"按钮，获取"深圳南丰实业"，主管获取"郑采购"，部门获取"采购部"，业务员获取"郑采购"，其他表头项目可以保持默认值。

（3）单价修改为"0.16"，单击"保存"按钮保存当前单据，并审核该订单，审核成功后的单据如图7-28所示。

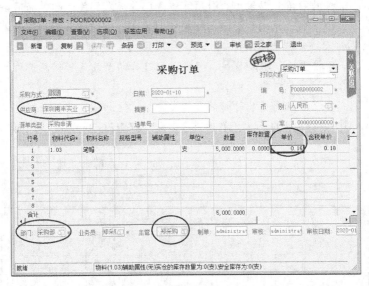

图 7-28

2. 采购订单基本操作

选择"采购管理"→"采购订单"→"采购订单—维护"，系统弹出"过滤"窗口，选择"默认方案"，时间范围选择"全部"，单击"确定"按钮，系统进入"采购订单序时簿"窗口，如图7-29所示。

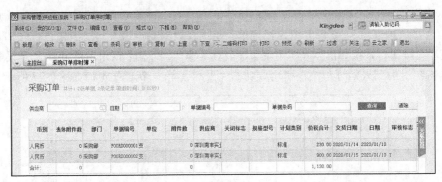

图 7-29

在"采购订单序时簿"窗口中可以进行采购订单的新增、修改、删除、审核、关闭和作废等操作，方法是选中相应单据后，再单击相应工具按钮。

> 注　关闭和作废功能在"编辑"菜单下。

3. 采购订单变更

采购订单变更功能是针对已经审核后的采购订单进行变更处理，变更时主体内容不能变更，即该笔订单的供应商、物料代码不能变更，只能对数量、单价、税率和交货日期进行变更。

在“采购订单序时簿”窗口中，选中要变更的采购订单，选择“编辑”→“订单变更”，系统进入变更窗口。变更相应内容后，单击“保存”按钮即可。

4．采购订单——生成其他业务单据

审核后的采购订单可以作为源单生成多种业务单据，如收料通知/请检单、外购入库单和采购发票，生成的采购发票，传递到应付款管理系统。

例 7-4　以采购订单生成的如图 7-30 所示的采购收料通知单为例，介绍采购订单生成其他业务单据的操作方法。

采购收料通知单

编　号：DD000001

供应商：深圳南丰实业　　日期：2020/1/10　　源单类型：

物料代码	物料名称	规格型号	单位	数量	单价	金额	备注	收料仓库	源单单号
1.03	笔帽		支	1,000.00	0.20	200.00¥			POORD000001
合计:						200.00¥			

审核：Administra　主管：　　部门：采购部　　业务员：郑采购　　制单：Administrator

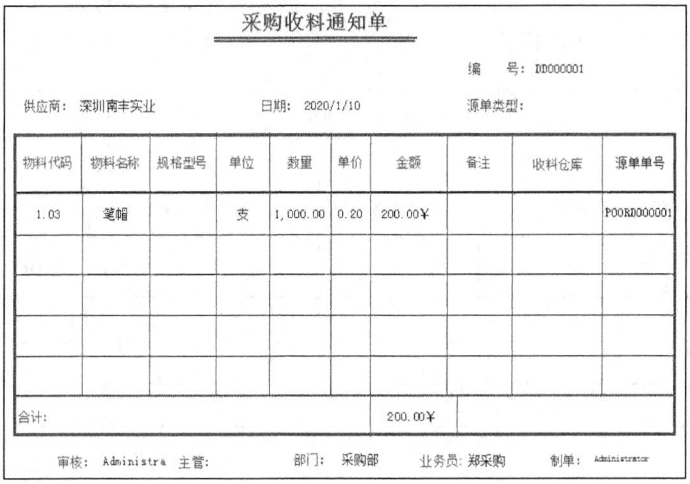

图 7-30

（1）在“采购订单序时簿”窗口中，选中“POORD000001”号采购订单，选择“下推”→“生成收料通知/请检单”，系统弹出“采购订单生成收料通知/请检单”窗口。

（2）单击“生成”按钮，系统进入“收料通知/请检单 - 修改”窗口，该窗口会引用所选中的采购订单信息。

（3）其他项目可以保持默认值，单击“保存”按钮保存单据，并审核，审核后的单据如图 7-31 所示。

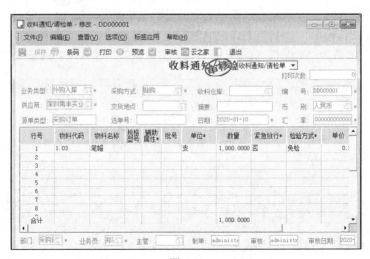

图 7-31

7.3.4 收料/退料通知单

采购收料通知单是采购部与仓库之间的信息传递纽带，当采购部接到供应商到货信息后，填写一张收料通知/请检单传递到仓存管理系统；当仓库管理员接收到收料通知信息，点查来料实物后，再根据收料通知/请检单填写外购入库单做入库处理。

收料通知/请检单的操作方法与采购订单处理方法基本相同。

例 7-5 以图 7-32 为例介绍收料通知/请检单的处理方法。

图 7-32 所示的采购收料通知单是以采购订单为源单类型，源单号为“POORD000002”生成的收料通知单，数量为 3000，操作步骤如下。

采购收料通知单

编　号：DD000002

供应商：深圳南丰实业　日期：2020/1/10　源单类型：

物料代码	物料名称	规格型号	单位	数量	单价	金额	备注	收料仓库	源单单号
1.03	笔帽		支	3,000.00	0.16	480.00¥			POORD000002
合计：						480.00¥			

审核：Administra　主管：　部门：采购部　业务员：郑采购　制单：Administrator

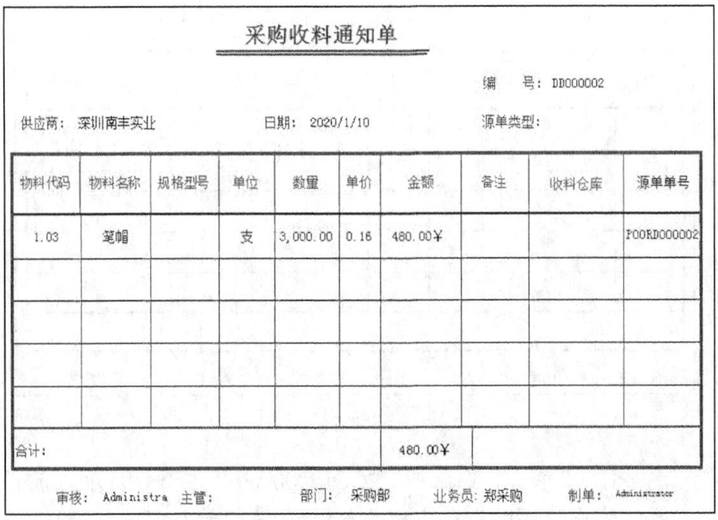

图 7-32

（1）选择“采购管理”→“收料通知”→“收料通知/请检单—新增”，系统进入“收料通知/请检单 - 新增”窗口。

（2）“源单类型”选择“采购订单”，将光标移到“选单号”处，按“F7”功能键，或者单击工具栏上的“查看”按钮，系统将显示满足条件的采购订单列表，双击“POORD000002”号单据，并返回“收料通知/请检单 - 新增”窗口，此时应注意窗口的变化。

（3）“数量”修改为“3000”，其他项目可以保持默认值，录入成功的窗口如图 7-33 所示。

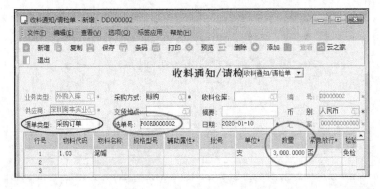

图 7-33

（4）单击“保存”按钮保存收料通知单。

收料通知/请检单的查询、修改、审核、作废等操作可以参照前面单据的处理方法。请审核所有收料通知单，以供后面单据练习使用。

退料通知单是收料通知/请检单的反向操作单据，单据处理方法与收料通知/请检单的一致，但效果相反，选择“供应链”→“采购管理”→“退料通知”下的详细功能即可完成退料通知单的操作。

7.3.5　外购入库单

外购入库单是在仓库管理员接收到采购料通知并点查来料实物后填写的一张材料入库单据。外购入库单有两种，一种是蓝字入库单，另一种是红字入库单，红字入库单是蓝字入库单的反向单据，代表物料的退回。

外购入库单一般是由仓库管理员填写。金蝶 K/3 中的外购入库单可以通过两个路径录入，一个是在“采购管理”→“外购入库”中录入，另一个是在“仓存管理”→“验收入库”→“外购入库单”中录入。

注　外购入库单由谁制单、谁审核、谁领料等，这是关于业务权限的问题，与是在采购管理下填写入库单，还是在仓存管理下填写入库单没有关系。

1．外购入库单新增

例 7-6　以图 7-34 为例介绍外购入库的处理方法，该外购入库单是由来料通知单 DD000001 作为源单生成的。

外购入库单

WIN000001

供应商：深圳南丰实业　　编　号：WIN000001

收料仓库：原材仓　　日期：2020/1/10　　源单类型：

源单单号	物料编码	物料名称	规格型号	批号	单位	数量 应收	数量 实收	收料仓库	备注
DD000001	1.03	笔帽			支	1,000.00	999.00	原材仓	

审核：易保管　　记账：　　验收：易保管　　保管：易保管　　制单：易保管

图 7-34

（1）以“易保管”登录账套，选择“供应链”→“采购管理”→“外购入库”→“外购入库单—新增”，系统进入“外购入库单 - 新增”窗口。

（2）源单类型选择“收料通知/请检单”，光标移至“选单号”处，按“F7”功能键或单击工具栏上的“查看”按钮，系统弹出“来料通知序时簿”窗口，双击选中“DD000001”号来料通知单，并返回“外购入库单 - 新增”窗口，实收数量录入“999”。

（3）光标移至“收料仓库”处，按“F7”功能键或单击工具栏上的“查看”按钮，系统弹出“仓库”档案，双击选择“原材仓”，并返回“外购入库单 - 新增”窗口。

（4）在“验收”和“保管”处单击工具栏上的“查看”按钮，系统弹出“职员”档案，双击选择“易保管”记录，并返回“外购入库单 - 新增”窗口。

（5）单击"保存"按钮保存外购入库单，如图 7-35 所示，并审核。

图 7-35

> **注**
> （1）红字入库单的录入方法是先单击工具栏上的"红字"按钮，这时窗口右上角显示"红字"字样，表示当前处理状态为红字单据录入，红字单据的录入方法同蓝字入库单录入方法。
> （2）若外购入库单无源单引用，可以直接手工录入，这时供应商档案需要手工获取。

2．外购入库基本操作

选择"供应链"→"采购管理"→"外购入库"→"外购入库单—维护"，系统弹出"过滤"窗口，过滤条件的设置方法参照前面单据处理，设置过滤条件时应注意时间、审核标志、作废标志和关闭标志几个选项是否选择正确。在此保持默认值，单击"确定"按钮，进入"外购入库序时簿"窗口。

单击"编辑"菜单，系统弹出编辑功能列表，单击修改、删除、审核和作废等功能按钮，可以对单据进行相应的操作。审核所有外购入库单，以供后面单据调用。

外购入库单的拆分和合并可以参照 4.3.7 小节中关于"销售出库单的拆分和合并"的内容。

3．外购入库单的核销

外购入库单的核销功能与 4.3.7 小节中的销售出库单的核销功能一致，此处不再赘述。

4．外购入库单生成发票

采购发票是财务核算对供应商的付款凭据，在采购管理系统中录入正确的发票信息后，系统会自动将发票传递到应付款管理系统，经审核后挂供应商的应付账款。外购入库单可以生成采购专用发票和采购普通发票。

发票涉及财务核算，所以要生成发票的前提是启用应付款管理系统。如果用户只单独使用采购管理系统，不使用应付款管理系统，并且要录入发票，则在"系统参数维护"窗口中更改选项后，方能录入发票并保存。设置方法：在主控制台窗口，选择"系统设置"→"系统设置"→"采购管理"→"系统设置"，系统弹出"系统参数维护"窗口，将"供应链整体选项"下的"若应收应付系统未结束初始化，则业务系统发票不允许保存"的钩（选中）去掉即可。

例 7-7　以图 7-36 发票为例，介绍外购入库单生成发票时的处理方法。该发票是由“WIN000001”号外购入库单生成的发票。

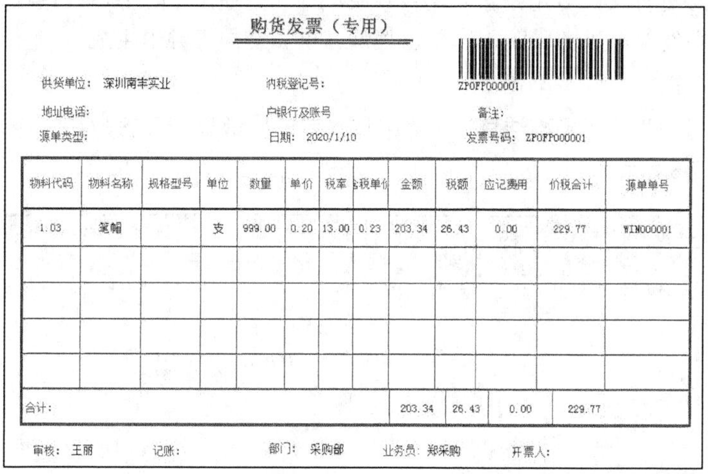
购货发票（专用）

ZPOFP000001

供货单位：深圳南丰实业　　纳税登记号：
地址电话：　　户银行及账号　　备注：
源单类型：　　日期：2020/1/10　　发票号码：ZPOFP000001

物料代码	物料名称	规格型号	单位	数量	单价	税率	含税单价	金额	税额	应记费用	价税合计	源单单号
1.03	笔帽		支	999.00	0.20	13.00	0.23	203.34	26.43	0.00	229.77	WIN000001
合计：								203.34	26.43	0.00	229.77	

审核：王丽　　记账：　　部门：采购部　　业务员：郑采购　　开票人：

图 7-36

（1）以“王丽”身份登录账套，选择“采购管理”→“外购入库”→“外购入库单—维护”，在“外购入库单序时簿”窗口，选中“WIN000001”号外购入库单，单击“下推”菜单，系统弹出菜单列表，选择“生成购货发票（专用）”选项，系统进入“外购入库单生成发票”窗口。

（2）单击“生成”按钮，系统进入“购货发票（专用）- 修改”窗口，此时仔细注意单据、税率和金额等信息是否正确，单击“保存”按钮保存发票，并审核，审核后的单据如图 7-37 所示。

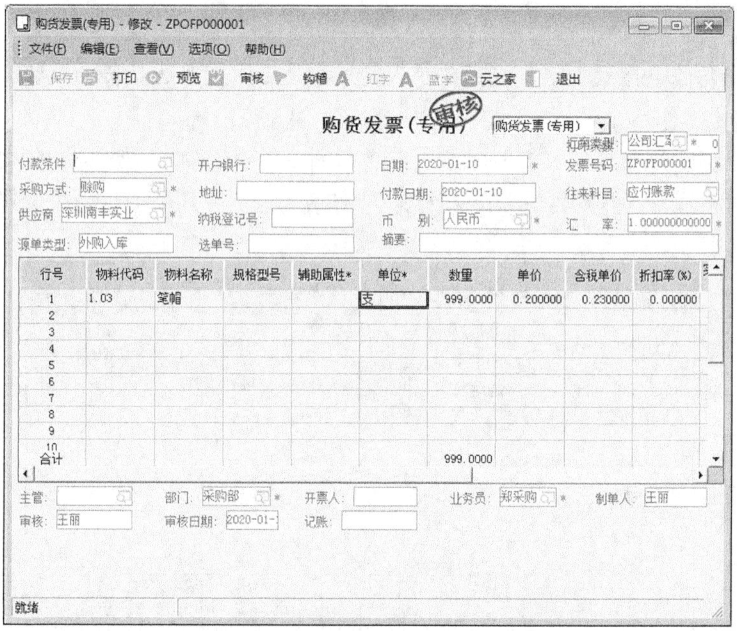

图 7-37

外购入库单还可以下推生成销售出库单、领料单和委外加工单等单据，生成办法可以参照下推生成购货发票（专用）的生成操作。

7.3.6 采购发票

采购发票可以处理采购专用发票（增值税发票）和普通发票，并可以进行采购发票与采购入库单的钩稽。采购发票可以由采购入库单、采购订单和合同等源单生成。

1. 采购发票录入

选择"采购管理"→"采购结算"→"采购发票—新增"，系统进入"购货发票（专用）- 新增"窗口，如图 7-38 所示。

图 7-38

在窗口右上角的下拉列表中，选择要录入的发票是专用发票还是普通发票。

2. 发票基本操作

（1）选择"采购管理"→"采购结算"→"采购发票—维护"，系统弹出"条件过滤"窗口，设置过滤条件时请注意"事务类型""审核标志""作废标志"等几个项目是否选择正确，如图 7-39 所示。

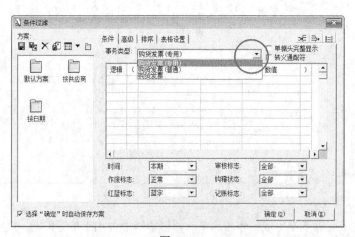

图 7-39

| 事务类型 | 购货发票（专用），只查询专用发票；购货发票（普通），只查询普通发票；购货发票，查询所有类型发票。 |

（2）在此选择"默认方案"，"时间"选择"全部"，单击"确定"按钮进入"采购发票序时簿"窗口，单击"编辑"菜单，系统弹出编辑功能列表，单击"修改""删除""审核"和"作废"等按钮，可以对所选中的单据进行相应操作。打印输出的操作可以参照前面单据。

3．钩稽与反钩稽

采购发票的钩稽与反钩稽与销售发票钩稽与反钩稽操作一致。

4．核销与反核销

采购发票的核销是指红字和蓝字发票的核销和反核销的功能。

（1）核销条件。

- 核销的发票必须分别为红字和蓝字的已审核采购发票。
- 核销的发票必须全部为审核未钩稽的发票。
- 核销的发票的事务类型必须一致，即蓝字采购普通发票对应红字采购普通发票、蓝字采购专用发票对应红字采购专用发票。
- 核销的单据必须是两张业务相同、数据相反的单据，两张单据的供应商、采购方式、物料、辅助属性、条目数等内容均一致，而每个条目的数量相反（即相加为零），这样才能予以核销。
- 一次只能选择两张单据进行核销，但一次只能选择一张单据进行反核销。
- 反核销的两张发票不能生成记账凭证。

（2）核销操作。

在采购发票序时簿中，使用快捷键"Ctrl"选中两张符合核销条件的红字、蓝字采购发票，单击工具栏上的"核销"按钮或选择"编辑"→"核销"，系统会检查两张单据是否符合要求及供应商、物料、条目数、数量（相加为零）是否一致，然后予以核销，如果出现不符合的条件，系统给予提示，然后返回序时簿界面。

（3）反核销操作。

对于已经执行核销的单据，可以执行反核销。反核销时，只能选中一张单据，对其进行反核销，则另一张与其核销的单据也反核销了。

同样在"采购发票序时簿"窗口，选中一张已经执行核销的采购发票，选择"编辑"→"反核销"，系统会检查该张单据是否符合要求，然后将二者一起作反核销处理，两张单据同时变为非钩稽状态；如果出现不符合的条件，系统给予提示，然后返回序时簿界面。

（4）核销对发票状态的影响。

核销会对采购发票产生以下影响。

- 核销后的采购发票不能再与发票核销。
- 核销后的采购发票视同钩稽，可以通过查询钩稽关系查询。

（5）核销单据的账务处理。

核销的发票，不进行账务处理，在存货核算系统的"生成凭证"界面不显示这类单据。

5．费用发票

采购费用发票主要用来处理采购过程中产生的费用，如运输费用、报关费用等。费用发票也分为蓝字发票和红字发票，红字发票是蓝字发票的反向单据，代表费用退回，两者数量相反，但内容一致。

例7-8 以图7-40为例，介绍费用发票的录入方法。图7-40所示的是一张120元的汽车运费费用发票。

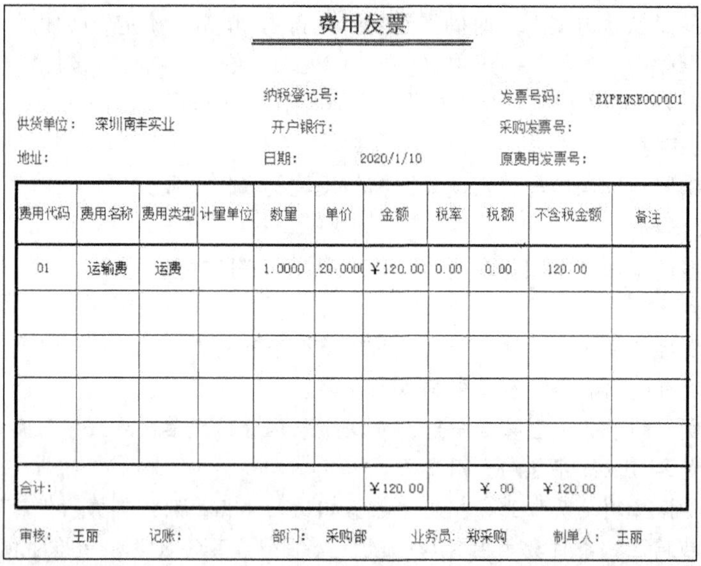

费用发票

纳税登记号： 发票号码： EXPENSE000001

供货单位： 深圳南丰实业 开户银行： 采购发票号：

地址： 日期： 2020/1/10 原费用发票号：

费用代码	费用名称	费用类型	计量单位	数量	单价	金额	税率	税额	不含税金额	备注
01	运输费	运费		1.0000	120.0000	￥120.00	0.00	0.00	120.00	
合计:						￥120.00		￥.00	￥120.00	

审核： 王丽 记账： 部门： 采购部 业务员：郑采购 制单人： 王丽

图7-40

（1）选择“采购管理”→“费用发票”→“费用发票—新增”，系统进入“采购费用发票 - 新增”窗口。

（2）在“供应商”处按“F7”功能键后获取“深圳南丰实业”公司。

（3）光标移至表体“费用代码”处，按“F7”功能键，系统弹出“核算项目 - 费用”管理窗口，双击“运输费”档案切换到“费用发票 - 修改”窗口，“金额”录入“120”，“部门”获取“采购部”，“业务员”获取“郑采购”，单击“保存”按钮保存发票，并审核，审核后的单据如图7-41所示。

费用发票的查询、审核、修改和删除等操作可以参照前面单据的处理方法。

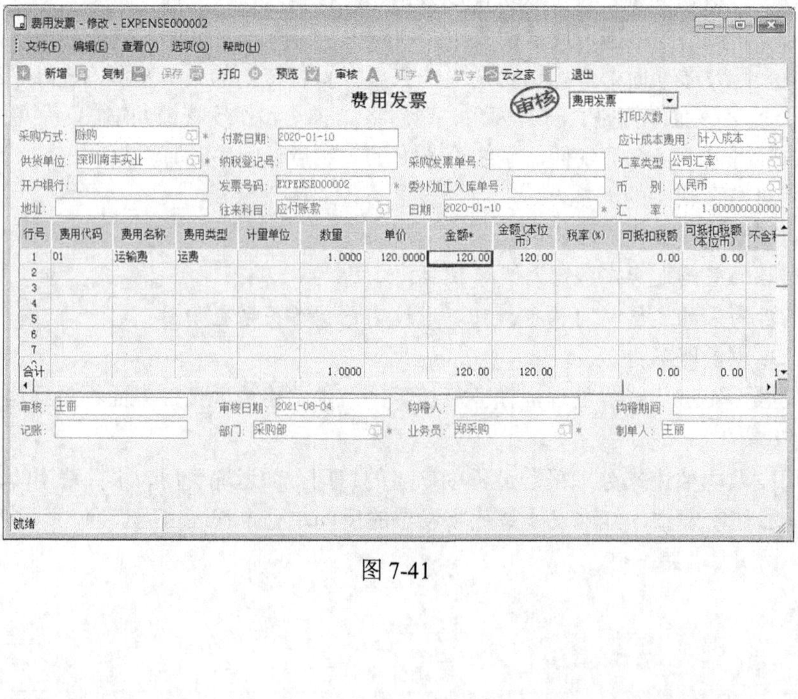

图7-41

7.4 报表分析

金蝶 K/3 系统提供丰富的报表查询功能，除基本的报表查询功能外，还提供强大的报表分析查询功能，可以进行合同金额执行明细表、采购订单执行情况明细表、采购发票明细表、采购价格分析、采购订单分析和供货 ABC 分析等，并且可以自定义查询分析工具。

1．采购订单执行情况汇总表、明细表

采购订单执行情况汇总表用于查询满足条件的某个采购订单的执行情况，可以查询到订单数量、入库数量和未入库等信息。下面以查询采购订单执行情况明细表为例，介绍执行情况表的查询方法。

选择"采购管理"→"报表分析"→"采购订单执行情况明细表"，系统弹出"过滤"窗口，日期范围设置为"2020-01-01"至"2020-01-31"，其他项目保持默认值，单击"确定"按钮，系统进入"采购订单执行情况明细表"窗口，如图 7-42 所示。

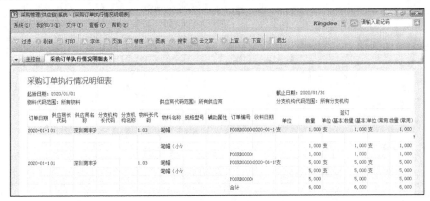

图 7-42

2．采购订单全程跟踪

采购订单全程跟踪用于查询符合条件订单的入库、开票和付款情况，以做到及时、全面地跟踪。

选择"采购管理"→"报表分析"→"采购订单全程跟踪"，系统弹出"过滤"窗口，日期范围设置为"2020-01-01"至"2020-01-31"，其他项目保持默认值，单击"确定"按钮，系统进入"采购订单全程跟踪报表"窗口，如图 7-43 所示。

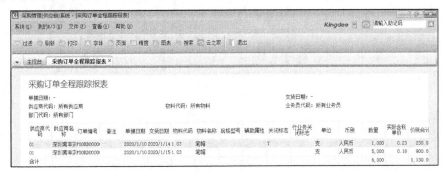

图 7-43

其他报表的查询方法可以参照本小节和 4.4.1 小节。

7.5 课后习题

(1) 画出采购管理系统每期的操作流程。
(2) 画出采购管理系统与其他系统之间的数据流向图。
(3) 如何设置同一材料、不同供应商的供货价格？

第 8 章 生产任务管理

本章重点

- 系统参数设置
- 任务单全程跟踪
- 生产任务汇报/请检
- 生产任务单处理
- 生产投料
- 账表查询分析

8.1 概 述

生产是制造型企业的必须过程,生产任务管理负责对日常生产过程的业务进行处理,如生产任务单的下达、确认,生产领料的模拟投料和生产任务单的全程跟踪。金蝶 K/3 生产任务管理提供生产任务单管理、模拟投料、任务单汇报和任务单全程跟踪等功能,可对生产任务单的进度和用料进行实时监控。

生产任务管理系统通常与生产数据管理系统、物料需求计划系统、仓存管理系统和销售管理系统集成使用,提供完整全面的生产任务流程处理。

1.使用生产任务管理系统需要设置的内容

- 公共资料:科目、币别、计量单位、部门、职员、物料、仓库等公共资料是本系统所涉及的最基础资料,必须设置,否则在进行单据处理时会受到相应的限制。
- 初始化:本系统不用设置初始化。
- 系统设置资料:系统设置针对该系统的参数进行更加详细化的设置,包含单据类型、打印控制、系统设置、单据设置、多级审核管理和业务流程设计设置等。

公共资料是必须设置的。系统设置资料可以根据管理要求确定是否需要设置,或者在以后的使用过程中可以返回再进行修改。另外,为更好地使用生产任务管理系统,一定要使用生产数据管理系统,建立 BOM 档案,以供投料时调用。

2.生产任务管理系统可执行的查询与生成的报表

生产任务管理系统中可对生产任务单、投料单和任务单汇报单进行查询。

可查询的报表有生产任务单执行明细表、生产任务单执行汇总表、生产任务单成本差异表、月生产进度统计表、任务单领料明细表、在制品存量统计表和足缺料分析表等。

3. 生产任务管理系统每期的操作流程（见图8-1）

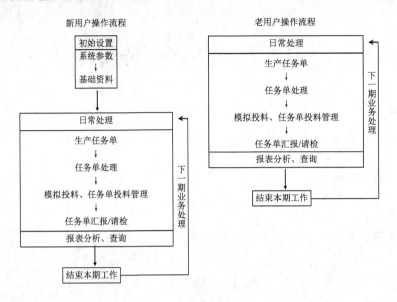

图 8-1

4. 生产任务管理系统与其他系统的数据流向（见图8-2）

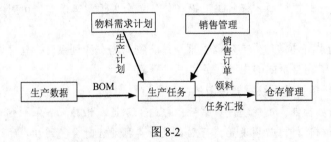

图 8-2

- 物料需求计划：生产任务管理系统接收从物料需求计划投放生成的生产任务单。
- 销售管理：可以参照销售订单生成生产任务单。
- 生产数据：生产任务单在模拟投料和生产投料时从生产数据系统中获取 BOM 档案，展开计算出领料数量。
- 仓存管理：生产管理系统进行生产投料维护后，传递到仓存管理系统，仓管员可以按照该投料单进行领料单处理，同时任务单汇报/请检传递到仓存管理系统，以供成品入库参照。仓存管理系统为生产管理系统提供存货现存量查看功能。

生产管理系统通常与生产数据管理系统、物料需求计划系统、销售管理系统、仓存管理系统等结合运用，这样能提供更完整、全面的企业物流业务流程管理信息。

8.2 初始设置

初始设置用于对本系统的核算参数和基础资料进行设置，如设置某年某月使用本系统，这样才能知道期初数据应该录入什么时候的数据；只有基础资料设置成功后才能正常进行单据处理。

生产任务管理系统的启用与其他业务系统同步，并且本系统不用录入初始数据，基础资料的设置可以参照第 3 章，本小节重点讲述生产任务管理系统的系统设置。

系统设置

系统设置用于针对本系统的一些控制进行设置，如对单据打印是否进行控制、单据编码的自定义格式等进行设置。

选择"系统设置"→"系统设置"→"生产管理"→"系统设置"，系统进入"系统参数维护"窗口，选择窗口左侧的"生产任务管理选项"项目，系统将显示可以进行设置的项目，如图 8-3 所示。

- 倒冲领料与在制品冲减方式：当 BOM 档案中的"是否倒冲"选项设置为"是"时，则按照此处的计算公式进行倒冲。单击"参数值"列，弹出设置窗口，如图 8-4 所示。

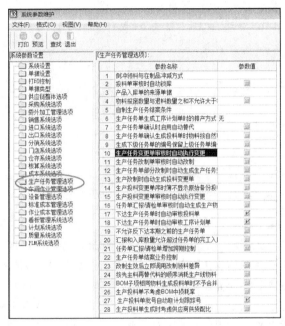

图 8-3

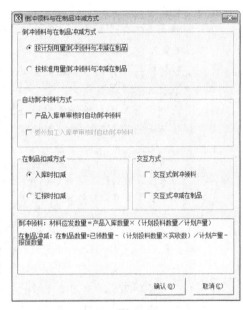

图 8-4

当参数值设置好后，可参照窗口下部的文本框中的内容理解计算公式。

交互方式有两个选项，当选择"交互式倒冲领料"时，提供生产领料单/受托加工出库单/委外加工出库单的交互界面；当选择"交互式冲减在制品"时，提供材料耗用的交互界面。

- 投料单审核时自动锁库：当选择"库存不足时允许投料单按照库存量锁库"，同时选中本选项时，如果仓库中物料的库存不足，会按照现有库存量进行锁库；当没有选择系统参数"库存不足时允许投料单按照库存量锁库"时，如果仓库中物料的库存不足，则不予锁库。
- 产品入库单的来源单据：单击"参数值"列，系统弹出设置窗口，如图 8-5 所示。

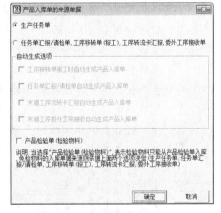

图 8-5

免检产品的产品入库单可选择根据生产任务单、任务单汇报/请检单、工序移转单（报工）、工序转流卡汇报单或委外工序接收单生成；非免检产品的产品入库单可选择根据生产任务单、任务单汇报/请检单、工序移转单（报工）、工序转流卡汇报单、委外工序接收单或产品检验单生成。

- 物料报废数量与退料数量之和不允许大于领料数量：选中该选项，物料报废单审核时，如果对应的投料单的报废数量大于已领数量，则审核不成功。但对于倒冲物料，不进行此项控制。

同时，若关联生产任务单生成蓝字生产领料单，或者关联任务单的蓝字生产领料单关联生成红字领料单，且在保存或审核更新库存时，对应投料单上的报废选单数量大于已领数量，提示"领料单的退料数量不能大于对应投料单子项物料的已领数量与报废数量之差"，领料保存或审核不成功。

- 自制生产任务结案条件：单击"参数值"列，系统弹出设置窗口，如图8-6所示。
- 全部领料：投料单中普通类型的物料的已领数量大于等于计划投料数量。
- 返还件完全入库：投料单中返还件类型的物料的已领数量大于等于计划投料数量。

图8-6

> 注：如果选择"结案时严格控制在制品"选项，同时选择在制品的扣减方式为"汇报时扣减"，而且汇报数量导致在制品为0，那么即使选择"结案时严格控制在制品"和"全部领料"选项，系统也不会自动结案。

- 生产任务单生成工序计划单时的排产方式：有"无排""正排"和"倒排"3个选项供选择。若系统参数选择正排或倒排，生产任务单确认生成工序计划单时，工序计划单的计划开工日期、计划完工日期根据正排或倒排的算法求得。
- 生产任务单确认时启用自动替代：选中该选项，在计划订单投放的生产任务单生成投料单时，根据替代物料清单自动替代投料单的子项物料；未选中该选项，按生产任务单上的BOM生成投料单。
- 生产任务单确认生成投料单时物料按自然BOM排序：未选中该选项，在任务下达生成投料单时，物料的生成顺序按照BOM中的定义顺序排序；未选中该选项，物料的生成顺序按照BOM中的物料的代码顺序排序。
- 生成下级任务单的编号保留上级任务单编号：选中该选项，在任务单生成下级任务单时，下级任务单的编号会根据编码规则"原任务单号+'_'+自然数（从1开始）"生成。
- 生产任务变更单审核时自动执行变更：选中该选项，生产任务变更单审核时，自动执行变更功能；未选中该选项，只有审核后再执行变更功能才达到变更的目的。
- 生产任务改制单审核时自动改制：选中该选项，生产任务改制单审核时，自动执行改制功能；未选中该选项，只有审核后再执行改制功能才达到改制的目的。
- 生产任务单部分改制时自动生成生产任务变更单：选中该选项，则改制时涉及原生产任务单改动时，同步生成生产任务变更单。
- 生产改制时自动生成投料变更单：选中该选项，则改制涉及投料单改动时，自动生成投料变更单。
- 生产投料变更单审核时自动执行变更：选中该选项，生产投料变更单在审核时自动执行变更；未选中该选项，只执行审核的功能。
- 任务单汇报/请检单审核时自动生成生产物料报废/补料单：选中该选项，如果任务单汇报/请检单有因工报废和因料报废数量，则任务单汇报/请检单审核时，弹出生产物料报废/补料单单据界面。
- 下达生产任务单时自动审核投料单：选中该选项，则系统将在下达生产任务单的时候自动审核投料单，适用于按照标准 BOM 用量投料的企业。
- 下达生产任务单时自动审核工序计划单：选中该选项，如果生产任务的生产类型为跟踪工序，而且生产任务单上有工艺路线存在，则系统将在下达生产任务单时自动审核工序计划单。
- 不允许反下达本期之前的生产任务单：选中该选项，反下达任务单时，检查下达日期是否在本期间之前，如果下达日期在本期之前，则不能反下达。
- 汇报和入库数量允许超过任务单的完工入库上限：选中该选项，可以超任务单入库。
- 任务单汇报/请检单增加跨期控制：选中该选项，任务单汇报或请检单保存、审核、删除时，检查实际完工日期是否在本期之前，如果实际完工日期在本期之前，则不允许处理。
- 生产任务单结案业务控制：单击"参数值"列，系统弹出设置窗口，如图 8-7 所示。

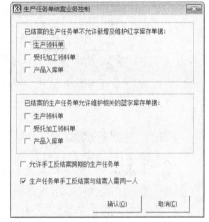

图 8-7

本窗口用于设置结案任务单关联业务的控制。
- BOM 子项相同物料生成投料单时不予合并：选中该选项，当 BOM 子项物料虚拟件、跳层物料的下层物料以及普通物料中有相同物料时，生成投料单不会将相同物料合并成一条分录。
- 生产投料单不考虑 BOM 中损耗率：选中该选项，生产投料单中的数量不包含损耗率。

8.3　日常业务处理

基础资料和系统设置完成，可以进行日常的业务处理，日常业务处理包括各种生产任务单据的录入、查询和修改等操作，以及根据录入的各种单据，查询相关报表，以对企业的生产进度进行监控和分析处理。

选择"生产管理"→"生产任务管理"，系统切换到包含所有生产任务管理功能的窗口，如图 8-8 所示。

使用某个明细功能的方法：先选择正确的子功能项，再双击子功能下正确的明细功能相应项目；也可以双击右侧流程图窗口中的对应功能按钮。例如，要录入生产任务单，操作方法是先选择子功能下的"生产任务"，再双击"生产任务单—新增"项目，系统进入"生产任务单 - 新增"窗口。

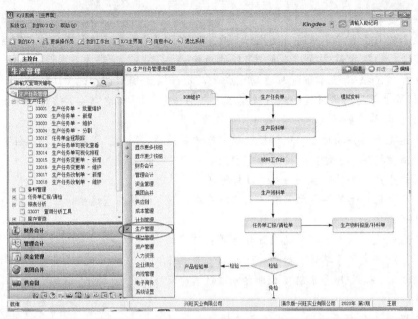

图 8-8

8.3.1 生产任务单

生产任务单功能可以完成任务单的新增、确认、下达、修改和打印等操作，并且根据录入的生产任务单，在投料、汇报和入库后可以实时跟踪到该笔任务单的执行情况。

生产任务单的单据状态有以下几种。

- 计划：表示有这个生产任务，但是还未按照 BOM 用量生成投料单，在生产领料和产成品入库时都不能参照此单进行处理。
- 确认：表示该生产任务同意生产，类似"审核"概念，确认状态下的生产任务会按照 BOM 用量自动生成投料单，在"投料单 - 维护"窗口可以进行投料单的修改和审核等操作。
- 下达：表示该生产任务同意生产并投放到车间进行实际生产，下达后的任务单可以参照生成生产领料单和产成品入库单。当系统设置参数选中"下达生产任务单时自动审核投料单"，则投料单同步审核。
- 结案：结案有两种方式，一种是手工结案，通常是指该任务单不再执行生产，强行关闭和结案后的任务单不能参照领料和产成品入库；另一种是自动结案，自动结案的标准会按照系统设置参数中的"自制生产任务结案条件"设置进行控制。只有处于"下达"状态的任务单才能结案。

1. 生产任务单新增

生产任务单新增有两种方法，一种是由物料需求计划系统产生生产计划单，投放后，在"生产任务单 - 维护"窗口中进行处理，如确认、下达和结案等操作；另一种是手工录入，如未使用物料需求计划系统，则只能手工录入生产任务单。

手工录入新增生产任务单有两种方式，一种是批量新增，另一种是单张新增。在此练习批量新增的方法。

（1）以"游计划"登录账套，选择"生产管理"→"生产任务管理"→"生产任务"→"生产任务单—批量维护",系统弹出"生产任务批量维护 - 新增"窗口,如图8-9所示。

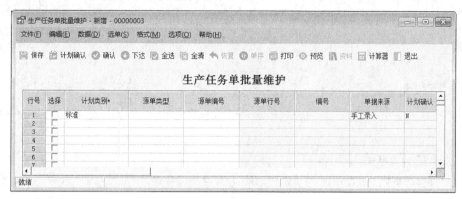

图 8-9

- 源单类型、源单编号:可以参照销售订单和外销订单两种源单类型生成生产任务单,也可以为空,不参照;当选择源单类型后,在源单编号处单击"资料"按钮或按"F7"功能键,获取源单信息。
- 物料代码、物料名称、规格型号:当参照源单时,自动带入;未参照订单时,在物料代码处单击"资料"按钮或按"F7"功能键获取物料编码。
- 生产类型:默认"普通订单",按"F7"功能键可以修改生产类型。
- BOM 类别:若源单为销售订单,则携带源单 BOM 类别,不可维护。否则配置类物料的 BOM 类别为客户 BOM,其他类型物料的 BOM 类别为标准 BOM。
- BOM 编号:产品的 BOM,默认根据物料代码从 BOM 资料中带出使用状态 BOM,可选择本产品非使用状态的审核的 BOM。如果源单为销售订单,且销售订单分录的 BOM 类别为订单 BOM,且该销售订单分录对应的订单 BOM 中指定了 BOM 编号,则需携带该销售订单分录上指定的 BOM 编号,不可维护。
- 工艺路线:首先根据 BOM 编号从 BOM 中自动带出,如果 BOM 中工艺路线为空,则根据物料代码从物料资料中自动带出,可修改。如果生产类型的选项为工序跟踪,则工艺路线为必录项。
- 计划生产数量:录入要生产的产品数量。
- 生产车间:获取生产加工部门,生产部门在部门档案中的部门属性选择"车间",方能使用。
- 计划开工日期、计划完工日期:选择生产任务单的计划开工日期和完工日期。
- 完工入库超收比例(%):根据物料代码从物料资料中自动带出,可修改。
- 完工入库上限:根据计划生产数量和完工入库上限百分比自动得出。计算结果不为整数时,根据物料的数量精度进行四舍五入。

(2)第一行,源单类型选择"销售订单",在源单编号处按"F7"功能键获取"SEORD000001"号订单,生产车间获取"生产部",计划生产数量修改为"12",其他保持默认值;第二行,在物料代码处按"F7"功能键获取"2.01—笔身",生产车间获取"生产部",计划生产数量录入"33",如图 8-10 所示,开工日期为"2020-01-10",完工日期为"2020-01-13"。

(3)单击"保存"按钮保存当前单据。

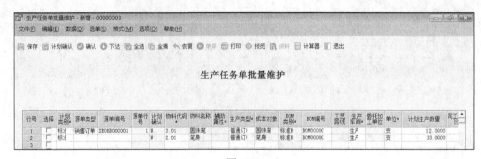

图 8-10

2. 生产任务单维护

若要查询、修改、删除和确认刚才新增成功的生产任务单，可以进入"生产任务单维护"窗口进行处理。

选择"生产任务管理"→"生产任务"→"生产任务单—维护"，系统弹出"过滤"窗口，注意条件的设置，选择"默认方案"，窗口下部所有选项都选择"全部"，单击"确定"按钮，系统进入"生产任务单序时簿"窗口，如图 8-11 所示。

图 8-11

窗口中的"WORK000005"和"WORK000006"即为刚才新增的生产任务单。请注意当前单据状态为"计划"，表示该状态下可以修改和删除生产任务单。如选中"WORK000005"号任务单，单击"修改"按钮，系统进入"生产任务单 - 修改"窗口，如图 8-12 所示。

在修改窗口修改自己需要更改的内容后，单击"保存"按钮即可。

生产任务的确认是类似审核的功能，确认后的生产任务按照 BOM 的用量生成生产投料单。如选中"WORK000005"号任务单，单击"确认"按钮，系统会弹出确认成功的提示。查询确认后生成的生产投料单的方法是，切换回"主控台"，选择"生产任务管理"→"备料管理"→"生产投料单—维护"，系统弹出"过滤"窗口，保持默认值，单击"确定"按钮系统进入"生产投料单序时簿"窗口，如图 8-13 所示。

该窗口中"生产投料单号"为"WORK000005"号的投料单资料即刚才确认后生成的，请注意当前的生产投料单为非审核状态。当生产任务单"反确认"后，该投料单会自动删除。

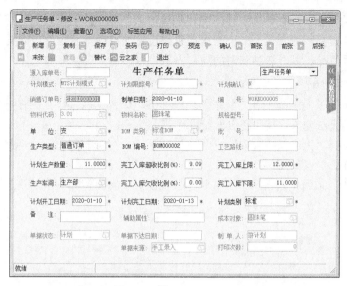

图 8-12

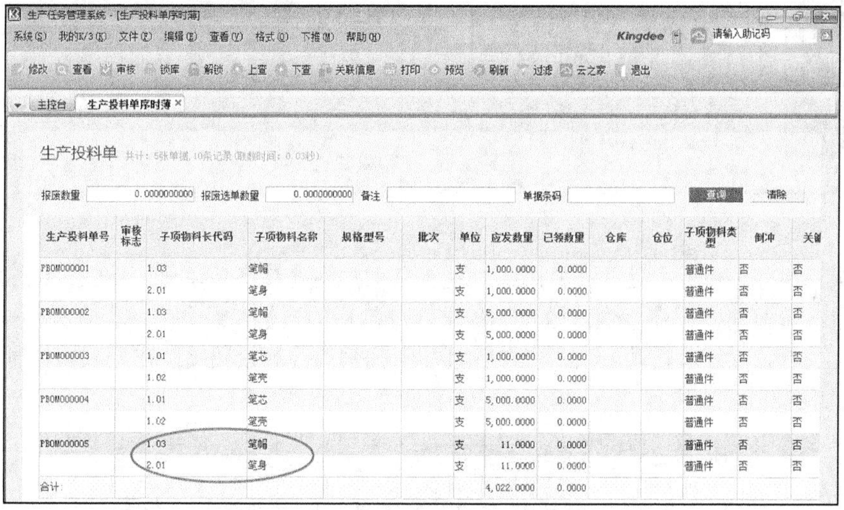

图 8-13

生产任务单反确认的方法：在"生产任务单序时簿"窗口，选中要反确认的任务单，选择"编辑"→"任务单状态"→"反确认"。

生产任务单的下达：下达后的生产任务单可以参照生成"生产领料"和"产成品入库"。当系统设置参数选中"下达生产任务单时自动审核投料单"，则生产投料单同步审核。如选中"WORK000005"号任务单，单击"下达"按钮，系统会弹出下达成功的提示。查询下达后审核的生产投料单的方法：切换回"主控台"，选择"生产任务管理"→"备料管理"→"生产投料单—维护"，系统弹出"过滤"窗口，保持默认值，单击"确定"按钮系统进入"生产投料单序时簿"窗口，该窗口中生产投料单号为"WORK000005"号的投料单资料的审核状态为"Y"，表示同步审核成功。

生产任务单反下达的方法：在"生产任务单序时簿"窗口，选中要反下达的任务单，选择"编辑"→"任务单状态"→"反下达"。

生产任务单的作废：只有计划状态下的任务单可以作废。挂起表示该生产任务单暂时停止执行。生产任务单结案有两种方式，一种是根据系统设置的自动结案条件自动结案，另一种是手工强制结案，不用再执行。以上3种状态的操作方法可以参照"确认"操作。

3. 生产任务单分割

生产任务单分割就是把处于计划状态的生产任务单分割为两张以上的任务单，如一个特别大的订单，一个车间无法完成，就可以分割给两个车间生产。

分割方法：选择"生产任务管理"→"生产任务"→"生产任务单—分割"，系统弹出"任务单分割工具"向导窗口，如图8-14所示。

单击"下一步"按钮，系统进入"任务单分割工具"窗口，如图8-15所示。

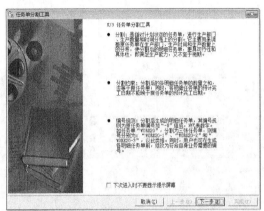
图 8-14

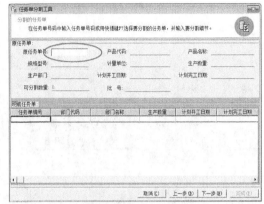
图 8-15

在表头"原任务单号"处，按"F7"功能键获取原生产任务单单号"WORK000006"。

表体录入分割情况，在"生产数量"处录入分割后的数量，录入完成，在最后一列"批号"处按"Enter"键，系统会自动新增一行，并且显示分割后的剩余数量。在分割操作时，可以同时分割为多行，如图8-16所示。

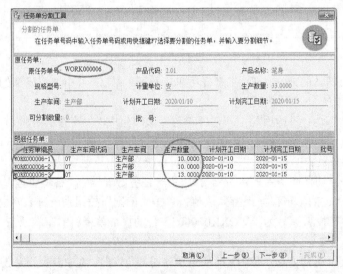
图 8-16

明细录入完成，单击"下一步"按钮，进行分割，再单击"完成"按钮结束操作。如果要查询分割后的任务单情况，可以选择"生产任务管理"→"生产任务"→"生产任务单—维护"，进入"生产任务单序时簿"窗口查询，如图8-17所示。

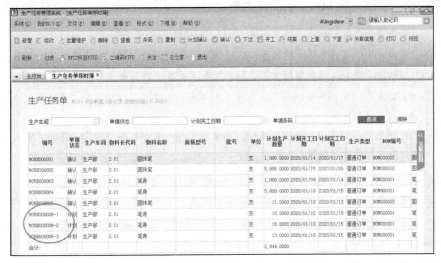

图 8-17

4．生产任务单改制

在机加工、压铸等行业，由于质量、订单变更等原因，经常会出现计划生产的产品的更改，需要全部更改或部分更改为生产其他产品，以减少浪费。部分改制时生成新的生产任务，原有的生产任务继续执行。

选择"生产任务管理"→"生产任务"→"生产任务改制单—新增"，系统进入"生产任务改制单 - 新增"窗口，如图8-18所示。

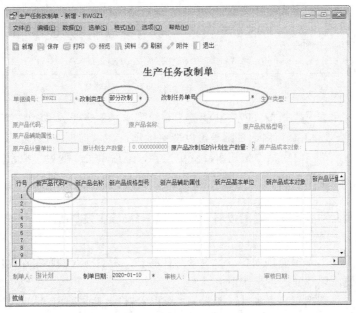

图 8-18

- 改制类型：选择"部分改制"时，要录入原产品改制后的计划生产数量；选择"全部改制"，则不用修改此数量。
- 改制任务单号：按"F7"功能键选择要进行改制的生产任务单号。
- 新产品代码：录入改制后的产品代码。

> 注
> （1）如果生产任务单的计划模式为MTO，则不允许改制。
> （2）如果生产任务单的生产类型为工序跟踪启用流转卡，则不允许改制。
> （3）如果生产任务单关联的工序计划单有关联委外工序转出单，则不允许部分改制。
> （4）如果生产任务单关联的非末工序计划单对应的委外工序接收单有关联发票或暂估凭证，则不允许全部改制。
> （5）如果生产任务单关联的工序计划单末道工序是外协工序，末道工序有关联委外工序转出单，则不允许全部改制。

改制单录入完成后保存即可。如果要进行查询、修改和审核等操作，选择"生产任务管理"→"生产任务"→"生产任务改制单—维护"，进入"生产任务改制单序时簿"窗口，选中要操作的改制记录，单击相应按钮即可。

5．生产任务单变更

生产任务单变更主要是针对已经下达的生产任务单，变更其生产数量、生产部门和开工时间等内容。

选择"生产任务管理"→"生产任务"→"生产任务变更单—新增"，系统进入"生产任务变更单 - 新增"窗口，如图8-19所示。

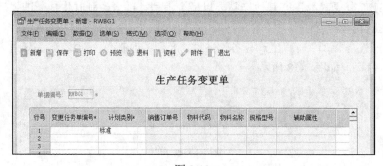

图 8-19

在"变更任务单编号"处按"F7"功能键，系统弹出"生产任务单序时簿"窗口，选择要变更的任务单返回，在表体中，空白项目都是可以变更的项目，如计划生产数量和生产部门等项目。变更单录入完成后，单击"审核"按钮审核变更内容，最后单击"变更"按钮完成变更处理。

8.3.2 备料管理

备料管理主要是对生产任务单的投料、报废、补料和模拟发料等进行管理。

1．模拟发料

模拟发料功能是为了提前预知要进行生产的任务单，考虑现存量和在途物料等条件，计算出发料报表，以方便计划部安排生产计划。

选择"生产任务管理"→"备料管理"→"模拟发料"，系统弹出"模拟发料表"设置窗口，如图8-20所示。

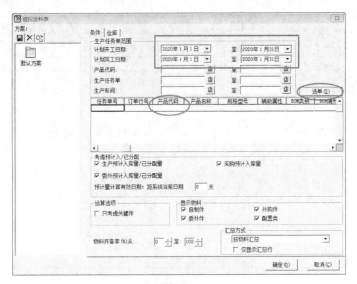

图 8-20

单击"选单"按钮,系统进入"生产任务单序时簿"窗口,在窗口中可以选择要参与计算的生产任务单。也可以不使用"选单"功能,直接手工在"产品代码"处录入要生产的产品的代码和生产数量。

以上设置完成后,可以注意各计算选项的选择,以便计算实际所需要的数据,设置完成后单击"确定"按钮,系统进入"模拟发料表"报表窗口,如图 8-21 所示。

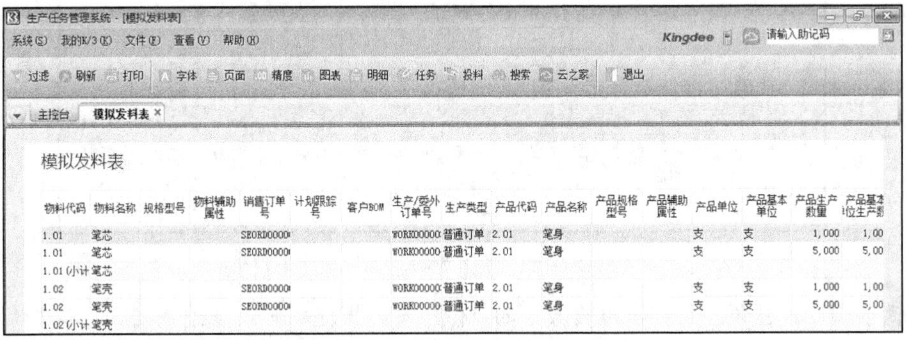

图 8-21

如果是使用"选单"功能选择生产任务单,单击工具栏上的"明细"按钮,可以看到明细资料;单击"任务"按钮,可以查询对应的生产任务单情况;单击"投料"按钮,可以查询对应的生产投料单情况。

2. 投料单维护

由于生产投料单由生产任务单在"确认"时自动生成,所以生产投料单只有维护功能,没有新增功能。生产投料单主要是由生产任务单上产品的 BOM 以标准用量产生的所需投料数据,该数据在未审核状态下可以修改,如修改损耗率或单位用量等。

选择"生产任务管理"→"备料管理"→"投料单维护",系统弹出"过滤"窗口,单击"确定"按钮进入"生产投料单序时簿"窗口,如图 8-22 所示。

图 8-22

在生产投料单序时簿中，处于未审核状态的生产投料单能够修改。选中未审核的生产投料单，单击"修改"按钮，系统进入"生产投料单 - 修改"窗口，如图 8-23 所示。

图 8-23

修改窗口中，白色项目都可以修改，如单位用量、损耗率等，修改完成后，单击"保存"按钮即可。

生产投料单可以在此处手工审核，也可以在生产任务单"下达"时自动审核，前提是系统参数中有设置"下达生产任务单时自动审核投料单"选项。

为了保证某些生产任务单的生产，可以提前对相应生产投料单进行锁库操作，方法是选中后，单击工具栏上的"锁库"按钮。

由于原材料短缺等情况，可以变更投料单，避免影响生产。投料单变更功能位于"生产任务管理"→"备料管理"→"投料单变更—新增"，操作方法与生产任务单类似，要使变更单生效，必须在"投料单变更 - 维护"下审核后，再单击"变更"按钮。

3. 生产物料报废/补料单

生产物料报废/补料单主要用来处理生产任务单的报废和补料情况，实时将该单据计入成本对象中。

选择"生产任务管理"→"备料管理"→"生产物料报废/补料单—新增"，系统进入"生产物料报废/补料单 - 新增"窗口,如图 8-24 所示。

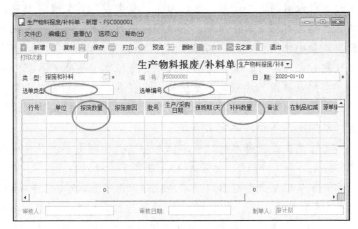

图 8-24

生产物料报废/补料单的操作方法：先选择选单类型，再在"选单编号"处按"F7"功能键获取要报废/补料的任务单，最后在表体的"报废数量"处录入报废数量，在"补料数量"处录入补料数量。

若需要查询、修改和删除等，可以进入"生产物料报废/补料单 - 维护"窗口进行操作。

8.3.3 任务单汇报/请检

任务单汇报/请检单用于生产任务的汇报工作，主要汇报该任务单的进行过程，如使用什么设备、花了多少时间、做出多少产量等信息。

选择"生产任务管理"→"任务单汇报/请检"→"任务单汇报/请检单—新增"，系统进入"任务单汇报/请检单 - 新增"窗口，如图 8-25 所示。

图 8-25

- 选单类型、选单编号：选择选单类型，在"选单编号"处按"F7"功能键获取源单信息。
- 班组、操作工：默认为空，可手工录入或按"F7"功能键查询录入。

- 实际开工日期：无源单时，默认为当前日期，可维护。有源单生产任务单时，若生产任务单的生产类型未启用工序跟踪，默认为生产任务单的计划开工日期，可维护；若生产任务单的生产类型启用了工序跟踪，则该字段不可维护，默认为系统当前日期。必须满足实际开工日期小于等于实际完工日期。
- 实际完工日期：无源单时，默认为当前日期，可维护。有源单生产任务单时，若生产任务单的生产类型未启用工序跟踪，默认为生产任务单的计划完工日期，可维护；若生产任务单的生产类型启用了工序跟踪，则该字段不可维护，默认为系统当前日期。必须满足实际开工日期小于等于实际完工日期。
- 实作数量：无源单生产任务单时，手工录入非负数。有源单生产任务单时，若生产任务单的生产类型未启用工序跟踪，携带MAX（任务单的计划生产数量−实作数量+返修数量，0）；若生产任务单的生产类型启用了工序跟踪，携带MAX（任务单的计划生产数量−检验关联数量+返修数量，0）；若汇报/请检物料为生产任务单对应的投料单上的联产品、副产品、等级品，则携带（投料单的计划投料数量−选单数量），非负数。
- 遗失数量：默认为零，可维护，非负数。
- 时间单位：默认为小时，可维护，包括小时、分钟。
- 单位标准工时：为生产任务单上产品的基础资料的单位标准工时（小时），需要将按小时计量的时间转换为按时间单位计量的时间，不可维护。
- 预计加工时间：预计加工时间＝实作数×单位标准工时，不可维护。
- 人工准备工时：无源单生产任务单时，默认为空，可维护，非负数。有源单生产任务单时，若生产任务单的生产类型未启用工序跟踪，默认为空，可维护，非负数；若生产任务单的生产类型启用了工序跟踪，不可维护。
- 合格数：如果物料为"检验"，则合格数根据检验单反写；如果物料为"免检"，则可以手工输入。
- 因工报废数：如果物料为"检验"，则因工报废数根据检验单反写；如果物料为"免检"，则可以手工输入。
- 因料报废数：如果物料为"检验"，则因料报废数根据检验单反写；如果物料为"免检"，则可以手工输入。
- 累计实作数量：有源单生产任务单时，携带生产任务单的实作数量；否则，累计实作数量为0。

任务单汇报/请检单录入完成后，可以在维护窗口中进行查询、修改和审核等操作。

8.4 报表分析

金蝶K/3系统提供丰富的报表查询功能，除基本报表查询功能外，还提供强大的报表分析查询功能，可以进行任务单全程跟踪查看生产任务单执行明细表、月生产进度统计表和任务单领料明细表等报表，并且可以自定义"查询分析工具"。

1．任务单全程跟踪

任务单全程跟踪用于查询符合条件的任务单对应的销售订单、领料和产成品入库等情况。

选择"生产任务管理"→"生产任务"→"任务单全程跟踪"，系统进入"任务单全程跟踪"窗口，光标放置在"选单"处，获取要跟踪的任务单并返回"任务单全程跟踪"窗口，然后在窗口右下方可以显示跟踪情况，如图 8-26 所示。

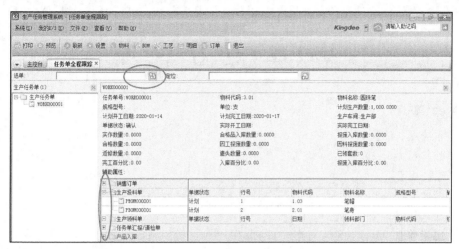

图 8-26

2．生产任务单执行明细表

生产任务执行明细表用于查询满足条件，并且状态为下达或开工的任务单的执行情况，可以查询到计划数量、入库数量等信息。

选择"生产任务管理"→"报表分析"→"生产任务单执行明细表"，系统弹出"过滤"窗口，日期范围设置为"2020-01-01"至"2020-01-31"，其他项目保持默认值，单击"确定"按钮，系统进入"生产任务单执行明细表"窗口，如图 8-27 所示。

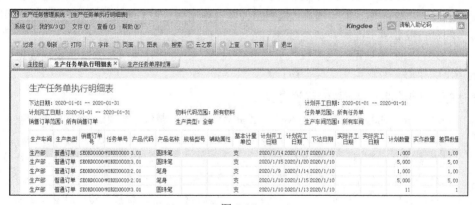

图 8-27

其他报表的查询方法可以参照本小节和 4.4.1 小节。

8.5 课后习题

（1）画出生产任务管理系统每期的操作流程。
（2）画出生产任务管理与其他系统之间的数据流向图。
（3）简述生产任务单"确认"状态的意义。
（4）简述生产任务单"下达"状态的意义。

第 9 章 仓 存 管 理

本章重点

- 系统参数设置
- 验收入库
- 领料发货
- 仓库调拨
- 盘点作业
- 组装作业
- 报表分析

9.1 概　　述

物料是企业在生产经营过程中为销售或耗用而储存的各种资产，包括商品、产成品、半成品、在产品以及各种材料、燃料、包装物、低值易耗品等。物料是保证企业生产经营过程顺利进行的必要条件，是企业的一项重要的流动资产，其价值在企业流动资产中占有很大的比重。

仓存管理是金蝶 K/3 供应链中的重要系统，提供物料的外购入库、产成品入库、其他入库、委外加工入库、验收入库、生产领料、销售出库、其他出库、委外加发料、货位管理、批次管理、调拨业务和盘点业务等全面的业务应用。

仓存管理可以单独使用，也可以与采购管理系统、销售管理系统、物料需求计划系统及存货核算系统集成使用，发挥更加强大的应用功能。

1. 使用仓存管理系统需要设置的内容

- 公共资料：包括科目、计量单位、供应商、客户、部门、职员、物料及仓库等，公共资料是本系统所涉及的最基础资料，必须设置，否则在进行单据处理时会受到相应的限制。
- 仓存管理基础资料：金蝶 K/3 系统为用户提供设置公共资料功能的同时，又针对单独系统提供了设置该系统基础资料的功能。仓存管理基础资料设置包括价格资料维护、批号管理维护、信用管理维护、折扣方案维护、供应商供货信息维护、物料对应表维护、备注资料设置、条形码规则设置、条形码关联设置、客户 BOM 和批号对应表维护、物料辅助属性设置、序列号管理、存量管理、组装件 BOM 录入和组装件 BOM 维护等。
- 初始化：系统进行初始化时，需要设置系统参数、录入初始数据、录入启用期前的未核销销售出库单、录入启用期前的暂估入库单、录入启用期前的未核销委外加工出库单、录入启用期前的暂估委外加工入库单和启动业务系统。
- 系统设置资料：系统设置是针对该系统的参数进行更详细化的设置，包含打印控制、系统设置、单据设置、多级审核管理和业务流程设计设置等。

公共资料和初始化是必须设置的。仓存管理基础资料和系统设置资料可以根据管理要求决定是否需要设置，或者在以后的使用过程中返回再进行修改。

2. 仓存管理系统可执行的查询与生成的报表

仓存管理系统提供丰富的报表查询功能，可查询的报表有：库存台账、出入库流水账、物料收发汇总表、物料收发明细表、收发业务汇总表、物料收发日报表、生产任务执行明细表、安全库存预警分析表、超储/短缺库存分析表、库存账龄分析表、保质期清单、库存 ABC 分析、库存呆滞料分析表、库存配套分析表、保持期预警分析表、物料批次跟踪表和序列号跟踪分析表等。

3. 仓存管理系统每期的操作流程（见图 9-1）

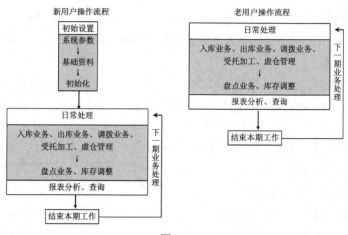

图 9-1

4. 仓存管理系统与其他系统的数据流向（见图 9-2）

- 采购管理：采购管理填制的来料通知单传递到仓存管理系统，仓存管理可以根据来料通知单生成外购入库单，若所引用的来料通知单由采购订单引用生成，则该外购入库单生成的信息反映到采购订单执行情况表中。当采购管理与仓存管理系统连接使用时，采购管理系统可以随时查询到物料的仓存变化情况。

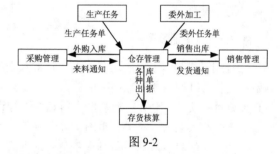

图 9-2

- 销售管理：销售管理填制的发货通知单传递到仓存管理系统，仓存管理可以根据发货通知单生成销售出库单，若所引用的发货通知单由销售订单引用生成，则该销售出库单生成的信息反映到销售订单执行情况表中。当销售管理与仓存管理系统连接使用时，销售管理系统可以随时查询到物料的仓存变化情况。
- 存货核算：仓存管理系统中的各种出入库单据传递到存货核算系统作核算材料出库成本之用。
- 生产任务：下达后的生产任务单可以传到仓存管理系统，仓存管理系统在填写生产领料单和产成品入库单时可以引用生产任务单生成。
- 委外加工：审核后委外加工生产任务单可以传到仓存管理系统，仓存管理系统在填写生产领料单和委外加工入库单时可以引用委外加工生产任务单生成。

仓存管理系统可以单独使用，这样只能管理基本的仓存操作，也可以与物料需求计划系统、销售管理系统、采购管理系统及存货核算系统等结合运用，这样能提供更完整、全面的企业物流业务流程管理。

9.2 初始设置

初始设置用于对本系统的核算参数和基础资料进行设置，如设置某年某月使用本系统，这样才能知道期初数据应该录入什么时候的数据。只有基础资料设置成功后才能正常进行单据处理。

9.2.1 初始化

初始化设置是对本系统的核算参数和初始数据录入，正确地进行初始化设置，这样，在随后的日常业务处理中，查询到的各种报表才是正确和完整的，所以初始化工作显得非常重要。

1．系统参数设置

系统参数设置是对本系统的启用期间和核算方式等进行设置，设置方法参照第 4 章，若销售管理或采购管理系统已经设置成功，则可以省略该步骤。

2．初始数据录入

初始数据录入是设置本系统启用时物料的期初数据，如某某物料的期初数量是多少、金额是多少，录入方法可以参照第 4 章，若业务系统已经启用，则不用录入初始数据。

3．录入启用期前的暂估单据

录入启用期前的暂估单据包含未核销销售出库单、暂估入库单、未核销委外加工出库单和暂估委外加工入库单等 4 种期初单据的录入。

4．启用业务系统

此功能是指业务系统的所有初始数据录入完成，相当于结束初始化工作，业务系统一经启用后，不能再进行初始数据录入工作，只有反初始化后才能录入初始数据。启用业务系统参照第 4 章"销售管理"。

9.2.2 基础资料

基础资料是以后系统填制单据和查询报表的重要组成部分，只有正确填制基础资料，在以后系统的使用过程中才能顺利引用数据。系统分为公共资料和仓存管理基础资料两种，公共资料是必须设置的项目，仓存管理基础资料是否进行设置则视管理要求而定。

- 公共资料：科目、币别、计量单位、供应商、部门、职员、物料、仓库等公共资料是本系统所涉及的最基础资料，必须设置，否则在进行单据处理时会受到相应的限制。公共资料设置方法请参照第 3 章（公共资料设置）。
- 仓存管理基础资料：金蝶 K/3 系统为用户提供公共资料的同时，又针对单独系统提供了设置该系统基础资料的功能。因仓存管理的基础资料已经包含销售管理和采购管理的所有基础资料，所以基础资料的设置请参照第 4 章和第 7 章中的"基础资料"一节进行设置，若已经设置完成，则不用设置。

9.2.3 系统设置

系统设置是为对本系统进行控制而设置的，如登录时是否按保质期进行预警提示、是否严格按投料单发料等设置。仓存管理和销售管理同属于业务系统，所以销售管理系统的系统设置也同样应用到仓存管理系统的系统设置中，在此只讲述仓存管理系统的系统设置，其他项目的系统设置请参照第 4 章。

选择"系统设置"→"系统设置"→"仓存管理"→"系统设置",系统进入"系统参数维护"窗口,选择左侧"仓存系统选项"项目,系统会显示可以进行设置的项目,如图9-3所示。

图9-3

- 在仓存系统中使用物料对应表:选中该选项,则在涉及采购、销售业务的仓存单据和序时簿中增加"对应代码""对应名称"显示,即系统自动取物料对应表中供应商或客户与物料相对应的代码、名称,用于显示、查询;如果未选中该选项,则相应字段在单据、序时簿和报表中不显示。系统默认为不选中。
- 录单时物料的仓库和默认仓库不一致时给予提示:当物料基础资料中设置默认仓库时,如果选中该选项,在库存类单据录入时,系统根据物料的默认仓库判断单据上仓库是否与该物料的默认仓库一致,不一致则弹出提示,避免由此造成的仓库账实不符;如果未选中该选项,则不弹出提示。使用该功能的前提是物料基础资料中设置了默认仓库。
- 更新库存数量出现负库存时给予预警:选中该选项,则在单据保存、审核或反审核时,系统计算即时库存数量,确定仓存总量,有出现负库存的情况会给予预警,并分情况处理。当用户在"系统维护"→"核算参数"→"库存结余控制"设置中选择允许负库存,系统只提供警告;如果选择不允许负库存,系统将不允许继续处理该业务单据。
- 库存总数量高于或等于最高库存量时给予预警:选中该选项,则在库存类单据的录入和审核时,系统判断当前单据引起的即时库存变化是否造成涉及最高库存量的影响,对于造成的影响予以提示,从而避免因库存数量超出正常存储范围,形成不必要的资金积压;如果未选中该选项,则系统不提示。
- 库存总数量低于或等于最低库存量时给予预警:选中该选项,在库存类单据的录入和审核时,系统判断当前单据引起的即时库存变化是否造成涉及最低库存量的影响,对于造成的影响予以提示,从而避免因库存数量不足妨碍企业正常的生产经营活动;如果未选中该选项,则系统不提示。
- 严格按投料单发料:选中该选项,则系统会控制生产领料单的领料数量,使其不超过投料单的数量;如果未选中该选项,则不控制生产领料单的领料数量。

- 打印及录入盘点数据先调用过滤界面：选中该选项，打印和录入盘点数据时先调用过滤界面；如果未选中该选项，则不调用过滤界面。
- 分销调拨其他出库单审核后自动生成分销调拨其他入库单：选中该选项，分销调拨其他出库单审核后自动生成分销调拨其他入库单；如果未选中该选项，则不生成分销调拨其他入库单。
- 出库批号自动指定：有不启用、批号顺序出库和近效期先出等3个可选项。

在手工录入蓝字实仓类出库单（销售出库单、委外出库单、生产领料单及其他出库单）和调拨单的时候，根据以上参数值的不同设置进行不同的处理，具体如下：

① 如果参数值为"不启用"，则系统不做任何处理；

② 如果参数值为"批号顺序出库"，则对于批次管理及批号和保质期管理的物料，按照批号从前到后的顺序，将当前物料在即时库存中排序后最前的批号默认带到所录入物料的"批号"字段中；

③ 如果参数值为"近效期先出"，则当批次管理物料同时为保质期管理存货时，按失效日期顺序从前到后进行排序，默认携带失效日期最靠前的物料。

在蓝字实仓类出库单（销售出库单、委外出库单、生产领料单及其他出库单）和调拨单选单生成的时候，也需要根据以上参数的不同设置进行不同的处理，具体如下：

① 如果参数值为"不启用"，以上单据选单生成时，系统不做任何处理；

② 如果参数值为"批号顺序出库"，以上单据选单生成时，对于进行批次管理的物料，需要按照可关联的数量和批号出库的规则，进行批次管理物料的按批次自动分解；

③ 如果参数值为"近效期先出"，出库单选单生成时，若批次管理物料同时为保质期管理存货，按失效日期顺序从前到后进行批号自动分拆出库。

- 生产领料单物料的缺省实发数量不允许大于其库存数量：选中该选项，则领料单上的实发数量不能大于该物料的库存数量；未选中该选项，可以大于。
- 受托加工领料单物料的缺省实发数量不允许大于其库存数量：选中该选项，则受托加工领料单物料的实发数量不能大于该物料的库存数量；未选中该选项，可以大于。
- 委外加工出库单物料的缺省实发数量不允许大于其库存数量：选中该选项，则委外加工出库单物料的实发数量不能大于该物料的库存数量；未选中该选项，可以大于。
- 任务单汇报/请检单物料领用控制：单击"参数值"列按钮，系统弹出设置窗口，选择是"控制""警告"，还是"严格控制"，只能选择其中一个选项。
- 产品入库时物料领用控制：控制系统是否在产品入库时进行领料情况检查，当检查的对应生产任务单未领料（或者未足额领料）时，系统给出提示或拒绝入库。单击设置按钮，即可调出物料领用控制设置界面，设置参数分为控制强度选项和控制选项两部分。控制强度选项包括"不控制""警告"和"严格控制"3个选项，用户只能选择其中之一。控制选项包括"已领料"和"关键物料领用配套数"两个选项，当控制强度为"警告"和"严格控制"时，用户必须在两个控制选项中选择一个；当控制强度为"不控制"时，控制选项锁定不可编辑。
- 委外加工入库时物料领用控制：控制系统是否在委外加工入库时进行领料情况检查，当检查的对应委外加工任务单未领料（或者未足额领料）时，系统给出提示或拒绝入库。设置方法参考"产品入库时物料领用控制"。
- 序列号保存时检查合法性：选中该选项，在单据中录入序列号后，只有在保存的时候才进行序列号检查，未选中该选项，不检查。
- 库存可用量考虑不良品仓：此参数对仓存业务影响较大，建议修改选项时谨慎操作。

9.3 日常业务处理

基础资料、初始化设置和系统设置完成后，可以进行日常的业务处理。日常业务处理包括各种仓存单据录入、查询和修改等操作，以及根据录入的各种单据查询相关报表，以对企业的仓存状况作出预测和分析处理。

选择"供应链"→"仓存管理"，系统切换到包含所有"仓存管理"功能的窗口，如图 9-4 所示。

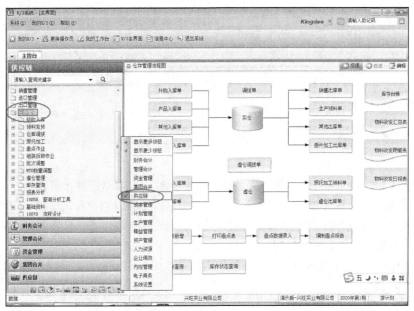

图 9-4

使用某个明细功能的方法：先选择正确的子功能项，再双击子功能下正确的明细功能相应项目。例如，要录入产品入库单，操作方法是先选择子功能下的"验收入库"，再双击"产品入库—新增"项目，系统进入"产品入库单 - 新增"窗口。

9.3.1 入库、出库业务

在金蝶 K/3 中入库业务在"验收入库"子功能下，主要是处理所有物料的入库业务，包含外购入库、产品入库、委外加工入库和其他入库业务处理。

在金蝶 K/3 中出库业务在"领料发货"子功能下，主要是处理所有物料的出库业务，包含销售出库、生产领料、委外加工出库和其他出库业务处理。

为使读者能快速学习本章，在此以生产业务为主线讲述物料出、入库业务处理方法。

1．外购入库

外购入库单用于录入由采购业务所产生的入库单据，可以参照采购订单和采购来料通知单生成，若无源单引用时，则可以直接手工录入。

选择"仓存管理"→"验收入库"→"外购入库单—新增"，系统进入"外购入库单 - 新增"窗口，如图 9-5 所示。

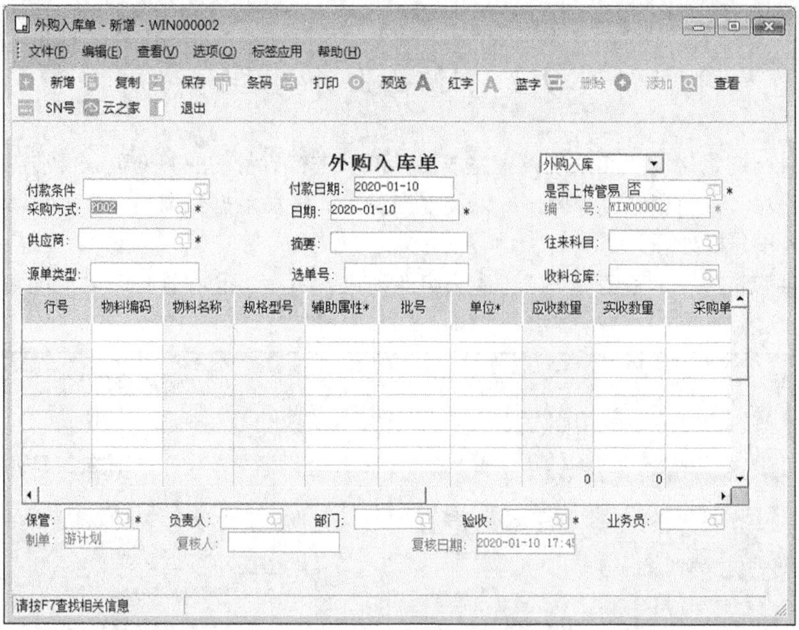

图 9-5

"仓存管理"中的外购入库单与"采购管理"中的外购入库单是同步更新的,即在"采购管理"中对外购入库单进行处理后,在"仓存管理"中可以查询、修改和审核等,同理在"仓存管理"中对外购入库单进行处理后,也可以在"采购管理"中查询、修改和审核等。

例 9-1 以图 9-6 所示单据为例,练习外购入库单的录入方法。

图 9-6 中的外购入库单是由收料通知单作为源单,由"DD000001"号和"DD000002"号收料通知/请检单生成。

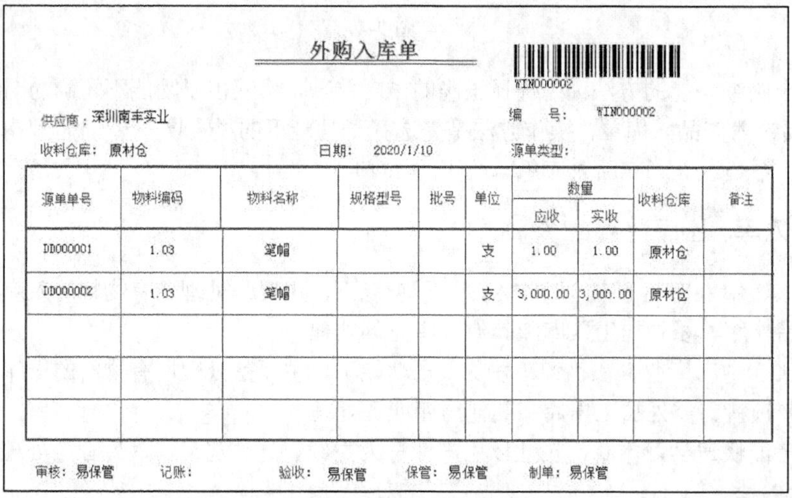

外购入库单

供应商: 深圳南丰实业　　　　　　　　　　　　　编　号: WIN000002
收料仓库: 原材仓　　　　　日期: 2020/1/10　　　源单类型:

源单单号	物料编码	物料名称	规格型号	批号	单位	数量		收料仓库	备注
						应收	实收		
DD000001	1.03	笔帽			支	1.00	1.00	原材仓	
DD000002	1.03	笔帽			支	3,000.00	3,000.00	原材仓	

审核: 易保管　　记账:　　　验收: 易保管　　保管: 易保管　　制单: 易保管

图 9-6

(1)以"易保管"登录账套,选择"仓存管理"→"验收入库"→"外购入库单—新增",系统进入"外购入库单 - 新增"窗口。

(2)"源单类型"选择"收料通知/请检单",光标移至"选单号"处,单击工具栏上的"查看"

按钮，系统进入"收料通知/请检单序时簿"，先选中"DD000001"号单据，按住键盘上的"Ctrl"键，再单击"DD000002"号单据，如图9-7所示。

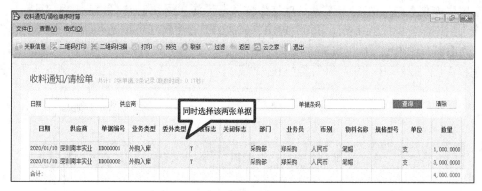

图 9-7

（3）单击"返回"按钮，将两张收料通知/请检单信息引用到外购入库单，收料仓库获取"原材仓"，保管获取"易保管"，验收获取"易保管"，如图9-8所示。

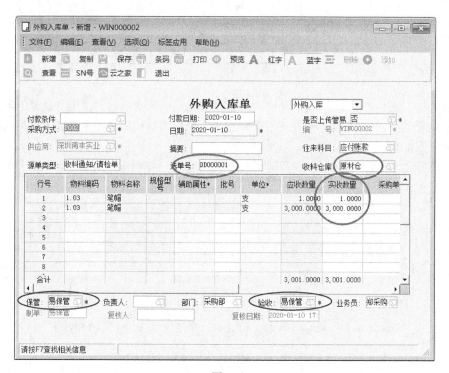

图 9-8

（4）单击"保存"按钮保存当前单据。

（5）当单据保存成功后，注意工具栏上工具按钮的变化。单击"审核"按钮审核本单据，稍后系统弹出审核成功提示，表示单据审核成功。

若要进行外购入库的查询，则选择"仓存管理"→"验收入库"→"外购入库单—维护"，系统弹出过滤窗口，设置过滤条件后单击"确定"按钮进入"外购入库单序时簿"窗口，在窗口中可以进行单据的修改、删除和打印等操作。

2．生产领料

生产领料单主要用来录入因生产半成品/成品业务而形成的从仓库领料业务，生产领料单可以参照生产任务单和外购入库单等单据生成，若无源单引用时，可以直接手工录入。

查询生产任务执行明细表，可知"WORK000003"号生产任务单还有 1000 支笔身没有执行完成，为保证企业销售工作，现需要开展笔身的生产。

例 9-2 以图 9-9 中的生产领料单得出生产笔身需要的物料，并练习生产领料的处理方法。

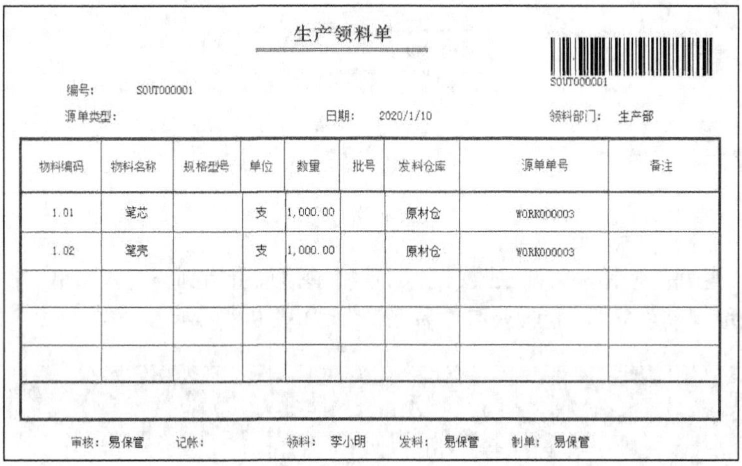

生产领料单

物料编码	物料名称	规格型号	单位	数量	批号	发料仓库	源单单号	备注
1.01	笔芯		支	1,000.00		原材仓	WORK000003	
1.02	笔壳		支	1,000.00		原材仓	WORK000003	

编号：SOUT000001　源单类型：　日期：2020/1/10　领料部门：生产部

审核：易保管　记帐：　领料：李小明　发料：易保管　制单：易保管

图 9-9

图 9-9 是一张生产领料单，单据中的笔芯和笔壳是生产笔身的材料，笔身是笔的半成品，该领料单是参照"WORK000003"号生产任务单生成，所以本单可以参照生产任务单录入的方式录入，操作步骤如下。

（1）选择"仓存管理"→"领料发货"→"生产领料—新增"，系统进入"领料单 - 新增"窗口，如图 9-10 所示。

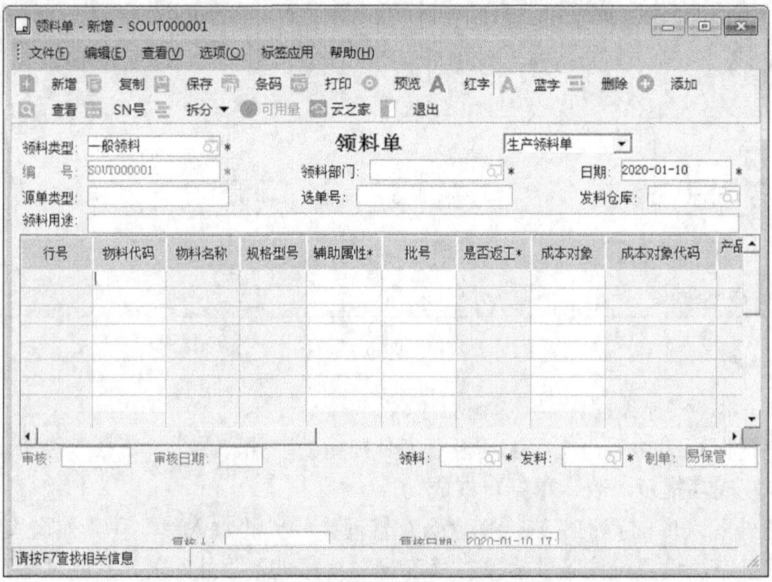

图 9-10

- 领料类型：即该笔业务单据的业务类型，录单时默认为“一般领料”，修改方法是使用“F7”功能键或单击“查看”按钮获取。
- 领料部门：是指领料的部门名称，按“F7”功能键获取。如果该单据是通过关联生产任务单生成的，则部门代码取自所选的源单部门信息，用户不能修改。
- 领料用途：即该笔业务的用途，用户可以手工输入，也可以使用在“备注资料”中录入的备注信息。
- 源单类型：选择由何种源单参照生成，可以选择“空白”，即不参照任何单据。
- 选单号：当选择源单类型后，在“选单号”处单击“查看”按钮，获取源单类型的单据信息。
- 发料仓库：录入的该批物料从哪个仓库被领出。若生产一批产品的物料在多个仓库，则需要将不同仓库的物料录入一张单据。
- 领料和发料：按“F7”功能键获取领料或发料人员信息。

（2）领料类型保持默认值，源单类型选择“生产任务单”，光标移至“选单号”处，按“F7”功能键，系统进入“生产投料单序时簿”窗口，如图 9-11 所示。

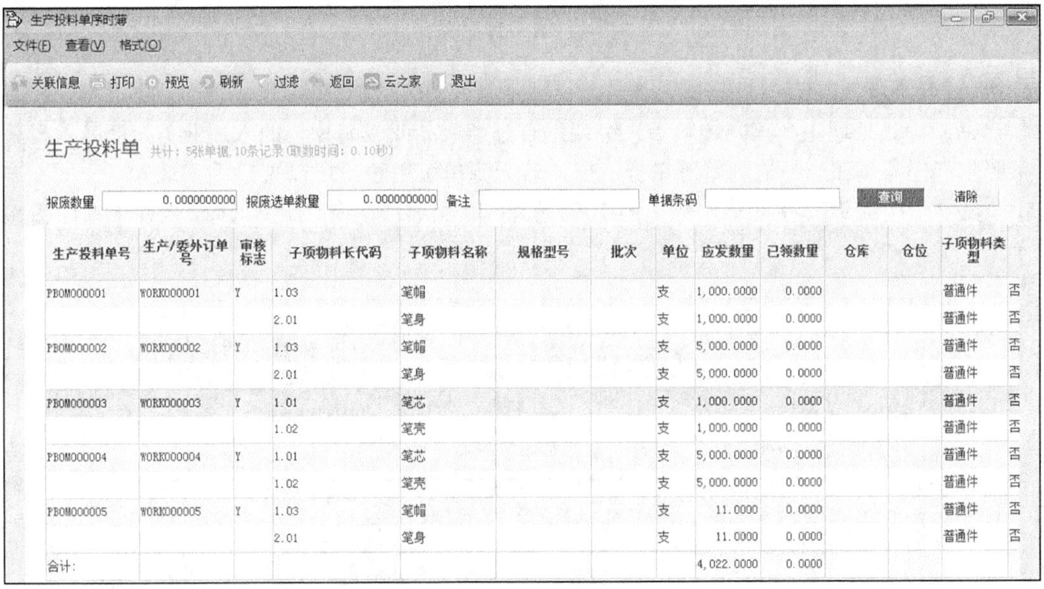

生产投料单号	生产/委外订单号	审核标志	子项物料长代码	子项物料名称	规格型号	批次	单位	应发数量	已领数量	仓库	仓位	子项物料类型	
PBOM000001	WORK000001	Y	1.03	笔帽			支	1,000.0000	0.0000			普通件	否
			2.01	笔身			支	1,000.0000	0.0000			普通件	否
PBOM000002	WORK000002	Y	1.03	笔帽			支	5,000.0000	0.0000			普通件	否
			2.01	笔身			支	5,000.0000	0.0000			普通件	否
PBOM000003	WORK000003	Y	1.01	笔芯			支	1,000.0000	0.0000			普通件	否
			1.02	笔壳			支	1,000.0000	0.0000			普通件	否
PBOM000004	WORK000004	Y	1.01	笔芯			支	5,000.0000	0.0000			普通件	否
			1.02	笔壳			支	5,000.0000	0.0000			普通件	否
PBOM000005	WORK000005	Y	1.03	笔帽			支	11.0000	0.0000			普通件	否
			2.01	笔身			支	11.0000	0.0000			普通件	否
合计:								4,022.0000	0.0000				

图 9-11

在“生产投料单序时簿”窗口，如果要同时对两种或两种以上的物料进行发料，则按住“Ctrl”键的同时选中要发放的物料行。

（3）同时选中“WORK000003”号生产任务单的“笔壳”和“笔芯”行，单击“返回”按钮，“实发数量”参照申请数量录入，“发料仓库”选择“原材仓”，“领料”处获取“李小明”，“发料”处获取“易保管”，单击“保存”按钮保存当前单据，保存成功的单据如图 9-12 所示。

（4）单击“审核”按钮审核该张单据。

若要进行生产领料的查询，则选择“仓存管理”→“领料发货”→“生产领料单—维护”，系统弹出“过滤”窗口，设置过滤条件后单击“确定”按钮进入“生产领料单序时簿”窗口，在窗口中可以进行单据的修改、删除和打印等操作。

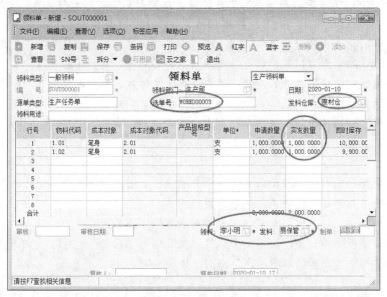

图 9-12

3. 产品入库

产品入库是处理生产车间领料后，组装生产好半成品或成品物料的入库业务，产品入库单可以参照生产任务单和产品检测单等单据生成，若无源单引用时，可以直接手工录入。

例9-3 接例9-2，生产车间领出的1000套物料，组装成笔身，需要入库，入库单据如图9-13所示。

K/3产品入库单

CIN000001

交货单位：生产部　　　　编号：CIN000001

源单类型：生产任务单　　日期：2020/1/10　　收货仓库：半成品仓

源单单号	物料编码	物料名称	规格型号	批号	单位	数量		收货仓库	备注
						应收	实收		
WORK000003	2.01	笔身			支	1,000.00	1,000.00	半成品仓	

审核：易保管　记账：　验收：易保管　保管：易保管　制单：易保管

图 9-13

（1）选择“仓存管理”→“验收入库”→“产品入库—新增”，系统进入“产品入库单 - 新增”窗口，如图9-14所示。

图 9-14

- 交货单位：单击"查看"按钮，获取交本批产品的部门信息。
- 收货仓库：仓管员收到此批产品后存放的仓库。

（2）"源单类型"选择"生产任务单"，在"选单号"处按"F7"功能键，系统进入"生产任务单序时簿"窗口，选中"WORK000003"号生产任务单，单击"返回"按钮返回"产品入库单 - 新增"窗口，在"收货仓库"处单击"查看"按钮获取"半成品仓"，"验收"获取"易保管"，"保管"获取"易保管"，其他保持默认值，单击"保存"按钮保存当前单据，保存成功的单据如图 9-15 所示。

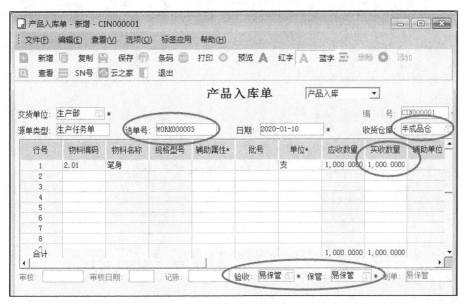

图 9-15

（3）单击"审核"按钮审核当前单据。

若要进行产品入库单的查询，则选择"仓存管理"→"验收入库"→"产品入库—维护"，系统弹出"过滤"窗口，设置过滤条件后单击"确定"按钮进入"产品入库单序时簿"窗口，在窗口中可以进行单据的修改、删除和打印等操作。

4．销售出库

销售出库单用于处理由销售行为而形成的产品出库单，销售出库单可以参照销售订单和销售发票等单据生成，若无源单引用时，可以直接手工录入。

"仓存管理"中的销售出库单与"销售管理"中的销售出库单是同步更新的，即在"销售管理"中对销售出库单进行处理后，在"仓存管理"中可以查询、修改和审核等，同理在"仓存管理"中对销售出库单进行处理后，也可以在"销售管理"中查询、修改和审核等。本节的销售出库单处理方法请参照第4章。

5．其他入库

其他入库主要用于处理不是由销售行为和生产行为所形成的入库业务，如赠品业务入库、盘盈入库等。系统同时提供参照发运单、收料通知单和其他出库单等单据生成其他入库单。

选择"仓存管理"→"验收入库"→"其他入库—新增"，系统进入"其他入库 - 新增"窗口，如图9-16所示。

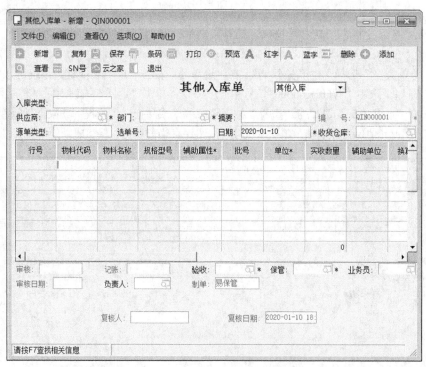

图 9-16

其他入库单的处理方法可以参照前面所讲的单据处理方法。

6．其他出库

其他出库主要用于处理非销售行为和生产行为所形成的出库业务，如赠品业务出库、盘亏出库等。系统同时提供参照其他入库单和发货通知单生成其他出库单。

选择"仓存管理"→"领料发货"→"其他出库—新增"，系统进入"其他出库单 - 新增"窗口，如图9-17所示。

其他出库单的处理方法可以参照前面所讲的单据处理方法。

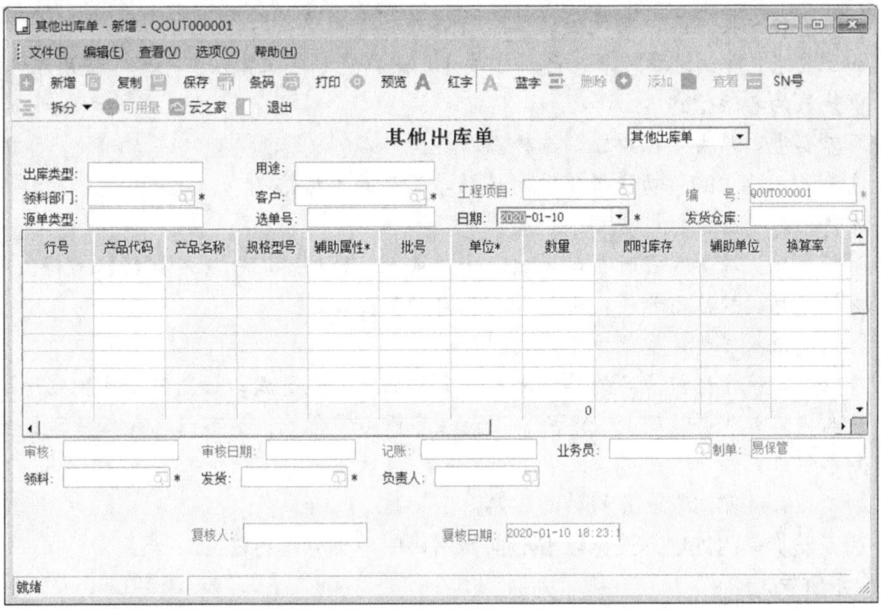

图 9-17

7. 委外加工出库

委外加工是指公司提供原材料，让加工单位组装或生产成产品后送回公司，公司按照一定加工费用作劳动报酬付予加工单位的业务。委外加工与外购的不同点是，委外加工是公司提供物料，外购是公司不提供任何物料。

委外加工出库单是处理因委外加工行为，加工单位需要从公司领出原材料的情况的单据。系统可以参照委外加工生产任务单和外购入库单生成，若无源单选择，可以不选择源单类型，直接手工录入领料单。

选择"仓存管理"→"领料发货"→"委外加工出库—新增"，系统进入"委外加工出库单 - 新增"窗口，如图 9-18 所示。

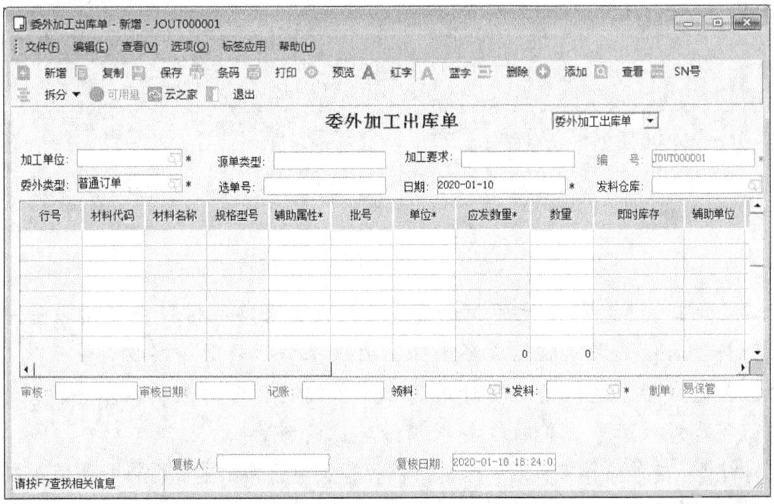

图 9-18

- 加工单位：按"F7"功能键获取进行委外加工的单位名称。
- 加工要求：即该笔委外加工的加工要求。用户可以手工输入，也可以使用在"备注资料"中录入的备注信息。
- 源单类型：单击下拉按钮，选择源单类型。
- 选单号：按"F7"功能键获取对应源单类型的单据信息。
- 发料仓库：该批材料从哪个仓库出库。
- 材料代码：源单生成时自动带出。手工录入时则按"F7"功能键获取材料代码。
- 材料名称、规格型号等：由材料代码自动带出。
- 数量：录入当前计量单位下的材料数量。
- 单位成本：指当前产品的单位成本，需要在期末进行成本核算时由系统自动填入，当前录入内容可能会被刷新、清除，因此该字段不需录入，但可以在成本核算成功后查询产品单位成本。
- 加工项目：即该笔业务的参考信息。

委外加工发货单的处理方法可以参照前面所讲的单据处理方法。

8. 委外加工入库

委外加工入库单用于处理因委外加工行为，加工单位加工完成送回公司的入库单据。系统可以参照委外加工生产任务单等单据生成，若无源单选择，则可以不选择源单类型，直接手工录入。

选择"仓存管理"→"验收入库"→"委外加工入库—新增"，系统进入"委外加工入库单 - 新增"窗口，如图 9-19 所示。

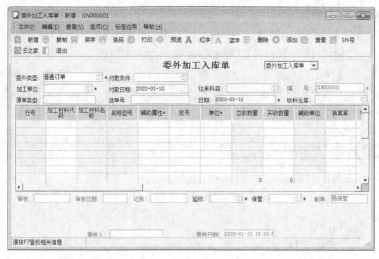

图 9-19

- 材料费：加工该笔物料发生的材料费，实收数量×单位材料费＝材料费。用户手工录入、修改材料费时，如果实收数量不为 0，要求根据材料费和实收数量反算出单位材料费。委外核算完成后，将核销的委外加工出库单的材料费对应填入本字段。红字委外入库单关联蓝字委外入库单选单时，要求携带单位材料费。
- 单位材料费：委外核算完成后，根据材料费和数量反算出单位材料费并填入本字段。红字委外入库单关联蓝字委外入库单选单时，要求根据红字委外入库单上的实收数量，计算出材料费。
- 加工单价：指当前物料的加工费的单价信息。①如果该单据是手工录入的，且用户在"采购价格管理"中没有设置委外加工单价，则用户手工录入价格。②如果该单据是手工录入的，且用户在"采购价格管理"中设置了委外加工单价，系统会根据所录入的供应商、物料、数量所在的数量范围、使用的计量单位等信息，自动匹配采购价格管理的报价和折扣率，填入"单价"字段中，用户可以修改该价格。在用户更改价格后，在单价字段使用"F5"功能键，系统会重新匹配采购价格，自动填入"单价"字段。③如果用户选择"采购订单单价默认为含税单价"选项，传递的计算公式应为单价＝供货信息报价×(1-折扣率)/(1+系统设置税率)。④如果用户不选择"采购订单单价默认为含税单价"选项，传递的计算公式应为单价＝供货信息报价×(1-折扣率)，具体处理方式请参阅采购价格管理的相关介绍。⑤如果单据是通过其他途径新增的，如关联发票、复制等方式，则系统传递的价格来源单"单价"字段。但在"单价"字段使用"F5"功能键，系统仍会重新匹配价格和折扣信息，自动填入相应字段，匹配方式同上。

- 加工费：指加工该笔物料所需的加工费，存货核算时将费用发票的不含税金额分摊入加工费。
- 税率：即当前物料的增值税率，系统取自供应商基础资料中的增值税率数据，用户可以修改。
- 税额：加工该笔物料发生的加工费的税额，存货核算时将费用发票的可抵扣税额分摊入税额。

其他单据项目参照"委外加工出库单"一节。委外加工入库单的处理方法可以参照前面所讲的单据处理方法。

9．常用菜单介绍

在单据处理时，有些菜单和选项的设置可以提高处理效率，如单据保存后立即新增等设置。本小节所讲的常用菜单在以上单据处理的界面都可以查询到，现以外购入库单上的菜单为例，介绍常用菜单的功能。

- 蓝字单据、红字单据：位于"编辑"菜单下，蓝字单据是指正常的出入库单据，系统默认为蓝字单据。红字单据是蓝字单据的反向单据，当需要录入红字单据时，选择"编辑"→"红字单据"即可，同时也可以单击工具栏上的"蓝字""红字"按钮来进行切换。
- 显示即时库存：位于"选项"菜单下。在销售订单、仓存单据（包括赠品入库单和赠品出库单）上提供显示即时库存的功能。选中"显示即时库存"选项时，销售订单在录入物料时会在窗口底部状态栏显示该物料所有实仓的即时库存；仓存单据在录入物料但未录入仓库时，会在单据的窗口底部显示该物料在所有仓存（包括虚仓）中的库存数；如果同时录入物料和仓库，会显示该物料在该仓库的库存数。
- 相同物料提示：位于"选项"菜单下。选中该选项，在单据录入时，如果录入重复的物料，系统会弹出提示，以避免不必要的错误。
- 屏蔽数量为零的批次：位于"选项"菜单下。选中该选项，当使用"F7"功能键查询批号时，当前物料中即时库存为零的批次将不会显示。
- 保存后立即新增：位于"选项"菜单下。方便用户录单时连续新增单据，而不必在单据保存后单击"新增"按钮，能够提高录入单据速度。
- 录入物料后自动跳转下行：位于"选项"菜单下。选中该选项，当录入"物料代码"后按"Enter"键，光标自动跳至下行物料代码处，可以继续录入，该功能适用于当单据表体物料过多时，先录入代码，再录入数量的操作。

9.3.2 仓库调拨

仓库调拨用于处理由于仓库变化而不产生任何费用的物料转移存储位置的业务，如外购来料经质检不合格，需要调拨到待处理仓库进行再次核定后再做处理，或者零售公司从集团仓库将货物调拨到分公司的仓库的物料转移业务处理。调拨单可以参照生产任务单和外购入库单等单据生成，若无源单引用时，可以直接手工录入。

选择"仓存管理"→"仓库调拨"→"调拨单—新增"，系统进入"调拨单 - 新增"窗口，如图 9-20 所示。

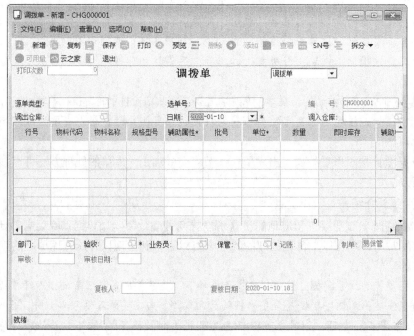

图 9-20

- 调出仓库：物料所处的原仓库名称，按"F7"功能键获取。
- 调入仓库：该物料要调入哪个仓库，按"F7"功能键获取。

单据上的其他项目和调拨单处理方法可以参照前面所讲的单据处理方法。

9.3.3 受托加工

受托加工是指加工的主要材料由客户提供，加工单位进行加工，收取加工费，完工的产品只分摊费用。受托加工用于受托加工的业务处理，完成从受托加工任务开始到受托加工材料入库、出库，再到最终产品入库的整个业务跟踪过程，一方面可加强对受托加工过程中费用的控制，另一方面可加强对受托加工材料使用及损耗的严格管理，建立良好的受托方和委托方合作关系。

（1）选择"仓存管理"→"受托加工"→"受托加工材料入库—新增"，系统进入"受托加工材料入库单 - 新增"窗口，如图 9-21 所示。

受托加工材料入库单类似于其他入库单，本单据的重点是要录入"购货单位"。本单据的处理方法可以参照"其他入库单"的处理方法。

图 9-21

（2）选择"仓存管理"→"受托加工"→"受托加工领料单—新增"，系统进入"受托加工领料单 - 新增"窗口，如图 9-22 所示。

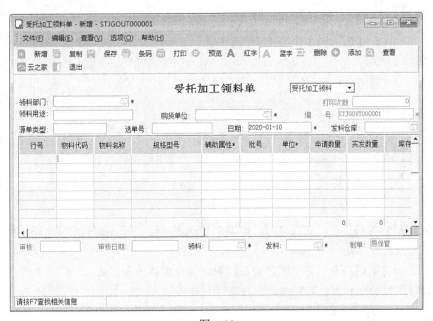

图 9-22

受托加工领料单类似于生产领料单，可以参照受托加工生产任务单和生产任务单生成，本单据的处理方法可以参照前面所讲的"生产领料单"的处理方法。

9.3.4 虚仓管理

虚仓管理是针对在仓库档案中所设置的 3 种仓库类型进行的管理。

- 待检仓：是指购进材料处于待检验状态，在此状态下，物料尚未入库，准备进行质量检验，只记录数量，不核算金额。

- 代管仓：指入库物料不属于公司所有，只是受托代行看管或部分处置（如只计算加工费的受托加工业务），其处置权归其他企业或单位。具有这种性质的购进物料也只是记录数量，并不考虑成本。
- 赠品仓：指核算赠品收发的虚拟仓库。赠品是指在收货或发货时，除议定的货物外，附带无偿收到或赠予对方的一定数量的货物，这种货物处理的方式较多，与日常业务处理的界限不清晰，判断点是在货物收入或发出时是否具有成本。

这3种类型的仓库档案在日常单据业务处理中，不能查询到，只有在虚仓管理时可以查询和使用。

选择"仓存管理"→"虚仓管理"→"虚仓入库"，系统进入"过滤"窗口，保持默认条件，单击"确定"按钮，系统进入"虚仓入库单序时簿"窗口，在窗口中可以进行虚仓入库单的新增、修改和审核等操作，单击"新增"按钮，系统进入"虚仓入库单 - 新增"窗口，如图9-23所示。

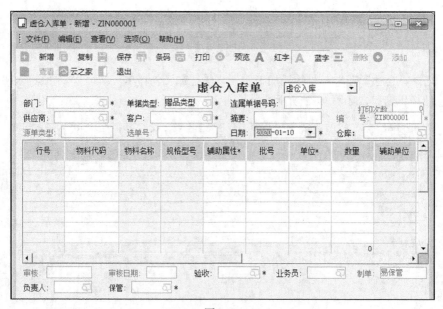

图 9-23

虚仓入库单的各项目说明可以参照前面章节的单据项目说明，操作方法也可以参照前面所讲的单据处理方法。

虚仓管理同时提供虚仓出库单和虚仓调拨单，以及提供虚仓出入库汇总表、虚仓出入库明细表、虚仓物料收发台账和虚仓物料收发日报表4种报表。

9.3.5 组装/拆卸作业

组装件由多个物料组成，不在生产环节进行组装，而在仓库进行组装，组装后在仓库又可以拆开用于其他组装件，或者生产领用出库，用于其他产品或单独销售。组装件和组装子件之间是一对多的关系。组装作业指在仓库把多个库存组装子件组装成一个组装件的过程，拆卸指将一个组装件拆卸成多个组装子件的过程。例如销售计算机时需要配套赠送鼠标垫，但是该鼠标垫不在生产线上放入计算机机箱，而是出库时作为配套子件现时出库。

组装单经审核后，系统自动生成对应的组装子件出库（其他出库单）、组装件入库（其他入库单）。

进行组装业务的条件有以下两点。

（1）产品档案中的"物料属性"必须是"组装件"，否则不能建立组装件 BOM。

（2）在基础资料中定义组装件 BOM 档案，并且审核后才能"使用"，否则不能进行组装单的录入。

建立组装件 BOM 档案也可以选择"供应链"→"仓存管理"→"组装作业"→"组装件 BOM 录入"，系统进入"组装单 - 新增"窗口，如图 9-24 所示。

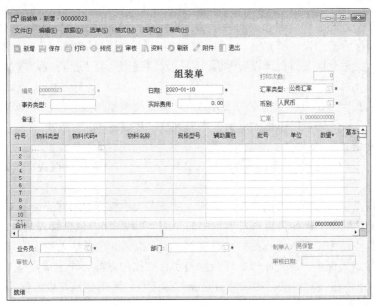

图 9-24

组装件 BOM 档案的录入、审核和使用可以参照第 5 章。

选择"仓存管理"→"组装作业"→"组装单—新增"，系统进入"组装单 - 新增"窗口，组装单的录入方法可以参照前面单据的处理方法，唯一不同的是，第 1 行分录需要录入的是组装件的物料代码，随后系统会自动从第 2 行分录组装件的子件物料，如图 9-25 所示，第 1 行是组装件，其他都是子件物料。

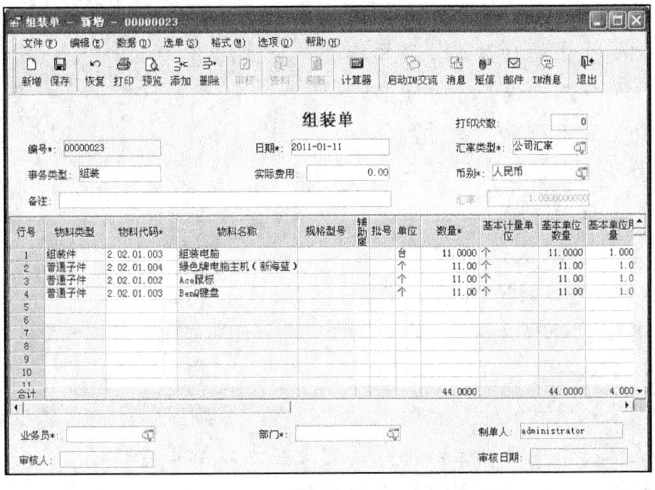

图 9-25

组装单的查询和审核等操作请参照前面章节的单据处理方法。

拆卸作业是将自制件和组装件等成品按照 BOM 拆分为子件入库的过程。其操作方法与组装件类似，选择"仓存管理"→"组装作业"→"拆卸单—新增"，系统进入"拆卸单 - 新增"窗口，第 1 行分录需要录入的是组装件的物料代码，随后系统会自动从第 2 行分录组装件的子件物料。

9.3.6 盘点作业

仓存盘点是处理与仓存数据相关的日常操作和信息管理的综合功能模块，主要包括备份盘点和为保证企业库存资产的安全和完整，做到账实相符，企业必须对物料进行定期或不定期的清查，查明物料盘盈、盘亏及损毁的数量以及原因，并据此编制物料盘点报告表，按规定程序，报有关部门审批。

经有关部门批准后，应进行相应的账务处理，调整物料账的实存数，使物料的账面记录与库存实物核对相符。系统还可以根据盘点报告生成盘盈单和盘亏单。

盘点流程介绍如下。

（1）新增一个盘点方案，确定盘点范围（要进行盘点的仓库和盘点截止日期），进行盘点账存数据备份。

（2）输出盘点表。可以将盘点表打印出来，以备在实物盘点时书写正确的实存数；或者引出盘点数据（引出功能在"物料盘点报告单"中的"文件"菜单），供仓管人员进行盘点。

（3）实物盘点结束，录入盘点数据，或者把 Excel 格式的盘点结果数据引入。

（4）编制盘点报告单，系统比较账存数据与实存数据的差异，再生成盘盈单、盘亏单。

例9-4 用盘点流程对本账套中的所有仓库进行盘点，练习盘点作业的使用方法。

1. 盘点方案新建

（1）选择"仓存管理"→"盘点作业"→"盘点方案—新建"，系统进入"盘点进程"管理窗口，如图 9-26 所示。

图 9-26

- 选择框：第一列为选择框，盘点方案前的选择框不能进行手工选择，由系统自动根据盘点方案生成的盘盈单、盘亏单是否审核添加相应的标志，审核后，系统自动打上红色的"Y"表示该盘点方案生成的盘盈单、盘亏单已经审核，如要删除该盘点方案必须先反审核相应的盘盈单、盘亏单。
- 顺序号：由系统自动生成，每一个盘点方案对应一个顺序号。
- 盘点方案名称：默认盘点方案名称为"盘点方案创建日期 YYYYMMDD+NNNN"，其中 NNNN 为尾数，初始为 1，同一日期创建的盘点方案在前一基础上加 1。用户可以自定义名称。
- 备注：可以录入盘点的仓位、时间、责任人、名称等信息，仅供查看。
- 日期：系统根据系统日期自动生成，它是盘点方案的建立时间。
- 制单：系统自动生成，即当前的系统操作员。

在管理窗口中可以进行盘点方案的新建、打开和删除等操作。

(2)单击"新建"按钮,系统弹出"备份仓库数据"窗口,在窗口中选择要备份哪些仓库的数据,备份什么仓位的数据以及备份的时间段等,选择所有仓库,其他项目保持默认值,如图9-27所示。

- 备份日期:即时库存是指系统当天的库存数据;截止日期是指用户盘点到的那个日期的库存数据,一般早于系统日期,因为晚于系统日期的数据系统以即时库存处理。
- 仓库:选择要备份的仓库名称,也就是选择要盘点什么仓库的数据,例如,选中"原材仓",则该方案对原材仓进行备份,该方案所显示的盘点结果也只有"原材仓"的数据。
- 仓位/物料:在仓位和物料窗口可以设置对物料范围和仓位范围内的库存数据进行盘点。

(3)单击"确定"按钮,系统弹出提示窗口,再单击"确定"按钮,系统返回"盘点进程"窗口,如图9-28所示。

图9-27

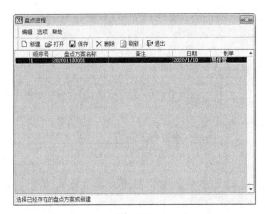
图9-28

(4)选中刚新建的方案,单击"打开"按钮,系统进入"物料盘点报告单"窗口,如图9-29所示。

图9-29

2. 打印盘点表

打印盘点表是将方案中所涉及的盘点数据打印成报表,以备实物盘点时录入数据。

选择"仓存管理"→"盘点作业"→"打印盘点表",系统进入"打印物料盘点表"窗口,如图9-30所示。单击"打印"按钮将当前盘点表打印输出。

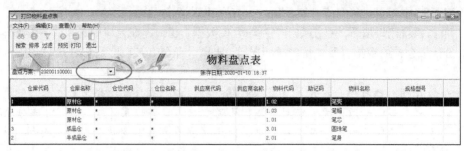

图 9-30

3. 录入盘点数据

录入盘点数据是根据实盘后的数据录入，然后系统根据录入的盘点数据自动生成物料盘点表。

（1）选择"仓存管理"→"盘点作业"→"录入盘点数据"，系统进入"录入盘点数据"窗口，如图 9-31 所示。

图 9-31

- 盘点数量：由用户手工录入实际盘点时库存的仓存计量单位实存余额。
- 调整数量：对账存数量进行调整。

（2）录入实盘数量后，单击"保存"按钮保存录入的盘点数据。单击"引入"按钮，可以将 Excel 文件引入物料盘点表中，在进行引入处理的合法性检查后，所有合法数据一律覆盖原有数据，物料盘点表中没有的物料新增保存，系统中没有记录的数据自动保存。

4. 编制盘点报告

编制盘点报告是系统根据录入的数据生成盘点报告，再根据盘点报告生成盘盈单和盘亏单。

（1）选择"仓存管理"→"盘点作业"→"编制盘点报告"，系统进入"物料盘点报告单"窗口，如图 9-32 所示。

图 9-32

注意盘盈数量和盘亏数量的显示，这是根据录入的盘点数据自动计算出来的盈亏数据。单击"盘盈单"和"盘亏单"按钮，系统根据物料盘点报告单生成盘盈单和盘亏单并进入相应单据窗口，如图9-33所示。

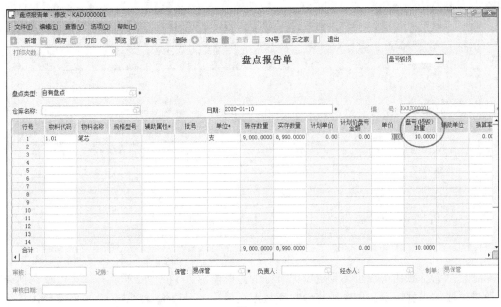

图9-33

（2）单击"保存"按钮保存本张单据，单击"审核"按钮进行审核。

5. 盘盈盘亏单

盘盈盘亏用于对记录实物结存与盘点差异的单据进行管理。如果要查询刚才生成的盘盈盘亏单，可以选择"仓存管理"→"盘点作业"→"盘亏毁损—维护"进行查询。

盘盈盘亏单同时是仓库数量调整单据，可以手工方式新增，方法是双击对应的新增功能，系统进入单据录入窗口，录入某某物料、属于哪个仓库的业务即可。

9.4 仓存报表分析

金蝶K/3的仓存管理除提供基本报表查询功能外，还提供强大的报表分析查询功能，可以进行安全仓库预警分析、超储/短缺库存分析和库存账龄分析等各种分析，并且可以自定义查询分析工具。

仓存报表分析的操作方法可以参照"销售管理"一章中的"报表分析"一节，在此练习"出入库流水账"的查询方法。

（1）选择"仓存管理"→"报表分析"→"出入库流水账"，系统进入报表"过滤"窗口，如图9-34所示。

在"过滤"窗口中可以设置要查询的仓存明细表的时间范围、物料范围和单据状态等条件。在设置过

图9-34

滤条件时，一定要注意日期范围设置正确，因为系统默认为最后一次查询的日期范围。

（2）在此日期范围设置为"2020-01-01"至"2020-01-31"，单据状态选择全部，条件设置完成，单击"确定"按钮，系统进入"出入库流水账"窗口，如图9-35所示。

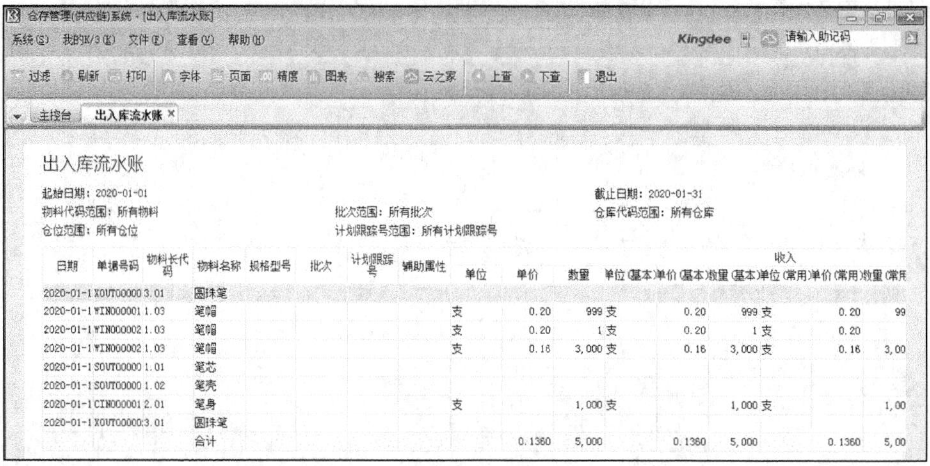

图 9-35

单击"上查"按钮可以查询到选中记录行的源单情况，单击"下查"按钮可以查询到选中记录行下推生成的单据情况。如果要修改报表显示列情况，可以选择"查看"→"显示/隐藏列"，系统弹出"显示/隐藏行"窗口，如图9-36所示。

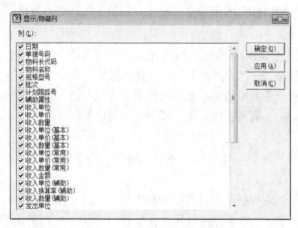

图 9-36

在该窗口中可以取消不必要的项目，用以产生更清晰、简洁的查询报表。

9.5 课后习题

（1）画出仓存管理系统每期的操作流程。
（2）画出仓存管理系统与其他系统之间的数据流向图。
（3）简述调拨单的功能。
（4）简述仓存盘点流程。

第10章 应收款应付款管理系统

本章重点

- 发票处理
- 其他应收单
- 收款单、退款单
- 票据处理
- 应收款核销
- 凭证处理
- 账表
- 合同

10.1 系 统 概 述

应收款、应付款管理系统可处理发票、其他应收单、应付单、收款单及付款单等单据,对企业的往来账款进行综合管理,及时、准确地提供客户往来账款资料,并提供各种分析报表,如账龄、周转、欠款、坏账、回款和合同收款情况等分析报表。通过分析各种报表,企业可以合理地调配资金,提高资金利用率。

系统还提供各种预警和控制功能,如显示到期债权列表和合同到期款项列表等,可以帮助企业及时对到期账款进行催收,以防止产生坏账。信用额度的控制有助于随时了解客户的信用情况,以防止产生呆坏账。此外,系统还提供应收票据的跟踪管理,可以随时对应收票据的背书、贴现、转出及作废等操作进行监控。

应付款、应收款管理系统既可以单独使用,又能与采购管理系统、销售管理系统、存货核算系统集成使用,提供完整全面的业务和财务流程处理。

1. 使用应付款与应收款管理系统需要设置的内容

- 公共资料:公共资料是本系统所涉及的最基础资料,必须设置,否则在单据处理时会受到相应的限制。
- 应付款管理基础资料:金蝶 K/3 系统为用户提供公共资料的同时,又针对单独的系统提供了设置该系统基础资料的功能。应付款管理基础资料有付款条件、类型维护、凭证模板和采购价格管理。基础资料可以视管理要求进行设置。
- 应收款管理基础资料:收款条件、类型维护、凭证模板、信用管理、价格资料和折扣资料。
- 初始化:系统进行初始化时,需要设置系统参数、录入初始数据和结束初始化。
- 系统设置资料:系统设置是针对该系统的参数进行更详细化的设置,包括系统设置、编码规则和多级审核管理设置。

公共资料和初始化是必须设置的。基础资料和系统设置资料可以根据管理要求确定是否需要设置,或者在以后的使用过程中可以返回再进行修改。

2. 应付款、应收款管理系统可执行的查询与生成的报表

应付款管理系统可以查询的报表有应付明细表、应付款汇总表、往来对账、到期债务列表、应付款计息表、调汇记录表、应付款趋势分析表、账龄分析、付款分析和付款预测等。

应收款管理系统可以查询的报表有应收明细表、应收款汇总表、往来对账、到期债务列表、应收款计息表、调汇记录表、应收款趋势分析表、账龄分析、周转分析、欠款分析、回款分析、收款预测、销售分析和信用余额分析等。

3. 应收款管理系统每期的操作流程（见图10-1）

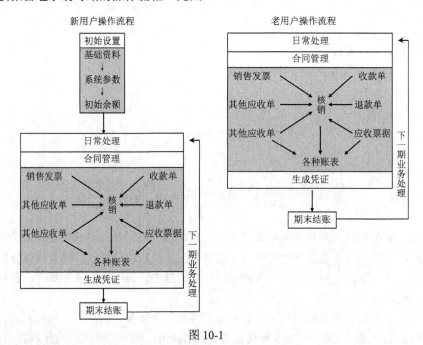

图 10-1

应付款管理系统的操作流程可以参照应收款管理系统流程。

4. 应收款管理系统与其他系统的数据流向（见图10-2）

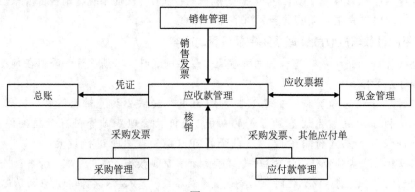

图 10-2

- 销售管理：应收款管理系统与销售管理系统连接使用时，销售管理系统录入的销售发票和销售费管理用发票传入应收款管理系统进行应收账款的核算；不连接使用时，销售发票数据要在应收款管理系统中手工录入。

- 总账:应收款管理系统与总账系统连接使用时,应收款管理系统生成的往来款凭证传递到总账;不连接使用时,往来业务凭证要在总账系统中手工录入。
- 现金管理:应收款管理系统与现金管理系统连接使用时,应收款管理系统的应收票据与现金管理中的票据可以互相传递,前提是应收款管理系统的系统参数选中"应收票据与现金系统同步"选项。
- 采购管理、应付款管理:应收款管理系统与采购管理系统、应付款管理系统连接使用时,采购管理系统、应付款管理系统录入的采购发票、其他应付单与应收款管理系统进行应付冲应付核算。

5. 应付款管理系统与其他系统的数据流向(见图10-3)

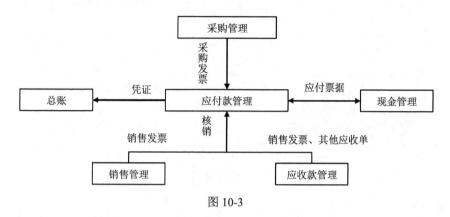

图 10-3

- 采购管理:应付款管理系统与采购管理系统连接使用时,采购管理系统录入的采购发票和采购费用发票传入应付款管理系统进行应付账款的核算;不连接使用时,采购发票要在应付款管理系统中手工录入。
- 总账:应付款管理系统与总账系统连接使用时,应付款管理系统生成的往来款凭证传递到总账;不连接使用时,往来业务凭证要在总账系统中手工录入。
- 现金管理:应付款管理系统与现金管理系统连接使用时,应付款管理系统的应付票据与现金管理系统中的票据可以互相传递,前提是应付款管理系统的系统参数选中"应付票据与现金系统同步"选项。
- 销售管理、应收款管理:应收款管理系统与销售管理系统、应付款管理系统连接使用时,销售管理系统、应收款管理系统录入的销售发票、其他应收单与应付款管理系统进行应付冲应收核算。

本章重点讲述应收款管理系统的应用,应付款管理系统的操作可参照应收款管理系统。

10.2 初始设置

初始设置包括基础资料、公共资料设置,系统参数和初始数据录入,公共资料设置方法请参照第3章,本节重点讲解系统参数设置和初始数据录入。

10.2.1 应收款管理系统参数

应收款管理系统参数是用于对应收款管理系统的启用会计期间和会计科目等设置的参数。

选择"系统设置"→"系统设置"→"应收款管理"→"系统参数",系统弹出"系统参数"设置窗口,如图 10-4 所示。

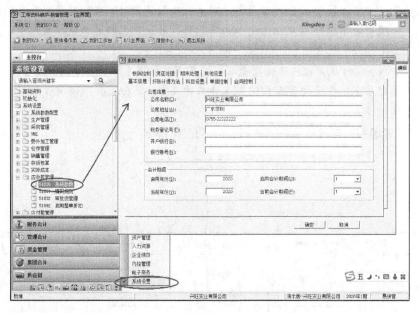

图 10-4

1. 基本信息

- 公司信息:录入公司的基本信息,可采用默认值,也可以完整录入。
- 会计期间:系统的启用年份、启用会计期间,当前年份、当前会计期间是随着结账时间而自动更新的。

2. 坏账计提方法

切换到"坏账计提方法"选项卡,如图 10-5 所示。

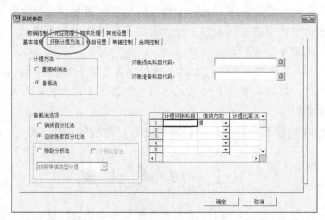

图 10-5

设置计提坏账准备的方法,系统会自动根据设置的方法计提坏账准备,并生成相关凭证。

- 直接转销法:设置坏账损失科目代码即可,其他选项不用设置。
- 备抵法选项:系统提供 3 种方法。

➤ 销货百分比法：选中该项，系统提示录入销售收入科目代码、坏账损失百分比(%)。计提坏账时，系统按计提时的已过账销售收入科目余额和坏账损失百分比(%)计算坏账准备。

➤ 应收账款百分比法：选中该项，系统提示录入计提坏账科目、科目的借贷方向和计提比率(%)。科目方向可选择"借"或"贷"。如果不选，则取计提坏账科目的余额数；如果选择"借"，则表示取该科目所有余额方向为借方的明细汇总数；如果选择"贷"，则表示取该科目所有余额方向为贷方的明细汇总数。如果计提坏账的科目存在明细科目，并且存在借方余额和贷方余额，将存在的贷方余额的明细科目排除，只对借方余额的明细科目计提坏账。

➤ 账龄分析法：选中该项，系统提示输入相应的账龄分组，不用输入计提比例，在计提坏账准备时再录入相应的计提比例计算坏账准备。

3. 科目设置

切换到"科目设置"选项卡，如图10-6所示。

该选项卡主要用于设置生成凭证所需的会计科目和核算项目，如果不采用凭证模板的方式生成凭证，则凭证处理时系统会根据此设置的会计科目自动填充生成凭证。

单击"获取"按钮即可选择会计科目代码。

系统预设4种进行往来核算的项目类别，分别是客户、供应商、部门和职员，如果还要对其他核算项目类别进行往来业务核算，可以单击"增加"按钮进行相应操作。

图10-6

4. 单据控制

切换到"单据控制"选项卡，如图10-7所示。

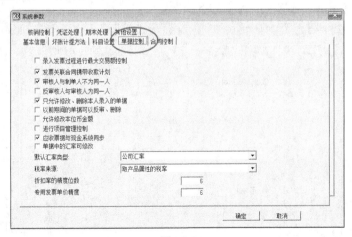

图10-7

- 录入发票过程进行最大交易额控制：选中该选项，当客户档案中设有最大交易额时，如果录入发票额超过最大交易额，系统不允许保存。
- 发票关联合同携带收款计划：选中该选项，新增发票和其他应收单关联合同时，不管是否整体关联，均将合同上的收款计划明细表全部携带到发票和其他应收单相应的内容上，并且允许用户手工修改收款计划的内容。未选中该选项，新增时不携带合同的收款计划到发票和其他应收单的收款计划上。
- 审核人与制单人不为同一人：选中该选项，制单人不能审核自己录入的单据。
- 反审核人与审核人为同一人：选中该选项，反审核人与原审核人必须为同一人，也就是单据的审核人才可以执行反审核操作。
- 只允许修改、删除本人录入的单据：选中该选项，则只能修改和删除本操作员所录入的单据，不能修改和删除其他操作员所录入的单据。
- 以前期间的单据可以反审、删除：选中该选项，对于应收款管理系统当前账套以前期间的单据（指财务日期所在期间小于当前账套期间的单据），已经审核但未生成凭证、未核销的单据可以反审，未审核的可以删除。未选中该选项，系统提示"不能反审、删除以前期间的单据"。
- 允许修改本位币金额：选中该选项，涉及外币核算的单据上的本位币金额可以修改。
- 进行项目管理控制：项目管理控制只对收款单和应收退款单有效，并且是在关联对应销售发票或者其他应收单时才有效，在保存收款单和应收退款单时进行检验。
- 应收票据与现金系统同步：初始化结束后，应收款管理系统的应收票据与现金系统的应收票据可以互相传递、同步更新。未选中该选项，两系统的应收票据不互相传递。
- 单据中的汇率可修改：选中该选项，则单据中的汇率可以修改；未选中该选项，严禁修改。
- 默认汇率类型：设置单据生成时的默认汇率取值方案。
- 税率来源：系统提供两种方式，①取产品属性的税率，此为系统默认值，表示所录入的单据上的税率自动带出该物料档案中所设置的税率；②取核算项目属性的税率，录入单据上的税率自动带出核算项目档案中所设置的税率。
- 折扣率的精度位数、专用发票单价精度：设置小数点的位数，系统默认为 6 位小数。

5. 合同控制

切换到"合同控制"选项卡，如图 10-8 所示。

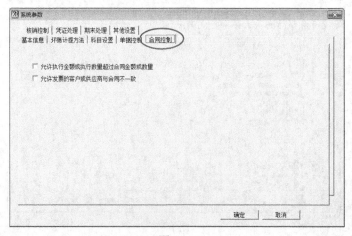

图 10-8

- 允许执行金额或执行数量超过合同金额或数量：选中该选项，则系统录入单据关联合同时，所录入的金额或数量都可以超过合同资料本身的金额或数量；未选中该选项，不能超过。
- 允许发票的客户或供应商与合同不一致：选中该选项，允许发票中的客户或供应商名称与合同中不相同。

6．核销控制

切换到"核销控制"选项卡，如图 10-9 所示。

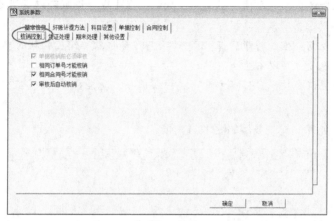

图 10-9

- 单据核销前必须审核：选中该选项，核销时，只显示所有已审核的单据，没有审核的单据不能进行核销。建议选中。
- 相同订单号才能核销：选中该选项，则在核销处理时只有相同订单号的单据才能进行核销处理；未选中该选项，不能核销。
- 相同合同号才能核销：选中该选项，则在核销处理时只有相同合同号的单据才能进行核销处理；未选中该选项，不能核销。
- 审核后自动核销：选中该选项，则单据一经审核后就自动核销。

7．凭证处理

切换到"凭证处理"选项卡，如图 10-10 所示。

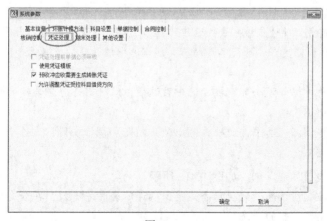

图 10-10

- 凭证处理前单据必须审核：为了防止随意更改单据上的金额造成与已生成的凭证金额不统一的情况，选中该选项，则单据生成凭证时必须审核，这样能保证单据上的金额与凭证上的金额统一；未选中该选项，未审核的单据也可以生成凭证。
- 使用凭证模板：选中该选项，则采用凭证模板的方式生成凭证，在单据序时簿和单据上生成凭证也采用凭证模板；未选中该选项，按应收系统设置的会计科目生成凭证。采用凭证模板方式生成凭证，须首先定义凭证模板，由于模板类型较多，初次使用时工作量可能较大，但模板设置好后生成凭证很方便。按应收款管理系统设置的会计科目生成凭证，可以保留用户的习惯，不需定义模板，在生成凭证时可以灵活处理，同时凭证摘要的内容可以根据单据的单据号、商品明细自动填充。
- 预收冲应收需要生成转账凭证：选中该选项，预收款冲销应收款的单据也需要生成凭证；未选中该选项，可以不生成。
- 允许调整凭证受控科目借贷方向：选中该选项，受控科目生成凭证时允许调整方向。

8. 期末处理

切换到"期末处理"选项卡，如图10-11所示。

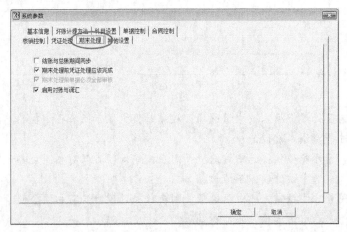

图10-11

- 结账与总账期间同步：与总账系统联用时，选中该选项，则应付款管理系统必须先结账，之后总账系统才能结账。这样能保证应付款管理系统的数据资料及时准确地传入总账系统。
- 期末处理前凭证处理应该完成：选中该选项，在期末处理之前，当前会计期间的所有单据必须已生成记账凭证，否则不予结账。建议选中该选项，否则总账数据与应付款数据可能不一致。
- 期末处理前单据必须全部审核：选中该选项，结账前当前会计期间的所有单据必须已经审核，否则不予结账。
- 启用对账与调汇：选中该选项，可以使用对账和调汇功能；未选中该选项，不能使用。

9. 其他设置

切换到"其他设置"选项卡，如图10-12所示。

- 使用集团控制：该选项只在账套是集团总部账套时才有效，在分支机构的账套中只显示是否使用集团控制的状态。

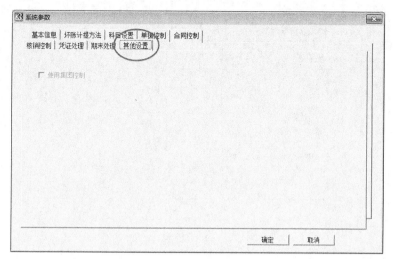

图 10-12

10．应收系统参数设置

（1）在"基本信息"选项卡将启用会计年份、会计期间设置为"2020 年 1 月"。

（2）在"坏账计提方法"选项卡，计提方法设置为"直接转销法"，费用科目代码选择"6602.10—坏账损失"科目，如图 10-13 所示。

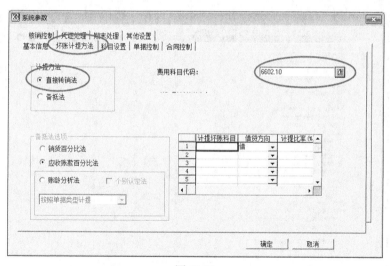

图 10-13

（3）在"科目设置"选项卡获取相应的会计科目，如图 10-14 所示。

（4）在"期末处理"选项卡勾选"结账与总账期间同步"，在"凭证处理"选项卡勾选"使用凭证模板"，其他采用系统默认值，单击"确定"按钮保存设置。

> 注　在保存时，若系统提示某某会计科目不为"受控"，需要到"会计科目"管理窗口修改该科目为"受控"后，再进行设置。会计科目属性的修改可参照第 3 章中的"科目"一节。

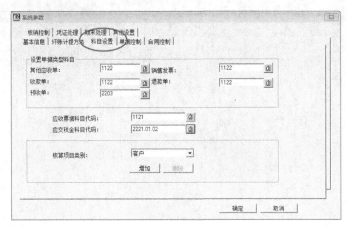

图 10-14

11．编码规则

系统预设所有单据的编码规则，用户可以根据需要进行修改和新增，但不能删除。此处的编码规则只对期初 GUI 单据及 Web 单据有效。

选择“系统设置”→“系统设置”→“应收款管理系统”→“编码规则”，系统进入单据“设置”窗口，如图 10-15 所示。

单据类型	编码格式	允许手工录入	单据保存时自动审核	使用编码规则	[人与制单人可为同一	核人与审核人为同一	、删除、作废本人录
委托加工领料单据	STJGOUT+000001	否	否	是	是	否	是
采购申请单据	POREQ+000003	否	否	是	是	否	是
费用发票	EXPENSE+000002	否	否	是	是	否	是
销售费用发票	XEXPENSE+000002	否	否	是	是	否	是
外购入库暂估补差	WINA+1	否	否	是			
委外加工费补差单	JINA+1	否	否	是			
采购订单	POORD+000003	否	否	是	是	否	是
收料通知/请检单	DD+000003	否	否	是	是	否	是
退料通知单	POOUT+000001	否	否	是	是	否	是
购货发票(专用)单据	ZPOFP+000002	否	否	是	是	否	是
购货发票(普通)单据	PPOFP+000001	否	否	是	是	否	是
虚仓调拨单	VLMOV+000001	否	否	是	是	否	是
销售订单	SEORD+000003	否	否	是	是	否	是
发货通知单据	SEOUT+000002	否	否	是	是	否	是
退货通知单据	SEIN+000001	否	否	是	是	否	是
销售发票(专用)单据	ZSEFP+000002	否	否	是	是	否	是
销售发票(普通)单据	PSEFP+000001	否	否	是	是	否	是
外购入库单据	WIN+000003	否	否	是	是	否	是
发运单	FYD+000001	否	否	是	是	否	是
产品入库单据	CIN+000002	否	否	是	是	否	是
委外加工入库单据	JIN+000001	否	否	是	是	否	是
其他入库单据	QIN+000001	否	否	是	是	否	是
销售出库单据	XOUT+000003	否	否	是	是	否	是
生产领料单据	SOUT+000002	否	否	是	是	否	是
委外加工发出单据	JOUT+000001	否	否	是	是	否	是
其他出库单据	QOUT+000001	否	否	是	是	否	是
盘盈入库单据	YADJ+000001	否	否	是	是	否	是
盘亏毁损单据	KADJ+000002	否	否	是	是	否	是
仓库调拨单据	CHG+000001	否	否	是	是	否	是

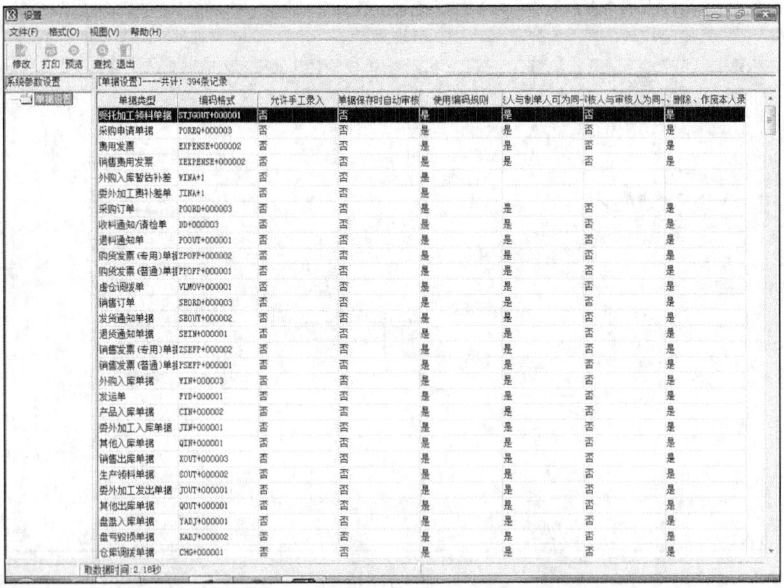

图 10-15

此处编码规则只对初始化后录入的单据有效。如果是工业账套，则显示工业账套中所有单据的编码规则；如果是商业账套，则显示应收应付单据的编码规则。

10.2.2　基础资料

1．收款条件

收款条件是进行销售业务时对客户应收款事项的约定，如出货后 15 天、出货后 30 天、月结

15 天等收款条件。当收款条件设置后,在客户档案中的"应收应付"选项卡中关联收款条件,这样在录入销售出库单和销售发票时,可以根据预先设置的收款条件计算出该笔业务的应收款日期,从而方便进行应收款提醒或财务人员进行账龄分析。

2. 类型维护

类型维护主要对应收款系统中的单据类型进行设置,如合同类型有销售合同类和采购合同类等。

在主界面窗口,选择"系统设置"→"基础资料"→"应收款管理"→"类型维护",系统弹出"类型维护"窗口,如图 10-16 所示。

单击工具栏上的相应按钮即可进行增加和修改等操作。

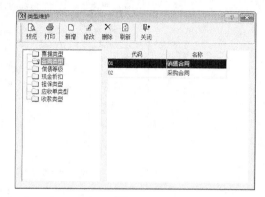

图 10-16

3. 凭证模板维护

应收款管理系统提供 3 种生成凭证的方式。

- 新增单据时,在单据序时簿或单据新增界面即时生成凭证。
- 采用凭证模板,在凭证处理时直接根据模板生成凭证。
- 采用凭证处理时随机定义凭证科目的方式生成凭证。

第 2 种与第 3 种方式不能并存。采用第 1 种方式即时生成凭证的单据包括销售发票、其他应收单、收款单和预收单等,一些特殊的事务类型,如预收冲应收、应收冲应付、应收款转销、预收款转销、收到应收票据、应收票据背书、应收票据贴现、应收票据转出和应收票据收款等则必须通过第 2 种或第 3 种方式进行凭证处理。坏账必须通过第 1 种方式进行处理,如坏账损失、坏账收回和坏账计提。应收票据退票必须通过第 3 种方式处理。

当系统采用第 2 种方式时,必须先定义凭证模板。按不同的事务类型定义好凭证模板之后,凭证处理时可以根据不同的事务类型系统自动套用相应的凭证模板生成凭证。

系统提供 20 个事务类型的模板,包括销售普通发票、销售增值税发票、其他应收单、收款、应收退款、预收款、预收冲应收、应收冲应付、应收款转销、收到应收票据、应收票据背书、应收票据背书退回、应收票据贴现、应收票据转出、应收票据收款、预收款转销、预收款冲预付款、收款冲付款、应收票据退票和期初应收票据退票等。

> 注 生成凭证的前提是凭证模板的科目资料和凭证字资料已录入完毕。

下面以新增"销售普通发票"模板为例,介绍凭证模板的维护方法。

(1)以"王丽"身份登录账套,选择"系统设置"→"基础资料"→"应收款管理"→"凭证模板",系统进入"凭证模板设置"窗口,如图 10-17 所示。

(2)选中"销售普通发票"类型,单击工具栏上的"新增"按钮,系统弹出"凭证模板"窗口,如图 10-18 所示。

(3)录入模板编号"999"(随意值,只要不与系统内已有编号重复即可),模板名称录入"销售普通发票 2",选择凭证字"记"。

图 10-17

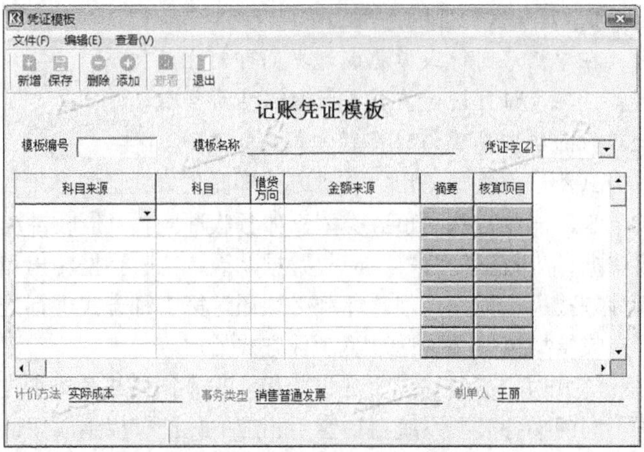

图 10-18

（4）第一行分录，单击"科目来源"的下拉按钮，系统弹出来源方式，如图 10-19 所示。选择"单据上单位的应收（付）账款科目"，"借贷方向"选择"借"方。

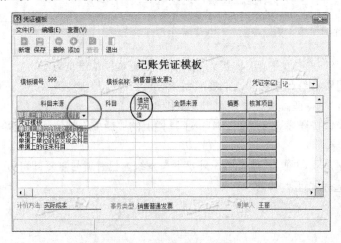

图 10-19

- 凭证模板：取该模板上设置的科目。选中该选项时，在科目处设置需要的科目代码。
- 单据上单位的应收(付)账款科目：指核算项目客户或供应商基础资料中设置的应收(付)账款科目。
- 单据上物料的销售收入科目：商品（物料）属性中设置的销售收入科目。
- 单据上单位的应交税金科目：指核算项目客户或供应商基础资料中设置的应交税金科目。

其他单据凭证模板上的会计科目来源包括如下内容。

- 单据上结算方式对应的会计科目：主要针对收款单、预收单和应收退款单，是基础资料设置中结算方式所对应的会计科目。
- 背书时的对应科目：用于票据背书时指定的对应科目。
- 冲销单位的应收（付）账款科目：指进行预收冲应收时应收单或者发票上客户或者供应商属性中设置的应收（付）账款科目。
- 冲销单位的预收（付）账款科目：指进行预收冲预付、预收冲应收时预收单上客户或者供应商属性中设置的预收（付）账款科目。

（5）单击"金额来源"，选择"应收金额"。

- 销售普通发票：分为不含税金额、税额和应收金额，应收金额=不含税金额+税额。
- 收款单：收款金额指收到的现金或银行存款的金额。折扣金额指现金折扣的金额。应收金额指核销的应收款金额。在不涉及多币别换算时，应收金额=收款金额+折扣金额；涉及多币别换算时，应收金额指要核销的应收款金额，与收款金额币别不一致。
- 票据背书：背书金额一般在凭证的借方，指背书转其他时借方科目的金额，背书冲应付金额指背书冲应付时应付账款核销的金额，背书冲应收金额指背书冲应收时应收账款核销的金额。背书转其他、背书冲应付、背书冲应收两两不能同时存在，故背书金额、背书冲应付金额或背书冲应收金额一方有数时，另一方必为0，设置凭证模板时可以同时包括此3种情况。另外，背书金额=票面金额+利息费用。
- 票据贴现：贴现额指应收票据的贴现净额，贴息指票据贴现时应付的利息，票面金额指应收票据的票面金额，票面利息指带息票据的利息，贴现额=票面金额+票面利息。

（6）单击"摘要"按钮，系统弹出"摘要定义"窗口，在摘要公式处直接录入"销售产品"，如图10-20所示。摘要公式可以从摘要单元中取出或自行定义。

（7）单击"确定"按钮，返回"凭证模板"窗口，再单击"核算项目"按钮，系统弹出"核算项目取数"窗口，在"客户"处的"对应单据上项目"列选择"核算项目"，如图10-21所示。

图10-20

图10-21

（8）单击"确定"按钮返回，第2行分录科目来源选择"单据上物料的销售收入科目"，借贷方向选择"贷"方，金额来源为"应收金额"，摘要同样设为"销售产品"，设置完成的模板如图10-22所示。

图 10-22

（9）单击工具栏上的"保存"按钮保存当前的凭证模板。单击"退出"按钮，返回"凭证模板设置"窗口，可以看到新增进来的模板，如图10-23所示。

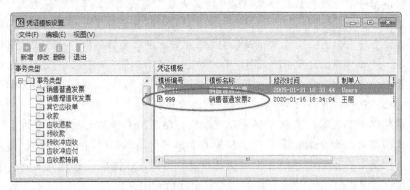

图 10-23

在"凭证模板设置"窗口，如果要对模板进行修改或删除，可以选中模板后单击工具栏上的相应按钮。

（10）调整默认凭证模板。系统自动将系统模板作为默认模板，可将自定义的凭证模板调整为默认模板。系统会根据默认模板生成凭证。例如，将"销售普通发票2"设为"默认模板"，则选中该项目，选择"编辑"→"设为默认模板"即可。

（11）读者可自行修改其他单据类型的凭证模板。注意，使用的模板要设定凭证字，每行分录的科目来源、方向和金额来源要正确。

> **注** 若在生成凭证时发生错误，可进入"凭证模板设置"窗口中对相关类型的模板进行修改。若凭证生成后发现科目不对，则建议删除凭证，重新修改模板，然后再生成凭证。

4．信用管理、价格管理、折扣管理

信用管理、价格管理和折扣管理的信息与销售管理的信用、价格和折扣信息同步，设置方法请参照第4章。

10.2.3 应收初始数据录入

应收初始数据主要有以下几项。

- 应收款期初数据：包括货款核算应收账款科目的期初余额、本年借方累计发生数和本年贷方累计发生数。
- 预收款期初数据：包括货款核算预收账款科目的期初贷方余额、本年贷方累计发生数。如果预收账款的期初余额为借方余额，建议进行调账处理，把预收账款调入应收账款科目中。
- 应收票据期初数据：还没有进行票据处理的应收票据，不包括已经背书、贴现、转出或已收款的应收票据。
- 期初坏账数据：以后有可能收回的坏账。

在主界面窗口，选择"系统设置"→"初始化"→"应收账款管理"，可以查看需要录入的期初数据，如图 10-24 所示，在录入期初数据时选择相应选项。

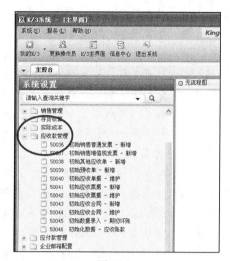

图 10-24

1. 期初数据录入

期初数据录入时，在初始数据窗口双击选择要录入的明细功能即可，如录入期初销售增值税发票。

选择"系统设置"→"初始化"→"应收款管理"→"初始销售增税发票—新增"，系统进入"初始化_销售增值税发票 - 新增"窗口，如图 10-25 所示。

图 10-25

- 单据日期：指单据的开票日期，初始化汇总的发票可以自由设定。系统可以根据此日期计算账龄分析表（单据日期）、应收计息表。
- 财务日期：指单据的录入日期，系统默认与单据日期一致，允许修改，但是必须控制为大于等于单据日期并且小于账套日期。系统可以据此计算账龄分析表（记账日期）。系统根据财务日期确定单据的会计期间。
- 核算项目类别：选择该单据是涉及客户还是供应商的类别。
- 核算项目：指定该单据属于某个客户或供应商。
- 币别、汇率：选择该发票的原币和汇率。
- 往来科目：不需要将初始数据传入总账时，此处不用录入。否则必须录入对应的往来会计科目，如应收款，且必须是最明细科目，如果该科目下有核算项目，则不用录入相应核算项目代码，系统会根据该发票的核算项目名称、部门、职员等自动填充。通过该科目系统把相应的应收款初始资料传递至总账系统，避免了总账系统初始化往来资料的重复录入。
- 方向：往来科目的方向。
- 发生额：指单据的发生数，即应收款金额。可以按客户汇总金额输入所有销售发票，例如该客户有3张销售增值税发票，分别是1000元、2000元和3000元的发票，汇总时则直接录入一张6000元的发票即可；也可以按单据进行明细录入，那么上例则是要分别录入1000元、2000元和3000元3张发票。如果是本年发生额，则选择"本年"选项。如果同一个单位的往来款既有去年金额又有今年发生额，则汇总录入时去年与今年的数据应分开录入。一般反映的是应收账款科目的借方发生数。
- 本年收款额：录入当前会计年度的收款金额，以前会计年度的收款金额不包括在内。一般反映的是应收账款科目的本年累计贷方发生数。
- 应收款余额：扣除收款额后的实际应收数，由右侧窗口的明细框汇总得出。一般反映的是应收账款科目的期初余额。由于初始数据的特殊性，允许明细列表框中同时存在正负数金额。
- 部门：该单据是何部门操作，可在查询账表时，按部门进行统计，如查询某个部门的销售收入是多少，已收回多少货款等。
- 业务员：该单据是由何职员操作，可在查询账表时，按业务员进行统计，如查询某个业务员的赊销收入是多少，已收回多少货款等，从而对业务员进行业绩考核。

选择"录入产品明细"选项，在发票窗口下部弹出存货录入窗口，可以录入本张销售增值税发票所涉及的存货物料。如果按存货来进行往来账款的核销，则此处必须录入存货资料；否则，按商品明细输出往来核对账单时，单据余额可能不正确。

2．修改或删除

当期初单据录入错误时，需要修改或删除，方法是选择"系统设置"→"初始化"→"应收款管理"→"初始应收单据—维护"，系统弹出"过滤"窗口，如图10-26所示。

在"过滤"窗口中选择正确的事务类型后，可以根据其他要求设置过滤条件，设置完成后，单击"确定"按钮系统进入"初始化"窗口，在"初始化"窗口可以对期初数据进行修改、删除和查询等操作，方法是选中对应的单据后，单击相应工具按钮。

> 注　在进行初始数据修改时，一定要在图10-26中选择正确的事务类型，否则不能正确查询到所需要的单据。

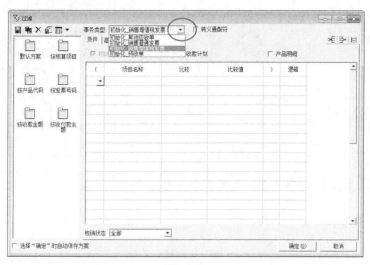

图 10-26

3．其他单据

（1）销售普通发票。初始化销售普通发票的录入类似于销售增值税发票，不同之处是销售普通发票中的单价为含税单价，而销售增值税发票中的单价为不含税单价。

（2）应收单。初始化应收单的录入也类似于销售增值税发票，区别之处是应收单的核算项目类别可以选择客户、供应商、部门和职员等多种核算项目类别。如果选择客户或供应商，则下面的部门、业务员表示该业务经手的部门与职员。如果类别选择为部门，则表示部门借款，下面的部门不可选；如果选择职员，则表示职员借款，下面的业务员不可选。另外，应收单不包括存货的信息资料，如要录入存货的信息，可以采用发票的形式。

（3）预收单。初始化预收单的内容类似于前面所述的几类单据。不同之处在于，发生额是指预收单金额；可以按往来单位汇总输入所有预收款单的汇总数，也可以按单据进行明细录入，一般反映的是预收账款科目的贷方发生数。余额反映未核销的预收款余额，一般是预收账款科目的期初余额数。本年发票额反映已经收到销售发票的预收金额，一般是预收账款科目的借方发生额。

（4）应收票据。金蝶 K/3 把应收票据作为一种特殊的收款进行处理，因为应收票据与应收账款核销后还可能进行背书、贴现、转出和收款等许多处理，如果应收票据与应收账款直接核销，势必造成单据无法修改，而不能进行以上操作。故在本系统中，应收票据并不直接冲销应收账款，而是在收到应收票据后，进行审核处理时，系统自动产生一张收款单（或预收单），通过该收款单（或预收单）与应收账款核销。票据进行背书、转出、贴现及真正收款时直接冲减应收票据，不再冲销应收账款。此种处理方式也与凭证处理相对应，有助于总账系统与应收款管理系统进行核对。

初始化时，应收账款的金额应是与应收票据核销后的余额，即应收账款不包括应收票据的金额。应收票据录入的是已收到票据并已核销了应收账款，但还未进行背书、转出、贴现和收款处理的票据。已收到票据但没有核销应收账款的应收票据应在初始化结束后录入。

（5）应收合同。应收合同用于录入业务未执行完毕的合同资料，如货物没有发货完成、相关款项没有结算完成的合同等。

（6）期初坏账。期初坏账是退出了应收款管理系统的往来核算，但为了对期初坏账在以后期间收回的往来账款进行管理，可以在此处录入期初坏账。

4. 结束初始化

应收款期初数据录入完整、正确后才能结束初始化，结束初始化后应收款管理系统才能进行日常的业务处理工作。结束初始化功能位于"财务会计"→"应收款管理"→"初始化"下，如图 10-27 所示。

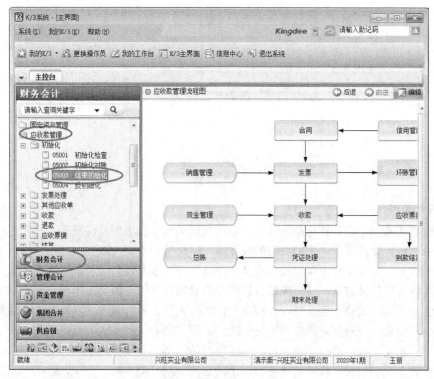

图 10-27

结束初始化工作前，可以进行初始数据检查，方法是选择"应收款管理"→"初始化"→"初始化检查"，系统检查结束后会弹出相应的提示。

为防止应收款下的应收款余额与总账科目下的余额有出入，系统提供了初始化对账功能，选择"应收款管理"→"初始化"→"初始化对账"，进入"初始化对账"窗口。

选择"应收款管理"→"初始化"→"结束初始化"，则可以成功启用应收款管理系统。

应付款管理系统的初始数据录入与应收款管理系统基本相同，可以参照本章节。

10.3 日常处理

10.3.1 合同

合同是往来业务中重要的凭据资料。应收款管理中的合同管理为用户提供合同的新增、审核、打印和查看执行等功能。应收款管理中的合同与销售管理中的合同是同步更新的，即销售管理中的合同资料可以在应收款管理中进行查询、修改和删除等操作，应收款管理中的合同资料也可以在销售管理中进行查询和修改等操作。合同管理的处理方法可参照 4.3.4 小节。

10.3.2 发票处理

销售发票是往来业务中的重要凭证。系统提供销售普通发票和销售增值税发票的新增、修改、删除、审核和打印等功能。

在应收款管理系统新增发票时只能以合同资料作为源单生成或手工录入发票。当企业采用以销售出库单或销售订单作为生成发票的源单前，需要在销售管理系统中进行新增、审核操作，在应收款管理系统只能查询，不能修改。

在应收款管理系统中可以查询销售管理系统传递过来的发票，但只有在应收款管理系统初始化结束后生成的发票中才能查询到。

在由单据生成凭证时，应收款下的单据在应收款管理下的凭证处理中生成，而由销售管理生成的发票生成凭证时是在存货核算系统下生成。

在此销售发票的处理方法可以参照第 4 章。

10.3.3 其他应收单

其他应收单是指处理非发票形式的应收单据，操作方法与合同管理和销售发票的处理类似。

下面以新增图 10-28 所示的单据为例，介绍其他应收单的处理方法。

		其它应收单	
单据类型：	其它应收单	单据日期： 2020/1/10	单据号： QTYS000002
核算项目类别	客户	核算项目名称	深圳科林
币别：	人民币	汇率： 1	年利率： 0.00
摘要：	送货单		

源单类型	源单单号	合同号	金额
			580
		合计	580.00

| 部门： | 销售部 | 业务员： | 肖志向 | 审核： | 陈静 | 制单： | 王丽 |

图 10-28

（1）以"王丽"的身份登录本账套。选择"财务会计"→"应收款管理"→"其他应收单"→"其他应收单—新增"，系统弹出"其他应收单 - 新增"窗口，如图 10-29 所示。

单击"单据类型"下拉按钮，可以选择需要处理的单据类型，有其他应收单、期末调汇、退票回冲单和应收款转销等类型。

（2）"单据类型"选择"其他应收单"，在"核算项目"处单击右侧的" "（浏览）按钮，系统弹出所有客户档案，选择"深圳科林"，"往来科目"自动引入，"摘要"录入"送货单"，在表体"金额"处录入"580"，如图 10-30 所示。

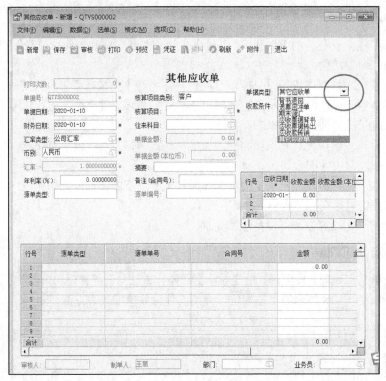

图 10-29

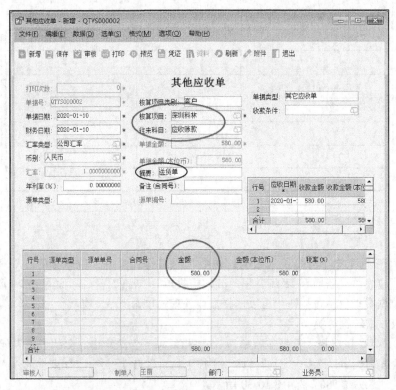

图 10-30

(3)部门获取"销售部",业务员获取"肖志向",单击"保存"按钮保存其他应收单。
(4)以"陈静"身份登录账套,进入"其他应收单 - 维护"窗口,审核该张单据。

10.3.4 收款单

收款单用于往来账款业务中收到或预收到客户款项时,关联销售发票和合同,为核算提供核销依据。

1. 新增收款单

下面以图 10-31 所示的单据为例,介绍收款单的录入方法。

收款单

单据日期:		2020/1/10		
核算项目类别:	客户	单据号码:	XSKD000002	
核算项目:		深圳科林		
收款类型:	销售回款	结算方式:	电汇	
币别:	人民币	汇率:	1	
摘要:		送货单		

源单类型	源单单号	合同号	订单单号	结算实收金额	结算折扣
其他应收单	QTYS000002			345.00	0.00
		单据金额合计		345.00	

部门:	销售部	业务员:	肖志向	审核: 陈静

图 10-31

图 10-31 的收款单是由"QTYS000002"号其他应收单作为源单生成的,实收金额为 345 元。

(1)以"王丽"的身份登录本账套。选择"财务会计"→"应收款管理"→"收款"→"收款单—新增",系统弹出"收款单 - 新增"窗口,如图 10-32 所示。

(2)"源单类型"选择"其他应收单据",将光标移至"源单编号"处,按"F7"功能键获取其他应收单据信息,双击"QTYS000002"获取到收款单,在"结算实收金额"处修改为"345",如图 10-33 所示。

当结算时有折扣金额时,则在"结算折扣金额"处录入对应的折扣额数据。

(3)表头结算方式选择"电汇",结算号录入"123456",其他项目保持默认值,单击"保存"按钮保存当前单据。

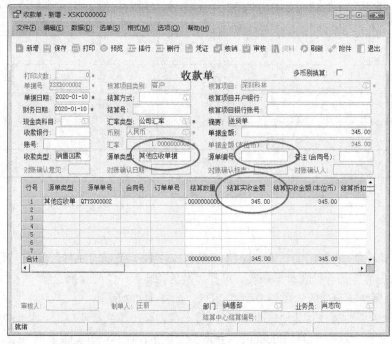

图 10-32

图 10-33

2．查询、修改、删除、复制、审核和打印

收款单的查询、修改、删除、复制、审核和打印操作方法与前面单据的操作方法类似。以"陈静"的身份审核所有单据。

预收单用于处理未开发票,但是已经收到销售款项的单据,处理方法可以参照收款单。

当需要退还货款时,可以使用退款单,它可以处理已经收到货款并已录入收款单的单据,退款单的操作方法与收款单的操作方法基本相同。

10.3.5 票据处理

票据是公司因销售商品、产品和提供劳务等而收到的商业汇票,包括银行承兑汇票和商业承兑汇票。票据处理包括应收票据的新增、修改、删除、背书、转出、贴现和退票等操作,还可以生成收款单。

如果勾选应收款管理"系统参数"中的"应收票据与现金系统同步"选项,则系统初始化结束后,应收款管理系统录入的应收票据可以传到现金管理系统,现金管理系统的应收票据也可以传到应收款管理系统。当应收款管理系统对应收票据进行转出、贴现、收款或背书操作时,现金管理系统也同时进行相应的操作,以保证两系统票据管理的同步。

下面以表 10-1 中的数据为例介绍票据处理的具体步骤。

表 10-1　　　　　　　　　　　　票 据 处 理

票据类型	票据编号	签发日期	付款期限(天)	票面金额	票面利率(%)	到期利率(%)	承兑人	出票人	摘要
银行承兑汇票	YSPJ000002	2020-01-12	60	5000	1.7	1.7	工行布吉支行	深圳科林	收货款

1. 新增

(1)选择"财务会计"→"应收款管理"→"应收票据"→"应收票据—新增",系统弹出"应收票据 - 新增"窗口,如图 10-34 所示。

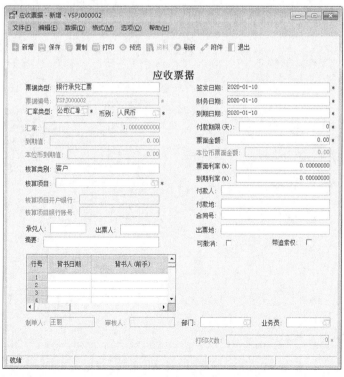

图 10-34

- 票据类型：选择票据的类型，票据类型在类型维护中进行设置。
- 票据编号：指应收票据的号码。应收票据与现金管理系统同步时，系统根据该号码与现金管理系统的票据进行对应。初始化时，应收款管理系统的票据与现金管理系统的票据分别录入，初始化结束后，可以互相传递，同步更新。
- 到期值：票据到期时的面值，"到期值＝票面金额+票面金额×票面利率÷360×付款期限（天）"。系统根据公式自动计算。
- 承兑人：一般针对银行承兑汇票。可手工录入承兑银行名称，或者按"F7"功能键获取。
- 出票人：录入出票人的名称，可手工录入或按"F7"功能键获取。若出票人为无关第三方，可以手工录入，同时在前手栏录入客户信息资料，如果有多个前手信息，则无关前手可以手工录入，系统默认最后一个前手必须为客户。
- 合同号：若不按合同进行往来款的管理，此处可以为空。如果录入了合同号，则审核生成的收款单或预收单可以携带合同号，据此可以进行合同收款的跟踪。
- 背书人（前手）：是应收票据背书记录中的前手。如果有多个前手信息，则无关前手可以手工录入，系统默认最后一个前手必须为客户。

（2）"票据类型"选择"银行承兑汇票"，"到期日期"录入"2020-03-12"，"币别"选择"人民币"，"付款期限（天）"录入"60"，"票面金额"录入"5000"，"承兑人"获取"工行布吉支行"，"票面利率"和"到期利率"录入"1.7"，"核算类别"选择"客户"，"核算项目"获取"深圳科林"，"出票人"获取"深圳科林"，"付款人"获取"深圳科林"，"摘要"录入"收货款"，如图10-35所示。

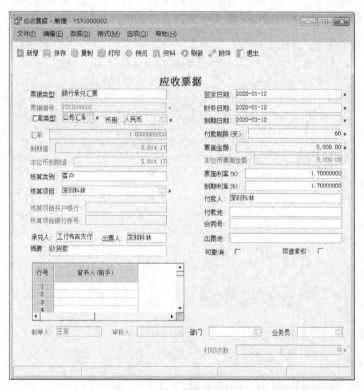

图 10-35

（3）单击"保存"按钮保存当前单据。

2．查询、修改、删除、复制和打印

应收票据的查询、修改、删除、复制和打印操作方法同前面单据。

3．审核

应收票据审核后可生成收款单或预收单，在此审核刚才新增的"YSPJ000002"号应收票据。

（1）在"应收票据序时簿"窗口，选中"YSPJ000002"，单击工具栏上的"审核"按钮，系统弹出"请选择"窗口，如图 10-36 所示。

（2）选择"生成收款单"，单击"确定"按钮，稍后系统提示生成一张"XSKD000003"号收款单。单击工具栏上的"连查"按钮，可以查到生成的收款单情况，若取消审核，选择"编辑"→"取消审核"即可。

4．背书

收到应收票据后，如果到期，可以收取现金或银行存款，此时要进行收款处理。若应收票据没有到期，由于急需资金，可以对票据进行背书处理。

在"应收票据序时簿"维护窗口，选中要背书的票据，如"YSPJ000002"号票据，单击工具栏上的"背书"按钮，系统弹出"应收票据背书"窗口，如图 10-37 所示。

图 10-36   图 10-37

- 背书日期：应收票据背书处理的日期。背书处理时系统会自动产生相应的单据（付款单、应收单、预付单），自动产生的单据日期和财务日期均自动取背书日期。

- 背书金额：默认取应收票据的票面金额，不允许修改。背书时产生单据的实付金额（或金额），单据金额自动取背书金额。

- 对应科目：指生成凭证时对应的会计科目，票据背书生成凭证时可以自动获取该科目。

- 冲减应付款：选择"冲减应付款"，系统在背书处理时自动在应付款管理系统中产生一张付款单，该付款单的摘要中显示"应收票据×××背书"字样，以区别于手工录入的付款单，并且付款单处于未审核未核销状态。背书所生成的付款单不能在应付款管理系统中删除，如要删除，则在应收款管理系统取消应收票据背书后方可删除，不可以修改金额、币别和汇率。如果付款单已经审核则该应收票据不能取消背书。

- 转预付款：选择"转预付款"，系统在进行背书处理时自动在应付款管理系统中产生一张预付单，处于未审核未核销状态。其他同"冲减应付款"。

- 转应收款：选择"转应收款"，系统在进行背书处理时自动在应收款管理系统中产生一张其他应收单，处于未审核未核销状态。背书生成的其他应收单不能在应收款管理系统删除，如要删除，则取消应收票据背书后方可删除，也不可以修改金额、币别和汇率。

若其他应收单已经审核则该应收票据不能取消背书。

- 其他：选择"其它"（应为"其他"，图中为"其它"），即直接增加原材料或材料采购等，不涉及冲销应收应付账款，生成背书凭证冲消应收票据即可，并且不在应收款、应付款管理系统中增加任何单据。

应收票据只有审核后才能进行背书处理，应收票据背书成功后会在查询窗口的"状态"栏中显示"背书"。

5．转出

应收票据未到期，暂不能收到钱款，可以作转出处理，即重新增加应收账款。

在"应收票据序时簿"窗口，选中要转出的票据，单击工具栏上的"转出"按钮，系统弹出"应收票据转出"窗口，如图10-38所示。

应收票据只有审核后才能做转出处理。应收票据转出成功后状态显示"转出"。应收票据作转出处理时，应收票据减少，同时系统自动在应收单中产生一张其他应收单。应收票据转出生成的其他应收单不能在应收单序时簿中删除，如要删除，只有取消应收票据转出后方可删除。该其他应收单对应的凭证字号自动获取应收票据转出凭证的凭证字号。若其他应收单已经审核，则不能取消应收票据转出。如果其他应收单未审核，则应收票据转出不能生成凭证。

6．贴现

收到应收票据后，若应收票据没有到期，且急需资金，可以对票据进行贴现处理。

在"应收票据序时簿"窗口，选中要贴现的票据，单击工具栏上的"贴现"按钮，系统弹出"应收票据贴现"窗口，如图10-39所示。

图10-38

图10-39

只有审核后的票据才能贴现。应收票据贴现处理后不在应收款管理系统产生任何单据，并且应收票据的状态变为"贴现"。取消贴现的方法是在"应收票据"查询窗口选择"编辑"→"取消处理"。

应收票据与现金管理系统同步时，在应收系统进行了贴现的应收票据，传到现金管理系统时会回填相关的贴现信息。

7．收款

应收票据到期后可以收取现金或银行存款，此时要进行收款处理。

在"应收票据序时簿"窗口，选中票据，单击工具栏上的"收款"按钮，系统弹出"应收票据到期收款"窗口，如图10-40所示。

图10-40

必填项包括结算日期、金额和结算科目。

应收票据只有审核后才能作收款处理。应收票据收款凭证只能在凭证处理模块中生成。应收票据进行收款处理后，不在应收款管理系统产生任何单据，只是状态变为"收款"。应收票据收款处理后，也不应再进行收款单的录入。取消票据的收款处理，是在"应收票据"查询窗口中选择"编辑"→"取消处理"。

8．退票

应收票据收到后，做贴现处理或到期提款时，因票据填写错误或印章不清晰等原因，有可能要做退票处理。

在"应收票据序时簿"窗口，选中要退票的票据，单击工具栏上的"退票"按钮，可以对应收票据进行退票操作。

系统提供的应收票据退票的情况有应收票据审核后、应收票据背书冲减应付款、应收票据背书转预付款、应收票据背书转其他、期初应收票据、期初应收票据背书冲减应付款、期初应收票据背书转预付款和期初应收票据背书转其他等情况。

- 应收票据审核后退票。

对已审核的应收票据进行退票处理时，首先必须反核销原已核销的相关记录，如收款单、预收单等，退票成功后在应收款管理系统自动产生一张应收退款单，与原票据审核时自动产生的收款单（或预收单）自动核销。应收退款单摘要中注明了"票据×××退票"的字样。退票的凭证在凭证处理系统的应收票据退票中进行处理。

退票后的应收票据在"应收票据"查询窗口的状态栏中显示"作废"字样。

如果取消退票，要手工删除相关凭证并在核销日志中反核销收款单（或预收单）与应收退款单的记录，同时系统会自动删除原退票产生的应收退款单，并且该应收票据取消退票且状态变为"审核"。

- 应收票据背书冲减应付款退票。

应收票据背书冲减应付款后进行退票处理时，首先必须反核销原已核销的相关记录（包括应收款管理系统与应付款管理系统），退票成功后在应收款管理系统产生一张应收退款单，在应付款管理系统产生一张应付退款单，应收退款单冲销原应收票据审核时自动产生的收款单（或预收单），应付退款单冲销背书冲减应付款处理时产生的付款单。应收退款单和应付退款单的摘要中均注明了"票据×××退票"字样。退票的凭证在凭证处理模块的应收票据退票中进行处理。

背书冲减应付款退票后的应收票据，在"应收票据"查询窗口状态栏中显示为"背书、作废"。

如果要取消退票，应手工删除相关凭证并在应收款管理系统的核销日志中反核销收款单（或预收单）与应收退款单、付款单和应付退款单的记录，同时系统会自动删除原退票产生的应收退款单和应付退款单，并且取消该应收票据背书冲减应付款的退票操作，应收票据的状态变为"背书"。

- 应收票据背书转预付款退票。

应收票据背书转预付款后进行退票处理时，首先必须反核销原已核销的相关记录（包括应收款管理系统与应付款管理系统），退票成功后在应收款管理系统产生一张应收退款单，在应付款管理系统产生一张应付退款单，应收退款单冲销原应收票据审核时自动产生的收款单（或预收单），应付退款单冲销背书转预付款处理时产生的预付单。应收退款单和应付退款单的摘要中均注明了"票据×××退票"字样。退票的凭证在凭证处理模块的应收票据退票中进行处理。

背书转预付款的应收票据退票后在"应收票据"查询窗口状态栏中显示为"背书、作废"。
如果取消退票,应手工删除相关凭证并在应收款管理系统的核销日志中反核销收款单(或预收单)与应收退款单、预付单和应付退款单的记录,同时系统会自动删除原退票产生的应收退款单和应付退款单,并且取消该应收票据背书转预付款的退票操作,应收票据的状态变为"背书"。

- 应收票据背书转其他退票。

应收票据背书转其他进行退票处理时,系统直接在应收票据序时簿的状态栏中显示"背书、作废",并且不在应收款和应付款管理系统中增加任何单据。

- 期初应收票据退票。

期初应收票据进行退票处理时,系统在应收款管理系统中自动产生一张其他应收单,摘要中注明了"期初票据×××退票",并且该应收单处于未审核未核销状态,由用户自行核销。期初应收票据退票的凭证只能在"凭证处理"→"凭证—生成"中的应收票据退票中进行处理。

- 期初应收票据背书冲减应付款退票。

期初应收票据背书冲减应付款后进行退票处理时,首先必须反核销原已核销的相关记录(应付款管理系统),退票成功后在应付款管理系统产生一张应付退款单,并与期初应收票据背书冲减应付款生成的付款单自动核销,该应付退款单摘要中注明了"期初票据×××退票"字样;同时在应收款管理系统产生一张其他应收单,并且该其他应收单处于未审核未核销状态,由用户自行核销,该应收单的摘要中注明"期初票据×××退票"字样。期初应收票据背书冲减应付款退票的凭证只能在"凭证处理"→"凭证—生成"中的应收票据退票中进行处理。

- 期初应收票据背书转预付款退票。

期初应收票据背书转预付款后进行退票处理时,首先必须反核销原已核销的相关记录,退票成功后在应付款管理系统产生一张应付退款单,并与期初应收票据背书转预付款生成的预付单自动核销,该应付退款单摘要中注明了"期初票据×××退票"字样;同时在应收款管理系统产生一张其他应收单,并且该其他应收单处于未审核未核销状态,由用户自行核销,该其他应收单的摘要中注明了"期初票据×××退票"字样。期初应收票据背书转预付款退票的凭证只能在"凭证处理"→"凭证—生成"中的应收票据退票中进行处理。

- 期初应收票据背书转其他退票。

期初应收票据背书转其他进行退票处理时,系统自动产生一张其他应收单,摘要中注明了"期初票据×××退票",并且该其他应收单是未审核未核销状态,由用户自行核销。期初应收票据背书转其他退票的凭证只能在"凭证处理"→"凭证—生成"中的应收票据退票中进行处理。

> 注　退票后,不能查看原背书记录。取消退票只能针对当前期间已经退票的票据。

10.3.6 结算

结算管理主要是指应收发票、其他应收单与收款单、退款单的核销处理,系统提供7种核销类型和3种核销方式。

1. 核销类型

(1)到款结算:包括收款单、退款单与销售发票、其他应收单核销,或者收款单与退款单互冲,红字销售发票、其他应收单与蓝字销售发票、其他应收单互冲,不包括预收单。

(2)预收款冲应收款:预收款与销售发票、其他应收单核销,或者预收单与退款单互冲。预收款冲应收款与到款结算的区别之处在于，预收款冲应收款要根据相应的核销记录生成预收款冲应收款凭证，而到款结算则不用。

（3）应收款冲应付款：销售发票、其他应收单与采购发票、其他应付单的核销处理。

（4）应收款转销：属于单边核销，即从一个客户转为另一个客户，实际应收款的总额并不减少。

（5）预收款转销：属于单边核销，即从一个客户转为另一个客户，实际预收款的总额并不减少。

（6）预收款冲预付款：预收单与预付单进行核销。

（7）收款冲付款：收款单与付款单进行核销。

2．核销方式

（1）单据：用户选择单据进行核销时，系统内部仍然按行依次核销。

（2）存货数量：用户可以对发票上的存货数量行进行选择并核销。

（3）关联关系：对存在结算关联关系的单据进行核销，包括收款单关联应收单、退款单关联负数应收单、退款单关联收款单和退款单关联预收单。

3．到款结算

（1）在主界面窗口，选择"财务会计"→"应收款管理"→"结算"→"到款结算"，系统弹出"单据核销"窗口，如图10-41所示。

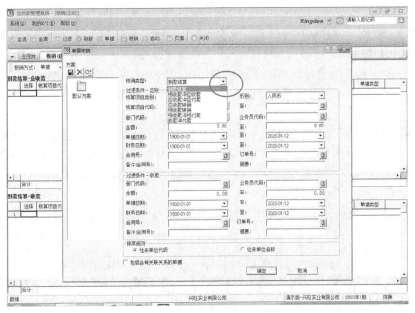

图 10-41

（2）在"核销类型"处选择"到款结算"和设置过滤条件后，单击"确定"按钮，系统进入"核销（应收）"窗口，如图10-42所示。

选择核销方式后，可以单击"自动"按钮，此时系统会根据选项设置自动进行核销处理；单击"核销"按钮，则是只对选中的单据进行核销处理。

（3）在此单击"自动"按钮，稍后窗口中被选中的记录被隐藏，表示核销成功。

注　若系统参数中选择"审核后自动核销"，则单据在审核时就自动与存在关联的单据进行核销处理，核销日志可以在"核销日志—查看"中查询。

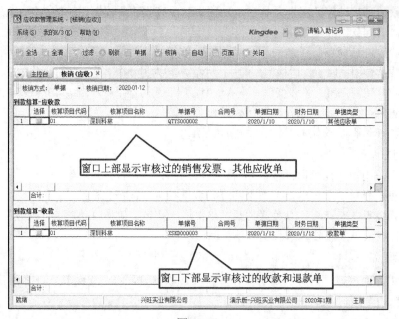

图 10-42

预收款冲应收款、应收款冲应付款、应收款转销、预收款转销、预收款冲预付款、收款冲付款的处理方法可以参照本小节关于"到款结算"的处理方法。

核销日志用于查看当前系统中的单据核销情况,如×××应收单与×××收款单进行核销时,核销了多少金额等。当已核销的单据需要修改时,可以在核销日志中反核销单据,之后再进行修改。

在主界面窗口,选择"财务会计"→"应收款管理"→"结算"→"核销日志—维护",系统弹出"过滤条件"窗口,设置查询条件后单击"确定"进入"核销日志(应收)"窗口,如图10-43所示。

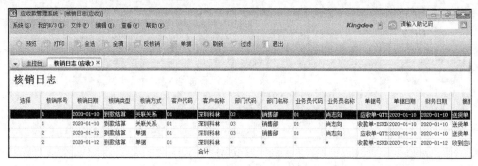

图 10-43

通过核销日志能有效地查询每一笔单据的结算情况。若要查看记录的单据情况,选中记录后,单击"单据"按钮即可。

反核销的方法是双击选中该单据,再单击工具栏上的"反核销"按钮。

10.3.7 凭证处理

凭证处理是指将应收款管理系统中的各种单据生成凭证并传递到总账系统,总账经过过账、汇总后得出相关的财务报表,这样省去在总账系统中手工录入凭证的工作量。若应收款管理系统单独使用,则可不做凭证处理。

在主界面窗口,选择"财务会计"→"应收款管理"→"凭证处理"→"凭证—生成",系统弹出"选择事务类型"窗口,选择"其他应收单",系统弹出"过滤"窗口,选择默认方案,单击"确定"进入"生成记账凭证"窗口,如图 10-44 所示。

图 10-44

如果要切换到其他单据类型生成凭证,则单击工具栏上的"类型"按钮弹出"选择事务类型"窗口,选择所需要的类型后,系统会弹出"过滤条件"窗口,设置过滤条件后,单击"确定"按钮,会显示满足生成凭证条件的单据。

选中要生成的单据记录,单击"按单"按钮,则系统按照当前单据的内容生成一张凭证;单击"汇总"按钮,则系统会将所有选中的单据汇总成一张凭证。

注　生成凭证时,先把单据类型对应的凭证模板维护好,否则生成凭证时容易报错。

下面以"收款单"为例进行说明,首先切换到"收款单"类型,选中第一张单据,单击"按单"按钮,稍后弹出提示生成凭证成功的窗口,若要查询刚才生成的凭证信息,选择"财务会计"→"应收款管理"→"凭证处理"→"凭证—维护"中查询,生成的记账凭证如图 10-45 所示。

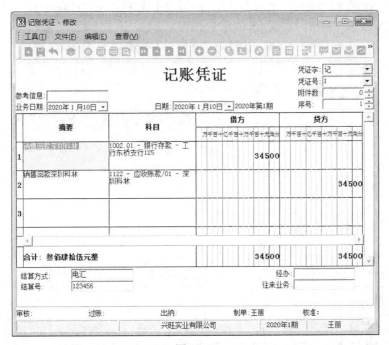

图 10-45

生成的凭证也可以在总账系统查询。

在生成凭证的"单据序时簿"窗口，单击工具栏上的"选项"按钮，系统弹出"生成凭证选项"窗口，该窗口包含设置生成凭证时的一些控制选项，如图10-46所示。

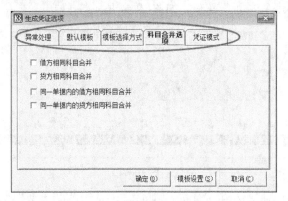

图10-46

10.3.8 坏账处理

坏账处理包括坏账损失、坏账收回、计提坏账准备、生成坏账的相关凭证及生成坏账备查簿、坏账计提明细表等。

1．坏账损失

由某种原因导致应收款无法收回时，需要做坏账损失处理，并要说明损失原因和损失金额。

坏账损失处理的单据只能是初始化的销售发票、其他应收单。初始化结束后新增的已生成凭证的销售发票、其他应收单，未生成凭证的销售发票及其他应收单不能进行坏账损失处理。

（1）在主界面窗口，选择"财务会计"→"应收款管理"→"坏账处理"→"坏账损失"，系统弹出"过滤条件"窗口，如图10-47所示。

（2）在"过滤条件"窗口中录入核算项目代码，并选择要处理的单据类型，单击"确定"按钮，系统进入"坏账损失处理"窗口，在"坏账"项目下的方框上打钩表示选中，选择坏账原因，设置坏账日期和本次坏账金额，如图10-48所示。

图10-47

图10-48

（3）单击"凭证"按钮，系统弹出"凭证-新增"窗口，将坏账损失凭证修改正确并保存后，坏账损失的处理才算结束。若生成的凭证没有保存，表示没有成功设置好坏账损失。

2．坏账收回

坏账收回操作步骤如下。

（1）在主界面窗口，选择"财务会计"→"应收款管理"→"坏账处理"→"坏账收回"，系统弹出"过滤条件"窗口，如图 10-49 所示。

（2）在条件窗口中设置要进行坏账收回的客户代码，选择单据类型、单据号和凭证字等。如果收回的是期初坏账，则选中右下角的"期初坏账"，单击"确定"按钮，系统弹出"坏账收回"窗口，如图 10-50 所示。

图 10-49

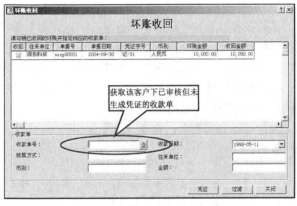
图 10-50

> 注　进行坏账收回时，一定要有该客户的收款单，只有已审核但未生成凭证的收款单才可以参与坏账收回处理。

（3）在"坏账收回"窗口的"收回"项目下的方框上打钩，修改收回金额，获取对应的收款单，一次只能选择一张收款单进行坏账收回处理。坏账收回金额与收款单的金额必须相等。

（4）单击"凭证"按钮，系统将生成一张有关坏账收回的凭证，保存该凭证。

3．坏账准备

坏账准备可以一年计提一次，也可以随时计提。坏账准备的计提方法可以随时更改。系统根据应收款管理系统参数设置的方法计提坏账准备，并产生相应的凭证。

在主界面窗口，选择"财务会计"→"应收款管理"→"坏账处理"→"坏账准备"，系统弹出"应收账款账龄分析法"窗口，如图 10-51 所示。

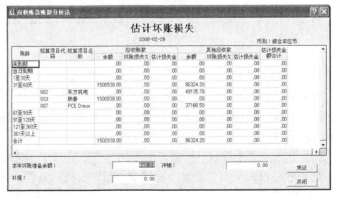
图 10-51

> **注** 该窗口因"应收款管理系统参数"下设置的方法不同而不同。

计提坏账科目、科目方向、余额、计提比率和计提金额都是由系统根据系统参数自动显示。

各项数据录入完成后,单击"凭证"按钮,系统生成一张有关计提坏账准备的凭证,单击"保存"按钮保存该凭证。

10.4 账表查询

应收款管理系统提供各种明细表、汇总表和分析报表的查询功能。应收款的报表查询方法可以参照前面章节的报表查询,查询的重点是选择正确的报表、设置正确的过滤条件才可查询到自己所需要的报表。下面以应收款明细表为例,介绍报表的查询方法。

应收款明细表用于查询系统中应收账款的明细情况,可以按期间或日期查询,也可以通过应收款明细表查询往来账款的日报表。

(1) 在主界面窗口,选择"财务会计"→"应收款管理"→"账表"→"应收款明细表",系统弹出"过滤条件"窗口,如图 10-52 所示。

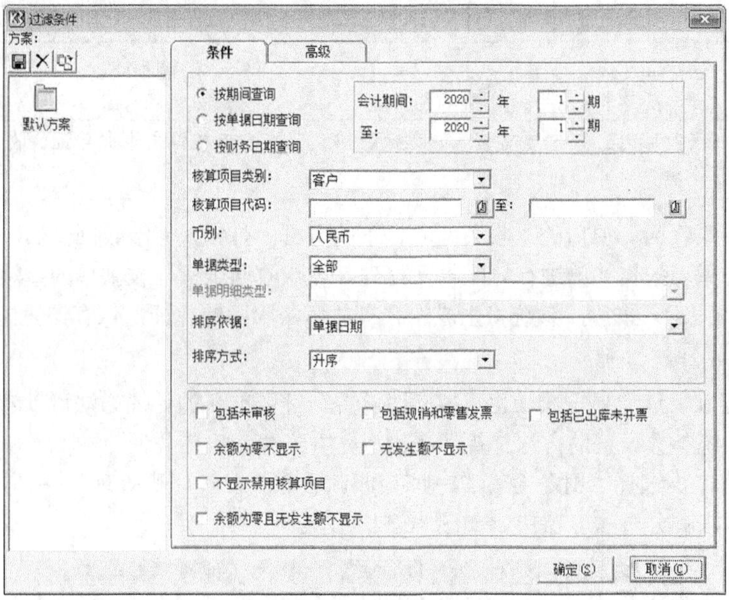

图 10-52

(2) 在窗口中可以选择"按期间查询""按单据日期查询"或"按财务日期查询",并设置期间或日期范围,设定查询的"核算项目代码"范围、单据类型等条件,再切换到"高级"选项卡,可设定"地区"范围和"行业"范围。查询条件设置完成后单击"确定"按钮进入"应收款明细表"窗口,如图 10-53 所示。

单击"最前""向前""向后""最后"按钮查询不同客户的明细账,选中记录单击"单据"按钮弹出该记录的单据查看窗口,单击"过滤"按钮可重新设定查询条件。

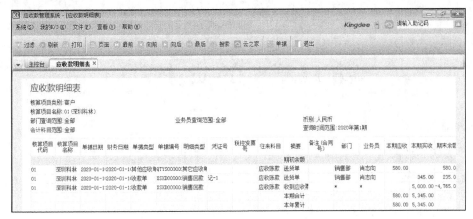

图 10-53

10.5 期末处理

当本期所有操作完成之后，如果所有单据已审核、核销，相关单据已生成凭证，同时与总账等系统已核对完毕，系统可以进行期末结账，期末结账完毕后系统进入下一会计期间。期末处理同时提供反结账功能。

（1）选择"财务会计"→"应收款管理"→"期末处理"→"结账"，系统弹出"期末处理"窗口，如图 10-54 所示。

（2）选择"结账"或"反结账"，单击"继续"按钮，若本期所有单据处理正确，稍后系统将弹出"期末结账完毕"提示。

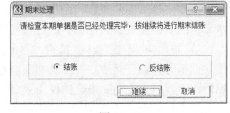

图 10-54

若系统参数选中"期末处理前凭证处理应该完成"和"期末处理前单据必须全部审核"选项，结账前必须保证本期所有的单据已生成凭证并且已审核，否则弹出不予结账的提示。

已结账期间的单据不能再进行反审、修改等操作，若要修改已结账的数据，可以反结账，然后系统返回上一会计期间，再重新录入、修改上一期间的数据资料。

> 注　反结账前，必须保证当前期间的单据已取消审核、取消核销且取消坏账处理。

10.6 课后习题

（1）应收款管理系统提供哪 3 种生成凭证的方式？
（2）在什么情况下才能修改合同？
（3）结算处理提供哪些核销类型和核销方式？
（4）应收款管理系统生成的凭证在什么模块下过账？
（5）做坏账收回时，哪些单据是必需的？

第11章 存货核算

本章重点

- 系统参数设置
- 入库核算
- 出库核算
- 存货跌价准备管理
- 凭证管理
- 报表分析

11.1 概　　述

存货核算系统主要用于对出入库的存货进行出入库成本计算，对各种出入库单据（采购入库单、成品入库单、销售出库单、材料领用单等）进行审核、钩稽后，根据预先定义好的物料成本计价方法（如先进先出法、后进先出法、加权平均法等），系统自动计算材料出库成本。材料成本核算后的单据生成的凭证将传递到总账中。

存货核算是企业会计核算的一项重要内容。进行存货核算，应该正确计算存货购入成本，促使企业努力降低存货成本，反映和监督存货的收发、领退和保管情况，反映和监督存货资金的占用情况，促进企业提高资金的使用效率。

存货核算管理不可以单独使用，须与采购管理系统、销售管理系统集成使用，才能核算正确的材料成本。

1. 使用存货核算管理系统需要设置的内容

- 公共资料：公共资料是本系统所涉及的最基础资料，必须设置，否则在进行单据处理时会受到相应的限制。
- 存货核算管理基础资料：因存货核算系统与供应链系统集成使用，所以基础资料与其他系统的基础资料同步。
- 初始化：系统进行初始化时，需要进行系统参数设置、初始数据录入、期初余额调整和业务系统启动。
- 系统设置资料：系统设置是针对该系统的参数进行更加详细化的设置，包含系统设置和核算参数设置等。

2. 存货核算管理系统可执行的查询与生成的报表

存货核算管理提供丰富的报表查询功能，可查询的报表有材料明细表、产品明细表、存货收发存汇总表、委外加工核销明细表、材料成本差异汇总表、材料成本差异明细表、销售毛利润汇总表和外购入库单与采购发票钩稽表等多种报表。

3．存货核算系统每期的操作流程（见图 11-1）

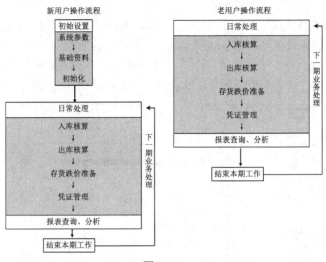

图 11-1

4．存货核算系统与其他系统的数据流向（见图 11-2）

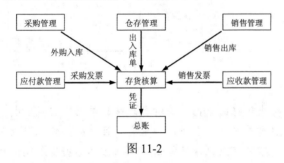

图 11-2

- 采购管理：主要接收采购管理系统产生的已审核的采购发票、外购入库单、费用发票等单据，进行外购入库核算。
- 仓存管理：接收仓存管理系统所有的出入库单据，进行出入库金额核算和凭证处理。
- 销售管理：接收销售管理系统产生的已审核的销售发票、销售出库单、销售费用发票等单据，进行销售出库核算和销售收入、销售成本凭证处理等工作。
- 应收款管理：接收从应收款管理系统传递的销售发票和各种费用发票，进行出库核算。
- 应付款管理：接收从应付款管理系统传递的采购发票和各种费用发票，与外购入库单进行钩稽后，进行入库成本的核算。
- 总账：核算系统生成的凭证，传递到总账系统。

11.2 初始设置

初始设置用于对本系统的核算参数和基础资料进行设置，如设置使用本系统的具体日期，这样才能知道期初数据应该录入什么时候的数据；只有基础资料设置成功后才能正常进行单据处理。

因存货核算系统与采购、仓存和销售管理系统集成使用，所以本系统的初始设置与以上 3 个系统的初始设置同步，在此不再详述。

11.2.1 系统设置

系统设置是为本系统进行控制而设计的，比如，对期末结账时检查未记账的单据，设置暂估冲回凭证生成方式和存货核算方式等。

选择"系统设置"→"系统设置"→"存货核算"→"系统设置"，系统进入"系统参数维护"窗口，选择左侧"核算系统选项"项目，系统显示可以设置的选项，如图 11-3 所示。

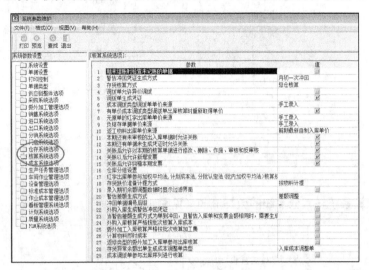

图 11-3

下面介绍常用的选项。

- **期末结账时检查未记账的单据**：若所有的核算单据均需要生成凭证，存货核算系统的存货余额及发生额需要与总账系统的存货类科目保持一致，则应选中此选项，系统会在期末结账前检查是否还有未记账的凭证，保证核算单据生成凭证的完整性。

- **暂估冲回凭证生成方式**：系统提供暂估由月初一次冲回和单到冲回功能。系统默认月初一次冲回，即系统在期末结账后，会自动根据上期生成的暂估凭证，对应生成红字暂估凭证。若到期发票仍未到，则应继续生成暂估凭证，下期继续自动冲回。在此种方式下，当暂估的存货发票长期未收到时，会多次生成暂估和冲回凭证。单到冲回：对于暂估入库单（未与发票钩稽的外购入库单），只是在发票到后，生成一次暂估冲回凭证。具体方式是，用户在生成凭证的事务类型中选择单到冲回类型，显示的是本月已钩稽的暂估入库单，选择按单或汇总生成凭证。然后再到外购入库类型中生成外购入库凭证。系统对暂估、冲回、外购入库凭证采用连环控制，即只有生成了暂估凭证，才能生成冲回凭证，继而才能生成外购入库凭证。反之，当一张外购入库单相继生成了暂估入库、暂估冲回、外购入库凭证，在删除这些凭证时应遵循一定的顺序，先删除外购入库凭证，才能删除暂估冲回凭证，删除了暂估冲回凭证，才能删除暂估入库凭证。当期入库、当期发票到时，可直接生成外购入库凭证，不必经过暂估流程。

注　初始化时录入的暂估入库单，采用单到冲回方式；采用月初一次冲回方式生成的冲回凭证不得随意删除，如果用户强制删除该凭证，则其对应的所有暂估单据在以后的期间只能采用单到冲回的方式进行冲回处理，删除此类凭证的时候，系统会提示"当前选中的凭证中包含系统自动生成的冲回凭证，您确认要删除吗？"选择"否"表示不删除凭证，选择"是"则表示删除。

- 存货核算方式：可选择总仓、分仓或分仓库组核算，系统默认总仓核算。若选择总仓核算，系统在存货核算时不考虑出入仓库，按单据日期确定收发序列，计算出库单价。而当系统分仓或分仓库组核算时，则应区分单据上仓库或仓库所隶属的仓库组，分别建立收发序列，计算出库单价。以加权平均法为例，若某物料从多个仓库收发，则采用总仓核算，同一物料只有一个加权平均出库单价，所有的该物料的出库单均取此单价。而分仓核算，则有多少个仓库，就可能有多少个加权平均出库单价，该物料在各个仓库的出库单均对应不同的出库单价。分仓库组核算时，须将所有的仓库与仓库组建立一对多的关系，一个仓库组可对应多个仓库。一个仓库只能隶属于一个仓库组。首先在"基础资料"→"辅助资料"→"仓库组"中，增加仓库组，在"核算参数"界面，单击仓库分组设置的"值"栏，出现"仓库分组"界面，左界面显示仓库，右界面显示可选择的仓库，单击方框选中。一个仓库若被某个仓库组选中，则不会出现在另外的仓库组界面备选。
- 调拨单允许异价调拨：不选中该选项，即默认情况下调拨单不允许异价调拨，只允许成本价调拨，系统只能录入成本调拨类型的调拨单据。
- 调拨单生成凭证：对调拨单是否生成凭证的控制，默认为不允许，当选择不允许时，在"凭证模板设置"界面不存在调拨单凭证模板的设置，在生成凭证界面无调拨单生成凭证事务类型，在对账界面的业务数据不包括调拨单的数据。当选择允许时，可以在"生成凭证"界面点击调拨单事务类型。
- 成本调拨类型调拨单单价来源：可选择手工录入、最新出库价、最新入库价或计划价，默认为最新出库价。在总仓核算方式下，调拨单不列入入库或出库序列，不参与出库单价的计算，系统用当前出库价刷新调拨单的单价，若无当前出库价，系统再按用户选择的调拨单单价来源写调拨单单价。分仓（分仓库组）核算时，调拨单视为一笔出库和一笔入库，出库时核算单价，按正常出库核算单价，若出现负结存，则按用户选择的单价来源选项确定单价，用户应保证调出仓先核算、调入仓后核算，否则会影响调入仓该物料的出库核算。仓库组内调拨核算方法与总仓核算的调拨类似。若根据选项仍不能确定单价，则系统会自动将其收集到不能确定单价的单据中，用户应在出库核算模块"不确定单价单据"中手工录入。在总仓或仓库组内调拨时，如果物料采用加权平均法、计划成本法计价，则系统会自动对无单价调拨单的实际单价使用计算出来的本期加权平均价进行更新；如果物料采用其他计价方法，由于调拨单本身既是入库单也是出库单，而入库和出库业务对后面单据的单价影响是完全不同的，故系统不提供自动使用核算出来的单价的自动更新功能；注意这里不存在按照调拨单单价来源参数取得单价的过程；对于不能确定单价的调拨单，用户还可以通过"更新无单价单据"模块进行单价更新。
- 有单价成本调拨类型调拨单出库核算时重新取得单价：用于控制已有单价的调拨单在出库核算时是否重新取得单价，系统默认选中该选项。通过该选项可以避免存在循环调拨时，系统无法按照已确定的单价确定调拨单单价，通过该选项也可以帮助客户人工确定调拨单价，而非一律采用系统核算出来的出库单价，以保证调拨单参与调出仓与调入仓出入核算单价一致性。另外，使用时注意，本参数只对有单价的调拨单有效，无单价的调拨单仍然按照成本调拨类型调拨单单价来源及各物料对应的计价方法确认单价。

上述选项的详细控制描述如下：

① 调拨单用于汇总"分仓库组核算"的仓库组内或"总仓核算"的各仓库间调拨的情况。

- 如果用户选中了上述选项，加权平均法、计划成本法计价的物料首先取得本次核算的单价，如果没有该单价则按照系统参数设置的调拨单单价来源取得单价，如果仍然没有取得单价，则该单据记录为不确定单价单据。
- 如果用户没有选中上述选项，则系统首先判断该调拨单是否已经有单价，如果没有，则仍然走上述取得单价的路线，如果调拨单已有单价则系统不再进行上述任何重新取得单价的过程，以已有单价为准。

② 在"分仓库组核算"的仓库组或"分仓核算"的仓库间调拨的情况。
- 如果用户选中了上述选项，首先会按照正常的出库单进行单价确认，如果没有确认到单价，则该调拨单记录为不确定单价单据。
- 如果用户没有选中上述选项，则系统首先判断调拨单单价是否为 0，如果单价为 0，则其处理规则同前条处理方式，如果单价不为 0，则该调拨单单价直接使用单据上的单价，不再进行上述一系列的单价更新过程。

● 无原单的红字出库单单价来源：可选择手工录入、最新出库价、最新入库价、计划价，默认最新出库价。对于有原单的红字出库单，系统直接用原单对应物料的单价更新该单。若红字出库单无原单，则系统在出库核算时，会根据此选项进行选择。

① 最新出库价，本期日期最新的出库单上相同物料的单价，该单价必须大于 0，否则应继续在本期往前查找。

② 最新入库价，本期日期最新的入库单上相同物料的单价，该单价也必须大于 0，否则应继续在本期往前查找，直到本期最早一笔入库。

③ 计划价，取该物料资料的计划价。

④ 手工录入，由用户到出库核算系统的"红字出库核算"中手工录入。

若选择前 3 项，找不到对应最新出库价、最新入库价或找到的计划价为 0，或者用户选手工录入，则用户应在出库核算系统的"红字出库核算"中手工录入。

● 负结存单据单价来源：可选择手工录入、最新出库价、最新入库价或计划价，默认为最新出库价。所谓负结存出库是指出库时，库存数量不够发出，并且直到期末时仍无入库数量补够。若临时出现负结存，在期末前有入库补充，为方便用户，系统不认为是负结存，而是在核算时将此补充入库的数量提到出库前。

● 返工物料出库单价来源：可以选择前期最新自制入库单价、期初余额加权平均单价和手工录入，选择项算法如下。

① 以前期最新自制入库单价为本期以前此产品的最新自制入库单价，时间按日期排序，单价取日期最近的单据的单价，如日期相同，则取表头内码最近的单价，如表头相同，则取表体行内码最近的单价。

② 期初余额加权平均单价等于该产品期初余额总金额除以该产品期初总数量。

③ 手工录入为在领料单上手工录入单价。

若首先根据选项取不到单价，则直接取单据上的原有单价，如果原单据中没有单价，根据选项也取不到单价，则出库核算报错，需要手工维护生产领料单单价。

● 本期还有未审核的出入库单据时允许关账：默认允许，即本期有未审核的核算单据（出入库单、成本调整单、计划价调价单）不影响关账。不允许关账，则系统会在关账前搜索本期未审核的出入库单据，有则提示"本期还有未审核的核算单据，不能关账"。

● 本期还有单据未生成凭证时允许关账：期末关账时，会判断该选项，默认允许，即本期有核算单据未生成凭证不影响关账。若选择不允许，则系统会在关账前搜索未生成凭证的出入库单据，如果有会提示"本期还有核算单据未生成凭证，不能关账！"。

- 关账后允许对本期的核算单据进行修改、删除、作废、审核和反审核：若选择不允许，则关账后，若对本期的核算单据（包含发票）进行修改、作废和反审核，系统会进行相应提示，不允许进行。
- 关账以后允许新增发票：选中该选项，关账后允许新增本期和以前期间、以后期间的各种发票，包含采购发票、采购费用发票、销售发票、销售费用发票，允许修改、删除、作废、审核本期、以前期间、以后期间，即所有期间的发票；关账后允许新增单据日期为以后期间的发票，但不允许新增单据日期为本期和以前期间的发票。如果不选择该选项但选择关账后允许对本期的核算单据进行修改、作废和反审核的选项，关账后允许修改、删除、作废、审核单据日期为本期、以前期间的采购发票、采购费用发票、销售发票、销售费用发票；不选择关账后允许对本期的核算单据进行修改、作废和反审核的选项，关账后不允许修改、删除、作废、审核单据日期为本期、以前期间的发票。
- 关账后允许钩稽本期发票：选中该选项，关账后允许进行单据日期为本期、以前期间的采购、销售发票、费用发票的钩稽；未选中该选项，关账后不允许进行单据日期为本期、以前期间的采购发票、销售发票、费用发票的钩稽。
- 红字出库单参与加权平均法，计划成本法，分批认定法（批内加权平均法）核算规则设置：用于设置以加权平均法和计划成本法计价的物料的红字出库单参与出库核算时的运算规则。单击"参数设置"可调出设置窗口，如图11-4所示。

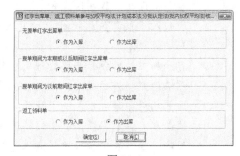

图 11-4

系统将3类红字出库单列举如上，用户可以分别指定各类型的红字出库单在计算对应物料加权平均单价的时候是列为入库序列还是列为出库序列。例如，如果在"无原单红字出库单"处选择了"作为出库"选项，则出库核算时所有加权平均法计价的物料对应的本期无原单红字出库单都列为出库序列并按照出库单的规则核算单价。

- 存货跌价准备计提方式：对存货跌价准备模式的控制，默认为"按物料计提"，用户可根据需要选择"按物料计提""按物料类别计提"或"按物料整体计提"。

对于"按物料计提"和"按物料整体计提"方式，系统都直接提供按照物料确认跌价损失的功能，两者在处理方式（按物料计提时明细物料跌价比例不得小于0）和凭证生成上区别不大；"按物料类别计提"方式要求用户首先对物料进行存货类别维护，只有指定了存货类别的物料才能计提跌价准备并显示在对应类别中，这是与其他两种计提方式的本质区别。

- 录入期初余额调整数据时显示过滤界面：选中该选项，进入期初余额调整界面的时候，单击明细仓库时先调出过滤界面，不设置任何条件则默认全部显示，否则可以按照过滤条件过滤。
- 暂估差额生成方式：如果选择了需要生成暂估凭证，则暂估差额生成方式只能选择"差额调整"，不能使用"单到冲回"，系统处理的模式是按照暂估冲回凭证的生成方式处理财务凭证，发票与外购入库单确认钩稽后生成新的单据，只能为入库成本调整单，与采购发票、外购入库单直接确认钩稽关系；如果不选择需要生成暂估凭证，则暂估差额生成方式可以为"差额调整"，也可以为"单到冲回"，系统自动生成的入库成本调整单和冲回单据都需要手工生成凭证，对于新生成的单据也自动确认钩稽关系。

- 冲回单据编号后缀：设置冲回单据的反缀形式，默认为"_"，外购入库核算自动生成冲回单据使用原来的外购入库单加默认的后缀后，根据生成的红、蓝字单据增加字母 R（red）或 B（blue）来区分，多次钩稽的情况在单据编码后自动递增。

- 外购入库生成暂估冲回凭证：选中该选项，"暂估凭证冲回方式"设置有效，并且限制"暂估差额生成方式"只能为"差额调整"，不能使用"单到冲回"；相关的处理及注意事项可参看"暂估凭证冲回方式"的说明。不选中该选项，"暂估凭证冲回方式"设置无效，系统不自动冲回凭证，"暂估差额生成方式"可以选择，可以为"差额调整"，也可以为"单到冲回"。

此选项只能在初始化期间进行设置，设定后，结束初始化或有相关单据生成凭证后不能在后期修改，选项的意义为对于暂估的处理，是否需要系统生成暂估冲回凭证，也就是只有选择了此选项，系统参数"暂估凭证冲回方式"的选择才会有效，否则整个过程不自动生成冲回凭证。

- 当暂估差额生成方式为单到冲回，且暂估入库单和发票金额相同时，需要生成红、蓝字单据：选中该选项，当暂估入库单与发票金额相同时，进行核算的时候，系统自动生成金额相同的红字入库单和蓝字入库单。只有在暂估入库单与发票金额不同时，进行核算才会生成红、蓝字入库单。

- 外购入库核算严格按批次核算入库成本：选中该选项，外购入库核算必须按照批次进入核算成本。

- 委外加工入库核算严格按批次核算加工费：选中该选项，进行委外加工入库核算时，将严格按照物料的批次，分批核算委外加工入库单的加工费。

- 计算物料即时成本：选中该选项，即时库存查询中显示基本单位单位成本、常用单位单位成本、成本字段，有金额查看权限的用户可查询物料的即时成本。同时，出库单据录入时，物料的单价、单位成本等字段自动按即时单位成本取值。

- 存货异常余额出单生成成本调整单类型：有入库成本调整单和出库成本调整单两种单据类型，只能选择其一。

11.2.2　期初调整

在实际工作中，由于某种原因，在企业存货的数量账实一致的情况下，存货金额仍然账实不符，如数量为零、金额不为零，需要单独进行期初余额调整。对于出入库单据的金额调整，可以通过成本调整单进行，期初金额调整模块可处理成本调整单的录入和维护。

1．期初余额调整

选择"供应链"→"存货核算"→"期初调整"→"期初余额调整"，系统进入"初始数据录入"窗口，如图 11-5 所示。

图 11-5

在"期初余额调整"窗口，仓库默认按树型结构在左界面显示，单击左侧对应的仓库名称可以查询该仓库下所有物料明细的数量和结存金额，如果物料采用批次管理，计价方法为先进先出、后进先出，可双击"批次/顺序号"查看明细。

- 对账：单击"对账"按钮，系统切换到对账窗口，窗口左侧显示物料所在的会计科目，右侧显示对账结果，同一科目的仓存结存金额与总账结存金额存在差异时，系统会提示对账不平，如图 11-6 所示。

图 11-6

> 注 当总账科目存在不受物流控制的明细科目时，在对账界面中不会显示这些科目，因此会造成总账结存余额与仓存结存金额存在差异，系统会提示对账不平，而实际上仓存结存金额与总账结存余额是平衡的。

- 调整：单击"调整"按钮切换到调整窗口，如图 11-5 所示。对于加权平均法和移动平均法的物料可通过直接修改结存金额的方式来调整期初金额。对于分批认定法、先进先出法、后进先出法的物料应双击"批次/顺序号"，调整明细批次（序列）的金额。对于计划成本法的物料应调整结存差异。

结存金额修改完毕后，单击"出单"按钮，系统弹出提示窗口，如图 11-7 所示，系统将调整差额自动生成成本调整单，日期为本期的第一天，并自动审核，该调整单可以在"期初调整"→"成本调整单"下查询到。

2．成本调整单

成本调整单用于查询、新增和修改因存货结存金额而产生的差异。

（1）选择"供应链"→"存货核算"→"期初调整"→"成本调整单"，系统弹出"过滤"窗口，选择默认方案，单击"确定"按钮进入"成本调整序时簿"窗口，如图 11-8 所示。

图 11-7

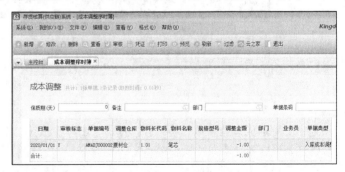

图 11-8

（2）在"成本调整序时簿"窗口可以进行成本调整单的新增、修改和审核等操作。单击"新增"按钮，系统弹出"成本调整 - 新增"窗口，如图 11-9 所示。

- 319 -

图 11-9

成本调整单录入方法及技巧与出入库单类似,只能录入本期及以后期间的成本调整单,在审核单据的时候进行日期的判断,如果小于当前会计期间,系统将弹出"不能审核以前会计期间的单据!"的提示。仓库、物料为必录项,若物料实行批次管理,则批次为必录项。成本调整单可录入负数,从而反映库存金额调减。

3. 期初仓存异常余额汇报表

期初仓存异常余额汇报表反映本期期初仓存余额中存在的物料数量结存为 0 但金额不为 0 的异常余额信息,这部分数据是期初仓存余额中的异常数据,一般需要进行期初余额调整。

选择"供应链"→"存货核算"→"期初调整"→"期初仓存异常余额汇报表",系统进入"期初仓存异常余额汇报表"窗口,如图 11-10 所示。

图 11-10

选中要生成成本调整单的明细行,单击"出单"按钮,系统将生成对应的成本调整单,并将成本调整单单据号显示在汇报表中。

在本汇报表中生成的成本调整单与在期初余额调整中生成的成本调整单是无法同时存在的,即两者只需要在一个地方生成成本调整单,如果一方已经对本物料生成了成本调整单,再对另一方生成成本调整单,系统会自动删除前一张成本调整单,而保存最新的这张成本调整单;同时不论哪边生成了成本调整单,在汇报表的相同信息行中都会显示出对应的成本调整单号。

4．出库核算异常余额汇报表

出库核算异常余额汇报表反映本期出库核算（如材料出库核算、产品出库核算）后存在的物料数量结存为 0 但金额不为 0 的异常余额信息，这部分数据是核算过程中无法进行差额调整的异常数据，一般需要进行成本调整。

选择"供应链"→"存货核算"→"期初调整"→"出库核算异常余额汇报表"，系统进入"出库核算异常余额汇报表"窗口。用户可以选中需要生成成本调整单的明细行，单击"出单"按钮，系统将自动生成对应的入库成本调整单，生成成本调整单之后，系统刷新，对应明细行也将不再显示；也可以双击异常余额数据，系统会根据对应物料的属性调出对应的材料明细账或者产成品明细账。

在每次出库核算前系统都会自动删除核算到的物料对应的异常余额汇报数据，以保证该数据不会重复记录。

如果用户在已出库核算后出现的异常余额生成成本调整单，此时又新发生业务需要重新进行出库核算，那么建议用户先删除对应物料的成本调整单再进行对应的出库核算。

> **注** 本异常余额汇报表的数据依赖于每次出库核算保存的结果数据，而期初仓存异常余额汇报表的数据则是根据期初仓存余额表取得的，故在调整余额时前者是根据核算方式自动确定调整的仓库信息，而后者则会根据调整对象数据中的仓库信息生成准确的成本调整单；如果用户存在导致无法结账或不期望出现在期末余额表中的异常余额，可以到"出库核算异常余额汇报表"中查看并出单，而如果想要准确针对仓库进行金额调整，建议在每期"期初仓存异常余额汇报表"中进行调整。

11.3 日常业务处理

初始化设置和系统设置完成，可以进行日常的业务处理，日常业务处理包括入库核算、出库核算和生成凭证等操作，并且根据核算出来的材料成本查询相关报表，以对企业的材料状况做出预测和分析处理。

选择"供应链"→"存货核算"，系统切换到包含所有"存货核算"功能的窗口，如图 11-11 所示。

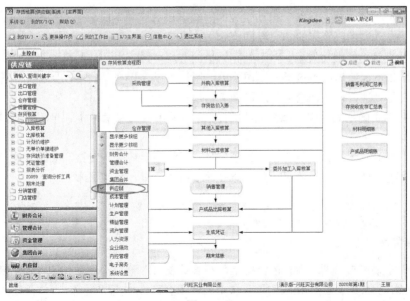

图 11-11

要使用某个明细功能的方法是，先选择正确的子功能项，再双击子功能下正确的明细功能相应项目。

11.3.1 入库核算

入库核算功能主要是用来核算各种入库类型的存货入库的实际成本，如外购入库和自制入库等单据。不同类型的入库，其核算的方法也不同，外购入库的成本依据相钩稽的采购发票，还应计入采购费用，才能计入入库成本；若外购入库单据未收到发票，就可以进行暂估入库处理；自制入库的存货成本则要手工录入单价；委外加工入库的成本由材料费和加工费组成。

1．外购入库核算

外购入库核算主要用来核算外购入库单上存货的实际成本，该外购入库单由"采购管理"中的外购入库单、采购发票和采购费用发票进行钩稽后，再传递到本系统，若有货到票的外购入库单，则是在"存货估价入账"中处理。

外购入库单的成本包括购买价和采购费用两部分，购买价由与外购入库单相钩稽的发票决定，采购费用由用户录入后，再通过核算功能，将买价与采购费用之和根据钩稽关系分配到对应的入库单上，作为外购入库的实际成本。

外购入库成本的核算也就是采购发票和外购入库单进行钩稽的过程，钩稽方法可参照第4章（销售管理）。

费用分配方式有两种，一种是"按数量分配"，选择以发票上各行物料的基本计量单位数量作为权重对采购费用进行分配；另一种是"按金额分配"，以发票上各行物料的金额为权重进行分配。该方式需在"核算"菜单的"费用分配方式"下选择。选择费用分配方式后，单击"分配"按钮，系统会自动将分配后的采购费用及相应的运费税金填入采购发票中。

系统在执行分配时，将采购费用总额和税金，分别先除以分配标准之和（选定发票上所有物料的数量或金额和），然后分别乘以各自的分配标准（数量或金额），得到各行物料的采购费用和运费税金。

使用单到冲回的方式，系统会自动生成冲回红字单据，并生成新的蓝字单据，此时该红、蓝字外购入库单自动添加上已经审核和已经钩稽标志。

若存在补充钩稽的费用发票，对于补充钩稽的费用，系统自动按照分配至各物料上的金额生成相应的入库成本调整单；对这类成本调整单，用户可以直接在"费用发票补充钩稽"凭证生成事务中进行财务处理，以保证仓存与总账平衡。

核算成功是正确生成外购入库凭证的前提，因为只有经过核算才能保证采购发票与外购入库单金额平衡。

选择系统参数"采购系统支持部分钩稽"时，系统中存在采购发票和外购入库单都处于部分核销状态的情况。针对不同的情况，系统会根据核销数量进行反填成本。

> 注　此参数的选择是要有一定的前提条件的，即只有在外购入库不生成暂估冲回凭证的模式下才能修改此参数为有效，在此参数有效的情况下，对于暂估业务也支持两种模式，即单到冲回和差额调整。

（1）对于本期单据，即非暂估的情况下，不管是发票部分钩稽还是外购入库单部分钩稽，按照"单价=（钩稽金额+分配到相应钩稽分录中的费用金额）/钩稽数量"，反填外购入库单的单位成本，并计算相应的成本，完全钩稽的处理则与前面的逻辑保持一致。

（2）对于单到冲回的模式，存在前期的暂估单据，如果本期进行了部分钩稽，不管是发票部分钩稽还是外购入库单部分钩稽，冲回生成的蓝字单据和红字单据数据源于钩稽数量和发票钩稽金额、相关的费用金额。

（3）对于差额调整的模式，存在前期的暂估入库单，本期来到发票，与暂估单据进行部分钩稽，对于钩稽部分的差异，生成暂估补差单。

若存在补充钩稽的费用发票，对于补充钩稽的费用，系统自动按照分配至各物料上的金额生成相应的入库成本调整单；对这类成本调整单，用户可以直接在"费用发票补充钩稽"凭证生成事务中进行财务处理，以保证仓存与总账平衡。

> **注** 存货核算中的外购入库单据是接收的仓存管理中的已经钩稽的外购入库单据，所以只有外购入库单钩稽和审核后，才能在存货核算中进行入库成本核算。

2. 暂估入库核算

暂估入库核算主要是对本期发票未到、但货已入库的物料进行估价处理。暂估方式有两种，一种是手工在单据上录入，另一种是在无单价单据维护模块中进行单价更新。

> **注** （1）暂估也是指企业未收到已经入库物料的采购发票，不能正确地核算入库物料的成本，所以用"估价"的方式核算该物料的成本，待该笔物料的采购发票实际收到时，再核算正确的物料入库成本。
>
> （2）暂估是一种估计的行为，所以该单据核算的成本凭证必须冲回，冲回方式有差额调整和单到冲回两种方式，设置方法是在"系统设置"中进行设置。

选择"供应链"→"存货核算"→"入库核算"→"存货估价入账"，系统进入"暂估入库单序时簿"窗口，如图11-12所示。

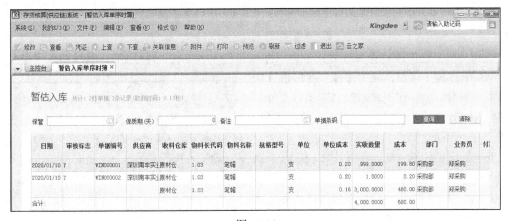

图 11-12

暂估入库单序时簿中的单据有时有单价，有时无单价，此单据错误时，可以选中后单击"修改"按钮，系统进入"外购入库单 - 修改"窗口，在"采购单价"位置处录入正确的估价，如图11-13所示。

> **注** 存货核算中的暂估入库单据是接收的仓存管理中的未钩稽的外购入库单据，所以只有外购入库单审核后，才能在存货核算中进行入库成本核算。

修改完成后，单击"保存"按钮保存。

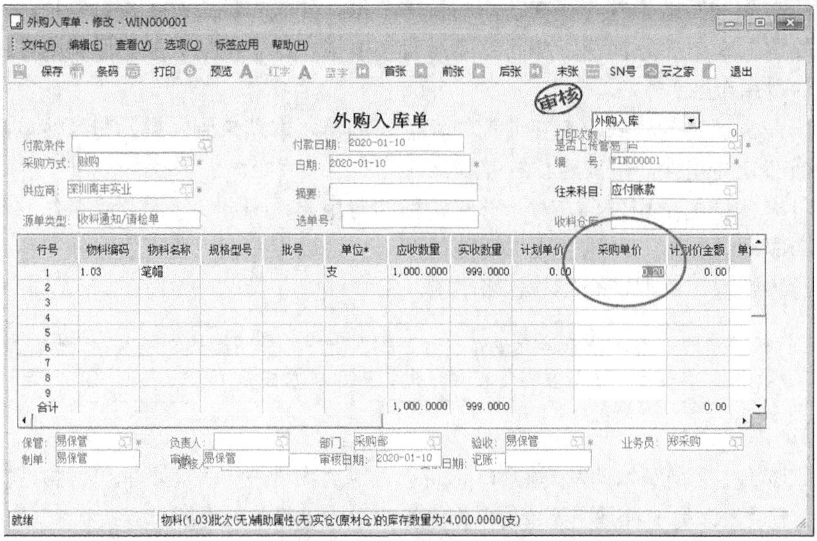

图 11-13

3．自制入库核算

自制入库主要对半成品/产成品的入库成本进行核算。在未使用成本系统时，需要手工录入自制品入库成本，当物料采用"计划成本"和"实际成本"计价方式时，录入方式不同。若成本系统已启用，则可自动引入成本系统的产品成本计算结果，用户不需要手工录入自制品入库成本。另外，用户还可以通过"无单价单据维护"功能直接进行单价更新。自制入库核算包括产品入库核算和盘盈入库核算。

> **注** 存货核算中的自制品单据是接收的仓存管理中的产品入库单据，所以只有产品入库单审核后，才能在存货核算中进行入库成本核算。

选择"供应链"→"存货核算"→"入库核算"→"自制入库核算"，系统进入"自制入库核算"的"过滤"窗口，在"过滤"窗口选择相应的事务类型、物料代码和物料名称等后，单击"确定"按钮，进入"自制入库核算"维护窗口，如图 11-14 所示。

当物料采用的是实际成本方法时，在图 11-14 中录入正确的单价后单击"核算"按钮即可。

若成本系统已启用，产品入库的成本可直接从成本系统写入，不需要引入操作。

单击"引入"按钮，可以根据显示的"数据引入向导"界面一步步引导用户从 Excel、文本文件，以及其他账套等外部数据源引入产品成本数据，为用户省去大量重复录入数据的工作量。

图 11-14

单击"核算"按钮，系统会将汇总计算出的单价、金额回填到单据，同一部门、同一种产品的单位成本相同。

4．其他入库核算

其他入库核算是针对非外购入库、产成品入库和委外加工入库单据的入库成本核算。其他入库核算包括组装核算和非组装核算两种。

（1）非组装核算。非组装单是指该单据属于其他入库单，并且不是由组装业务所生成的单据，核算方法是手工录入和更新无单价单据两种方法。

选择"供应链"→"存货核算"→"入库核算"→"其他入库核算"，系统进入"其他入库核算"的"条件过滤"窗口，如图 11-15 所示。

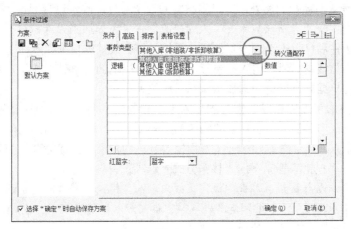

图 11-15

在事务类型处选择本次要处理的单据是非组装类还是组装类其他入库单，再设置其他过滤条件，设置完成后，单击"确定"按钮，系统进入"其他入库"核算窗口，若要修改单价，选中后单击"修改"按钮，系统弹出其他入库单据窗口，录入正确的"单价"后保存即可。

（2）组装核算。组装单是指由组装业务所生成的组装入库单，核算入库成本的方法是在序时簿窗口单击调出核算单据，手工录入单价，系统自动计算金额或者录入金额，由系统自动倒推计算单价。

对于组装业务，系统设置有单独的核算功能，可以在序时簿中单击"核算"按钮进行入库核算。组装业务核算数据源：组装类型的其他入库单核算来源于组装类型的"其他出库单"和组装单中的"实际费用"，此处的实际费用就是组装业务中的组装费。

组装入库单的核算要求对应的其他出库单已经核算完毕，即已经存在出库成本，因此需要首先进行材料出库核算，核算出其他出库单成本后再核算其他入库单成本。

目前对于组装业务，只支持一对多的关系，即组装类型的其他入库单只能由一条分录记录组装件，并且组装件不能作为其他组装件的子件。

5．委外加工入库核算

本模块主要用来核算委外加工入库实际成本，委外加工的实际成本由材料费和加工费两部分组成。委外加工入库核算步骤如表 11-1 所示。

表 11-1 　　　　　　　　委外加工入库核算步骤表

步　　骤	描　　述	说　　明
第一步	加工费用录入	录入委外加工的加工费用发票
第二步	发票钩稽、补充钩稽	建立费用发票、采购发票、委外加工入库单之间的多对多钩稽关系
第三步	材料费用核销	建立委外加工入库单与委外加工出库单之间的核销关系
第四步	费用分配	加工费用的分配
第五步	委外加工入库核算	核算委外加工入库单的单价、金额

（1）加工费用发票录入。

委外加工费用发票是在"采购管理"的"费用发票"中处理。费用发票录入实现外购入库和委外加工附加费用的发票录入，委外加工费用发票（一般指委外加工附加费用）可建立与采购发票（一般指加工费）、委外加工入库单三方之间的钩稽关系。

（2）核销材料费。

本功能用于确认消耗掉的委外加工发出材料的数量信息，确认过程通过"核销"操作完成。

选择"供应链"→"存货核算"→"入库核算"→"委外加工入库核算"，系统弹出"过滤"窗口，设置过滤条件后，单击"确定"按钮，系统将符合条件的单据显示在"委外加工入库序时簿"窗口中，选中需核销材料费的入库单行，单击工具栏上的"核销"按钮，系统弹出"核销"窗口，如果选择的单据行已核销，则显示核销对应关系。

能够参与委外加工入库核算的委外加工入库单必须是本期已审核且未记账的委外加工入库单、本期已暂估记账但之后又与费用发票钩稽的委外加工入库单、以前期间但在本期与费用发票相钩稽的委外加工入库单、在本期进行了费用发票补充钩稽（未生成凭证）的委外加工入库单。

用户可以通过"核销"菜单下的"核销方式"选项选择核销方式。

- 按加工单位逐条核销：单击"核销"按钮进入"核销"窗口时，系统只带入用户选中的委外加工入库单，"委外加工出库单"窗口则带入所有本期及以前期间录入且未被核销完的相同加工单位的委外加工出库单。

- 按生产任务单号逐条核销：单击"核销"按钮进入"核销"窗口时，系统只带入用户选中的委外加工入库单，"委外加工出库单"窗口则带入所有本期及以前期间录入且未被核销完的相同生产任务单号的委外加工出库单。

- 按加工单位汇总核销：单击"核销"按钮进入"核销"窗口时，系统带入与用户选中的委外加工入库单有着相同加工单位的可在本期进行核销的所有委外加工入库单，而"委外加工出库单"窗口则带入所有本期及以前期间录入且未被核销完的相同加工单位的委外加工出库单。

- 按生产任务单号汇总核销：单击"核销"按钮进入"核销"窗口时，系统带入与用户选中的委外加工入库单有着相同生产任务单号的可在本期进行核销的所有委外加工入库单，而"委外加工出库单"窗口则带入所有本期及以前期间录入且未被核销完的相同生产任务单号的委外加工出库单；核销前用户需要选择参与本次核销委外加工入库单和委外加工出库单。

（3）单击"核销"按钮进入委外加工出、入库单的"核销"窗口；窗口上部为委外加工入库单行，窗口下部为关联出的委外加工出库单行；用户可以从"核销"菜单的"核销依据"中选择本次核销操作的依据。

- 手工核销：由用户手工确认参与核销的委外加工出库单的本次核销数量，单击"核销"按钮时，如果用户只选中一条入库单，则所有出库单都与该入库单核销，如果用户选择了多条入库单，则系统将按照"物料"对出库单的本次核销数量进行汇总，然后以入库单数量为权重分摊该核销数量，再在出库单中依次扣减并与入库单逐条匹配核销。

- 按BOM耗用量自动核销：系统自动按照入库单上的物料匹配足量的出库物料进行核销；核销中，如果某物料数量超出理论耗用量，则只核销到理论耗用量为止，其余出库单或未核销数量不再核销，如果某物料不足理论耗用量或材料不在产品BOM中，则系统不再核销该材料和对应的入库单。

- 按入库数量比自动核销：系统首先将所有被选中出库单的本次核销数量按照"物料"进行汇总，然后按各被选中的入库单的入库数量分摊其应核销数量，再对每条入库单按分得的数量逐条与出库单相核销并扣减其未核销数量，直至所有被选中的入库单和出库单匹配完成为止。
- 按BOM系数比自动核销：系统首先将所有被选中出库单的本次核销数量按照"物料"进行汇总，然后以"入库单入库数量×某产品对某物料的BOM单位耗用量"为权重对上述汇总数进行分摊，如果被选中的某出库单明细行对应物料没有任何入库单产品耗用，则该物料按照"入库数量比自动核销"的处理方式进行分摊；分摊完成后，再对每条入库单按分得的数量逐条与出库单相核销并扣减其未核销数量，直至所有被选中的入库单和出库单匹配完成为止。

核销时，系统自动计算出本次核销数量、金额、未核销数量、未核销金额；"核销"本身是指为材料发出的数量与委外加工入库单添加钩稽关系，故在核销时系统自动换算出来的材料费用并不一定准确，用户也不必先进行材料出库核算再来进行核销操作，系统允许无单价出库单参与核销。

（4）委外加工入库核算。

选择"核销"菜单下的"费用分配方式"，该分配方式仅用于费用发票费用向采购发票分配的过程；采购发票向入库单的分配过程与外购入库一样是按照物料各明细行的数量权重直接进行分摊的。

选择"按数量分配"，则选择按采购发票上各物料的基本计量单位数量作为权重对采购费用进行分配；若选择"按金额分配"，则以采购发票上各行物料的金额为权重进行分配。

单击"分配"按钮，系统根据选择的分配方式将费用发票对应费用和可抵扣税金信息分摊到采购发票的应计费用及运费税金等项目中。

（5）核算入库成本。

完成费用录入和费用分配后，单击"核算"按钮，系统开始核算委外加工入库实际成本，若无采购费用，可直接进行核算处理。

核算时严格依据钩稽关系，先将发票上某一物料的全部金额（指发票原有金额）和采购费用（指发票上分配到的应计费用等）合计，除以入库单上该物料的数量，计算出单位加工费，再以该单位加工费乘以对应物料行的数量信息，得到对应的加工费信息。

若入库单的加工费已暂估（上期的单据或已生成加工费暂估凭证的本期单据，单据上的金额不允许刷新），则会自动生成委外加工暂估补差单（只有金额而无数量的委外加工入库单）。

若存在补充钩稽的费用发票，对于补充钩稽的费用，系统自动按照分配至各物料身上的金额生成相应的成本调整单；对这类成本调整单，用户可以直接在"费用发票补充钩稽"凭证生成事务中进行财务处理，以保证仓存与总账平衡。

除了核算加工费之外，系统同时按照入库单核销的出库单信息重新取得出库材料成本并汇总得到准确材料费用，此时系统汇总材料费用和加工费用得到入库物料的总成本信息，并倒推计算单位成本，从而完成整个委外加工核算工作。

（6）红字委外加工入库单核算。

对于红字委外加工入库单，系统提供了三方核销的方法：在委外加工入库核销时，调出委外加工入库单，如果选择汇总核销，可以选择相同加工单位相同物料或者相同任务单相同物料的红、蓝字单据一起核销。

核销时的判断：入库单的同一物料核销数量不能小于等于0，即红字委外加工入库单的物料数量不能大于蓝字委外加工入库单的相同物料的数量；进行反核销时，如果是几行委外加工入库的物料一起核销，物料相同，则作为同一组进行处理，即反核销时一起核销的单据一起反核销。

在对红字委外加工入库单进行核算时，费用计算公式如下：

材料费＝核销的出库单的出库成本÷核销的入库单数量×红字入库单的数量；

加工费＝钩稽的发票的金额÷钩稽的入库单数量×红字入库单的数量。

11.3.2 出库核算

出库核算是系统根据物料档案所采用的计价方法自动计算出物料的出库成本。

1．红字出库单核算

选择"供应链"→"存货核算"→"出库核算"→"红字出库单核算"，系统弹出"过滤"窗口，在窗口中设置过滤条件后，单击"确定"按钮进入"红字出库单据（无原单）序时簿"窗口，双击某一行，弹出该行所对应的单据，可录入单价，系统计算出金额或录入金额，由系统计算出单价。

用户也可以通过"无单价单据更新"模块的相关功能实现单据上的单价的更新工作。

> 注　若有原单的红字出库单，则系统在核算时自动取原单的单价，不需要在此模块处理。

2．材料出库核算

材料出库核算主要用于除产品类以外的出库单核算成本，一般在成本计算、自制入库核算、委外加工入库核算、其他入库核算前必须进行材料出库核算，如未先进行材料出库核算，而直接进行成本计算、自制入库核算、委外加工入库核算或其他入库核算，可能造成对应产品成本的计算不准确。

（1）选择"供应链"→"存货核算"→"出库核算"→"材料出库核算"，系统弹出"结转存货成本 - 介绍（材料出库核算）"向导窗口，如图 11-16 所示。

向导的第一页主要介绍结转存货成本的功能，单击"查看"按钮，系统弹出快捷菜单，可以查询到本期已审核没有单价的入库单、本期没有审核的单据、不能确定单价序时簿、核算报表和仓存报表。

（2）单击"下一步"按钮，系统进入"结转存货成本 - 第一步（材料出库核算）"窗口，如图 11-17 所示。

图 11-16

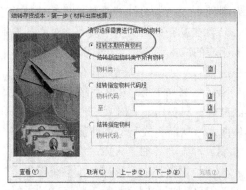
图 11-17

- 结转本期所有物料：选择此选项，则对本期所有的物料进行材料出库成本核算。
- 结转指定物料类下所有物料：选择此选项后，在物料类处获取主要物料大类编码，则系统只对此大类下的所有物料进行出库成本核算。

- 结转指定物料代码段：选择此选项后，可以设置结转物料的范围，则系统只对该范围内的物料进行出库成本的核算。
- 结转指定物料：选择此选项后，获取要结转的物料代码，则系统只对该物料进行出库成本的核算。

（3）在此选择"结转本期所有物料"项，单击"下一步"按钮，系统进入"结转存货成本 - 第二步（材料出库核算）"窗口，如图 11-18 所示。

- 只写结转有误的物料：选中该选项，在结转时生成的结转报告中，只写上结转有误的物料。
- 写成本计算表：选中该选项，在结转报告中显示出库成本计算方法。
- 写错误日志：选中该选项，计算错误日志也写在结转报告中。
- 输出路径：设置结转报告的储存位置。
- 遇到结转错误时停止结转当前物料：选中该选项，则当遇到结转错误时就停止成本核算；未选中该选项，则继续计算出库成本。
- 每次结转的物料数量：当物料档案多时，也可以设置每一批次最多可以结转多少的物料成本。

（4）在此保持默认值，单击"下一步"按钮，系统进入"结转存货成本 – 正在结转存货成本请稍候....（材料出库核算）"窗口，如图 11-19 所示。

图 11-18

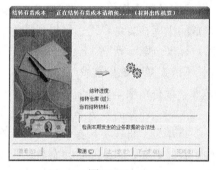

图 11-19

（5）稍后系统计算成功，显示"结转存货成本 - 完成（材料出库核算）"窗口，如图 11-20 所示。

（6）单击"查看报告"按钮，可以查询到本次计算情况，单击"完成"按钮结束本次材料出库成本核算过程。在此单击"查看报告"按钮，系统弹出"结转存货成本报告"窗口，如图 11-21 所示。

图 11-20

图 11-21

（7）单击物料后面对应的"成本计算表"，系统弹出"成本计算表"窗口，在窗口中可以清楚地看到本次成本计算的过程，如图 11-22 所示。

图 11-22

3. 产成品出库核算

产成品出库核算主要用于物料属性为非外购类的物料核算出库成本。产成品出库核算方法可以参照"材料出库核算"功能。

4. 不确定单价单据维护

不确定单价单据主要包括以下几种类型。

- 本期未核算的入库单，表现为入库单上单价、金额为零，包括红字入库单。
- 出库时，出现负结存，根据负结存出库核算选项，仍核算不出单价的蓝字出库单。
- 核算时当前出库单价为负数，导致无法更新单价的蓝字出库单。
- 分仓（分仓库组）核算调拨单时，调入仓库先核算，而调出仓库后核算。

选择"供应链"→"存货核算"→"出库核算"→"不确定单价单据维护"，系统弹出"过滤"窗口，设置条件后，单击"确定"按钮系统进入"不确定单价单据维护序时簿"窗口，双击某一行，弹出该行所对应的单据，用户可录入单价，系统计算出金额或录入金额，由系统倒推计算出单价。

用户也可通过无单价单据更新模块的相关功能实现单据上的单价的更新工作。

一般情况下，不确定单价单据对应于出库核算，例如进行材料出库核算后，会产生不确定单价单据，可以在此功能中进行维护。如果要进行产成品出库核算，也会产生不确定单价单据，该单据也可以在此功能中进行维护。

5. 核算单据查询

此查询用于查询发票、出入库单等所有的核算单据，还可在此模块调整计算出的出库单价和金额（其他项目锁定）。

（1）选择"供应链"→"存货核算"→"出库核算"→"核算单据查询"，系统弹出"条件过滤"窗口，如图 11-23 所示。

（2）在"条件过滤"窗口中，可以选择本次要过滤的事务类型，以及详细的过滤条件，在此选

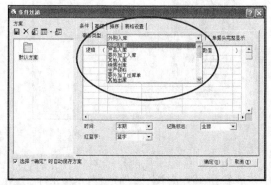

图 11-23

择"外购入库"事务类型,单击"确定"按钮系统进入"核算单据查询"窗口,如图 11-24 所示。

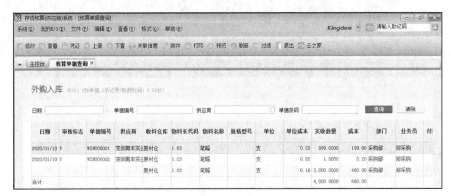

图 11-24

(3) 若单价有误,可以选中后单击"修改"按钮,系统弹出对应的单据,如图 11-25 所示,在"采购单价"处可以修改价格。

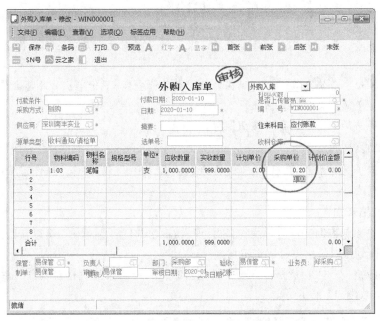

图 11-25

11.3.3 计划价维护

当系统中使用以计划成本法为计价方法的物料时,物料档案中的计划单价会被锁定,不能直接修改,必须通过"计划价维护"录入计划价调价单来调整物料的计划单价,生成的单据还可以生成凭证并传到总账系统。

1. 调价单据录入

调价单据录入是使用计划价计算材料成本的物料需要调整单价时使用的。

选择"供应链"→"存货核算"→"计划价维护"→"调价单据录入",系统进入"调价单 - 新增"窗口,如图 11-26 所示。

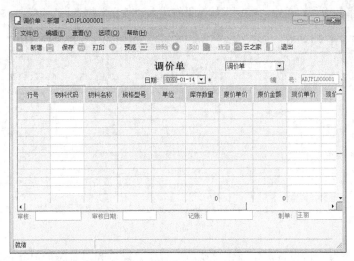

图 11-26

- 物料代码：获取要进行调价处理的物料代码。
- 物料名称、规格型号、原价单价：由物料档案中带出。
- 库存数量、原价金额：库存数量显示录入调价单时的仓库数量，原价金额=原价单价×库存数量。
- 现价单价、现价金额：录入现在的单价，现价金额=现价单价×库存数量。
- 差价、差额：自动计算出来。

单据录入完成后单击"保存"按钮保存。

2．调价单据维护

调价单据维护是对录入的调价单据进行查询、修改和审核等操作，操作方法可以参照前面章节的单据查询方法。

3．历史价格查询

历史价格查询可查询计划成本法物料最近一次调价前的计划单价，可以查询该物料的原计划价、调整后的计划价、价格差异、调价日期等。

选择"供应链"→"存货核算"→"计划价维护"→"历史价格查询"，系统弹出"历史价格维护"窗口，如图 11-27 所示。

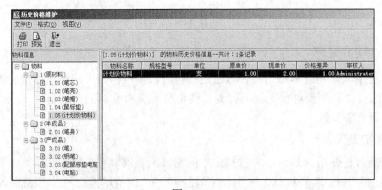

图 11-27

11.3.4 无单价单据维护

在实际应用中,由于各种原因,用户常常会遇到出入库单上无法直接确定单价的情况,本模块为用户提供"无单价单据"单价确认的各种方式和确认规则。从整体上看,系统提供了计划价、最新出库价、最新入库价等单价来源,也提供了整体更新法、序时簿式更新法、物料汇总更新法等多种更新方式。

1. 更新无单价单据

本明细功能是对需要手工确定单价的单据统一进行单价更新工作,但通过本明细功能更新时用户不能看到更新了哪些物料及哪些单据。

所提供的可以更新的单据类型有:暂估入库、其他入库、自制入库、委外加工入库、红字出库单(无原单)、本期不确定单价单据、成本价调拨单、异价调拨单和盘盈入库单。

提供的单价来源有:计划价、最新入库价、最新出库价、本期平均出库价、本期平均入库价、本期平均入库价(蓝字)、本期平均出库价(蓝字)、本期平均入库价(红字)、本期平均出库价(红字)、上期最新出库价、期初余额加权平均价和采购单价。

选择"供应链"→"存货核算"→"无单价单据维护"→"更新无单价单据",系统弹出"更新无单价单据"窗口,如图 11-28 所示。

在窗口中选择单价来源和单据类型后,单击"更新"按钮,系统会自动更新无单价单据的单价信息为按照单价来源取得的单价信息。

为方便用户的操作,当用户操作错误时,系统提供了还原操作,方法是单击"撤销上次的更新"按钮。

2. 无单价单据更新—序时簿式

对于无单价单据按照明细单据逐一确认单价时,可以通过本明细功能来进行无单价单据的单价更新工作。

(1)选择"供应链"→"存货核算"→"无单价单据维护"→"无单价单据更新—序时簿式",系统弹出"条件过滤"窗口,如图 11-29 所示。

图 11-28

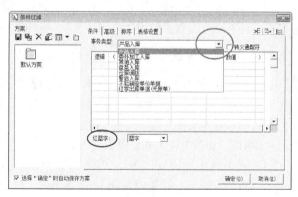

图 11-29

(2)在设置好要过滤的事务类型之后,请读者注意对"红蓝字"项目的选择,单击"确定"按钮,系统进入"无单价单据更新 - 序时簿式"窗口。用户可以通过菜单上的"单据更新单价来源"选项选择进行单价更新的单价来源。

(3)选择好"单价来源",单击工具栏上的"更新"按钮实现序时簿中无单价单据的单价更新功能。用户在更新单价之后,系统会暂不刷新序时簿界面,用户可以通过该界面查看各物料单价更新结果是否正确。

3. 无单价单据更新——按物料汇总

本明细功能是以物料汇总方式进入单价更新。

(1) 选择"供应链"→"存货核算"→"无单价单据维护"→"无单价单据更新——按物料汇总",系统弹出"过滤"窗口,如图11-30所示。

(2) 选择"事务类型"后,单击"确定"按钮,系统进入"无单价单据更新 - 按物料汇总"窗口。通过该窗口的"单价"列录入人工确认的单价,再单击工具栏中的"更新"按钮,系统即可按照录入的单价自动更新所指定过滤条件取得的无单价单据对应物料的单价信息。

(3) 系统还提供引入各物料单价的功能,用户单击工具栏中的"引入"按钮,系统弹出"引入数据"窗口,如图11-31所示,之后进行选择即可。

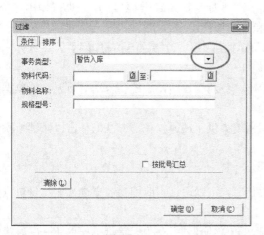
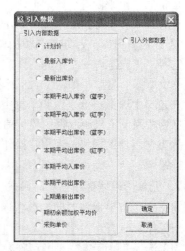

图 11-30　　　　　　　　　　　　　图 11-31

(4) 用户引入好物料单价之后单击"无单价单据更新 - 按物料汇总"窗口中的"更新"按钮,系统按照已引入的单价更新由用户指定条件过滤出来的无单价单据行中的单价信息。

11.3.5　凭证管理

凭证管理可将各种业务单据按凭证模板生成凭证,传递到总账系统,并且可以实现单据和凭证之间的联查。

凭证生成前需要检查相应单据对应的凭证模板,以防在实际生成时出现错误,凭证模板的维护可以参照第10章中有关凭证模板的内容。

(1) 凭证模板设置完成后,则可以进行单据生成凭证处理。选择"供应链"→"存货核算"→"凭证管理"→"生成凭证",系统进入"生成凭证"窗口,如图11-32所示。

(2) 窗口左侧是事务类型单据,打钩表示此类别下的单据要生成凭证,如选中"外购入库单",单击"重设"按钮,系统弹出"过滤"窗口,单击"确定"按钮,系统将所有该类别下的单据显示出来,如图11-33所示。

(3) 打钩表示选择,单击工具栏上的"生成凭证"按钮,系统会按照所选择的凭证模板进行凭证生成。

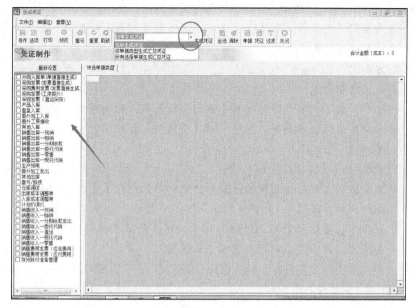

图 11-32

图 11-33

(4) 选择"编辑"→"选项",系统弹出"生成凭证选项"窗口,如图 11-34 所示。

- "异常处理"选项卡。

    ➤ 中断凭证生成过程:在按单生成多张凭证时,生成某一张凭证时出现错误,则中断退出,即使其他单据可生成凭证也不再处理。
    ➤ 忽略错误继续处理下一张单据:在按单生成多张凭证时,生成某一张凭证时出现错误,忽略错误,继续生成其他单据的凭证。
    ➤ 给出错误提示:出现错误时给出提示。
    ➤ 保存凭证前调出凭证修改界面手工调整:生成凭证保存前直接调出凭证修改界面,由用户自行确认并保存。
    ➤ 数据不完整时调出凭证修改界面手工调整:在生成凭证时,若凭证科目、核算项目等必录事项从凭证模板或单据上取不到,则调出不完整的凭证,由用户补录。
    ➤ 忽略不完整数据,仅在报告中说明:遇到上述情况时,并不调出凭证,只是在报告中说明。

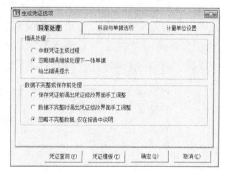

图 11-34

- "科目与单据选项"选项卡。
  - ➢ 借方相同科目合并：选择该选项，凭证借方存在相同科目则合并反映（核算项目和单位必须相同）。
  - ➢ 贷方相同科目合并：选择该选项，凭证贷方存在相同科目则合并反映（核算项目和单位必须相同）。
  - ➢ 借方科目来源相同合并：当借方科目金额的来源相同时合并反映。
  - ➢ 贷方科目来源相同合并：当贷方科目金额的来源相同时合并反映。
- "计量单位设置"选项卡。
  - ➢ 计量单位自动取自对应科目预设"缺省单位"：选择该选项，如果业务单据上的计量单位不属于对应科目预设计量单位组，则系统在生成凭证时将直接引用对应科目预设的"缺省单位"，并保存凭证而不提示错误；如果用户没有选中上述选项，系统将在保存凭证时针对上述情形提示错误，并不直接引用对应科目"缺省单位"，而由用户自行确定；故上述选项务必慎用。

当凭证生成后，需要再次查看时，可以选择"供应链"→"存货核算"→"凭证管理"→"凭证查询"，系统进入"凭证查看"窗口。

11.3.6 期末处理

期末处理包含期末关账和期末结账两个步骤。

1．期末关账

业务系统在期末结账前，可能需要对本期的出入库单据再次进行处理，如出入库核算、生成凭证、与财务系统对账等，但此时本期的核算单据录入尚未截止，可能会造成对账结果的不确定，而通过关账功能可截止本期的出入库单据录入和其他处理，有利于为期末结账前的核算处理创造稳定的数据环境。用户可根据企业实际情况选用此功能，是否关账并不影响期末结账。

（1）选择"供应链"→"存货核算"→"期末处理"→"期末关账"，系统进入"期末关账"向导窗口，如图 11-35 所示。

（2）单击"对账"按钮，系统弹出"过滤条件"窗口，保持默认条件，单击"确定"按钮，系统进入"仓存与总账对账单"窗口，如图 11-36 所示。在窗口中可以查询仓存数据与总账数据的差异情况。

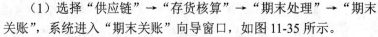

图 11-35

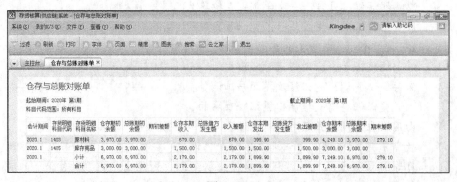

图 11-36

对账完毕后，若无差异则可以关账，单击图 11-35 中的"关账"按钮即可。单击"反关账"按钮可以进行反关账。

2．期末结账

期末结账是截止本期核算单据的处理，计算本期的存货余额，并将其转入下一期，同时系统当前期间下置。期末结账前，会对本期的核算单据进行检查，从而判断物流业务是否已处理完整，若不完整，会给出相应的提示，并可在该明细功能处联查相关的序时簿和报表。

选择"供应链"→"存货核算"→"期末处理"→"期末结账"，系统进入"期末结账 - 介绍"向导窗口，如图 11-37 所示。

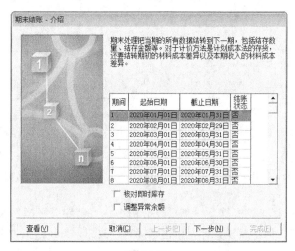

图 11-37

若要"核对即时库存"则选中该选项。单击"下一步"按钮，系统后台处理后显示"完成"按钮，则表示结账成功。

有时用户需要对已经结账期间的数据进行修改，但只有反结账后才能修改。反结账的方法是选择"供应链"→"存货核算"→"反结账处理"→"反结账"，系统进入"反结账"向导窗口，根据向导一步一步操作即可完成反结账处理。

11.4 报表分析

存货核算中可以查询的分析报表有采购成本明细表、销售收入明细表、材料明细账、产成品明细账和存货收发存汇总表等报表。

为更容易理解和查询报表，报表分析又细分为采购分析表、销售分析表、委外分析表和综合分析表。

1．采购成本明细表

采购成本明细表用于查询选定会计期间外购入库明细情况，可按物料、仓库、供应商、代码范围过滤，表头显示过滤条件，表体显示单据的主要信息，如会计期间、入库单号、入库日期、物料代码、物料名称、数量、单价、金额等，先按供应商，再按物料排序。双击明细行可联查到单据，可以同时查询到系统自动生成的冲回单据，比如暂估单到冲回的红、蓝字单据。

用户可利用此报表分析某一期间外购入库成本的明细组成情况，只要确认审核后的外购入库单就可以进行必要的统计，不需要与发票建立钩稽关系。

选择"供应链"→"存货核算"→"报表分析"→"采购分析类"→"采购成本明细表"，系统弹出"过滤"窗口，保持默认条件，单击"确定"按钮，系统进入"采购成本明细表"窗口，如图11-38所示。

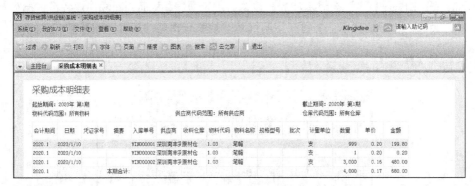

图 11-38

2．销售收入明细表

销售收入明细表用于查询选定会计期间销售收入明细情况，可按物料、业务员、部门、客户、代码范围过滤。

选择"供应链"→"存货核算"→"报表分析"→"销售分析类"→"销售收入明细表"，系统弹出"过滤"窗口，保持默认条件，单击"确定"按钮，系统进入"销售收入明细表"窗口，如图11-39所示。

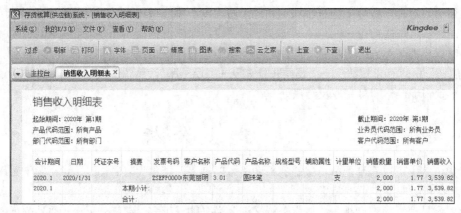

图 11-39

3．材料明细账

材料明细账反映符合条件的物料入库成本情况、出库成本情况和结存成本情况。

（1）选择"供应链"→"存货核算"→"报表分析"→"综合分析类"→"材料明细账"，系统弹出"过滤"窗口，如图11-40所示。

（2）在"过滤"窗口可以设置要查询明细表的时间范围、物料代码范围和单据状态等条件。过滤条件保持默认值，单击"确定"按钮，系统进入"材料明细账"窗口，如图11-41所示。

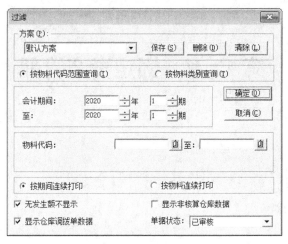

图 11-40

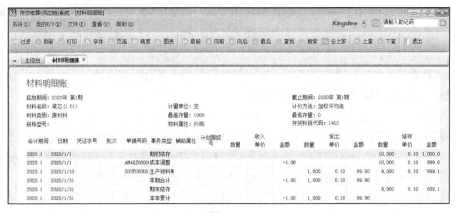

图 11-41

（3）单击"最前""向前""向后""最后"按钮，可以查询到材料的明细账，单击"上查""上查"按钮可以查询到该笔记录关联的单据。

11.5 课 后 习 题

（1）画出存货核算系统每期的操作流程。
（2）画出存货核算系统与其他系统之间的数据流向图。
（3）存货核算能否单独使用？
（4）存货核算中的生成凭证功能在什么位置？

第 12 章　固定资产管理

> **本 章 重 点**
> - 固定资产卡片新增、变动、查询
> - 固定资产凭证处理
> - 固定资产统计报表
> - 固定资产管理报表

12.1　系 统 概 述

固定资产管理系统可以对企业的固定资产物品进行有效管理，包括对固定资产增加、变动和设备维护情况进行管理。变动可以生成凭证并传递到总账系统，在月末处理时可以根据固定资产所设定的折旧方法自动计提折旧，生成计提折旧凭证并传递到总账系统。系统同时提供各种财务所需的报表，如固定资产清单、资产增减表、固定资产明细账和折旧费明细表等。

1. 使用固定资产管理系统需要设置的内容

- 公共资料：包括科目、币别、计量单位、部门和职员等，公共资料是本系统所涉及的最基础资料，必须设置，否则在进行单据处理时会受到相应的限制。
- 初始化：系统进行初始化时，需要设置以下内容，系统参数设置、初始数据录入和结束初始化。
- 系统设置资料：系统设置是针对该系统的参数进行详细化的设置。

2. 固定资产管理系统可执行的查询与生成的报表

可查询的报表有资产清单、固定资产价值变动表、数量统计表、到期提示表、处理情况表、附属设备明细表、修购基金计提情况表、固定资产变动及结存表、折旧费用分配表、固定资产明细账、折旧明细表、折旧汇总表、资产构成表及变动历史记录表等。

3. 固定资产管理系统与其他系统的数据流向

固定资产系统与其他系统间的数据传输如图 12-1 所示。

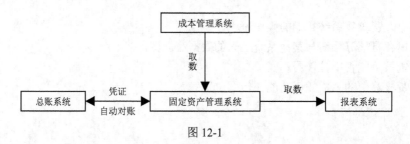

图 12-1

- 总账系统：可以接收固定资产业务处理后生成的凭证及固定资产初始余额。
- 报表系统：自定义报表时可以利用公式向导从固定资产管理系统中取数。
- 成本管理系统：可以从固定资产管理系统提取成本数据。

4. 固定资产管理系统每期的操作流程（见图 12-2）

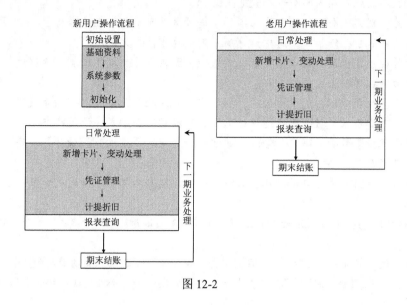

图 12-2

12.2 初始设置

初始设置用于对本系统的核算参数和基础资料进行设置，只有基础资料设置成功后才能进行正常的单据处理。基础资料设置请参照第 3 章内容。

初始化设置是对本系统的核算参数的设置和初始数据的录入，只有正确地进行初始化设置，在随后的日常业务处理中，查询到的各种报表才是正确和完整的，所以初始化工作显得非常重要。

1. 系统参数设置

系统参数设置是对本系统的启用期间和核算方式等进行设置。选择"系统设置"→"系统设置"→"资产管理"→"固定资产—系统参数"，系统弹出"系统选项"设置窗口，如图 12-3 所示。

"基本设置"选项卡主要用来设置账套的基本信息，"固定资产"选项卡主要对固定资产管理系统的系统参数进行设置。

● 账套启用会计期间：设置固定资产管理系统的启用会计期间。

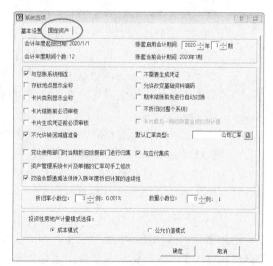

图 12-3

● 与总账系统相连：选中该选项，则固定资产管理与总账系统集成应用，固定资产管理系统生成的凭证传递到总账系统，并且总账必须在固定资产管理系统结账后方可进行结账工作。

- 存放地点显示全称：选中该选项，则在查看固定资产卡片资料时，存放地点将显示包括上级存放地点在内的全部存放地点名称。
- 卡片类别显示全称：选中该选项，查询时类别显示包括上级名称。
- 卡片结账前必须审核：选中该选项，则卡片审核后方能结账。
- 卡片生成凭证前必须审核：选中该选项，则在卡片生成凭证前必须审核；反之，未审核的卡片也可以生成凭证。
- 不需要生成凭证：选中该选项，则固定资产的相关业务可以不用生成凭证。
- 允许改变基础资料编码：选中该选项，可以对变动方式、使用状态、卡片类别、存放地点等基础资料的编码进行修改。通常出于管理的严肃性，基础资料编码一经使用，不能随意修改。
- 期末结账前先进行自动对账：选中该选项，期末结账前进行固定资产管理系统的业务数据与总账系统的对账。
- 不折旧（对整个系统）：选中该选项，不需要对固定资产进行计提折旧处理，只登记固定资产卡片。
- 变动使用部门时当期折旧按原部门进行归集：选中该选项，变动固定资产卡片上的使用部门后，当期仍继续按照原部门进行折旧费用的归集；否则将按变动后的使用部门进行折旧费用的归集。
- 与应付集成：选中该选项，则资产采购费用发票审核时同步在应付款管理系统生成其他应付单；否则不同步生成其他应付单。
- 资产管理系统卡片及单据的汇率可手工修改：选中该选项，则卡片中的汇率不受汇率表限制，否则按相应卡片的规则处理，新建账套默认为不选中。
- 双倍余额递减法保持入账年度折旧计算的连续性：选中该选项，折旧额算法为，折旧额=（原值−整年折旧额）×2/预计使用期间数，不考虑累计折旧额，重新计算非整年的折旧额，此算法仅为计算折旧额，不影响累计折旧的数据。反之，折旧额算法为，折旧额=（原值−累计折旧额）×2/预计使用期间数。即勾选参数时，计算的折旧额与本年之前期间保持一致，不勾选则相当于重新作为按年计算的起始点来计算。
- 折旧率小数位：设置固定资产管理需要自定义折旧率的小数位精度，系统默认为3位小数位。
- 数量小数位：设置固定资产管理需要自定义固定资产数量的小数位精度，系统默认为0位小数位。
- 投资性房地产计量模式选择：提供两种模式供选择，成本模式和公允价值模式，系统默认选择成本模式。当选择成本模式时，对于投资性房地产的业务处理与其他类别的固定资产一致，并且允许计量模式转为公允价值模式；当选择公允价值模式时，不允许对投资性房地产计提折旧和减值准备，并且不允许计量模式转为成本模式。

2．基础资料

固定资产的基础资料主要包括变动方式类别、使用状态类别、折旧方法定义、卡片类别管理和存放地点维护，以上资料都要在初始化之前设置完成。

（1）变动方式类别。

变动方式指固定资产的增加和减少方式，如购入、接受捐赠及出售等。

选择"财务会计"→"固定资产管理"→"基础资料"→"变动方式类别"，系统弹出"变动方式类别"窗口，如图12-4所示。

在窗口中可以对变动方式进行新增、修改、删除或打印等操作。在此采用默认值，以后可以随时在此窗口进行设置。

（2）使用状态类别。

使用状态类别可以设置固定资产的状态，如正常使用、融资租入或未使用等，并可根据状态设置是否计提折旧。

选择"财务会计"→"固定资产管理"→"基础资料"→"使用状态类别"，系统弹出"使用状态类别"窗口，如图12-5所示。

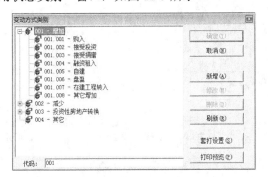

图 12-4

图 12-5

在窗口中可以对使用状态类别进行新增、修改、删除或打印等操作。在此采用默认值，以后可以随时在此窗口进行设置。

（3）折旧方法定义。

固定资产系统的一大特点就是期末为用户提供自动计提折旧费用凭证的功能。实现自动计提折旧的功能时，必须预先在固定资产卡片设置好折旧方法，如平均年限法、工作量法等，这样系统在计提固定资产折旧时会根据折旧方法、使用年限等数据自动计算出应计提的折旧费用。

选择"财务会计"→"固定资产管理"→"基础资料"→"折旧方法定义"，系统弹出"折旧方法定义"窗口，如图12-6所示。

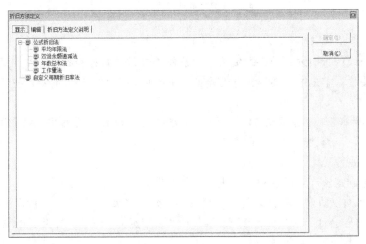

图 12-6

切换到"折旧方法定义说明"选项卡，可以查看各折旧方法定义的说明，如图12-7所示。

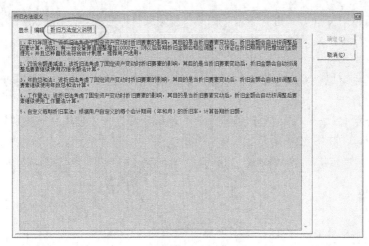

图 12-7

若需要新增折旧方法、修改折旧方法的公式内容，可切换到"编辑"选项卡，如图 12-8 所示。

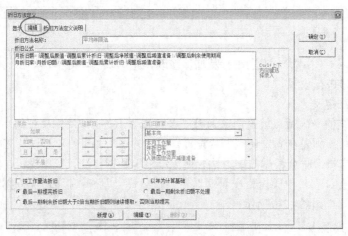

图 12-8

- 折旧公式：折旧方式的公式定义，由条件语句、运算符和折旧要素组成。
- 折旧要素：首先选择类别，再选择类别下的详细要素，双击鼠标键即可将该要素填入折旧公式。
- 以年为计算基础：系统默认以期间（月）作为计算基础，选中该项则以"年"作为计算基础。

在编辑窗口可以修改或定义折旧方法。

(4) 卡片类别管理。

为方便管理固定资产，可以对卡片进行分类管理。

例 12-1 下面以新增"办公设备"类别为例，介绍"卡片 类别"的操作方法。

① 选择"财务会计"→"固定资产管理"→"基础资料"→"卡片类别管理"，系统弹出"固定资产类别"窗口，如图 12-9 所示。

在此可进行增、删、改操作，也可以自定义项目。单击"自定义项目"按钮，系统弹出"卡片项目定义"窗口，如图 12-10 所示。

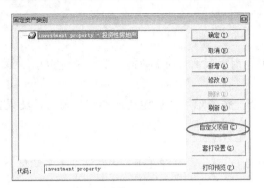
图 12-9

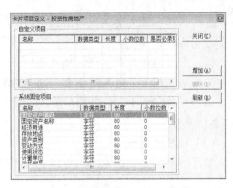
图 12-10

窗口上部显示的是"自定义项目"列表，可以新增、删除项目。窗口下部显示"系统固定项目"，不能修改和删除。

单击"增加"按钮，系统弹出"卡片项目"窗口，在该窗口可以定义项目，设置字段显示名称和字段类型，如图 12-11 所示。

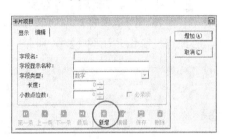
图 12-11

> 注 自定义项目时，必须先选中要定义的类别。

② 在"固定资产类别"窗口上单击"新增"按钮，系统弹出"固定资产类别 - 新增"窗口，录入"代码"为"01"、"名称"为"办公设备"，录入"净残值率"为"10"，"预设折旧方法"处获取（按"F7"功能键）"平均年限法"，选中"由使用状态决定是否提折旧"，如图 12-12 所示。

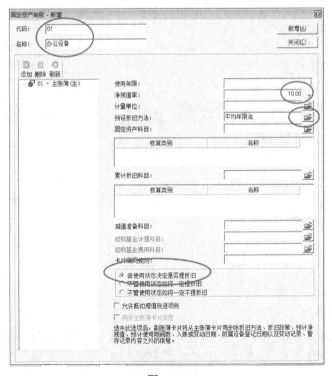
图 12-12

- 代码：设定类别代码。
- 名称：设定类别的名称。
- 卡片编码规则：设定编码原则，如B001，则录入该类别下的第一张卡片为B001，录入第二张卡片时系统会自动改为B002。

③ 单击"新增"按钮保存录入，单击"关闭"按钮返回"固定资产类别"窗口，结果如图12-13所示。

（5）存放地点维护。

为了方便固定资产管理，金蝶K/3提供了存放地点管理，这样在卡片中能清晰地了解哪个部门使用、存放在什么地点等内容。

例12-2 下面以新增"办公室"存放地点为例，介绍存放地点管理的具体操作方法。

① 选择"财务会计"→"固定资产管理"→"基础资料"→"存放地点维护"，系统弹出"存放地点"窗口，如图12-14所示。在窗口中可以进行存放地点的新增、修改、删除等操作。

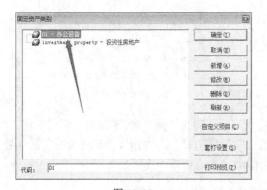

图12-13　　　　　　　　　　图12-14

② 单击"新增"按钮，系统弹出"存放地点 - 新增"窗口，录入"代码"为"01"、"名称"为"办公室"，如图12-15所示。

③ 单击"新增"按钮保存设置，新增成功的窗口如图12-16所示。

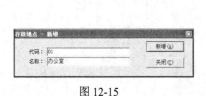

图12-15　　　　　　　　　　图12-16

3．初始卡片录入

基础资料设置完成后即可录入初始卡片。可以直接录入，也可以使用"标准卡片引入"，在此重点讲述直接录入的方式。下面以表12-1中固定资产卡片1为例介绍卡片的具体录入方法。

表 12-1　　　　　　　　　　　　固定资产卡片 1

基 本 信 息		部门及其他		原值与折旧	
资产类别	办公设备	固定资产科目	1601	币　　别	人　民　币
资产编码	B001	累计折旧科目	1602	原币金额	4800
名称	戴尔手提电脑	使用部门	总经办	开始使用日期	2019 年 3 月 15 日
计量单位	台	折旧费用科目	6602.08	预计使用期间数	60
数量	1			已使用期间数	9
入账日期	2019 年 3 月 15 日			累计折旧	648
存放地点	办公室			预计净残值	480
使用状况	正常使用			折旧方法	平均年限法（基于入账原值和预计使用期间）
变动方式	购入				

（1）选择"财务会计"→"固定资产管理"→"业务处理"→"新增卡片"，系统弹出"金蝶提示"窗口，如图 12-17 所示。因为是第一次录入卡片，系统询问是否在当前期录入，并警告录入卡片后不可以改变启用期间，单击"是"按钮进入"卡片及变动 - 新增"窗口，单击"否"按钮退出录入。

图 12-17

（2）单击"是"按钮，系统进入"初始化"窗口，同时系统弹出"卡片及变动 - 新增"窗口，如图 12-18 所示。

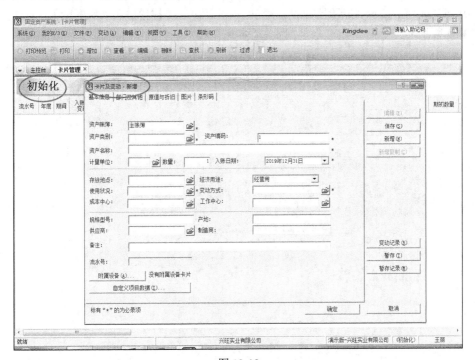

图 12-18

（3）在"基本信息"选项卡的"资产类别"处按"F7"功能键获取"办公设备"，"资产编码"录入"B001"，"资产名称"录入"戴尔手提电脑"，"计量单位"处按"F7"功能键获取"台"，"数量"录入"1"，"入账日期"修改为"2019 年 3 月 15 日"，"存放地点"按"F7"功能键获取

— 347 —

"办公室","使用状况"按"F7"功能键获取"正常使用","变动方式"按"F7"功能键获取"购入",其他采用默认值,设置好的窗口如图12-19所示。

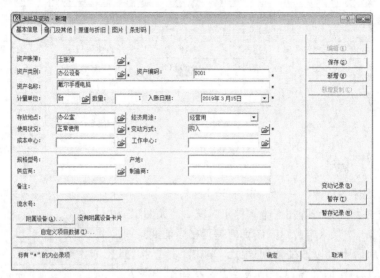

图 12-19

若该固定资产有附属设备,单击"附属设备"按钮,系统进入"附属设备清单 - 编辑"窗口,在窗口中可以新增、编辑和删除附属设备清单,单击"增加"按钮进入"附属设备 - 新增"窗口,如图12-20所示,若无附属设备清单,则关闭本窗口。

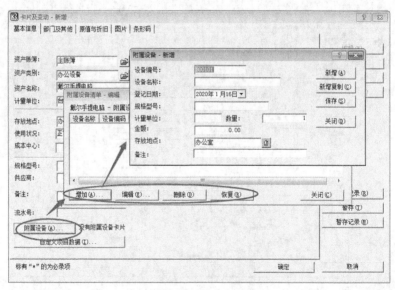

图 12-20

(4)在"卡片及变动 - 新增"窗口,切换到"部门及其他"选项卡。"固定资产科目"处按"F7"功能键获取"固定资产","累计折旧科目"处按"F7"功能键获取"累计折旧","使用部门"处按"F7"功能键获取"总经办","折旧费用分配科目"处按"F7"功能键获取"管理费用 - 折旧费",设置好的窗口如图12-21所示。

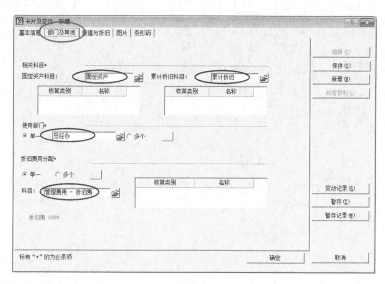

图 12-21

当该固定资产由多个部门使用时,选中"使用部门"下的"多个"项目,单击"▁"(更多)按钮,系统弹出"部门分配情况 - 编辑"窗口,如图 12-22 所示。在窗口中可以设置该固定资产使用的部门,以及折旧费用的分配比例。

当折旧费用分配也有多个科目时,选择"折旧费用分配"下的"多个"项目,单击"▁"(更多)按钮,系统弹出"折旧费用分配情况 - 编辑"窗口,如图 12-23 所示。在窗口中可以设置不同部门的折旧费用科目。

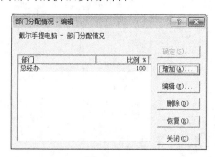

图 12-22

图 12-23

在图 12-21 中,当折旧费用分配科目有"核算项目"时,则在右侧"核算类别"下进行设置。

(5)切换到"原值与折旧"选项卡,"币别"选择"人民币","原币金额"录入"4800","开始使用日期"修改为"2019 年 3 月 15 日",录入"预计使用期间数"为"60",录入"累计折旧"为"648",选择"折旧方法"为"平均年限法",设置好的窗口如图 12-24 所示。

> 注　期间数是以"月"为单位,"60"即是 60 个月。

切换到"图片"选项卡,单击"引入"按钮可以引入图片格式文件,如图 12-25 所示,以方便在固定资产盘点时核对实物。

(6)在"卡片及变动 - 新增"窗口,单击"新增"按钮,系统检查数据录入完整后保存卡片资料并新增一张空白卡片,单击"▂"(关闭)按钮退出"卡片及变动 - 新增"窗口,并返回"初始化"窗口,窗口会显示刚才所新增的初始数据,如图 12-26 所示。

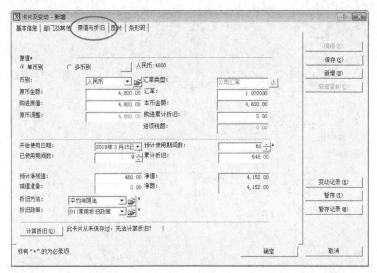

图 12-24

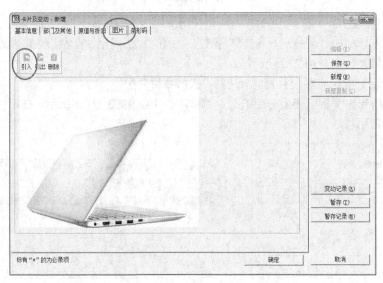

图 12-25

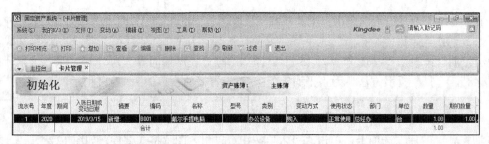

图 12-26

（7）固定资产的所有期初数据录入并且确认后，可以结束固定资产的初始化工作。选择"系统设置"→"初始化"→"固定资产"→"初始化"，系统弹出"结束初始化"窗口，如图 12-27 所示。

图 12-27

（8）单击"开始"按钮，稍后系统弹出"结束初始化成功"对话框，单击"确定"按钮即可。

12.3 日 常 处 理

固定资产的日常处理包括固定资产新增加、固定资产清理、固定资产变动、卡片查看和凭证管理等。

12.3.1 固定资产新增

随着公司业务的开展，公司可能需要随时增加新的固定资产，本功能就是将新增加的固定资产记入账册，以实现固定资产的明细管理。

选择"财务会计"→"固定资产管理"→"业务处理"→"新增卡片"，系统弹出"卡片及变动 - 新增"窗口，如图 12-28 所示。

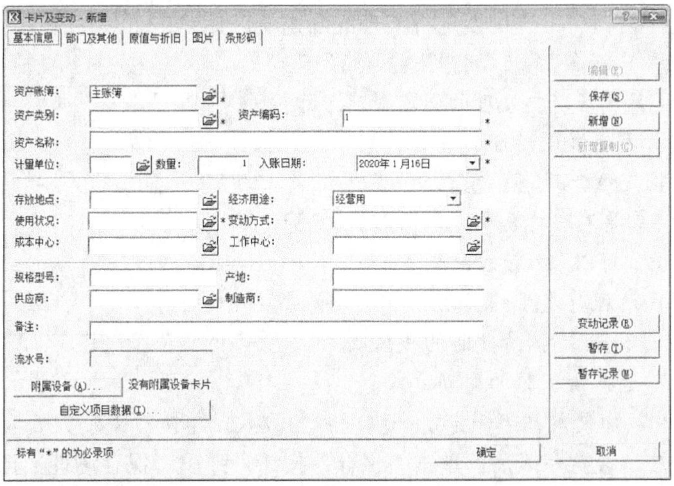

图 12-28

此处的固定资产卡片新增窗口与"初始化"时卡片录入窗口基本相同，录入表 12-2 所示的固定资产卡片 2，录入方法可以参照前面章节。

表 12-2　　　　　　　　　　　固定资产卡片 2

基本信息		部门及其他		原值与折旧	
资产类别	办公设备	固定资产科目	1601	币　别	人民币
资产编码	B002	累计折旧科目	1602	原币金额	2299
名称	宏基投影仪	使用部门	总经办	开始使用日期	2020-1-1
计量单位	台	折旧费用科目	6602.08	预计使用期间数	60
数量	1			已使用期间数	0
入账日期	2020-1-1			累计折旧	0
存放地点	办公室			预计净残值	229.9
使用状况	正常使用			折旧方法	平均年限法（基于入账原值和预计使用期间）
变动方式	购入				

12.3.2　固定资产清理

固定资产清理是将固定资产清理出账簿，使该资产的价值为零。

（1）选择"财务会计"→"固定资产管理"→"业务处理"→"变动处理"，系统进入"卡片管理"窗口，如图 12-29 所示。

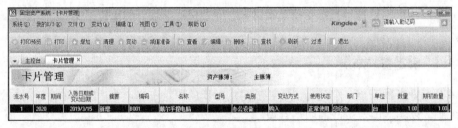

图 12-29

（2）在"卡片管理"窗口可以进行固定资产卡片的新增、清理、变动和编辑等操作。

在"卡片管理"窗口中，选中要进行清理的固定资产，单击工具栏上的"清理"按钮，系统弹出"固定资产清理 - 新增"窗口，如图 12-30 所示。

- 固定资产：显示当前要处理的固定资产名称。
- 清理日期：固定资产清理的日期。
- 原数量：固定资产现有数量。
- 清理数量：需要清理的数量，若清理的固定资产是同一批，可以录入清理的数量。
- 清理费用：清理时发生的费用。
- 残值收入（不含税）：清理时的残值收入。
- 变动方式：选择清理时的变动方式。

图 12-30

（3）"残值收入"处录入本笔固定资产清理时的收入，单击"变动方式"的获取按钮，选择本次清理的变动方法，设置完成后，单击"保存"按钮，弹出"保存清理数据前必须生成一条变动记录，确认要生成吗？"提示窗口，单击"确定"按钮，会在"卡片管理"窗口显示一条清理记录。单击"关闭"返回"卡片管理"窗口。

> **注** 当期已进行变动的资产不能清理。当期新增及当期清理的功能只适用于单个固定资产清理，不适用于批量清理。

12.3.3 固定资产变动

固定资产变动业务处理固定资产减少或卡片项目内容有变动的情况，如固定资产原值、部门、使用情况、类别和使用寿命等发生变动。

在"卡片管理"窗口，选中要变动的固定资产，单击工具栏上的"变动"按钮，系统弹出该固定资产的"卡片及变动 - 新增"窗口，单击"变动方式"的获取按钮选择本笔固定资产的变动方式，以及在相应的项目下获取正确的数据。如果是部门变动，则在"部门及其他"选项卡中修改正确的部门；如果是价值发生变化，则在"原值与折旧"选项卡中修改正确的数据，变动完成后，单击"确定"按钮保存本次变动。

12.3.4 批量清理与变动

为提高工作效率，系统提供固定资产批量清理功能。在"卡片管理"窗口，按住"Shift"键或"Ctrl"键选中多条需要清理的资产，选择"变动"→"批量清理"，系统弹出"批量清理"窗口，录入清理数量、清理收入、清理费用和变动方式等内容后，单击"确定"按钮。

为提高工作效率，可以批量处理固定资产变动。在"卡片管理"窗口，按住"Shift"键或"Ctrl"键选中多条需要变动的固定资产，选择"变动"→"批量变动"，系统弹出"批量变动"窗口，录入变动内容后，单击"确定"按钮即可。

12.3.5 固定资产卡片查看及编辑和删除

在"卡片管理"窗口，选中要查看的卡片（含变动卡片），单击工具栏上的"查看"按钮或单击"编辑"按钮，系统弹出"卡片及变动 - 查看"窗口，如图 12-31 所示。

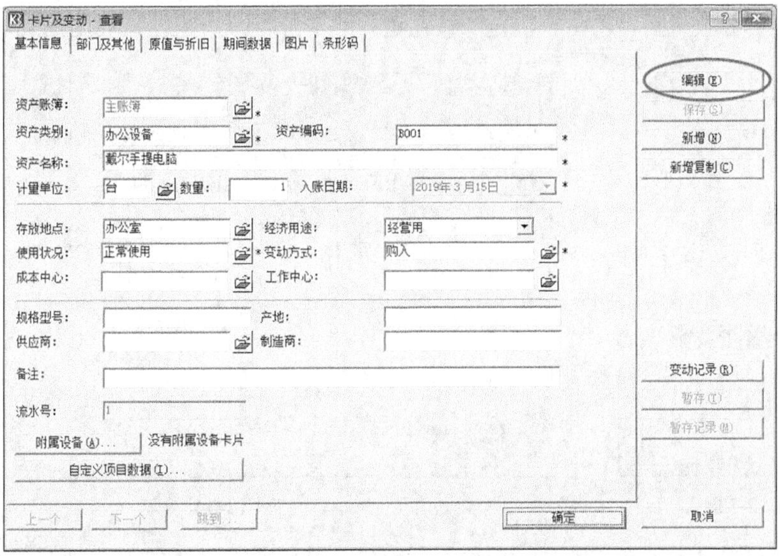

图 12-31

在"卡片管理"窗口可以直接修改所需的内容并保存。如果单击的是"查看"按钮,则在"卡片及变动 - 查看"窗口单击"编辑"按钮即可进入编辑状态。

 注　只能修改当前会计期间的业务资料。

在"卡片管理"窗口选中要删除的变动卡片,单击工具栏上的"删除"按钮即可取消该固定资产的变动。

固定资产清理记录的编辑和删除有所不同,选中生成的清理记录,单击工具栏上的"清理"按钮,系统弹出提示窗口,单击"是"按钮,系统弹出"固定资产清理 - 编辑"窗口,可以修改清理内容,单击"删除"按钮,可以取消该固定资产的清理工作,如图12-32所示。

 注

图 12-32

12.3.6　固定资产拆分

固定资产拆分功能可以将原来成批、成套的资产拆分成单个资产进行管理。卡片拆分既可以处理当期新的卡片,也可以拆分以前期间录入的卡片。

(1)在"卡片管理"窗口选中要拆分的卡片,选中要拆分的固定资产,选择"变动"→"拆分",系统弹出"卡片拆分"设置窗口,如图12-33所示。

- 按金额进行拆分:系统自动按金额百分比进行拆分,不对资产数量进行控制。
- 按数量进行拆分:系统自动按数量所占百分比对金额进行拆分,并且使拆分后卡片上的资产数量之和与原卡片上的资产数量之和相等。

(2)录入拆分数量后,单击"确定"按钮进入"卡片拆分"窗口,如图12-34所示。

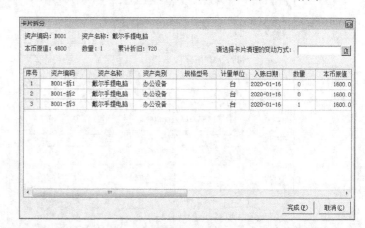

图 12-33　　　　　　　　　　图 12-34

在窗口中可以录入拆分后的每一项资产的原值、累计折旧等内容,还可以设置变动方式。设置完成后，单击"完成"按钮即可。

> **注** 拆分后卡片的原值、累计折旧、净值和减值准备等的和与拆分前的卡片一致。为了保证固定资产的完整，应把刚才所做的拆分业务删除掉。

12.3.7 固定资产审核

固定资产审核以"审核人与制单人不是同一人"为基础，所以审核人不能是制单人，更换身份登录后，在"卡片管理"窗口中选中要审核的卡片记录，选择"编辑"→"审核"即可审核。

12.3.8 设备检修

金蝶 K/3 系统提供设备检修功能，可以录入设备的检修情况，如费用、检修员等内容，并可查询设备检修序时簿、设备检修日报表和设备保养序时簿。

在主界面窗口，选择"财务会计"→"固定资产管理"→"业务处理"→"设备检修"，系统弹出"过滤条件"窗口，设定条件后单击"确定"按钮进入"固定资产设备检修表"窗口，单击工具栏上的"增加"按钮，系统进入"设备检修记录单 - 新增"窗口，如图 12-35 所示。

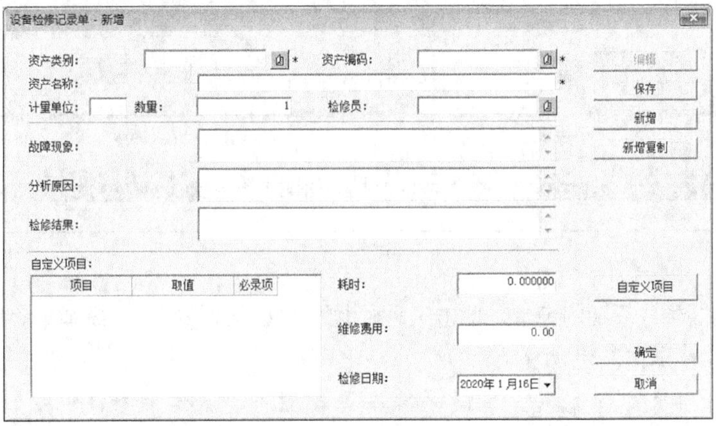

图 12-35

- 资产类别：获取检修设备的类别。
- 资产编码：获取检修设备的编码。
- 资产名称、计量单位、数量：选定资产编码后，自动显示。
- 检修员：获取职员信息表，也可以录入不在当前账套中的职员。

在"新增"窗口完成信息录入后，单击"保存"按钮保存当前资料，单击" "（关闭）按钮返回"固定资产设备检修表"窗口，可以看到录入的信息。

12.3.9 凭证管理

凭证管理主要根据固定资产增加、变动等业务资料生成凭证，并对凭证进行有效的管理，包括生成凭证、修改凭证、审核凭证等操作。固定资产管理系统和总账系统连接使用时，生成的凭证传递到总账系统，以保证固定资产管理系统和总账系统的固定资产科目、累计折旧科目数据一致。

（1）在主界面窗口，选择"财务会计"→"固定资产管理"→"凭证管理"→"卡片凭证管理"，系统弹出"凭证管理—过滤方案设置"窗口，如图 12-36 所示。

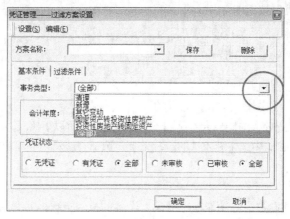

图 12-36

（2）在窗口中可以设置过滤的事务类型、会计年度、会计期间和审核等项目。"事务类型"选择"全部"，单击"确定"按钮，系统进入"凭证管理"窗口，如图 12-37 所示。

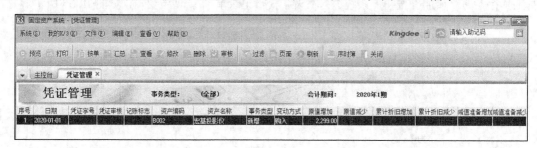

图 12-37

（3）选中需要生成凭证的记录，单击工具栏上的"按单"按钮，系统弹出"凭证管理——按单生成凭证"窗口，如图 12-38 所示。

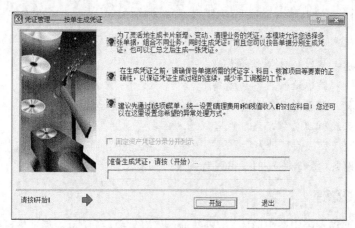

图 12-38

（4）单击"开始"按钮，稍后系统弹出提示"凭证出错是否手工修改"的对话框，单击"是"按钮，系统进入"记账凭证"窗口，修改正确的凭证分录后，单击"保存"按钮保存当前凭证，单击"关闭"按钮返回"凭证管理——按单生成凭证"窗口，系统显示生成的凭证，单击"查看报告"按钮,可以查看生成凭证的过程,单击"退出"按钮返回"凭证管理"窗口。此时注意已生成凭证后记录的显示颜色。

> **注** 生成凭证时出错不是系统原因,是因为系统不知道相应的固定资产对方科目,如固定资产增加时,系统不知道付的现金还是银行存款,所以需要手工将凭证补充完整。

12.4 报　　表

系统提供统计报表和管理报表,统计报表主要用于查看有关固定资产的数据统计,以便对比、分析;管理报表用于查询、分析固定资产的使用情况。报表的查询方法基本相同,下面以查询固定资产清单为例,介绍报表的查询方法。

在主界面窗口,选择"财务会计"→"固定资产管理"→"统计报表"→"资产清单",系统弹出"固定资产清单——方案设置"窗口,如图12-39所示。

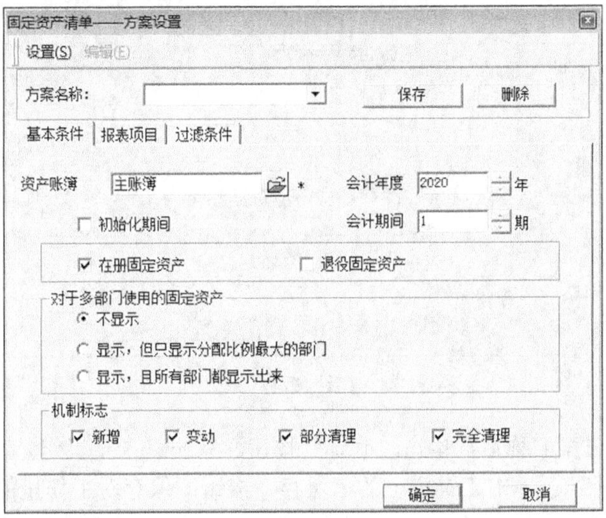

图12-39

在窗口中可以设置查询的期间、固定资产状态及显示部门资料与否等内容。方案过滤条件设置完成后单击"确定"按钮,系统进入"固定资产清单"窗口,如图12-40所示。

图12-40

若要查看固定资产的卡片情况,选中记录后单击工具栏上的"卡片"按钮即可。

12.5 期末处理

期末处理主要用于处理计提固定资产折旧费用和期末结账。

12.5.1 工作量管理

如果账套中有采用工作量法计提折旧的固定资产，则在计提折旧之前需输入本期完成的实际工作量。

（1）在主界面窗口，选择"财务会计"→"固定资产管理"→"期末处理"→"工作量管理"，系统弹出"工作量编辑过滤"方案设置窗口，在此保持默认条件，条件设置完成，单击"确定"按钮，系统弹出"方案名称"录入窗口，如图 12-41 所示。

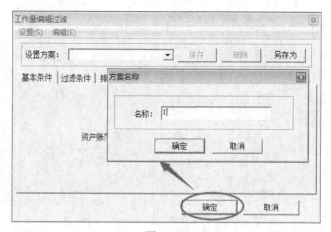

图 12-41

（2）录入所要的方案名称后，单击"确定"按钮，系统进入"工作量管理"窗口，录入本期工作量，如图 12-42 所示。单击工具栏上的"保存"按钮，保存对工作量的修改。

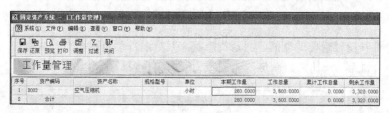

图 12-42

12.5.2 计提折旧

计提折旧主要根据固定资产卡片上的折旧方法生成计提折旧凭证。

（1）在主界面窗口，选择"财务会计"→"固定资产管理"→"期末处理"→"计提折旧"，系统弹出"计提折旧"窗口，如图 12-43 所示。

（2）在左侧选中"主账簿"，单击"   "按钮移动到右侧窗口，表示该账簿要计提折旧，单击"下一步"按钮进入说明窗口，如图 12-44 所示。

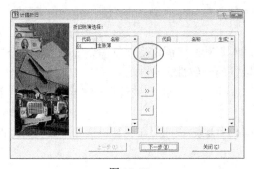
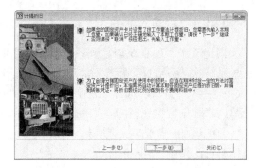

图 12-43　　　　　　　　　　　　　图 12-44

（3）单击"下一步"按钮，在弹出的窗口中录入凭证摘要和凭证字，如图 12-45 所示。

（4）单击"下一步"按钮，在弹出的窗口中单击"计提折旧"按钮计算计提折旧，稍后系统提示计提成功，如图 12-46 所示。

图 12-45　　　　　　　　　　　　　图 12-46

计提折旧生成的凭证可以在"财务会计"→"固定资产管理"→"凭证管理"→"凭证查询"下进行管理，系统进入"会计分录序时簿"，找到计提凭证进行相应的操作即可。该计提凭证在总账系统中也可以进行查询，但不能编辑。

12.5.3　折旧管理

折旧管理对已提折旧的金额进行查看和修改，修改后的数据会自动更改所提的计提折旧凭证金额。

在主界面窗口，选择"财务会计"→"固定资产管理"→"期末处理"→"折旧管理"，系统弹出"过滤"窗口，条件设定后，单击"确定"按钮进入图 12-47 所示的窗口。

图 12-47

在"本期折旧额"中修改所需要的数据，单击"保存"按钮后，系统保存当前修改，并自动修改计提折旧凭证中的数据。

12.5.4 自动对账

固定资产管理系统与总账系统联接使用时,自动对账功能将固定资产管理系统的业务数据与总账系统的财务数据进行核对,以保证这两个系统数据的一致性。

在主界面窗口,选择"财务会计"→"固定资产管理"→"期末处理"→"自动对账",系统弹出"对账方案"窗口,如图12-48所示。

首先增加一个方案。单击"增加"按钮,系统弹出"固定资产对账"窗口,分别设置对账的会计科目,如图12-49所示。

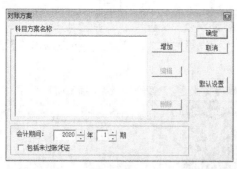

图 12-48

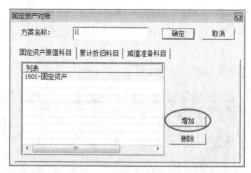

图 12-49

录入方案名称,单击"确定"按钮,系统弹出提示对话框,单击"确定"按钮,并返回"对账方案"窗口,可以看到已经新增的方案名称。若对自动对账的方案不满意,可以对方案进行编辑和删除操作。

选中"1"方案,单击"默认设置"按钮,将当前方案设定为默认方案,选中"包括未过账凭证",单击"确定"按钮进入"自动对账"窗口,如图12-50所示。

> 注 自动对账时,建议审核并过账本期所有的固定资产业务凭证。

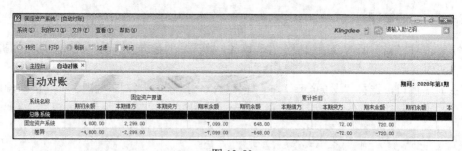

图 12-50

12.5.5 计提修购基金

计提修购基金和计提折旧不能同时进行,可由系统参数"不折旧(对整个系统)"进行控制。

如果没有选中"不折旧(对整个系统)"参数,则整个系统允许对计提固定资产折旧,但不允许对固定资产进行计提修购基金。因本账套没有选中该参数,故不能计提修购基金。

如果选中"不折旧(对整个系统)"参数,则整个系统允许计提固定资产的修购基金,不允许计提固定资产折旧。

12.5.6 期末结账

期末结账在完成当前会计期间的业务处理，结转到下一期间进行新的业务处理时进行。包括将固定资产的有关账务处理，如折旧或变动等信息转入已结账状态。已结账的业务不能再进行修改和删除操作。

（1）在主界面窗口，选择"财务会计"→"固定资产管理"→"期末处理"→"期末结账"，系统弹出"期末结账"窗口，如图 12-51 所示。

（2）单击"开始"按钮，系统检测本期工作符合结账条件后，弹出"结账成功"提示窗口，单击"确定"按钮，结束期末结账工作。

系统提供反结账功能。在"期末处理"中，再次双击"期末结账"，系统弹出"期末结账"窗口，选择"反结账"并单击"开始"按钮即可完成反结账，如图 12-52 所示。

图 12-51

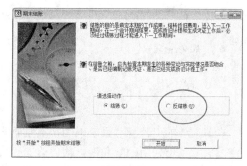

图 12-52

 注　只有系统管理员才能进行反结账。

12.6　课后习题

（1）当期已进行变动的资产能否清理？
（2）固定资产清理资料的删除方法是什么？
（3）工作量管理在什么情况下可以不使用？

第 13 章　工资管理系统

> **本章重点**
> - 工资类别管理
> - 部门、职员管理
> - 工资项目设置
> - 项目公式定义
> - 工资核算
> - 工资报表
> - 基金管理

13.1　系统概述

金蝶 K/3 的工资管理系统采用多类别管理，可处理多种工资类型及完成各类企业的工资核算、工资发放、工资费用分配和银行代发等。工资管理系统能及时反映工资的动态变化，实现完备而灵活的个人所得税计算与申报功能，并提供丰富实用的各类管理报表。工资管理系统还可以根据职员工资项目数据和比例计提基金，包括社会保险、医疗保险等社会保障基金的计提，并对工资职员的基金转入、转出进行管理。

1. 使用工资管理系统需要设置的内容

- 公共资料：包括科目、币别、部门和职员等，公共资料是本系统所涉及的最基础资料，必须设置，否则在进行单据处理时会受到相应的限制。
- 系统设置资料：系统设置是针对该系统的参数进行再详细化设置。

2. 工资管理系统可查询的报表

包括工资条、工资发放表、工资汇总表、工资统计表、银行代发表、职员台账表、职员台账汇总表、个人所得税报表、工资费用分配表、工资配款表、人员结构分析表和年龄工龄分析表等。

3. 应用流程（见图 13-1）

4. 工资管理系统与其他系统的数据流向（见图 13-2）

- 总账系统：接收工资管理系统生成的费用分配凭证。
- 报表系统：利用公式向导可以从工资管理系统中提取数据。
- HR 系统：金蝶人力资源管理系统与工资管理系统可共享一套基础资料，并且将绩效考核、考勤记录导入工资管理系统中，作为工资发放的依据。

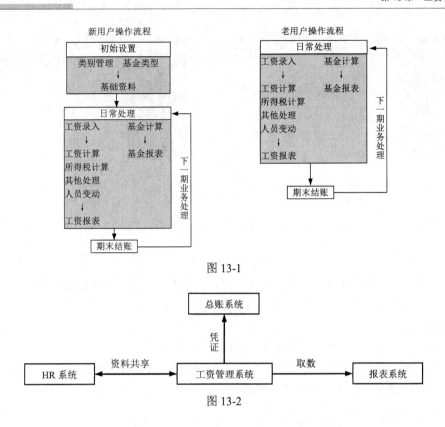

图 13-1

图 13-2

13.2 初始设置

初始设置主要包括类别管理和基础设置。

13.2.1 类别管理

为方便工资管理，可以将工资分成几种类别进行管理，如外籍人员、国内人员、管理人员和计件工资人员等。类别管理包括类别新增、编辑及删除等操作。

> 注　账套中至少要存在一个工资类别。

1. 新建类别

下面以表 13-1 中数据为例，介绍类别新增方法。

表 13-1　　　　　　　　　　　工 资 类 别

类别 1	管理人员
类别 2	计件工资

（1）以"吴晓英"身份登录本账套。在主界面窗口，选择"人力资源"→"工资管理"→"类别管理"→"新建类别"，系统弹出"打开工资类别"窗口，如图 13-3 所示。

（2）单击窗口左下角的"类别向导"按钮，系统弹出"新建工资类别"窗口，录入类别名称"管理人员"，如图 13-4 所示。

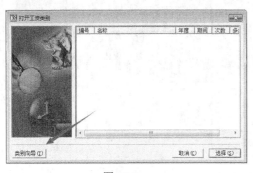

图 13-3

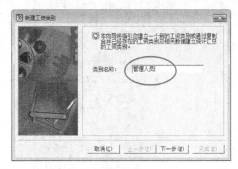

图 13-4

(3) 单击"下一步"按钮，系统进入下一窗口，选择币别"人民币"，如图 13-5 所示。

> 注　选中"是否多类别"选项，即当前类别为汇总工资类别；反之，为单一工资类别。

(4) 单击"下一步"按钮，系统进入下一窗口，单击"完成"按钮保存当前类别。
(5) 以同样的方法新增"计件工资"类别。

2. 类别管理

类别管理包括对系统中的工资类别进行编辑或删除等操作。

(1) 在主界面窗口，选择"人力资源"→"工资管理"→"类别管理"→"类别管理"，系统弹出"工资类别管理"窗口，如图 13-6 所示。

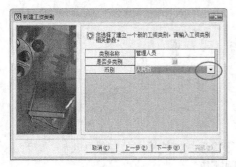

图 13-5

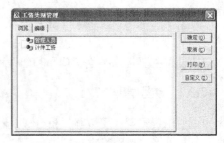

图 13-6

(2) "浏览"选项卡用于显示系统中已有的工资类别。切换到"编辑"选项卡，如图 13-7 所示。

(3) 在"编辑"选项卡中，单击"编辑"按钮可以对当前选中的工资类别进行修改；单击"新增"按钮，可以新增类别；单击"保存"按钮保存当前修改；单击"删除"按钮，删除当前显示的工资类别。

3. 选择类别

选择类别是选择当前要处理什么类别下的工资业务，如要处理管理人员的工资业务，必须选择"管理人员"类别，处理计件工资的工资业务，必须选择"计件工资"类别。

选择类别很重要，每次进入工资管理系统时都要求选择类别。

在主界面窗口，选择"人力资源"→"工资管理"→"类别管理"→"选择类别"，系统弹出"打开工资类别"窗口，如图 13-8 所示。

在窗口中选择要处理的工资类别，单击"选择"按钮即可。

图 13-7

图 13-8

13.2.2 基础设置

基础设置主要处理当前工资类别下的部门、职员、工资项目和公式定义等基础设置资料。应进行管理人员类别设置，选择类别"管理人员"。

1. 部门管理

（1）在主界面窗口，选择"人力资源"→"工资管理"→"设置"→"部门管理"，系统弹出"部门"窗口，如图 13-9 所示。在"部门"窗口可以直接新增或从外部引入部门资料。

（2）单击工具栏上的"导入"按钮，系统切换到"导入"状态窗口，导入数据源选择"总账数据"，系统会显示基础资料中的部门信息，按"**Shift**"键或"**Ctrl**"键选择部门信息，如图 13-10 所示。

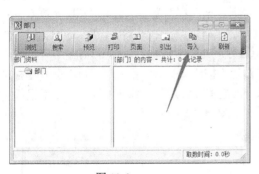

图 13-9

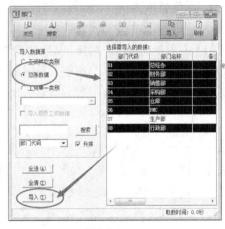

图 13-10

单击窗口左下角的"导入"按钮，稍后系统会将选中的部门资料隐藏，表示导入成功。

> **注** 导入数据源中的"工资其他类别"是指从其他工资类别中导入部门信息。"工资单一类别"是指从某一个类别下导入部门信息。全选是选中窗口右侧所显示的全部部门资料，全清是取消全部部门资料的选中。

（3）单击工具栏上的"浏览"按钮，系统切换到部门信息查看状态，刚才导入的部门资料如图 13-11 所示。

在部门"浏览"窗口中可以对部门资料进行修改和删除，选中记录后单击相应按钮即可。单击"引出"按钮，可将部门资料引出为其他类型的文件，单击"导入"按钮将从系统外引入部门资料。

2．币别管理

币别管理是对工资管理系统所涉及的币别进行管理。具体可参照本书第 3 章。

3．银行管理

若企业采用银行代发工资，要在银行管理中录入银行名称，然后在职员管理中录入每位职员的银行账号，以方便输出相应的银行代发工资表。

（1）在主界面窗口，选择"人力资源"→"工资管理"→"设置"→"银行管理"，系统弹出"银行"窗口，如图 13-12 所示。

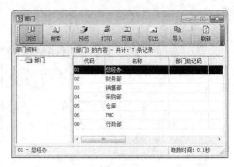

图 13-11

（2）单击工具栏上的"新增"按钮，系统弹出"银行 - 新增"窗口。"代码"录入"1"，"名称"录入"招行"，"账号长度"录入"8"，如图 13-13 所示。

图 13-12

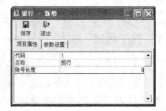

图 13-13

4．职员管理

职员管理是将账套中需要进行工资计算的职员信息获取到相应的工资类别下。

（1）在主界面窗口，选择"人力资源"→"工资管理"→"设置"→"职员管理"，系统弹出"职员"窗口，单击"导入"按钮，系统切换到"导入数据"状态窗口。选中"总账数据"，系统会显示总账基础资料中的职员资料，按住"Shift"键或"Ctrl"键选中图 13-14 所示的职员信息。

单击左下角的"导入"按钮，稍后系统将隐藏导入的职员资料，表示导入成功。

（2）修改肖志向和陈静的银行账号。单击"浏览"按钮，窗口切换到"职员"资料查看窗口，选中"肖志向"，单击工具栏上的"修改"按钮，系统弹出"职员 - 修改"窗口，在"银行名称"处选择"招行"，录入"个人账号"为"12345678"，如图 13-15 所示。

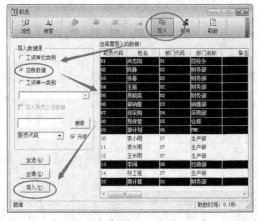

图 13-14

图 13-15

(3) 单击"保存"按钮保存当前修改,单击"退出"按钮返回"职员"查看窗口。以同样的方法修改"陈静"的个人资料,银行名称选择"招行",个人账号为"23456789"。

5. 项目设置

项目是工资管理中的重要组成部分,它是计算工资时需要的一些计算和判断数据,下面以表 13-2 中数据为例介绍项目设置方法。

表 13-2　　　　　　　　　　新 增 项 目

扣 零 实 发	应税所得额	税　率	扣　除	计 件 工 资

(1) 在主界面窗口,选择"人力资源"→"工资管理"→"设置"→"项目设置",系统弹出"工资核算项目设置"窗口,如图 13-16 所示。

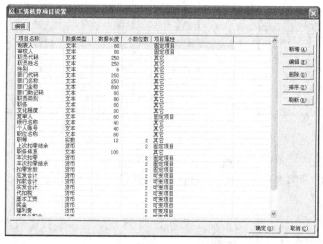

图 13-16

(2) 窗口中预设部分项目,选中后可以对其进行编辑或删除。选中"基本工资"项目,单击"编辑"按钮,系统弹出该项目的修改窗口,修改项目属性为"固定项目",如图 13-17 所示。单击"确定"按钮保存修改。

(3) 单击"新增"按钮,系统弹出"工资项目 - 新增"窗口,如图 13-18 所示。
- 项目名称:单击下拉按钮可选择系统已有的项目,也可直接录入新的项目名称。
- 数据类型:系统预设日期型和实数型等类型。
- 数据长度:设置当前项目的最大长度。
- 项目属性:固定项目为一般工资计算所需要的基本要素,不需要经常改变,其内容可以直接带入下一次工资计算,如预设的职员姓名等。可变项目的内容随工资计算发生改变,如预设的应发合计。

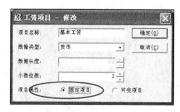

图 13-17

图 13-18

（4）录入项目名称"扣零实发"，选择数据类型"实数"，输入数据长度"18"、小数位数"2"，选择项目属性"可变项目"，如图13-19所示。

（5）单击"新增"按钮，系统保存新增项目并返回"工资核算项目设置"窗口，以同样方法新增表格中的剩余项目名称、数据类型、数据长度等，结果如图13-20所示。

图 13-19

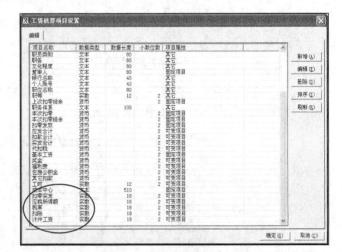

图 13-20

（6）项目新增完成后单击"确定"按钮返回主界面窗口。

在以后的工作中，需要修改、新增项目时，可以随时使用该功能进行操作。

6. 扣零设置

扣零设置是设置扣除零钱，如实发工资为2345.58元，可以设置工资发到元还是角，或者5角以上的要发，5角以下的下次发放等。

在主界面窗口，选择"人力资源"→"工资管理"→"设置"→"扣零设置"，系统弹出"扣零设置"窗口，选择扣零项目"实发合计"，录入"扣零标准"为"0.5"（5角以上要发，5角以下的下次再发），"扣零后项目"选择"扣零实发"，如图13-21所示。

图 13-21

单击"确定"按钮保存当前设置。

> 注　扣零标准有5、1、0.5、0.1等数。

7. 公式设置

公式设置是指建立当前工资类别下的工资计算公式。下面以表13-3中的公式为例介绍公式设置的操作方法。

表 13-3　　　　　　　　"管理人员"类别下的公式

公式 1	应发合计=基本工资+奖金+福利费
公式 2	扣款合计=其他扣款+代扣税
公式 3	实发合计=应发合计-扣款合计
公式 4	扣零实发=扣零实发+扣零发放

续表

公式 5	应税所得额=应发合计－5000 如果 应税所得额 ≤ 3000 则 税率=0.03 扣除=0 如果 应税所得额 ≤ 12000 则 税率=0.10 扣除=210 如果 应税所得额 ≤ 25000 则 税率=0.2 扣除=1410 如果 应税所得额 ≤ 35000 则 税率=0.25 扣除=2660 如果 应税所得额 ≤ 55000 则 税率=0.3 扣除=4410 如果 应税所得额 ≤ 80000 则 税率=0.35 扣除=7160 否则 税率=0.45 扣除=15160 如果完 如果 应税所得额 ≤ 0 则 代扣税=0 否则 代扣税= Roundx (应税所得额 × 税率, 2) – 扣除 如果完

> **注** 公式 5 为个人所得税计算方法（此处公式仅为示意，读者可根据新标准自行设定）。用户也可以通过"设置"下的"所得税设置"功能来设置计算方法。"代扣税=Roundx(应税所得额×税率,2) – 扣除"的意思是当"应税所得额×税率"有小数位时，保留两位小数后再减去扣除数等于代扣税数据。

（1）在主界面窗口，选择"人力资源"→"工资管理"→"设置"→"公式设置"，系统弹出"工资公式设置"窗口，如图 13-22 所示。

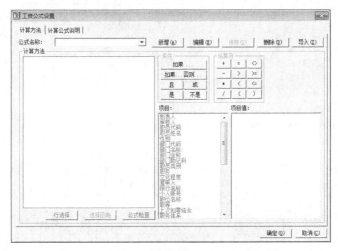

图 13-22

"计算方法"选项卡用于对工资计算公式进行管理。

- 公式名称：录入新增的名称或选择要查看、编辑的名称。
- 导入：从外部导入计算公式。
- 计算方法：该窗口显示所选择公式名称下的计算公式。
- 行选择：选中当前光标所处行的所有内容。
- 选择函数：选择系统中的函数。
- 公式检查：对所建立公式的正确性进行检测。
- 条件：系统内部的判断条件。
- 运算符：计算公式经常用到的计算符号。
- 项目：显示所有建立的项目供选择。
- 项目值：显示当前项目的内容。如选中"部门"项目，右侧会自动显示当前工资类别下的所有部门。

（2）建立公式1。在"计算方法"选项卡，首先单击"新增"按钮，窗口切换到可编辑状态。双击项目下的"应发合计"，单击运算符下的"="，然后双击项目下的"基本工资"，单击运算符下的"+"，双击项目下的"奖金"，单击运算符下的"+"，最后双击项目下的"福利费"即可。

> **注** 公式可手工录入，也可用上面的方法录入。手工录入时一定要注意所录入的项目是否存在。录入时一定要注意光标的位置，以防公式录入错误。修改公式的方法是，将光标移到要修改的位置，按键盘上的"Backspace"或"Delete"键进行修改。

（3）建立公式2。光标在第一条公式最末，按"Enter"键，光标移动到第二行。首先双击项目下的"扣款合计"，单击运算符下的"="，然后双击项目下的"其它扣款"，单击运算符下的"+"，最后双击项目下的"代扣税"即可。

（4）按照前面的设置方法将公式3~公式5录入窗口，之后，录入"公式名称"为"管理人员计算方法"，如图13-23所示。

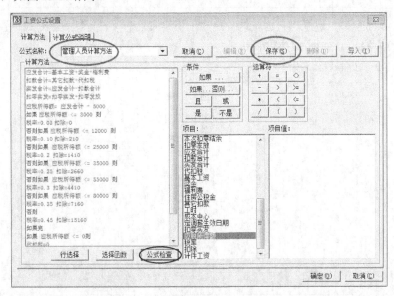

图13-23

（5）单击窗口下部"公式检查"按钮可检查公式是否正确。单击"保存"按钮保存当前公式名称和计算方法的定义。

> **注** 要修改公式，一定要先选中"公式名称"，然后单击"编辑"按钮，在"计算方法"选项卡下修改为正确公式，最后单击"保存"按钮。

8．其他设置

剩余设置包含所得税设置、辅助属性和人力资源设置等。由于所得税已经编制公式，在此可不用操作。辅助属性和人力资源设置等在与金蝶 K/3 的 HR 系统同步使用时设置，在此不再对其进行介绍。

9．计件工资类别设置

前面几小节重点讲述在"管理人员"类别下进行的基础设置，下面讲解"计件工资"类别设置。在主界面窗口，选择"人力资源"→"工资管理"→"类别管理"→"选择类别"，系统弹出"类别选择"窗口，选中"计件工资"，单击窗口右下角的"选择"按钮，表示当前要处理"计件工资"类别下的业务。

参照前几节的方法导入部门和职员信息，并录入表 13-4 中的计算公式，"公式名称"为"计件人员计算方法"，如图 13-24 所示。

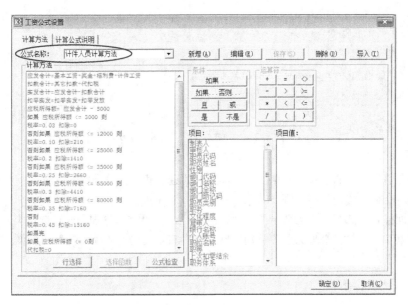

图 13-24

表 13-4　　　　　　　　"计件工资"类别下的计算公式

公式 1	应发合计=基本工资+奖金+福利费+计件工资
公式 2	扣款合计=其他扣款+代扣税
公式 3	实发合计=应发合计−扣款合计
公式 4	扣零实发=扣零实发+扣零发放

续表

公式 5	应税所得额=应发合计－5000 如果 应税所得额 ≤ 3000 则 税率=0.03 扣除=0 如果 应税所得额 ≤ 12000 则 税率=0.10 扣除=210 如果 应税所得额 ≤ 25000 则 税率=0.2 扣除=1410 如果 应税所得额 ≤ 35000 则 税率=0.25 扣除=2660 如果 应税所得额 ≤ 55000 则 税率=0.3 扣除=4410 如果 应税所得额 ≤ 80000 则 税率=0.35 扣除=7160 否则 税率=0.45 扣除=15160 如果完 如果 应税所得额 ≤ 0 则 代扣税=0 否则 代扣税= Roundx (应税所得额 × 税率, 2)－扣除 如果完

13.3 日常处理

日常处理包括工资的录入、计算以及工资报表的查看和输出等操作。下面以"管理人员"类别的工资为例,介绍工资的日常处理工作。

在主界面窗口,选择"人力资源"→"工资管理"→"类别管理"→"选择类别",系统弹出"类别选择"窗口,选中"管理人员"类别,单击窗口右下角的"选择"按钮,表示当前要处理"管理人员"类别下的业务。

13.3.1 工资业务

工资业务主要包括工资录入、工资计算、所得税计算、费用分配、凭证管理和工资审核等操作。

1. 工资录入

下面以表 13-5 中数据为例介绍工资录入的方法。

表 13-5　　　　　　　　　　要录入的工资数据

职员代码	职员姓名	基本工资	奖金	福利费	其他扣款
01	肖志向	15000	200	50	101.35
02	陈静	9000	150	50	45.34

续表

职员代码	职员姓名	基本工资	奖金	福利费	其他扣款
03	张春	6500	100	50	20.00
04	王丽	6000	100	50	15.00
05	吴晓英	6000	100	50	25.00
06	郝销售	6000	100	50	67.89
07	郑采购	6500	100	50	34.50
08	易保管	4800	100	50	23.39
09	游计划	6300	100	50	12.00
13	李闯	4500	100	50	13.00
15	南计算	7900	100	50	15.00

（1）在主界面窗口，选择"人力资源"→"工资管理"→"工资业务"→"工资录入"，系统弹出"过滤器"窗口，如图 13-25 所示。

在窗口中可以新增、编辑、删除和导入过滤方案。第一次使用该功能时首先要建立一个"过滤方案"。

（2）单击"增加"按钮，系统弹出"定义过滤条件"窗口，录入"过滤名称"为"1"，选择计算公式"管理人员计算方法"。在"工资项目"中选择以下项目：职员代码、职员姓名、部门名称、银行名称、个人账号、上次扣零结余、本次扣零、本次扣零结余、扣零发放、应发合计、扣款合计、实发合计、代扣税、基本工资、奖金、

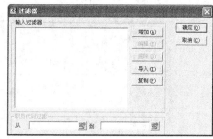

图 13-25

福利费、其他扣款、扣零实发、应税所得额、税率、扣除、审核人和制表人等，如图 13-26 所示。

窗口中的"序号"是当前项目显示的列号，单击"上移""下移"按钮，可以将所选中的项目移动到所要的序号处，选中"制表人""审核人"项目，单击"下移"按钮，将此两项移到最后。

（3）单击"确定"按钮，系统弹出提示对话框，单击"确定"按钮，系统返回"过滤器"窗口，并显示刚才所增加的方案，如图 13-27 所示。

图 13-26

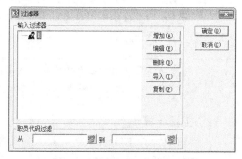

图 13-27

（4）选中"1"方案，单击"确定"按钮，系统进入"工资数据录入"窗口，如图 13-28 所示。

图 13-28

窗口上的项目有两种颜色数据，黄色表示是由系统自动生成的，如职员代码、实发合计等，白色是可修改项目。

（5）录入表 13-5 中数据。移动窗口下部的"滚动条"，移到相关项目，并录入数据，录入完成的窗口如图 13-29 所示。

图 13-29

（6）单击"保存"按钮保存工资。选择"编辑"→"重新计算"，系统会根据所设置的公式在相应项目下计算出新的结果。单击工具栏上的"扣零"按钮，系统进入扣零处理工作，请注意"扣零实发"与"实发合计"之间的对比。单击"发放"按钮，系统会将"上次扣零结余"加上"本次扣零"，如果超过扣零标准，则计算出"扣零发放"的数值，该数据自动加到"扣零实发"上。如果不够标准，则"上次扣零结余"加上"本次扣零"等于"本次扣零结余"，该结余数值会自动结转到下一期间。单击"保存"按钮保存修改。

（7）选择"编辑"→"全部审核"，数据全部审核后，工资录入表处于不可修改状态，若要修改，则必须进行反审核。

> **注** 审核是在期末结账前必须要做的工作，只有审核完成的工资录入表才能结账。审核前一定要检查数据是否正确，以免反审核后再对其进行修改。

2. 工资计算

系统可以建立不同的计算方案，利用计算机进行高速运算，提高工作效率。它与工资录入表中的"工资计算"有所区别，工资录入表中只计算当前表中的数据，而这里所说的"工资计算"可以同时计算多个工资方案下的数据。

（1）在主界面窗口，选择"人力资源"→"工资管理"→"工资业务"→"工资计算"，系统弹出"工资计算向导"窗口，如图13-30所示。

"工资计算"与"工资录入"的"过滤方案"是共享的，在窗口中可以新增、编辑和删除方案。

（2）选中要计算的方案，如选中"1"方案，单击"下一步"按钮，系统进入下一窗口，单击"计算"按钮，系统开始计算当前工资方案下的数据。

（3）工资计算后会自动将计算结果反映到各方案的工资录入表中，单击"完成"按钮，结束计算。

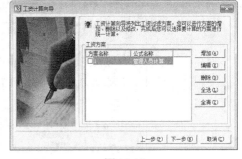

图 13-30

3．所得税计算

所得税计算是指根据"设置"下的"所得税设置"的参数进入计算，因本账套没有使用该功能，在此暂不讲述。

4．费用分配

费用分配是指根据系统所设置的分配方案或计提方案生成凭证的过程。

例13-1 将总经办、财务部、采购部和仓库下的"扣零实发"分配到"管理费用—工资"科目，将销售部下的"扣零实发"分配到"销售费用—员工工资"科目。

（1）在主界面窗口，选择"人力资源"→"工资管理"→"工资业务"→"费用分配"，系统弹出"费用分配"窗口，如图13-31所示。

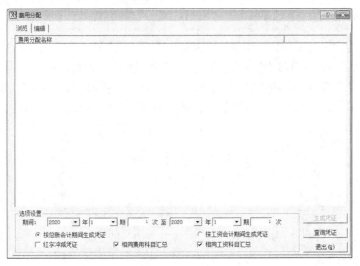

图 13-31

窗口分为两个选项卡，在"浏览"选项卡中可以查看系统中已有的分配方案，可以生成凭证或查询凭证；在"编辑"选项卡中可以对分配方案进行新增、编辑、删除等操作。

（2）切换到"编辑"选项卡，单击窗口下部的"新增"按钮，系统切换到编辑状态，录入"分配名称"为"管理人员工资分配"、"摘要内容"为"管理人员工资分配"，单击"部门"项下的第一行，获取"总经办"，"工资项目"处选择"扣零实发"，"费用科目"获取"6602.07—工资"科目，"工资科目"获取"2211—应付职工薪酬"科目；在第二行"部门"处获取"财务部"，其他同第一行；第三行"部门"获取"销售部"，"费用科目"获取"6601.05—员工工资"，其他同第一行；第四行、第五行除"部门"外同第一行，设置完成的窗口如图 13-32 所示。

图 13-32

（3）单击"保存"按钮保存当前设置。若需修改、删除该方案，单击工具栏上的"编辑"或"删除"按钮即可。

> 注　若勾选"跨账套生成工资凭证"选项，则需选择总账账套，设置完成后，系统生成的凭证会自动传递到所选择的账套中。

（4）将设定的方案生成凭证。切换到"浏览"选项卡，勾选"管理人员工资分配"，选中"按工资会计期间生成凭证"，单击"生成凭证"按钮，系统弹出提示对话框，单击"确定"按钮。稍后系统弹出"信息"窗口，单击"关闭"按钮，然后单击"查询凭证"按钮，系统进入"凭证处理"窗口，双击该凭证记录，系统弹出该凭证的查看窗口，如图 13-33 所示。

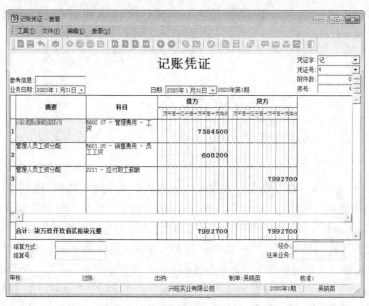

图 13-33

> 注　按总账会计期间生成凭证：表示分配工资生成的凭证的会计期间为总账系统所在的会计期间。
> 　　按工资会计期间生成凭证：表示分配工资生成的凭证的会计期间为工资管理系统所在的会计期间。

5．凭证管理

凭证管理用于对工资管理系统生成的凭证进行处理，如查看、打印、删除等操作。

6．工资审核

为确保工资的正确，需要对工资数据进行审核，审核后的工资数据不能修改，只有反审核后才能修改。

在主界面窗口，选择"人力资源"→"工资管理"→"工资业务"→"工资审核"，系统弹出"工资审核"窗口，如图13-34所示。

窗口左侧显示系统中已有的部门信息，单击"+"，层层展开该部门下的职员信息，职员前面方框中打钩表示选中。

图 13-34

- 审核：选中该项，窗口左侧显示未审核过的职员信息。选中要审核的职员，单击"确定"按钮，如果稍后该职员记录隐藏，表示审核成功。
- 反审核：选中该项，窗口左侧显示审核过的职员信息。选中要反审核的职员，单击"确定"按钮，如果稍后该职员记录隐藏，表示反审核成功。
- 复审：工资复审必须在工资审核的基础之上进行。选中该项，窗口左侧显示未复审过的职员信息。选中要复审的职员，单击"确定"按钮，如果稍后该职员记录隐藏，表示复审成功。
- 反复审：选中该项，窗口左侧显示复审过的职员信息。选中要反复审的职员，单击"确定"按钮，如果稍后该职员记录隐藏，表示反复审成功。
- 按部门处理：选中该项，则在左侧窗口只能看到部门信息，不能看到职员信息。
- 级联选择：按层级关系选择。

> 注　反审核人和审核人应是同一个人，反复审人和复审人也应是同一个人。

13.3.2　人员变动

人员变动处理企业中职员的信息变动，如部门更换、职位变动等，这可以保证财务人员核算工资时的准确性。

（1）选择"人力资源"→"工资管理"→"人员变动"→"人员变动处理"，系统弹出"职员变动"窗口，单击"新增"按钮，系统弹出"职员"管理窗口，如图13-35所示。

（2）双击要变动的记录，系统返回"职员变动"窗口，选中该记录后，单击"下一步"按钮，系统进入变动信息处理窗口，先设置变动的"职员项目"，再设置"变动参数"，如图13-36所示。

> 注　如果选中"禁用职员"，表示该职员以后不能进行工资业务的处理。

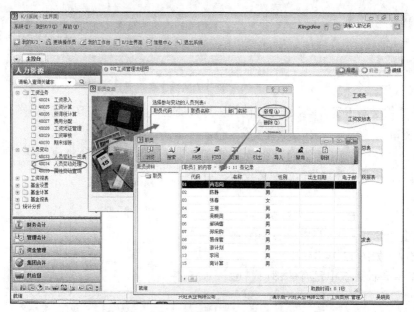

图 13-35

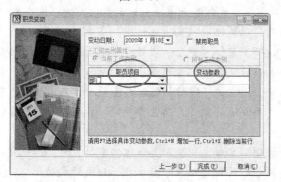

图 13-36

（3）设置完成，单击"完成"按钮，系统弹出提示变动成功，单击"确定"按钮返回主界面。

人员变动一览表是查询变动情况的报表。选择"人力资源"→"工资管理"→"人员变动"→"人员变动一览表"，系统弹出"过滤条件"窗口，设置好过滤条件后，单击"确定"按钮，系统进入"人员变动一览表"窗口。

人力资源异动查询：HR 系统中职员发生了变动，如入职、转正、离职等，不同变动情况对应的工资计算起止时间要求不同。在工资管理系统中查询人力资源变动可以提示用户人事管理模块的内部变动和离职工作流审批通过的结果（包括生效日期）。用户可通过实时查看变动情况的变动记录表，自主选择在哪个期间更新工资管理系统的职员资料，从而灵活地确定变动人员的工资处理时间。

13.4 工资报表

金蝶 K/3 的工资管理系统提供了丰富的工资报表，有工资条、工资发放表及工资汇总表等报表。通过报表能全面掌握企业工资总额、分部门水平构成、人员工龄及年龄结构等，为实现合理的薪资管理提供详细的资料。工资报表的应用重点是过滤方案的设置和打印输出时纸张大小及方向的调整。以查询工资条为例，介绍工资报表的查询方法。

下面以输出"管理人员"类别下的工资条及表 13-6 所示数据为例，介绍工资条的操作。

表 13-6   **工资条项目排列顺序**

1	2	3	4	5	6	7	8	9	10	11	12	13	14	15	16
职员代码	职员姓名	部门名称	上次扣零结余	本次扣零	本次扣零结余	扣零发放	基本工资	奖金	福利费	应发合计	其他扣款	代扣税	扣款合计	实发合计	扣零实发

（1）在主界面窗口，选择"人力资源"→"工资管理"→"工资报表"→"工资条"，系统弹出"过滤器"窗口，如图 13-37 所示。

● 标准格式：系统预设的标准过滤方案。
● 当期查询：查询当前工资会计期间的工资条。

（2）新增一个过滤方案。单击"增加"按钮，系统弹出"定义过滤条件"窗口，录入过滤名称为"工资条1"，根据表 13-6 中数据选中相应工资项目，并单击"上移""下移"按钮，按表中序号进行排列，设置完成的窗口如图 13-38 所示。

图 13-37

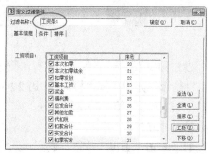
图 13-38

在"条件"选项卡中可以设置过滤方案，在"排序"选项卡中可以设置排序字段。

（3）单击"确定"按钮，系统弹出提示，单击"确定"按钮。新增"工资条 1"过滤方案，并返回"过滤器"窗口。选中"工资条 1"过滤方案，单击"确定"按钮，系统弹出"工资条打印"窗口，如图 13-39 所示。

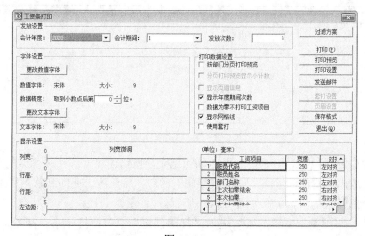
图 13-39

- 发放设置：选择工资条的会计年度、会计期间和发放次数。
- 字体设置：单击更改按钮可以进行数值和文本字体的修改，数据精度可以设置小数位数。
- 显示设置：微调选中右下角项目的列宽和行高等。
- 过滤方案：重新选择过滤方案。
- 打印设置：设置打印时的打印机、纸张大小和方向等内容。
- 使用套打、套打设置：选中"使用套打"，则可以进行套打设置。
- 数据为零不打印工资项目：选中该选项，当项目数据为零时不打印，不选中该选项，当项目数据为零时打印出来。

（4）单击"打印预览"按钮，系统进入"打印预览—工资表"窗口，如图13-40所示。

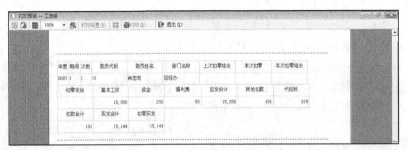

图 13-40

通过预览发现打印格式不美观，更改方法有3种。第1种是纸张方向选择"横向"，第2种是选择尽量大的纸张，如A3纸，第3种是修改列的宽度，在此采用第1种和第3种方法。

（5）单击"退出"按钮，返回"工资条打印"窗口，单击"打印设置"按钮，系统弹出"打印设置"窗口，修改"方向"为"横向"，如图13-41所示。

（6）单击"确定"按钮，返回"工资条打印"窗口，再单击"打印预览"按钮，系统进入"打印预览—工资条"窗口，如图13-42所示。

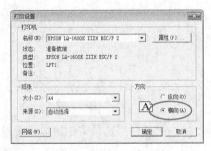

图 13-41

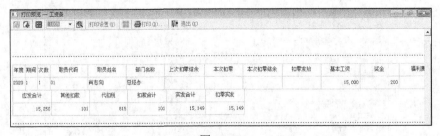

图 13-42

通过预览窗口发现，格式虽有所变化，但是还没达到要求，下一步可以修改每一个项目的列宽。

（7）单击"退出"按钮，返回"工资条打印"窗口，除年度、期间和次数的列宽不用修改外，其他项目列宽全部修改为"140"，如图13-43所示。

（8）单击"打印预览"按钮，系统进入"打印预览"窗口，打印格式基本达到要求后，单击工具栏上的"打印"按钮即可输出工资条内容。

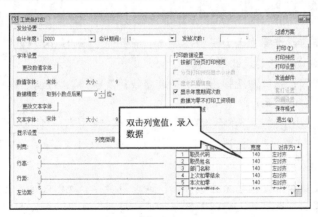

图 13-43

> **注** 调整打印格式时,先使用"打印预览",可随时查看输出效果,以供参考调整。

13.5 基金处理

金蝶 K/3 的工资管理系统提供基金处理功能,如计提住房公基金、社保费等的处理。

13.5.1 基金设置

基金设置主要是对工资基金的一些基础性内容,如基金类型、基金计提标准、基金计提方案和基金初始数据等进行分别设定,只有设置好这些相关的资料,才能进行基金的计提和计算。

1.基金类型设置

在主界面窗口,选择"人力资源"→"工资管理"→"基金设置"→"基金类型设置",系统弹出"基金类型"窗口,如图 13-44 所示。

单击"增加"按钮,系统弹出"基金类型设置"窗口,录入"基金代码"为"01"、"基金名称"为"提社保",如图 13-45 所示。

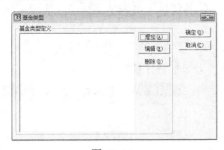

图 13-44

图 13-45

单击"确定"按钮,保存当前设置并返回"基金类型"窗口。若要修改、删除基金类型,选中后单击相应按钮即可。

2.职员过滤方案设置

职员过滤方案用于指定适用于该基金计提标准的职员,过滤范围可以设定为不同的过滤条件方案。过滤条件方案可以根据职员的属性(如职员类别、部门、文化程度及其他一些辅助属性信息等）来进行筛选。

（1）在主界面窗口，选择"人力资源"→"工资管理"→"基金设置"→"职员过滤方案设置"，系统弹出"基金职员方案过滤器"窗口。

（2）单击"增加"按钮，系统弹出"定义过滤条件"窗口，"过滤名称"录入"全部职员"，其他设置不变，如图13-46所示。

（3）该过滤方案适用该类别下的全部职员。单击"确定"按钮，系统弹出提示，单击"确定"按钮保存该过滤方案，并返回"过滤器"窗口。要修改、删除该过滤方案，选中后单击相应按钮即可。

3．基金计提标准设置

基金计提标准设置包括处理基金计提开始日期、基金计提比例及计提工资等项目。

（1）在主界面窗口，选择"人力资源"→"工资管理"→"基金设置"→"基金计提标准设置"，系统弹出"基金计提标准"窗口。

（2）单击"增加"按钮，系统弹出"基金计提标准设置"窗口，录入"计提标准名称"为"社保费"，"计提开始日期"修改为"2020/1/1"，选择"计提工资项目"为"扣零实发"，录入"基金计提比例"为"5"，在"对应职员方案"处获取"全部职员"，如图13-47所示。

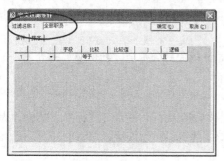

图13-46

图13-47

（3）单击"确定"按钮，保存当前设置并返回"基金计提标准"窗口。若要修改、删除计提标准，单击相应按钮即可。

直接编辑基金计提标准是不会反映在基金计提变动情况表中的，如果想在基金计提变动情况表中反映基金计提标准的修改变更记录，则必须通过基金计提标准变动来实现，每一个变动均产生一条变动记录。

4．基金计提方案设置

基金计提方案设置对不同的基金类型采用一种或多种基金计提标准。

（1）在主界面窗口，选择"人力资源"→"工资管理"→"基金设置"→"基金计提方案设置"，系统弹出"基金计提方案"窗口。

（2）单击"增加"按钮，系统弹出"基金计提方案设置"窗口，录入"基金计提方案名称"为"社保计提方案"，选择"方案对应基金类型"为"提社保"，勾选"社保费"，如图13-48所示。

（3）单击"确定"按钮保存当前设置并返回"基金计提方案"窗口。若要修改、删除计提方案，单击相应按钮即可。

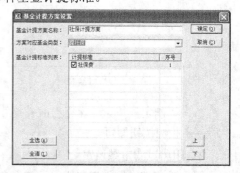

图13-48

5. 基金初始数据录入

基金初始数据录入是将启用工资基金模块前已计提的原始基金数据引入并进行处理。

13.5.2 基金计算

基金计算指根据不同的基金计提方案实现基金的自由转入和转出计算。

1. 基金计算

（1）在主界面窗口，选择"人力资源"→"工资管理"→"基金计算"→"基金计算"，系统弹出"基金计算过滤器"窗口。

（2）首先新增一个方案。单击"增加"按钮，系统弹出"定义过滤条件"窗口，录入"过滤名称"为"1"，选中"社保计提方案"，如图13-49所示。

（3）单击"确定"按钮，系统弹出提示，单击"确定"按钮保存方案"1"，并返回"过滤器"窗口，选中方案"1"，单击"确定"按钮，系统进入"基金计算"窗口，如图13-50所示。

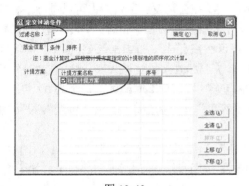
图 13-49

图 13-50

（4）单击工具栏上的"方法"按钮，系统弹出"基金计提方法"窗口，如图13-51所示。

- 按次计提基金：按工资发放次数计提基金。如果工资也是按次发放的，则二者的计提次数和发放次数一一对应；如果工资按期发放，则计提基金时，将本期的工资发放当作一次进行基金计提；如果工资按年发放，则计提基金时，将本年的工资发放当作一次进行基金计提。

图 13-51

- 按期计提基金：按工资发放期间计提基金。如果工资按次发放，则将本期所有工资发放加起来当做一次进行基金计提，计提基数是每次发放次数的基本工资之和；如果工资是按期发放的，则二者的发放期间和计提期间是一致的，按本期的某一工资项目数据作为计提基数；如果工资按年发放，则计提基金时，将本年的工资发放当作一期来进行基金计提。

- 按年计提基金：按工资发放的年份计提基金，计提基数是这一年全部期间所发工资之和。

（5）选中"按期计提基金"，单击"确定"按钮，稍后系统计算出基金数据，如图13-52所示。

（6）单击"保存"按钮，保存当前数据。

图 13-52

2. 基金的转入、转出

基金的转入、转出与工资计算不相关联，职员即使不在公司发放工资，也可以进行基金的代扣代交。该功能一般用于职员已经离职或已被禁用，但仍然可以在原单位转入、转出基金的情况。所以调整基金转入、转出的过滤方案和过滤条件，可以在基金转入、转出录入界面中，将离职或禁用的职员纳入过滤范围，不受离职或禁用的限制（与工资数据录入的过滤方案、过滤条件及录入界面相反），只是离职或禁用以后不能再计算缴纳基金（视以后期间缴纳的基金为0）。

（1）在主界面窗口，选择"人力资源"→"工资管理"→"基金计算"→"基金转入"，系统弹出"基金转入过滤器"窗口。

（2）单击"增加"按钮，系统弹出"定义过滤条件"窗口，录入"过滤名称"为"1"，选中"提社保"（因本账套无禁用或离职员工，为了演示效果，条件中不过滤已禁用或离职的员工），如图 13-53 所示。

（3）单击"确定"按钮，系统弹出提示，单击"确定"按钮保存方案"1"，并返回"过滤器"窗口，选中方案"1"并单击"确定"按钮，系统进入"基金数据转入"窗口，如图 13-54 所示。

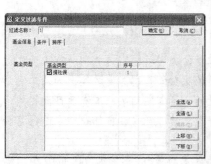

图 13-53

图 13-54

（4）数据录入完成后，单击"保存"按钮保存当前资料。基金转出的操作方法同基金转入的操作一样。

13.5.3 基金报表

基金报表提供 3 种报表查询，下面以查询职员基金台账为例，介绍基金报表的查询方法。

（1）在主界面窗口，选择"人力资源"→"工资管理"→"基金报表"→"职员基金台账"，系统弹出"过滤器"窗口。

（2）单击"增加"按钮，系统弹出"定义过滤条件"窗口，录入"过滤名称"为"1"，选中"提社保"选项，单击"确定"按钮，系统弹出提示，单击"确定"按钮保存方案"1"，并返回"过滤器"窗口，选中方案"1"，单击"确定"按钮，系统进入"职员基金台账表 - [1]"窗口，如图 13-55 所示。

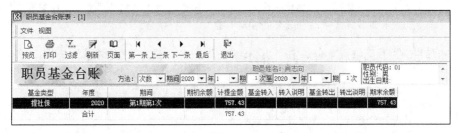

图 13-55

单击"第一条""上一条""下一条""最后"按钮，切换不同职员的报表，还可随时查看不同次数、不同期间的台账情况。

基金汇总表、基金计提变动情况表的操作方法与职员基金台账的操作基本一样。

13.6 期末结账

期末结账主要是在月末对相应的数据进行结账处理，以便进入下一期或下一次工资发放时处理新的工资业务。

在主界面窗口，选择"人力资源"→"工资管理"→"工资业务"→"期末结账"，系统弹出"期末结账"窗口，如图 13-56 所示。

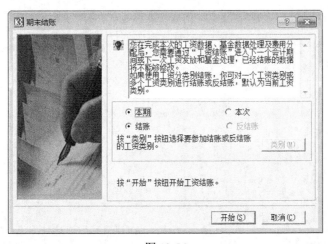

图 13-56

- 本次：如果一月多次发放工资，在分配完本次工资费用数据后，可以采用本次结账方式进入本月下一次工资发放。
- 本期：一月内多次发放工资时，应先采用本次结账方式终结各次工资发放数据，然后把本期内多次工资数据结转，从而进入下一期工资发放。
- 类别：选择要结账的工资类别。

在此选中"本期"，单击"开始"按钮即可完成结账工作。

> 注
> （1）结账时，系统会自动复制每个类别下的固定工资项目数据。当对其中一个工资类别进行反结账操作时，若选取删除当前工资数据功能，则自动删除当前工资数据，而且其他所有工资类别也同时跟着反结账并自动删除当前工资数据。
> （2）如果工资管理的系统参数中设置了工资结账前必须审核或必须复审，则需要在结账前对工资数据进行审核或复审，否则不予结账处理。

系统同时提供了反结账功能，在"期末结账"窗口，选中"反结账"选项，单击"开始"按钮即可。

> 注 反结账时，如果未勾选"删除当前工资数据"选项，则在反结账时，不删除已经存在的工资数据，这样再结账时，会保留修改过后的固定工资项目数据。

13.7 课后习题

（1）在什么时候使用选择类别？
（2）部门导入数据时有几种数据源？
（3）工资期末结账的基本条件是什么？

第 14 章 总 账

本章重点

- 凭证录入
- 凭证审核
- 凭证查询
- 凭证过账
- 凭证打印
- 账簿、报表查询
- 往来管理
- 现金流量表
- 结账

14.1 概 述

会计任务包括设置账户、填制凭证等，然后对其审核、记账，最后统计各种账表，这些都是金蝶 K/3 最基本的功能。总账系统就是用来完成这些财务核算基本功能的。

总账系统是金蝶 K/3 财务会计系统的核心模块，可以进行凭证的填制、审核和记账等工作，同时它接收来自各业务系统传递过来的凭证（如固定资产的计提折旧凭证）。总账系统在月末会根据转账定义自动生成结转凭证、自动结转损益凭证等。

总账系统根据填制的凭证自动生成相应的账簿报表，如总分类账、明细分类账和科目余额表等。

如果核算单位的账务非常简单，涉及往来款、库存等业务较少时，单独使用总账系统就可以实现财务核算的基本要求。

1. 使用总账系统需要设置的内容

- 公共资料：公共资料是本系统所涉及的最基础资料，必须设置，否则在进行单据处理时会受到相应的限制。
- 系统设置资料：系统设置是针对该系统的参数进行详细化设置。

2. 总账系统可执行的查询与生成的报表

包括总分类账、明细分类账、数量金额明细账、数量金额总账、多栏账、核算项目分类总账、核算项目明细账、科目余额表、试算平衡表、日报表查询、摘要汇总表、核算项目余额表、核算项目汇总表、核算项目组合表、核算项目与科目组合表、科目利息计算表、调汇历史信息表和现金流量表等。

3. 操作流程

新用户需从系统初始化开始。老用户则因已经完成初始设置，所以可直接处理日常业务。系统初始化结束以后，随着公司的业务开展，还有许多基础资料需要设置，如银行科目、客户和供应商的新增等，可以随时在凭证录入时进行处理，如图 14-1 所示。

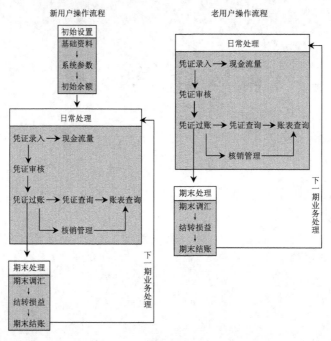

图 14-1

4．总账系统与其他系统的数据流程图

总账系统与其他系统的数据流程图反映的是总账系统与其他系统的数据传递关系，如图 14-2 所示。

总账系统是金蝶 K/3 标准财务的核心，与其他业务系统通过凭证进行无缝连接，同时业务系统的凭证也可以自行在总账系统中处理，并且报表、现金流量表和财务分析都可以从总账系统中取数。

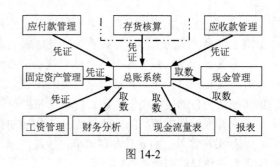

图 14-2

14.2 初始设置

初始设置包括基础资料、系统参数和初始数据录入，公共资料设置方法请参照第 3 章，本节重点讲解系统参数设置和初始数据录入。

14.2.1 总账系统参数

总账系统参数包括系统凭证过账前是否要求凭证审核，出现赤字时是否要求提示等设置。

选择"系统设置"→"系统设置"→"总账"→"系统参数"，系统弹出"系统参数"窗口，如图 14-3 所示。

"系统参数"窗口有"系统""总账"和"会计期间"3 个选项卡。"系统"选项卡用于管理当前账套的基本信息，有公司名称、地址和电话信息；"总账"选项卡用于设置整个总账系统的参数；"会计期间"选项卡可以查看当前账套采用的会计期间，以及业务已经处理到的会计期间。

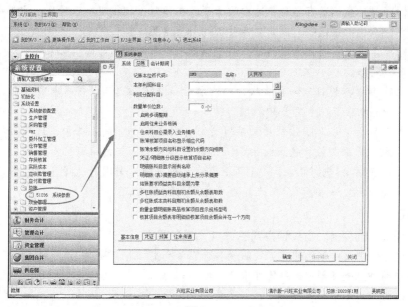

图 14-3

"总账"选项卡包含"基本信息""凭证""预算"和"往来传递"4个选项卡,各选项卡释义如下。

1. 基本信息

- 本年利润科目、利润分配科目:如果要自动结转损益凭证,则必须设置该选项。当软件自动结转损益时会自动将损益类科目下的余额结转到本年利润科目。若不设置则结转损益凭证须手工录入。单击" "(获取)按钮,系统弹出"会计科目"窗口,选择正确的"本年利润"科目,单击"确定"按钮即可。

- 数量单价位数:指涉及物料类凭证以"数量金额式"进行核算时,数量和单价的小数位数。

- 启用多调整期:选中该选项,启用多调整期功能,同时在选项卡窗口显示"调整期间"的选项卡以供设置,在调整期间全部为关闭状态且没有使用的情况下,此勾选可以取消;在存在状态为已打开的调整期间或存在已有调整期间录入凭证的情况下,不可取消此勾选。

- 启用往来业务核销:设置往来会计科目是否进行往来业务核销。选中该选项,则录入该科目凭证时需录入业务编号,核销时系统会根据同一业务编号的不同方向发生额进行核销处理。该选项适用于单独使用总账系统的用户。

- 往来科目必须录入业务编号:设置往来业务核算的会计科目在凭证录入时必须录入业务编号。该选项适用于单独使用总账系统的用户。

- 账簿核算项目名称显示相应代码:设置控制预览、打印账簿时,是否显示核算项目的名称及相应代码。

- 账簿余额方向与科目设置的余额方向相同:选中该选项,则在账簿显示时,账簿的余额方向始终与同科目余额的方向一致,如果不同,则以负数显示;未选中该选项,当余额方向与科目设置的余额方向相反时,则显示科目余额的方向,金额始终为正数。

- 凭证/明细账分级显示核算项目名称:选中该选项,查看凭证/明细账时会分级显示核算项目名称。

- 明细账科目显示所有名称：选中该选项，在预览、打印明细账时显示该明细科目的全部内容，未选中该选项，则只显示最明细科目名称。
- 结账要求损益类科目余额为零：选中该选项，当总账结账时，如果损益科目下有余额，则不能结账。
- 多栏账损益类科目期初余额从余额表取数：选中该选项，若多栏账制作时涉及损益科目，则期初余额从余额表中取数。
- 核算项目余额表非明细级核算项目余额合并在一个方向：选中该选项，核算项目余额表按照其明细级核算项目的余额汇总后，如果既有借方余额又有贷方余额，需要以借贷方的差额填列，填列方向选取差额的正数方向。若同时选择"账簿余额方向与科目设置的余额方向相同"，则此选项的作用就会失效。

2. 凭证

单击"凭证"选项卡，窗口切换到图 14-4 所示的界面。

- 凭证分账制：外币的处理有统账制和分账制两种。统账制下，每笔外币业务都必须折合为本位币进行记录；如果是分账制，则录入外币业务时，不需要进行外币折算，直接记录外币原币的金额即可。分账制一般应用于外币业务量较大的企业，对于外币业务量较小的单位，一般采用统账制进行外币业务的处理。统账制和分账制处理的不同，具体体现在凭证录入中。如果是统账制，一个凭证中不同的分录可以是不同的币别；如果是分账制，不同的分录必须是相同的币别。

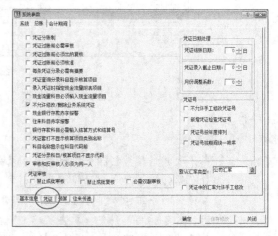

图 14-4

- 凭证过账前必须审核：为了保证凭证的正确性，凭证需要审核后方能过账，若不选择该选项，则未审核的凭证也可以过账。建议勾选该选项。
- 凭证过账前必须出纳复核：凭证需要出纳复核后方能过账，若不选择该选项，则未复核的凭证也可以过账。
- 凭证过账前必须核准：凭证需要核准后方能过账，若不选择该选项，则未核准的凭证也可以过账。
- 每条凭证分录必须有摘要：录入凭证时，每条分录必须有摘要，否则系统不予保存。
- 录入凭证时指定现金流量附表项目：选中该选项，则在凭证录入时，系统会提示录入"现金流量附表项目"；未选中该选项，可以不录入附表项目。
- 现金流量科目必须输入现金流量项目：选中该选项，当录入凭证的会计科目有设置现金流量属性时，必须录入会计科目所属的现金流量项目。
- 不允许修改/删除业务系统凭证：选中该选项，如果有非总账模块录入的凭证，在总账模块中只能查看，不能修改和删除。
- 现金银行存款赤字报警：选中该选项，在录入凭证时，如果现金或银行类科目出现负值，系统会自动发出警告。

- 往来科目赤字报警：选中该选项，在录入凭证时，如果往来类科目出现负值，系统会自动发出警告。
- 银行存款科目必须输入结算方式和结算号：选中该选项，在凭证录入时，如果是银行科目的业务，则必须录入该业务的结算方式和结算号。
- 凭证套打不显示核算项目类别名称：使用套打功能打印凭证时，如果有设置核算项目的会计科目，则打印时不打印核算项目的类别名称。
- 科目名称显示在科目代码前：选中该选项，凭证界面科目名称显示在科目代码前面。
- 凭证分录科目/核算项目不显示代码：选中该选项，凭证编辑界面会计分录科目栏不显示对应的科目及核算项目的代码信息。
- 禁止成批审核：选中该选项，在凭证审核时必须单张审核。
- 禁止成批复核：选中该选项，在凭证复核时必须单张复核。
- 必须双敲审核：选中该选项，在凭证审核时必须双敲才能审核。
- 不允许手工修改凭证号：选中该选项，不允许操作员手工修改凭证号。
- 新增凭证检查凭证号：选中该选项，在系统应用时，不需要使用系统所分配的凭证号，自己录入凭证号即可；未选中该选项，新增的凭证号由系统自动分配。
- 凭证号按年度排列：选中该选项，凭证号按年度排列，否则，按每一会计期间排列。
- 凭证号按期间统一排序：选中该选项，凭证号将在同一会计期间统一排序。

3．预算

切换到"预算"选项卡，如图14-5所示。

- 显示科目最新余额、预算额：选中该选项，在凭证录入时，会在新增凭证窗口左上角显示该科目的最新余额和发生额。
- 预算控制：选中该选项，则科目属性中有"预算"，且科目不符合预算时（大于最高预算或小于最低预算），科目录入可以有3种选择——不检查、警告（可继续录入）和禁止使用。

4．往来传递

单击"往来传递"选项卡，窗口切换到图14-6所示的界面。

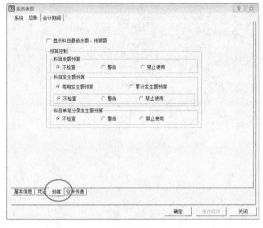

图14-5

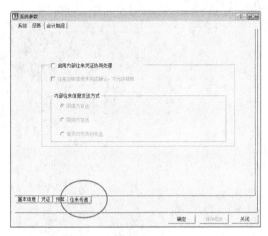

图14-6

- 启用内部往来凭证协同处理：选中该选项，主控台的"内部往来协同处理"及相应的子功能"我方内部往来"及"对方内部往来"才可以使用。只有选中该选项时，参数"往来对账信息未完成确认，不允许结账"与"内部往来信息发送方式"才可以选择。
- 往来对账信息未完成确认，不允许结账：本期有内部往来信息未完成确认，不允许结账，即本期还有我方或对方的内部往来信息处于"未确认""未完全确认"状态时，期末不允许结账。默认状态为不选中。

内部往来信息发送方式有3种，三选一：
- 限借方发送（默认选中）；
- 限贷方发送；
- 借贷双方均可发送。

该参数在子公司账套中不能选择，由集团账套统一控制。

5. 总账参数设置

（1）在"基本信息"选项卡中的本年利润科目处按"F7"功能键获取"4103—本年利润"科目，利润分配科目获取"4104"，数量单价位数设置为"4"，勾选"结账要求损益类科目余额为零"。

（2）在"凭证"选项卡中勾选"凭证过账前必须审核""现金银行存款赤字报警""往来科目赤字报警""银行存款科目必须输入结算方式和结算号""凭证号按期间统一排序"。

（3）在"预算"选项卡，勾选"显示科目最新余额、预算额"。

（4）单击"确定"按钮保存设置。

14.2.2 初始数据录入

公共资料设置和系统设置完成后，就可以录入初始数据。初始数据根据用户所需要使用的系统进行录入，若是在年初启用账套，则只需录入年初余额，非年初启用则只需录入各会计科目的期初余额、本年累计借方发生额和本年累计贷方发生额。

总账初始数据的设置重点是录入各会计科目的本年累计借方发生额、本年累计贷方发生额和期初余额，涉及外币的要录入本位币、原币金额，涉及数量金额辅助核算的科目要录入数量、金额，涉及核算项目的科目要录入各明细核算项目的数据。

（1）选择"系统设置"→"初始化"→"总账"→"科目初始数据录入"，系统进入"科目初始余额录入"窗口，如图14-7所示。

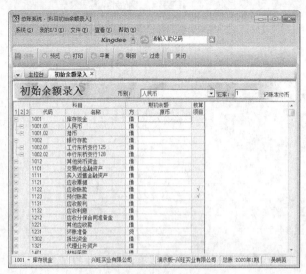

图 14-7

> **说明**
> （1）录入数据时选择正确的币别，选择外币时系统会自动切换到外币录入窗口。
> （2）白色框表示可以录入数据，黄色框表示由明细数据汇总而得。
> （3）核算项目上有打钩的表示单击可切换到"核算项目初始余额录入"窗口。
> （4）有数量金额辅助核算的科目，选中时系统会自动切换到数量、金额录入状态。
> （5）年初余额由以下计算公式得出：借方年初余额=期初余额+本年累计贷方发生额−本年累计借方发生额；贷方年初余额=期初余额+本年累计借方发生额−本年累计贷方发生额。

（2）单击科目下核算项目处有打钩的位置，系统弹出"核算项目初始余额录入"窗口，如图 14-8 所示。在"客户"项目下获取客户档案后，在相应的位置录入金额，录入完成，单击"保存"按钮保存，单击"关闭"按钮返回"科目初始余额录入"窗口。

（3）单击有设置数量金额辅助核算科目的录入框，这时系统会自动将窗口切换为数量、金额录入状态。

（4）初始数据录入完成后须查看数据是否平衡，单击工具栏上的"平衡"按钮，稍后系统会弹出"试算借贷平衡"窗口，如图 14-9 所示。若试算不平衡，则返回"科目初始余额录入"窗口检查数据，直到试算平衡为止。

图 14-8

图 14-9

> **注** 外币科目有初始数据时，试算平衡一定要选择"综合本位币"状态。

例14-1 录入表 14-1 中的初始数据，试算平衡后结束初始化，由于是年初启用，不用录入本年累计借方和累计贷方数据。

表 14-1 初 始 数 据

科 目 代 码	科 目 名 称	方　　向	期 初 余 额
1001	现金	借	5000
1001.01	人民币	借	5000
1002	银行存款	借	488030
1002.01	工行东桥支行 125	借	488030
1403	原材料	借	3970
1405	库存商品	借	3000
4001	实收资本	贷	500000
4001.01	肖志向	贷	255000
4001.02	王成明	贷	245000

（5）若需要通过总账系统下的现金流量功能查询现金流量表情况，并且当账套中为年中启用时，需要对启用前的现金流量的数据进行录入，系统才能计算全年的现金流量表。

选择"系统设置"→"初始化"→"总账"→"现金流量初始数据录入"，系统进入"现金流量初始余额录入"窗口，如图14-10所示。

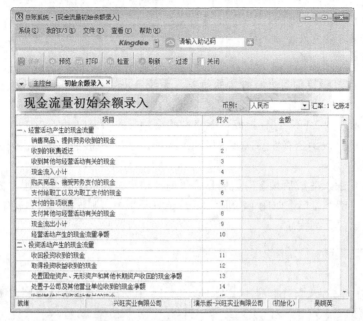

图 14-10

空白项目为可录数据项，绿色表示汇总得出，单击"币别"下拉按钮可以切换到不同的币别状态。录入完成后，单击"保存"按钮即可。

（6）当科目初始数据录入完成，并且试算平衡，同时现金流量初始数据录入完成，可以结束初始化，并启用账套。选择"系统设置"→"初始化"→"总账"→"结束初始化"功能即可。结束初始化后要返回修改初始数据，必须反初始化，方法是选择"系统设置"→"初始化"→"总账"→"反初始化"。

 注　因本账套需与应收款、应付款及固定资产管理系统联合使用，并在同期间启用，建议在这些系统初始化结束后，再结束总账系统的初始化。

14.3　凭　证　处　理

会计的基础工作是凭证处理，在金蝶 K/3 中通过录入和处理凭证（审核、修改凭证等），可以快速完成记账、算账、报账、结账、会计报表编制、证账表的查询和打印等任务。

凭证是会计核算系统中数据的主要来源，凭证的正确与否直接影响整个会计信息系统的真实性、可靠性，因此必须保证凭证录入的准确。凭证处理工作包含凭证录入、审核、过账、查询、修改、删除和打印等操作。凭证处理时会计科目可直接从科目表中获取并自动校验分录平衡关系，以保证录入数据的正确性。

下面以表 14-2 为例，详细介绍凭证处理过程。

表 14-2　　　　　　　　　　2020-01-10 收肖志向投资款

日　期	摘　要	会 计 科 目	借 方 金 额	贷 方 金 额
2020-01-10	实收投资款	1002.01—银行存款—工行东桥支行 125	500000	
	实收投资款	4001.01—实收资本—肖志向		500000

14.3.1 凭证录入

凭证录入的重点是录入不同属性科目对应的内容，如科目有外币属性时怎样录入汇率，科目设有核算项目时怎样录入核算项目，科目设有辅助数量金额核算时怎样录入单价和数量等。

为体现不同人员有不同的操作权限，这里以"吴晓英"的身份登录"兴旺实业有限公司"账套进行操作。

1. 一般凭证录入

一般凭证是指会计科目属性没有设置辅助核算和外币核算的凭证，是日常账务处理中最简单，也是最能体现会计电算化中凭证录入过程的凭证。根据表 14-2 中的数据进行一般凭证录入操作，具体操作步骤如下。

（1）在主界面窗口，选择"财务会计"→"总账"→"凭证处理"→"凭证录入"，系统弹出"记账凭证 - 新增"窗口，如图 14-11 所示。

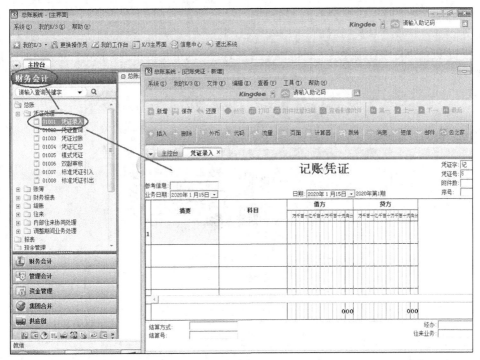

图 14-11

金蝶 K/3 系统的"记账凭证 - 新增"窗口为用户提供仿真录入界面，使用用户更容易掌握凭证的录入方法。"记账凭证 - 新增"窗口各项目含义如表 14-3 所示。

表 14-3　"记账凭证 - 新增"窗口项目

项　目	说　明
参考信息	凭证的辅助信息，可作为凭证查询的条件，可为空
业务日期	凭证录入日期，可修改
日期	凭证业务日期，单击下拉按钮可修改。日期只能是当前会计期间的日期或以后的日期，不能是以前的日期，如当前会计期间是 2006 年 2 月，则日期可以是 2006 年 2 月 1 日及以后的任意日期
凭证字	选择要使用的凭证字，如"记""收""付""转"等凭证字
凭证号	所选择凭证字下的第几号凭证，系统采用递增方式自动填充
附件数	凭证的附件数，如有几张单据、发票等
序号	凭证的顺序号，系统自动生成
摘要	录入摘要内容，按"F7"功能键可获取摘要
科目	录入会计科目，一定是最明细科目。如在本账套中，收到 10 元人民币，录入时不能选择"1001—现金"，而一定要选择"1001.01—人民币"
借方	录入借方金额
贷方	录入贷方金额
合计	自动累加生成
结算方式	科目中录入的是银行科目时激活此项，包含支票、商业汇票等方式。若勾选"总账参数"中的"银行存款科目必须输入结算方式和结算号"选项，则必须录入结算方式，反之可以不录
结算号	与结算方式对应的号码
经办	该笔业务的经办人，可为空
往来业务	录入的会计科目属性中设有"往来业务核算"时，录入业务编号，以供查询和往来账核销处理时使用

（2）可以单击日期直接修改，也可以单击日期右侧的下拉按钮进行选择，如图 14-12 所示。此时显示为当前日期，将其修改为"2020 年 1 月 10 日"。

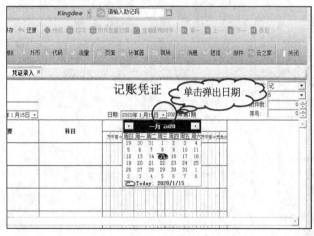

图 14-12

（3）凭证字采用默认的"记"字，凭证号自动生成，附件数录入"1"。

（4）摘要录入"实收投资款"。摘要录入有两种方法，一种是光标移到摘要栏直接输入"实收投资款"；另一种是建立摘要库，也就是为经常使用的摘要（销售产品、应收货款和报销费用）建立一个库，日后使用时可直接选取，以提高效率。

（5）按"Enter"键或单击"科目"录入框，按"F7"功能键获取会计科目，系统弹出"会计科目"窗口,如图 14-13 所示。

图 14-13

在"会计科目"窗口可以进行科目的新增、修改和删除等操作,若所选科目前有"+"图标,则表示非明细科目,单击"+"可以展开明细科目。选中"1002.01—银行存款—工行东桥支行 125",单击"确定"按钮,系统会将所选中的科目引入凭证的"科目"项目中,如图 14-14 所示。

(6)这时光标自动移动到左下角结算方式处,选择"支票"方式,录入"结算号"为"2020123",如图 14-15 所示。

图 14-14　　　　　　　　　　　　　　图 14-15

(7)单击"借方"金额栏,录入"500000",如图 14-16 所示。

(8)按"Enter"键,光标移动到第 2 条分录,摘要可按"F7"功能键获取"实收投资款",在"科目"处按"F7"功能键获取"4001.01—实收资本—肖志向",录入贷方金额"500000",第 2 条分录录入完成后的窗口如图 14-17 所示。

(9)单击"保存"按钮保存凭证。

注　录入凭证时的快捷键如下。

"F7"功能键:获取代码。　　　　"Ctrl+F7"组合键:自动借贷平衡。

"F4"功能键:新增凭证。　　　　"F12"功能键:保存当前凭证。

".."(不是两个句号,是两个小数点,注意输入法全半角的转换):复制上一分录的摘要。

"//":当前凭证有多条分录时,只复制第一条分录的摘要。

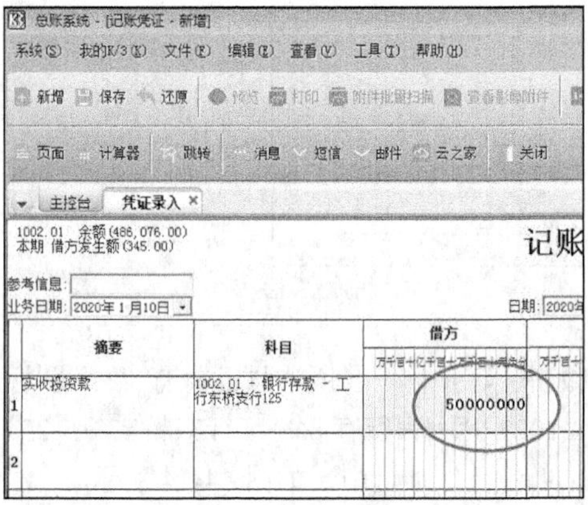

图 14-16 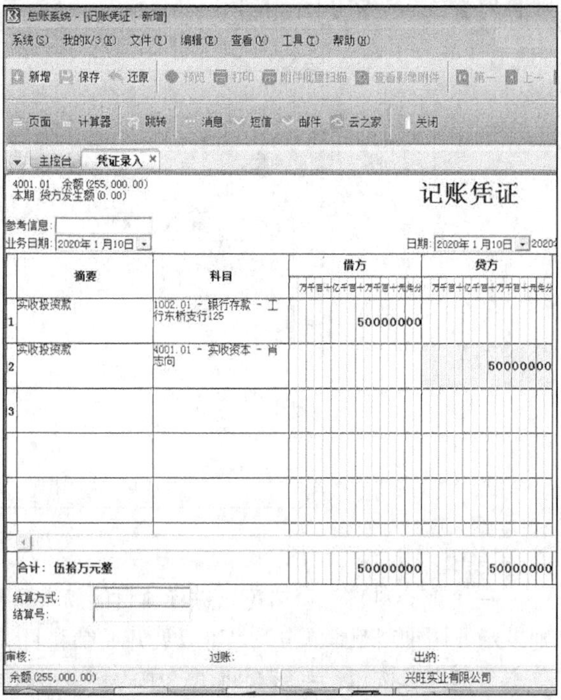   图 14-17

2. 录入外币凭证

外币凭证是指会计科目属性设置为外币核算功能的凭证，录入该类凭证时重点是选择币别和设置汇率。

进入"记账凭证 - 新增"窗口（若已在"记账凭证"窗口，则单击工具栏上的"新增"按钮，弹出一张空白凭证窗口），在"科目"处按"F7"功能键获取"1002.02—银行存款—中行东桥支行 128 港币"，这时注意"记账凭证"窗口格式的变化，如图 14-18 所示。

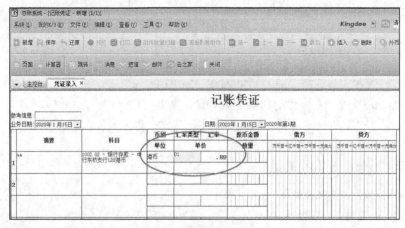

图 14-18

这是因为在初始设置中，已将"1002.02—银行存款—中行东桥支行 128 港币"会计科目的属性设置为外币核算中的"港币"，系统检测到科目属性有外币核算功能后自动转换录入格式。

> 注　若该科目是核算所有币别，则可以在港币位置处按"F7"功能键进行币别修改。

3．录入数量金额式凭证

数量金额式凭证是会计科目属性设有数量金额辅助核算功能的凭证，录入时一定要输入单价和数量。

进入"记账凭证 - 新增"窗口，科目处录入有数量金额辅助核算的科目，切换到数量金额格式凭证处理窗口，如图14-19所示。

因为该科目的属性设有数量金额辅助核算功能，系统检测后会自动切换到数量金额录入状态。录入"单价"为"20"，录入"数量"为"50"，这时系统自动将"单价×数量"的结果显示在借方金额栏，如图14-20所示。

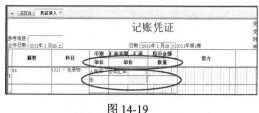

图14-19

图14-20

4．录入核算项目凭证

核算项目凭证是指会计科目属性设有辅助核算功能的凭证。录入时要正确选择"核算项目代码"。科目处获取设置有核算项目功能的科目，按"Enter"键，这时光标会移动到窗口下部核算项目处，当核算客户时显示"客户"字样，当核算供应商时显示"供应商"字样。按"F7"功能键，系统弹出相应核算项目管理窗口，双击所需要的记录，系统将所选中的项目引入凭证窗口，请注意记账凭证科目处的变化。

> 注
> （1）若科目属多个项目核算，在科目项下会同时显示出来。
> （2）设置有核算项目的科目为"受控科目"时，必须由受控系统生成后，在总账系统中查看。
> （3）本功能常用于部门核算和职员核算，如需要核算各位业务员所实现主营业务收入的，可以将"主营业务收入"科目的核算项目修改为"职员"，则在每次涉及收入科目时，系统会要求录入"职员"信息，这样可以有效地了解每一位业务员的业绩情况。

14.3.2　凭证查询

在凭证查询时，用户可以设置组合条件进行查询，如查询日期等于、大于或小于某个日期，查询客户在某个时间段的业务往来资料。查询时还可以将经常使用的查询条件以方案形式保存下来，以备下次查询使用。

（1）选择"财务会计"→"总账"→"凭证处理"→"凭证查询"，系统弹出"会计分录序时簿 过滤"窗口，如图14-21所示。

- 在"条件"选项卡中可以设置查询条件，如字段、内容、比较关系和比较值等。在此选项卡中可同时设置多个条件，并可查询不同审核和过账情况下的凭证。
- 在"排序"选项卡可以设置查询结果中凭证资料的排序方式，默认以时间先后次序排列。
- 在"方式"选项卡可以设置过滤方式——按凭证过滤还是按分录过滤，可采用默认值。

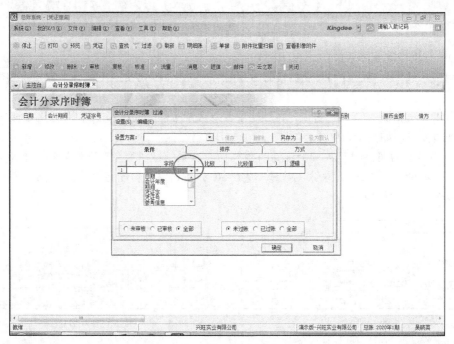

图 14-21

（2）在此先不设置条件，单击"确定"按钮，系统进入"会计分录序时簿"窗口，如图 14-22 所示。

在"会计分录序时簿"窗口中可以对凭证进行查看、修改、删除或审核等操作。

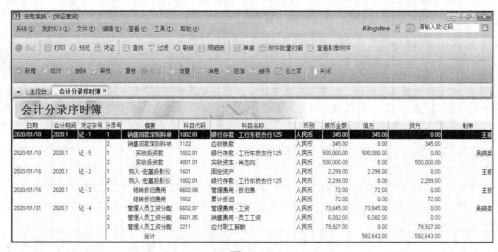

图 14-22

14.3.3 凭证审核

记账凭证是登记账簿的依据，它的准确性是正确核算的基础。因此凭证过账前最好经专人审核，检查凭证输入是否有错误。会计制度规定，凭证的审核人与制单人不能为同一操作员。

本账套中的凭证制单人为"吴晓英"和"王丽"，此处以另一人"陈静"身份登录账套进行审核。

凭证一旦进行审核，就不允许对其进行修改和删除，用户必须进行反审核操作后才能对凭证进行修改和删除。

金蝶 K/3 系统提供不经过审核就能过账的功能，设置方法是更改总账的系统参数。

在主界面窗口，选择"系统设置"→"系统设置"→"总账"→"系统参数"，系统弹出"系统参数"窗口，单击"总账"选项卡，再单击下方的"凭证"选项卡，如图 14-23 所示。勾选"凭证过账前必须审核"，表示凭证必须经过审核后才能过账；不勾选该选项，则不审核的凭证也能过账。

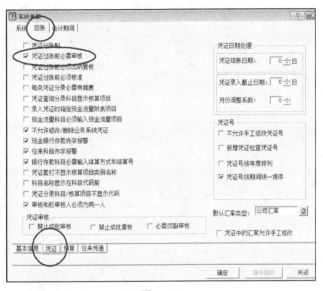

图 14-23

> 注　只有系统管理员才能修改参数，可以以"陈静"或"Administrator"身份登录，他们都是系统管理员身份。

凭证审核方式有单张审核、成批审核和双敲审核 3 种方式。在此重点讲述前两种方式。

1. 单张审核

单张审核方式是再次仔细检查所审核的每一张凭证是否正确，确认无误即可审核。下面以审核第 1 号凭证为例，介绍单张审核方式。

（1）以"陈静"身份登录本账套，查询凭证进入"会计分录序时簿"窗口，不设置条件，将所有凭证显示出来。

（2）在"会计分录序时簿"窗口，选中"记-1"号凭证，单击工具栏上的"审核"按钮，系统进入"记账凭证 - 审核"窗口，单击工具栏上的"审核"按钮，如果窗口左下角的"审核"项目显示审核人的名字，表示审核成功，如图 14-24 所示。

关闭"记账凭证 - 审核"窗口。在"会计分录序时簿"窗口查看凭证是否已经审核的方法是，按键盘上的"→"（向右移）方向键，若审核列有该用户名，就表示该凭证是该用户审核的，如图 14-25 所示。

反审核（取消审核）类似审核操作。选中要反审核的凭证，单击工具栏上的"审核"按钮，系统弹出"记账凭证 - 审核"窗口，再单击工具栏上的"审核"按钮，窗口左下角"审核"处无用户名显示就表示反审核成功。

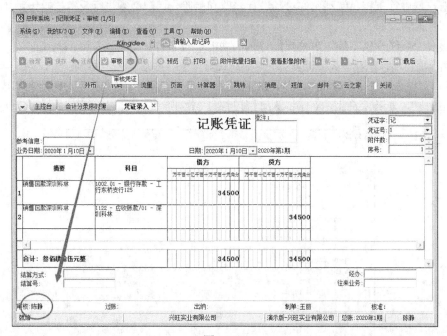

图 14-24

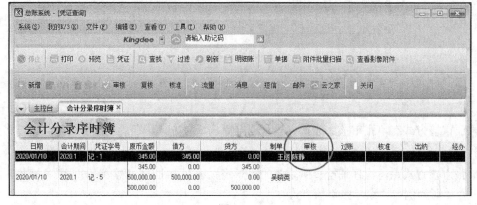

图 14-25

2. 成批审核

金蝶 K/3 系统为提高工作效率，为用户提供成批审核凭证的功能。此功能只对未过账凭证并且制单人不是当前操作员的凭证有效。

下面以成批审核本账套中所有凭证为例，介绍成批审核的操作方法。

（1）在"会计分录序时簿"窗口，选择"编辑"→"成批审核"，系统弹出"成批审核凭证"窗口，如图 14-26 所示。

窗口中有两个选项——审核未审核的凭证和对已审核的凭证取消审核，两个选项只能选择其一。

（2）在窗口中选中"审核未审核的凭证"选项，单击"确定"按钮，稍后系统弹出提示，单击"确定"按钮。成批审核成功并刷新后的"会计分录序时簿"窗口，如图 14-27 所示。

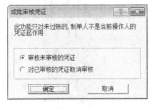

图 14-26

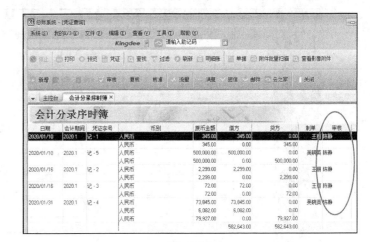

图 14-27

> **注**
> （1）已经提示审核成功的凭证，如果在"会计分录序时簿"窗口中的"审核"项目中未显示审核人的名字，单击工具栏上的"刷新"按钮即可。
> （2）成批反审核（取消审核）的方法是在"成批审核凭证"窗口，选中"对已审核的凭证取消审核"选项，单击"确定"按钮。

14.3.4 凭证修改/删除

要修改或删除的凭证只能是未过账和未审核的凭证。如果凭证已经过账或审核，删除和修改功能按钮处于灰色，不能使用，凭证一定要经过反过账、反审核后才能修改。

修改时，在"会计分录序时簿"窗口选中需要修改的凭证，单击工具栏上的"修改"按钮，系统弹出该张凭证的"记账凭证－修改"窗口，在窗口中直接修改即可，然后单击"保存"按钮。

删除时，在"会计分录序时簿"窗口选中需要删除的凭证，单击工具栏上的"删除"按钮，系统会提示是否进行删除操作，用户根据实际情况而定。

如果要对作废凭证重新启用，选择"编辑"→"恢复已删除凭证"，或者单击工具栏上的"恢复"按钮即可。

14.3.5 凭证打印

凭证正确处理后，可以将凭证打印出来，并装订成册妥善保管。凭证打印在会计电算化中是财务业务资料的另一种备份形式。

金蝶 K/3 系统为用户提供两种凭证打印方式，一种是普通打印，另一种是套打打印，在此重点讲述普通打印的使用方法。

普通打印就是不使用套打功能进行格式设定的打印，具体步骤如下。

（1）先预览格式情况。在"会计分录序时簿"窗口，选择"文件"→"打印凭证"→"打印预览"，系统弹出"打印预览—凭证"窗口，如图 14-28 所示。

通过预览发现有如下几个问题：

① 纸张方向不对或纸张过小，怎么办？
② 若涉及外币和数量金额式的凭证怎样打印？
③ 如果参考信息等项目不想打印怎么办？

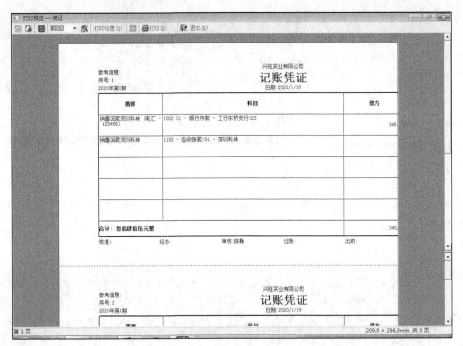

图 14-28

（2）设置打印纸张大小。假设使用 24 厘米×14 厘米的打印纸，设置步骤如下。
① 确认打印机是否具有自定义纸张功能。
② 找到"控制面板"下的"查看设备和打印机"选项，如图 14-29 所示。

图 14-29

③ 双击进入"设备和打印机"窗口，选中使用的打印机名称，再单击"打印服务器属性"按钮，如图 14-30 所示。

④ 系统弹出"打印服务器 属性"窗口，选中"创建新表单"选项，将"宽度"修改为"24cm"，将"高度"修改为"14cm"（此数值根据用户实际使用的打印纸张大小设定）。"表单名称"录入"凭证纸"，如图 14-31 所示。

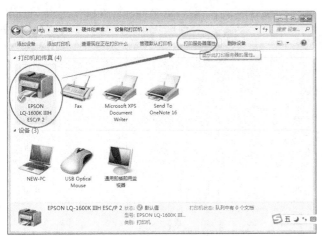
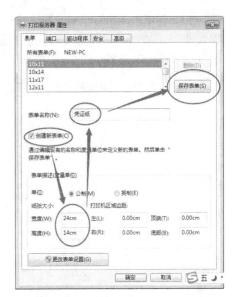

图 14-30　　　　　　　　　　　　　图 14-31

⑤ 单击"保存表单"按钮保存所设置的格式。单击"关闭"按钮退出窗口。

（3）切换到金蝶 K/3 的"打印预览—凭证"窗口，单击窗口上部的"打印设置"按钮，系统弹出"打印设置"窗口，在窗口中可以选定打印机的名称、纸张大小和方向等，纸张大小选择先前设置的"凭证纸"，如图 14-32 所示。

（4）单击"确定"按钮返回"打印预览—凭证"窗口，这时请注意打印格式的变换，如图 14-33 所示。

如果在预览窗口发现纸张高度太小，那么可以更改纸张大小（通常不采用，因纸张大小是固定数据）或调整分录的高度，在此采用第二种方法。

图 14-32

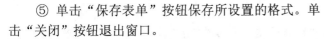

图 14-33

（5）单击"退出"按钮返回"会计分录序时簿"窗口，选择"文件"→"打印凭证"→"页面设置"，系统弹出"凭证页面设置"窗口，切换到"尺寸"选项卡，如图14-34所示。注意窗口底部的"单位"选择。

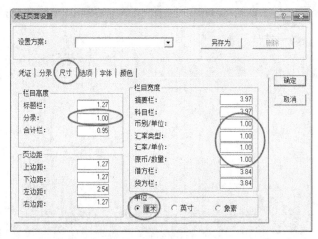

图 14-34

（6）选择"单位"为"厘米"，修改"栏目高度"下的"分录"为"1"，修改"栏目宽度"下的"币别/单位""汇率类型""汇率/单价"和"原币/数量"为"1"，单击"确定"按钮，返回"会计分录序时簿"窗口，再选择"文件"→"打印凭证"→"打印预览"，系统弹出"打印预览—凭证"窗口，发现预览格式中的分录行高已经有所变化，如图14-35所示。

图 14-35

（7）设置凭证为"外币/数量"时的打印格式。在"凭证页面设置"窗口中切换到"选项"选项卡，如图14-36所示。

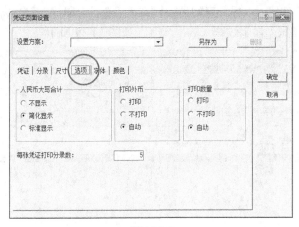

图 14-36

在选项卡中有人民币大写合计、打印外币、打印数量和每张凭证打印分录数 4 组选项，对于打印外币和打印数量，建议选中"自动"，这样系统在打印凭证时，检测到外币或数量时，会将外币和数量打印出来，如果没有选中"自动"则不打印外币或数量。"每张凭证打印分录数"是指打印时一张凭证上打印几条分录。

（8）打印格式调整后符合要求，即可选择"文件"→"打印凭证"→"打印"进行凭证的打印输出。

 注　（1）若使用的是演示版，则在打印时会显示"演示版"字样。
　　（2）在设置凭证页面时，请多次切换到"打印预览"窗口，查看设置所起的效果。

14.3.6　凭证过账

凭证过账是指系统根据已录入的凭证的会计科目将其登记到相关的明细账簿。只有本期的凭证过账后才能期末结账。过账操作步骤如下。

（1）在主界面窗口，选择"财务会计"→"总账"→"凭证处理"→"凭证过账"，系统弹出"凭证过账"窗口，如图 14-37 所示。

（2）在窗口中用户根据需要设置相应选项，在此采用默认值。单击"开始过账"按钮，稍后系统弹出过账情况信息，如图 14-38 所示。

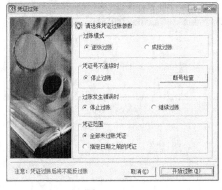

图 14-37

图 14-38

（3）单击"关闭"按钮，以凭证查询的方式进入"会计分录序时簿"窗口查看是否过账完成，过账成功的凭证会在过账列显示过账人的用户名，如图14-39所示。

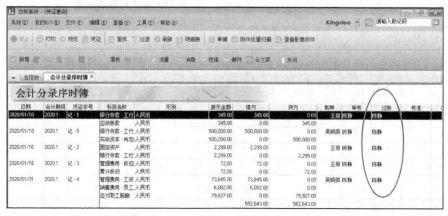

图 14-39

> **注**　理论上已经过账的凭证不允许修改，只能采取补充凭证或红字冲销凭证的方式进行更正。因此，在过账前应该仔细审核记账凭证的内容，系统只能检验记账凭证中的数据关系是否错误，而无法检查其业务逻辑关系。
> 在金蝶 K/3 WISE（V14.0）中已经没有反过账功能，需要自行安装相关插件才能使用反过账功能。

14.3.7 凭证汇总

凭证汇总是指将满足条件的凭证汇总生成报表。

在主界面窗口，选择"财务会计"→"总账"→"凭证处理"→"凭证汇总"，系统弹出"过滤条件"窗口，在窗口中设置汇总凭证的日期范围、科目级别和币别等，如图14-40所示。

选中"包含所有凭证字号"选项，单击"确定"按钮，系统进入"凭证汇总表"窗口，如图14-41所示。

图 14-40

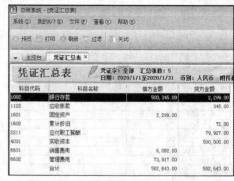
图 14-41

14.4 账　　簿

金蝶 K/3 为用户提供详细的账簿查询功能，账簿有总分类账、明细分类账、数量金额总账、数量金额明细账、多栏账、核算项目分类总账和核算项目明细账等。在此以查询总分类账为例，介绍账簿的查询方法，其他账簿的查询方法可以参照总分类账查询相关内容。

"总分类账"用于查询科目总账数据，查询科目的本期借方发生额、本期贷方发生额和期末余额等项目数据，其操作步骤如下。

（1）在主界面窗口，选择"财务会计"→"总账"→"账簿"→"总分类账"，系统弹出"过滤条件"窗口，如图 14-42 所示。

- 会计期间：设置要查询的会计期间范围。
- 科目级别：设置要查询什么级别的数据。
- 科目代码：设置查询的科目范围，按"F7"功能键获取会计科目。
- 无发生额不显示：选中该选项，不显示在期间范围内没有发生业务的科目。
- 包括未过账凭证：选中该选项，科目的汇总数据含有未过账凭证；未选中该选项，汇总数据只有已过账凭证。
- 余额为零且无发生额不显示：选中该选项，不显示科目余额为零且在期间范围内没有发生业务的科目。
- 显示核算项目明细：选中该选项，科目下有核算项目的显示核算项目明细数据，未选中该选项，不显示。
- 显示核算项目所有级次：选中上一选项，再选中该选项，当核算项目有分级时，核算项目显示到最明细；未选中该选项，只显示核算项目的第一级数据。
- 显示禁用科目：选中该选项，若禁用科目下有数据，也显示出来，未选中该选项，不显示。

（2）过滤条件保持默认值，单击"确定"按钮，系统弹出"总分类账"窗口，如图 14-43 所示。

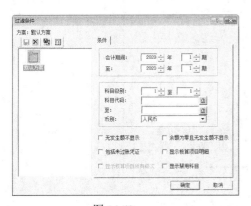

图 14-42

图 14-43

单击"过滤"按钮可以重新设置查询条件。选中有本期发生的科目的记录，单击"明细账"按钮，可以查询到该科目发生的明细账情况，如图14-44所示。

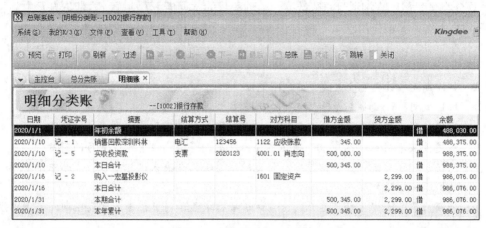

图 14-44

14.5 财务报表

金蝶K/3系统为用户提供详细的财务报表查询功能，报表有科目余额表、试算平衡表、日报表、核算项目余额表、核算项目明细表、核算项目汇总表、核算项目组合表、科目利息计算表和调汇历史信息表等。在此以查询科目余额表为例，介绍报表的查询方法，其他报表的查询方法可以参照科目余额表。

通过科目余额表可查询账套中所有会计科目的余额情况，可设置查询期间范围和查询级次等。

（1）在主界面窗口，选择"财务会计"→"总账"→"财务报表"→"科目余额表"，系统弹出"过滤条件"窗口，如图14-45所示。

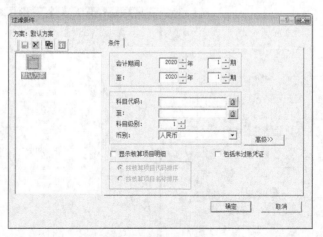

图 14-45

在窗口中可以设置查询条件，单击"高级"按钮可以进行更复杂的条件设置。

（2）"科目级别"设为"2"，单击"确定"按钮，系统进入"科目余额表"窗口，如图14-46所示。

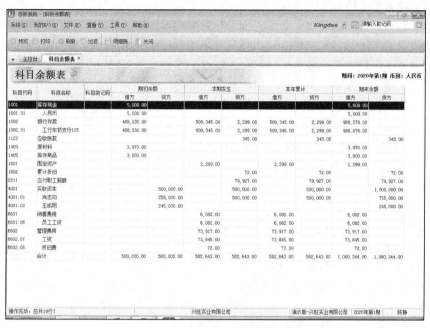

图14-46

 注　工具栏上的"明细账"按钮非常有用，通过该按钮可以查看该科目的明细账，通过明细账窗口可以查看总账或凭证。

14.6　往　　来

往来管理提供核销管理、往来对账单和账龄分析表等功能。应用这些功能的前提是科目的属性必须设置为"往来业务核算"。在"会计科目 - 修改"窗口中，修改"1122—应收账款"和"2202—应付账款"的科目属性，选中"往来业务核算"选项，同时科目受控系统选择不受控。已设置"往来业务核算"的科目在录入凭证时，系统会提示录入往来业务编号，如图14-47所示。

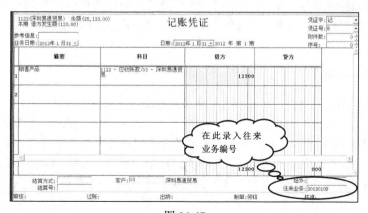

图14-47

14.6.1 核销管理

核销管理功能的使用有几大前提。

（1）会计科目属性应包含"往来业务核算"选项。

（2）涉及往来业务核算科目的凭证，往来业务编号一定要录入（或按"F7"功能键获取），因为核销的原理是根据同一业务编号、不同方向进行核销。

（3）一定要选中总账参数中的"启用往来业务核销"选项。

因本书账套初始没有设置往来业务核算，所以涉及应收、应付的凭证暂没有录入业务编号。因而，在此只讲原理不讲操作，如例14-2所示。

例14-2 10月1日销售A公司产品，凭证如下。

借：应收账款——A公司—123（业务编号）　　　　RMB5000
　　贷：主营业收入　　　　　　　　　　　　　　RMB5000

10月2日销售A公司产品，凭证如下。

借：应收账款——A公司—131（业务编号）　　　　RMB680
　　贷：主营业收入　　　　　　　　　　　　　　RMB680

10月3日销售A公司产品，凭证如下。

借：应收账款——A公司—133（业务编号）　　　　RMB1000
　　贷：主营业收入　　　　　　　　　　　　　　RMB1000

假设10月5日收到A公司货款5500元，凭证如下。

借：银行存款　　　　　　　　　　　　　　　　　RMB5500
　　贷：应收账款——A公司—123　　　　　　　　RMB5000
　　　　应收账款——A公司—131　　　　　　　　RMB500

通过该张收款凭证可以知道，所收款项为123号单据的5000元和131号单据的500元，并且131号还欠180元。

核销管理功能就是对上述凭证的同一会计科目、同一核算项目或同一业务编号，但是不同方向的金额进行核销处理，以便了解每张单据的款项已付、未付和欠款等情况。

核销管理是为了详细知道每个业务编号的核销情况。若公司管理要求只需知道客户的本期借方发生额、本期贷方发生额，则两项相减即可知道客户的期末余额（欠款数），而不用业务编号核销管理。

该功能适合总账系统单独使用，适用于用户要求知道详细的往来业务的情况。如果使用应收款管理、应付款管理系统，在这两个系统中能详细了解客户往来情况，那么在总账系统中就不必进行重复管理。

14.6.2 往来对账单

往来对账单可用于查询会计科目设有"往来业务核算"属性的科目借方额、贷方额和余额。

在主界面窗口，选择"财务会计"→"总账"→"往来"→"往来对账单"，系统弹出"过滤条件"窗口，如图14-48所示。按"F7"功能键在"会计科目"处获取有设置"往来业务核算"的科目，单击"确定"按钮，系统会进入"往来对账单"窗口，如图14-49所示。

若要查看其他客户的对账单，单击工具栏上的"上一""下一"按钮进行查询。

图 14-48　　　　　　　　　　　　　　　图 14-49

14.6.3　账龄分析表

账龄分析表可用于对设有往来核算科目的往来款项余额的时间分布进行分析。

（1）在主界面窗口，选择"财务会计"→"总账"→"往来"→"账龄分析表"，系统弹出"过滤条件"窗口，如图 14-50 所示。

- 会计科目：选择要查询的会计科目。为空时，系统会自动将设有往来业务核算的科目显示出来。
- 项目类别：必选项。
- 账龄分组：录入天数后，标题会自动更改，可增加或删除行。

（2）项目类别选择"客户"，单击"确定"按钮，系统进入"账龄分析表"窗口，如图 14-51 所示。

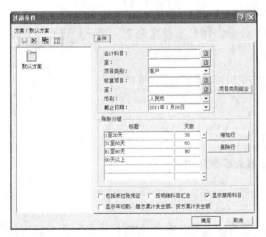

图 14-50　　　　　　　　　　　　　　　图 14-51

14.7 结　账

本期日常凭证业务处理完成后，可以进行期末处理，即期末调汇、自动转账、结转损益和期末结账操作。

> **注**
> （1）若用户单独使用总账系统，可以开始期末处理。若与固定资产、应收款和应付款等系统连接使用，则建议业务系统先结账后再进行期末处理工作。
> （2）建议先生成资产负债表、损益表后，再进行期末结账。

14.7.1　期末调汇

期末调汇是在期末自动计算有外币核算和设有"期末调汇"的会计科目的汇兑损益，生成汇兑损益转账凭证及期末汇率调整表。

（1）选择"财务会计"→"总账"→"结账"→"期末调汇"，系统弹出"期末调汇"窗口，如图14-52所示。

（2）假设港币调整汇率为"0.892"。建立调整汇率，单击窗口上部"汇率类型"旁的""（获取）按钮，系统进入"汇率类型"窗口，单击工具栏上的"汇率体系"按钮，如图14-53所示。

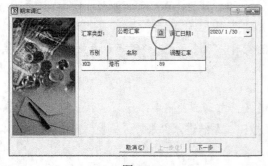

图 14-52

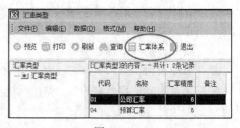

图 14-53

（3）系统进入"汇率体系"窗口，选择左侧的"公司汇率"项目，则右侧显示"港币"的汇率情况，如图14-54所示。

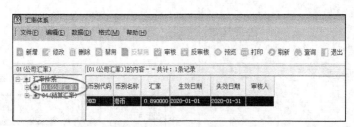

图 14-54

（4）选中右侧的汇率记录，单击"修改"按钮，系统弹出"汇率 - 修改"窗口，失效日期修改为"2020-01-30"，并保存，保存成功后如图14-55所示。

此处将日期修改为"2020-01-30"是为建立"2020-01-31"的调整汇率挪出空间。

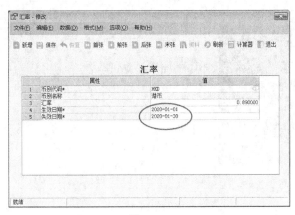

图 14-55

（5）单击"新增"按钮，系统弹出"汇率 - 新增"窗口，"币别代码"选择"HKD"，"汇率"录入"0.892"，"生效日期"设置为"2020-01-31"，"失效日期"设置为"2020-02-28"，如图 14-56 所示。

（6）单击"保存"按钮保存当前设置，单击"退出"按钮退出"汇率 - 新增"窗口，返回"汇率体系"窗口，再单击"退出"按钮返回"汇率类型"窗口，再单击"退出"按钮返回"期末调汇"窗口。

（7）为了获取新的汇率数据，单击"取消"按钮退出"期末调汇"窗口。再次双击"期末调汇"，系统进入"期末调汇"窗口，请注意此时的"调整汇率"已变更为"0.892"，如图 14-57 所示。

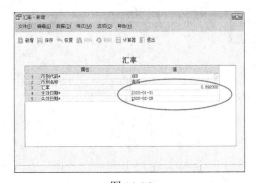

图 14-56

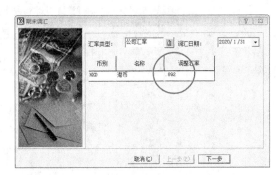

图 14-57

> **注** 期末调汇时，一定要注意窗口右上角的"调汇日期"，因为该日期会影响到调整汇率取值的准确性。

（8）单击"下一步"按钮，进入设置窗口，在"汇兑损益科目"处按"F7"功能键获取"6603.03"（调汇）科目，选择正确的凭证字，录入正确的凭证摘要，科目获取成功，勾选"汇兑损益"选项，如图 14-58 所示。

（9）单击"完成"按钮，稍后系统弹出提示："已经生成一张调汇转账凭证，凭证字号为：记一××"。

（10）查看生成的凭证。选择"财务会计"→"总账"→"凭证处理"→"凭证查询"，在"会计分录序时簿"窗口中可以查询到生成的凭证。

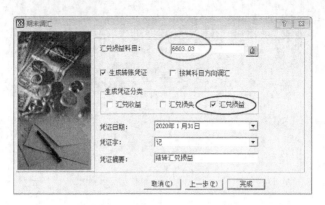

图 14-58

14.7.2 自动转账

期末转账凭证用于将相关科目下的余额转入另一相关科目下。例如，将制造费转入生产成本科目，可以直接录入，即查看相关科目下的余额，用凭证录入功能将余额转出；也可以使用自动转账功能，定义好转账公式，在期末只要选中要转账的项目，生成凭证即可，这样既简单又能提高效率。

下面以定义制造费用转生产成本的自动转账凭证为例，介绍自动转账的使用方法。

（1）在主界面窗口，选择"财务会计"→"总账"→"结账"→"自动转账"，系统弹出"自动转账凭证"窗口，如图 14-59 所示。

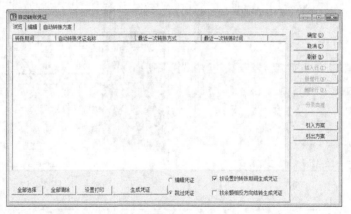

图 14-59

在"浏览"选项卡中可以查看已设置好的自动转账凭证。在"编辑"选项卡中可对自动转账凭证进行新增和编辑等操作。

（2）在"编辑"选项卡，单击"新增"按钮，录入名称"制造费用转生产成本"，选择机制凭证"自动转账"，单击转账期间右边的"编辑"按钮，系统弹出"转账期间"设置窗口，单击"全选"按钮，单击"确定"按钮，返回"自动转账凭证"窗口。

（3）在第一条分录中录入"凭证摘要"为"制造费用转生产成本"，"科目"获取"5001.03——制造费用转入"，选择"方向"为"自动判定"，选择"转账方式"为"转入"。

（4）在第二条分录中录入摘要"制造费用转生产成本"，"科目"获取"5101.01——伙食费"，选择"方向"为"自动判定",选择"转账方式"为"按公式转出",选择"公式方法"为"公式取数",公式定义完成,单击"下设"按钮,系统弹出"公式定义"窗口,如图14-60所示。

单击窗口右侧的"公式向导"按钮,系统弹出"报表函数"窗口,如图14-61所示。

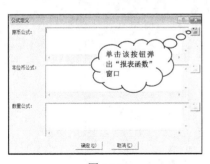
图 14-60

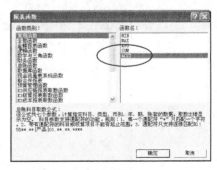
图 14-61

选中"常用函数"下的"ACCT"函数,单击"确定"按钮,系统进入"函数表达式"设置窗口,"科目"获取"5101.01",取数类型获取"Y",如图14-62所示。单击"确认"按钮,返回"公式定义"窗口,单击"确定"按钮,返回"自动转账凭证"窗口。

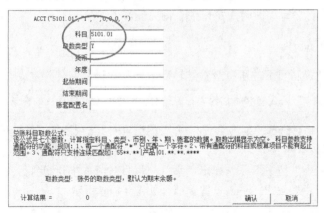
图 14-62

(5)按步骤(4)录入剩余的科目,结果如图14-63所示。

图 14-63

（6）单击"保存"按钮，并切换到"浏览"选项卡，选中刚才所建立的转账凭证，如图 14-64 所示。

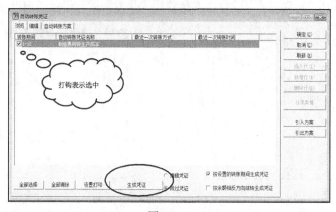

图 14-64

（7）单击"生成凭证"按钮，稍后系统弹出提示窗口。
（8）查看生成的凭证。选择"财务会计"→"总账"→"凭证处理"→"凭证查询"，设定过滤条件后进入"会计分录序时簿"窗口中查询凭证。

14.7.3 结转损益

结转损益将损益类科目下的所有余额结转到本年利润科目下，并生成一张结转损益的凭证。

> 注　在结转损益前，一定要将本期的凭证都过账，包括自动转账生成的凭证。

（1）在主界面窗口，选择"财务会计"→"总账"→"结账"→"结转损益"，系统弹出"结转损益"窗口，如图 14-65 所示。
（2）单击"下一步"按钮，系统弹出"损益类科目对应本年利润科目"窗口。
（3）单击"下一步"按钮，进入设置窗口，如图 14-66 所示。

图 14-65

图 14-66

（4）根据实际情况设置后，单击"完成"按钮。稍后系统弹出已经生成的一张某字某号的凭证。

14.7.4 期末结账

本期会计业务全部处理完毕后，可以进行期末结账处理，本期期末结账后，系统才能进入下一期间进行业务处理。

> 注　期末结账的前提是本期所有凭证已过账完毕。

（1）在主界面窗口，选择"财务会计"→"总账"→"结账"→"期末结账"，系统弹出"期末结账"窗口，如图 14-67 所示。选中"结账"选项，勾选"结账时检查凭证断号"，则凭证中有断号时会弹出提示，提示用户是否结账。

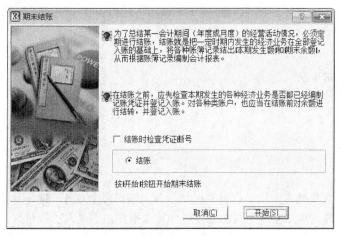

图 14-67

（2）项目设置完成后，单击"开始"按钮即可结账。

> 注　因总账系统与固定资产管理、应收款管理和应付款管理等系统联接使用，所以一定要在固定资产管理、应收款管理和应付款管理等系统结账后才能进行总账系统的结账。

14.8　课后习题

（1）审核凭证时对审核人有什么要求？
（2）在会计分录序时簿中选中要修改、删除的凭证，但是修改、删除功能是灰色的，怎样处理后，这两个功能才能使用？
（3）凭证打印方式有几种？
（4）本期有外币业务，查看试算平衡表时不平衡，原因可能是什么？
（5）要应用"往来"下的功能，前提是什么？
（6）期末转账凭证有几种生成方式？
（7）总账系统的期末结账的前提是什么？

第 15 章　现金管理系统

> **本章重点**
> - 现金日记账管理
> - 存款日记账管理
> - 银行对账单管理
> - 票据管理

15.1　系统概述

现金管理系统主要处理企业中的日常出纳业务，包括现金业务、银行业务、票据管理及其相关报表和系统维护等内容。会计人员在该系统中可以根据出纳录入的收付款信息生成凭证并将其传递到总账系统。现金管理系统既可同总账系统连用，也可单独使用。

1. 使用现金管理系统需要设置的内容

- 公共资料：包括科目、币别、供应商、客户、部门和职员等。公共资料是本系统所涉及的最基础资料，必须设置，否则在进行单据处理时会受到相应的限制。
- 系统设置资料：系统设置是针对该系统的参数进行详细化设置。

2. 现金管理系统可执行的查询与生成的报表

包括现金日报表、现金收付流水账、银行对账日报表、银行存款日报表、资金头寸表和到期预警表等。

3. 应用流程（见图 15-1）

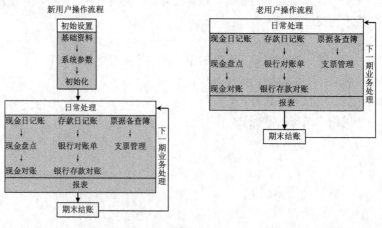

图 15-1

新用户使用时需从系统初始化开始；老用户使用时因已经完成系统初始设置，所以直接进行日常业务处理即可。

4. 现金管理系统与其他系统的数据流程图

现金管理系统与其他系统的数据传输如图 15-2 所示。

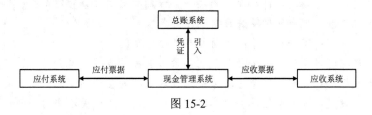

图 15-2

- 总账系统：现金管理系统从总账系统引入现金和存款日记账数据，根据录入的收付款数据生成凭证并传送到总账系统。
- 应收系统：应收票据（指商业承兑汇票和银行承兑汇票）与应收款管理系统中的应收票据完全共享。此参数通过"应收款系统"参数进行设置。
- 应付系统：应付票据（指商业承兑汇票和银行承兑汇票）与应付款管理系统中的应付票据完全共享。此参数通过"应付款系统"参数进行设置。

15.2 初始设置

初始设置包括基础资料、系统参数和初始数据录入，公共资料设置方法请参照第 3 章，本节重点讲解系统参数设置和初始数据录入。

15.2.1 现金管理参数

现金管理参数针对的是现金管理系统模块。

依次单击"系统设置"→"系统设置"→"现金管理"→"系统参数"，系统弹出"系统参数"设置窗口，如图 15-3 所示。

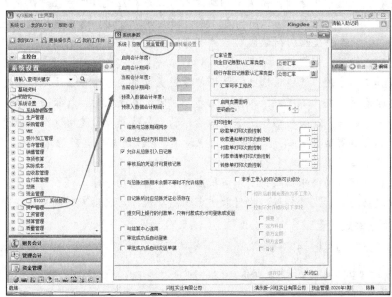

图 15-3

1. 现金管理
- 启用会计年度：启用现金管理系统的会计年度。
- 启用会计期间：指定会计年度中的某一会计期间启用现金管理系统。
- 当前会计年度：现金管理系统目前的会计年度。
- 当前会计期间：现金管理系统目前所在的会计期间。
- 预录入数据会计年度：现金管理系统预录入数据的会计年度。
- 预录入数据会计期间：现金管理系统预录入数据的会计期间。
- 现金汇率设置：有公司汇率和预算汇率两个选择，并设置汇率的小数位。
- 银行汇率设置：有公司汇率和预算汇率两个选择，并设置汇率的小数位。
- 启用支票密码：当支票核销时要求录入密码。
- 结账与总账期间同步：总账必须在现金管理系统结账后方可结账。
- 自动生成对方科目日记账：选中该选项，在现金日记账中新增，对方科目有现金、银行存款科目时，自动生成该现金、银行存款科目的日记账；同样，在银行存款日记账中新增，对方科目有现金或银行存款科目时，也自动生成现金或银行存款科目的日记账。
- 允许从总账引入日记账：选中该选项，则表示可以从总账引入现金日记账和银行存款日记账。未选中该选项，则双击"总账数据—引入日记账"，提示"没有选择'允许从总账引入日记账'参数，禁止从总账引入日记账"，表示不可操作，同时现金日记账和银行存款日记账的引入按钮和文件菜单中从总账引入日记账都为灰色。
- 审核后的凭证才可复核记账：选中该选项，总账凭证经审核后才可复核记账；否则不能复核记账。
- 与总账对账期末余额不等时不允许结账：选中该选项，现金管理系统在结账时，系统判断银行日记账与现金日记账所有科目以及科目的所有币别与总账的对应科目和币别的余额是否相等，只有相等的情况下才允许结账。
- 日记账所对应总账凭证必须存在：选中该选项，录入日记账所对应凭证字号在总账中必须存在；未选中该选项，系统不判断录入日记账对应凭证字号在总账是否存在。
- 提交网上银行的付款单，只有付款成功才可登账或发送：选中该选项，提交网上银行的付款单，只有提交银行付款成功后才可登账或发送；否则系统不判断银行处理状态就可以登账或发送。
- 与结算中心连用：选中该选项，数据传输设置表页的各个参数才可以进行设置，否则数据传输表页为灰，不可以录入任何信息。同时主界面上的"收款通知单录入"和"收款通知单序时簿"这两个功能是不可以使用的。与结算中心连用这个参数设置主要是用于将票据发送到结算中心，以及将付款申请、收款通知单提交结算中心，获取结算信息；从结算中心下载收款单和付款单。
- 审批成功后自动登账：收付款单审批成功后才可自动登账。
- 审批成功后自动发送单据：收付款单审批成功后才可自动发送到应收应付系统。

2. 现金管理参数设置

在此勾选"结账与总账期间同步"。

> **注** 财务工作的主要任务就是凭证处理，若应收款管理、应付款管理、固定资产管理等系统单独使用，则只能在总账系统中自行录入应收、应付等的业务凭证，这样数据不能共享，而且费时费力，所以建议各系统都与总账系统相连。

15.2.2 现金管理初始数据录入

现金管理初始数据涉及单位的现金科目和银行存款科目的引入，期初余额、累计发生额的录入，银行未达账、企业未达账初始数据的录入及余额调节表的平衡检查、综合币的定义等内容。

1．科目维护

现金管理系统没有自己的科目，必须从总账系统中引入现金和银行存款科目。

（1）从总账中引入科目。

① 选择"系统设置"→"初始化"→"现金管理"→"初始数据录入"，系统进入"初始数据录入"窗口，如图 15-4 所示。

② 选择"编辑"→"从总账引入科目"，系统弹出"从总账引入科目"设置窗口，如图 15-5 所示。

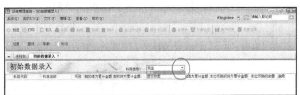

图 15-4　　　　　　　　　　　　　　图 15-5

③ 采用默认值，单击"确定"按钮。稍后系统会将引入的数据显示出来，如图 15-6 所示。

图 15-6

注

（1）设置核算所有币别的科目，会自动分币别引入多个账户。

（2）从总账引入的科目，其科目属性必须有"现金科目"或"银行存款科目"，否则科目不能引入；引入时只引入总账中的明细科目。

（3）切换现金、银行存款科目的方法是单击"科目类别"右侧的下拉按钮，属于银行存款科目的要填好"银行账号"。

（4）引入科目时系统会自动将数据引入，不用再从总账中引入余额。

④ 银行存款科目"银行账号"的填写。首先选择"科目类别"为"银行存款",在显示的记录中的"银行账号"处双击,系统弹出"核算项目 - 银行账号"窗口,如图 15-7 所示。

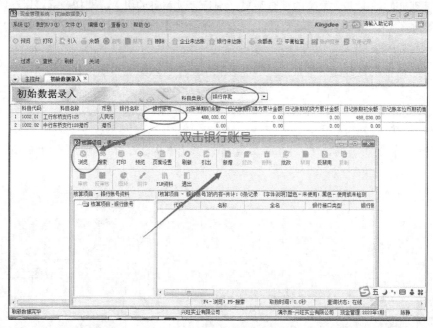

图 15-7

⑤ 单击"新增"按钮,系统弹出"银行账号 - 新增"窗口,维护好银行账号信息,如图 15-8 所示。

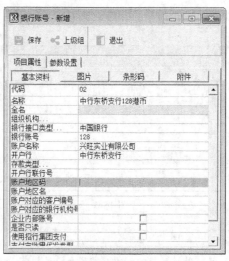

图 15-8

⑥ 新增完成,单击"保存"按钮保存银行账号信息,关闭窗口返回"核算项目 - 银行账号"窗口,单击"刷新"按钮后会显示保存成功的内容,选中正确的银行账号,双击引用到正确的银行存款科目,如图 15-9 所示。

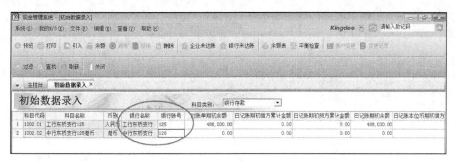

图 15-9

（2）新增综合币科目。

综合币科目是多个科目的合并，是用来对多个科目和银行账户进行银行对账的手段。可以将多币别或多银行科目合并成本位币日记账，进行综合币科目的银行对账，产生综合币余额调节表。是否使用综合币科目可由用户根据自己的业务决定。

- 选择"编辑"→"新增综合币科目"，系统弹出"综合币科目"设置窗口，如图 15-10 所示。
- 录入科目代码、科目名称，在"选择"栏目中单击，勾选要合并的科目代码项。

图 15-10

> 注　新增综合币科目要求选择两个以上的科目代码项进行操作。结束新增科目初始化时必须引入余额。

（3）维护综合币科目。

新增"综合币科目"后，可选择"编辑"→"维护综合币科目"，修改综合币科目代码和科目名称。如果想修改综合币包括的科目代码，则需要先删除综合币科目，然后重新增加综合币科目。

（4）启用、禁用、删除。

结束初始化后，系统会自动将所有引入的科目默认为启用状态。如果暂时不需要使用，可以对其进行禁用。也可启用已被禁用的科目，将光标放置于已被禁用的科目上，单击工具栏上的"启用"按钮即可。

不需要且没使用过的科目可以删除。将光标放置于想要删除的科目上，单击工具栏上的"删除"按钮即可。

2．未达账

未达账设置包括企业未达账和银行未达账设置。

（1）企业未达账。

在"初始数据录入"窗口，单击工具栏上"企业未达账"按钮，系统进入"企业未达账"窗口，如图 15-11 所示。

- 选中未达账的科目，如"1002.01 工行东桥支行 125"，单击工具栏上的"新增"按钮，系统弹出"企业未达账 - 新增"窗口，如图 15-12 所示。必填项有科目、币别、日期、结算方式和金额。

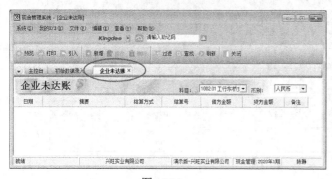

图 15-11　　　　　　　　　　　图 15-12

(2) 银行未达账。
- 在"初始数据录入"窗口，单击工具栏上的"银行未达账"按钮，系统切换到"银行未达账"窗口，如图 15-13 所示。

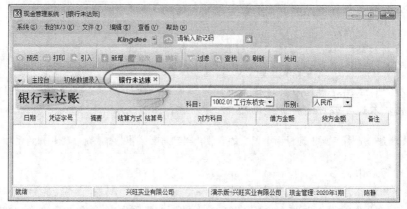

图 15-13

- 单击工具栏上的"新增"按钮，系统弹出"银行未达账 - 新增"窗口，如图 15-14 所示。必填项有科目、币别、日期和金额。

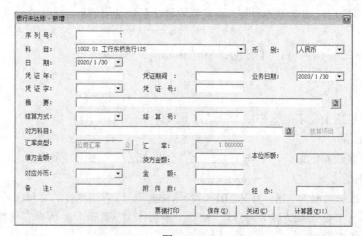

图 15-14

3．余额调节表

存在未达账时，企业单位银行存款日记账的余额和银行对账单的余额往往是不相等的，可以通过单击"初始数据录入"窗口的工具栏上的"余额表"按钮进行查看。

具体调整方法如下：

银行存款日记账的余额＋银行已收、企业未收的金额－银行已付、企业未付的金额＝调整后（企业账面）余额；

银行对账单的余额＋企业已收、企业未收的金额－企业已付、银行未付的金额＝调整后（银行对账单）余额。

调整后两者的余额相等，表明企业、银行存款账相符。

4．平衡检查

平衡检查是指检查所有的银行存款科目的余额调节表是否都平衡，系统会给予相应提示。

5．结束初始化

科目维护完成，所有的银行存款科目的余额调节表都平衡后，选择"编辑"→"结束初始化"，系统弹出"启用会计期间"窗口，选择正确的期间后单击"确定"按钮，系统提示"结束初始化后不能修改数据，是否继续"，这里单击"是"按钮，系统稍后弹出"初始化完毕"提示。

结束初始化后，若发现初始数据错误，在启用当期可选择"编辑"→"反初始化"，回到初始化状态，修改初始数据。待数据修改完成后，再结束初始化。

> 注　初始化账套的启用时间和引入的总账科目及其余额的时间应一致。

15.3　日　常　处　理

日常处理包括初始设置完成后，日常的现金日记账和存款日记账等工作。

15.3.1　总账数据

总账数据主要是从总账系统引入的现金日记账和存款日记账数据，引入数据后可与总账系统的数据进行对比，若现金管理系统单独使用则不能使用该功能。

1．复核记账

复核记账是将总账系统中有关现金和银行存款科目的凭证引入现金管理系统，省去手工录入日记账的烦琐。

（1）以"张春"身份登录，选择"财务会计"→"现金管理"→"总账数据"→"复核记账"，系统弹出"复核记账"窗口，如图15-15所示。

图 15-15

在窗口中可以设置复核的期间、科目范围和币别范围。

> 注　科目范围是初始化时"从总账引入科目"生成的。随着公司业务发展，可能会随时新增现金科目和银行存款科目，若这些新增科目需要现金管理，可在现金管理系统的"初始数据录入"窗口，通过"从总账引入科目"引入新增的科目。

（2）选择科目范围后，单击"确定"按钮，系统进入"复核记账"窗口，如图15-16所示。

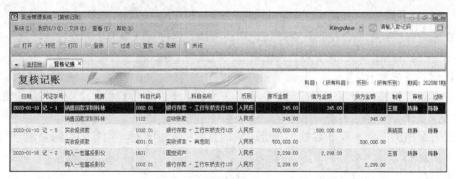

图 15-16

(3) 登账设置。选择"文件"→"登账设置",系统弹出"登账设置"窗口,如图 15-17 所示。

- 按现金科目、银行存款科目登账：选择按现金科目或银行存款科目登账,系统会根据凭证中的现金、银行存款科目的第一个对应科目登记日记账。凭证是一对一分录形式时,按两种登账方式引入的记账是相同的；凭证是一对多、多对一分录形式时,登录现金和银行对应的摘要、金额、对方第一科目等内容；凭证是多对多分录形式时,不论登录形式如何,登录现金、银行对应的摘要、金额,对方科目为对方的第一科目。

图 15-17

- 按对方科目登账：选择按对方科目登账,系统会根据凭证中现金、银行存款科目的所有对应科目登记日记账。凭证是一对一分录形式时,按两种登账方式引入的记账是相同的；凭证是一对多、多对一分录形式时,登录对方科目对应的摘要、金额或是现金、银行对应的摘要、金额,对方科目是对方第一科目；凭证是多对多分录形式时,不论是登录形式如何,登录现金、银行对应的摘要和金额,对方科目为对方的第一科目。
- 登账日期：确定登账日期方式有两种。使用凭证日期作为登账日期时,系统首先取凭证的业务日期,若业务日期为空,取凭证记账日期；若凭证日期和业务日期在相同月份,则取业务日期；若凭证日期和业务日期不在相同月份,则登账日期为凭证日期(月份加日"01")。使用系统日期作为登账日期时,日记账取计算机当前日期。

登账设置保持不变。选中要复核的凭证,单击工具栏上的"登账"按钮,稍后系统隐藏该条记录,表示登账成功。

2. 引入日记账

引入日记账是从总账系统中引入现金日记账和银行存款日记账。

(1) 在主界面窗口,选择"财务会计"→"现金管理"→"总账数据"→"引入日记账",系统弹出"引入日记账"窗口,如图 15-18 所示。选中"现金日记账"和"银行存款日记账"选项卡中要引入的科目,并设置引入方式、日期和期间模式等条件。

(2) 选择"引入本期所有凭证",单击"引入"按钮,稍后系统弹出提示"引入现金日记账完毕",应注意科目名称后的"状态"栏。

(3)单击"银行存款日记账"选项卡,采用默认设置,单击"引入"按钮,稍后系统弹出引入成功提示。

3. 与总账对账

与总账对账是指将现金管理系统中的现金、银行存款日记账与总账系统中的日记账进行核对,以保证现金管理系统的日记账和总账登账的一致性。

(1)在主界面窗口,选择"财务会计"→"现金管理"→"总账数据"→"与总账对账",系统弹出"与总账对账"过滤窗口,如图15-19所示。

图 15-18   图 15-19

(2)保持默认值,单击"确定"按钮,系统进入"与总账对账"窗口,如图15-20所示。

图 15-20

当窗口中有数据时,窗口左侧显示已登记的日记账数据,右侧显示总账系统的日记账数据。若要修改、删除日记账,选中后单击工具栏上的相应按钮即可。日记账修改后,单击工具栏上的"对账报告"按钮,可以重新查看对账情况。

15.3.2 现金

现金系统主要处理现金日记账的新增、修改、盘点和对账等操作。

1. 现金日记账

现金日记账处理现金日记账的新增、修改、删除和打印等操作，具体操作步骤如下。

（1）在主界面窗口，选择"财务会计"→"现金管理"→"现金"→"现金日记账"，系统弹出"现金日记账"过滤窗口，如图 15-21 所示。在窗口中选择要过滤的期间和在报表中要显示的项目。

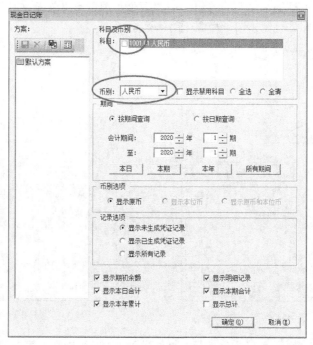

图 15-21

（2）选中"1001.01—人民币"科目，其他保持默认设置，单击"确定"按钮，系统弹出"现金日记账"管理窗口，如图 15-22 所示。若账套中有多个现金日记账科目，单击工具栏上的"第一""上一""下一"和"最末"按钮可进行不同科目数据的查看。

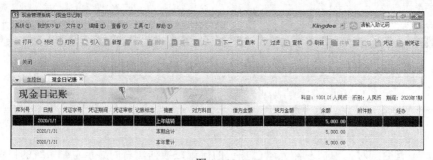

图 15-22

（3）现金日记账新增方式有 3 种。第 1 种是"总账数据"下的"复核记账"；第 2 种是单击工具栏上的"引入"按钮，从总账系统引入现金日记账，该方式与"总账数据"下的"引入日记账"相同；第 3 种是单击工具栏上的"新增"按钮，系统进入"现金日记账录入"窗口，如图 15-23 所示。

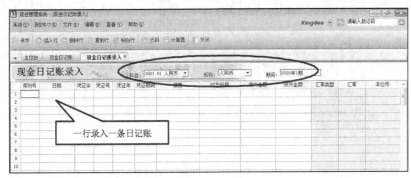

图 15-23

在窗口中选择科目、币别和期间后，双击表格中的日期栏修改日期，录入现金日记账的凭证字、凭证号和对方科目等内容。录入完成后单击工具栏上的"保存"按钮保存录入数据。单击"关闭"按钮，退出录入窗口，返回"现金日记账"管理窗口。

（1）若单独使用现金管理系统，不用录入凭证字、凭证号及对方科目。
（2）以上录入窗口称作多行录入窗口。系统同时提供单张记录录入窗口，前提是在"现金日记账"管理窗口，去掉"编辑"→"多行输入"功能的勾选。单击工具栏上的"新增"按钮，系统弹出单张式"现金日记账 - 新增"窗口，如图15-24所示。

图 15-24

若要修改某条现金日记账的内容，则在"现金日记账"管理窗口选中记录后单击工具栏上的"修改"按钮，系统弹出"现金日记账 - 修改"窗口，修改完成后，单击"保存"按钮保存修改内容。

若要删除某条日记账，则在"现金日记账"管理窗口选中记录后，单击工具栏上的"删除"按钮。若要重新设置窗口项目，单击"打开"按钮，系统弹出"现金日记账"过滤窗口，在窗口中重新设置所要显示的项目。

2．现金盘点单

现金盘点单显示出纳人员在每天业务完成以后对现金进行盘点的结果，下面以录入人民币的盘点单为例，介绍其具体操作步骤。

（1）在主界面窗口，选择"财务会计"→"现金管理"→"现金"→"现金盘点单"，系统进入"现金盘点单"管理窗口，如图 15-25 所示。

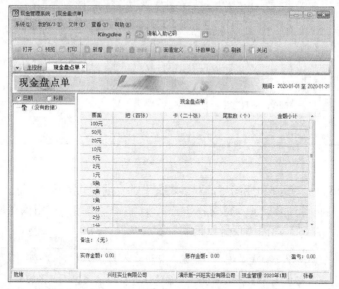

图 15-25

（2）单击工具栏上的"新增"按钮，系统弹出"现金盘点单－新增"窗口，选择现金科目，修改日期，在窗口中相应位置录入数据。在录入数据时，一定要注意把握尾款数的含义。

（3）单击"保存"按钮保存录入数据，并返回"现金盘点单"管理窗口，系统将刚才新增的盘点记录显示在窗口上。

若要修改、删除某日的盘点单，选中窗口左侧的日期或科目中的记录后单击相应按钮即可。

3．现金对账

现金对账是指现金管理系统自动将出纳账与总账日记账的当期现金发生额和现金余额进行核对，并生成对账表。

（1）在主界面窗口，选择"财务会计"→"现金管理"→"现金"→"现金对账"，系统弹出"现金对账"过滤窗口，如图 15-26 所示。在窗口上可以选择要对账的科目和期间范围。

（2）保持默认值，单击"确定"按钮进入"现金对账"管理窗口，如图 15-27 所示。单击工具栏上的"第一""上一""下一"和"最末"按钮，可以进行不同科目的查询。

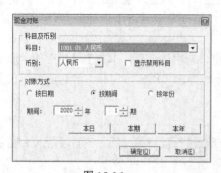

图 15-26

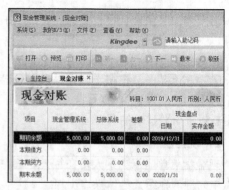

图 15-27

4. 现金收付流水账

现金收付流水账是根据现金收付时间顺序登记的流水账。在现金收付流水账中，系统可以根据收付款信息直接生成凭证，并将其传递到总账系统。

- 在主界面窗口，选择"财务会计"→"现金管理"→"现金"→"现金收付流水账"，系统弹出提示窗口，单击"确定"按钮，系统进入"初始数据录入"窗口，在各项目下录入相应的金额，如图15-28所示。

> 注　因是第一次使用该功能，所以要初始化。

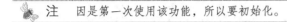

图 15-28

- 初始数据录入完成，选择"编辑"→"结束初始化"，系统弹出"启用会计期间"窗口，单击"确定"按钮，系统弹出提示，单击"确定"按钮结束初始化，稍后系统弹出结束成功的提示。
- 单击"关闭"按钮退出初始化窗口，在主界面窗口双击"现金收付流水账"，系统弹出"现金收付流水账"过滤窗口。币别选择"人民币"，单击"确定"按钮，系统进入"现金收付流水账"管理窗口，如图15-29所示。

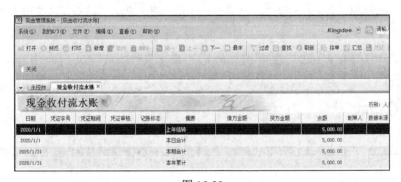

图 15-29

- 单击工具栏上的"新增"按钮，系统进入"现金收付流水账录入"窗口，如图15-30所示。
- 现金收付流水账的录入方法与现金日记账的直接新增类似，录入日期、凭证字、凭证号、摘要和金额等内容，录入完成后单击"保存"按钮保存录入资料。

> 注　录入的现金收付流水账若带有凭证字和凭证号，系统会自动检测该记录是否与总账系统中的记录相匹配，若不匹配则不能保存。若录入的流水账经检测有凭证字和凭证号，也可以保存，在返回的"现金流水账"窗口，选中该条目，单击工具栏上的"按单""汇总"按钮，则可以生成凭证并传递到总账系统。

图 15-30

若要修改流水账记录,在"现金收付流水账"管理窗口选中记录,单击相应按钮即可。查看、删除该记录的凭证时,单击工具栏上的相应按钮即可。

> 注 生成凭证时,操作员一定要有操作总账的凭证权限才行。

5. 现金日报表

现金日报表用于查询某日的现金借贷情况。

在主界面窗口,选择"财务会计"→"现金管理"→"现金"→"现金日报表",系统弹出"现金日报表"过滤窗口,选择要查询日报表的日期,单击"确定"按钮,系统进入"现金日报表"管理窗口,如图 15-31 所示。

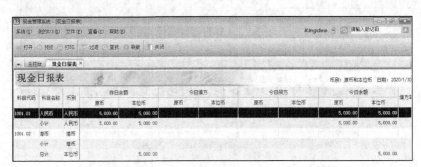

图 15-31

15.3.3 银行存款

银行存款主要处理银行存款日记账的新增、修改等操作,并与银行对账单进行对账。

1. 银行存款日记账

银行存款日记账处理银行存款科目日记账的新增、修改、删除和打印等操作。录入方法请参照现金日记账的录入方法。

修改、删除银行存款日记账的方法是，选中要进行修改或删除的记录，单击工具栏上的相应按钮。

勾对项目下显示"未勾对"，是指该条日记账暂未与银行对账单进行对账。

2．银行对账单

银行对账单是银行出具给企业的有关该企业银行账号在一定时间内的收支情况表，可与企业的银行存款日记账进行核对。银行对账单既可以是打印文本，也可以是数据文件。

现金管理系统提供两种录入银行对账单的方式，一种是根据银行对账单的打印文本手工录入，另一种是从银行取得对账单数据文件，直接引入对账单。这里介绍第一种方式。

选择"财务会计"→"现金管理"→"银行存款"→"银行对账单"，系统弹出"银行对账单"过滤窗口，设定过滤条件后，单击"确定"按钮，系统进入"银行对账单"管理窗口，如图15-32所示。

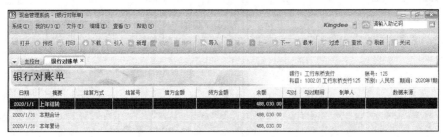

图 15-32

单击工具栏上的"新增"按钮，系统进入"银行对账单录入"窗口，选择正确的科目、币别和期间，录入银行对账单。

3．银行存款对账

银行存款对账是指银行对账单与银行存款日记账进行核对。

（1）在主界面窗口，选择"财务会计"→"现金管理"→"银行存款"→"银行存款对账"，系统弹出"银行存款对账"过滤窗口，在窗口中可以设置要对账的科目、期间范围和是否包含已勾对记录等选项。

（2）保持默认设置，单击"确定"按钮，系统进入"银行存款对账"管理窗口，如图15-33所示。窗口上部是"银行对账单"，窗口下部是"银行存款日记账"。

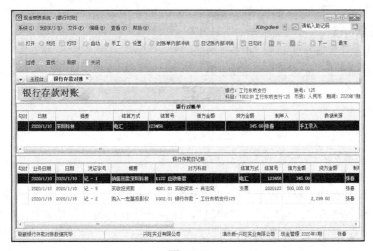

图 15-33

(3) 对账设置。

- 单击工具栏上的"设置"按钮，系统弹出"银行存款对账设置"窗口，单击"表格设置"选项卡，在"表格设置"选项卡中设置对账单和日记账的显示位置，如图15-34所示。
- 切换到"自动对账设置"选项卡，如图15-35所示。在选项卡中设置自动对账条件：选中表示日期相同的选项，表示对账时对账单中的日期与银行存款日记账的日期必须相同，否则不能自动对账；选中"结算方式及结算号都为空不允许对账"，则在对账时，若系统没有录入结算方式和结算号就不能对账。

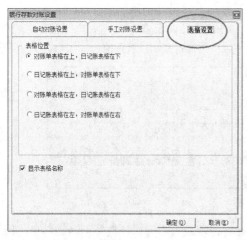

图 15-34

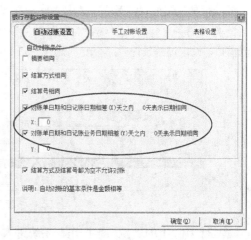

图 15-35

- 单击"手工对账设置"选项卡，结果如图15-36所示。手工对账一般用于处理不能自动对账的记录，手工对账设置可以设置记录的查找条件，以方便手工对账。
- 对账设置完成，单击"确定"按钮，返回"银行存款对账"管理窗口。

(4) 单击工具栏上的"自动"对账按钮，系统弹出"银行存款对账设置"窗口，对账条件保持不变，单击"确定"按钮，稍后弹出信息提示窗口，单击"确定"按钮，系统返回"银行存款对账"管理窗口，系统同时将已经对上账的记录隐藏起来。

若要取消对账，在"已勾对记录列表"中选中记录后，单击"取消"对账按钮即可。单击"对账"按钮返回"银行存款对账"管理窗口，单击"第一""上一""下一"和"最末"按钮进行科目切换。

4. 余额调节表

余额调节表是系统自动编制的，用于在对账完毕后检查对账结果是否正确或查询对账结果的银行存款报表。

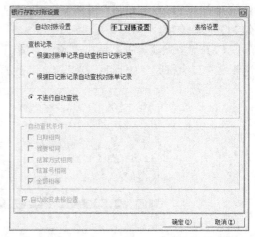

图 15-36

在主界面窗口，选择"财务会计"→"现金管理"→"银行存款"→"余额调节表"，系统弹出"余额调节表"过滤窗口，可以选择"科目"，保持默认查询条件，单击"确定"按钮，系统进入"余额调节表"管理窗口，如图15-37所示。单击"第一""上一""下一"和"最末"按钮，切换不同科目。

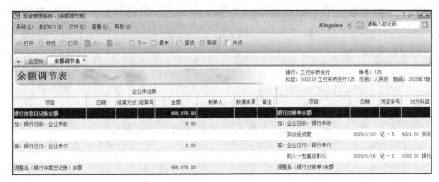

图 15-37

5. 长期未达账

长期未达账可协助操作员查询长期未达账项，以辅助财会人员分析查找造成长期未达的原因，避免资金丢失。

在主界面窗口，选择"财务会计"→"现金管理"→"银行存款"→"长期未达账"，系统弹出"长期未达账"过滤窗口，在窗口中可选择要查询的科目、会计期间和报表类型等内容。单击"确定"按钮进入"长期未达账"管理窗口。

长期未达账分为企业未达账和银行未达账，凡是上月末存在的未达账全部形成本月的长期未达账。企业未达账是根据未勾对的银行对账单自动生成的，银行未达账是根据未勾对的银行存款日记账自动生成的。

6. 银行存款报表

银行对账日报表、银行存款日报表和银行存款与总账对账的查询请参照前面章节的报表查询方法。

15.3.4 票据

票据主要用于管理企业往来账中使用的支票、本票和汇票等各种票据，以及汇兑、托收承付、委托收款、贷记凭证和利息单等结算凭证，它还可以根据出纳录入的票据信息生成凭证。

1. 票据备查簿

票据备查簿功能用于对本账套中除空头支票以外的所有票据的信息进行登记和管理。

在主界面窗口，选择"财务会计"→"现金管理"→"票据"→"票据备查簿"，系统弹出"票据备查簿"过滤窗口，可以设置要查询的日期和各种核销情况，设置完成后单击"确定"按钮，系统进入"票据备查簿"管理窗口，如图15-38所示。

图 15-38

窗口左侧显示当前账套中所建立的票据类型，右侧显示所选类型下的详细票据信息。

在"票据备查簿"管理窗口，单击工具栏上的"新增"按钮，系统弹出"收款票据－新增"窗口，如图 15-39 所示。

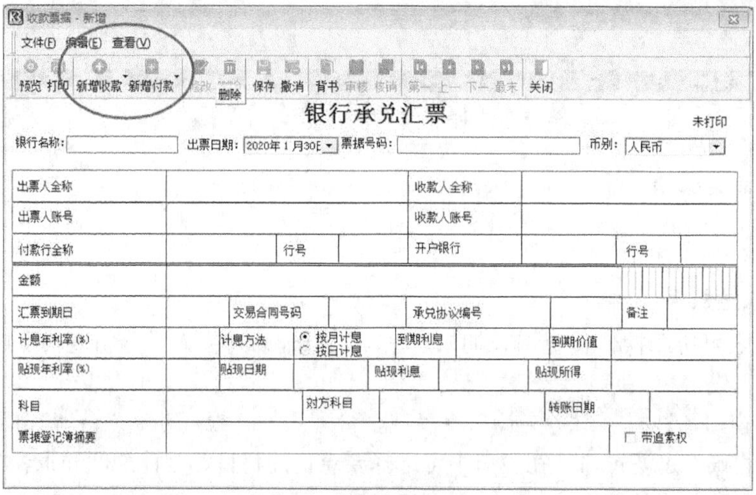

图 15-39

单击"新增收款"或"新增付款"按钮，系统弹出"票据类型"选择菜单，单击相应类型票据，系统切换到该票据类型新增窗口。

系统提供以下票据，如表 15-1 所示。

表 15-1　　　　　　　　　　　　系统提供的票据类型

大　类	票　据　类　型	备　注
收款票据	现金支票，转账支票，普通支票，不定额本票，定额本票，银行汇票，商业承兑汇票，银行承兑汇票，电汇凭证，信汇凭证，托收承付结算凭证，委托银行收款结算凭证，贷记凭证，利息单	
付款票据	现金支票，转账支票，普通支票，不定额本票，定额本票，银行汇票，商业承兑汇票，银行承兑汇票，电汇凭证，信汇凭证，托收承付结算凭证，委托银行收款结算凭证，贷记凭证	现金支票、转账支票和普通支票只能在支票管理系统中处理

当票据录入完成后，要更换操作员再次进入"票据备查簿"管理窗口，选中要审核的票据，单击工具栏上的"审核"按钮，这时窗口下"审核"处将显示审核人的名字，表示审核成功，若要取消审核，则选择"编辑"→"反审核"即可。

贴现、背书、删除。在"票据备查簿"管理窗口，选中要贴现、背书的票据，单击工具栏上的"修改"按钮，系统弹出"修改"窗口，在贴现年利率和贴现日期处录入相应内容，系统会自动算出贴现所得。在"修改"窗口，单击工具栏上的"背书"按钮，系统会切换到"背书"信息录入窗口。背书信息录入完成，单击"保存"按钮保存录入资料，单击"背书"按钮系统切换到票据查看窗口。

若要删除新增的票据，在"票据备查簿"管理窗口选中相应票据后，单击工具栏上的"删除"按钮即可。只有未审核过的票据才能删除。

核销。在"票据备查簿"管理窗口，选中要核销的票据，单击工具栏上的"查看"按钮，系统弹出"查看"窗口，单击工具栏上的"核销"按钮，这时窗口下部的"核销"处会显示核销人的名字，表示核销成功。若要取消核销工作，选择"编辑"→"反核销"即可。

凭证管理。若票据要生成凭证，在"票据备查簿"管理窗口，选中要生成凭证的票据，单击工具栏上的"按单"按钮，系统根据选中票据的金额弹出"记账凭证"窗口，修改记账凭证，单击"保存"按钮完成凭证的生成工作。

在"票据备查簿"管理窗口选中多张要生成凭证的票据，单击工具栏上的"汇总"按钮，系统将按汇总方式生成凭证。

单击"凭证""删除"按钮，可以查看或删除选中票据所生成的凭证。单击"指定"按钮，系统可以指定其他业务系统生成的凭证（如在应收款、应付款管理系统和固定资产管理系统已经生成的凭证）。

注

（1）凭证管理工作只有具有凭证操作权限的用户才能使用。

（2）当票据备查簿管理的是商业承兑汇票和银行承兑汇票时，现金管理系统与应收款、应付款管理系统中的应收、应付票据完全共享。用户可在现金管理或应收款、应付款管理系统录入外来票据，这些票据会同时在另外两个系统出现。它们是启用后才同步的，票据最好在一个系统录入（如现金管理系统），这更利于企业的管理和控制。初始化的信息必须在两个系统中分别建立。

2．支票管理

支票管理功能对企业的现金支票、转账支票和普通支票进行管理，下面以表 15-2 和表 15-3 中数据为例介绍支票管理方法。

表 15-2　　　　　　　　　　　购 置 支 票

银行名称	币别	支票类型	支票规则	起始号码	结束号码	购置日期
工行东桥支行 125	人民币	转账支票	XW****	0001	0010	2020-01-08

表 15-3　　　　　　　　　　　领 用 支 票

银行名称	支票号码	领用日期	领用部门	领用人	对方单位	使用限额	领用用途	预计报销日期
工行东桥支行 125	XW0001	2020-01-18	采购部	郑采购	深圳南丰实业	1000	付货款	2020-01-20

（1）购置支票。

① 以"张春"身份登录本账套。在主界面窗口，选择"财务会计"→"现金管理"→"票据"→"支票管理"，系统进入"支票管理"窗口，如图 15-40 所示。

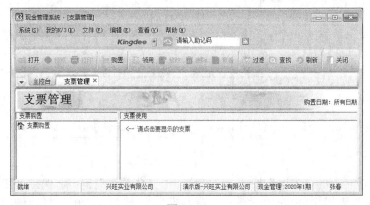

图 15-40

② 单击工具栏上的"购置"按钮，系统弹出"支票购置"窗口，如图15-41所示。

③ 单击工具栏上的"新增"按钮，系统弹出"新增支票购置"窗口，选中账号"工行东桥支行125"，选择"支票类型"为"现金支票"，录入"支票规则"为"XW****"、"起始号码"为"0001"、"结束号码"为"0010"，修改"购置日期"为"2020/1/8"，如图15-42所示。

图15-41　　　　　　　　　　　　　　　　图15-42

④ 输入完成，单击"确定"按钮，系统保存当前录入资料并返回"支票购置"窗口，系统将新增的信息显示在窗口上，如图15-43所示。

若要修改、删除购置记录，单击相应按钮即可。

（2）支票领用。

① 在"支票管理"窗口，选中要领用的"支票购置"记录，如图15-44所示。

图15-43

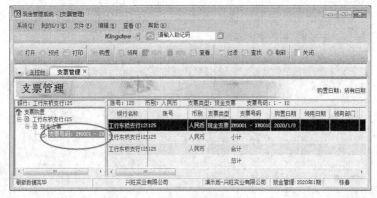

图15-44

② 单击工具栏上的"领用"按钮，系统弹出"支票领用"窗口，保持"支票号码"不变，录入"领用日期"为"2020/1/18"、"预计报销日期"为"2020/1/20"、"使用限额"为"1000"，

获取"领用部门"为"采购部"、"领用人"为"郑采购"、"领用用途"为"付货款"、"对方单位"为"深圳南丰实业",如图 15-45 所示。

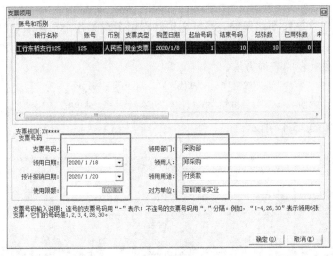

图 15-45

③ 单击"确定"按钮保存当前领用记录,系统弹出提示,单击"确定"按钮返回"支票管理"窗口,同时在窗口中显示领用的记录。

若要修改、删除领用记录,选中该记录后单击相应功能按钮即可。

(3)支票作废、审核与核销。

在"支票管理"窗口,选中要作废、审核、核销的支票记录,如选中"XW0001",单击工具栏上的"查看"按钮,系统弹出"支票 - 查看"窗口,如图 15-46 所示。

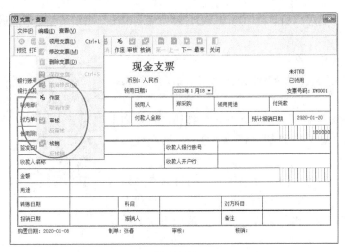

图 15-46

在"支票 - 查看"窗口中单击"作废""审核"和"核销"按钮即可完成相应功能,若要取消相应操作,则单击"编辑"菜单下相应的取消功能。

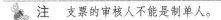 支票的审核人不能是制单人。

15.4 报　　表

报表包含资金头寸表和到期预警表。资金头寸表用于查阅各个日期或期间的资金（现金和银行存款）余额，到期预警表主要是提供应收商业汇票及应付商业汇票的到期预警功能。以查询资金头寸表为例，介绍报表的查询方法。

选择"财务会计"→"现金管理"→"报表"→"资金头寸表"，系统弹出"资金头寸表"过滤窗口，在窗口上可以选择会计期间范围并设置条件，单击"确定"按钮，系统进入"资金头寸表"管理窗口，如图15-47所示。

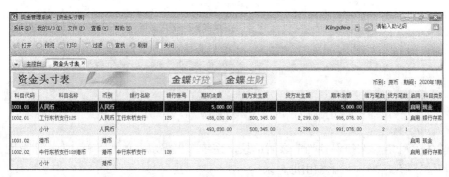

图 15-47

15.5 期　末　结　账

期末结账的目的是总结当前会计期间资金的经营活动情况。系统结账后才能进入下一会计期间进行日常业务的处理。

（1）在主界面窗口，选择"财务会计"→"现金管理"→"期末处理"→"期末结账"，系统弹出"期末结账"窗口，如图15-48所示。

（2）选中"结账"选项，单击"开始"按钮，系统弹出提示对话框，单击"确定"按钮，稍后"期末结账"窗口显示结账成功。

"结转未达账"是将本期（包括以前期间转为本期）未勾对的银行存款日记账和未勾对的银行对账单结转到下一期。必须勾选"结转未达账"选项，否则将造成下期余额调节表不能平衡。

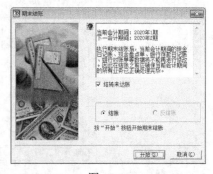

图 15-48

系统同时提供反结账功能，操作方法与结账类似，在系统弹出的"期末结账"窗口中选中"反结账"即可，只有系统管理员才能反过账。

> 注　进行反结账时，上期结转的银行存款日记账、银行对账单，以及与这些记录进行勾对的银行存款日记账、银行对账单的勾对标志将被取消。结账返回上期后需要重新进行勾对。

15.6 凭证管理

凭证管理是指对现金管理系统生成的凭证进行管理，包括查看、修改、删除和审核等功能，操作方法与总账中的凭证处理类似。本账套中现金管理系统没有生成凭证，在此不讲解该功能。

> 注　操作凭证管理功能时，操作员一定要有操作记账凭证的权限。

15.7 课后习题

（1）现金日记账的新增方式有哪几种？
（2）现金日记账有哪几种录入格式？
（3）现金日记账在什么功能下处理生成凭证？
（4）银行对账单的录入方式有哪几种？
（5）银行存款对账有哪几种方式？
（6）付款票据下的现金支票、转账支票和普通支票在什么功能中处理？

第16章 报　　表

本章重点
- 资产负债表
- 利润表
- 自定义报表
- 公式向导
- 报表打印

16.1 概　　述

金蝶 K/3 的报表系统主要处理资产负债表、利润表等常用的财务报表，并可以根据管理需要自定义报表。报表系统还可以与合并报表系统连用，制作各种上报报表。

报表系统与总账系统连用时，可以通过 ACCT、ACCTCASH 及 ACCTGROUP 等取数函数从总账系统的科目中取数；与工资管理系统连用时，可以通过函数 FOG_PA 从工资管理系统中取数；与固定资产管理系统连用时，可以通过函数 FOG_PA 从固定资产管理系统中取数；与工业供需链连用时，可以通过函数从工业供需链中取数。

报表的界面显示为一个表格，操作与 Excel 类似。

报表系统没有初始设置和期末结账，主要用于报表生成、修改格式和修改公式，然后打印输出。

报表系统与其他系统的关系如图 16-1 所示。

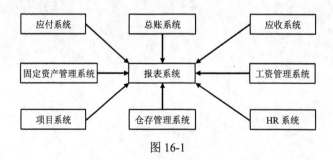

图 16-1

16.2 报 表 处 理

报表系统为用户预设部分行业的报表模板，如资产负债表、利润表和利润分配表等。用户可以利用公式向导更改取数公式，也可以通过页面设置更改输出格式。查看报表时，一定要在所引入会计科目类型下查询报表，如本练习账套引入的是新会计准则科目，所以报表要在新会计准则下查看。下面以处理资产负债表为例，介绍报表的处理方法。

16.2.1 查看报表

（1）在主界面窗口，选择"财务会计"→"报表"→"（行业）新企业会计准则"→"新会计准则资产负债表"，系统进入"新会计准则资产负债表"窗口，如图 16-2 所示。

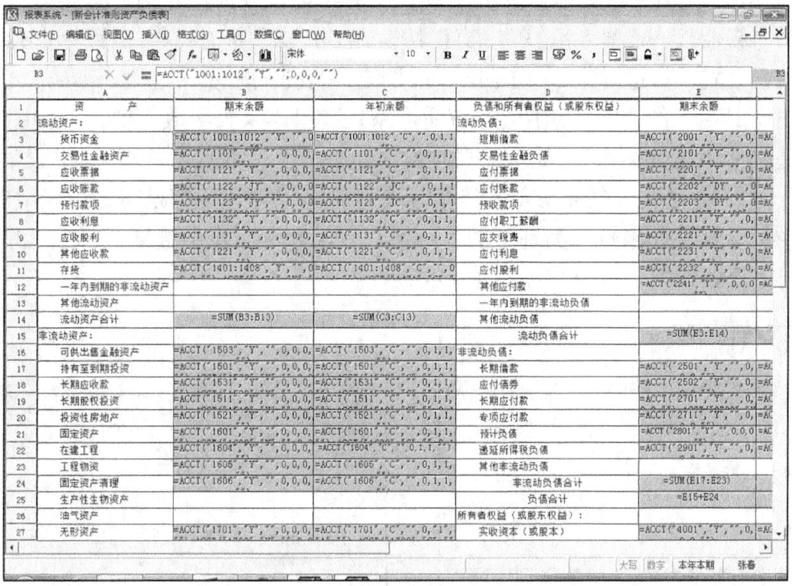

图 16-2

（2）当前显示为"公式"状态，可以编辑和查询报表中所设置的公式。选择"视图"→"显示数据"，窗口切换到"数据"状态，再选择"工具"→"报表重算"，报表会根据预设的公式计算出各项目数据，计算结果如图 16-3 所示。

图 16-3

16.2.2 公式向导

报表单元格中若显示"#科目代码错误",表示该公式设置错误,需要删除后重新设置,或者需要在某单元格中设置一些公式,设置公式的方法如下。

下面以在 B2 单元格中设置取"1001—现金"的期末数为例,介绍公式向导的使用方法。

(1)选择"视图"→"显示公式",窗口切换到"公式"状态,将光标移到 B2 单元格上,若该单元格为错误公式,按键盘上的"Backspace"键,将公式删除。

(2)单击工具栏上的" fx "(函数)按钮,系统弹出"报表函数"窗口,如图 16-4 所示。

窗口左边显示"函数类别",如取工资数据时选择"工资取数函数",取报表数据时选择"金蝶报表函数";窗口右边显示的是该类别下的所有函数名;窗口下部是对选中函数的解释。

(3)选中"金蝶报表函数"类别下的"ACCT"(总账科目取数公式)函数,单击"确定"按钮,系统弹出"公式设置"窗口,如图 16-5 所示。

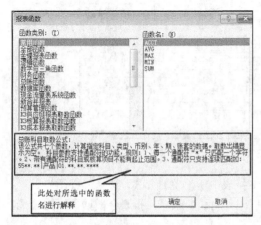

图 16-4

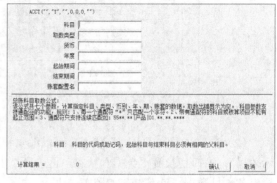

图 16-5

- 科目:要取哪个科目下的数据,可以手工录入,也可以按"F7"功能键进入向导设置。
- 取数类型:按"F7"功能键弹出"取数类型"窗口,选择要取该科目下的何种数据,是期初数,还是期末数,或者是本年累计借方数据等。
- 货币:若科目下有多个币别,选择要取什么币别下的数据。
- 年度:手工录入取数的年度,默认为当前报表的会计年度。
- 起始期间:起始的会计期间,默认为当前报表期间。
- 结束期间:结束的会计期间,默认为当前报表期间。
- 账套配置名:取数账套名称,默认为当前账套。

(4)将光标移动到"科目"录入框,按"F7"功能键,系统弹出"取数科目向导"窗口,在"科目代码"处按"F7"功能键获取"1001",单击"填入公式"按钮,系统将所设定的科目范围显示在"科目参数"处,如图 16-6 所示。

若选择的科目有核算项目,可以设置只取某些范围核算项目的数据。

(5)科目范围设定完毕,单击"确定"按钮,返回"公式设置"窗口。将光标移到"取数类型"处,按"F7"功能键,系统弹出取数类型选择列表,如图 16-7 所示。

图 16-6

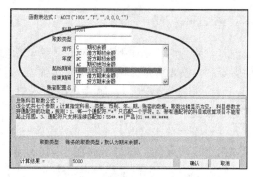
图 16-7

（6）取数类型选择"Y"，其他保持默认值，如图 16-8 所示。对这个公式的解释是取科目 1001 当前账套年度和会计期间的期末数。

图 16-8

（7）单击"确认"按钮，系统将设置的函数公式引入报表窗口，如图 16-9 所示。

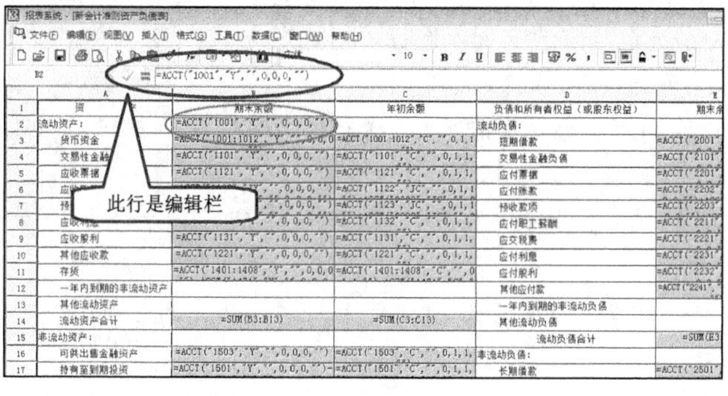

图 16-9

（8）公式设置完成，可以选择"视图"→"显示数据"，报表窗口切换到"数据"状态。如果 D2 单元格已经能取数，并且数据是正确的，表示公式设置正确。若不正确，则返回，按照前面的步骤重新设置。

> **注** 发现公式有错误时，要检查公式中的科目代码是否引用正确，如把没有的代码也引用进来，只要把错误代码修改为正确代码即可。若科目代码引用正确，则可能是多输入了某些字符，如空格、逗号或文字等，这些都不易查到，因此最好重新录入公式。

16.2.3 打印

报表输出时为求美观，要对报表格式进行设置，如列宽、行高、字体和页眉页脚等。下面以输出资产负债表为例介绍格式设置步骤。

（1）表属性修改。表属性功能用于对当前报表的格式进行设置。设置报表时既可以手工修改，也可以通过表属性设置参数来修改。选择"格式"→"表属性"，系统弹出"报表属性"窗口，如图 16-10 所示。

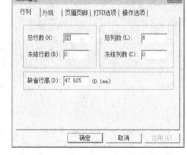

图 16-10

"报表属性"窗口主要管理报表的行列、外观、页眉页脚等。

- "行列"选项卡，包含总行数、总列数、冻结行数、冻结列数和缺省行高。
- "外观"选项卡，包含前景色、背景色、网格色、缺省字体、变量底色和是否显示网格及公式。
- "页眉页脚"选项卡，包含页眉页脚内容、编辑页眉页脚、编辑附注和打印预览。
- "打印选项"选项卡，包含标题行数、标题列数、是否彩打、是否显示页眉页脚，以及表格、页脚是否延伸。勾选"页脚延伸"选项，表示页脚定位于页面底部，不勾选该选项，页脚显示在表格后。
- "操作选项"选项卡，包含自动重算和人工重算。人工重算时，按"F9"功能键或选择"数据"→"报表重算"后才会重算。当编辑大量单元公式并且计算较慢时，自动重算较为适用。

（2）修改列宽。方法有两种：一种是用鼠标拖动修改列宽，如修改 C 列的宽度，将光标移到 C、D 列之间的竖线位置，当光标变成"↔"（双向箭头）时将列宽拖动至适当位置；另一种是选定要修改的列，选择"格式"→"列属性"，系统弹出"列属性"窗口，如图 16-11 所示，分别将 B、C、E 和 F 列的"列宽"修改为"350"，对齐方式都为居中。

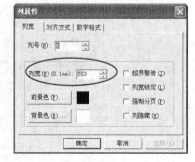

图 16-11

- "列宽"选项卡：设置当前列的宽度、颜色和超界警告等。
- "对齐方式"选项卡：设置当前列的文本对齐方式。与工具栏上的"▤▤▤"（对齐方式）按钮功能相同。
- "数字格式"选项卡：当前列为数值时设置，设置当前列的数值格式，如是否带千分号等。

（3）设置打印时使用的纸张大小和方向。单击工具栏上的"打印预览"按钮，系统进入"打印预览"窗口，发现该报表分两页输出，高度合适，但宽度还不够打印右侧的"负债和股东权益"。单击窗口上的"打印设置"按钮，系统弹出"打印设置"窗口，将方向改为"横向"，单击"确定"返回"打印预览"窗口，发现宽度满足要求，而高度不够。在这种情况下，有两种方式可以选择：一种是在"打印设置"窗口，选择纸张大小为"A3"；另一种是更改文字大小、单元格高度、宽度等设置，以使其能在一张 A4 纸上打印出来。

本次练习采用第二种方式，纸张大小选择 A4，方向选择"横向"。

（4）更改字体大小。单击"退出"按钮，返回"新会计准则资产负债表"窗口。选定整个表格内容，如图 16-12 所示。

- 选择"格式"→"单元属性"，系统弹出"单元属性"窗口，如图 16-13 所示。

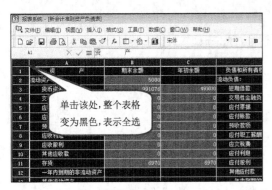

图 16-12

图 16-13

- 单击"字体颜色"选项卡中的"字体"按钮，系统弹出"字体"设置窗口，大小选择"小五"号。
- 单击"确定"按钮，返回"单元属性"窗口，再单击"确定"按钮返回报表窗口，报表中所有内容的字体已变小，如图 16-14 所示。

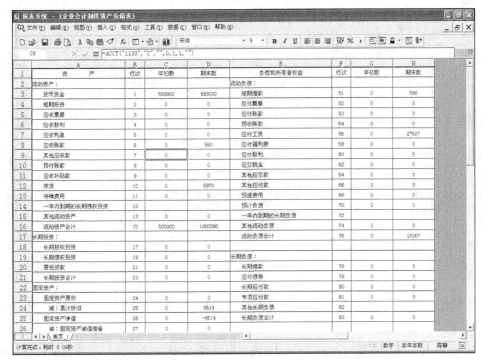

图 16-14

（5）压缩行高。

全选整个表格，选择"格式"→"行属性"，系统弹出"行属性"窗口，如图 16-15 所示。取消"缺省行高"的勾选，将"行高"修改为"45"，单击"确定"按钮，返回报表窗口。

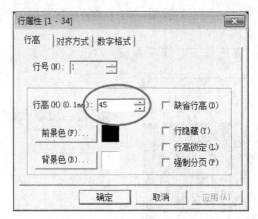

图 16-15

（6）单击工具栏上的"打印预览"按钮，系统进入"打印预览"窗口，如图 16-16 所示。

> **注** 在做格式调整时，建议多使用打印预览功能查看格式。若字体、行高、列宽已经设到最小，还是不能满足要求，建议使用大的纸张进行打印或分页打印。

图 16-16

（7）修改表头项目和页眉页脚。通过"预览"发现，"单位名称"后未有内容，需添加"兴旺实业有限公司"。

① 选择"格式"→"表属性"，系统弹出"报表属性"窗口，切换到"页眉页脚"选项卡，如图 16-17 所示。

② 选中第三行含单位名称的页眉，再单击"编辑页眉页脚"按钮，系统弹出"自定义页眉

页脚"窗口，在冒号后录入"兴旺实业有限公司"，将光标移到两竖线间，单击工具栏上的"日期"按钮，插入日期函数，如图 16-18 所示。

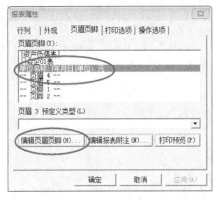

图 16-17

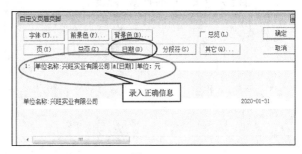

图 16-18

③ 单击"确定"按钮，保存页眉修改，并返回"报表属性"窗口，单击"确定"按钮，保存所有页眉页脚的修改。

（8）单击工具栏上的"打印预览"按钮，系统进入"打印预览"窗口，如图 16-19 所示。预览发现修改后已经基本符合输出要求。

图 16-19

注　因该报表的日期是计算机系统日期，若要修改只须修改计算机系统日期。

对于新企业会计准则利润表，请参照前面所述进行报表计算和格式的调整。

16.3 课后习题

（1）自定义报表在什么状态下编辑？

（2）自定义一张"应付账款"报表。

实 战 篇

上篇重点讲述了金蝶 K/3 系统的功能、基本操作方法，以使大家对整个系统有一个初步的了解。本篇将以"深圳市成越实业有限公司"日常业务操作为例，讲述在金蝶 K/3 系统中各种业务的处理方法，以及如何达到核算和管理的目的，让各位读者能理论联系实际，达到对金蝶 K/3 系统熟练操作的目的。

第 17 章　模拟实例资料

> **本章重点**
> ● 准备初始资料
> ● 准备日常业务资料

17.1　企业介绍

深圳市成越实业有限公司是一家专业生产、销售办公文具用品的公司，它成立于 2019 年 8 月，企业性质为工业企业。随着公司业务的发展，财务工作用手工核算已经很难满足工作需要，现计划于 2020 年 1 月开始使用金蝶 K/3 中的销售管理系统、生产数据管理系统、物料需求计划系统、采购管理系统、委外管理系统、生产任务管理系统、仓存管理系统、应付款管理系统、应收款管理系统、存货核算系统、总账系统和报表系统。

本节介绍深圳市成越实业有限公司的基本情况，这是建立账套和初始化设置的基础数据。

- 企业名称：深圳市成越实业有限公司
- 单位地址：深圳市宝安区文汇路 19 号
- 法人代表：仁渴
- 邮政编码：518000
- 电话：0755-12345678
- 传真：0755-12345678
- 税号：12345678901234X
- 本位币：人民币

17.2　基础数据（一）

表 17-1 至表 17-15 为深圳市成越实业有限公司初始化设置的基础数据。

表 17-1　币别

币别代码	币别名称	记账汇率
HKD	港币	0.89

表 17-2　凭证字

凭证字	记

表 17-3　计量单位

组　别	代　码	名　称	系　数
数量组	11	PCS	1
	12	块	1
	13	条	1
	14	台	1
其他组	21	辆	1

表 17-4　　　　　　　　　结 算 方 式

代　码	名　称
JF06	支票

表 17-5　　　　　　　现金和银行存款科目

科目代码	科目名称	币别核算	期末调汇
1001.01	人民币	否	否
1001.02	港币	单一外币（港币）	是
1002.01	工行东桥支行125	否	否
1002.02	人行东桥支行128	单一外币（港币）	是

表 17-6　　　　　往来科目（也适合总账单独使用设置）

科目代码	科目名称	核算项目	应控系统
1122	应收账款	客户	应收应付
1123	预付账款	供应商	应收应付
2202	应付账款	供应商	应收应付
2203	预收账款	客户	应收应付

表 17-7　　　　　　　　　其 他 科 目

科目代码	科目名称	科目代码	科目名称	科目代码	科目名称
1601	固定资产	5101	制造费用	6602	管理费用
1601.01	办公设备	5101.01	房租	6602.01	房租
1601.02	生产设备	5101.02	水电费	6602.02	水电费
1601.03	运输设备	5101.03	折旧费	6602.03	差旅费
2221	应交税费	5101.04	福利费	6602.04	办公费
2221.01	应交增值税	5101.05	工资	6602.05	工资
2221.01.01	进项税额	6601	销售费用	6602.06	折旧费
2221.01.05	销项税额	6601.01	差旅费	6602.07	其他
4001.01	仁渴	6601.02	业务招待费	6602.08	坏账损失
4001.02	陈越	6601.03	折旧费	6603	财务费用
5001.01	直接材料	6601.04	工资	6603.01	利息
5001.02	直接人工	6601.05	房租	6603.02	银行手续费
5001.03	制造费用转入	6601.06	水电费	6603.03	调汇

表 17-8　　　　　　　　　客 户 分 类

代　码	分类名称
1	国内公司
2	国外公司

表 17-9　　　　　　　　　客 户 档 案

代码	名　称	信用管理	默认运输提前期	应收科目	预收科目	应缴税金
1.01	北京远东公司	否	2	1122	2203	2221.01.05

表 17-10　　　　　　　　　　　　　　供应商

代码	名称	应付科目	预付科目	应缴税金
01	笔帽供应商	2202	1123	2221.01.01
02	笔芯供应商	2202	1123	2221.01.01
03	笔壳供应商	2202	1123	2221.01.01
04	笔身委外加工商	2202	1123	2221.01.01
05	纸箱供应商	2202	1123	2221.01.01

表 17-11　　　　　　　　　　　　　　部门与职员

部门			职员			
代码	名称	部门属性	代码	名称	部门	备注
01	总经办	非车间	001	仁渴	总经办	总经理兼销售总监
02	财务部	非车间	002	陈静	财务部	财务主管会计
03	销售部	非车间	003	何陈钰	财务部	出纳、工资管理
04	采购部	非车间	004	严秀兰	销售部	销售文员
05	工程开发部	非车间	005	何采购	采购部	采购部经理
06	PMC	非车间	006	王工程	工程开发部	技术高工
07	货仓	非车间	007	游计划	PMC	计划部主管
08	生产部	车间	008	管仓库	货仓	货仓主管
09	行政部	非车间	009	龚生产	生产部	生产主管
			010	李子明	行政部	行政部主管
			011	郑质量	生产部	QC

表 17-12　　　　　　　　　　　　　　物　　料

物料大类	1 原材料					2 半成品		3 产成品		4 包装物
代码	1.01	1.02	1.03	1.04	1.05	2.01	2.02	3.01	3.02	4.01
名称	笔芯	笔壳	笔帽	笔芯	笔帽	笔身	笔身	圆珠笔	圆珠笔	纸箱
规格型号	蓝色		蓝色	红色	红色	蓝色	红色	蓝色	红色	500PCS 装
物料属性	外购	外购	外购	外购	外购	委外加工	委外加工	自制	自制	外购
计量单位组	数量组	数量组	数量组	数量组	数量组	数量组	数量组	数量组	数量组	数量组
基本计量单位	PCS	PCS	PCS	PCS	PCS	PCS	PCS	PCS	PCS	PCS
采购单价	1	3	0.5	1.05	0.53					4
计价方法	加权平均法									
存货科目代码	1403	1403	1403	1403	1403	1403	1403	1405	1405	1403
销售收入科目	6001	6001	6001	6001	6001	6001	6001	6001	6001	6001
销售成本科目	6401	6401	6401	6401	6401	6401	6401	6401	6401	6401
计划策略	物料需求计划（MRP）									
订货策略	批对批（LFL）									
固定提前期	3	1	2	3	2	3	3	3	3	2
变动提前期	0	0	0	0	0	0	0	0	0	0

表 17-13　　　　　　　　　　　　　　　　仓 库 档 案

代码	名称	是否 MPS/MRP 可用量	说　明
01	原材仓	是	存放原材料
02	半成品仓		存放半成品
03	成品仓		存放成品
04	包装物仓		存放包装物
05	待处理仓	否	可能退货或质检后再使用，不参与 MRP 计算

表 17-14　　　　　　　　　　　　　　　　仓库期初数据

仓库代码	仓库名称	物料代码	物料名称	规格型号	单位	期初数量	期初金额
01	原材仓	1.01	笔芯	蓝色	PCS	300	300.00
		1.02	笔壳		PCS	500	1500.00
03	成品仓	3.01	圆珠笔	蓝色	PCS	500	2250.00

表 17-15　　　　　　　　　　　　　　　　用 户 表

用户名	用户组	权　限
陈静	Administrators	所有权限，主要负责单据审核和账套管理
何陈钰	财务组	基础资料、总账、应收账款、应付账款、采购管理、销售管理、仓存管理和存货核算系统
严秀兰	业务组	基础资料查询、销售管理系统
何采购		基础资料查询、采购管理和委外管理系统
管仓库		基础资料、仓存管理系统、采购管理系统、销售管理系统、生产管理系统的查询
龚生产		基础资料查询、生产管理系统
王工程	工程组	基础资料查询、物料档案管理和 BOM 资料管理
游计划	计划组	基础资料查询，生产管理系统的所有权限或仅生产数据管理中日历管理和物料需求计划系统、委外订单的新增、采购请购单的新增

17.3　实例数据（一）

17.3.1　生产数据管理实例

本小节列出生产数据管理系统中实例数据的处理，如 BOM 的建立、修改和工厂日历的处理等业务。通过本小节的练习，读者可以学习到 BOM 概念、BOM 档案在系统中的处理方法、BOM 档案的查询和工厂日历的修改等操作。

例 **17-1**　新增 3.01 蓝色圆珠笔的 BOM 档案，BOM 结构如图 17-1 所示。

例 **17-2**　新增一个 "01 圆珠笔组" BOM 组别。

例 **17-3**　新增 3.02 红色圆珠笔的 BOM 档案，BOM 结构如图 17-2 所示。

例 **17-4**　将 2020 年 1 月 1 日、2020 年 1 月 24 日至 30 日设置为非工作日。

图 17-1　　　　　　　　　　　　　图 17-2

17.3.2　业务数据实例

本小节列出业务系统的所有实例单据。通过本节的学习，读者可以了解各业务系统和物料需求计划系统的操作方法，以及各日常业务单据的录入方法，如销售订单如何下达、MRP 计划如何才能计算、MRP 计算出来的计划单据如何下达到对应的部门、采购订单如何下达、采购订单的执行情况如何查询及各种材料出入库单据的处理方法。同时通过本小节的实例练习，读者会对制造型企业的业务流程有一个基本的了解。

例 17-5　成越公司 2020 年 1 月 6 日接到北京远东公司的来电，询问公司产品的价格情况，经销售部模拟报价，并核算产品利润后，传真的报价单如图 17-3 所示。

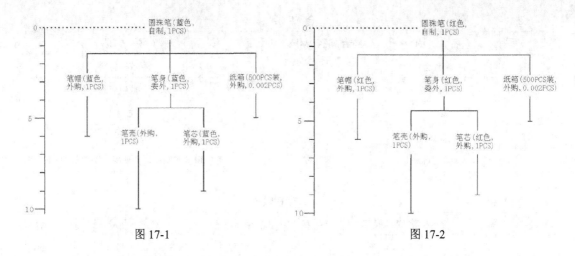

图 17-3

在金蝶 K/3 系统中成功录入的 K/3 销售报价单如图 17-4 所示。

例 17-6　远东公司收到成越公司的产品报价后，当即决定购买"3.01—圆珠笔—蓝色" 8000PCS，并传真订购单，如图 17-5 所示。

成越公司审核远东公司的订购单后，成功录入系统的销售订单如图 17-6 所示。

例 17-7　建立 MRP 计算方案。本方案在系统预设方案"MTO（SYS）"的基础上进行简单修改即可。

K/3销售报价单

购货单位:	北京远东公司		日 期:	2020/1/6		编 号:	AQ000001
收款条件:			币 别:	人民币		汇 率:	1.0000000

产品代码	产品名称	规格型号	单位	数量	含税单价	折扣率	折扣额	价税合计	备注
3.01	圆珠笔	蓝色	PCS	5000	9.50	0%	0.00	47,500.00	
3.02	圆珠笔	红色	PCS	5000	9.80	0%	0.00	49,000.00	

合计　　　　　　汇总折扣额: 0.00　　　汇总价税合计: 96,500.00

审核: 严秀兰　主管:　　部门: 销售部　业务员: 仁渴　制单: 严秀兰

图 17-4

YD北京远东文具用品有限公司
地址: 北京中关村
电话: 010-12345678
传真: 010-12345678 (采购部)

订购单

供应商:
Supplier: 深圳市成越实业有限公司
深圳市宝安区文汇路
ATTN 仁渴
TEL:0755-12345678

单 号: YD20010001
日 期: 2020-1-6
页 次: 1
联系人: 李星

交货地点: 北京中关村
付款方式: 货到付款
币 别: 人民币

交货要求:
1、随货需附出货品质检验报告;
2、包装箱上需注明数量、尺寸明细;
3、每月5日前提供月结单进行对账

序号	物料编号	物料名称	单位	数量	单价	金额	交货期限
1	3.01	圆珠笔—蓝色	PCS	8000	9.50	76000.00	2020-1-21

以下内容空白

供应商确认签回　　　　　远东公司采购部
　　　　　　　　　　　　　李星

图 17-5

K/3销售订单

编号: SEORD000001

购货单位:	北京远东公司		日 期:	2020/1/6		编 号:	SEORD000001
销售方式:	赊销		结算方式:			币 别:	人民币
交货方式:			交货地点:			汇 率:	1

产品代码	产品名称	规格型号	单位	数量	含税单价	折扣率	折扣额	价税合计	备注	交货日期
3.01	圆珠笔	蓝色	PCS	8000	9.50	0	0	76,000.00		2020/1/21

合计　　　　汇总折扣额:　　0.00　　汇总价税合计:　　76,000.00

审核: 严秀兰　主管:　　部门: 销售部　业务员: 仁渴　制单: 严秀兰

图 17-6

例 17-8 计划展望期设置。设置一种展望期,有 4 个时区,每一个时区为 90 天。

例17-9 根据系统设置，以"MTO（SYS）"计划方案进行 MRP 计算。

例17-10 查询 MRP 计算结果。

例17-11 审核、投放 MRP 计算的所有结果。

例17-12 采购业务员在采购申请单中查询到由 PMC 投放而来的采购申请单后，在采购订单中可以参照此采购申请单生成采购订单。2020 年 1 月 7 日给"笔芯供应商"发送的订购单传真件如图 17-7 所示。

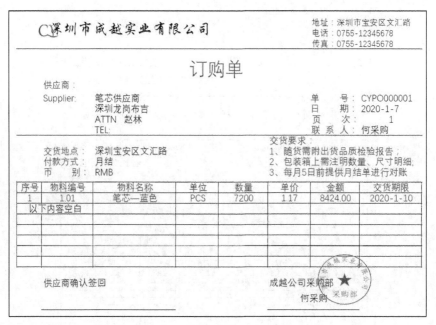

图 17-7

在系统中根据采购申请单下达"笔芯"的采购订单。下达、审核成功的采购订单如图 17-8 所示。

图 17-8

例 17-13　2020 年 1 月 9 日给“笔壳供应商”发送的订购单传真件如图 17-9 所示。

深圳市成越实业有限公司

地址：深圳市宝安区文汇路
电话：0755-12345678
传真：0755-12345678

订购单

供应商：
Supplier:　笔壳供应商
深圳宝安区松岗
ATTN　李平
TEL:

单　　号：CYPO000002
日　　期：2020-1-9
页　　次：1
联 系 人：何采购

交货地点：深圳宝安区文汇路
付款方式：月结
币　　别：RMB

交货要求：
1、随货需附出货品质检验报告；
2、包装箱上需注明数量、尺寸明细；
3、每月5日前提供月结单进行对账

序号	物料编号	物料名称	单位	数量	单价	金额	交货期限
1	1.02	笔壳	PCS	7000	3.51	24570.00	2020-1-10
	以下内容空白						

供应商确认签回

成越公司采购部
何采购

图 17-9

在系统中根据采购申请单下达“笔壳”的采购订单。下达、审核成功的采购订单如图 17-10 所示。

采　购　订　单

CYP0000002

供应商：笔壳供应商
源单类型：采购申请
日期：2020/1/9
编　　号：CYP0000002
币　　别：人民币

物料代码	物料名称	规格型号	单位	数量	含税单价	金额	交货日期	备注	源单单号
1.02	笔壳		PCS	7,000.00	3.51	24,570.00	2020/1/10		POREQ000001
合计						24,570.00			

审核：何采购　　主管：何采购　　部门：采购部　　业务员：何采购　　制单：何采购

图 17-10

例 17-14　2020 年 1 月 10 日上午收到“笔芯供应商”送来的 7200PCS 蓝色笔芯，仓库管理员参照采购订单做外购入库登账。录入、审核成功的外购入库单如图 17-11 所示。

外购入库单

WIN000001

供应商：笔芯供应商						编 号：	WIN000001		
收料仓库：原材仓			日期：2020/1/10			源单类型：	采购订单		
源单单号	物料编码	物料名称	规格型号	批号	单位	数量 应收	实收	收料仓库	备注
CYP0000001	1.01	笔芯	蓝色		PCS	7,200.00	7,200.00	原材仓	

审核：管仓库　　记账：　　验收：郑质量　　保管：管仓库　　制单：管仓库

图 17-11

17-15　2020 年 1 月 10 日上午收到"笔壳供应商"送来的 7000PCS 蓝色笔壳，仓库管理员参照采购订单做外购入库登账。录入、审核成功的外购入库单如图 17-12 所示。

外购入库单

WIN000002

供应商：笔壳供应商						编 号：	WIN000002		
收料仓库：原材仓			日期：2020/1/10			源单类型：	采购订单		
源单单号	物料编码	物料名称	规格型号	批号	单位	数量 应收	实收	收料仓库	备注
CYP0000002	1.02	笔壳			PCS	7,000.00	7,000.00	原材仓	

审核：管仓库　　记账：　　验收：郑质量　　保管：管仓库　　制单：管仓库

图 17-12

17-16　2020 年 1 月 10 日委外加工部门（本例中即为采购部）下达 PMC 投放过来的委外加工任务。给"笔身委外加工商"发送的订购单传真件如图 17-13 所示。

CY深圳市成越实业有限公司

地址：深圳市宝安区文汇路
电话：0755-12345678
传真：0755-12345678

订购单

供应商：
Supplier: 笔身委外加工商
深圳宝安区
ATTN 吴佳豪
TEL:

单 号：WW001
日 期：2020-1-10
页 次：1
联系人：何采购

交货地点：深圳宝安区文汇路
付款方式：月结
币 别：RMB

交货要求：
1、随货需附出货品质检验报告；
2、包装箱上需注明数量、尺寸明细；
3、每月5日前提供月结单进行对账

序号	物料编号	物料名称	单位	数量	单价	金额	交货期限
1	2.01	笔身—蓝色	PCS	7500	0.50	3750.00	2020-1-14
以下内容空白							

供应商确认签回

成越公司采购部
何采购

图 17-13

例 17-17 2020 年 1 月 10 日仓库收到采购部的委外加工生产任务单通知，做好备料准备，并将材料外发到“笔身委外加工商”处，该单据由委外加工出库单处理。录入并审核成功的委外加工出库单，如图 17-14 所示。

委外加工出库单

JOUT000001

加工单位：笔身委外加工商　　编　号：JOUT000001

加工要求：　　日期：2020/1/10　　源单类型：

行号	加工材料编码	加工材料名称	规格型号	批号	单位	应发数量	实发数量	发料仓库	源单单号
1	1.01	笔芯	蓝色		PCS	7500	7500	原材仓	WW001
2	1.02	笔壳			PCS	7500	7500	原材仓	WW001

审核：管仓库　记帐：　领料：何采购　发料：管仓库　制单：管仓库

图 17-14

例17-18 2020年1月10日给"笔帽供应商"发送的订购单传真件如图17-15所示。

```
深圳市成越实业有限公司              地址：深圳市宝安区文汇路
                                  电话：0755-12345678
                                  传真：0755-12345678

                    订购单

供应商：
Supplier：   笔帽供应商              单  号：CYPO000003
             深圳宝安区              日  期：2020-1-10
ATTN   向好                         页  次：1
TEL：                               联系人：何采购
                                    交货要求：
交货地点：深圳宝安区文汇路           1、随货需附出货品质检验报告；
付款方式：月结                       2、包装箱上需注明数量、尺寸明细；
币    别：RMB                       3、每月5日前提供月结单进行对账
```

序号	物料编号	物料名称	单位	数量	单价	金额	交货期限
1	1.03	笔帽—蓝色	PCS	7500	0.59	4425.00	2020-1-14
以下内容空白							

供应商确认签回   成越公司采购部
                                    何采购

图 17-15

在系统中根据采购申请单下达"笔帽"的采购订单。下达、审核成功的采购订单如图17-16所示。

```
                    采购订单

供应商：笔帽供应商                   编  号：CYP0000003
源单类型：采购申请    日期：2020/1/10  币  别：人民币
```

物料代码	物料名称	规格型号	单位	数量	含税单价	金额	交货日期	备注	源单单号
1.03	笔帽	蓝色	PCS	7,500.00	0.59	4,425.00	2020/1/14		POREQ000001
合 计						4,425.00			

审核：何采购   主管：何采购   部门：采购部   业务员：何采购   制单：何采购

图 17-16

例 17-19 2020 年 1 月 10 日给"纸箱供应商"发送的订购单传真件如图 17-17 所示。

```
深圳市成越实业有限公司          地址：深圳市宝安区文汇路
                              电话：0755-12345678
                              传真：0755-12345678

                    订购单

供应商：
Supplier：  纸箱供应商                 单  号：CYPO000004
            深圳龙岗                   日  期：2020-1-10
            ATTN 李一明                页  次：1
            TEL：                     联系人：何采购

交货地点：  深圳宝安区文汇路          交货要求：
付款方式：  月结                     1、随货需附出货品质检验报告；
币    别：  RMB                      2、包装箱上需注明数量、尺寸明细；
                                    3、每月5日前提月结单进行对账
```

序号	物料编号	物料名称	单位	数量	单价	金额	交货期限
1	4.01	纸箱—500PCS装	PCS	15	5.00	75.00	2020-1-14
以下内容空白							

供应商确认签回   成越公司采购部
                              何采购

图 17-17

在系统中根据采购申请单下达"纸箱"采购订单。下达、审核成功的采购订单如图 17-18 所示。

```
                    采  购  订  单                  CYP0000004

供应商：纸箱供应商                          编  号：CYP0000004
源单类型：采购申请        日期：2020/1/10    币  别：人民币
```

物料代码	物料名称	规格型号	单位	数量	含税单价	金额	交货日期	备注	源单单号
4.01	纸箱	500PCS装	PCS	15.00	5.00	75.00	2020/1/14		POREQ000001
合计						75.00			

审核：何采购   主管：何采购   部门：采购部   业务员：何采购   制单：何采购

图 17-18

例17-20 2020年1月14日上午收到“笔帽供应商”送来的7500PCS蓝色笔帽，仓库管理员参照采购订单做外购入库登账。录入、审核成功的外购入库单如图17-19所示。

外购入库单

WIN000003

供应商：笔帽供应商　　　　编　号：WIN000003

收料仓库：原材仓　　日期：2020/1/14　　源单类型：采购订单

源单单号	物料编码	物料名称	规格型号	批号	单位	数量		收料仓库	备注
						应收	实收		
CYP0000003	1.03	笔帽	蓝色		PCS	7,500.00	7,500.00	原材仓	

审核：管仓库　记账：　验收：郑质量　保管：管仓库　制单：管仓库

图17-19

例17-21 2020年1月14日上午收到“纸箱供应商”送来的15PCS纸箱，仓库管理员参照采购订单做外购入库登账。录入、审核成功的外购入库单如图17-20所示。

外购入库单

WIN000004

供应商：纸箱供应商　　　　编　号：WIN000004

收料仓库：包装物仓　　日期：2020/1/14　　源单类型：采购订单

源单单号	物料编码	物料名称	规格型号	批号	单位	数量		收料仓库	备注
						应收	实收		
CYP0000004	4.01	纸箱	500PCS装		PCS	15.00	15.00	包装物仓	

审核：管仓库　记账：　验收：郑质量　保管：管仓库　制单：管仓库

图17-20

例17-22 2020年1月14日上午收到"笔身委外加工商"送来的7500PCS笔身，仓库管理员参照委外加工生产任务单做"委外加工入库"处理。进入入库登账，录入、审核成功的K/3委外加工入库单如图17-21所示。

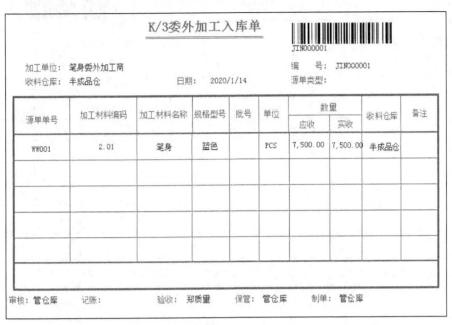

图 17-21

例17-23 2020年1月14日，生产加工部门下达PMC投放过来的生产任务单。

例17-24 2020年1月14日，仓库收到生产部的生产任务单通知，做好备料准备，并将材料外发到生产部。该单据在生产领料中处理，录入并审核成功的生产领料单如图17-22所示。

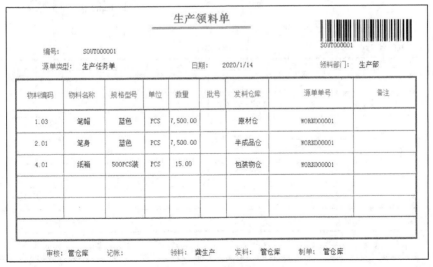

图 17-22

例 17-25 2020 年 1 月 17 日，生产部经过几天的加工，组装好圆珠笔交由仓库入库。该产品入库单据在“仓存管理”中处理，录入并审核成功的 K/3 产品入库单如图 17-23 所示。

K/3产品入库单

CIN000001

交货单位：生产部　　　　编号：CIN000001

源单类型：生产任务单　　日期：2020/1/17　　收货仓库：成品仓

源单单号	物料编码	物料名称	规格型号	批号	单位	数量		收货仓库	备注
						应收	实收		
WORK000001	3.01	圆珠笔	蓝色		PCS	7,500.00	7,500.00	成品仓	

审核：管仓库　记账：　验收：郑质量　保管：管仓库　制单：管仓库

图 17-23

例 17-26 2020 年 1 月 17 日，销售部在跟踪销售进度时，发现“北京远东公司”的 8000PCS 蓝色圆珠笔临近发货时间，查询后发现仓库已收到生产部加工好的产品，因此要求仓库将 8000PCS 蓝色圆珠笔出库发往“北京远东公司”。该销售出库单据在“仓存管理”中处理，参照销售订单录入并审核成功的销售出库单如图 17-24 所示。

销售出库单

XOUT000001

编　号：XOUT000001

购货单位：北京远东公司　　日期：2020/1/17　　源单类型：

产品代码	产品名称	规格型号	单位	数量	单价	金额	批号	发货仓库	源单单号	备注
3.01	圆珠笔	蓝色	PCS	8,000.00	9.5	76000		成品仓	SEORD000001	

审核：管仓库　记账：　发货：严秀兰　保管：管仓库　制单：管仓库

图 17-24

17.4 基础数据（二）

表 17-16 至表 17-19 是本账套财务部分的基础数据。

表 17-16　　　　　　　　　应收账款期初数据

客　户	单据号码	单据日期	部　门	业务员	摘　要	发生额	应收日期	收款金额
北京远东公司	初始销售增值税发票 OXZP000002	2019-12-31	销售部	仁渴	2020年应收款余额	10000	2020-01-31	10000

表 17-17　　　　　　　应付账款期初数据（采购增值税发票）

供应商	单据号码	单据日期	部　门	业务员	发生额	付款金额	产品代码	数　量	含税单价
笔壳供应商	初始采购增值税发票 OCZP000002	2019-12-31	采购部	何采购	35100	35100	1.02	10000	3.51

表 17-18　　　　　　　　　总账一般科目初始数据

科目代码	科目名称	方　向	期初余额
1001.01	人民币	借	5000
1002.01	工行东桥支行125	借	340050
1122	应收账款	借	10000
1403	原材料	借	1800
1405	库存商品	借	2250
1601.01	办公设备	借	20000
1601.02	生产设备	借	50000
1601.03	运输设备	借	30000
1602	累计折旧	贷	13000
2202	应付账款	贷	35100
4001.01	仁渴	贷	245000
4001.02	陈越	贷	255000

表 17-19　　　　　　　　　外币科目初始数据

科目代码	科目名称	方　向	原　币	本位币
1002.02	人行东桥支行128	借	100000.00	89000.00

17.5 实例数据（二）

例 17-27 2020 年 1 月 31 日收到“笔芯供应商”开的增值税发票，如图 17-25 所示。

深圳增值税专用发票　№ 01474601

抵扣联　开票日期：2020-01-31

购买方	名　称：深圳市成越实业有限公司 纳税人识别码：94129900xxxxx 地址、电话：深圳市宝安区文汇路0755-27123456 开户行及账号：深圳市工行东桥支行125	密码区	密码

货物或应税劳务、服务名称	规格型号	单位	数量	单价	金额	税率	税额
笔芯	蓝色	PCS	7200	1.06	7646.02	13%	993.98
合　计					7646.02		993.98
价税合计（大写）	捌千陆佰肆拾元整				（小写）￥8640.00		

销售方	名　称：笔芯供应商 纳税人识别码：941235XXXXXX 地址、电话：深圳市宝安区石岩镇 0755-271XXXXX 开户行及账号：农行石岩支行456	备注	

收款人：王梅　复核：李丽　开票人：王梅　销售方（章）

税总函（2014）257号中钞北京印制有限公司

第二联：抵扣联　购货方扣税凭证

图 17-25

同时，参照“WIN000001”号外购入库单生成购货发票（专用），“含税单价”修改为“1.20”并审核。审核成功的购货发票（专用）如图 17-26 所示。

购货发票（专用）

ZPOFP000001

供货单位：笔芯供应商　纳税登记号：

地址电话：　户银行及账号　备注：

源单类型：外购入库　日期：2020/1/31　发票号码：ZPOFP000001

物料代码	物料名称	规格型号	单位	数量	单价	税率	含税单价	金额	税额	价税合计	源单单号
1.01	笔芯	蓝色	PCS	7,200.00	1.06	13.00	1.20	7,646.02	993.98	8,640.00	WIN000001
合计:								7,646.02	993.98	8,640.00	

审核：何陈钰　记账：　部门：采购部　业务员：何采购　开票人：

图 17-26

例 17-28 将刚才录入的购货发票（专用）与外购入库单进行钩稽处理。

例17-29 进行外购入库成本核算。

例17-30 2020年1月31日收到"笔壳供应商"开的增值税发票,如图17-27所示。

图 17-27

同时,参照"WIN000002"号外购入库单生成购货发票(专用)并审核。审核成功的购货发票(专用)如图17-28所示。

图 17-28

例 17-31　2020 年 1 月 31 日收到"笔帽供应商"开的增值税发票，如图 17-29 所示。

图 17-29

同时，参照"WIN000003"号外购入库单生成购货发票（专用）并审核。审核成功的购货发票（专用）如图 17-30 所示。

图 17-30

例 17-32　2020 年 1 月 31 日收到"纸箱供应商"开的增值税发票，如图 17-31 所示。

深圳增值税专用发票　№ 07401207

抵扣联　开票日期：2020-01-31

购买方	名　　称：深圳市成越实业有限公司 纳税人识别码：94129900xxxxx 地　址、电　话：深圳市宝安区文汇路0755-27123456 开户行及账号：深圳市工行东桥支行125	密码区：密码

货物或应税劳务、服务名称	规格型号	单位	数量	单价	金额	税率	税额
纸箱		PCS	15	4.42	66.37	13%	8.63
合　计					66.37		8.63
价税合计（大写）	柒拾伍元整				（小写）￥75.00		

销售方	名　　称：纸箱供应商 纳税人识别码：947123XXXXXX 地　址、电　话：深圳市宝安区松岗镇 0755-2751XXXX 开户行及账号：建行松岗支行097	备注

收款人：吴晓丽　复核：冯丽　开票人：吴晓丽　销售方（章）

税总函（2014）257号中钞光华印刷有限公司

第二联：抵扣联　购货方扣税凭证

图 17-31

同时，参照"WIN000004"号外购入库单生成购货发票（专用）并审核。审核成功的购货发票（专用）如图 17-32 所示。

购货发票（专用）

ZPOFP000004

供货单位：纸箱供应商　纳税登记号：

地址电话：　户银行及账号：　备注：

源单类型：外购入库　日期：2020/1/31　发票号码：ZPOFP000004

物料代码	物料名称	规格型号	单位	数量	单价	税率	含税单价	金额	税额	价税合计	源单单号
4.01	纸箱	500PCS装	PCS	15.00	4.42	13.00	5.00	66.37	8.63	75.00	WIN000004
合计：								66.37	8.63	75.00	

审核：何陈钰　记账：　部门：采购部　业务员：何采购　开票人：

图 17-32

例17-33 将刚才录入的3张发票进行钩稽。

例17-34 进行外购入库成本核算。

例17-35 2020年1月31日收到"笔身委外加工商"开的发票，如图17-33所示。

图 17-33

同时，查询委外加工入库单，利用下推式方法生成购货发票（专用）并审核。审核成功的购货发票（专用）如图17-34所示。

物料代码	物料名称	规格型号	单位	数量	单价	税率	含税单价	金额	税额	价税合计	源单单号
2.01	笔身	蓝色	PCS	7,500.00	0.44	13.00	0.50	3,318.58	431.42	3,750.00	JIN000001
合计：								3,318.58	431.42	3,750.00	

图 17-34

例 **17-36** 将刚才录入的发票进行钩稽。

例 **17-37** 委外核销处理。

例 **17-38** 核算笔芯和笔壳的出库成本。

例 **17-39** 委外加工入库成本核算。

例 **17-40** 2020 年 1 月 31 日给 "北京远东公司" 开出销售增值税发票，如图 17-35 所示。

图 17-35

同时，参照"XOUT000001"号销售出库单生成销售发票（专用）并审核。审核成功的销售发票（专用）如图 17-36 所示。

图 17-36

例17-41 将刚才录入的销售发票（专用）进行钩稽。

例17-42 查询所有供应商的应付款汇总表和应付款明细表。

例17-43 何陈钰 2020 年 1 月 31 日付给"笔帽供应商"3000 元，对应的源单为"采购增值税发票"，发票号为"ZPOFP000003"，从"工行东桥支行 125"付款，业务回单如图 17-37 所示。

图 17-37

录入付款单据，由"陈静"审核。审核成功的单据如图 17-38 所示。

图 17-38

例17-44 何陈钰 2020 年 1 月 31 日付给"笔芯供应商"5000 元，对应的源单为"采购增值税发票"，发票号为"ZPOFP000001"，从"工行东桥支行125"付款，业务回单如图 17-39 所示。

图 17-39

录入付款单据，由"陈静"审核。审核成功的单据如图 17-40 所示。

图 17-40

例17-45　何陈钰 2020 年 1 月 31 日付给“笔壳供应商”50000 元，对应的源单为“期初采购增值税发票”，发票号为“OCZP000002”（35100 元），以及“采购增值税发票”，发票号为“ZPOFP000002”（14900 元），从“工行东桥支行 125”付款，业务回单如图 17-41 所示。

ICBC 中国工商银行　凭证
业务回单（付款）

日期：2020 年 1 月 31 日　　回单编号：980*****
付款人户名：深圳市成越实业有限公司
付款人账号：*****125　　付款人开户行：中国工商银行东桥支行
收款人户名：笔壳供应商
收款人账号：*****782　　收款人开户行：中国工商银行西丽支行
金额（大写）：伍万元整　　小写：50，000.00
摘要：货款　　币别：人民币
交易机构：00**908　记账柜员：00011　交易代码：121　渠道：柜台
附言：　支付交易序号：1832049
报文种类：　委托日期：2020-1-31　业务种类：普通汇兑
收款人地址：
付款人地址：

图 17-41

录入付款单据，由“陈静”审核。审核成功的单据如图 17-42 所示。

付款单

单据日期：2020/1/31　单据号码：CFKD000004　币别：人民币
核算项目：笔壳供应商　付款类型：购货款　汇率：1
摘要：

源单类型	源单单号	合同号	订单单号	结算实付金额	结算折扣
采购增值税发	ZPOFP000002		CYP0000002	14,900.00	0.00
初始化_采购	OCZP000002			35,100.00	0.00
			单据金额合计	50,000.00	

制单：何陈钰　业务员：何采购　审核：陈静

图 17-42

例 17-46　查询所有客户的应收款汇总表和应收款明细表。

例 17-47　何陈钰 2020 年 1 月 31 日收到北京远东公司的货款 50000 元，对应的源单为“期初销售增值税发票”，发票号为“OXZP000001”（10000 元），以及“销售增值税发票”，发票号为“ZSEFP000001”（40000 元），并且已经汇入“工行东桥支行 125”账号，业务回单如图 17-43 所示。

ICBC 中国工商银行　业务回单（收款）凭证

日期：2020 年 1 月 31 日　　回单编号：980*****

付款人户名：北京远东文具用品有限公司
付款人账号：*****909　　付款人开户行：中国工商银中关村支行
收款人户名：深圳市成越实业有限公司
收款人账号：*****125　　收款人开户行：中国工商银行东桥支行
金额（大写）：伍万元整　　小写：50，000.00
摘要：货款　　币别：人民币
交易机构：10**123　记账柜员：0007　交易代码：121　渠道：柜台
附言：　支付交易序号：1832049
报文种类：　委托日期：2020-1-31　业务种类：普通汇兑
收款人地址：
付款人地址：

图 17-43

录入收款单据，由“陈静”审核。审核成功的单据如图 17-44 所示。

收款单

单据日期：2020/1/31　单据号码：XSKD000002　币别：人民币
核算项目：北京远东公司　收款类型：销售回款　汇率：1
摘要：2020年应收款余额

源单类型	源单单号	合同号	订单单号	结算实收金额	结算折扣
销售增值税	:SEFP000001		SEORD000001	40,000.00	0.00
初始化_销	OXZP000002			10,000.00	0.00
单据金额合计				50,000.00	

制单：何陈钰　业务员：仁渴　审核：陈静

图 17-44

例 17-48 何陈钰进行自制入库成本核算。

例 17-49 何陈钰核算所有产成品出库成本。

例 17-50 2020 年 1 月 31 日参照"ZPOFP000001"号采购发票生成凭证，如图 17-45 所示。

摘要 Description	科目 A/C	借方 Debit	贷方 Credit
原材料采购	1403 原材料	7,646.02	
	2221.01.01 应交税费 - 应交增值税 - 进项税额	993.98	
	2202 应付账款 /供应商:02 - 笔芯供应商		8,640.00
合计 Total 捌仟陆佰肆拾元整		8,640.00	8,640.00

日期：2020-01-31　编号：记 1 号　页次：1/1

图 17-45

2020 年 1 月 31 日参照"ZPOFP000002"号采购发票生成凭证，如图 17-46 所示。

摘要 Description	科目 A/C	借方 Debit	贷方 Credit
原材料采购	1403 原材料	21,743.36	
	2221.01.01 应交税费 - 应交增值税 - 进项税额	2,826.64	
	2202 应付账款 /供应商:03 - 笔壳供应商		24,570.00
合计 Total 贰万肆仟伍佰柒拾元整		24,570.00	24,570.00

日期：2020-01-31　编号：记 2 号　页次：1/1

图 17-46

2020年1月31日参照"ZPOFP000003"号采购发票生成凭证，如图17-47所示。

记账凭证
日期：2020-01-31
编号：记 3 号
页号：1/1
核算单位 Unit 深圳市成越实业有限公司

摘要 Description	科目 A/C	借方 Debit	贷方 Credit
原材料采购	1403 原材料	3,915.93	
	2221.01.01 应交税费－应交增值税－进项税额	509.07	
	2202 应付账款 /供应商:01－笔帽供应商		4,425.00
合计 Total 肆仟肆佰贰拾伍元整		4,425.00	4,425.00

图 17-47

2020年1月31日参照"ZPOFP000004"号采购发票生成凭证，如图17-48所示。

记账凭证
日期：2020-01-31
编号：记 4 号
页号：1/1
核算单位 Unit 深圳市成越实业有限公司

摘要 Description	科目 A/C	借方 Debit	贷方 Credit
原材料采购	1403 原材料	66.37	
	2221.01.01 应交税费－应交增值税－进项税额	8.63	
	2202 应付账款 /供应商:05－纸箱供应商		75.00
合计 Total 柒拾伍元整		75.00	75.00

图 17-48

17-51 2020 年 1 月 31 日参照“JOUT000001”号委外加工出库单生成凭证，如图 17-49 所示。

记 账 凭 证

日期：2020-01-31
编号：记 5 号
页号：1/1

核算单位 Unit 深圳市成越实业有限公司

摘 要 Description	科 目 A/C	借 方 Debit	贷 方 Credit
委外加工发料	1408 委托加工物资	7,946.02	
委外加工发料	1408 委托加工物资	23,243.36	
	1403 原材料		7,946.02
	1403 原材料		23,243.36
合 计 Total	叁万壹仟壹佰捌拾玖元叁角捌分	31,189.38	31,189.38

附单数据（1）张

核准 Approved by　过账 Posted by 陈静　出纳 Cashier　制单 Prepared by 何陈钰　审核 Checked by 陈静　签收 Received

图 17-49

17-52 2020 年 1 月 31 日参照“JIN000001”号委外加工入库单生成凭证，如图 17-50 所示。

记 账 凭 证

日期：2020-01-31
编号：记 6 号
页号：1/1

核算单位 Unit 深圳市成越实业有限公司

摘 要 Description	科 目 A/C	借 方 Debit	贷 方 Credit
委外加工入库	1403 原材料	34,507.96	
	1408 委托加工物资		31,189.38
	2202 应付账款 /供应商:04 - 笔身委外加工商		3,750.00
	2221.01.01 应交税费 - 应交增值税 - 进项税额	431.42	
合 计 Total	叁万肆仟玖佰叁拾玖元叁角捌分	34,939.38	34,939.38

附单数据（1）张

核准 Approved by　过账 Posted by 陈静　出纳 Cashier　制单 Prepared by 何陈钰　审核 Checked by 陈静　签收 Received

图 17-50

例 17-53　2020 年 1 月 31 日参照“SOUT000001”号生产领料单生成凭证，如图 17-51 所示。

记 账 凭 证

日期：2020-01-31
编号：记 7 号
页号：1/1

核算单位 Unit 深圳市成越实业有限公司

摘　要 Description	科　目 A/C	借　方 Debit	贷　方 Credit
生产领料	5001.01 生产成本 - 直接材料	3,915.93	
生产领料	5001.01 生产成本 - 直接材料	34,507.96	
生产领料	5001.01 生产成本 - 直接材料	66.37	
	1403 原材料		3,915.93
	1403 原材料		34,507.96
	1403 原材料		66.37
合 计 Total	叁万捌仟肆佰玖拾元贰角陆分	38,490.26	38,490.26

附单数据（1）张

核准 Approved by　过帐 Posted by 陈静　出纳 Cashier　制单 Prepared by 何陈钰　审核 Checked by 陈静　签收

图 17-51

例 17-54　2020 年 1 月 31 日参照“CIN000001”号产品入库单生成凭证，如图 17-52 所示。

记 账 凭 证

日期：2020-01-31
编号：记 8 号
页号：1/1

核算单位 Unit 深圳市成越实业有限公司

摘　要 Description	科　目 A/C	借　方 Debit	贷　方 Credit
产品入库	1405 库存商品	41,250.00	
	5001.01 生产成本 - 直接材料		41,250.00
合 计 Total	肆万壹仟贰佰伍拾元整	41,250.00	41,250.00

附单数据（1）张

核准 Approved by　过帐 Posted by 陈静　出纳 Cashier　制单 Prepared by 何陈钰　审核 Checked by 陈静　签收

图 17-52

例 17-55 2020 年 1 月 31 日参照"ZSEFP000001"号销售发票生成凭证，如图 17-53 所示。

记 账 凭 证

日期：2020-01-31
编号：记 9 号
页号：1/1

核算单位 Unit 深圳市成越实业有限公司

摘要 Description	科目 A/C	借方 Debit	贷方 Credit
销售收入	1122 应收账款 / 客户:1.01 - 北京远东公司	76,000.00	
	6001 主营业务收入		67,256.64
	2221.01.05 应交税费 - 应交增值税 - 销项税额		8,743.36
合计 Total 柒万陆仟元整		76,000.00	76,000.00

图 17-53

例 17-56 2020 年 1 月 31 日参照"CFKD000002"号付款单生成凭证，如图 17-54 所示。

记 账 凭 证

日期：2020-01-31
编号：记 10 号
页号：1/1

核算单位 Unit 深圳市成越实业有限公司

摘要 Description	科目 A/C	借方 Debit	贷方 Credit
付款	2202 应付账款 /供应商:01 - 笔帽供应商	3,000.00	
	1002.01 银行存款 - 工行东桥支行125		3,000.00
合计 Total 叁仟元整		3,000.00	3,000.00

图 17-54

2020 年 1 月 31 日参照"CFKD000003"号付款单生成凭证，如图 17-55 所示。

记 账 凭 证

日期：2020-01-31
编号：记 11 号
页号：1/1

核算单位 Unit 深圳市成越实业有限公司

摘要 Description	科目 A/C	借方 Debit	贷方 Credit
付款	2202 应付账款 /供应商:02 - 笔芯供应商	5,000.00	
	1002.01 银行存款 - 工行东桥支行125		5,000.00
合计 Total 伍仟元整		5,000.00	5,000.00

核准 过帐 陈静 出纳 制单 何陈钰 审核 陈静 签收

图 17-55

2020 年 1 月 31 日参照"CFKD000004"号付款单生成凭证，如图 17-56 所示。

记 账 凭 证

日期：2020-01-31
编号：记 12 号
页号：1/1

核算单位 Unit 深圳市成越实业有限公司

摘要 Description	科目 A/C	借方 Debit	贷方 Credit
付款	2202 应付账款 /供应商:03 - 笔壳供应商	14,900.00	
付款	2202 应付账款 /供应商:03 - 笔壳供应商	35,100.00	
	1002.01 银行存款 - 工行东桥支行125		14,900.00
	1002.01 银行存款 - 工行东桥支行125		35,100.00
合计 Total 伍万元整		50,000.00	50,000.00

核准 过帐 陈静 出纳 制单 何陈钰 审核 陈静 签收

图 17-56

例 **17-57** 2020 年 1 月 31 日参照“XSKD000002”号收款单生成凭证，如图 17-57 所示。

记 账 凭 证

核算单位Unit 深圳市成越实业有限公司

日期：2020-01-31
编号：记 13 号
页号：1/1

摘 要 Description	科 目 A/C	借 方 Debit	贷 方 Credit
收款单	1002.01 银行存款 - 工行东桥支行125	40,000.00	
收款单	1002.01 银行存款 - 工行东桥支行125	10,000.00	
	1122 应收账款 /客户:1.01 - 北京远东公司		40,000.00
	1122 应收账款 /客户:1.01 - 北京远东公司		10,000.00
合 计 Total 伍万元整		50,000.00	50,000.00

附单数据（ 0 ）张

核准 Approved by　过帐 Posted by 陈静　出纳 Cashier　制单 Prepared by 何陈钰　审核 Checked by 陈静　签收

图 17-57

例 **17-58** 2020 年 1 月 31 日付员工工资。类别汇总数据中，生产部员工为 9761 元，市场部员工为 5723 元，管理人员为 13 000 元，直接从“工行东桥支行 125”账号中转账。录入并保存成功的凭证如图 17-58 所示。

记 账 凭 证

核算单位Unit 深圳市成越实业有限公司

日期：2020-01-31
编号：记 14 号
页号：1/1

摘 要 Description	科 目 A/C	借 方 Debit	贷 方 Credit
付生产部员工工资	5101.05 制造费用 - 工资	9,761.00	
付工资	6601.04 销售费用 - 工资	5,723.00	
付工资	6602.05 管理费用 - 工资	13,000.00	
付工资	1002.01 银行存款 - 工行东桥支行125		28,484.00
合 计 Total 贰万捌仟肆佰捌拾肆元整		28,484.00	28,484.00

附单数据（ 0 ）张

核准 Approved by　过帐 Posted by 陈静　出纳 Cashier　制单 Prepared by 何陈钰　审核 Checked by 陈静　签收

图 17-58

例17-59 2020年1月31日到银行换港币备用，汇率为0.89，录入并保存成功的凭证如图17-59所示。

摘要 Description	科目 A/C	币别 Currency	汇率 Exchange Rate	原币金额 Amount in	借方 Debit	贷方 Credit
		单位 UoM	单价 Unit Price	数量 Quantity		
换港币备用金	1001.02 库存现金－港币	港币	0.89	10,000.00	8,900.00	
换港币备用金	1002.01 银行存款－工行东桥支行125					8,900.00
合计 total 捌仟玖佰元整					8,900.00	8,900.00

记账凭证 日期：2020年1月31日 编号：记15 1/1
核算单位 Unit 深圳市成越实业有限公司

图 17-59

例17-60 2020年1月31日仁渴因市场业务出差，报销出差费2315元，以现金支付，录入并保存成功的凭证如图17-60所示。

摘要 Description	科目 A/C	币别 Currency	汇率 Exchange Rate	原币金额 Amount in	借方 Debit	贷方 Credit
		单位 UoM	单价 Unit Price	数量 Quantity		
仁渴报销费用	6601.01 销售费用－差旅费				2,315.00	
仁渴报销费用	1001.01 库存现金－人民币					2,315.00
合计 total 贰仟叁佰壹拾伍元整					2,315.00	2,315.00

记账凭证 日期：2020年1月31日 编号：记16 1/1
核算单位 Unit 深圳市成越实业有限公司

图 17-60

例 17-61 2020 年 1 月 31 日计提固定资产折旧费用。生产部折旧费用为 2200 元,市场部折旧费用为 500 元,办公室所有固定资产折旧为 1100 元,录入并保存成功的凭证如图 17-61 所示。

摘要	科目	币别	汇率	原币金额	借方	贷方
计提固定资产折旧费用	5101.03 制造费用-折旧费				2,200.00	
计提固定资产折旧费用	6601.03 销售费用-折旧费				500.00	
计提固定资产折旧费用	6602.06 管理费用-折旧费				1,100.00	
计提固定资产折旧费用	1602 累计折旧					3,800.00
合计	叁仟捌佰元整				3,800.00	3,800.00

记账凭证 日期:2020 年 1 月 31 日 编号:记 17 1/1
核算单位:深圳市成越实业有限公司
制单:何陈钰 审核:陈静 出纳:陈静

图 17-61

例 17-62 2020 年 1 月 31 日,以"陈静"身份审核所有凭证。

例 17-63 2020 年 1 月 31 日,以"陈静"身份过账所有凭证。

例 17-64 2020 年 1 月 31 日,以"何陈钰"身份进行期末调汇处理。港币的期末汇率为 0.892,调汇后生成的凭证如图 17-62 所示(注:软件只显示为 0.89,但实际计算为 0.892)。再以"陈静"身份审核和过账该凭证。

摘要	科目	币别	汇率	原币金额	借方	贷方
结转汇兑损益	1001.02 库存现金-港币	港币	0.89		20.00	
	1002.02 银行存款-人行东桥支行128	港币	0.89		200.00	
	6603.03 财务费用-调汇					220.00
合计	贰佰贰拾元整				220.00	220.00

记账凭证 日期:2020 年 1 月 31 日 编号:记 18 1/1
核算单位:深圳市成越实业有限公司
制单:何陈钰 审核:陈静 出纳:陈静

图 17-62

例17-65 2020年1月31日,以"何陈钰"身份设置"制造费用转生产成本"模板,生成凭证如图17-63所示。再以"陈静"身份审核和过账该凭证。

记账凭证

日期:2020年1月31日
编号:记19 1/1
核算单位 Unit:深圳市成越实业有限公司

摘要 Description	科目 A/C	币别 Currency	汇率 Exchange Rate	原币金额 Amount in	借方 Debit	贷方 Credit
		单位 UoM	单价 Unit Price	数量 Quantity		
制造费用转生产成本	5001.03 生产成本 - 制造费用转入				11,961.00	
制造费用转生产成本	5101.03 制造费用 - 折旧费					2,200.00
制造费用转生产成本	5101.05 制造费用 - 工资					9,761.00
合计 total 壹万壹仟玖佰陆拾壹元整					11,961.00	11,961.00

核准 Approved by   过账 Posted by 陈静   出纳 Cashier   制单 Prepared by 何陈钰   审核 Checked by 陈静

图17-63

例17-66 2020年1月31日,以"何陈钰"身份设置"生产成本转库存商品"模板,生成凭证如图17-64所示。再以"陈静"身份审核和过账该凭证。

记账凭证

日期:2020年1月31日
编号:记20 1/1
核算单位 Unit:深圳市成越实业有限公司

摘要 Description	科目 A/C	币别 Currency	汇率 Exchange Rate	原币金额 Amount in	借方 Debit	贷方 Credit
		单位 UoM	单价 Unit Price	数量 Quantity		
生产成本结转库存商品	1405 库存商品				9,201.26	
生产成本结转库存商品	5001.01 生产成本 - 直接材料					-2,759.74
生产成本结转库存商品	5001.03 生产成本 - 制造费用转入					11,961.00
合计 total 玖仟贰佰零壹元贰角陆分					9,201.26	9,201.26

核准 Approved by   过账 Posted by 陈静   出纳 Cashier   制单 Prepared by 何陈钰   审核 Checked by 陈静

图17-64

例 17-67 2020年1月31日,以"何陈钰"身份设置"库存商品转主营业务成本"模板,生成凭证如图17-65所示。再以"陈静"身份审核和过账该凭证。

记账凭证

日期:2020年1月31日
编号:记21 1/1
核算单位 Unit: 深圳市成越实业有限公司

摘要 Description	科目 A/C	币别 Currency	汇率 Exchange Rate	原币金额 Amount in	单位 UoM	单价 Unit Price	数量 Quantity	借方 Debit	贷方 Credit
库存商品转主营业务成本	6401 主营业务成本							52,701.26	
库存商品转主营业务成本	1405 库存商品								52,701.26
合计 Total 伍万贰仟柒佰零壹元贰角陆分								52,701.26	52,701.26

核准 Approved by   过账 Posted by 陈静   出纳 Cashier   制单 Prepared by 何陈钰   审核 Checked by 陈静

图 17-65

例 17-68 2020年1月31日,以"何陈钰"身份进行期末"结转损益"操作,生成的凭证如图17-66和图17-67所示。再以"陈静"身份审核和过账该凭证。

记账凭证

日期:2020年1月31日
编号:记22 1/2
核算单位 Unit: 深圳市成越实业有限公司

摘要 Description	科目 A/C	币别 Currency	汇率 Exchange Rate	原币金额 Amount in	单位 UoM	单价 Unit Price	数量 Quantity	借方 Debit	贷方 Credit
结转本期损益	6001 主营业务收入							67,258.64	
	4103 本年利润								67,258.64
	4103 本年利润							75,119.26	
	6401 主营业务成本								52,701.26
	6601.01 销售费用-差旅费								2,315.00
合计 Total									

核准 Approved by   过账 Posted by 陈静   出纳 Cashier   制单 Prepared by 何陈钰   审核 Checked by 陈静

图 17-66

摘要 Description	科目 A/C	币别 Currency	汇率 Exchange Rate	原币金额 Amount in		借方 Debit	贷方 Credit
		单位 UoM	单价 Unit Price	数量 Quantity			
	6601.03 销售费用－折旧费						500.00
	6601.04 销售费用－工资						5,723.00
	6602.05 管理费用－工资						13,000.00
	6602.06 管理费用－折旧费						1,100.00
	6603.03 财务费用－调汇						-220.00
合计 Total	壹拾肆万贰仟叁佰柒拾伍元玖角整					142,375.90	142,375.90

记账凭证 日期：2020年1月31日 编号：记22 2/2
核算单位 Unit：深圳市成越实业有限公司

核准 Approved by　过帐 Posted by 陈静　出纳 Cashier　　制单 Prepared by 何陈钰　审核 Checked by 陈静

图 17-67

例 17-69 2020年1月31日，以"陈静"身份处理资产负债表和利润表。

例 17-70 2020年1月31日，在报表中自定义应付账款情况表，如图 17-68 所示。

应付账款情况表
第1页
单位名称深圳市成越实业有限公司：

供应商名称	本期期初	本期增加货款	本期付款	本期余额
笔帽供应商	0	4425	3000	1425
笔芯供应商	0	8640	5000	3640
笔壳供应商	35100	24570	50000	9670
笔身委外加工商	0	3750	0	3750

图 17-68

第 18 章 账套管理

本章重点

- 账套定义
- 建立账套
- 启用账套
- 账套的备份、恢复和删除

信息化就是利用计算机代替人工进行账务、业务处理工作，因此用户必须建立一个账套文件，用以存放公司的有关财务和业务资料，以便计算机调用。

账套是一个数据库文件，用来存放所有业务数据资料，包含会计科目、凭证、账簿、报表、出入库单据等内容，所有工作都需要登录账套后才能进行。一个账套只能做一个会计主体（公司）的业务。金蝶K/3对账套的数量没有限制，也就是说，一套金蝶K/3可以做多家公司的账。

账套管理在金蝶K/3产品应用中占有重要的地位。只有建立正确的账套，才能保证账套的正常使用；只有备份好账套，才能减少重复工作量的投入。

18.1 建立账套

建立账套之前需要确定几项内容：建立账套的公司名、要使用哪些系统、启用账套的时间、本位币是何币种。

> 注　若是使用网络版，账套管理功能在"中间层服务器"计算机上操作。

以第17章实例资料中的"深圳市成越实业有限公司"为例建立账套，具体操作步骤如下。

（1）选择"开始"→"所有程序"→"金蝶K3 WISE"→"金蝶K3 服务器配置工具"→"账套管理"，弹出"账套管理登录"窗口，用户名使用系统默认值"Admin"，密码为空。单击"确定"按钮，进入"金蝶K/3账套管理"窗口，如图18-1所示。

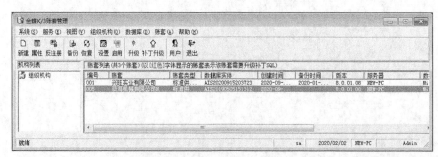

图 18-1

（2）选择"数据库"→"建立账套"，或者单击工具栏上的"新建"按钮，弹出"信息"窗口，单击"关闭"按钮，弹出"新建账套"窗口，"账套号"录入"002"，"账套名称"录入"深圳市成越实业有限公司"，"账套类型"选择"标准供应链解决方案"，"数据库实体"保持不变，设置"数据库文件路径"，设置完成如图 18-2 所示。

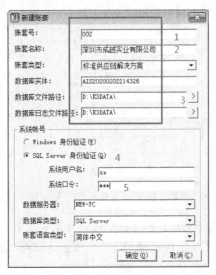

图 18-2

（3）系统账号选择"SQL Server 身份验证"方式，然后录入 sa 的密码，"数据服务器"和"数据库类型"采用默认值，单击"确定"按钮，系统开始建账工作，这可能需要 2～10 分钟的时间，耗时主要视计算机配置情况而定，账套建立成功后，账套信息会显示在窗口右侧的"账套列表"中，如图 18-3 所示。

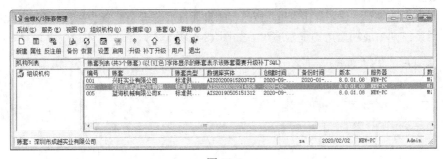

图 18-3

18.2 属性设置和启用账套

属性设置包括设置账套的机构名称、记账本位币和启用会计期间等内容。属性设置完成后才可以启用账套进行初始化设置。具体操作步骤如下。

（1）在账套列表中选择"002—深圳市成越实业有限公司"账套；选择"账套"→"属性设置"，或者单击工具栏上的"设置"按钮，弹出"属性设置"窗口，如图 18-4 所示。

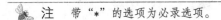 注 带"*"的选项为必录选项。

— 493 —

(2) 在"系统"选项卡可设置该账套的基本信息。"机构名称"录入"深圳市成越实业有限公司","地址"录入"深圳市宝安区文汇路19号","电话"录入"0755-12345678",如图18-5所示。

(3) 在"总账"选项卡可设置记账时的基本信息。这里采用默认值,如图18-6所示。

图18-4

图18-5

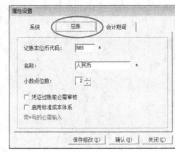
图18-6

注 "记账本位币代码"和"小数点位数"可以根据实际情况修改。

(4) 在"会计期间"选项卡可设置账套的启用会计期间。单击"更改"按钮,弹出"会计期间"设置窗口,"启用会计年度"录入"2020","启用会计期间"录入"1",如图18-7所示。

注 (1) 启用会计期间"2020年1月",表示初始设置中的期初数据为2019年12月的期末数,所以读者在启用账套时一定要注意自己的账套要从什么期间启用,以便准备初始数据。

(2) 如果会计期间有特殊情况,可以取消"自然年度会计期间"的选中,这样读者可以选择12个或13个会计期间,并且会计期间的开始日期都可以修改。

(5) 单击"确定"按钮,保存会计期间设置。再单击"确定"按钮,弹出是否启用账套的提示窗口,如图18-8所示。

(6) 如果属性设置完成,单击"是"按钮;如果还需要修改,单击"否"按钮。在此单击"是"按钮,稍后系统弹出成功启用的提示窗口,如图18-9所示。

图18-7

图18-8

图18-9

(7) 单击"确定"按钮,完成属性设置和账套启用工作。

注 该处的账套启用是指建立账套文件工作完成,而不是指启用后可以录入业务单据。因初始数据还未录入,所以录入单据后的数据会与实际数据有出入。

第 19 章　账套初始化（一）

> **本 章 重 点**
> - 系统设置
> - 生产制造和供应链系统启用
> - 基础资料设置
> - 业务初始数据录入

以"Administrator"（系统管理员）身份登录"深圳市成越实业有限公司"账套，并对账套进行系统设置。双击桌面"金蝶 K/3 WISE"图标，系统弹出"金蝶 K/3 系统登录"窗口，"当前账套"选择"0021 深圳市成越实业有限公司"并选择"命名用户身份登录"，"用户名"处录入"Administrator"，"密码"为空，如图 19-1 所示。

单击"确定"按钮，用户身份通过系统检测进入主控台界面。如果使用的是演示版，则会提示"您使用的是 K/3 演示版！"，单击"确定"按钮，进入"我的工作台"界面。金蝶 K/3 系统为用户提供了 3 种窗口模式，第 1 种是工作台窗口模式，第 2 种是流程图窗口模式，第 3 种是旧的金蝶 K/3 主界面窗口模式。操作员可以根据个人习惯进行切换。

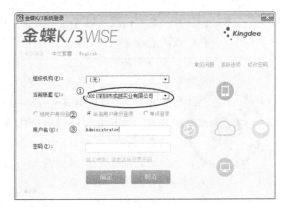

图 19-1

19.1　账套初始化概述

账套初始化是 ERP 系统中十分重要的工作，它是整个工作的基础。初始化设置的好坏，将直接影响到系统的运作质量。清晰的科目结构、明了准确的数据关系，会使用户在账套启用后的日常处理和财务核算工作中思路顺畅，处理简便、快捷。

在流程图界面，单击"系统大类"中的"系统设置"，可以看到系统设置包括基础资料、初始化、系统设置、ERP 短信、HR 短信、用户管理、多级审核授权委托和上机日志信息等明细功能，其中基础资料、初始化和系统设置是初始化工作将涉及的模块。

- 基础资料：对各个系统的基础资料进行设置和管理，如科目、客户、供应商等。
- 初始化：录入各系统的初始数据。
- 系统设置：对各个系统的参数进行集中设置和管理。
- 用户管理：对使用该账套的用户信息进行管理。
- 上机日志：查看各用户使用当前账套的信息。

19.2　初始化设置流程

初始化设置流程：初始化准备→系统参数设置→基础资料设置→初始数据录入→结束初始化。

- *初始化准备*：充足的初始化准备工作能让整个系统的初始化设置工作顺利进行。初始化准备工作包括准备账套启用时各会计科目的期初余额、本年累计借方金额、本年累计贷方金额，准备物料的期初结存数据以及准备币别、客户、供应商等信息资料。
- *系统参数设置*：系统参数设置在金蝶 K/3 产品中具有重要的地位。正确地设置系统参数，可以使用户在业务处理时能有效地控制，如库存的更新控制是保存后就立即更新现存量，还是审核单据后才更新现存量；凭证是否需要审核后才能过账，如果选中则凭证必须审核后才能进行过账操作，不选中则不控制。究竟需要设置哪些系统的相关参数，根据用户所需使用的系统而定，当然，有些参数也可以在使用过程中随时设置。用户只需对账套中将要涉及的系统进行设置即可。对于此功能，本章主要讲述生产制造系统和供应链系统参数的设置。
- *基础资料设置*：在会计电算化中，所有单据基本上都由基础资料生成，如生成出入库单据时，物料档案可以从基础资料中获取，币别可以从基础资料中获取，客户信息或供应商信息也可以从基础资料中获取。从基础资料中获取数据提高了工作效率，并且能保证数据的准确性。基础资料录入完成后，可以被多个系统使用，如客户资料。在仓存管理系统中，录入销售出库单时，可以获取客户信息；应收款管理系统中，录入发票时可以获取客户信息，这样真正体现了数据共享的优势——一次录入，多个系统均可调用。
- *初始数据录入*：初始数据是根据所需使用的系统录入的，如用户只购买了总账、报表系统，则只需录入各会计科目的期初余额、本年累计借方发生额、本年累计贷方发生额；若是在年初启用账套，则只需录入年初余额。
- *结束初始化*：所有期初数据录入完成后，可以结束初始化工作。只有结束初始化工作才能进行日常的业务处理，如仓存管理系统日常的出入库业务等。

19.3　引入会计科目

会计科目在金蝶 K/3 中使用广泛，进行业务类基础资料设置需要涉及会计科目，所以先要引入会计科目档案。

新建立账套的会计科目基础数据为空，需引入所需行业的科目表以减轻录入的工作量。金蝶 K/3 系统已经为用户预设相关行业的一级会计科目和部分二级明细科目，有新会计准则、企业会计制度和工业企业等行业的会计科目，涉及详细的明细级科目则由用户自行新增。引入会计科目方法如下。

（1）选择"系统设置"→"基础资料"→"公共资料"→"科目"，或者双击流程图中的"科目"图标，如图 19-2 所示。

系统进入"科目"设置管理窗口，如图 19-3 所示。

会计科目档案默认为空，需要自行新增或从模板中引入。

（2）选择"文件"→"从模板中引入科目"，弹出"科目模板"窗口，如图 19-4 所示。

（3）单击"行业"下拉按钮，可以自由选择所需的行业科目。单击"查看科目"按钮，可以查看该行业下已经预设的会计科目，如图 19-5 所示。

（4）选择"新会计准则科目"，再单击"引入"按钮，弹出"引入科目"窗口，如图 19-6 所示。

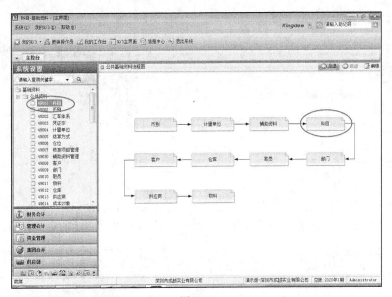

图 19-2

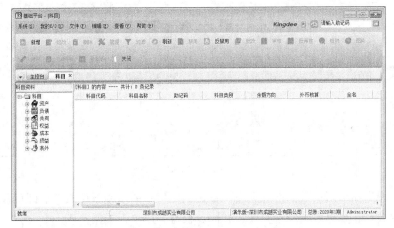

图 19-3

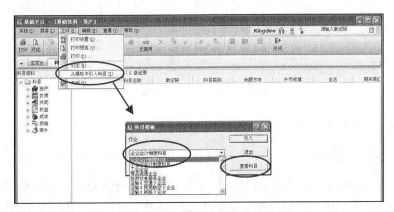

图 19-4

图 19-5

图 19-6

（5）单击"全选"按钮，再单击"确定"按钮，引入所有会计科目。稍后，系统弹出引入成功提示，单击"确定"按钮返回"基础资料 - 资产"窗口。引入成功的科目如图 19-7 所示。

图 19-7

若屏幕上没有显示所引入的会计科目，单击工具栏上的"刷新"按钮后即可显示。

系统已将会计科目分为资产、负债、共同、权益、成本、损益、表外七大类，查看相应类别下的科目的方法是单击该类别前的"+"号。

 小技巧　在图 19-6 所示"引入科目"窗口，如果不需要引入所有科目，可以选择自己所需的科目，方法是单击代码前的方框，打钩表示需要引入。

19.4　系　统　设　置

本节先练习生产制造和供应链系统的参数和选项设置。

19.4.1　系统参数设置

本小节重点讲述启用会计期间的设置以及对物料现存量的更新时间点等参数进行设置。

启用会计期间在 ERP 系统设置时非常重要，因为系统中的初始数据就是由启用会计期间来决定的。如准备在 2020 年 1 月开始使用供应链和生产制造系统，则启用会计期间设置为 2020 年 1 月，那么仓存中物料的初始库存应录入 2019 年年底的结存数据；如果准备 2020 年 5 月启用系统，则录入的初始库存是 2020 年 4 月末的结存数据。

生产制造和供应链的"系统参数设置"功能为同一功能，即在任意供应链模块中设置系统参数后，其他模块也同时被设置好。

> 注　财务模块的启用会计期间可以与供应链的启用会计期间不同步。

系统参数设置方法如下。

（1）选择"系统设置"→"初始化"→"采购管理"→"系统参数设置"，如图 19-8 所示。

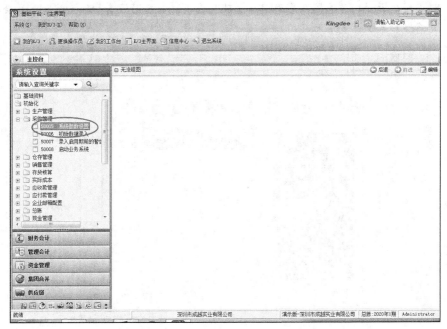

图 19-8

（2）系统弹出"核算参数设置向导"窗口，单击"启用期间"下拉按钮，可以选择启用期间，如图 19-9 所示。

（3）启用期间选择"1"，单击"下一步"按钮，系统进入核算方式和库存更新控制设置步骤，如图 19-10 所示。

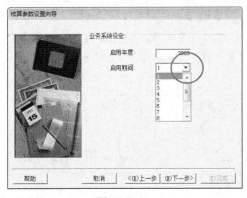

图 19-9

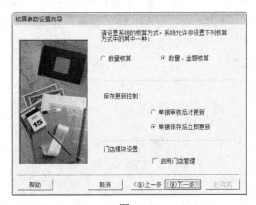

图 19-10

- 核算方式：若选择"数量核算"选项，系统只核算数量，不核算金额，所以显示的核算金额不会正确；若选择"数量、金额核算"选项，则是材料的数量和金额都核算。当账套与财务系统相互联系时，应选择"数量、金额核算"选项。
- 库存更新控制：针对物料的即时库存更新的设置。若选择"单据审核后才更新"，库存类单据经审核后才能将其库存数量计算到即时库存中，并在反审核该库存单据后进行库存调整；若选择"单据保存后立即更新"，则库存类单据被保存成功后就将其库存数量计算到即时库存中，并在修改、复制、删除、作废、反作废该库存单据时进行库存调整。为了保持数据的严肃性，建议选择"单据审核后才更新"选项。
- 门店模块设置：若选择"启用门店管理"选项，则启用门店管理系统，系统会把门店管理系统和系统设置不涉及门店管理的菜单屏蔽。

（4）库存更新控制选择"单据审核后才更新"选项，其他采用默认值。单击"下一步"按钮，进入下一窗口，如图19-11所示。

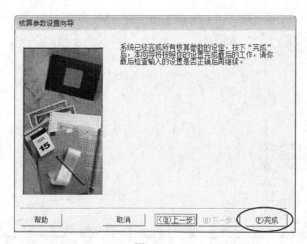

图19-11

（5）单击"完成"按钮，完成"系统参数设置"工作。

19.4.2 工厂日历

工厂日历是ERP系统特有的日历，它是在自然日历的基础上设置工厂休息日后的工作日历，它是计算主生产计划、物料需求计划等的基础资料，对系统运行结果有重大影响。

例如，有一产品从开工到完工需要7天，如果要求2020年2月10日完工，理论上应该于2020年2月4日开工，但当系统考虑工厂日历时（假设有2个休息日，2020年2月8日和9日休息），系统计算出来的建议开工日期是2020年2月2日。

> 注　工厂日历的设置主要针对计划系统，若不启用计划系统则可以不进行设置。

工厂日历设置方法如下。
（1）选择"系统设置"→"初始化"→"生产管理"→"工厂日历"，如图19-12所示。

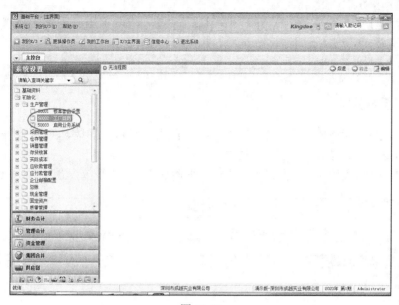

图 19-12

（2）弹出"工厂日历"设置窗口，如图 19-13 所示。

单击"工厂日历起始日"的下拉按钮，可以选择工厂日历从什么时间开始设置，在此保持默认值。"周六是休息日"和"周日是休息日"两个选项用来设置自然日历的周六和周日是否休息，若只周日休息，则不要勾选"周六是休息日"选项。

（3）起始日设置为"2020-01-01"，单击"保存"按钮，进入更详细的"工厂日历"设置窗口，如图 19-14 所示。

图 19-13

图 19-14

在图 19-14 所示窗口中，可以单击"工厂日历"和"休息日"选项卡查看工厂日历的设置情况。

若碰到特殊情况，如 2020 年 1 月 9 日不是周六或周日，但是又必须休息，不算在工厂日历中，该怎么设置呢？方法很简单，只要选中该条工厂日历，单击"置换"按钮，即可将该条工厂日历设置为"休息日"。同理，工厂为赶工作进度放弃 2020 年 1 月 11 日休息时该怎么设置呢？在"休息日"选项卡中选中该条日历，单击"置换"按钮即可。

工厂日历设置完成后，单击"保存"按钮退出设置窗口。

> **注**
> （1）工厂日历通常在进行 MRP 计算前设置，这样在系统展开 MRP 计算时才能将正确设置的工厂日历因素考虑到计划订单中。
> （2）需要进行置换的工厂日历必须大于计算机系统日期，否则无法置换。

19.4.3 系统设置

系统设置是针对所需使用系统的控制，如业务单据的审核人与制单人能否为同一人，当仓库出现负库存时是否预警提示等。系统设置的方法如下。

（1）选择"系统设置"→"系统设置"→"采购管理"→"系统设置"，如图 19-15 所示。

图 19-15

（2）进入"系统参数维护"窗口，如图 19-16 所示。

"系统设置"项目下主要显示账套的基本信息，如公司名称和电话信息等。

（3）单击"单据设置"项目，窗口切换到"单据设置"参数设置窗口，如图 19-17 所示。

单据设置主要对不同单据类型的单据号编码进行定义，如采购订单的编码格式是"POORD+000001"，表示当系统新增第一张采购订单时，单据号是"POORD000001"，第二张采购订单的单据号则是"POORD000002"。

单据号的编码格式可以根据公司特点进行设定，如将本账套的采购订单号编码定义为"CYPO+000001"（CY 表示成越公司，PO 表示采购订单，后面 6 位是单据流水号），设置方法如下：双击"采购订单"行记录，系统弹出"修改单据参数设置"窗口，在"自定义"行的"格式"处将原有内容修改为"CYPO"，如图 19-18 所示。

单击"保存"按钮保存设置。单击"退出"按钮，返回"系统参数维护"窗口，其中的"采购订单"行记录已经被更改。

（4）单击"打印控制"项目，切换到"打印控制"参数设置窗口，如图 19-19 所示。

第 19 章 账套初始化（一）

图 19-16

图 19-17

图 19-18

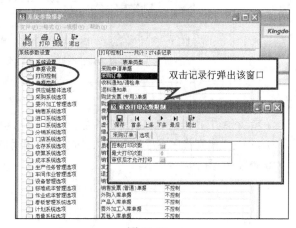

图 19-19

打印控制是对每个单据类型的打印次数进行限制的设置，为的是避免单据重复多次打印，同时限制业务单据的处理范围。双击要修改的打印单据，进入"修改打印次数限制"设置窗口，在"控制打印次数"处打钩，表示进行打印控制，并在"最大打印次数"处录入次数，在此暂不用设置。

19.5 基础资料设置

在会计电算化中，所有单据基本上都从基础资料中获取信息并生成，如录入外购入库时，供应商可以从基础资料中获取，物料档案可以从基础资料中获取，仓库信息也可以从基础资料中获取。从基础资料中获取数据提高了工作效率，并且能保证数据的准确性。基础资料录入完成后，可以被多个系统使用，如客户资料，在销售管理系统中录入销售出库单时，可以获取客户信息；在应收款管理系统中录入发票时可以获取客户信息。这样真正地体现了数据共享的优势：一次录入，可被多个系统调用。

金蝶 K/3 的系统多，囊括的内容多，因此将基础资料细分为两大部分：公共资料和各个系统的基础数据。公共资料是多个管理系统都会使用的公共基础数据，如会计科目、客户、物料等信息资料；各个系统的基础数据，是公共资料不能满足业务需求时，还要进行设置的资料，如应收款下的信用管理、价格、折扣等资料。

本实例账套所涉及的基础数据请参阅第 17 章。

19.5.1 币别

币别设置用于针对企业经营活动中涉及的外币（注：外币在此指除本位币人民币以外的货币）进行管理，如港币、美元。功能有新增、修改、删除、币别管理、禁用、禁用管理、相关属性、引出、打印、预览等。将表 17-1 中的币别新增入账套，具体操作步骤如下。

（1）选择"系统设置"→"基础资料"→"公共资料"→"币别"，系统弹出"币别"管理窗口，如图 19-20 所示。

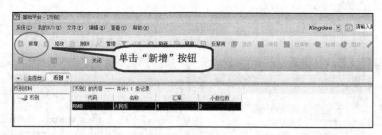

图 19-20

（2）单击工具栏上的"新增"按钮，弹出"币别 - 新增"窗口，如图 19-21 所示。

（3）在"币别代码"处录入"HKD"，在"币别名称"处录入"港币"，在"记账汇率"处录入"0.89"，如图 19-22 所示。

 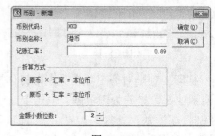

图 19-21　　　　　　　　　　　　　图 19-22

（4）单击"确定"按钮保存设置。这时，在"币别"管理窗口可以看到已经新增的"港币"。

19.5.2 凭证字

凭证字设置用于管理凭证处理时所需的凭证字类别，如收、付、转、记等。本实例账套使用"记"凭证字。下面新增表 17-2 中的数据，具体操作步骤如下。

（1）选择"系统设置"→"基础资料"→"公共资料"→"凭证字"，弹出"凭证字"管理窗口，如图 19-23 所示。

（2）单击工具栏上的"新增"按钮，弹出"凭证字 - 新增"窗口。在"凭证字"处录入"记"，其他保持默认值，如图 19-24 所示。

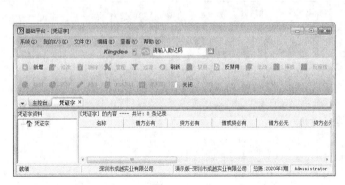

图 19-23

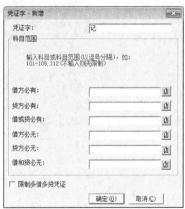

图 19-24

单击"确定"按钮，保存凭证字。

> 注
> （1）科目范围下的"借方必有""贷方必有"等项目，是设置录入凭证时，凭证中的分录必须要涉及所设置的项目，如为空值，则所有科目都适用于该凭证字。例如，凭证字为"记"字，借方必有获取"1001—库存现金"科目，则所有使用"记"的凭证，其中一条分录必须使用"1001—库存现金"科目，否则系统会弹出提示。
> （2）"限制多借多贷凭证"项目：设置当前凭证字是否要求限制多借多贷。

19.5.3 计量单位

计量单位是在系统进行供应链、存货核算和固定资产资料录入时，为各不同的存货、固定资产设置的计量标准，如个、条、台等。下面新增表17-3中的数据，具体操作步骤如下。

（1）选择"系统设置"→"基础资料"→"公共资料"→"计量单位"，弹出"计量单位"管理窗口，如图19-25所示。

初次使用计量单位功能时，需先进行单位分组，然后在各组别下新增计量单位。

（2）选中左侧"计量单位资料"下的"计量单位"，单击工具栏上的"新增"按钮，弹出"新增计量单位组"窗口，录入"数量组"，如图19-26所示。

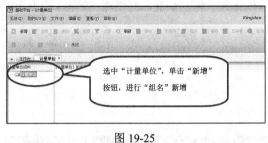

图 19-25

图 19-26

（3）单击"确定"按钮，保存设置并返回"计量单位"管理窗口。这时，可以看到左侧新增的计量单位组资料。

（4）重复步骤（2），新增"其他组"。

（5）选中左侧"计量单位"下的"数量组"，然后在右侧窗口任意处单击，再单击工具栏上的"新增"按钮，系统弹出"计量单位 - 新增"窗口，"代码"录入"11"，"名称"录入"PCS"，

"换算率"录入"1",换算方式保持不变,如图 19-27 所示。

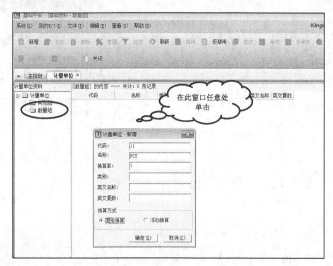

图 19-27

注

(1)换算率是与默认计量单位有关的换算系数。非默认计量单位与默认计量单位的系数换算为乘的关系,即"1(默认计量单位系数)×非默认计量单位系数"。一个单位组中只能有一个默认计量单位。换算率为 1 时表示它们之间呈无换算关系。

(2)换算方式:金蝶 K/3 提供两种计量单位换算方式,即固定换算和浮动换算方式。固定换算方式是指当前的计量单位与默认计量单位间始终维持固定的换算比率,如克与公斤之间的换算是固定的,不可发生 500 克也是 1 公斤的事情;浮动换算方式则可在物料、单据上使用时根据需要指定其换算率,实现了更加灵活的运用,如支与箱之间的换算,大箱可能装 1000 支笔,小箱则装 600 支笔,所以支与箱之间的换算关系就是浮动的。

(3)在右侧窗口任意处单击,激活所选中组别下的新增计量单位资料状态。如果光标激活状态在左侧窗口,单击"新增"按钮,则会弹出"新增计量单位组"窗口。

(6)单击"确定"按钮,保存设置并返回"计量单位"管理窗口。这时,可以看到新增的"计量单位"资料。

(7)重复步骤(5)的方法,将表中其他数据新增入账套。新增完成的窗口如图 19-28 所示。

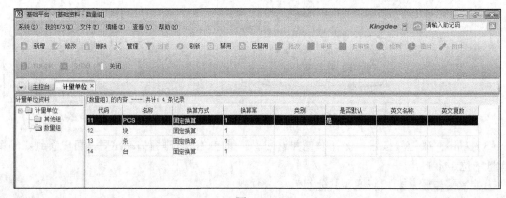

图 19-28

19.5.4 结算方式

结算方式设置用来管理往来业务中的结算方式，如现金结算、支票结算等。正确设置结算方式有利于总账系统与现金管理系统的对账。下面新增表 17-4 中的数据，具体操作步骤如下。

（1）选择"系统设置"→"基础资料"→"公共资料"→"结算方式"，弹出"结算方式"管理窗口，如图 19-29 所示。

（2）单击工具栏上的"新增"按钮，系统弹出"结算方式 - 新增"窗口，"代码"录入"JF06"，"名称"录入"支票"，如图 19-30 所示。

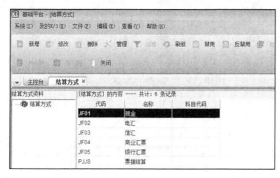

图 19-29

图 19-30

（3）单击"确定"按钮，保存设置并返回"结算方式"管理窗口。这时，可以看到窗口中已经新增的结算方式。

> 注 "结算方式 - 新增"窗口中的"科目代码"用来设置只有某个银行科目才能使用该种结算方式，如为空值则表示任意银行科目都可以使用。

19.5.5 会计科目

会计科目是填制会计凭证、登记会计账簿、编制会计报表的基础。会计科目是对会计对象具体内容分门别类进行核算所规定的项目。会计科目是一个完整的体系，它是区别于流水账的标志，是复式记账和分类核算的基础。会计科目设置的完整性影响着会计过程的顺利实施，会计科目设置的层次深度直接影响会计核算的详细、准确程度。除此之外，对于电算化系统，会计科目的设置是用户应用系统的基础，它是实施各个会计手段的前提。

会计科目的一级科目设置必须符合会计制度的规定，而对于明细科目，核算单位可以根据实际情况，在满足核算和管理要求及报表数据来源的基础上进行设置。

会计科目设置的重点是明细科目的设置和属性的设置。因前面已经引入"新会计准则科目"，在该基础上增加相应的明细科目并进行相应属性设置。

1．现金、银行类科目设置

在企业日常业务中，银行科目下可能会有多个银行账号需要管理，在此先练习现金和银行类会计科目的设置方法。现金、银行类科目设置的重点是选择核算的币别。将表 17-5 中的数据新增入账套，操作步骤如下。

（1）选择"系统设置"→"基础资料"→"公共资料"→"科目"，进入"科目"管理窗口，如图 19-31 所示。

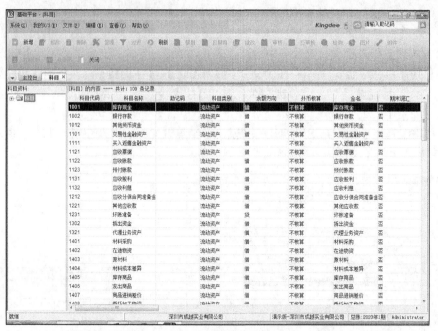

图 19-31

（2）单击窗口左侧的"科目"→"资产"→"流动资产"，这时系统将"流动资产"下的所有会计科目显示出来；先在窗口右侧选中"库存现金"科目，再单击工具栏上的"新增"按钮，弹出"会计科目 - 新增"窗口，如图 19-32 所示。

（3）"科目代码"修改为"1001.01"，"科目名称"录入"人民币"，如图 19-33 所示。

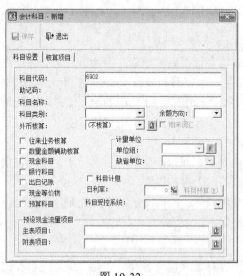

图 19-32

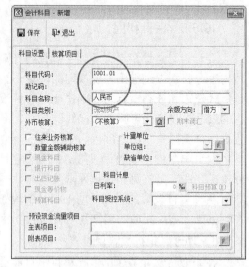

图 19-33

（4）单击"保存"按钮，保存当前设置。

表中其他会计科目请自行录入，当新增"1001.02—港币"和"1002.02—人行东桥支行 128"时，一定要注意"外币核算"的选择。新增完成的窗口如图 19-34 所示。

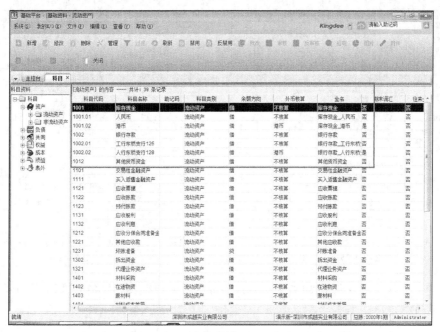

图 19-34

> **说明** 选择"查看"→"选项",在弹出的"选项"设置窗口中,选中"显示级次"下的"显示所有明细",有利于查看科目大类下的所有明细科目。

2. 往来科目设置

往来科目在此指的是应收账款和应付账款科目。在会计工作中,需要知道应收、应付下每一明细账户的发生额和余额,所以在软件中能处理每一家往来单位、每一笔业务是十分必要的。往来类会计科目使用不同系统,可以有不同的设置。

方式一:总账系统单独使用,采用增加二级明细科目的方式。如有客户A,设置科目代码为"1122.01",科目名称录入"A"。当录入凭证涉及A客户的业务时,在凭证录入界面,会计科目获取"1122.01"即可完成A客户的核算。

方式二:总账系统单独使用,采用核算项目的方式。不用在应收账款下增加明细科目,直接修改"应收账款"的科目属性为有"核算项目"功能。在录入凭证时录入"应收账款"科目后,同时可录入要求"核算项目"信息,这样也能起到核算明细的作用。

方式三:总账系统与应收款、应付款管理系统联接使用,并且往来会计科目受控于应收款或应付款管理系统。在会计科目中可以不设置明细科目,这样在总账系统中只能看到"应收账款"的总账数据。每一位客户的明细账是在应收款、应付款管理系统下查询的,因为应收款、应付款管理系统提供了详细的业务处理功能,并且每一笔业务都能详细查询。

本账套采用方式二和方式三,即在总账中能查询到每一位客户的往来情况,在应收款或应付款管理系统中也能查询到对应的业务单据情况。

下面根据表17-6中的数据修改往来科目的科目属性,操作步骤如下。

(1)在"会计科目"管理窗口,选中"1122—应收账款"科目并双击,或者单击工具栏上的"属性"按钮,系统弹出"会计科目 - 修改"窗口,如图19-35所示。

(2)单击"科目受控系统"项目处的下拉按钮,选择"应收应付",如图19-36所示。

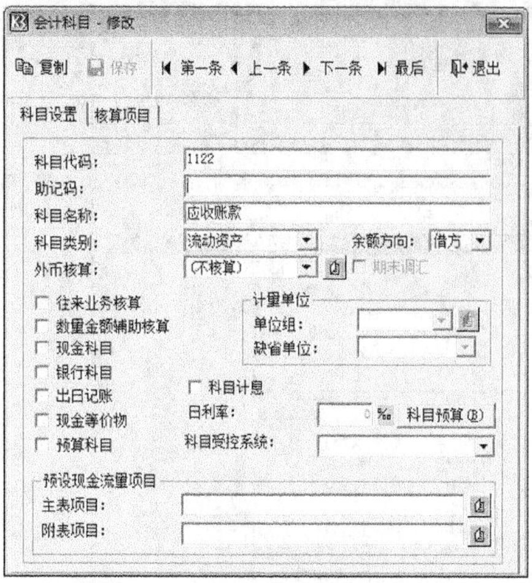

图 19-35 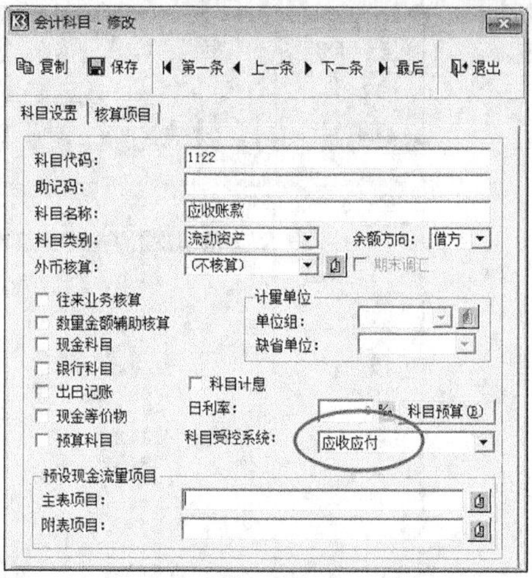　　　　　　　　　　　　　　图 19-36

（3）单击"核算项目"选项卡中的"增加核算项目类别"按钮，弹出"核算项目类别"窗口，如图 19-37 所示。

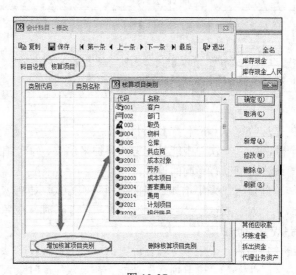

图 19-37

（4）在"核算项目类别"窗口，选中"客户"项目，单击"确定"按钮。再单击"会计科目 - 修改"窗口中的"保存"按钮，保存设置。其余科目请读者自行设置。

> 说明
> （1）若需知道某笔业务是哪个客户的，并且是哪个销售人员经手的，可以再增加一个核算项目，即"职员"。这样在录入凭证时，若涉及该科目，系统会提示录入客户、职员信息，这样就起到了多核算的功能。
> （2）若用户单独使用总账系统，建议将"核算往来业务"选中，这样在录入涉及该科目的凭证时，系统会提示录入往来业务的编号，并且在往来对账单和账龄分析表中能使用到该业务编号。
> （3）该科目使用后，则不能再为该科目新增核算项目类别。

3. 存货科目

存货类科目的设置重点是将科目属性设置为"数量金额辅助核算",并选择核算时使用的计量单位。

因当前账套是标准财务系统与供应链系统(采购管理、销售管理、仓存管理、存货核算)联接使用,供应链系统可以根据材料的出入库情况填写相关单据,各种材料的明细账表也可以在供应链系统中查询;并且,在存货核算系统中可以将业务单据生成凭证传递到总账系统,这样不用在会计科目中增加各材料的明细科目,也能起到材料核算效果。

4. 其他科目

表 17-7 为其他科目数据,请读者自行设置。当前录入的科目名称若与系统内已有的科目名称相同,则会弹出提示窗口。如已录入"制造费用"下的"折旧费",在录入"营业费用"下的"折旧费"时,系统会弹出提示,如图 19-38 所示,根据实际情况选择即可。

图 19-38

注

(1)企业不断开展业务,在启用账套后,涉及新的科目可随时增加。

(2)在已发生业务的科目下,再增加一个子科目,系统会自动将父级科目的全部内容转移到新增的子科目,该项操作不可逆。例如,以前账套没有涉及外币,"现金"科目下的数据就是本位币数据,当企业由于业务需要涉及外币,在"现金"科目新增"人民币"子科目时,系统会自动将"现金"科目下已有的数据(所有发生额)转移到"人民币"子科目下。

19.5.6 核算项目

在金蝶 K/3 中,核算项目是具有相同操作、相似作用的一类基础数据的统称。将具有这些特征的数据归到核算项目中,这样管理起来比较方便,操作起来也比较容易。

核算项目的共同特点如下。

(1)具有相同的操作,如新增、修改、删除、禁用、条形码管理、保存附件、审核等,并可以在业务单据中通过按"F7"功能键获取调用等。

(2)是构成单据的必要信息,如录入单据时需要录入客户、供应商、商品、部门、职员等信息。

(3)本身可以包含多个数据,并且这些数据需要以层级关系保存和显示。

系统中已预设了多种核算项目类型,如客户、部门、职员、物料、仓库、供应商、成本对象、劳务、成本项目、要素费用、分支机构、工作中心、现金流量项目等。用户也可以根据需要自定义所需的核算项目类型。

选择"系统设置"→"基础资料"→"公共资料"→"核算项目管理",进入"全部核算项目"管理窗口,如图 19-39 所示。

单击"核算项目"前的"+",可以逐层查看相应项目下的内容。

图 19-39

1. 客户

客户是企业生产经营的对象，准确地设置客户信息，对往来账务管理非常有利。客户管理是销售管理的重要组成部分，同时也是应收款管理、信用管理、价格管理不可或缺的基本数据。下面新增表 17-8 和表 17-9 中的数据。

为方便管理，可以对客户进行分类，即先建立客户大类。根据表 17-8 新增客户大类，操作步骤如下。

（1）在"全部核算项目"管理窗口，先在窗口左侧选择"核算项目"→"客户"，然后在窗口右侧任意位置单击，再单击工具栏上的"新增"按钮，弹出"客户－新增"窗口，如图 19-40 所示。

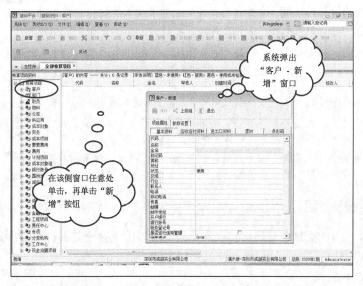

图 19-40

（2）在"基本资料"选项卡，"代码"录入"1"，"名称"录入"国内公司"，如图 19-41 所示。

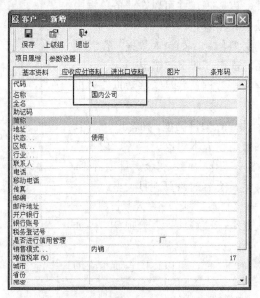

图 19-41

(3) 单击"保存"按钮，保存设置。再以同样方法将另一个大类新增入账套。

> 注　在实际工作中，客户是否分类视工作要求而定，可分可不分。

客户大类新增好后，下面录入各大类下的客户资料。在金蝶 K/3 系统中，上级与下级的编号以"."（小数点）连接，如编号"1.01"表示国营公司大类下的"01"客户。新增表 17-9 中数据，操作步骤如下。

(1) 在"客户 - 新增"窗口，"代码"录入"1.01"，"名称"录入"北京远东公司"，"运输默认提前期（天）"录入"2"，如图 19-42 所示。

(2) 切换到"应收应付资料"选项卡，"应收账款科目代码"获取"1122"，"预收账款科目代码"获取"2203"，"应交税金科目代码"获取"2221.01.05"，如图 19-43 所示。

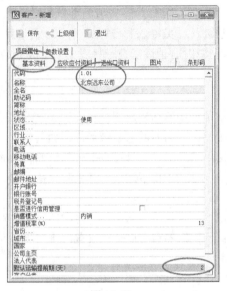

图 19-42

图 19-43

(3) 单击"保存"按钮，保存资料录入。录入完成，单击"退出"按钮返回"全部核算项目"管理窗口。新增完成的窗口如图 19-44 所示。

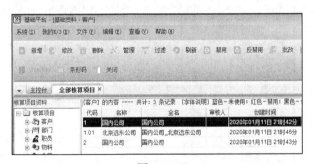

图 19-44

若要修改客户档案，选中后单击工具栏上的"修改"按钮，在弹出的客户档案修改窗口中，将要修改的项目修改正确后单击"保存"按钮即可。要对客户档案进行删除、禁用等操作，选中后单击工具栏上的相应按钮即可。

> **说明** 企业地址、联系人和联系电话等项目是否需要录入视企业管理要求而定,用户可以自行录入。
> 在客户档案中预先录入会计科目是为了方便在应收款管理系统生成凭证时系统自动获取该科目,以提高生成凭证的效率。

2. 供应商、部门、职员

供应商是企业生产经营的供货者,准确地设置供应商信息,对往来账务管理非常有利。供应商管理是采购管理的重要组成部分,同时也是应付款管理录入相关单据时不可缺少的基本数据。

部门用来设置企业各个职能部门的信息。部门指某核算单位下辖的具有分别进行财务核算或业务管理要求的单元体,不一定是实际的部门机构(也就是说,如果该部门不进行财务核算,则没有必要在系统中设置该部门)。若需要使用工资管理系统,建议将部门资料完整录入,以供工资管理系统引入部门信息。

职员用来设置企业各职能部门中需要对其进行核算和业务管理的职员信息。不需将公司所有的职员信息都设置进来,如生产部门就只需设置生产部负责人和各生产部文员,一般的生产人员在此没必要设置。若需要使用工资管理系统,建议将职员资料完整录入,以供工资管理系统引入职员信息。

供应商、部门、职员管理方法与客户资料管理方法基本相同,请读者自行将表 17-10 和表 17-11 中的资料录入系统。

3. 物料

物料管理在生产型企业中处于重要环节,各种材料单据都要使用物料资料,如采购入库单和生产领料单等。同时,物料管理是计划管理系统计算相关计划周期的重要参考值,如其中原材料 A 的提前期为 3 天,而生产部需在 2020 年 1 月 15 日使用该原料,并且没有多余的该原料,则系统展开 MRP 计算时会自动计算出该物料应该在 2020 年 1 月 12 日下达采购订单和采购数量,这样才能保证生产的正常进行。系统还提供了最高库存、最低库存控制功能。

物料设置提供增加、修改、删除、复制、自定义属性、查询、引入引出、打印等功能,对企业所使用的物料进行集中、分级管理。同其他核算项目一样,物料可以分级设置,用户可以从第一级到最明细级逐级设置。

下面新增表 17-12 中数据,操作步骤如下。

(1)在"全部核算项目"管理窗口,先在窗口左侧选择"核算项目"→"物料",然后在窗口右侧任意位置单击,再单击工具栏上的"新增"按钮,弹出"物料 - 新增"窗口,如图 19-45 所示。

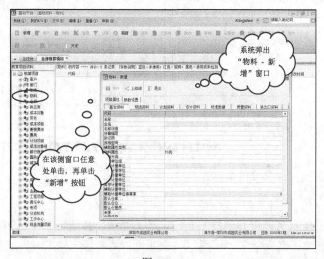

图 19-45

(2) 先进行物料类别设置。单击"物料 - 新增"窗口工具栏上的"上级组"按钮,切换到"上级组"设置窗口,"代码"录入"1","名称"录入"原材料",如图 19-46 所示。单击"保存"按钮保存设置。

用同样的方法将其他类别新增入账套,单击"退出"按钮,退出新增窗口,返回物料窗口。类别新增完成的窗口如图 19-47 所示。

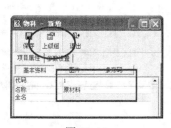

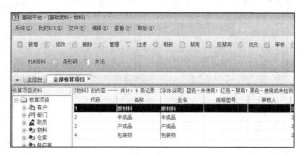

图 19-46　　　　　　　　　　　　　　图 19-47

(3) 增加物料明细资料。再次单击工具栏上的"新增"按钮,弹出"物料 - 新增"窗口,在"基本资料"选项卡,"代码"录入"1.01","名称"录入"笔芯","规格型号"录入"蓝色","物料属性"选择"外购","计量单位组"选择"数量组","基本计量单位"选择"PCS",其他项目保持默认值,如图 19-48 所示。

(4) 切换到"物流资料"选项卡,"采购单价"录入"1","计价方法"选择"加权平均法","存货科目代码"选择"1403","销售收入科目代码"选择"6001","销售成本科目代码"选择"6401",如图 19-49 所示。

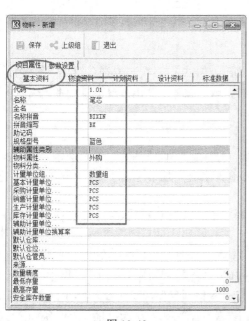

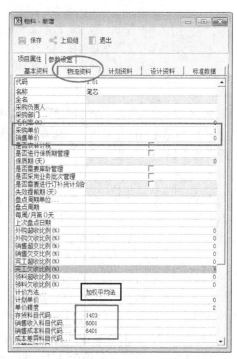

图 19-48　　　　　　　　　　　　　　图 19-49

（5）切换到"计划资料"选项卡，"固定提前期"录入"3"，"变动提前期"录入"0"，其他项目保持默认值，如图19-50所示。

（6）单击"保存"按钮，保存资料录入。其他物料资料请自行录入，录入完成的窗口如图19-51所示。

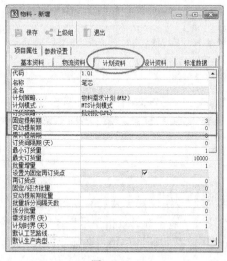

图 19-50

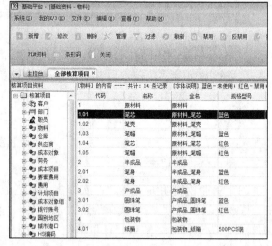

图 19-51

 注

（1）明细资料与上级资料的代码以"."（小数点）连接。

（2）变动提前期修改为"0"，也就是说本账套暂时不考虑因批量问题而产生的提前期变化问题，这主要是为了使读者能快速理解并熟练操作金蝶K/3系统。

（3）其他项目，如最高、最低库存和默认仓库等项目是否需要设置，由企业管理要求而定。读者可以在熟练操作金蝶K/3系统后再学习其他项目的设置方法。

（4）录入采购单价是为了在模拟报价时引用该价格练习，在实际下达采购订单时可以修改为正确的单价。

如果对物料的属性设置不满意，可以随时进行修改。方法是在"全部核算项目"管理窗口，选中需要修改的物料并双击，或者单击工具栏上的"修改"按钮，弹出修改窗口，将正确内容录入后单击"保存"按钮。

4．仓库

在金蝶K/3系统中，仓库档案既可以是实体建筑物，如一车间仓库、二车间仓库，也可以是虚拟仓库，如当实地只有一个仓库时，可以默认将该仓库划分为几个区域，如原材仓、半成品仓、成品仓等，以方便仓存管理和物料管理。

金蝶K/3系统提供仓库档案的新增、修改和删除功能。以新增表17-13中的数据为例，介绍仓库档案的新增方法，操作步骤如下。

（1）在"全部核算项目"管理窗口，在窗口左侧选择"核算项目"→"仓库"，在窗口右侧任意位置单击，再单击工具栏上的"新增"按钮，系统弹出"仓库 - 新增"窗口，如图19-52所示。

（2）"代码"录入"01"，"名称"录入"原材仓"，其他项目保持默认值，如图19-53所示。

（3）单击"保存"按钮保存设置，其他仓库档案请读者自行录入。新增完成的仓库档案如图19-54所示。

第 19 章　账套初始化（一）

图 19-52

图 19-53

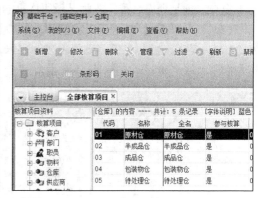
图 19-54

19.6　业务初始数据录入

为保证数据有效地与上一期间衔接，并保证日后的财务核算，必须录入初始数据，如期初库存等。启用业务系统必须录入的初始数据有如下几种。

（1）仓库期初数据。指仓库中各种物料的期初数据和期初金额，若是年中启用业务系统，必须录入累计入库数量、入库金额、累计出库数量和出库金额。本账套需要录入表 17-14 中的期初数据。

（2）启用期前的未核销销售出库单。指在账套启用期间已销售发货，但是未开具销售发票的出库单，需要作为期初数据录入。

（3）启用期前的暂估入库单。指在账套启用期间前因采购业务发生的外购入库，货已到但是发票未到的暂估入库单据。

（4）启用期前的未核销委外加工出库单。录入账套启用期前已因委外业务发生而委外发出材料，但是还没有委外加工入库的物料数量。

（5）启用期的暂估委外加工入库单。指在账套启用期间前因委外业务发生而委外加工入库，货已到但是发票未到的暂估委外加工入库单据。

以上期初数据录入功能位于"系统设置"→"初始化"→"仓存管理"下的明细功能中。

以表 17-14 中的数据作为物料的期初数据进行录入，操作步骤如下。

（1）选择"系统设置"→"初始化"→"仓存管理"→"初始数据录入"，进入"初始数据录入"管理窗口，如图 19-55 所示。

图 19-55

窗口左侧是仓库名称，右侧显示所选择仓库的期初数据。

（2）单击"原材仓"，窗口右侧切换到数据录入状态，"物料代码"录入"1.01"，系统自动将"1.01—笔芯—蓝色"的基础资料显示出来；将光标向后移动，"期初数量"录入"300"，"期初金额"录入"300"，如图19-56所示。

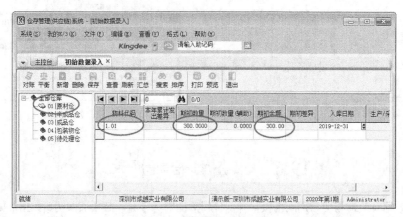

图19-56

（3）单击"新增"按钮，继续录入该仓库下的第二条期初数据，完成后单击"保存"按钮即可。录入另一仓库期初数据的方法是，在窗口左侧选择对应的仓库名称，然后再到窗口右侧录入期初数据。请读者自行录入表17-14中的期初数据，录入完成的窗口如图19-57所示。

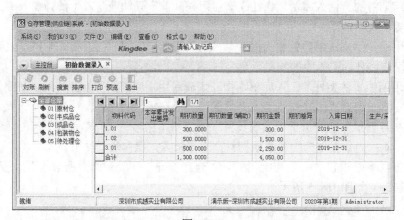

图19-57

注

（1）在录入物料代码时，可以手工录入，也可以单击工具栏上的"查看"按钮，或者按"F7"功能键获取物料基础档案。

（2）由于期初数量和期初金额位于录入窗口的右侧，如果看不到，可以向右拖动滚动条。

（3）为了防止数据丢失，在实际应用中，建议每录入10条期初数据就保存一次，之后再进行新增处理。

（4）初始数据录入完成后，一定要检查数据是否正确，待业务系统启用后再进行数据调整会非常麻烦。

19.7 启用业务系统

基础资料录入完成和初始数据录入正确后,可以启用业务系统。启用业务系统后才能进行业务模块日常业务处理,如外购入库和生产领料等业务操作。

选择"系统设置"→"初始化"→"仓存管理"→"启用业务系统",弹出提示窗口,如图19-58所示。

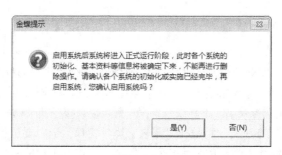

图 19-58

在实际操作过程中,一定要注意窗口上的提示语。在此单击"是"按钮,稍后系统提示重新登录,录入用户名和密码,单击"确定"按钮。再选择"系统设置"→"初始化"→"仓存管理",当只显示反初始化功能时,表示启用成功。

若要修改期初数据,可以单击"反初始化"按钮,再重新进入期初数据录入窗口进行期初数据录入。

第20章 用户管理

本章重点

- 用户设置
- 权限设置

用户管理是对使用本账套的操作员进行管理，对操作员使用账套的权限进行控制，例如，控制操作员只能登录指定的账套，指定操作只对账套的特定子系统、特定模块有使用或管理的权限等。具体地说，如果想让操作员只能录单，不能修改单据，则可以只授予其录单权限，不授予其修改权限。

用户管理有两种设置方法，一种是在"账套管理"窗口，选中要进行用户管理的账套，单击工具栏上的"用户"按钮，在弹出的"用户管理"窗口中进行用户的新增、修改和删除等工作；另一种是以"Administrator"身份登录账套后，在"系统设置"→"用户管理"中进行用户设置。本实例账套采用第二种方法。

系统中已经预设了部分用户和部分用户组，下面会将表17-15中的用户新增入账套，并进行相应授权。

20.1 用户组新增

为方便管理用户信息，可以对具有类似权限的用户进行分组管理。下面根据表17-15中的数据进行组别的新增操作，具体操作步骤如下。

（1）以"Administrator"身份登录"深圳市成越实业有限公司"账套，选择"系统设置"→"用户管理"，弹出"用户管理"窗口，如图20-1所示。

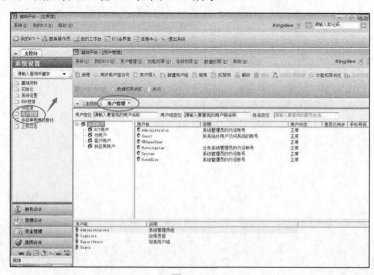

图20-1

（2）选择"用户管理"→"新建用户组"，弹出"新增用户组"窗口，如图20-2所示。

（3）"用户组名"录入"财务组"，"说明"录入"总账、应收、应付、存货核算"，如图20-3所示。

图20-2

图20-3

（4）设置完成后，单击"确定"按钮，保存录入内容。以同样的方法新增其他用户组并保存，新增成功的窗口如图20-4所示。

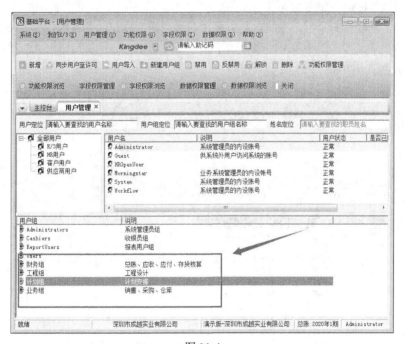

图20-4

20.2 用户新增

本节以新增"陈静"用户为例讲述用户新增操作，具体操作步骤如下。

(1) 选择"用户管理"→"新增",弹出"新增用户"窗口,如图 20-5 所示。

图 20-5

(2) 获取用户名。在"用户姓名"处单击"🔽"(获取)按钮,弹出"核算项目 - 职员"窗口,单击"浏览"按钮,如图 20-6 所示。

(3) 双击"陈静"记录行,系统自动返回"新增用户"窗口,并将用户名"陈静"获取到窗口中。切换到"认证方式"选项卡,选择"密码认证"选项,这里将密码设为空值,留由用户自行修改,如图 20-7 所示。

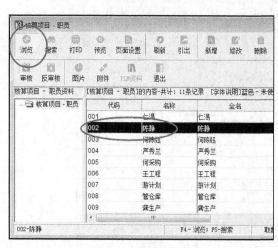

图 20-6

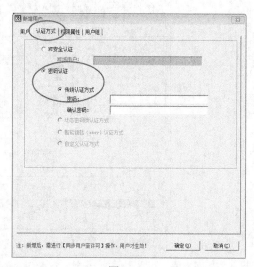

图 20-7

> **注** 用户姓名若不使用获取方法,也可以手工录入。

(4) 单击"用户组"选项卡,选中"不隶属于"下的"Administrators"组,单击"添加"按钮,使"陈静"隶属于"Administrators"组,如图 20-8 所示。

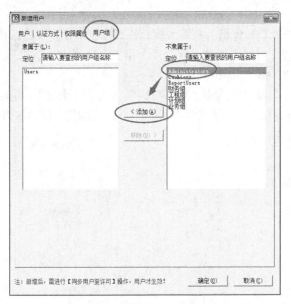

图 20-8

> 说明　"Administrators"组为系统管理员组，具有所有权限。

（5）单击"确定"按钮，保存新增用户设置，这时新增的用户信息会显示在"用户管理"窗口中。其他用户请读者自行增加，新增完成的"用户管理"窗口如图 20-9 所示。

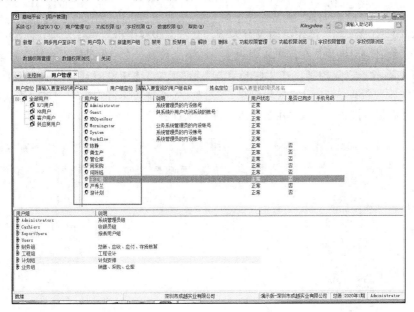

图 20-9

20.3　权　限　设　置

权限能有效地控制操作员的权力，使其不超出自身业务范围，如管理销售业务的操作员不能进行采购订单的管理。

下面以设置"管仓库"操作员的权限为例介绍简单权限设置方法，具体操作步骤如下。

（1）在"用户管理"窗口，选中"管仓库"用户，选择"功能权限"→"功能权限管理"，弹出"权限管理"窗口，如图 20-10 所示。

（2）在"权限管理"窗口，选中"基础资料"下的"查询权"，再向下拖动滚动条选择"仓存管理系统"下的"查询权"和"管理权"，单击"授权"按钮，保存权限设置，如图 20-11 所示。

图 20-10

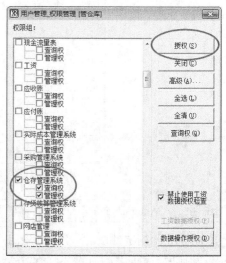
图 20-11

下面以设置"游计划"操作员的权限为例，介绍高级权限设置方法，操作步骤如下。

（1）若"游计划"操作员在简单权限设置方法下，只有一个"生产管理系统"可选择，则设置的权限太多，不利于权限控制。在"用户管理"窗口，可选中"游计划"用户，选择"功能权限"→"功能权限管理"，弹出"权限管理"窗口，先选择"基础资料"下的"查询权"，再单击窗口右侧的"高级"按钮，进入"用户权限"高级设置窗口，如图 20-12 所示。

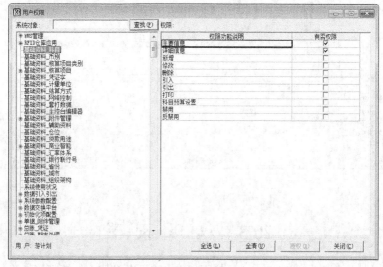
图 20-12

在"用户权限"高级设置窗口可以详细设置用户的权限功能,先选择窗口左侧的权限列表,再到窗口右侧的对应功能上打钩表示选中。单击"授权"按钮对所选中的功能进行授权,单击"关闭"按钮返回"权限管理"窗口。

(2)在窗口左侧向下拖动滚动条选择"生产管理_生产数据管理",系统自动将该功能具有的明细权限列出,选择"工厂日历"项目,窗口右侧将该项目下具有的对应控制权限列出,勾选"修改"和"查看",如图20-13所示。

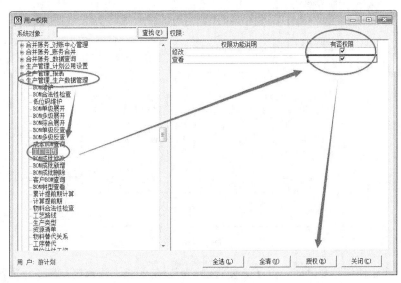

图20-13

(3)单击"授权"按钮,稍后按钮变为灰色,表示授予权限成功。光标移至左侧"系统对象",选择"生产管理_物料需求计划"下的"MRP计算",再授予权限,只要是"物料需求计划"下的权限都要一一设置。"生产管理_计划公用设置"下的所有权限,以及"供应链物流单据(不包含库存单据)"下的"采购申请单"的新增权限,请读者自行设置。

陈静因属于"Administrators"组,具有所有权限,所以不用再设置权限。其余用户的权限请读者自行设置。

 提示

(1)在设置每一位操作员的权限时,请在高级权限设置窗口中,将"基础资料_主控台编辑器"选中,这样可以设置每一位操作员的操作界面,然后以每一位操作员的身份登录账套,在主控台编辑器中只选中本操作员需要使用的功能,这样可使主控台界面更简单直观。

(2)为不影响练习进度,建议权限设置后,让所有用户设置隶属于"Administrators"组。

20.4 用户属性、用户删除

用户属性用于设置该用户的信息,如更改名称、认证方式等。用户删除是将未用本账套的用户从系统中删除,已发生业务的用户不能删除,但可利用"用户属性"功能,选中"此账号禁止使用"选项,则以后该用户的账号不能再登录本账套。

选择"用户管理"→"属性",弹出"用户属性"窗口,如图20-14所示。

在"用户属性"窗口,可以修改该用户的名称、密码和隶属的组别,以及是否禁用。

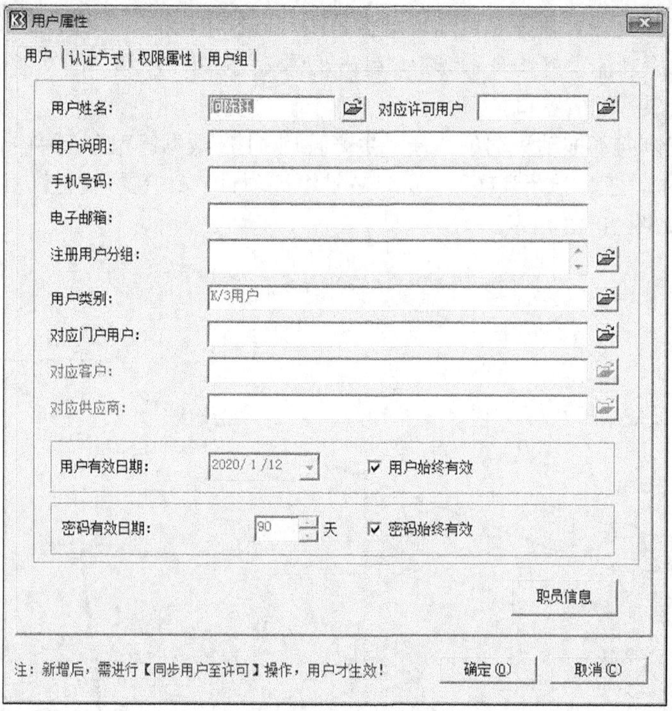

图 20-14

当某些用户未使用该账套时，为了方便管理，可以从系统中将该用户删除，方法是在"用户管理"窗口选中要删除的用户，选择"用户"→"删除"。

第 21 章　生产数据管理

> **本章重点**
> - BOM 档案的建立、审核、使用和修改
> - BOM 档案的正向查询、反向查询
> - 工厂日历修改

21.1　BOM 管理

一个完整的 BOM 档案应该包括以下几项内容。

（1）物料关系。即一个成品或半成品由什么物料组成，如图 17-1 所示的 BOM 结构，可以知道蓝色圆珠笔由蓝色笔帽、蓝色笔身和纸箱组成，要得到蓝色笔身，要将蓝色笔芯和笔壳委外加工好。

（2）数量关系。即一个成品或半成品由多少数量的物料组成，如图 17-1 中的 BOM 结构，1PCS 蓝色圆珠笔由 1PCS 笔帽等物料组成，但是纸箱只使用 0.002PCS。

（3）时间关系。通常是指周期时间，外购件是指采购提前期，自制件是指加工提前期，委外件是指委外加工的提前期。物料周期时间是在"基础资料"中设置，如表 17-12 中的"固定提前期"。

通过 BOM 档案的以上 3 项要点，在 MRP 展开计算时，可以正确地根据需求计算需要什么物料、需要多少数量、什么时间需要，遵循"适时、适量"的计划原则。

> **注**　本实战账套的启用期间是 2020 年 1 月，为更好地学习本书中的实例操作，练习本实例账套时请将计算机系统日期修改为 2020 年 1 月期间的某个日期。

21.1.1　BOM 档案的录入

BOM 档案的录入方法是每一个层级录入一个清单，下面以例 17-1 为例练习 BOM 档案的录入方法。

例 17-1 的 BOM 档案有两个层级，先录入"蓝色笔身"的 BOM 档案，操作步骤如下。

（1）以"王工程"身份登录"深圳市成越实业有限公司"账套。双击桌面上的"金蝶 K/3 WISE"图标，系统弹出"金蝶 K/3 系统登录"窗口；"账套"选择"002 | 深圳市成越实业有限公司"，"用户名"录入"王工程"，如图 21-1 所示。

（2）单击"确定"按钮，系统首次登录时默认为工作台窗口模式，再单击右侧的"切换到主控台"按钮，弹出提示窗口后单击"确定"按钮，进入旧的金蝶 K/3 主界面模式窗口，单击"K/3 流程图"按钮，进入流程图模式窗口，如图 21-2 所示。

（3）选择"计划管理"→"生产数据管理"→"BOM 维护"→"BOM—新增"，弹出"BOM 单 - 新增"窗口，如图 21-3 所示。

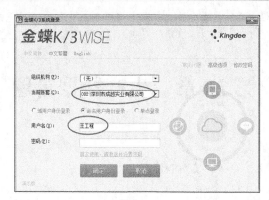

图 21-1

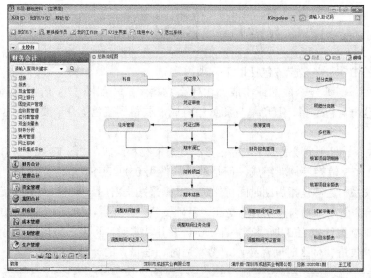

图 21-2

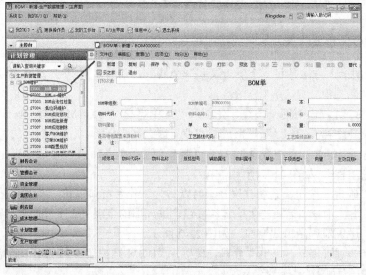

图 21-3

窗口上部称为表头,主要是录入母件的产品信息,如物料代码、数量等。窗口中部表格称为表体,主要是录入子件信息,如一个母件由什么物料组成等。

(4)为方便 BOM 档案管理,可以将 BOM 档案分组,将不同物料类型的 BOM 档案放置在不同的组别下。第一次使用生产数据管理中的 BOM 录入功能时,必须先建立组别。以例 17-2 为例建立 BOM 组别,将光标移至"BOM 单组别"处,单击工具栏上的"查看"按钮(或按"F7"功能键),弹出"BOM 组别选择"窗口,如图 21-4 所示。

在"BOM 组别选择"窗口中,可以进行 BOM 组别的新增、修改和删除等操作。单击"新增组"按钮,弹出"新增组"窗口,"代码"录入"01","名称"录入"圆珠笔组",如图 21-5 所示。

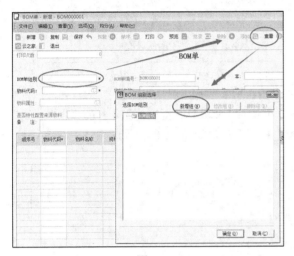

图 21-4

图 21-5

单击"确定"按钮保存设置。单击"关闭"返回"BOM 组别选择"窗口,选中刚才新增成功的"圆珠笔组",单击"确定"按钮返回"BOM 单 - 新增"窗口。可以看到获取成功的"圆珠笔组"。

(5)"版本"录入"V1",将光标移至"物料代码"处,单击工具栏上的"查看"按钮,弹出"物料"档案窗口,如图 21-6 所示。

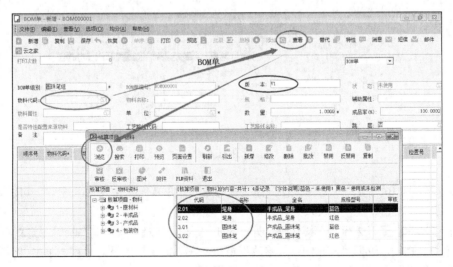

图 21-6

（6）在"物料"档案窗口双击"2.01—蓝色—笔身"档案，系统自动将该物料信息获取到"BOM 单 - 新增"窗口，"数量"默认为"1"，如图 21-7 所示。

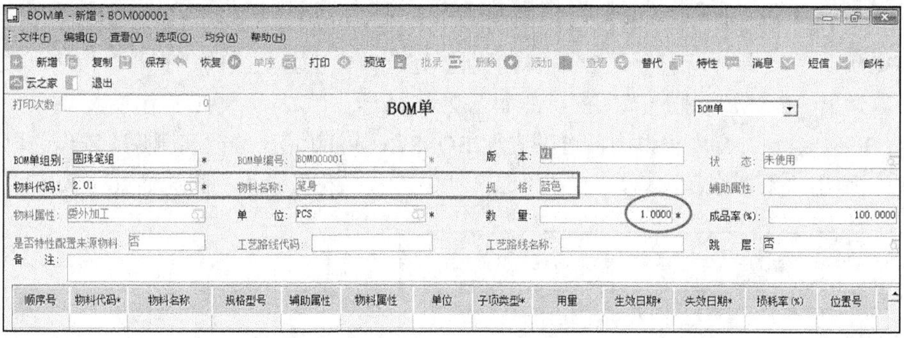

图 21-7

（7）母件信息录入完成，接下来要录入子件信息。将光标移至表体第 1 行的"物料代码"处，单击工具栏上的"查看"按钮，弹出"物料"档案窗口，如图 21-8 所示。

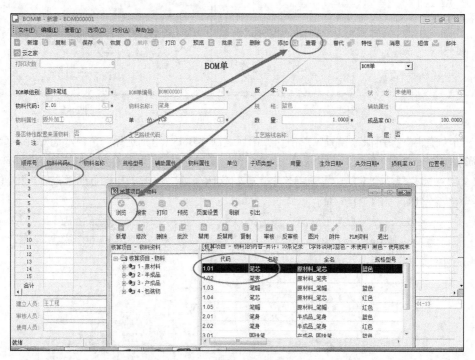

图 21-8

（8）双击"1.01—蓝色—笔芯"物料档案，并返回"BOM 单 - 修改"窗口，可以看到获取物料信息成功，在"数量"处录入"1"。

（9）将光标移至第 2 行"物料代码"处，单击"查看"按钮，弹出"物料"档案窗口；双击"1.02—笔壳"档案，返回"BOM 单 - 修改"窗口，在"数量"处录入"1"，单击"保存"按钮保存 BOM 单的录入。保存成功的窗口如图 21-9 所示。

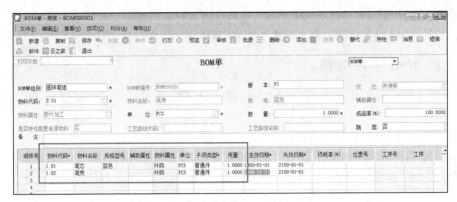

图 21-9

录入完成"蓝色—笔身"的 BOM 档案后,再录入"蓝色—圆珠笔"的 BOM 档案,操作步骤如下。

(1) 在"BOM 单 - 新增"窗口,单击工具栏上的"新增"按钮,弹出一空白单据窗口;在表头项目"BOM 单组别"处获取"圆珠笔组","版本"录入"V1","物料代码"获取"3.01"档案,"数量"录入"1",如图 21-10 所示。

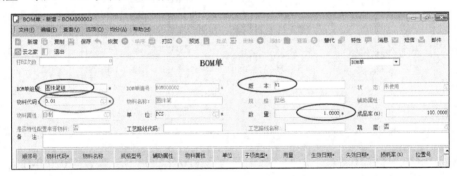

图 21-10

(2) 在表体中分别获取"1.03—蓝色—笔帽""2.01—蓝色—笔身"和"4.01—纸箱"物料档案,"数量"分别录入"1""1""0.002",单击"保存"按钮保存录入。保存成功的 BOM 单如图 21-11 所示。

图 21-11

请读者自行录入例 17-3 的 BOM 档案，录入该档案的重点是要选择正确的物料档案，防止录入错误，如果 BOM 档案错误，将会导致 MRP 计算错误，所以一定要注意。

21.1.2 BOM 档案的审核

BOM 档案的审核是再次确认所录入的数据是否正确的过程，并且 BOM 档案只有审核后才能"使用"。

审核刚才所录入 BOM 档案，操作方法如下。

（1）退出"BOM 单 - 新增"窗口。在流程图窗口，选择"计划管理"→"生产数据管理"→"BOM 维护"→"BOM—维护"，弹出"BOM 维护过滤界面"，如图 21-12 所示。

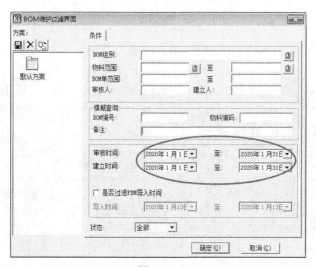

图 21-12

（2）将"审核时间"和"建立时间"都设置为"2020 年 1 月 1 日"至"2020 年 1 月 31 日"，单击"确定"按钮，进入"BOM 资料维护"窗口，如图 21-13 所示。

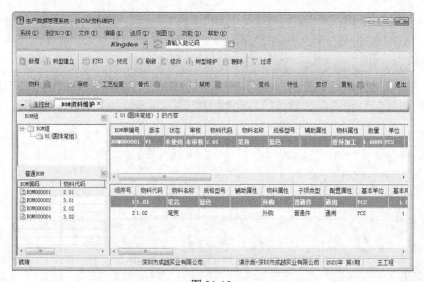

图 21-13

窗口左上部显示账套所有的 BOM 组别，左下部显示所选择组别下的 BOM 单，窗口右上部显示所选中的 BOM 单的母件信息，右下部显示该 BOM 单的子件信息。在本窗口中可以进行 BOM 单的修改、删除和审核等操作，操作方法是先选中窗口左下部的 BOM 单记录，然后单击对应按钮。

（3）选中窗口左下部的"2.01—蓝色—笔身"记录，单击工具栏上的"审核"按钮，稍后系统弹出审核成功提示，窗口右上部的"审核"项目下显示"已审核"字样，表示审核成功，如图 21-14 所示。

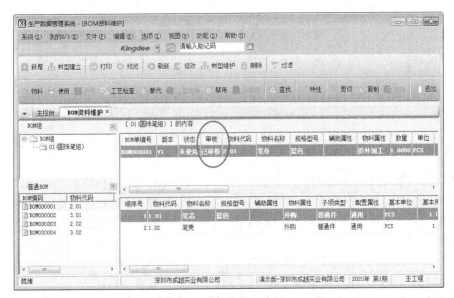

图 21-14

请读者自行对其他 BOM 单进行审核操作。

若要修改或删除已经审核后的 BOM 单，必须先将该 BOM 单反审核。BOM 单的反审核方法是在"BOM 维护资料"窗口中选择该 BOM 单记录后，选择"功能"→"反审核"。

21.1.3　BOM 档案的使用

BOM 档案审核后并不能在物料需求计划系统进行 MRP 计算时引用，BOM 单必须设置为"使用"状态后才能被引用。

使用刚才所审核的 BOM 档案，操作方法如下。

在"BOM 资料维护"窗口，选中要使用的 BOM 单记录，再单击工具栏上的"使用"按钮。在窗口左下部选中"2.01—蓝色—笔身"记录，单击工具栏上的"使用"按钮，稍后系统弹出"使用成功"提示，单击"确定"按钮，可以看到窗口右上部"状态"项目下显示"使用"字样，表示使用成功，如图 21-15 所示。

请读者对其他 BOM 单进行"使用"操作。

BOM 单的"反使用"方法是在"BOM 维护资料"窗口中选择该 BOM 单记录后，选择"功能"→"未使用"。

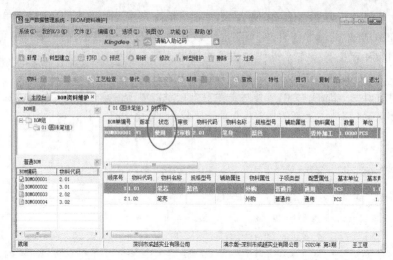

图 21-15

21.1.4 BOM 档案计算累计提前期

计算累计提前期是计算"使用"状态的 BOM 档案各物料的累计提前期。由于各物料都有自己的采购或加工提前期，产品或半成品的累计提前期应该是最大子件物料的累计提前期加自身的变动提前期。累计提前期是 MRP 计算出正确的计划时间的依据。累计提前期计算后，可以在物料档案中查询到。

在"BOM 资料维护"窗口，选择"功能"→"计算累计提前期"，系统经后台处理后，显示"计算累计提前期完成"字样，单击"确定"按钮完成累计提前期的计算。

在窗口左下角选中"3.02—红色—圆珠笔"后，单击工具栏上的"物料"按钮，弹出"物料 - 修改"窗口，切换到"计划资料"选项卡，可以看到"累计提前期"显示为"9"，如图 21-16 所示。

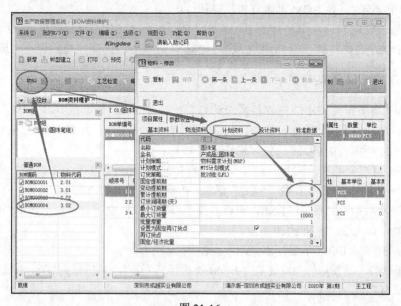

图 21-16

21.1.5 BOM 档案的查询

在"BOM 资料维护"窗口，虽然可以查询到所有的 BOM 单数据，但是不能有效地表达层级关系，也不知道 BOM 单的结构是否正确。金蝶 K/3 系统中提供 BOM 单多级查询、单级查询、反查询等功能，通过查询可以正确地理解 BOM 单信息。

先进行"BOM 多级展开"查询功能，操作步骤如下。

（1）在流程图窗口，选择"计划管理"→"生产数据管理"→"BOM 查询"→"BOM 多级展开"，弹出"过滤"窗口，如图 21-17 所示。

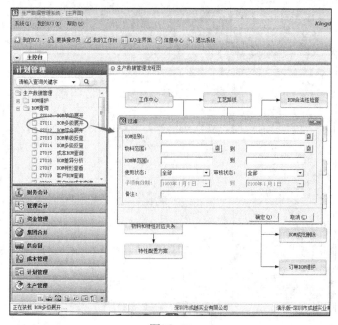

图 21-17

（2）过滤条件保持默认值，单击"确定"按钮，进入"BOM 多级展开"窗口，单击"圆珠笔组"下的"BOM000002"号记录，窗口右侧上部显示对应的母件信息，右侧下部显示该 BOM 单的多级结构情况，如图 21-18 所示。

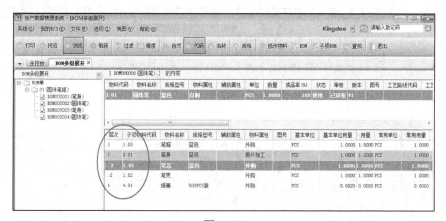

图 21-18

层次显示".1"表示该物料是母件的一级子件，显示"..2"表示该物料是该母件的二级子件。

通过查询窗口可以看到，如果需要"3.01—蓝色—圆珠笔"产品，必须先委外加工得到"2.01—蓝色—笔身"后，再与蓝色笔帽和纸箱组装成品"3.01—蓝色—圆珠笔"。

通过实例操作可以知道，"BOM多级展开"功能就是将该母件下的所有子件和层级显示出来。

由于工作需要，可能要查询某个原材物料使用到哪个BOM单中，这就需要使用"反查"功能进行查询。在流程图窗口，选择"计划管理"→"生产数据管理"→"BOM查询"→"BOM多级反查"，弹出"过滤"窗口，如图21-19所示。

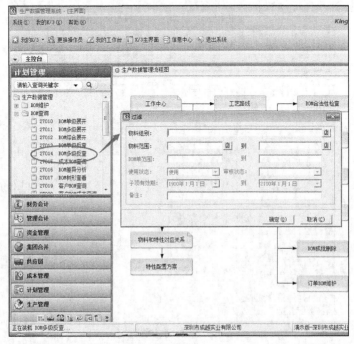

图 21-19

过滤条件保持默认值，单击"确定"按钮，进入"BOM多级反查"窗口。选择"原材料"类别下的"1.01—笔芯"，窗口右上部显示该物料信息，窗口右下部显示该物料使用在哪个BOM清单中，如图21-20所示。

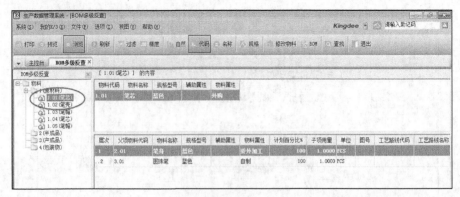

图 21-20

通过反查可以知道，"1.01—笔芯"先组成"2.01—笔身"，再组成"3.01—圆珠笔"。

21.2 工厂日历

工厂日历也称为生产日历，是用于编制计划的特殊形式的日历。它是由普通日历除去每周双休日、节假日、停工和其他不生产的日期形成的，是 MRP 展开计划的依据之一。系统在生成计划时，由于非工作日不能安排生产任务，因此遇到非工作日时可以自动跳过。

金蝶 K/3 系统提供工厂日历的查看和修改功能。通常，工厂日历交由计划员使用。

下面以例 17-4 为例，练习工厂日历的查看和修改方法。

（1）以"游计划"的身份登录本实例账套，选择"计划管理"→"生产数据管理"→"多工厂日历"，进入"多工厂日历设置"窗口，如图 21-21 所示。

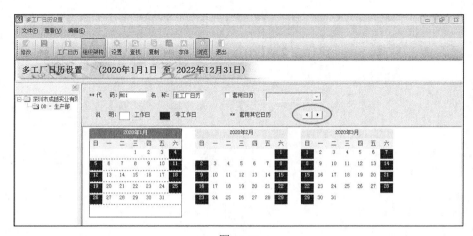

图 21-21

单击"设置"按钮，可以同时显示多个月份的日历，单击" "（向左）、" "（向右）方向按钮可以切换到不同的月份。

（2）单击"修改"按钮使日历呈修改状态，然后再单击 2020 年 1 月中的 1 日、24～30 日，系统自动将被选中的日期颜色设置为"蓝色"，如图 21-22 所示。

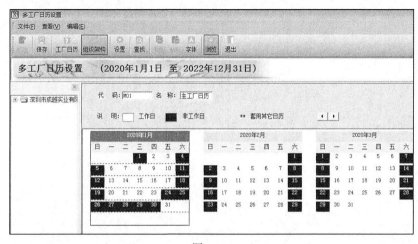

图 21-22

（3）单击"保存"按钮，保存日历设置。

若要将非工作日设置为工作日，方法是，单击"修改"按钮后，首先选中要修改的日期，再单击该日期，系统将该日期颜色置换为"白色"（表示修改为工作日），然后单击"保存"按钮。

第 22 章 业务系统实战

> **本章重点**
> - 模拟报价、销售报价、销售订单、销售发货
> - MRP 计算方案设置、MRP 计算、MRP 计划单据下达
> - 采购订单、采购到货
> - 委外订单、委外加工到货

本章要完成的实例与第 17 章的实例一一对应。

22.1 模拟报价、销售报价处理

22.1.1 模拟报价处理

模拟报价是指通过建立模拟报价 BOM，或者复制相似 BOM，然后加上费用，并乘以利润率，最后计算出产品的价格。

下面以例 17-5 为例，练习 "3.01—蓝色—圆珠笔"模拟报价单的处理方法。

（1）以"严秀兰"身份登录本实例账套。修改模拟报价单的一级审核人。由于系统默认模拟报价要启用多级审核功能，所以需要进行设置，设置一级审核人为"严秀兰"即可，修改方法如下：选择"系统设置"→"系统设置"→"销售管理"→"审批流管理"，系统进入"多级审核工作流"窗口，选中左侧窗口的"模拟报价单"，再切换到"用户设置"选项卡，选中左侧列表中的"严秀兰"，单击"-> "（移动）按钮，将用户名"严秀兰"移动到右侧列表中，表示模拟报价单的审核人只能是用户"严秀兰"，如图 22-1 所示。设置完成后，单击"💾"（保存）按钮，保存当前设置。用同样的方法将"销售报价"多级审核用户设置为"严秀兰"。

（2）退出多级审核工作流设置窗口，选择"供应链"→"销售管理"→"模拟报价"→"模拟报价向导"，系统弹出"选择报价 BOM 单"窗口，如图 22-2 所示。

（3）在报价物料信息下的"物料代码"处录入"3.01"，然后按"Enter"键，系统将物料在其他项目处显示，同时激活"选择报价方式"和"新增 BOM 方式"。"选择报价方式"下选择"新增模拟 BOM"，"新增 BOM 方式"下选择"复制产品 BOM"，此时"源单信息"下的"源物料代码"激活，并且自动引用"3.01"物料信息，如图 22-3 所示。

> **注**
> （1）"选择报价方式"下"选择已有 BOM"是指选择已经建立好的模拟 BOM 单。
> （2）"新增 BOM 方式"下"手工新建 BOM"是指重新建立一个模拟 BOM；"复制模拟 BOM"是指从已经建立好的模拟 BOM 单中引用或选择。
> （3）当选择"复制产品 BOM"或"复制模拟 BOM"时，源物料代码处，若对应的所报价的物料代码已有 BOM，自动引入，若无 BOM 单，则手工选择要参考的 BOM 单。

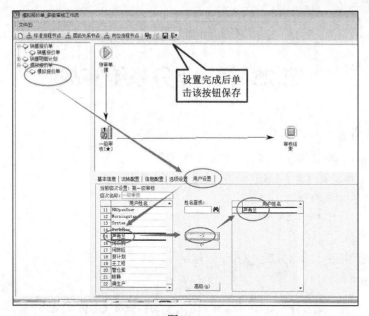

图 22-1

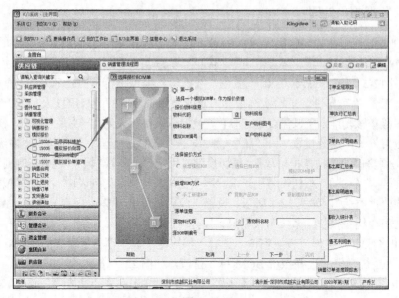

图 22-2

（4）单击"新增模拟 BOM"按钮，系统进入"模拟 BOM 维护"窗口，如图 22-4 所示。窗口左上部是"模拟 BOM 列表"窗口，左下部是所选中的 BOM 的结构情况，右上部显示模拟 BOM 单据信息，右下部显示子件的组成情况，可以修改子件后再保存。

（5）单击"保存"按钮后，再单击"返回"按钮，返回报价向导窗口，系统会将模拟 BOM 单引用到报价窗口。

> **注** 此处只是单击"返回"按钮，不能单击"退出"按钮。

第22章 业务系统实战

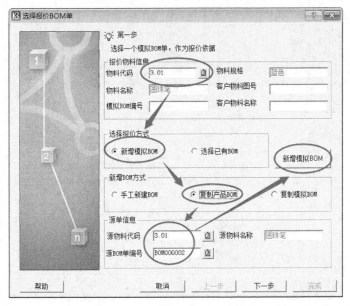

图22-3

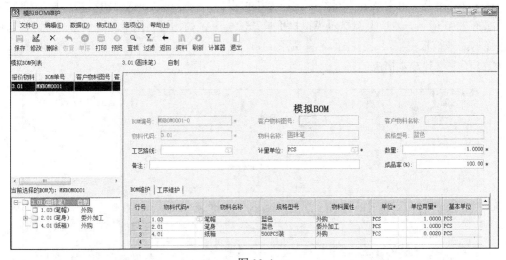

图22-4

（6）在报价向导窗口，单击"下一步"按钮，系统进入第二步窗口，在第二步窗口可以选择材料的单价取自什么数据，以成本价上浮多少，还要加上多少成本费用等。"材料单价取数"选择"采购单价"，"成本价上浮率"录入"100"，如图22-5所示。

> 注
> （1）由于该账套刚刚开始使用，所以材料单价取数选择为"采购单价"，因在物料基础资料中已经录入。若账套已经正常使用几个月，用户可以选择材料单价为取最新入库单价，或者本期平均入库单价等。
> （2）成本价上浮率录入100%表示包含所有费用估算和利润在内。若用户想看到各项目的详细数据，可以按照实际数据录入成本价上浮率和各项费用等数据。

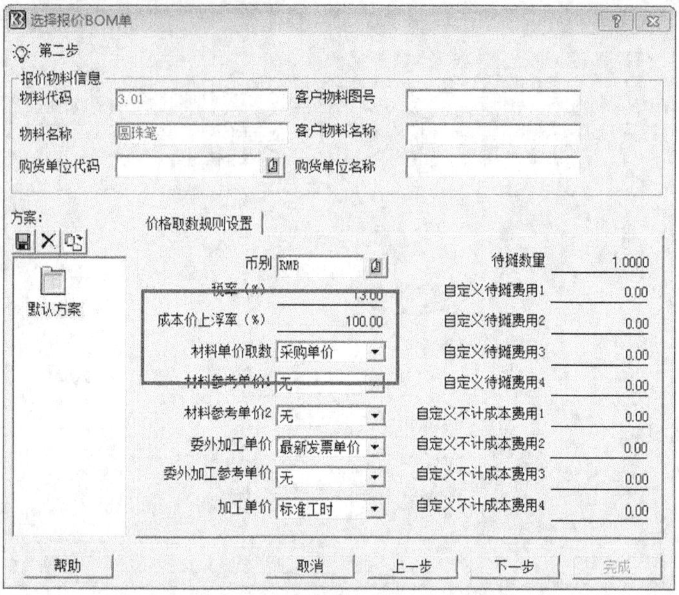

图 22-5

（7）单击"下一步"按钮，系统开始计算模拟报价，稍后自动进入"模拟报价单 - 新增"窗口，如图 22-6 所示。窗口上部显示模拟报价单来源信息，如物料、使用的取价方式等。窗口中部表格显示的是该报价物料计算出的各种费用，如不含税单价和含税单价。窗口下部表格是报价物料 BOM 子件材料成本情况。

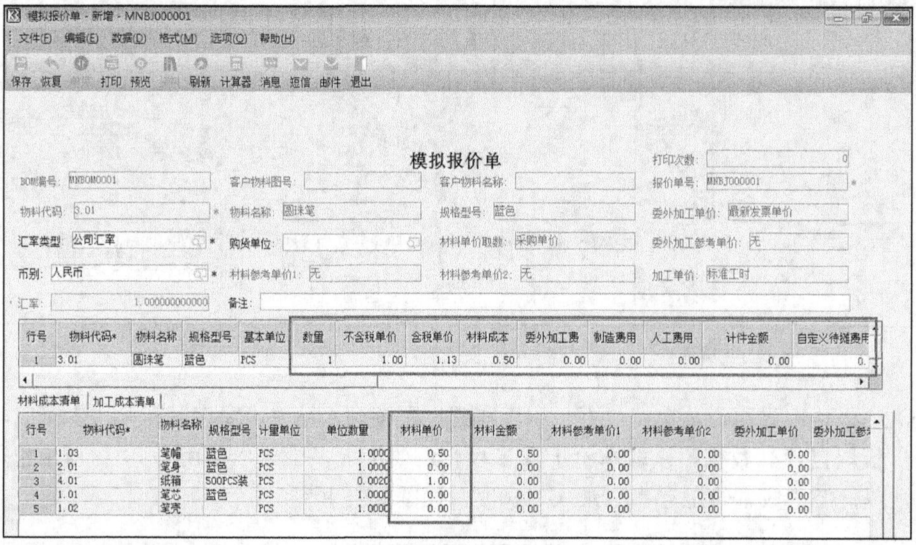

图 22-6

（8）单击"保存"按钮，保存当前报价单信息，单击"审核"按钮审核当前模拟报价单，以备后面销售报价单使用。单击"退出"按钮，返回报价向导"第三步"窗口，如图 22-7 所示。在窗口中，单击"查看报价单"按钮，可以查询到对应的报价单信息，单击"例外信息"按钮可以查询到报价单的其他信息，单击"完成"按钮，结束模拟报价操作。

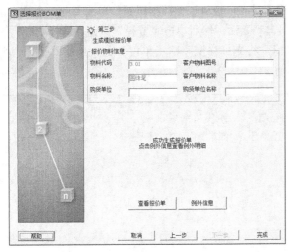

图 22-7

当模拟报价向导结束后,想查询系统中已保存的报价单信息,可以选择"供应链"→"销售管理"→"模拟报价"→"模拟报价单查询",系统弹出过滤窗口,录入正确的过滤条件后,即可看到模拟报价单信息。

22.1.2 销售报价处理

销售报价单类似销售合同,审核后的销售报价单可以被销售订单引用。销售报价单可以按不同数量段进行报价,在被销售订单引用时,系统根据录入的销售数量获取销售报价的价格资料。

销售报价单录入账套中,主要是为了以后查询某个客户在某个时间段购买某个产品的价格情况,这样方便在即时材料成本下重新核算最新的、适当的报价方案。

继续以例 17-5 为例,练习销售报价单的处理方法。

(1)选择"供应链"→"销售管理"→"销售报价"→"销售报价单—新增",进入"销售报价单 - 新增"窗口,如图 22-8 所示。

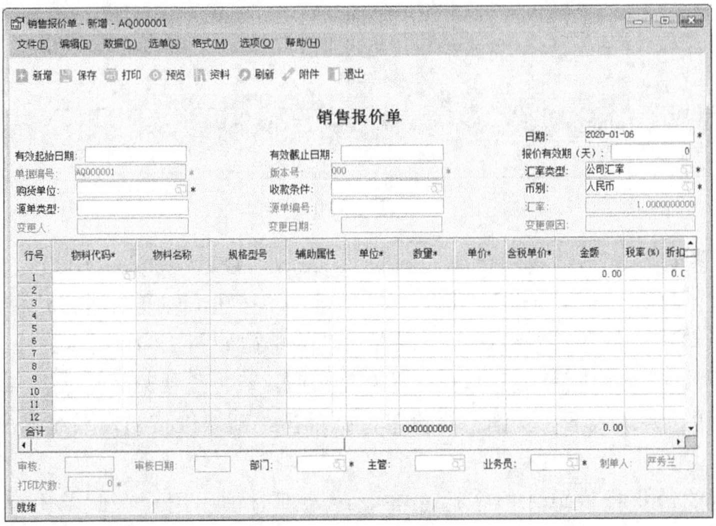

图 22-8

销售报价单既可以手工录入，也可以参照模拟报价单或商业机会录入，方法是在"源单类型"处选择类型后，源单编号自动激活，然后单击"资料"按钮，选择要参照的源单据。

（2）币别保持默认值，将光标移至"购货单位"处，单击"🔍"（浏览）按钮，系统弹出客户档列表，如图22-9所示。

图22-9

> **注**：在有"🔍"（浏览）按钮的项目处，单击即可弹出列表，同时可在项目处录入代码进行模糊查询，以达到快速查询的目的；或者单击工具栏上的"资料"按钮，系统会弹出档案列表，以供选择。

（3）"购货单位"选择"北京远东公司"，其他项目保持默认值，将光标移至第1行"物料代码"处，录入"3.01"，按"Enter"键，系统自动将物料信息显示出来，"数量"录入"5000"，"含税单价"录入"9.50"，如图22-10所示。

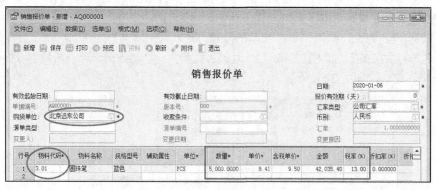

图22-10

（4）将光标移至第2行，"物料代码"获取"3.02"，"数量"录入"5000"，"含税单价"录入"9.80"，将光标移至窗口下部的"部门"项目，单击"查看"按钮，选择"销售部"，"业务员"选择"仁渴"，录入完成，单击"保存"按钮保存，保存成功的单据如图22-11所示。

若要修改某个项目，直接修改后单击"保存"按钮。若不需要某行记录，将光标移至该行后，单击"删除"按钮。要录入下一张销售报价单，则单击"新增"按钮，系统弹出一张空白销售报价单。

只有审核后的销售报价单才能在后面的业务处理时被引用，在此单击"审核"按钮审核"AQ000001"号销售报价单。审核成功后的窗口如图22-12所示。

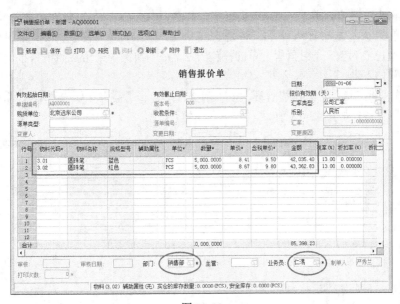

图 22-11

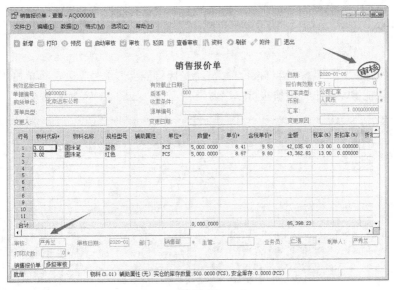

图 22-12

> **注** 在正规的企业实际操作中，为预防单据错误，最好审核人与制单人不是同一人，这样能达到审核人再次确认单据是否正确的目的。在本账套中暂不要求此功能，以"严秀兰"身份审核即可。

当录入系统的报价单数据较多时，可以选择"供应链"→"销售管理"→"报价"→"销售报价单—维护"，查询所需的单据后再进行修改、删除或审核等操作。

22.2　销售订单处理

销售订单通常是指客户已经确定公司产品报价后，向公司下达采购订单，然后公司将客

- 545 -

户方采购订单转为销售订单录入 ERP 系统中，作为计划、生产、发货和收款等依据。

销售订单的录入方法有两种：一种是直接手工录入，另一种是参照销售报价单录入。

下面以例 17-6 为例，介绍销售订单的操作方法。在本实例中采用参照销售报价单生成销售订单的方法，操作步骤如下。

（1）选择"供应链"→"销售管理"→"销售订单"→"销售订单—新增"，系统弹出"销售订单 - 新增"窗口，如图 22-13 所示。

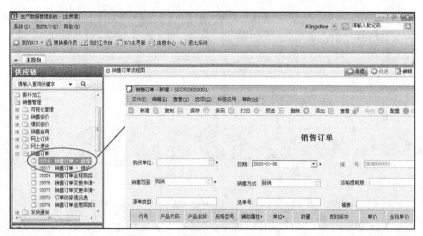

图 22-13

（2）"源单类型"处选择"销售报价单"，将光标移至"选单号"处，再单击"查看"按钮，或者按"F7"功能键，弹出"销售报价单序时簿"窗口，如图 22-14 所示。

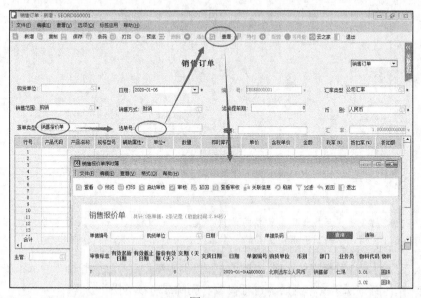

图 22-14

（3）因本次销售的产品是"3.01—圆珠笔—蓝色"，数量为 8000，所以在"销售报价单序时簿"窗口，选中第 1 行记录后，双击返回"销售订单 - 新增"窗口，请注意销售订单窗口的变化，"数量"录入"8000"，如图 22-15 所示。

图 22-15

（4）将光标向右移动到"交货日期"项，修改"交货日期"为"2020-01-21"，如图 22-16 所示。

图 22-16

（5）单击"保存"按钮，保存当前单据。单击"审核"按钮审核当前单据，审核成功的销售订单如图 22-17 所示。

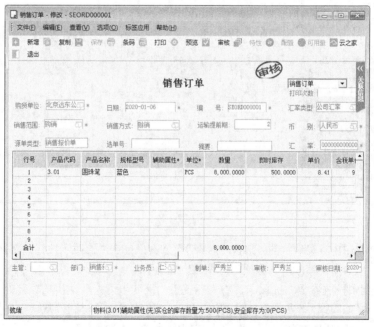

图 22-17

22.3 物料需求计划实战

当企业接到销售订单或市场部预测未来某个时间段需要的产品信息后,将其传递到计划部,计划部根据产品需求信息,依据产品的 BOM 档案,考虑物料的现存量和在途量等信息,计算出正确的物料需求计划单并下达到相关部门的过程都归属于物料需求计划系统。通过对本系统的实例讲解,读者能有效地使用"适时、适量"原则进行日常的计划安排。

22.3.1 MRP 计划方案维护处理

MRP 计划方案是金蝶 K/3 系统展开 MRP(物料需求计划)计算的基本要求之一。在金蝶 K/3 中可建立多个计划方案,如 A 方案要以销售订单和产品预测单作为需求展开 MRP 计算,而 B 方案只以销售订单为需求展开 MRP 计算,实际 MRP 计算时只要选择正确方案进行计算即可。

系统中已经预设 4 种计划方案,用户在此基础上进行修改后即可使用。下面以例 17-7 为例,介绍 MRP 计划方案维护的操作方法,操作步骤如下。

(1)以"游计划"身份登录账套。选择"计划管理"→"物料需求计划"→"系统设置"→"MRP 计划方案维护",弹出"计划方案维护"窗口,如图 22-18 所示。

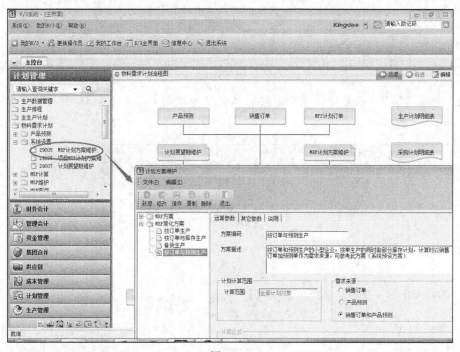

图 22-18

(2)选中"MRP 方案"下的"MTO(SYS)"方案,单击"修改"按钮,切换到"计算参数"选项卡,选中"/(1-损耗率(%))"选项,如图 22-19 所示。

(3)切换到"投放参数"选项卡,将光标置于"采购申请人默认值"项目处,按"F7"功能键获取"何采购";同理,"采购部门默认值"获取"采购部","自制件默认生产类型"获取"普通订单","自制件默认生产部门"获取"生产部",如图 22-20 所示。

第 22 章 业务系统实战

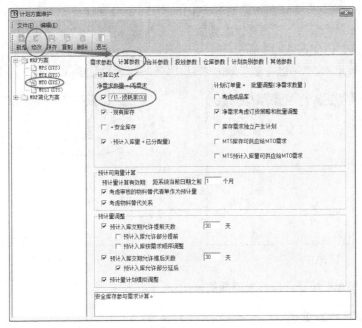

图 22-19

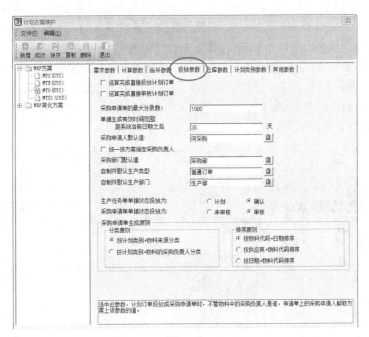

图 22-20

（4）其他项目保持默认值不变，单击"保存"按钮，保存计划方案维护。

22.3.2 计划展望期维护处理

计划展望期是一个时间段，决定参与计算的需求单据的时间范围和产生计划订单的时间范围，并可用于实现对 MPS/MRP 计算结果直观灵活的汇总显示及销售订单与产品预测间的关系界定。

— 549 —

下面以例 17-8 为例介绍计划展望期维护操作方法，具体操作步骤如下。

（1）选择"计划管理"→"物料需求计划"→"系统设置"→"计划展望期维护"，弹出"计划展望期维护"窗口，如图 22-21 所示。

（2）在第 1 行记录，"时区个数"录入"4"，"各时区天数"录入"90"，如图 22-22 所示。

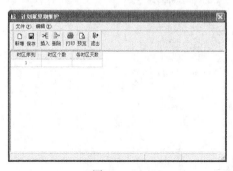

图 22-21

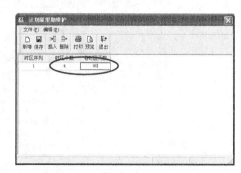

图 22-22

（3）单击"保存"按钮，保存展望期的维护。

22.3.3　MRP 计算处理

MRP 计算是系统根据计划方案考虑因素，以 MRP 计算公式为原理计算出需求单据所要的计划单据的过程。由于系统计算高效、准确、可考虑参数任意设置，与手工展开 MRP 计算的效率和准确性相比功能强大许多，所以说 MRP 计算是 ERP 系统中的核心功能之一。

MTO（SYS）计划方案的需求单据是销售订单，并且在第 17 章中刚好有一张销售订单（例 17-6 中的订购单）需要展开 MRP 计算。下面以例 17-9 为例进行 MRP 计算，具体操作步骤如下。

（1）选择"计划管理"→"物料需求计划"→"MRP 计算"→"MRP 计算"，系统弹出"MRP 运算向导 - 开始"窗口，如图 22-23 所示。

图 22-23

（2）单击"下一步"按钮，进入"MRP 运算向导 - 预检查辅助工具"窗口，如图 22-24 所示。在此分别依此单击窗口中的两个按钮进行相关数据的检查。

（3）检查完相关数据后，单击"下一步"按钮，进入"MRP 运算向导 - 方案参数"窗口，如图 22-25 所示。

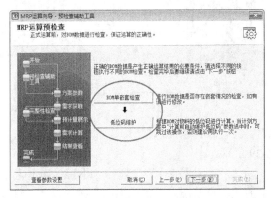

图 22-24

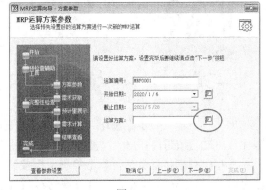

图 22-25

单击"运算方案"文本框右侧的获取按钮，弹出"计划方案维护"窗口，如图 22-26 所示。

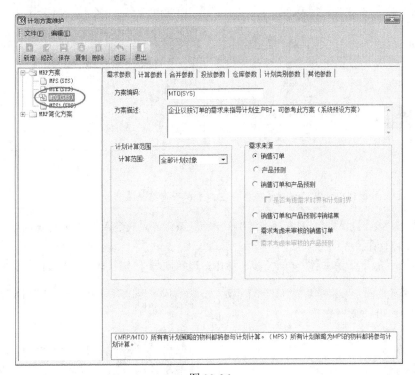

图 22-26

双击"MRP 方案"下的"MTO（SYS）"方案，或者将其选中后单击"返回"按钮，返回"MRP 运算向导 - 方案参数"窗口，成功获取方案参数的窗口如图 22-27 所示。

（4）单击"下一步"按钮，进入"MRP 运算向导 - 需求获取"窗口，如图 22-28 所示。

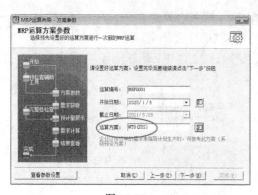
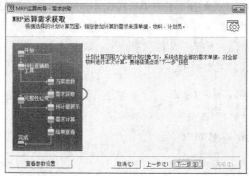

图 22-27　　　　　　　　　图 22-28

（5）单击"下一步"按钮，进入"MRP 运算向导 - 预计量展示"窗口，单击右侧的"显示预计量单据"按钮，弹出"过滤"窗口，如图 22-29 所示。

单据类型保持默认值，单击"确定"按钮系统进入"预计量单据"窗口，如图 22-30 所示。在窗口左侧选择单据类型，可以查询到不同状态下的预计量情况。单击"退出"按钮返回"MRP 运算向导"窗口。

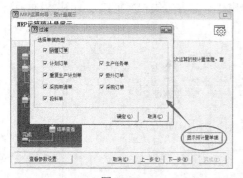
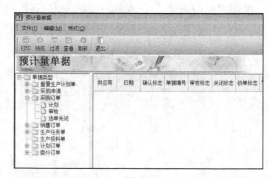

图 22-29　　　　　　　　　图 22-30

注　由于练习数据中还没有预计量单据存在，所以查询结果为空。

（6）退出"预计量单据"窗口，单击"下一步"按钮，系统进入"MRP 运算向导 - 需求计算"窗口，如图 22-31 所示。

（7）系统后台计算完成后，自动进入"MRP 运算向导 - 结果查看"窗口，如图 22-32 所示。

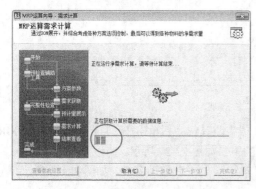
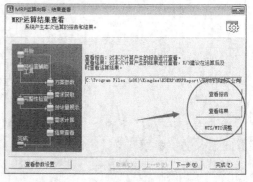

图 22-31　　　　　　　　　图 22-32

单击"查看结果"按钮,进入"MRP 运算结果查询"窗口,如图 22-33 所示。

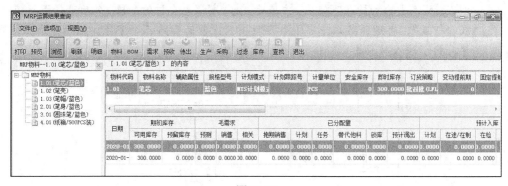

图 22-33

在此窗口一次只能查看某个物料的计划情况,而不能查看某一销售订单号的所有计划情况。单击"退出"按钮,返回"MRP 运算向导"窗口。

(8) 单击"下一步"按钮,进入"MRP 运算向导 - 完成"窗口,再单击"完成"按钮结束 MRP 计算工作。

22.3.4　MRP 计划单据查询

MRP 计算后,操作员需要查询计划单据情况,然后根据要求决定是否下达该计划单据。计划单据的查询路径是"计划管理"→"物料需求计划"→"MRP 维护"→"MRP 计划订单—维护"。

下面以例 17-10 为例,介绍 MRP 计划单的查询方法。具体操作步骤如下。

(1) 选择"计划管理"→"物料需求计划"→"MRP 维护"→"MRP 计划订单—维护",弹出"条件过滤"窗口,如图 22-34 所示。

在"条件过滤"窗口中,一共有 4 个选项卡,在"条件"选项卡可以设置要查询的事务类型(即单据类型),然后在列表框的"名称"处选择要以什么字段作为条件查询,在"比较关系"处选择"等于""大于"或者"包含"等条件,在"数值"处录入要对比的数据。若有多个条件项组合,则必须在"逻辑"项目下选择"或者"或"并且"等条件。

例如,查询包含"1"的物料代码所对应的所有信息。设置方法为选择左侧方案中"按物料代码","条件"选项卡中显示已经选择好的名称,第一行的"数值"项目下录入"1",第 2 行"名称"修改为无,如图 22-35 所示。

图 22-34　　　　　　　　　　　　图 22-35

- "高级"选项卡用于设置更详细的过滤条件，通常在于"条件"选项卡所设置的过滤条件不能满足要求的情况下使用，方法是，先选择第一个过滤字段，然后选择逻辑值"且"或者"或"，再选择第二个字段和逻辑值，接着选择第三个字段，选择完成后，再到单元格下录入对应的比较值，如图 22-36 所示。

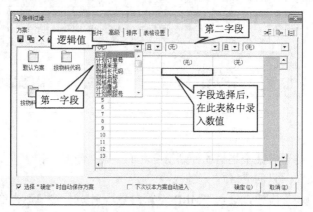

图 22-36

- "排序"选项卡用于设置查询计划单时，以什么字段排序，是升序还是降序排列，操作方法是，在"排序"选项卡上部选择要排序的字段，然后单击"添加"按钮，系统将设置显示在窗口下部，然后再设置是升序还是降序排列，若为多个字段，可以单击"上移""下移"按钮进行谁先谁后的设置，如以"计划订单号"升序显示。设置方法为，首先选择要排序的字段为"计划订单号"，再单击"添加"按钮，此时在窗口下部的列表框中的"排序字段"项目下显示"计划订单号"，再选择是升序或降序，如图 22-37 所示。
- "表格设置"选项卡用于设置查询出的数据所要求显示的项目，在"显示"项目下打钩表示显示，若对列宽有异议，可以直接在"宽度"处录入列宽，同时可以选择"对齐方式"，如图 22-38 所示。

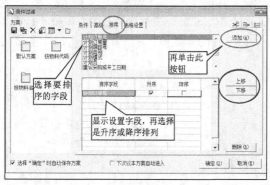

图 22-37　　　　　　　　　　　图 22-38

（2）在此不用设置各种条件，单击"取消"按钮取消设置，再双击"MRP 计划订单—维护"，使用默认方案，单击"确定"按钮，进入"计划订单序时簿（MRP）"查询窗口，如图 22-39 所示。

图 22-39

在窗口中可以查询到单据状态、计划物料、建议订单量、建议开工时间和完工时间以及是由哪一张销售订单而来的数据等。

在本窗口中,可以同时进行计划订单的审核、合并、拆分和投放等操作。双击某个计划订单记录,进入"计划订单 - 修改"窗口,如图 22-40 所示。

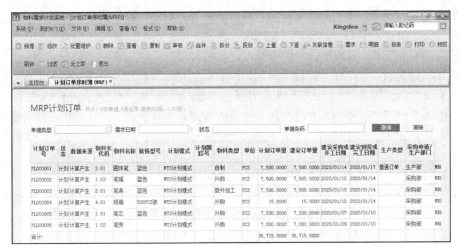

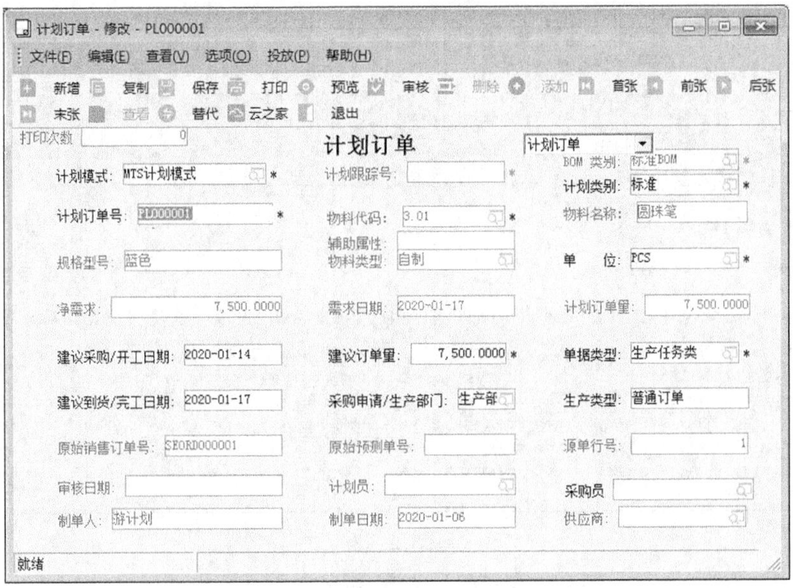

图 22-40

在该窗口可以进行计划订单的数据修改、审核和投放等操作。

22.3.5 MRP 计划单审核和投放

计划单审核是对计划单数据的再次确认,只有审核后的计划单才能向下投放到各业务系统中。对于有异议的计划单据,可以双击进入计划单编辑窗口,编辑后再审核(或者不用审核该计划单)。

计划订单投放是将审核后的计划订单投放至各业务系统的过程，投放依据是单据类型。

采购申请类投放到采购管理系统，生成的单据是采购申请单；待实际需要采购该物料时，采购员在采购订单中参照该采购申请单生成即可。

生产任务类投放到生产任务管理系统，生成的单据是生产任务单；待实际需要生产物料时，生产管理员在生产任务单中"下达"该生产任务单，表示接受该生产任务，并开始着手安排生成。

委外加工类投放到委外加工管理系统，生成的单据是委外加工生产任务单；待实际需要采购该物料时，外协业务员在委外加工生产任务单中"下达"该任务单，表示接受该委外加工任务指令。

下面以例 17-11 为例，介绍 MRP 计划订单的审核和投放操作方法。先对计划订单进行审核操作，操作步骤如下。

在如图 22-39 所示窗口，选中第一行记录，再按住"Shift"键并选中最后一行记录，即选中所有记录。选中的记录变成"深色"，单击"审核"按钮，稍后系统弹出提示窗口，如图 22-41 所示。

在提示窗口可以查看计划单据的审核情况。单击"退出"按钮返回"计划订单序时簿（MRP）"窗口，可以看到所有计划单据的"状态"为"审核"状态，表示该单据审核成功，如图 22-42 所示。

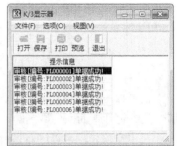

图 22-41

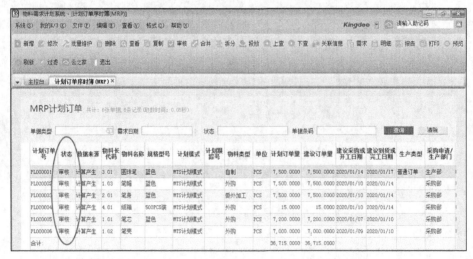

图 22-42

计划订单审核后，进行单据投放处理，操作步骤如下。

（1）在"计划订单序时簿（MRP）"窗口（见图 22-39），使用"Shift"键选中所有记录，再单击工具栏上的"投放"按钮，系统弹出提示窗口，如图 22-43 所示。

（2）单击"是"按钮，系统弹出投放信息窗口，如图 22-44 所示。

在该窗口得知，有 1 条记录生成了 1 张生产任务单，有 5 条记录生成了 2 张采购申请单。稍后查询生成的对应单据情况。

图 22-43

图 22-44

（3）关闭投放信息窗口，返回"计划订单序时簿（MRP）"窗口，系统将投放成功的单据隐藏。单击"过滤"按钮，弹出"条件过滤"窗口，如图 22-45 所示。

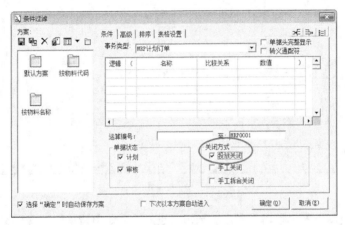
图 22-45

"关闭方式"选择"投放关闭"，单击"确定"按钮，重新进入"计划订单序时簿（MRP）"窗口，计划订单的"状态"栏全部显示"关闭"，如图 22-46 所示。

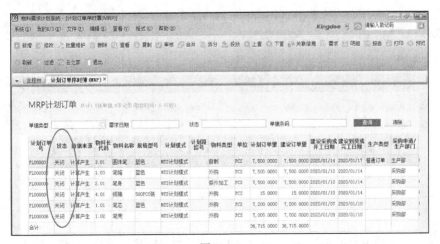
图 22-46

"关闭"状态表示该单据已经投放成功。

（4）查询生成的采购申请单情况。退出"计划订单序时簿（MRP）"窗口，选择"供应链"→"采购管理"→"采购申请"→"采购申请单—维护"，系统弹出"条件过滤"窗口，如图22-47所示。

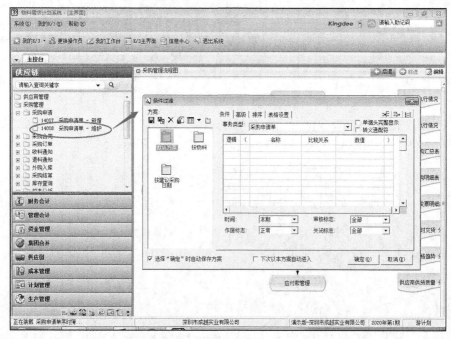

图 22-47

过滤条件保持默方案，单击"确定"按钮，进入"采购申请单序时簿"窗口，如图22-48所示。这就是刚才由采购申请类计划单据投放成功的采购申请单。

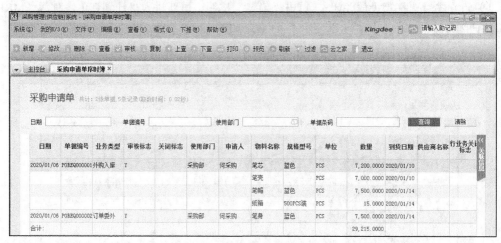

图 22-48

（5）查询生成的生产任务单情况。退出"采购申请单序时簿"窗口，选择"生产管理"→"生产任务管理"→"生产任务"→"生产任务单—维护"，弹出"条件过滤"窗口，如图22-49所示。

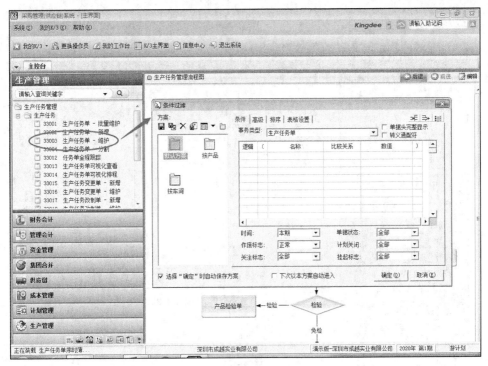

图 22-49

过滤条件保持默认方案,单击"确定"按钮,进入"生产任务单序时簿"窗口,如图 22-50 所示。窗口中的"生产任务单"就是刚才由计划单据投放成功得到的。

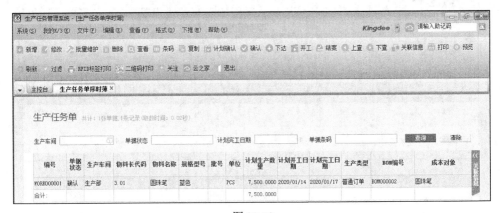

图 22-50

(6)查询生成的委外生产任务单情况。退出"生产任务单序时簿"窗口,选择"供应链"→"委外加工"→"采购申请"→"采购申请—维护",弹出"条件过滤"窗口,如图 22-51 所示。

保持默认方案,单击"确定"按钮,进入"采购申请单序时簿"窗口,如图 22-52 所示。窗口中表体的"业务类型"列显示的"订单委外"申请单即为刚才由计划单据投放成功的。

- 559 -

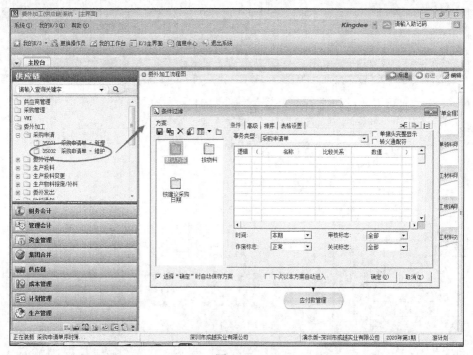

图 22-51

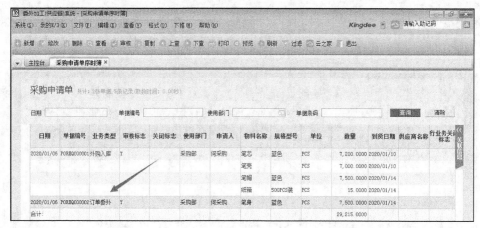

图 22-52

22.4 采购订单处理（一）

采购业务员在采购申请单中查询到由 PMC 投放而来的采购申请单后，可以参照此采购申请单生成采购订单。

以"何采购"身份登录本实例账套，选择"供应链"→"采购管理"→"采购申请"→"采购申请单—维护"，系统弹出"条件过滤"窗口，切换到"表格设置"选项卡，选中"关联数量"项目，如图 22-53 所示。

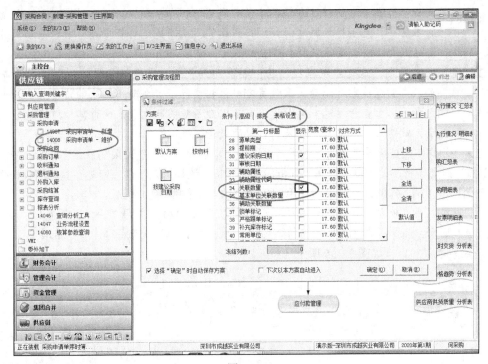

图 22-53

其他保持默认方案，单击"确定"按钮，进入"采购申请单序时簿"窗口，如图 22-54 所示。

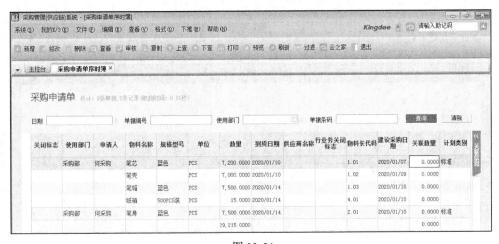

图 22-54

采购业务员需重点看以下几项内容。

- 关闭标志：未显示，表示该张采购申请单未完全下达采购数量；显示"Y"，表示已经按照采购申请单下达采购订单。
- 到货日期：这是计划员根据销售订单要求的送货日期，以 MRP 公式计算出来的每一物料要求的到货日期。采购业务员必须跟踪好采购订单执行情况，以保证所采购物料在此时间到货，这也是采购业务员的基本工作要求。如果采购的物料不能按照到货日期到货，过早到货会造成仓库物料过多、存放成问题且物料资金积压；过晚到货则会造成物料到货时间不统一，无法将物料发送到生产线组装，从而拖延交货日期，而其他物料过早到货，会造成仓库存放困难及材料资金积压。

- 建议采购日期：这是系统根据该物料要求的到货日期减去该物料的采购提前期而得到的，如果采购提前期有变动，采购员可以根据实际情况变动下达采购订单。
- 关联数量：用于查看该笔采购申请单有多少数量被关联生成采购订单。申请数量减去关联数量，就是该申请单未完成采购订单的数量。

由采购申请单生成采购订单时，通常是根据采购申请单上的"建议采购日期"开始订货，也由采购员统一时间定货，要求供应商在"到货日期"到货，这样可以给供应商多一些时间安排生产。

下面以例 17-12 为例，介绍采购订单的处理方法，操作步骤如下。

（1）在练习此实例前，建议将计算机系统日期修改为 2020 年 1 月 7 日，并重新以"何采购"身份登录本账套。选择"供应链"→"采购管理"→"采购订单"→"采购订单—新增"，进入"采购订单 - 新增"窗口，如图 22-55 所示。

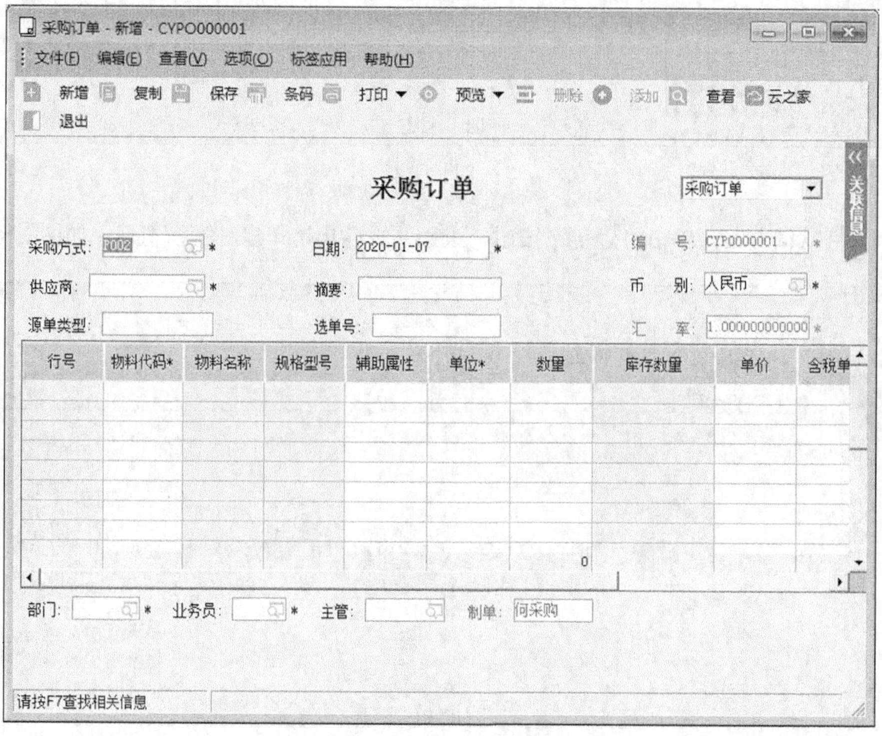

图 22-55

（2）"源单类型"选择"采购申请单"，将光标放置在"选单号"处，再单击"查看"按钮，弹出"采购申请单序时簿"窗口，如图 22-56 所示。

（3）选中第 1 行"笔芯"记录，单击"返回"按钮返回"采购订单 - 新增"窗口，系统将该条记录信息获取到采购订单中。将光标置于"供应商"处，单击"查看"按钮，获取"笔芯供应商"，"数量"保持不变，"含税单价"录入"1.17"，"主管"获取"何采购"，"部门"获取"采购部"，"业务员"获取"何采购"。录入成功的窗口如图 22-57 所示。

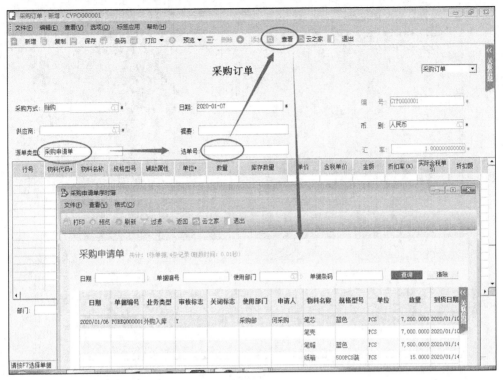

图 22-56

图 22-57

（4）单击"保存"按钮，保存当前采购订单。单击"审核"按钮审核当前采购订单，审核成功的采购订单如图 22-58 所示。

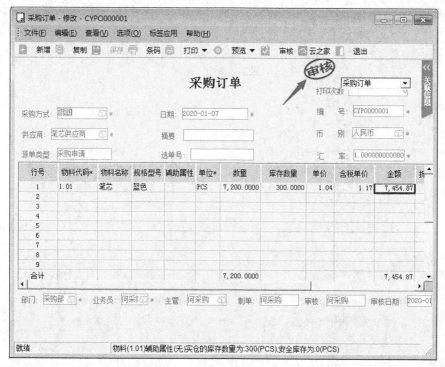

图 22-58

如果现在想查看采购申请单的执行情况,可选择"供应链"→"采购管理"→"采购申请"→"采购申请单—维护",系统弹出"过滤"窗口,在"表格设置"选项卡中选中"关联数量",单击"确定"按钮,进入"采购申请单序时簿"窗口,如图 22-59 所示。

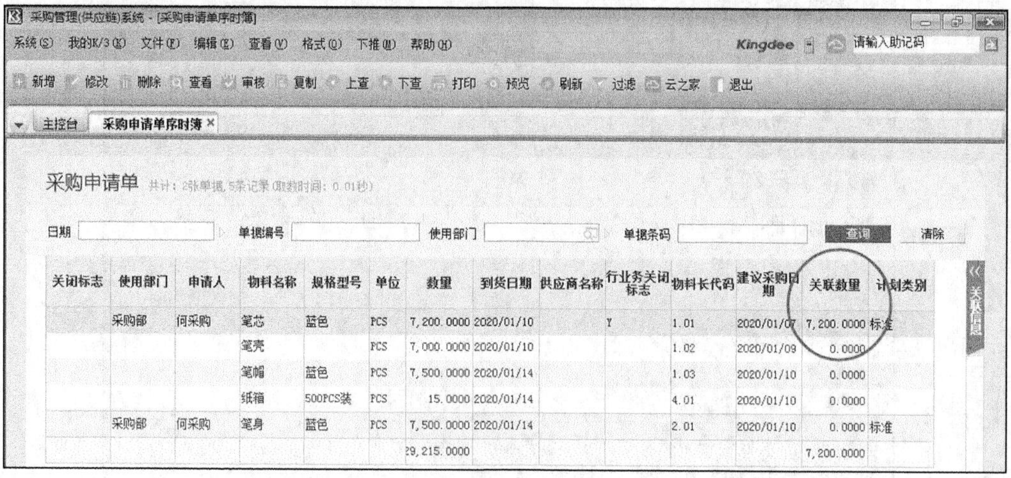

图 22-59

在窗口中可以看到,"笔芯"记录的"关联数量"显示为"7200",表示该笔采购申请单执行的采购订单数量为 7200。

录入例 17-13 的采购订单。在练习此实例前,建议将计算机系统日期修改为 2020 年 1 月 9 日,并重新以"何采购"身份登录本账套。

（1）选择"供应链"→"采购管理"→"采购订单"→"采购订单—新增"，进入"采购订单 - 新增"窗口。

（2）"源单类型"选择"采购申请单"，将光标放置在"选单号"处，再单击"查看"按钮，弹出"采购申请单序时簿"窗口；选中"笔壳"记录，请注意此时弹出的"采购申请单序时簿"窗口中的表体的行数，已将投单完成的记录自动隐藏；单击"返回"按钮返回"采购订单 - 新增"窗口，系统将该条记录信息获取到采购订单中；将光标放置在"供应商"处，单击"查看"按钮获取"笔壳供应商"，"数量"保持不变，"含税单价"录入"3.51"，"主管"获取"何采购"，"部门"获取"采购部"，"业务员"获取"何采购"。录入成功的窗口如图22-60所示。

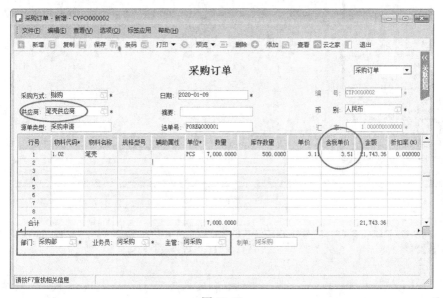

图 22-60

（3）单击"保存"按钮，保存当前采购订单，单击"审核"按钮审核当前采购订单。

 注 例17-12与例17-13各生成一张采购订单，因为它们的供应商不同。

22.5 外购入库处理（一）

外购入库单用于处理所有由采购行为产生的材料入库动作，最大的特征是有"应付账款"产生。该单据主要由仓库员处理，在录入外购入库单时即可参照采购订单入库，这样在查询采购订单执行明细表时，可以有效地查询到每一款物料、每一张采购订单的执行情况，同时系统也可提供"无源单"新增。

下面以例17-14为例，介绍外购入库单的处理方法，操作步骤如下。

（1）计算机系统日期修改为2020年1月10日，以"管仓库"身份登录本实例账套。选择"供应链"→"仓存管理"→"验收入库"→"外购入库单—新增"，系统弹出"外购入库单 - 新增"窗口，如图22-61所示。

（2）"源单类型"选择"采购订单"，将光标置于"选单号"处，再单击"查看"按钮，弹出"采购订单序时簿"窗口，如图22-62所示。

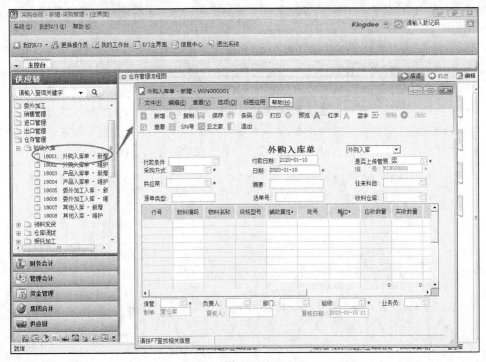

图 22-61

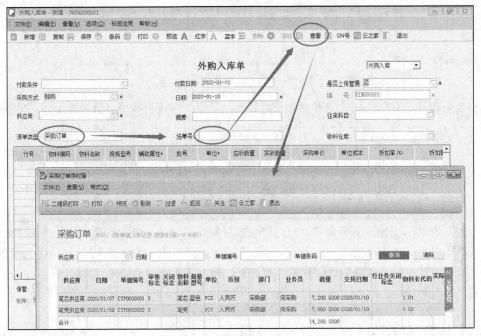

图 22-62

（3）选中"CYPO000001"号采购订单，单击"返回"按钮，返回"外购入库单 - 新增"窗口，获取成功的信息将显示出来。将光标置于"收料仓库"处，再单击浏览按钮，弹出"仓库"档案窗口，如图 22-63 所示。

图 22-63

（4）选择"原材仓"，返回"外购入库单 - 新增"窗口，获取成功的信息将会显示；"实收数量"保持"7200"，"保管"获取"管仓库"，"验收"获取"郑质量"，如图 22-64 所示。

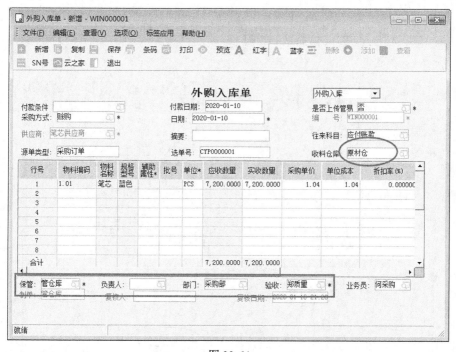

图 22-64

（5）单击"保存"按钮保存单据。单击"审核"按钮审核当前单据，审核成功的单据如图 22-65 所示。

录入例 17-15 中的外购入库单，操作步骤如下。

单击"新增"按钮，弹出一张空白外购入库单；"源单类型"选择"采购订单"，"选单号"获取"CYPO000002"号采购订单，单击"返回"按钮，返回"外购入库单 - 新增"窗口，获取成功的信息将显示出来；"收料仓库"获取"原材仓"，"实收数量"保持不变，"保管"获取"管仓库"，"验收"获取"郑质量"，单击"保存"按钮保存单据。单击"审核"按钮审核当前单据，审核成功的单据如图 22-66 所示。

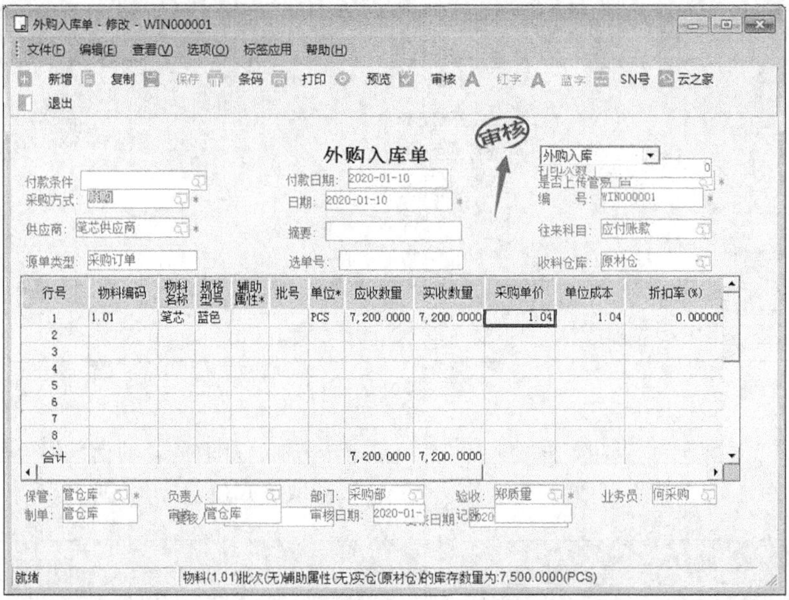

图 22-65

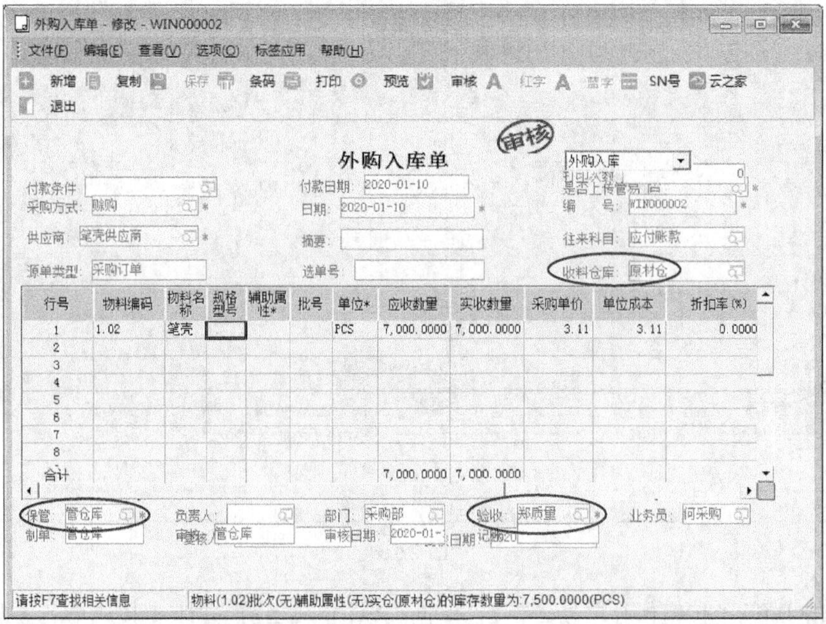

图 22-66

外购入库完成后，作为采购员需要即时了解采购订单的执行情况，可以通过查询采购订单执行情况明细表看到执行信息。以"何采购"身份登录本账套，选择"供应链"→"采购管理"→"报表分析"→"采购订单执行情况明细表"，系统弹出"过滤"窗口，如图22-67所示。

在"过滤"窗口的"条件"选项卡中，日期范围修改为"2020-01-01"至"2020-01-31"，其他条件保持默认值，单击"确定"按钮，进入"采购订单执行情况明细表"窗口，如图22-68所示。

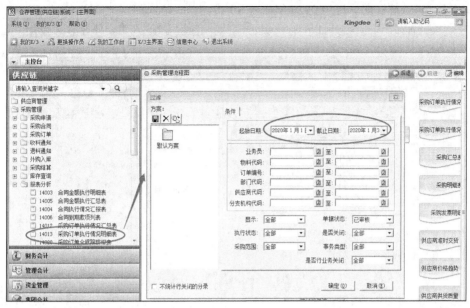

图 22-67

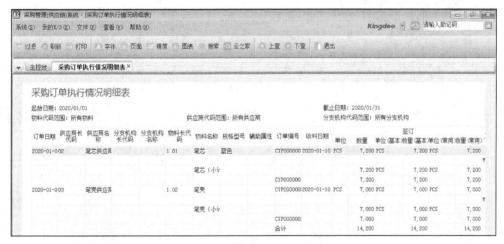

图 22-68

在采购订单执行情况明细表中,可以详细查询到每一张采购订单的物料信息、数量信息、入库信息和未入库信息,能大大提高"采购员"日常跟单效率。

22.6 委外加工任务单处理

委外加工任务是指公司提供物料、由外协公司加工成一定产品的任务。本实例账套"委外加工管理"对口部门为采购部。

当采购部查到采购申请单中业务类型为"订单委外"时,采购需根据此申请生成委外加工任务单,然后通知仓库备料外发到委外加工商。

下面以例 17-16 为例练习委外加工任务单的下达,操作步骤如下。

(1) 计算机系统日期保持为 2020 年 1 月 10 日，以"何采购"身份登录本账套。选择"供应链"→"委外加工"→"委外订单"→"委外订单—新增"，进入"委外订单 - 新增"窗口，如图 22-69 所示。

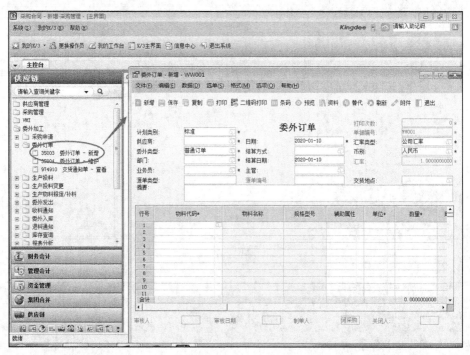

图 22-69

(2)"源单类型"选择"采购申请"，在"源单编号"处按"F7"功能键或单击"资料"按钮，系统进入"采购申请"窗口，如图 22-70 所示。

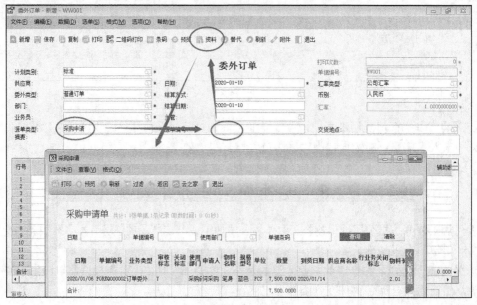

图 22-70

(3)选中窗口中的记录,双击返回"委外订单 - 新增"窗口,请注意窗口中表体的变化,单击"供应商"处的浏览按钮,系统弹出供应商列表,如图 22-71 所示。

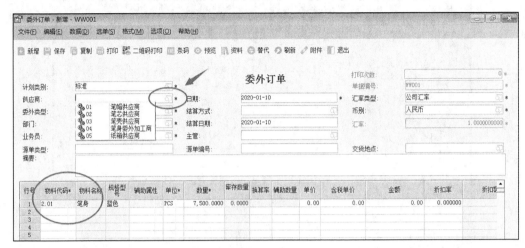

图 22-71

(4)"供应商"选择"笔身委外加工商","部门"选择"采购部","业务员"选择"何采购","含税单价"录入"0.50",保存当前委外订单,保存成功的单据如图 22-72 所示。

图 22-72

(5)审核委外订单。由于委外订单受"审批流"控制,所以需要设置后才能审核。退出"委外订单 - 新增"窗口,选择"系统设置"→"系统设置"→"委外加工管理"→"审批流管理",系统弹出"委外订单 - 多级审核工作流"窗口,如图 22-73 所示。

(6)切换到"用户设置"选项卡,选中"何采购",单击向右移动按钮,此时"何采购"显示在右侧,表示何采购用户可以对委外订单进行审核,如图 22-74 所示。

(7)单击"保存"按钮保存设置。退出设置,选择"供应链"→"委外加工"→"委外订单"→"委外订单—维护",进入维护窗口,审核刚才新增成功的委外订单。

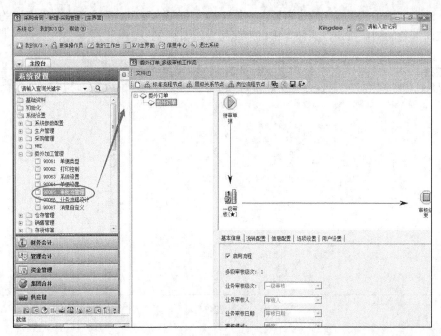

图 22-73

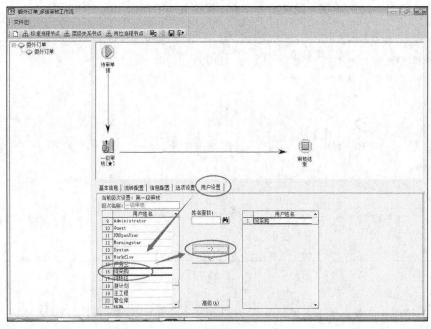

图 22-74

22.7　委外加工出库单处理

委外加工出库单主要用于处理由委外加工行为产生的材料出库动作,该功能位于仓存管理系统的领料发货功能下,材料发出通常由仓管员负责处理。

下面以例 17-17 为例，介绍委外加工出库单的处理方法，操作步骤如下。

（1）以"管仓库"身份登录账套，选择"供应链"→"仓存管理"→"领料发货"→"委外加工出库—新增"，进入"委外加工出库单 - 新增"窗口，如图 22-75 所示。

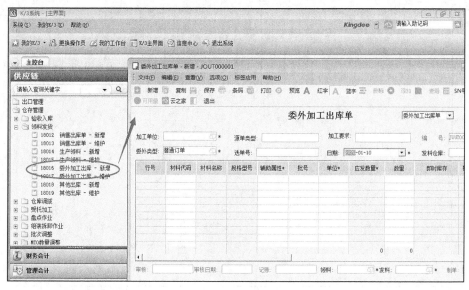

图 22-75

（2）"源单类型"选择"委外订单"，将光标放置在"选单号"处，再单击"查看"按钮，弹出"生产投料单序时簿"窗口，如图 22-76 所示。

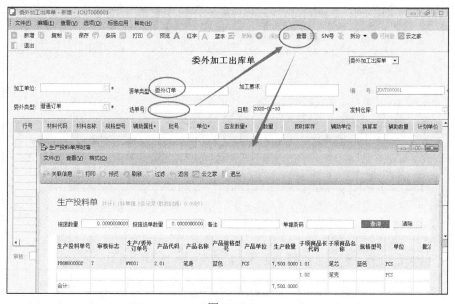

图 22-76

在"生产投料单序时簿"窗口中，系统自动将每一笔委外加工业务单产品对应的 BOM 档案展开，显示所需要的物料和数量，这样可以有效地提高工程、采购、仓库之间的沟通效率，并提高物料发放的准确性。

(3) 按住"Shift"键的同时选中窗口中的两条记录，单击"返回"按钮返回"委外加工出库单 - 新增"窗口，获取成功的信息将会显示在窗口中；参照"应发数量"录入"数量"为"7500"，在"发料仓库"处单击"查看"按钮获取"原材仓"，"领料"获取"何采购"，"发料"获取"管仓库"，如图 22-77 所示。

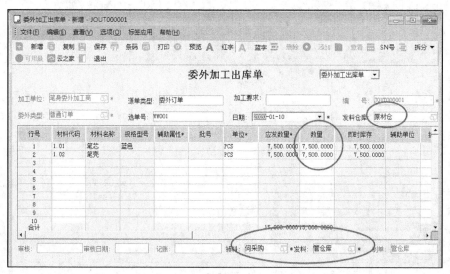

图 22-77

(4) 单击"保存"按钮保存当前委外加工出库单。单击"审核"按钮审核当前单据，审核成功的委外加工出库单如图 22-78 所示。

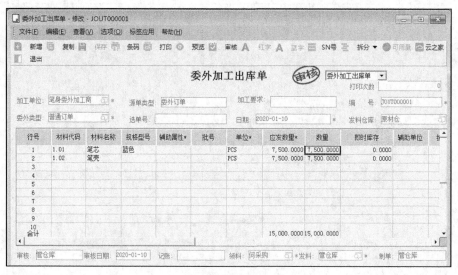

图 22-78

当采购部或 PMC 得知仓库已经发出材料，但是想确切地知道仓库针对本委外加工任务单的出库数量是多少时，可以通过以下操作查询。

以"何采购"身份登录本账套，选择"供应链"→"委外加工"→"报表分析"→"委外生产领料差异分析"，系统弹出"委外生产领料差异分析表"窗口，如图 22-79 所示。

第 22 章 业务系统实战

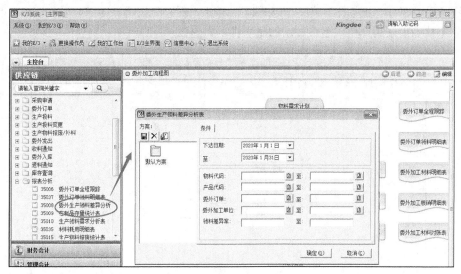

图 22-79

下达日期范围设置为"2020-01-01"至"2020-01-31",其他保持默认值,单击"确定"按钮,进入"领料差异分析表"窗口,如图 22-80 所示。

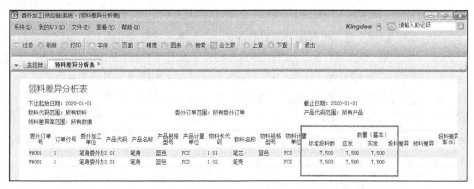

图 22-80

在该窗口中可以查询到委外加工订单号、委外加工产品、标准投料数、应发数量和实发数量等情况。

22.8 采购订单处理(二)

1. 录入例 17-18 的采购订单

以"何采购"身份登录本账套。在练习此实例前,请将计算机系统日期保持为 2020 年 1 月 10 日。选择"供应链"→"采购管理"→"采购订单"→"采购订单—新增",进入"采购订单 - 新增"窗口;"源单类型"选择"采购申请",将光标放置在"选单号"处,单击"查看"按钮,弹出"采购申请单序时簿"窗口;选中"笔帽"记录,单击"返回"按钮返回"采购订单 - 新增"窗口,系统将该条记录信息获取到采购订单中;将光标放置在"供应商"处,单击"查看"按钮获取"笔帽供应商","数量"保持不变,"含税单价"录入"0.59","主管"获取"何采购","部

– 575 –

门"获取"采购部","业务员"获取"何采购";单击"保存"按钮保存当前采购订单;单击"审核"按钮审核当前采购订单,审核成功的采购订单如图 22-81 所示。

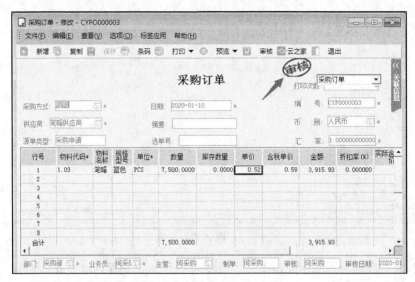

图 22-81

2. 录入例 17-19 的采购订单

在"采购订单 - 新增"窗口,单击"新增"按钮,系统弹出一张空白单据;"源单类型"选择"采购申请",将光标放置在"选单号"处,单击"查看"按钮,弹出"采购申请单/序时簿"窗口;选中"纸箱"记录,单击"返回"按钮返回"采购订单 - 新增"窗口,系统将该条记录信息获取到采购订单中;将光标放置于"供应商"处,单击"查看"按钮获取"纸箱供应商","数量"保持不变,"含税单价"录入"5.00","主管"获取"何采购","部门"获取"采购部","业务员"获取"何采购";单击"保存"按钮保存当前采购订单;单击"审核"按钮审核当前采购订单,审核成功的单据如图 22-82 所示。

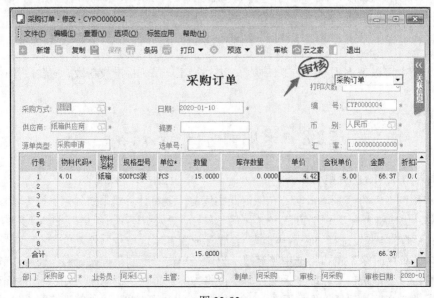

图 22-82

22.9 外购入库处理（二）

1. 录入例 17-20 的外购入库单

将计算机系统日期修改为 2020 年 1 月 14 日，以"管仓库"身份登录本实例账套。选择"供应链"→"仓存管理"→"验收入库"→"外购入库单—新增"，系统弹出"外购入库单 - 新增"窗口；"源单类型"选择"采购订单"，将光标放置在"选单号"处，单击"查看"按钮，系统弹出"采购订单序时簿"窗口；选中"CYPO000003"号采购订单，单击"返回"按钮，返回"外购入库单 - 新增"窗口，并将获取成功的信息显示出来；将光标放置在"收料仓库"处，单击"查看"按钮，系统弹出"仓库"档案窗口，双击"原材仓"记录，返回"外购入库单 - 新增"窗口并将获取成功的信息显示出来，"实收数量"录入"7500"，"保管"获取"管仓库"，"验收"获取"郑质量"；单击"保存"按钮保存单据；单击"审核"按钮审核当前单据，审核成功的单据如图 22-83 所示。

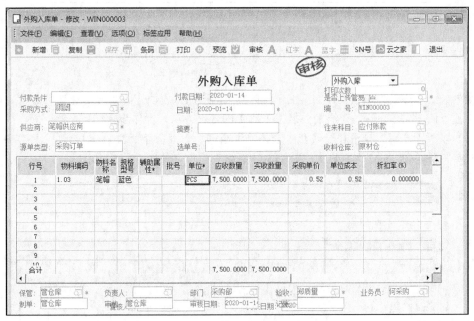

图 22-83

2. 录入例 17-21 的外购入库单

单击"新增"按钮，系统弹出一张空白外购入库单，"源单类型"选择"采购订单"，将光标放置在"选单号"处，单击"查看"按钮，弹出"采购订单序时簿"窗口；选中"CYPO000004"号采购订单，单击"返回"按钮，返回"外购入库单 - 新增"，获取成功的信息将会显示出来；将光标放置在"收料仓库"，单击"查看"按钮，弹出"仓库"档案窗口；双击"04—包装物仓"记录，返回外购入库单窗口并显示获取成功的信息，"实收数量"录入"15"，"保管"获取"管仓库"，"验收"获取"郑质量"；单击"保存"按钮保存单据；单击"审核"按钮审核当前单据，审核成功的单据如图 22-84 所示。

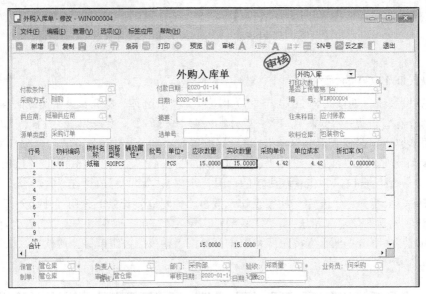

图 22-84

22.10 委外加工入库处理

委外加工入库是处理由委外加工生产任务发生的产品入库动作，通常由仓管员负责处理。

下面以例 17-22 为例，介绍委外加工入库单的处理方法，操作步骤如下。

（1）以"管仓库"身份登录账套，选择"供应链"→"仓存管理"→"验收入库"→"委外加工入库—新增"，进入"委外加工入库单 - 新增"窗口，如图 22-85 所示。

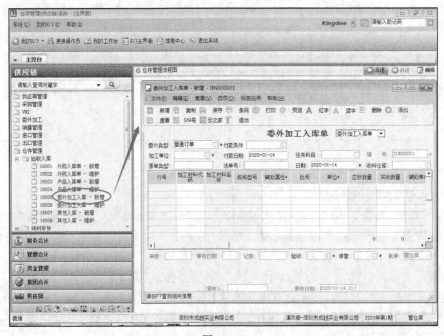

图 22-85

（2）"源单类型"选择"委外订单"，将光标放置在"选单号"处，再单击"查看"按钮，弹出"委外订单序时簿"窗口，如图22-86所示。

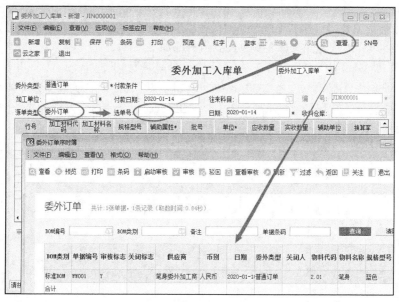

图 22-86

（3）选中"WW001"号委外订单，单击"返回"按钮返回"委外加工入库单 - 新增"窗口，获取成功的信息将显示在窗口中；"应收数量"录入"7500"，"收料仓库"处单击"查看"按钮获取"半成品仓"，"验收"获取"郑质量"，"保管"获取"管仓库"，如图22-87所示。

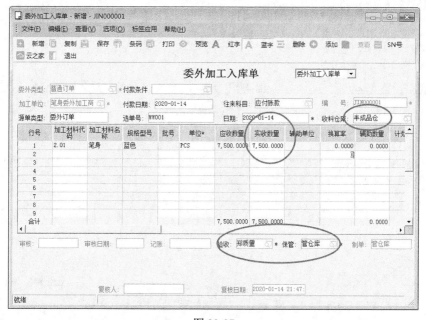

图 22-87

（4）单击"保存"按钮保存当前单据，单击"审核"按钮审核当前单据。

22.11 生产任务单处理

生产任务是指由公司自行加工成产品的任务。生产部查询到有生产任务单投放,下达(即同意)该生产任务单,然后通知仓库备料外发到生产部加工。

下面以例 17-23 为例练习生产任务单的下达,操作步骤如下。

(1)将计算机系统日期修改为 2020 年 1 月 14 日,以"龚生产"身份登录本账套。选择"生产管理"→"生产任务管理"→"生产任务"→"生产任务单—维护",弹出"条件过滤"窗口,如图 22-88 所示。

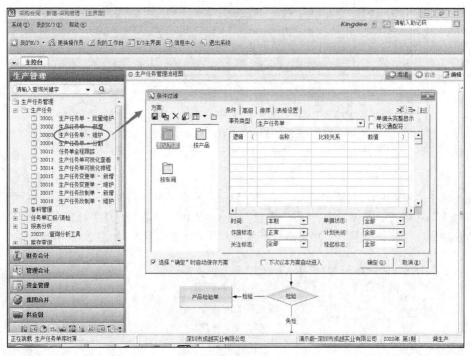

图 22-88

(2)选择默认方案,单击"确定"按钮,进入"生产任务单序时簿"窗口,如图 22-89 所示。

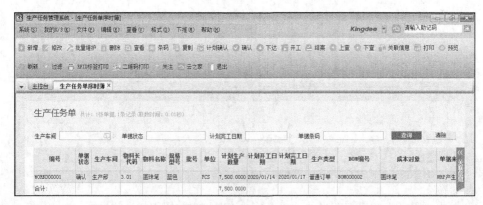

图 22-89

在"生产任务单序时簿"窗口可以同时进行生产任务单的新增、修改、下达和结案等操作。双击"WORK000001"号生产任务单,进入"生产任务单 - 修改"窗口,如图 22-90 所示。

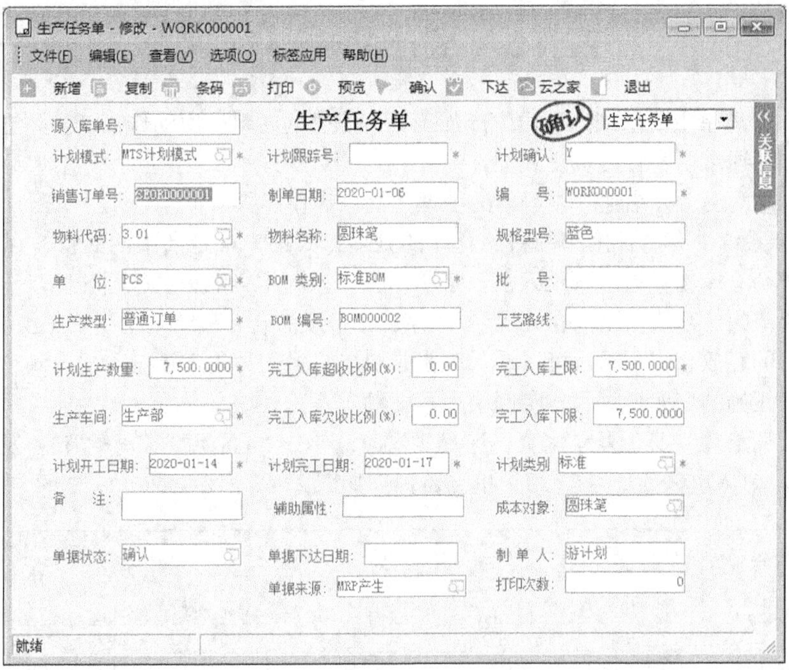

图 22-90

(3)单击"下达"按钮,单据状态显示"下达"字样,表示该单据下达成功,如图 22-91 所示。

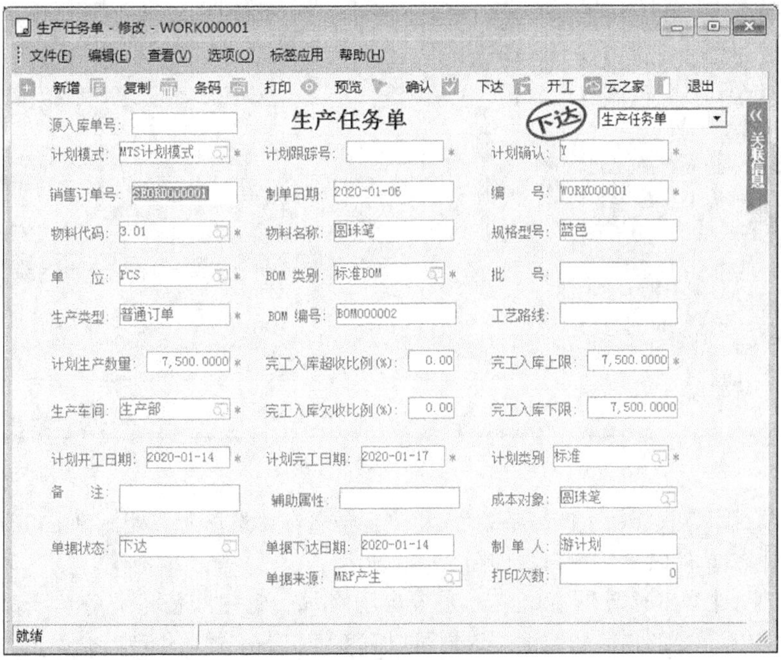

图 22-91

在生产任务单未执行的情况下，可以单击"编辑"菜单下的"反下达"取消下达，单击"反确认"取消确认后，再双击进入"生产任务单 - 修改"窗口中修改生产任务单数据。

22.12 生产领料单处理

生产领料出库单主要用来处理由生产加工行为产生的材料出库动作，该功能位于仓存管理系统下，生产领料通常由仓管员负责处理。

以例 17-24 为例，介绍生产领料单的处理方法，操作步骤如下。

金蝶 K/3 系统中有两种生产领料的仓库的处理方式：一种是当不同的物料存放在不同仓库时，建议将一个仓库物料的出库录入在一张单据上，如例 17-24 是生产圆珠笔，通过 BOM 档案展开得知需要笔帽（存放在原材仓）、笔身（存放在半成品仓）和纸箱（存放在包装物仓）3 种物料，因为它们的存放仓库不同，可以录入 3 张领料单；另一种是直接在单据录入时，在表体项目中选择该物料正确的出库仓库。本实例采用第 2 种方式。

（1）以"管仓库"身份登录账套，选择"供应链"→"仓存管理"→"领料发货"→"生产领料—新增"，进入"领料单 - 新增"单据窗口，如图 22-92 所示。

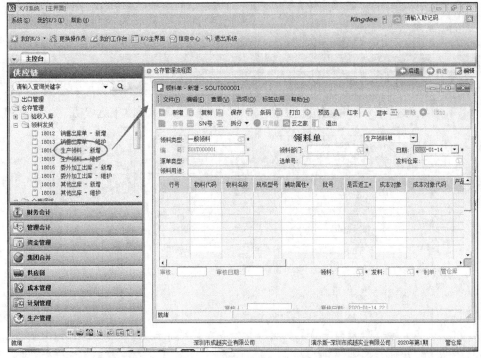

图 22-92

（2）"源单类型"选择"生产任务单"，将光标放置在"选单号"处，单击"查看"按钮，系统弹出"生产投料单序时簿"窗口，如图 22-93 所示。

在"生产投料单序时簿"窗口中，系统自动将每一笔生产任务业务单产品对应的 BOM 档案展开，获取所需要的物料和数量，这样可以有效地提高工程、生产、仓库之间的沟通效率，并提高物料发放的准确性。

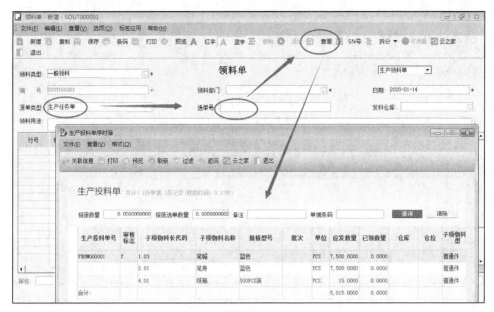

图 22-93

（3）按住"Shift"键，同时选中窗口中的 3 条记录，单击"返回"按钮返回"领料单 - 新增"窗口，获取成功的信息将显示在窗口中；参照"应发数量"分别录入"实发数量"，"笔帽"为"7500" PCS、"笔身"为"7500" PCS、"纸箱"为"15" PCS，如图 22-94 所示。

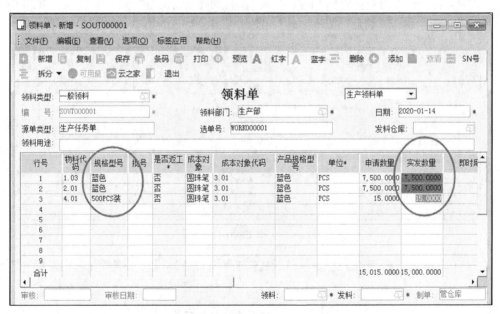

图 22-94

（4）在表体上将光标向右移动放置在"发料仓库"处，单击"查看"按钮获取仓库信息，"笔帽"获取"原材仓"，"笔身"获取"半成品仓"，"纸箱"获取"包装物仓"，"领料"获取"龚生产"，"发料"获取"管仓库"，如图 22-95 所示。

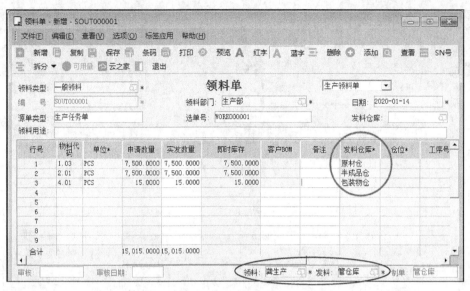

图 22-95

（5）单击"保存"按钮，保存当前出库单。单击"审核"按钮审核当前单据。

当生产部或 PMC 得知仓库已经发出材料，但是想确切地知道仓库针对本生产任务单的出库数量是多少时，可以在"生产任务管理"下的"生产任务单领料差异分析"中查询。

以"龚生产"身份登录本账套，选择"生产管理"→"生产任务管理"→"报表分析"→"生产任务单领料差异分析"，系统弹出"过滤条件"窗口，日期范围设置为"2020-01-01"至"2020-01-31"，其他保持默认值，单击"确定"按钮，进入"领料差异分析表"窗口，如图 22-96 所示。

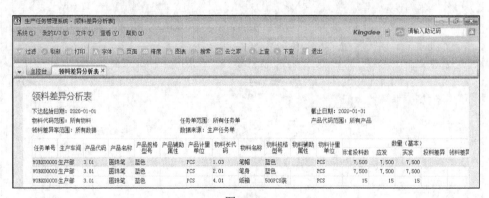

图 22-96

在该窗口中可以查询到生产任务单号、生产产品、标准投料数、应发数量和实发数量等信息。

22.13　产品入库单处理

产品入库单用于处理由公司加工生产任务发生的产品（半成品或成品）入库动作。

下面以例 17-25 为例，介绍产品入库单的处理方法，操作步骤如下。

（1）将计算机系统日期修改为 2020 年 1 月 17 日，以"管仓库"身份登录账套。选择"供应链"→"仓存管理"→"验收入库"→"产品入库—新增",进入"产品入库单 - 新增"窗口,如图 22-97 所示。

图 22-97

（2）"源单类型"选择"生产任务单",将光标放置在"选单号"处,单击"查看"按钮,弹出"生产任务单序时簿"窗口,如图 22-98 所示。

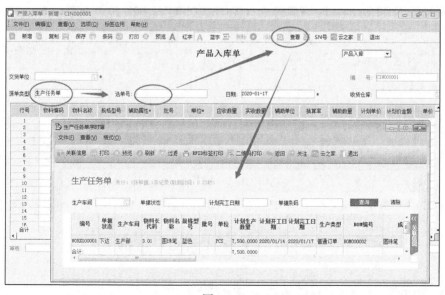

图 22-98

（3）选中"WORK000001"号生产任务单,单击"返回"按钮返回"产品入库单 - 新增"窗口,获取成功的信息将会显示在窗口中;"实收数量"录入"7500","收货仓库"处单击"查看"按钮获取"成品仓","验收"获取"郑质量","保管"获取"008",如图 22-99 所示。

- 585 -

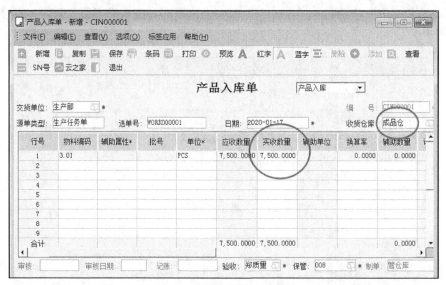

图 22-99

(4) 单击"保存"按钮,保存当前单据。单击"审核"按钮审核当前单据。

生产部和计划部可能随时需要查询每笔生产任务单的进度情况,可以通过"生产任务管理"下的"生产任务单执行明细表"查询到。

以"龚生产"身份登录本账套,选择"生产管理"→"生产任务管理"→"报表分析"→"生产任务单执行明细表",弹出"过滤条件"窗口,日期范围设置为"2020-01-01"至"2020-01-31",其他保持默认条件,单击"确定"按钮系统进入"生产任务单执行明细表"窗口,如图22-100所示。

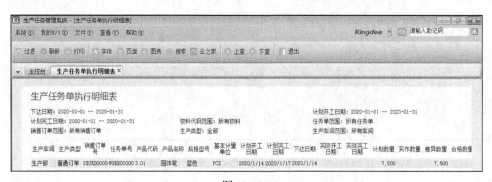

图 22-100

在该窗口中可以查询到任务单号、计划开工日期、计划完工日期、计划数量和入库数量等信息。

22.14 销售出库单处理

销售出库单用于处理由销售行为产生的产品出库动作。

下面以例 17-26 为例,介绍销售出库单的处理方法,操作步骤如下。

(1) 将计算机系统日期修改为 2020 年 1 月 17 日,以"管仓库"身份登录账套。选择"供应链"→"仓存管理"→"领料发货"→"销售出库—新增",进入"销售出库单 - 新增"窗口,如图 22-101 所示。

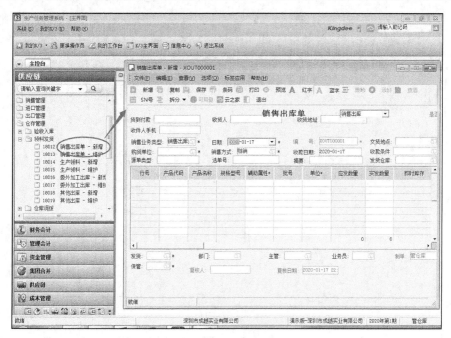

图 22-101

（2）"源单类型"选择"销售订单"，将光标放置在"选单号"处，单击"查看"按钮，系统弹出"销售订单序时簿"窗口，如图 22-102 所示。

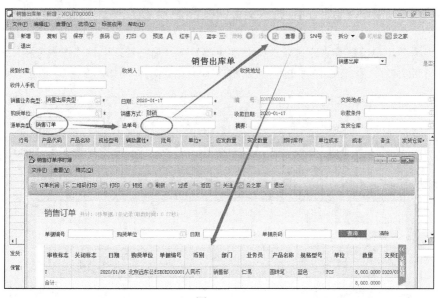

图 22-102

（3）选中"SEORD000001"号记录，单击"返回"按钮返回"销售出库单 - 新增"窗口，获取成功的信息将显示在窗口中；参照"应发数量"录入"实发数量"为"8000"，将光标放置在"发货仓库"处，单击"查看"按钮获取"成品仓"，"发货"获取"严秀兰"，"保管"获取"管仓库"，如图 22-103 所示。

图 22-103

（4）单击"保存"按钮，保存当前出库单。单击"审核"按钮审核当前单据。

> **注** 在销售出库单中，通常不用录入销售价格，该笔销售出库单的实际收货金额由财务人员在"销售管理"中的"销售发票"处理。

当销售人员需要跟踪销售订单进度时，可以在"销售管理"下的"销售订单执行情况明细表"中查询到。

以"严秀兰"身份登录本账套，选择"供应链"→"销售管理"→"报表分析"→"销售订单执行情况明细表"，系统弹出"过滤"窗口的"条件"选项卡，如图 22-104 所示。

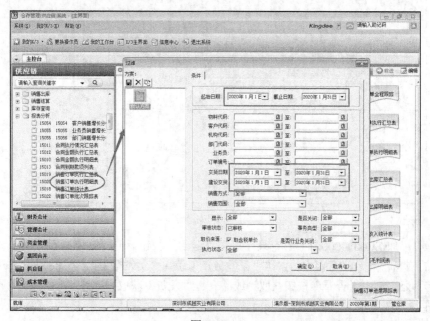

图 22-104

窗口中的3个日期范围都设置为"2020-01-01"至"2020-01-31",其他条件保持默认值,单击"确定"按钮,进入"销售订单执行情况明细表"窗口,如图22-105所示。

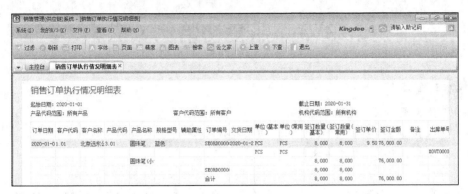

图 22-105

在该窗口中可以查询到每一张销售订单的数量和每次销售出库的情况。

至此,本账套的业务数据已经操作完成,涉及发票和金额的单据将在后面"财务系统实战"中讲述。

业务单据录入完成后,操作员可能会随时查询、汇总各种数据,金蝶K/3为用户提供丰富的报表查询功能,可以在对应的系统下查询到各种数据。使用报表查询时的重点是日期范围一定要正确。

第 23 章 账套初始化（二）

> **本章重点**
> ● 系统设置、基础设置
> ● 应收款、应付款管理和总账系统初始数据录入
> ● 应收款、应付款管理和总账系统启用

本章是第 19 章"账套初始化（一）"的延续。本章的初始化工作是以"Administrator"（系统管理员）身份登录"深圳市成越实业有限公司"账套，并对账套进行系统设置。

23.1 系统参数设置

本实例账套财务部分主要涉及总账系统、应收款管理系统、应付款管理系统和存货核算系统，本章主要讲述如何对这些系统的参数进行相应设置。

> 注：在以后的业务处理中，如果某些控制达不到要求，要养成返回"系统设置"查看相关系统参数设置情况的习惯。如现金类和银行类科目出现赤字时要求报警（即弹出提示），可进入"系统设置"→"系统设置"→"总账"→"系统参数"，在弹出的"系统参数"窗口中查看"现金银行存款赤字报警"选项是否被选中。

23.1.1 总账系统参数

总账系统参数是针对总账系统设置的，如系统是否要求凭证过账前要审核，当现金赤字是否要求提示等控制。

本实例账套需要对以下几项总账系统参数进行设置。

（1）设定本年利润科目和利润分配科目。当"本年利润"科目设定后，在每期期末处理时进行"结转损益"操作，系统会自动将损益类科目下的余额转入所设定的"本年利润"科目。本年利润科目设定为"4103—本年利润"，利润分配科目设定为"4104—利润分配"。

（2）凭证过账前必须审核。为保证录入凭证的正确性，凭证过账（即登账）前必须有审核，否则不能过账。

总账系统参数设置步骤如下。

（1）以"Administrator"身份登录本实例账套。选择"系统设置"→"系统设置"→"总账"→"系统参数"，弹出"系统参数"窗口，如图 23-1 所示。

"系统参数"窗口共有 3 个选项卡。"系统"选项卡管理当前账套的基本信息，有公司名称、地址、电话信息；"总账"选项卡设置整个总账系统的参数，有"基本信息""凭证""预算"和"往来传递"4 个子选项卡；"会计期间"选项卡查看当前账套采用的会计期间方法，以及业务已经处理到的会计期间。

第 23 章 账套初始化（二）

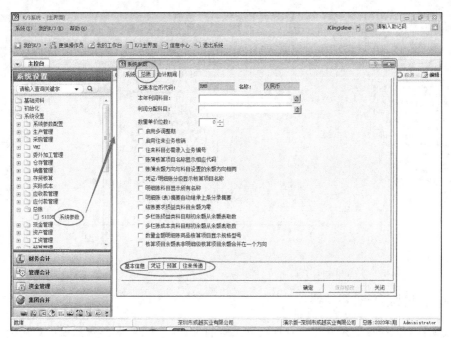

图 23-1

（2）选择"总账"选项卡中的"基本信息"选项卡，在"本年利润科目"处单击"📄"（获取）按钮或按"F7"功能键，系统弹出"会计科目"窗口，选择"4.权益"类下的"4103—本年利润"科目，再单击"确定"按钮，如图 23-2 所示。

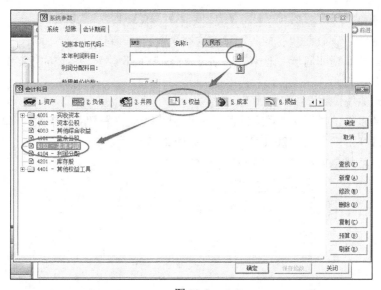

图 23-2

返回"系统参数"设置窗口，这时在"本年利润科目"处显示"4103"，表示获取科目成功，使用同样的方法获取"利润分配科目"为"4104"科目，如图 23-3 所示。

（3）切换到"凭证"选项卡，选中"凭证过账前必须审核"选项，如图 23-4 所示。

- 591 -

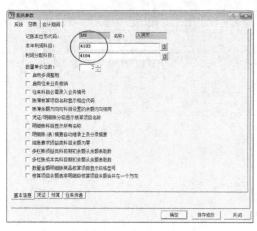 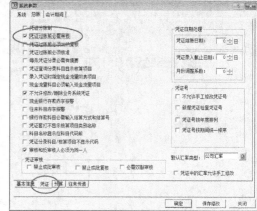

图 23-3　　　　　　　　　　　　　图 23-4

（4）单击"确定"按钮保存设置。

23.1.2　应收款管理系统参数

应收款管理系统参数是针对应收款管理系统的设置，如应收款管理系统的启用会计期间设置、客户是否需要进行信用控制等设置。

本实例账套需要对以下几项应收账款系统参数进行设置。

（1）应收款管理系统的启用会计年度、会计期间，设置为"2020 年 1 期"。应收款管理系统的启用期间可以与总账系统的不同，如总账系统是"2020 年 1 期"启用，应收款管理系统可以在"2020 年 2 期"启用。

（2）坏账计提方法"备抵法"中的"应收账款百分比法"。

（3）应收账款、预收账款、应收票据、应交税金的会计科目。

（4）结账与总账期间同步。选中该选项，表示只有应收款管理系统的数据结转到下一期后，总账系统才能进行结账。

应收款管理系统参数设置步骤如下。

（1）选择"系统设置"→"系统设置"→"应收款管理"→"系统参数"，弹出"系统参数"窗口，"启用会计期间"设为"2020 年 1 期"，如图 23-5 所示。

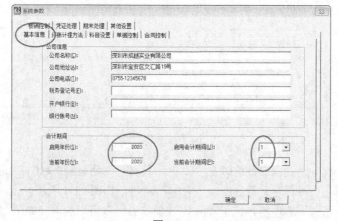

图 23-5

(2)单击"坏账计提方法"选项卡,选择"备抵法"中的"应收账款百分比法",如图 23-6 所示。

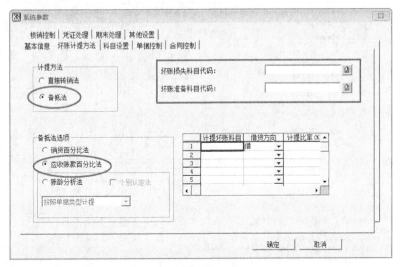

图 23-6

设置当计提坏账损失时,生成的凭证中的坏账损失科目。将光标移到"坏账损失科目代码"处,按"F7"功能键,弹出"会计科目"窗口,选中"6. 损益"中的"6602.08—坏账损失"科目,如图 23-7 所示。

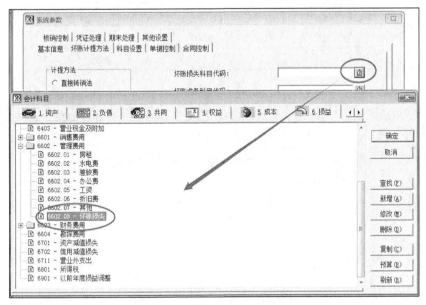

图 23-7

单击"确定"按钮,将"6602.08"科目引入"系统参数"窗口,如图 23-8 所示。

以同样方法获取"坏账准备科目代码"为"1231"科目,"计提坏账科目"获取"应收账款"科目,"借贷方向"选择"借","计提比率(%)"设置为"0.5",如图 23-9 所示。

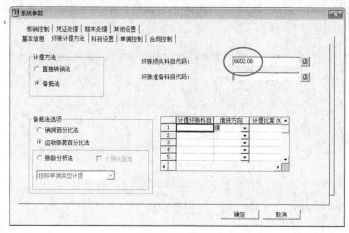

图 23-8

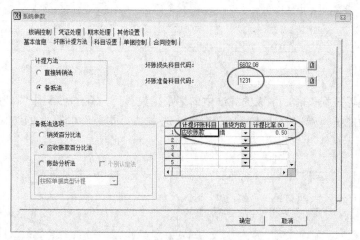

图 23-9

（3）设置应收账款、预收账款、应收票据、应交税金的会计科目。切换到"科目设置"选项卡，如图 23-10 所示。

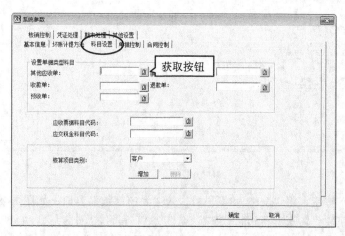

图 23-10

该窗口主要是设置生成凭证时的相应会计科目和核算项目，如果不采用凭证模板的方式生成凭证，则凭证处理时系统会根据此处设置的会计科目自动填充生成凭证。

"其他应收单"获取"1221"科目，"收款单"获取"1122"科目，"预收单"获取"2203"科目，"销售发票"获取"1122"科目，"退款单"获取"1122"科目，"应收票据科目代码"获取"1121"科目，"应交税金科目代码"获取"2221.01.05"科目，如图23-11所示。

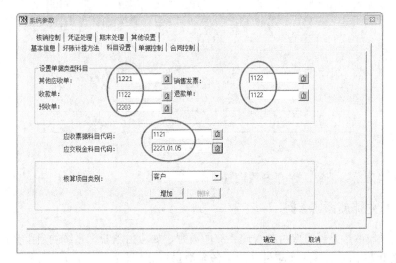

图 23-11

 说明

"设置单据类型科目"处所设置的科目必须为"应收应付"受控属性，否则设置不成功。由于"1221—其他应收款"未设置为受控属性，所以要进行科目属性的修改，操作方法为单击"其他应收单"旁的获取按钮，进入"会计科目"窗口，如图23-12所示。选中"1221—其他应收款"科目，单击"修改"按钮，系统弹出"会计科目 - 修改"窗口，在窗口下方选中"科目受控系统"为"应收应付"，如图23-13所示。修改成功后单击"保存"按钮，再单击"关闭"按钮返回"会计科目"窗口。

图 23-12

图 23-1

(4) 设置结账与总账期间同步。切换到"期末处理"选项卡，选中"结账与总账期间同步"

选项,如图 23-14 所示。

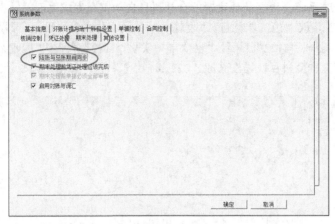

图 23-14

(5) 单击"确定"按钮,保存参数设置。

23.1.3 应付账款系统参数

应付账款系统参数是针对应付款管理系统的设置,如应付款管理系统的启用会计期间等设置。本实例账套需要对以下几项应付账款系统参数进行设置。

(1) 应付款管理系统的启用会计年度、会计期间,设置为 2020 年 1 期。
(2) 应付账款、预付账款、应付票据、应交税金的会计科目。
(3) 结账与总账期间同步。表示只有应付款管理系统结账后总账系统才能进行结账。
(4) 取消对"期末处理前凭证应该处理完成"的勾选。

设置步骤如下。

(1) 选择"系统设置"→"系统设置"→"应付款管理"→"系统参数",弹出"系统参数"设置窗口,如图 23-15 所示。

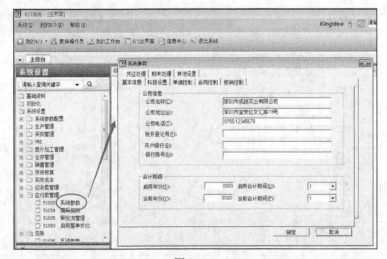

图 23-15

"启用年份"录入"2020","启用会计期间"选择"1"。

（2）切换到"科目设置"选项卡,"其他应付单"获取"2241"科目,"付款单"获取"2202"科目,"预付单"获取"1123"科目,"采购发票"获取"2202"科目,"退款单"获取"2202"科目,"应付票据科目代码"获取"2201"科目,"应交税金科目代码"获取"2221.01.01"科目,如图 23-16 所示。

> 说明　"2241—其他应付款"科目要修改为"应收应付"受控属性。

（3）切换到"期末处理"选项卡,取消对"期末处理前凭证处理应该完成"的勾选,选中"结账与总账期间同步",如图 23-17 所示。

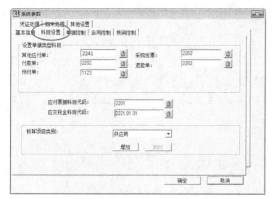

图 23-16

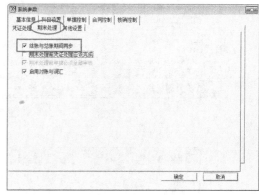

图 23-17

取消对"期末处理前凭证应该处理完成"的勾选是为了不影响应付款管理期末结账的练习。

（4）单击"确定"按钮,保存设置。

23.1.4　存货核算系统设置

存货核算系统设置是针对存货核算系统的参数进行的设置,如暂估冲回凭证生成方式等。

将存货核算系统交由财务处理主要是考虑到该系统用于进行材料成本处理和凭证处理,与财务核算的关联非常紧密。另外,存货核算系统要启用时,本系统的启用期间和初始数据是与供应链系统同步的。

本实例账套需要对以下几项存货核算系统参数进行设置。
- 选中"期末结账时检查未记账的单据"。
- 设置"暂估冲回凭证生成方式"为"单到冲回"方式。

设置步骤如下。

（1）选择"系统设置"→"系统设置"→"存货核算"→"系统设置",弹出"系统参数维护"窗口,如图 23-18 所示。

（2）选中左侧"核算系统选项"项目,在窗口右侧,选中第 1 个选项"期末结账时检查未记账的单据",再单击第 2 个选项"暂估冲回凭证生成方式"右侧的下拉按钮,选择"单到冲回"方式,如图 23-19 所示。

图 23-18

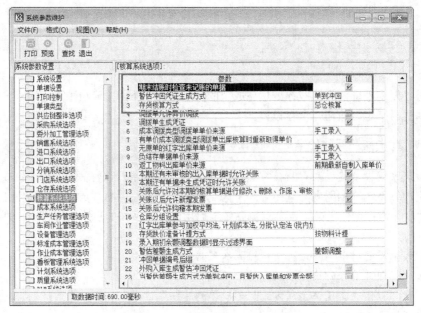

图 23-19

（3）设置完成，单击"退出"按钮，系统自动保存设置。

23.2 初始数据录入

初始数据根据使用的系统来进行录入。如使用总账、报表系统，则录入各会计科目的期初余额、本年累计借方发生额、本年累计贷方发生额；若是在年初启用账套，则录入年初余额，本账套要分别录入总账、应收款和应付款初始数据。

23.2.1 应收款初始数据录入

应收款管理系统既可单独使用也可以与总账联接使用，并可在总账系统应用一段时间后再使用应收款管理系统。启用应收款管理系统之前需要确定从哪个会计期间启用，这样才能正确地确认期初数据。

应收款初始数据主要有以下几项。

- 应收款期初数据：涉及货款核算应收账款科目的期初余额、本年借方累计发生数、本年贷方累计发生数。由销售增值税发票、销售普通发票和应收单生成。
- 预收款期初数据：涉及货款核算预收账款科目的期初贷方余额、本年贷方累计发生数，由预收单生成。如果预收账款的期初余额为借方余额，建议进行调账处理，把预收账款调入应收账款科目中。
- 应收票据期初数据：指还没有进行票据处理的应收票据，不包括已经背书、贴现、转出或已收款的应收票据。
- 期初坏账数据：指以后有可能收回的坏账。

在主界面窗口，选择"系统设置"→"初始化"→"应收款管理"，如图23-20所示。

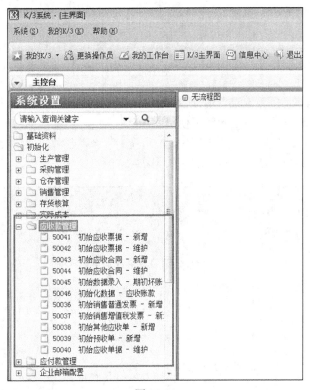

图 23-20

选择相应的期初单据类型，进入"期初数据录入"窗口，在该窗口中录入期初数据即可。

1. 初始数据录入

下面以录入表17-16中的数据为例，介绍应收款期初数据的处理方法，操作步骤如下。

(1) 表 17-16 是一张销售增值税发票，所以该数据需要在"初始销售增值税发票"中处理。选择"系统设置"→"初始化"→"应收款管理"→"初始销售增值税发票—新增"，进入"初始化_销售增值税发票 - 新增"窗口，如图 23-21 所示。

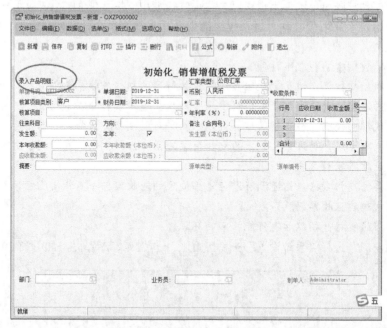

图 23-21

若要录入本"销售增值税发票"所涉及的产品信息，可以选中"录入产品明细"选项，则系统会打开表体信息，以供录入。在此暂不使用此选项。

(2)"核算项目类别"保持"客户"不变，将光标移至"核算项目"处，单击右侧的"模糊查询"按钮，弹出"客户"档案下拉列表，如图 23-22 所示。

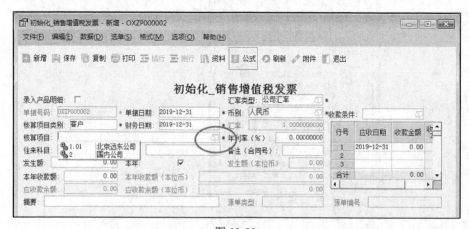

图 23-22

> **小技巧** 如果用户知道该客户代码的前几位，可在"核算项目"处录入第 1 位，此时系统即可将满足条件的客户都显示出来，起到模糊查询的功能。

(3) 选择"1.01—北京远东公司",系统自动将客户信息显示,如图 23-23 所示。

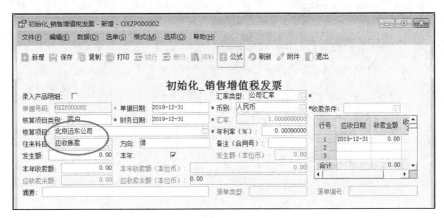

图 23-23

其中的项目说明如下。

- 往来科目:显示在"客户"档案设置时的"应收账款"科目中。如果不需要将初始数据传入总账,则此项可以不用录入。
- 方向:该笔业务的方向,自动取余额方向。

(4) "发生额"录入"10000",并取消对"本年"的勾选,在窗口右侧将"应收日期"修改为"2020-01-31","收款金额"录入"10000",如图 23-24 所示。

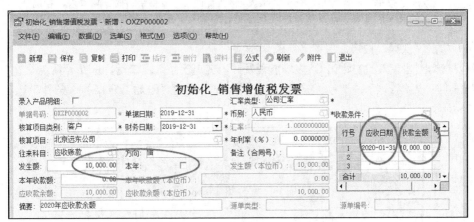

图 23-24

> 说明
>
> 为快速完成初始化,可以把同一家往来单位的所有单据资料汇总成一张业务单据录入,这样可以提高工作效率;但缺点是初始化时的所有单据只能在一张单据中进行处理,不利于对初始化的单据进行明细管理。如客户有3张发票未收到钱,可以汇总成一张发票录入,只要总金额不变就行。
>
> 单据资料不是很多时,可以按明细单据逐笔录入,这样做的缺点是工作量大,但结束初始化后便于对初始化单据进行跟踪处理。
>
> 发生额:是录入本笔(批)发票的发生额,如 100000。
>
> 收款金额:是录入本笔(批)发票的余额,录入此数据时,请注意"应收款余额"的变化。

(5)"摘要"录入"2020年应收款余额","部门"和"业务员"按"F7"功能键分别获取"销售部"和"仁渴",如图23-25所示。

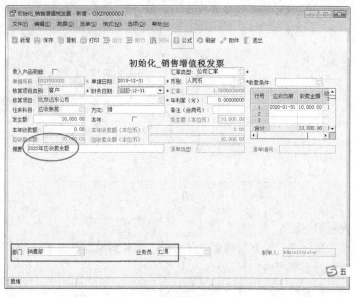

图 23-25

> **注** 应收款余额由"收款计划"表汇总生成。"收款计划"提供余额的分期录入,在统计账龄时,系统将按录入的应收日期来统计应收款余额的账龄,使账龄计算更精确。

(6)单击"保存"按钮,保存当前销售发票。

若要查询刚才录入的初始化_销售增值税发票,在退出录入窗口后,选择"系统设置"→"初始化"→"应收款管理"→"初始应收单据—维护",弹出"过滤"窗口的"条件"选项卡,如图23-26所示。

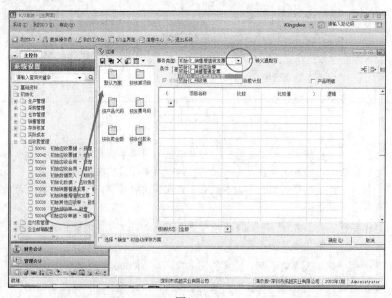

图 23-26

选择要查询的"事务类型"。在此选择"初始化_销售增值税发票",其他保持默认值,单击"确定"按钮,进入"初始化_销售增值税发票序时簿"窗口,如图 23-27 所示。

在该序时簿窗口可以对查询到的初始化单据进行查看、修改和删除等操作,同时也可以进行新增处理。

销售普通发票、应收单、预收单、应收票据的录入可参照上述方法。

2. 转余额

转余额功能是将往来数据传递到总账系统的初始余额表中,这样可以省去在总账系统重复录入往来数据的麻烦。

在"初始化_销售增值税发票序时簿"窗口,单击工具栏上的"转余额"按钮弹出提示窗口,如图 23-28 所示。

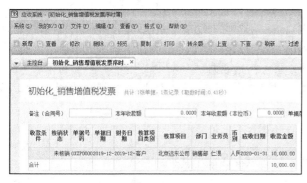

图 23-27

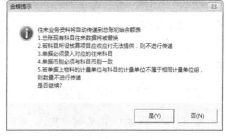

图 23-28

在此单击"是"按钮,稍后弹出转余额成功提示,单击"确定"按钮完成转余额工作。

查看转余额是否成功的方法:选择"系统设置"→"初始化"→"总账"→"科目初始数据录入",进入"科目初始余额录入"窗口,查看"1122—应收账款"下的数据是否与"应收账款"中的初始数据相同。

3. 结束初始化

应收款期初数据录入完整、正确才能结束初始化,结束初始化后应收款管理系统才能进行日常的业务处理工作。初始化结束功能位于"财务会计"→"应收款管理"→"初始化",如图 23-29 所示。

在初始化工作方面,金蝶 K/3 系统提供了初始化检查、初始化对账和反初始化功能。

双击"初始化检查"功能,系统将对初始化进行检查,并弹出相应的提示信息。

图 23-29

双击"初始化对账"功能,弹出"过滤"窗口,在"科目代码"处录入需要进行对账的会计科目,在此按"F7"功能键获取"1122—应收账款"科目,并选中"显示核算项目明细",如图 23-30 所示。

单击"确定"按钮,进入"初始化对账"窗口,如图 23-31 所示。在对账窗口可以查询到同一客户下应收系统和总账系统之间的余额对账。

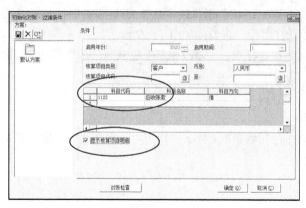
图 23-30

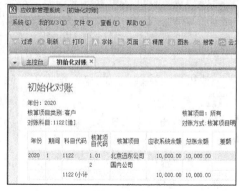
图 23-31

结束初始化功能则在主界面窗口，双击"结束初始化"功能，系统弹出检查提示窗口；在此单击"否"按钮，稍后弹出对账提示，也单击"否"按钮；稍后系统弹出"系统成功启用"提示，表示结束初始化成功。初始化结束则不能继续录入初始数据。

在初始化结束后，若需要修改初始数据，可以双击"反初始化"功能进行反初始化，然后再修改初始数据。

23.2.2 应付款初始数据录入

应付款管理系统的初始数据录入与应收款管理系统的操作基本相同。

1. 初始数据录入

下面录入表 17-17 的应付款初始数据，操作步骤如下。

（1）选择"系统设置"→"初始化"→"应付款管理"→"初始采购增值税发票—新增"，进入"初始化_采购增值税发票 - 新增"录入窗口，如图 23-32 所示。

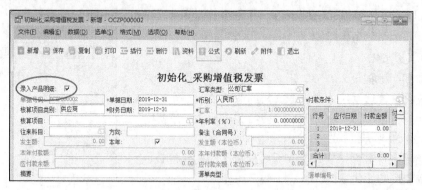
图 23-32

（2）"核算项目类别"保持"供应商"，单击"核算项目"右侧的查询按钮，获取"笔壳供应商"，并取消选中"发生额"右侧的"本年"，如图 23-33 所示。

（3）单击"产品代码"处的查询按钮，获取"1.02—笔壳"，"数量"录入"10000"，"含税单价"录入"3.51"，如图 23-34 所示。

增值税发票的税率默认值为"13%"（可以修改）且位于表体右侧，系统会自动反算出"单价"，窗口右上侧的"付款金额"自动由产品明细汇总得出。

第 23 章 账套初始化（二）

图 23-33

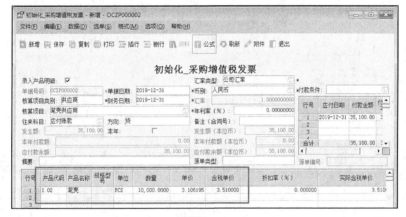

图 23-34

（4）将"应付日期"修改为"2020-01-31"，"部门"获取"采购部"，"业务员"获取"何采购"，如图 23-35 所示。

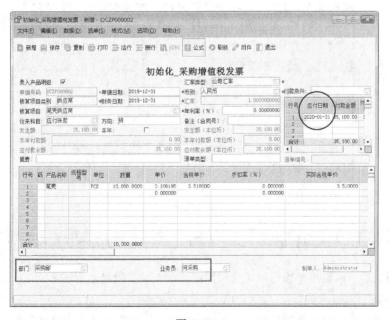

图 23-35

- 605 -

（5）单击"保存"按钮，保存当前采购增值税发票。

若要查询刚才录入的初始化_采购增值税发票，在退出录入窗口后，选择"系统设置"→"初始化"→"应付款管理"→"初始应付单据—维护"，弹出"过滤"窗口的"条件"选项卡，如图 23-36 所示。

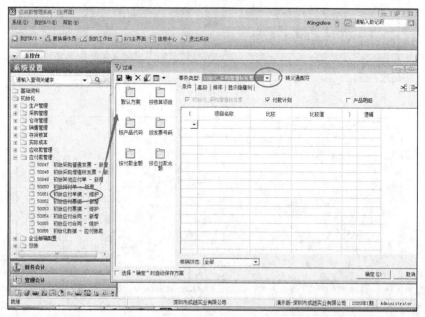

图 23-36

选择要查询的"事务类型"，在此选择"初始化_采购增值税发票"，其他保持默认值，单击"确定"按钮，进入"初始化_采购增值税发票序时簿"窗口，如图 23-37 所示。

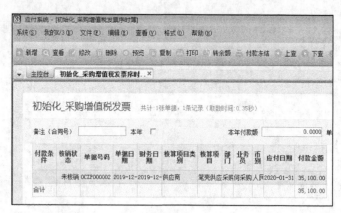

图 23-37

在该序时簿窗口可以对查询到的初始化单据进行查看、修改和删除等操作，同时也可以进行新增处理。

采购普通发票、应付单、预付单、应付票据的录入可参照以上方法。

2．转余额

转余额功能是将往来数据传递到总账初始余额表，这样可以省去在总账系统重复录入往来数据的麻烦。

在"初始化_采购增值税发票序时簿"窗口，单击工具栏上的"转余额"按钮，系统弹出提示窗口，单击"是"按钮，稍后弹出转余额成功提示，单击"确定"按钮完成转余额工作。查看转余额成功的方法是选择"系统设置"→"初始化"→"总账"→"科目初始数据录入"，进入"科目初始余额录入"窗口，查看"2202—应付账款"下的数据是否与"应付账款"中的初始数据相同。

3. 结束初始化

应付款期初数据录入完整、正确才能结束初始化，结束初始化后应付款系统才能进行日常的业务处理工作。初始化结束功能位于"财务会计"→"应付款管理"→"初始化"下，如图23-38所示。

金蝶 K/3 系统在初始化工作中提供了初始化检查、初始化对账和反初始化功能。

双击"结束初始化"，系统弹出检查提示窗口；单击"是"按钮，稍后弹出检查通过提示；单击"确定"按钮，系统弹出初始化对账提示；单击"是"按钮，系统弹出"初始化对账 - 过滤条件"窗口，如图23-39所示。

图 23-38

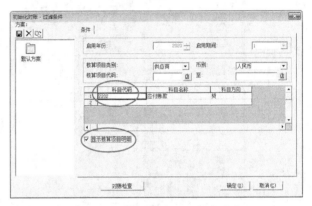

图 23-39

单击"确定"按钮，进入"初始化对账"窗口，并弹出是否完成结束初始化的提示，如图23-40所示。

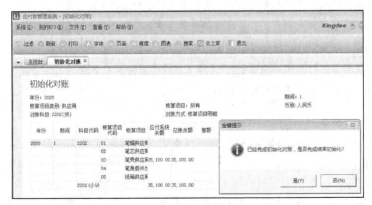

图 23-40

单击"是"按钮，稍后弹出系统成功启用提示，表示初始化结束成功。初始化结束后则不能继续录入初始数据。

在初始化结束后，若需要修改初始数据，可以双击"反初始化"，然后再修改初始数据。

23.2.3 总账初始数据设置

总账初始数据设置重点是录入各会计科目的本年累计借方发生额、本年累计贷方发生额,期初余额涉及外币的要录入本位币、原币金额,涉及数量金额辅助核算的科目要录入数量、金额,涉及核算项目的科目要录入各明细核算项目的数据。若账套是年初启用,则只录入期初余额即可。

下面根据表 17-18、表 17-19 的数据进行一般科目数据的录入,操作步骤如下。

选择"系统设置"→"初始化"→"总账"→"科目初始数据录入",进入"科目初始余额录入"窗口,如图 23-41 所示。

图 23-41

说明

(1)录入数据时选择正确的"币别",选择外币时系统会自动切换到外币录入窗口。
(2)白色框表示可以录入数据,黄色框表示由明细数据汇总而得。
(3)核算项目上打钩表示单击可切换到"核算项目初始余额录入"窗口。
(4)有数量金额辅助核算的科目,选中时系统会自动切换到数量、金额录入状态。
(5)借方年初余额=期初余额+本年累计贷方发生额-本年累计借方发生额。
(6)贷方年初余额=期初余额+本年累计借方发生额-本年累计贷方发生额。

1.一般科目数据录入

下面以录入表 17-18 中科目期初数据为例,介绍一般科目数据的录入方法。

先录入"1001.01—人民币"科目下的数据。"币别"先选择"人民币",将光标放置在"1001.01—人民币"的"期初余额"项目下,录入"5000",如图 23-42 所示。

按"Enter"键,请注意"1001—库存现金"科目的变化。以同样的操作方法录入其他科目的期初数据。

图 23-42

2. 核算项目科目数据录入

核算项目科目是指该科目设置有"核算项目"类别，如应收账款设置有核算客户的功能，在"初始余额表"中设置核算项目的科目标志是有"√"（对钩），单击该"√"弹出"核算项目初始余额录入"窗口。单击"应收账款"科目下"核算项目"打钩位置，弹出"核算项目初始余额录入"窗口，如图 23-43 所示。

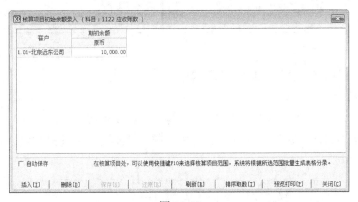

图 23-43

说明　窗口中的数据是由应收款管理系统初始数据传递过来的。

单击"插入"按钮，新增一条空白记录，如图 23-44 所示。

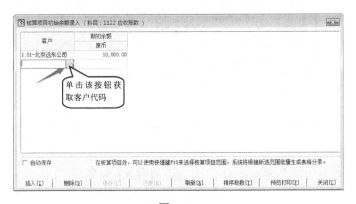

图 23-44

获取客户代码，录入"期初余额"，录入正确后单击"保存"按钮，若不需该条记录，将其选中后再单击"删除"按钮。

说明　因应收账款下科目数据已经是正确的，在此不用做任何修改。

3. 外币科目数据录入

外币科目是指该科目下设置有核算外币的功能，若该科目有数据则必须录入原币金额和本位币金额。选择"币别"下的"港币"，窗口切换到外币科目录入状态，如图 23-45 所示。

将表 17-19 的数据录入，在"1002.02—人行东桥支行 128"科目，"原币"录入"100000"，本位币系统会根据"币别"中的汇率自动计算，如图 23-46 所示。

图 23-45　　　　　　　　　　　　　图 23-46

录入完成后,单击工具栏上的"保存"按钮。

4. 试算平衡

所有科目数据录入完成,须查看数据是否平衡。若账套中有"外币科目"的期初数据,必须选择"币别"下的"综合本位币",再单击工具栏上的"平衡"按钮,弹出"试算借贷平衡"窗口,如图 23-47 所示。

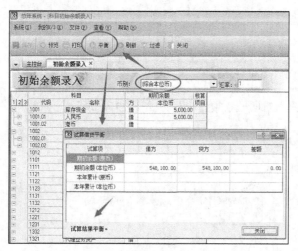

图 23-47

若试算不平衡,需仔细查找不平衡原因,修改后再重新试算平衡。

5. 结束初始化

科目期初数据试算平衡后,可以结束初始化工作。在主界面窗口,选择"系统设置"→"初始化"→"总账"→"结束初始化",弹出"初始化"窗口,如图 23-48 所示。

选择"结束初始化"选项,再单击"开始"按钮,稍后系统弹出提示窗口,如图 23-49 所示。

图 23-48　　　　　　　　　　　　　图 23-49

单击"确定"按钮,完成初始化工作。

若要反初始化总账系统,则选择"系统设置"→"初始化"→"总账"→"反初始化",然后按照向导操作即可。

第 24 章　财务系统实战（一）

本章重点

- 采购发票、付款单处理
- 委外发票、委外加工入库核算
- 销售发票、收款单处理
- 材料成本计算操作

本章完成的实例与第 17 章的实例一一对应。

24.1　采购发票处理（一）

采购发票是应付账款和采购入库成本核算的基本凭证，同时是采购管理系统和应付款管理系统进行数据传递的单据。

金蝶 K/3 系统为用户提供采购专用发票、采购普通发票和费用发票及处理。

- 采购专用发票：通常是指日常业务中处理的增值税发票，当某物料的外购入库单是采购专用发票时，则该物料的入库成本为不含税单价。
- 采购普通发票：当某物料的发票录入采购普通发票时，则该物料的入库成本为含税单价。
- 费用发票：是以某笔采购业务对应产生的费用而开具的发票，如运输费、报关费和保险费等，是据以付款、记账、纳税的依据，同时是核算原材料的入库成本的重要凭证。

采购发票可以在"实际发生业务时间"的时候处理，如 2020 年 1 月 10 日有一笔外购入库单，则可以参照这张入库单生成采购发票，也可以在月底一次性处理。本书中选择第二种方式。

在本书模拟的公司中，所有供应商都开具增值税发票。本书重点讲述采购专用发票的处理方法。

金蝶 K/3 系统中的入库成本核算流程：录入"采购发票和费用发票"→"审核"→"钩稽"→"入库成本核算"。本节将以此流程详细讲述入库成本的处理方法。

24.1.1　采购发票的录入和审核

下面以例 17-27 为例，练习采购专用发票处理方法，操作步骤如下。

（1）修改计算机系统日期为 2020 年 1 月 31 日，以"何陈钰"身份登录本实例账套。选择"供应链"→"采购管理"→"采购结算"→"采购发票—新增"，如图 24-1 所示。

（2）选择"采购发票—新增"，进入"购货发票（专用）- 新增"窗口，如图 24-2 所示。

（3）在窗口右上角选择"购货发票（专用）"，"源单类型"选择"外购入库"，将光标放置在"选单号"处，单击"查看"按钮或按"F7"功能键，弹出"外购入库序时簿"窗口，如图 24-3 所示。

第 24 章 财务系统实战（一）

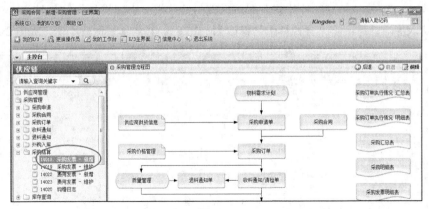

图 24-1

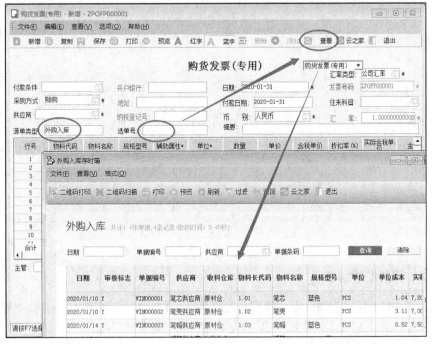

图 24-2

图 24-3

（4）选中"WIN000001"号外购入库单，双击或单击"返回"按钮，系统将自动显示"参照"的外购入库单信息；将"含税单价"修改为"1.20"，其他项目保持不变，如图24-4所示。

图 24-4

（5）单击"保存"按钮，保存当前发票。单击"审核"按钮审核当前发票，审核成功的发票如图24-5所示。

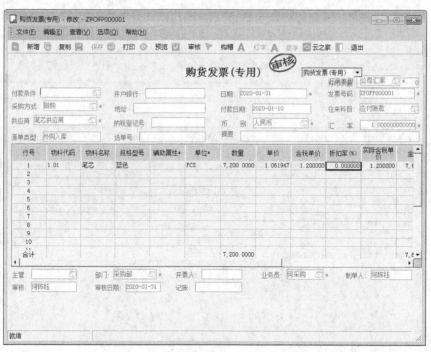

图 24-5

24.1.2 采购发票钩稽

采购发票钩稽是采购发票和费用发票与入库单确认的标志，是核算入库成本的依据。只有钩稽后的发票才能进行入库成本核算、根据凭证模板生成记账凭证等操作，无论是本期还是以前期间的发票，钩稽后都作为当期发票来核算成本。

采购发票钩稽的前提条件如下。
- 两者供应商相同。
- 两者单据状态必须是已审核且尚未完全钩稽（即钩稽状态是部分钩稽或未钩稽）。
- 对受托入库采购方式的单据进行钩稽时，两者的采购方式必须一致。
- 对委外加工类型的入库单进行钩稽时，两者的业务类型必须一致。
- 如果系统选项"允许钩稽以后期间单据"未被选中，单据或采购发票两者都必须是以前期间或当期的单据，否则，前期、当期和以后期间的单据均可钩稽。
- 两者的物料、辅助属性、本次钩稽数量必须一致。

下面以例17-28为例，练习采购发票的钩稽操作，操作步骤如下。

（1）选择"供应链"→"采购管理"→"采购结算"→"采购发票—维护"，弹出"条件过滤"窗口，如图24-6所示。

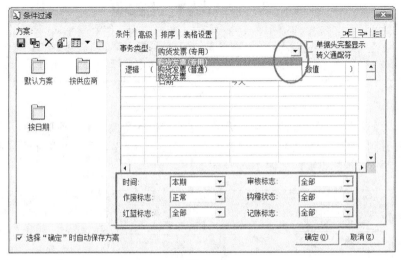

图24-6

（2）"事务类型"选择"购货发票（专用）"，"钩稽状态"选择"全部"，其他保持默认条件，单击"确定"按钮，进入"采购发票序时簿"窗口，如图24-7所示。

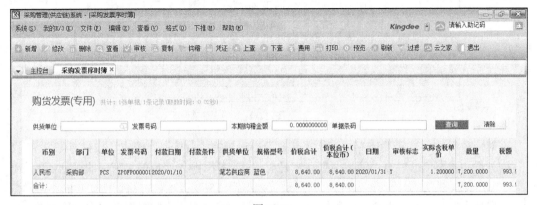

图24-7

在该序时簿窗口可以进行采购发票的新增、修改、删除、审核和钩稽等操作；在"编辑"菜单下可以进行相应的反操作，如反审核和反钩稽等。

（3）选择刚才录入的"ZPOFP000001"号采购发票，单击"钩稽"按钮，进入"采购发票钩稽"窗口，如图24-8所示。

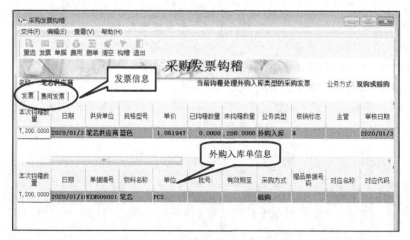

图24-8

在该窗口上部可以进行"发票"与"费用发票"窗口的切换。由于窗口中显示的项目较多，若用户不需要看到某些信息，可以选择"文件"→"显示隐藏列"下的相关单据，系统会弹出设置，可以进行项目显示的设置，如图24-9所示。

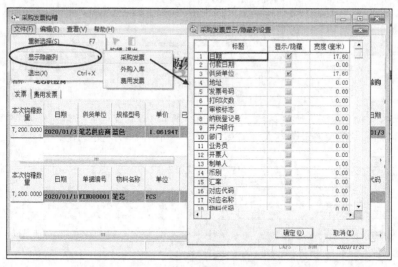

图24-9

在对应项目的"显示/隐藏"处打钩表示显示，设置完成后单击"确定"按钮即可。

（4）选中发票信息中的"笔芯供应商"记录，再选择外购入库单信息窗口的"笔芯供应商"记录，单击工具栏上的"钩稽"按钮，稍后系统弹出钩稽成功提示，并将钩稽成功的单据隐藏。

当发票上的数量与入库单上的数量不一致时，可以修改相应窗口中的"本次钩稽数量"后再进行钩稽。

24.2 外购入库成本核算（一）

外购入库核算是核算材料外购入库的实际成本，包括购买价和采购费用两部分。购买价由与外购入库单相钩稽的发票决定，采购费用由用户录入后，可按数量、金额先手工分配到发票上每一条物料的金额栏，再通过核算功能，将买价与采购费用之和根据钩稽关系分配到对应的入库单上，作为外购入库的实际成本。

下面以例 17-29 为例，介绍外购入库成本的核算处理方法，操作步骤如下。

（1）为使读者更清晰了解采购钩稽的作用，先查询"WIN000001"号外购入库单上的单价。选择"供应链"→"仓存管理"→"验收入库"→"外购入库单—维护"，系统弹出"过滤"窗口，单击"确定"按钮进入"外购入库序时簿"窗口，如图 24-10 所示。

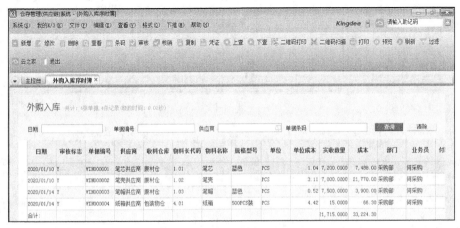

图 24-10

选择"WIN000001"号外购入库单，双击进入"外购入库单 - 修改"窗口，看到当前的"单位成本"为"1.04"，如图 24-11 所示。

图 24-11

（2）退出外购入库单查询状态。选择"供应链"→"存货核算"→"入库核算"→"外购入库核算"，弹出"条件过滤"窗口，如图 24-12 所示。

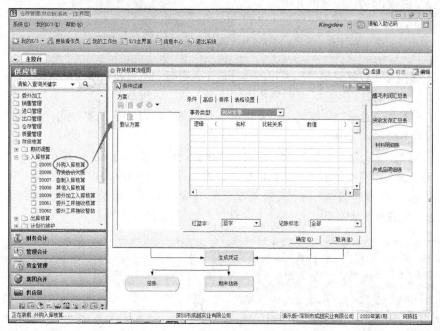

图 24-12

（3）单击"确定"按钮，进入"外购入库核算"窗口，如图 24-13 所示。

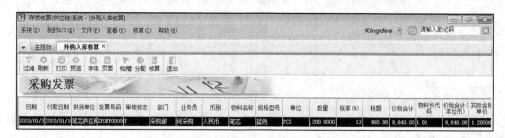

图 24-13

（4）单击"核算"按钮，开始核算入库，如图 24-14 所示。

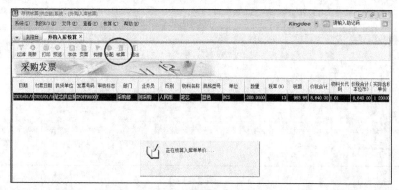

图 24-14

稍后系统弹出核算成功提示窗口，表示核算成功。

（5）查看核算后的入库成本。退出"外购入库核算"窗口，选择"供应链"→"仓存管理"→"验收入库"→"外购入库单—维护"，弹出"过滤"窗口，单击"确定"按钮，进入"外购入库序时簿"窗口，选择"WIN000001"号外购入库单，双击进入"外购入库单 - 修改"窗口，看到"单位成本"变化为"1.06"，如图24-15所示。

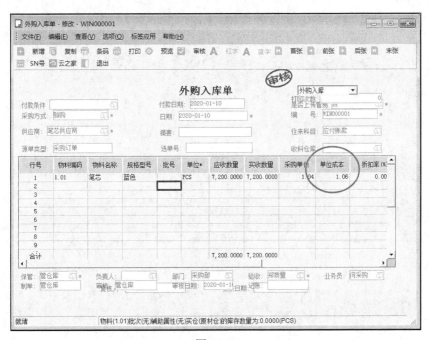

图24-15

通过两次查询得知，当外购入库单与采购发票进行钩稽后，外购入库核算时，"外购入库单"中的"单位成本"会自动返写为正确的入库成本单价。

24.3 采购发票处理（二）

1. 录入例17-30中的采购发票

选择"供应链"→"采购管理"→"采购发票"→"采购发票—录入"，进入"采购发票"录入窗口；选择"购货发票（专用）"格式，"源单类型"选择"外购入库"，将光标放置在"选单号"处，按"F7"功能键，系统弹出"外购入库序时簿"窗口；选中"WIN000002"号入库单，双击返回"购货发票（专用） - 修改"窗口，系统自动将选中的信息返回发票窗口，不用修改数量和单价等内容；单击"保存"按钮保存发票。单击"审核"按钮审核当前发票，审核成功的发票，如图24-16所示。

2. 录入例17-31中的采购发票

在"采购发票"处理窗口，单击"新增"按钮，进入"采购发票"录入窗口；选择"购货发票（专用）"格式，"源单类型"选择"外购入库"，将光标放置在"选单号"处，按"F7"功能键，弹出"外购入库序时簿"窗口；选中"WIN000003"号入库单，双击返回"购货发票（专用） - 修改"窗口，系统自动将选中的信息返回发票窗口，不用修改数量和单价等内容；单击"保存"按钮保存发票。单击"审核"按钮审核当前发票，审核成功的发票如图24-17所示。

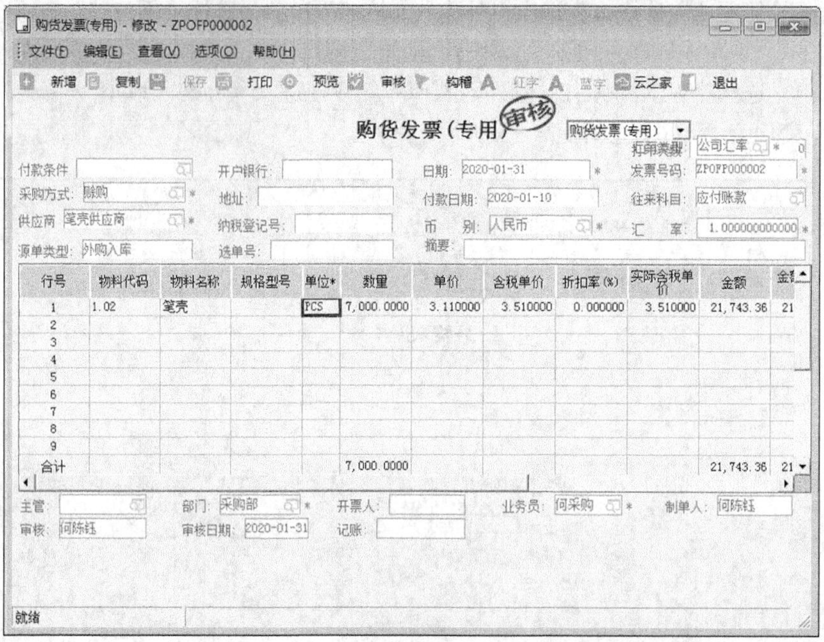

图 24-16

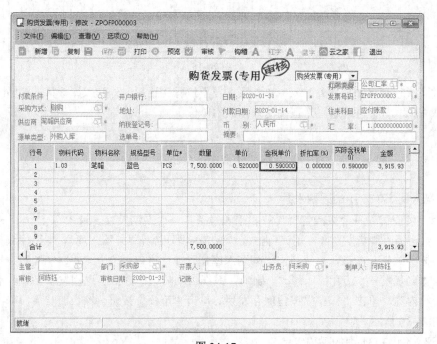

图 24-17

3. 录入例 17-32 中的采购发票

在"采购发票"处理窗口，单击"新增"按钮，进入"采购发票"录入窗口；选择"购货发票（专用）"格式，"源单类型"选择"外购入库"，将光标放置在"选单号"处，按"F7"功能键，弹出"外购入库序时簿"窗口；选中"WIN000004"号入库单，双击返回"购货发票（专用）- 修改"

窗口，系统自动将选中的信息返回发票窗口，"含税单价"录入"5"，其他保持默认值，单击"保存"按钮保存发票。单击"审核"按钮审核当前发票，审核成功的发票如图 24-18 所示。

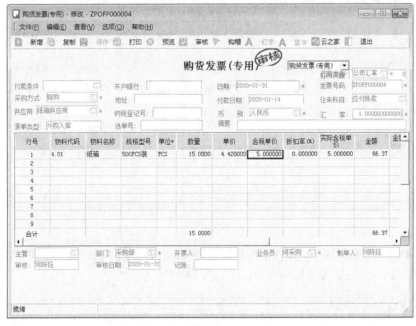

图 24-18

4．根据例 17-33 进行发票钩稽

退出"采购发票"处理窗口，选择"供应链"→"采购管理"→"采购发票"→"采购发票—维护"，系统弹出"条件过滤"窗口；"事务类型"选择"购货发票（专用）"，其他保持默认条件，单击"确定"按钮，进入"采购发票序时簿"窗口，如图 24-19 所示。

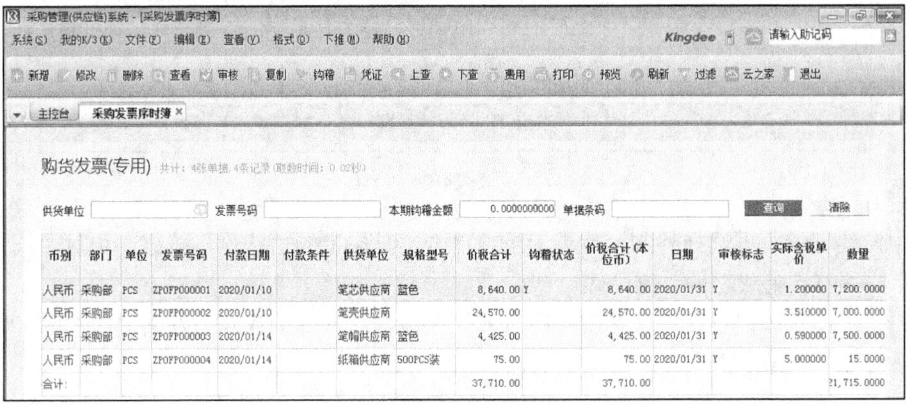

图 24-19

发票钩稽时，一次只能针对一个供应商的采购发票和外购入库单进行钩稽。选择"ZPOFP000002"号采购发票，单击"钩稽"按钮，进入"采购发票钩稽"窗口，如图 24-20 所示。

选中发票记录，再选择外购入库单记录，单击工具栏上的"钩稽"按钮，稍后系统弹出钩稽成功提示，并将钩稽成功的单据隐藏。

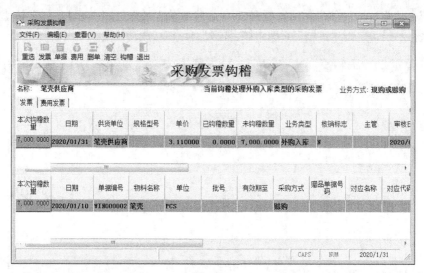

图 24-20

单击"退出"按钮返回"采购发票序时簿"窗口。选择"ZPOFP000003"号采购发票,单击"钩稽"按钮,进入"采购发票钩稽"窗口,如图 24-21 所示。

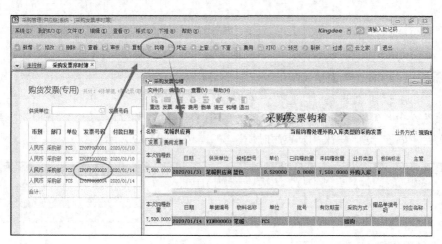

图 24-21

选中发票记录,再选择外购入库单记录,单击工具栏上的"钩稽"按钮,稍后系统弹出钩稽成功提示,并将钩稽成功的单据隐藏。

单击"退出"按钮返回"采购发票序时簿"窗口。用同样的操作方法对"ZPOFP000004"号采购发票进行"钩稽"操作。

24.4 外购入库成本核算(二)

下面以例 17-34 为例处理外购入库成本。

选择"供应链"→"存货核算"→"入库核算"→"外购入库核算",系统弹出"过滤"窗口;保持默认过滤条件,单击"确定"按钮,进入"外购入库核算"窗口,如图 24-22 所示。

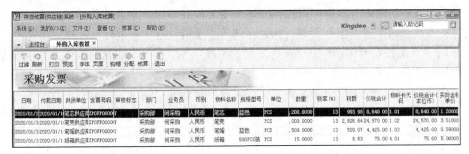

图 24-22

单击"核算"按钮,开始核算入库处理,稍后系统弹出核算成功提示窗口,表示核算成功。

通常财务人员进行外购入库成本核算后想知道系统计算的数据是否正确。可以退出"外购入库成本核算"窗口,选择"供应链"→"存货核算"→"报表分析"→"采购成本明细表",系统弹出"过滤"窗口,如图 24-23 所示。

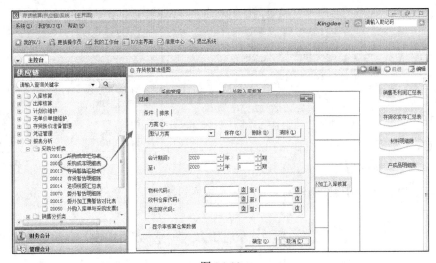

图 24-23

在"过滤"窗口中可以设置要查询明细情况的会计期间、物料代码范围和供应商代码范围等条件。在此保持默认条件,单击"确定"按钮,进入"采购成本明细表"窗口,如图 24-24 所示。

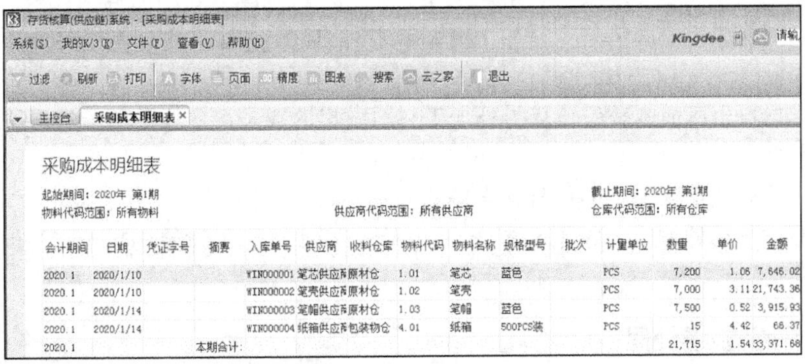

图 24-24

在"采购成本明细表"窗口中可以确切地知道时间、单号、物料、数量和成本。

当财务人员查询某张单据不正确,想返回修改"采购发票"再进行入库成本核算时,操作流程大致如下:"采购发票反钩稽"→"采购发票反审核"→"修改采购发票"→"保存修改后的发票"→"审核"→"(再)钩稽"→"外购入库成本核算"。

反钩稽和反审核功能都位于"采购发票序时簿"窗口的"编辑"菜单中。

若要查询某一会计期间的采购成本汇总情况,则选择"供应链"→"存货核算"→"入库核算"→"采购成本汇总表",系统弹出"过滤"窗口,如图24-25所示。

在"过滤"窗口,可以选择"汇总依据"条件,包括会计期间范围、物料范围和供应商范围。在此保持默认条件,单击"确定"按钮,进入"采购成本汇总表"窗口,如图24-26所示。

图 24-25

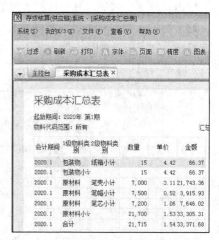

图 24-26

通过汇总表可以确切地知道汇总依据下采购成本情况。

24.5 委外加工入库成本核算

委外加工入库成本核算用来核算委外加工入库实际成本,它由材料费和加工费两部分组成。委外加工入库成本核算的步骤如下。

(1)委外加工费用发票录入。

(2)发票钩稽。建立费用发票、采购发票、委外加工入库单之间的钩稽关系。

(3)建立委外加工入库单与委外加工出库单之间的核销关系。确定本笔委外加工入库单的材料费用。

(4)核算材料出库成本。先核算委外加工材料发出的成本,才能在下一步确切地知道对应的入库成本是多少。

(5)核算委外加工入库单的单价、金额。

在此提前讲述委外加工入库成本核算,主要是考虑委外加工发票相当于应付款中的一种,对后面的操作没有任何影响。

24.5.1 委外发票处理

下面以例17-35为例讲述委外加工发票的处理方法,具体操作步骤如下。

(1)委外加工发票也属于采购发票。选择"供应链"→"委外加工"→"委外入库"→"委外加工入库—维护",系统弹出"条件过滤"窗口,如图24-27所示。

图 24-27

(2)保持默认方案,单击"确定"按钮进入"委外加工入库序时簿"窗口,如图24-28所示。

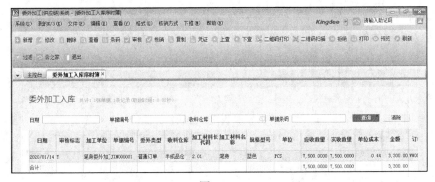

图 24-28

(3)关联委外加工入库单生成采购发票。选中要生成"发票"的入库单,再选择"下推"→"生成 购货发票(专用)",如图24-29所示。

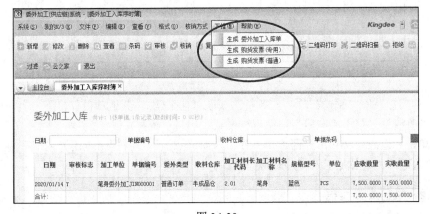

图 24-29

进入"委外加工入库 生成 购货发票（专用）处理"窗口，如图24-30所示。

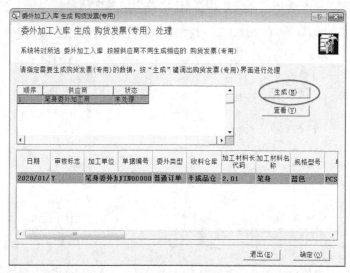

图24-30

（4）单击"生成"按钮，进入"购货发票（专用）- 新增"窗口。在发票窗口中，系统将引用委外加工入库单的信息，在"含税单价"处录入"0.50"，如图24-31所示。

图24-31

（5）"部门"获取"采购部"，"业务员"获取"何采购"，其他项目保持不变，单击"保存"按钮保存当前发票。单击"审核"按钮审核发票。

（6）单击"退出"按钮，返回"委外加工入库 生成 购货发票（专用）处理"窗口，再单击"退出"按钮返回"委外加工入库序时簿"窗口。

24.5.2 委外发票钩稽

下面以实例17-36为例讲述委外加工发票的钩稽处理方法，具体操作步骤如下。

(1) 选择"供应链"→"采购管理"→"采购结算"→"采购发票—维护",系统弹出"条件过滤"窗口,"事务类型"选择"购货发票(专用)","钩稽状态"选择"未钩稽",其他条件保持默认值,如图 24-32 所示。

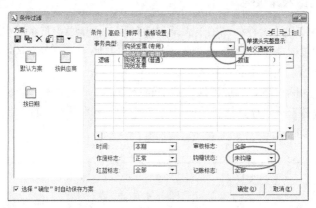

图 24-32

(2) 单击"确定"按钮进入"采购发票序时簿"窗口,如图 24-33 所示。

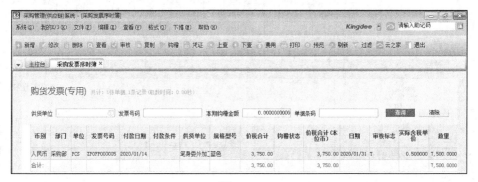

图 24-33

(3) 选中发票,单击"钩稽"按钮,进入"采购发票钩稽"窗口,如图 24-34 所示。

图 24-34

（4）选中发票信息窗口的记录，再选中入库单信息窗口的记录，单击"钩稽"按钮，稍后系统弹出钩稽成功提示，单击"确定"按钮，系统将钩稽成功的记录隐藏。

24.5.3 委外加工入库核销

委外加工入库核销是建立委外加工入库单与委外加工出库单之间的核销，也可以这样理解，就是指定该张委外加工入库单的数量对应使用了多少委外加工出库单上的材料数量，这样才能正确地计算出该笔委外加工入库单的材料成本。

下面以例17-37为例讲述委外加工入库核销的处理方法，具体操作步骤如下。

（1）选择"供应链"→"存货核算"→"入库核算"→"委外加工入库核算"，系统弹出"条件过滤"窗口，如图24-35所示。

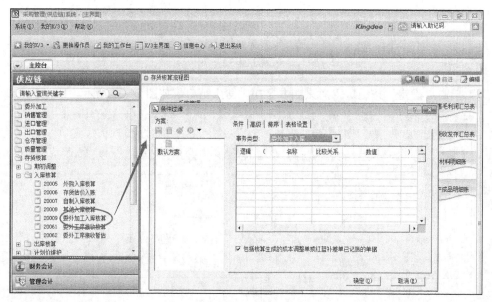

图 24-35

（2）保持默认条件，单击"确定"按钮进入"委外加工入库单"窗口，如图24-36所示。

图 24-36

（3）选中要进行核销的委外加工入库单。选中"JIN000001"号委外加工入库单，单击"核销"按钮，系统弹出"过滤"窗口，保持默认条件，单击"确定"按钮，进入"委外加工核销"窗口，如图24-37所示。

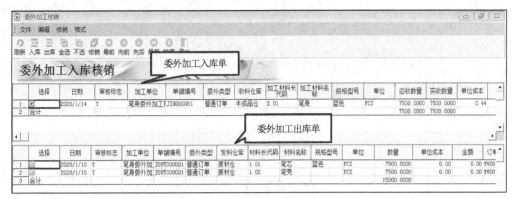

图 24-37

（4）在"委外加工核销"窗口下部，即委外加工出库单处单击，再单击"全选"按钮，选中出库单中的两条记录，将光标向右移动，在"本次核销数量"处分别录入"7500""7500"，如图 24-38 所示。

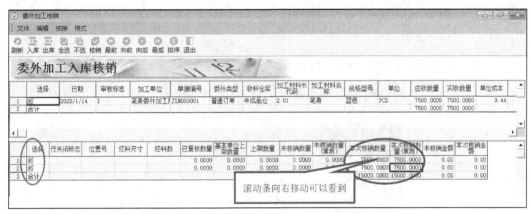

图 24-38

> 说明：   "本次核销数量"录入"7500"，是因为委外加工入库单的数量是 7500，并且由前面的 BOM 档案可以得知，笔身与笔芯、笔壳之间的用量关系是 1:1:1，所以"本次核销数量"录入"7500"。在录入"本次核销数量"后，"未核销数量"处将会自动减少。

（5）单击工具栏上的"核销"按钮，稍后系统弹出核销成功提示。

24.5.4　材料出库成本核算

材料出库成本核算主要是核算材料（物料属性为外购物料）的出库成本，一般在成本计算、委外加工入库核算、其他入库核算前必须进行材料出库核算。如果未先进行材料出库核算，而直接进行成本计算、委外加工入库核算、其他入库核算，可能会造成对应产品的成本不准确。材料出库成本核算的前提是本期的外购类物料已经进行过入库成本核算。

下面以例 17-38 为例讲述材料出库成本，具体操作步骤如下。

（1）选择"供应链"→"存货核算"→"出库核算"→"材料出库核算"，系统弹出"结转存货成本 - 介绍"窗口，如图 24-39 所示。

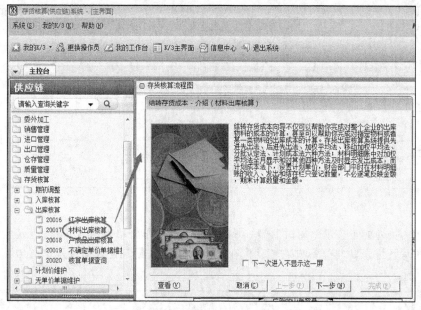

图 24-39

（2）单击"下一步"按钮，进入"结转存货成本 - 第一步"窗口，如图 24-40 所示。

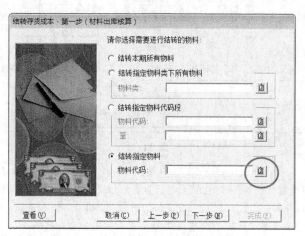

图 24-40

每次结转成本的物料范围可以有 4 种模式，因为本账套中的物料少，在此使用"结转指定物料"模式。

（3）单击"结转指定物料"下"物料代码"右侧的获取按钮，弹出"核算项目 - 物料"窗口，如图 24-41 所示。

（4）选中"1.01—笔芯"记录，双击返回"结转存货成本 - 第一步"窗口，如图 24-42 所示。

（5）单击"下一步"按钮，进入"结转存货成本 - 第二步"窗口，如图 24-43 所示。

（6）单击"下一步"按钮，开始计算成本，如图 24-44 所示。

稍后系统计算完成本后，自动进入"结转存货成本 - 完成"窗口，如图 24-45 所示。单击"查看报告"按钮，可以详细查询计算过程。

第 24 章 财务系统实战（一）

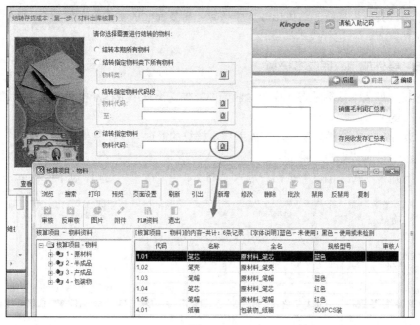

图 24-41

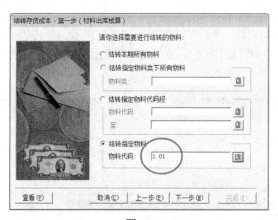

图 24-42

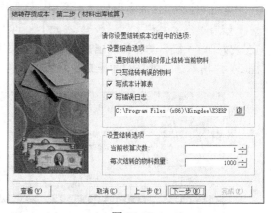

图 24-43

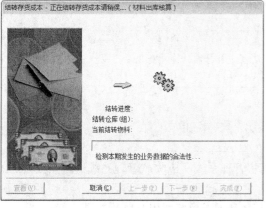

图 24-44

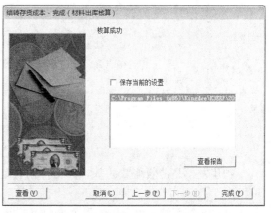

图 24-45

(7) 单击"完成"按钮，结束出库成本核算。重复前面的步骤，在如图 24-42 所示窗口的物料代码获取"1.02"，再进行成本核算。

24.5.5 委外加工入库成本核算

委外加工入库成本核算是将入库单对应的委外加工出料单成本和委外加工费用核算入"委外加工入库单"的成本。

下面以例 17-39 为例讲述委外加工入库成本核算的处理方法，具体操作步骤如下。

（1）选择"供应链"→"存货核算"→"入库核算"→"委外加工入库成本核算"，系统弹出"过滤"窗口，单击"确定"按钮，进入"委外加工入库单"窗口，如图 24-46 所示。

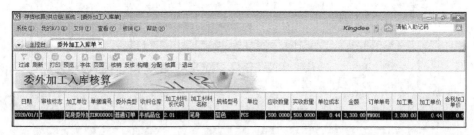

图 24-46

请注意，"单位成本"处显示数据。

（2）单击工具栏上的"核算"按钮，开始计算成本，稍后系统弹出计算成功提示，单击"确定"按钮，系统自动将计算出来的成本返写回窗口中。请注意，"单位成本"处显示"4.60"，如图 24-47 所示，这就是刚才计算成功的成本。

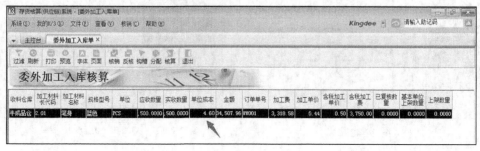

图 24-47

> **说明** 委外加工入库核销与委外加工入库核算虽然属于同一个明细功能，但是实现的目的不同，所以要注意。在此分两步来讲述主要是让读者了解原理，待熟练以后可以核销后马上进行核算处理。

24.6 销售发票处理

销售发票是应收账款的基本凭据，同时是销售管理系统和应收款管理系统进行数据传递的单据。

金蝶 K/3 系统为用户提供了销售专用发票、销售普通发票和费用发票及处理。

- 销售专用发票：通常是指日常业务中处理的"增值税发票"，当某产品销售出库单是销售专用发票时，该产品的税额记入"销项税"科目。
- 销售普通发票：当某产品的发票是录入"销售普通发票"时，则该产品的税额不能记入"销项税"科目。
- 费用发票：是以某笔"销售业务"对应产生的费用而开具的发票，如运输费、报关费和保险费等，是据以收款、记账的依据。

销售发票的处理方法可以参照采购发票的处理方法。在本书的实例中，开具的是增值税发票，所以本节重点讲述"销售专用发票"的处理方法。

24.6.1 销售发票的录入和审核

下面以例 17-40 为例练习销售专用发票处理方法，操作步骤如下。

（1）修改计算机系统日期为 2020 年 1 月 31 日，以"何陈钰"身份登录本实例账套。选择"供应链"→"销售管理"→"销售结算"→"销售发票—新增"，如图 24-48 所示。

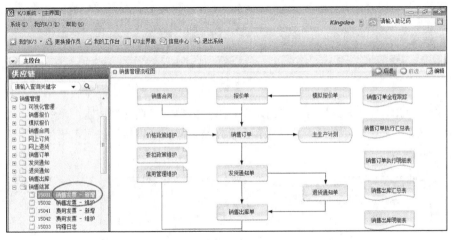

图 24-48

（2）选择"销售发票—新增"，进入"销售发票（专用）- 新增"窗口，如图 24-49 所示。

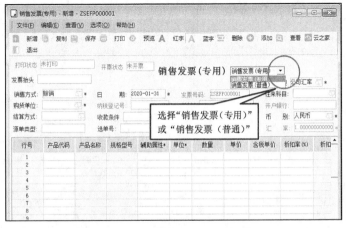

图 24-49

（3）选择"销售发票（专用）"，"源单类型"选择"销售出库"，将光标放置在"选单号"处，单击"查看"按钮或按"F7"功能键，系统弹出"销售出库序时簿"窗口，如图24-50所示。

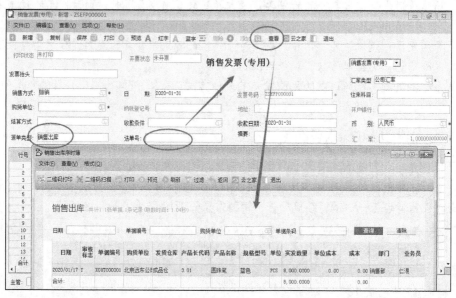

图 24-50

（4）选中"XOUT000001"号销售出库单，双击或单击"返回"按钮，系统将自动显示参照的销售出库单信息，单击"保存"按钮保存当前发票。单击"审核"按钮审核当前发票，审核成功的发票如图24-51所示。

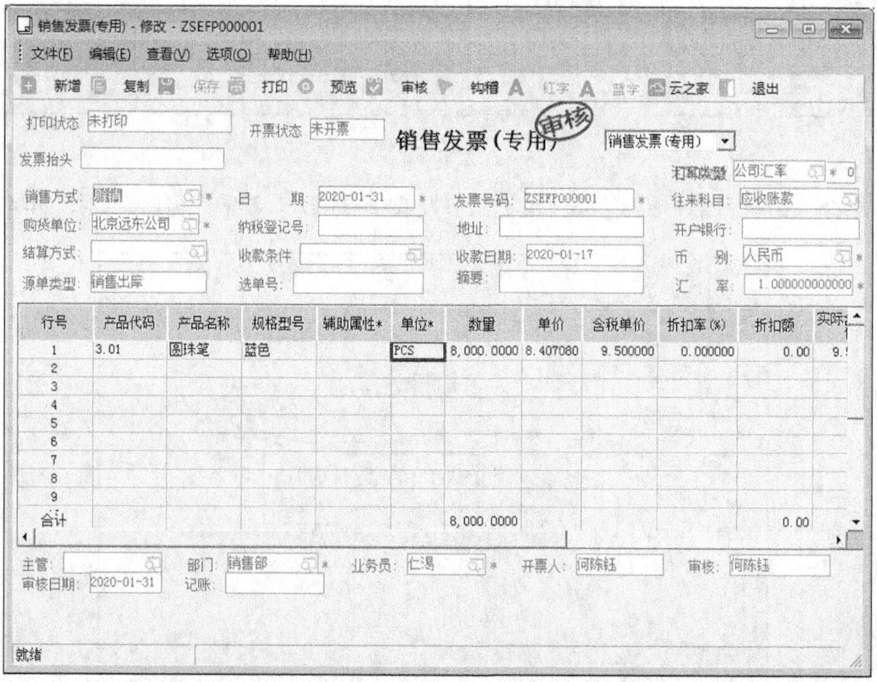

图 24-51

24.6.2 销售发票钩稽

销售发票的钩稽主要是指销售发票同销售出库单的钩稽。如果属于分期收款和委托代销方式的销售发票，只有钩稽后才能生成凭证，且无论是本期还是以前期间的发票，钩稽后都作为钩稽当期发票来计算收入；如果属于现销和赊销发票，钩稽的主要作用就是进行收入和成本的匹配确认，对于记账没有影响。

销售发票钩稽的前提条件如下。

- 两者的客户相同。
- 单据必须是已审核且未完全钩稽（即钩稽状态是未钩稽或是部分钩稽）的。
- 分期收款销售、委托代销、受托代销、零售的发票必须和相同销售方式的出库单钩稽，现销和赊销两种方式之间可以混合钩稽。
- 两者单据日期必须为以前期间或当期。
- 两者的物料、辅助属性以及钩稽数量必须一致。

下面以例 17-41 为例，练习销售发票的钩稽操作，操作步骤如下。

（1）选择"供应链"→"销售管理"→"销售结算"→"销售发票—维护"，弹出"条件过滤"窗口，如图 24-52 所示。

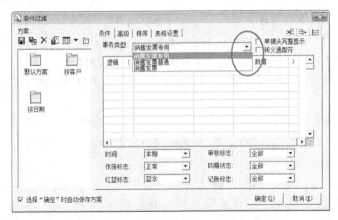

图 24-52

（2）"事务类型"选择"销售发票专用"，其他保持默认条件，单击"确定"按钮，进入"销售发票序时簿"窗口，如图 24-53 所示。

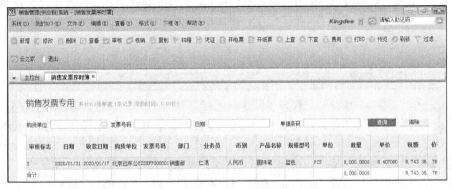

图 24-53

在该序时簿窗口可以进行销售发票的新增、修改、删除、审核和钩稽等操作，在"编辑"菜单下可以进行相应的反操作，如反审核和反钩稽等。

（3）选择刚才录入的"ZSEFP000001"号销售发票，单击"钩稽"按钮，进入"销售发票钩稽"窗口，如图24-54所示。

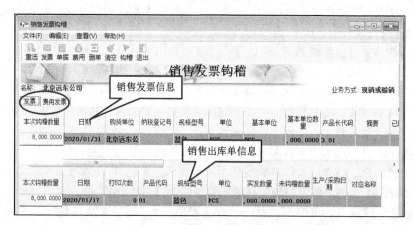

图 24-54

在该窗口上部可以进行销售"发票"与销售"费用发票"窗口的切换。

（4）选中发票信息窗口中的记录，再选择销售出库单信息窗口的记录，单击工具栏上的"钩稽"按钮，稍后系统弹出钩稽成功提示，并将钩稽成功的单据隐藏。

当销售发票上的数量与销售出库单上的数量不一致时，可以修改相应窗口中的"本次钩稽数量"后再进行钩稽。

24.7 付款单处理

付款单用于处理从公司支付供应商货款的凭据，录入付款单既是为保存原始单据，也是系统与应付款余额进行减法处理的核销单据，同时是生成付款类凭证的原始单据。

付款单的处理流程："付款单录入"→"付款单审核"→"付款单与应付款核销"。

> **说明** 当录入的付款单由参照单据生成，并且选中"核销控制"（"系统设置"→"系统设置"→"应付款管理"→"系统参数"）下的"审核后自动核销"，付款单审核后会自动与应付款进行核销处理。若付款单是手工录入的，无参照单据来源，则只能手工进行核销处理，该功能位于"财务会计"→"应付款管理"→"结算"→"应付款核销—付款结算"下。

24.7.1 应付款查询

企业在付款之前，通常需要先查询该供应商的应付款余额情况，以做出正确的应付款情况表，供领导审阅签字，才能开始付款。财务人员可以通过应付款明细表和应付款汇总表查询供应商的应付款情况。

下面以例17-42为例，练习应付款的查询方法，操作步骤如下。

（1）先查询应付款汇总表。以"何陈钰"身份登录本实例账套，选择"财务会计"→"应付款管理"→"账表"→"应付款汇总表",如图 24-55 所示。

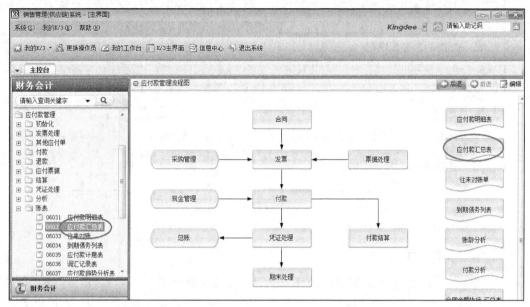

图 24-55

(2) 双击"应付款汇总表",系统弹出"过滤条件"窗口,如图 24-56 所示。

在"过滤条件"窗口可以设置要查询的会计期间、核算项目代码范围、包括的单据情况,并可以设置高级条件和汇总方式。

(3) 保持默认条件,单击"确定"按钮,进入"应付款汇总表"窗口,如图 24-57 所示。

图 24-56

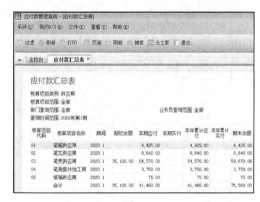

图 24-57

若要查询某供应商的应付款明细表,可以双击该供应商记录,或者单击"明细"按钮,系统自动进入该供应商的应付款明细表窗口。如选中"笔壳供应商"并双击,进入"应付款明细表"窗口,如图 24-58 所示。

单击"最前""向前""向后""最后"按钮可以切换到不同供应商的应付款明细表。

> **注** 查询"应付款明细表"也可以通过选择"财务会计"→"应付款管理"→"账表"→"应付款明细表"。

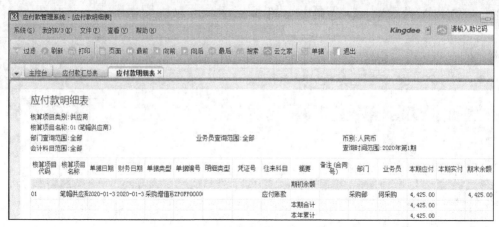

图 24-58

24.7.2 付款单录入

下面以例 17-43 为例，练习付款单的录入方法，操作步骤如下。

（1）选择"财务会计"→"应付款管理"→"付款"→"付款单—新增"，进入"付款单 - 新增"窗口，如图 24-59 所示。

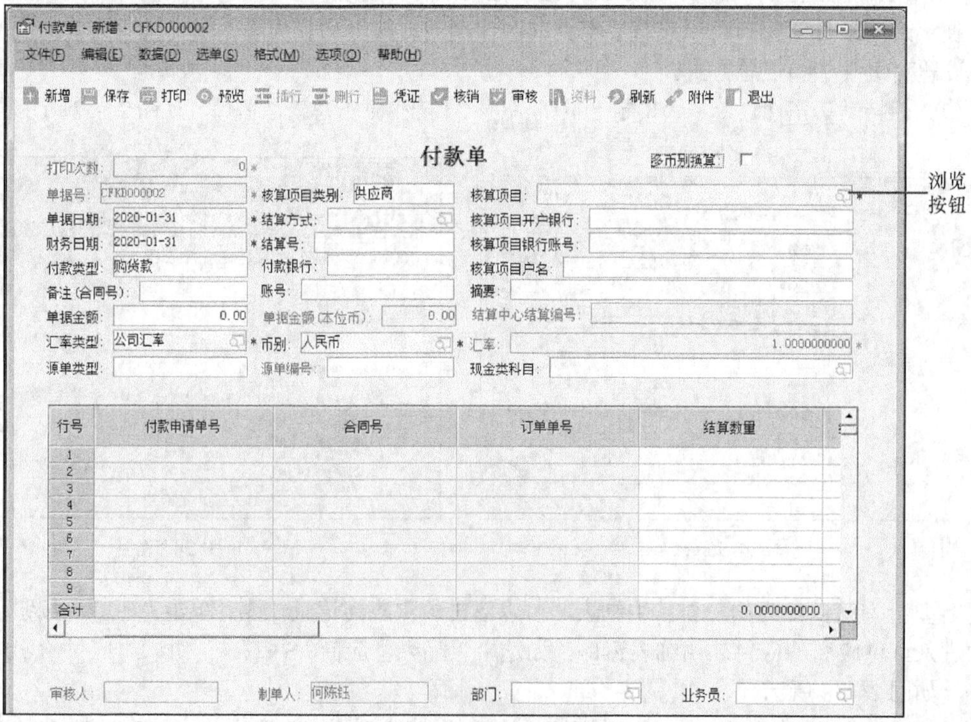

图 24-59

（2）单击"核算项目"右侧的浏览按钮，弹出供应商下拉列表，如图 24-60 所示。

图 24-60

(3)"核算项目"选择"笔帽供应商",单击"源单类型"选择"采购发票",将光标放置在"源单编号"处,按"F7"功能键,进入"采购发票"窗口,如图 24-61 所示。

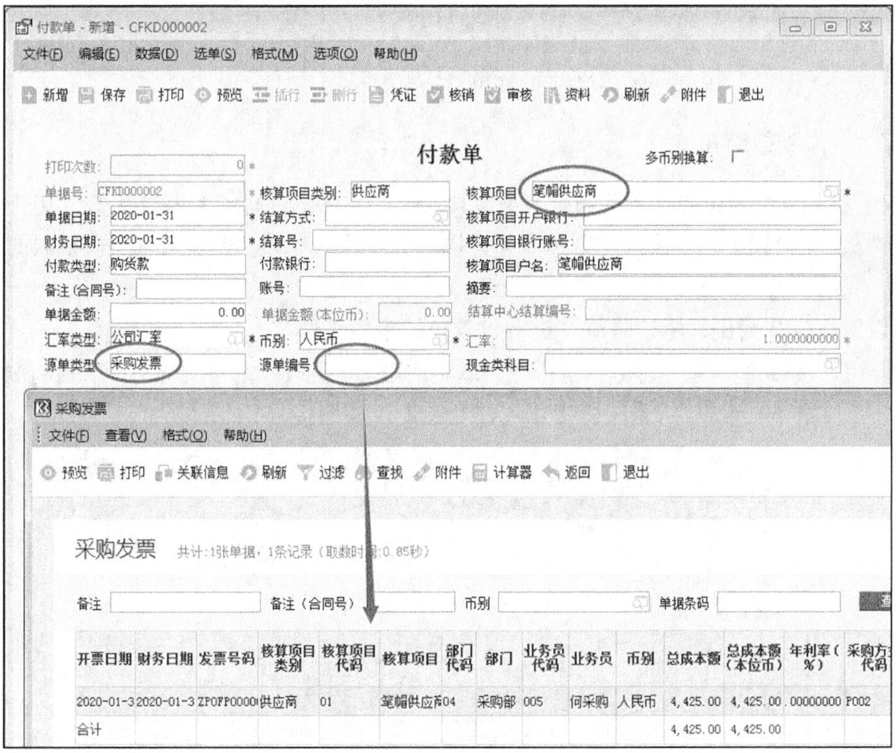

图 24-61

请注意,此时弹出的"采购发票"窗口中只有"笔帽供应商"的发票,是因为系统已经自动根据所选择的核算项目过滤,从而能使用户达到快速操作的目的。

(4)选中系统中的采购发票,单击"返回"按钮,系统自动返回"付款单 - 新增"窗口,并将参照的采购发票信息引用,修改"结算实付金额"为"3000"元,如图 24-62 所示。

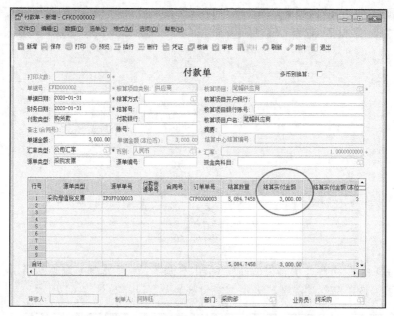

图 24-62

（5）单击"保存"按钮，保存当前付款单。

24.7.3 付款单审核

为保证财务单据的正确性和严肃性，付款单必须经审核后才能进行核销处理。由于本账套在"应付款参数"中设置了"审核人与制单人不为同一人"控制，所以更换为有审核权限的操作员后才能审核。

1. 以例 17-43 为例，由"陈静"进行付款单的审核工作

（1）重新登录系统，以"陈静"身份登录本实例账套，选择"财务会计"→"应付款管理"→"付款"→"付款单—维护"，系统弹出"过滤"窗口，如图 24-63 所示。

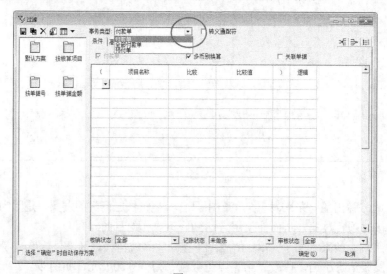

图 24-63

（2）选择"事务类型"为"付款单"，单击"确定"按钮，进入"付款单序时簿"窗口，如图 24-64 所示。

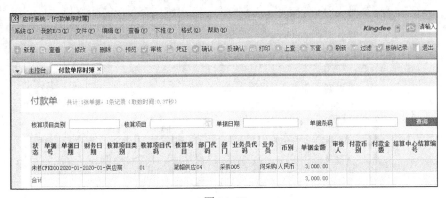

图 24-64

（3）选中"CFKD000002"号付款单，单击"审核"按钮，在"审核人"处显示"陈静"，表示审核成功，如图 24-65 所示。

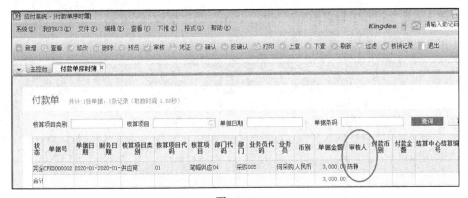

图 24-65

（4）此时"状态"列已由"未核销"更改为"完全核销"，表示"应付款系统参数"中的"审核后自动核销"已经起作用。单击工具栏上的"核销记录"按钮，进入"核销管理"窗口，如图 24-66 所示。

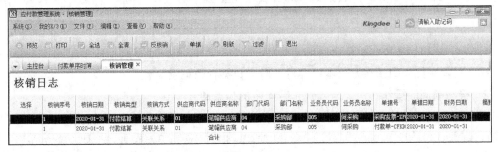

图 24-66

通过核销日志，可以确切地看到付款单是付哪一种发票、付多少的。

付款单录入完成并审核和核销后，读者再自行查看一下应付款汇总表和应付款明细表下

"01—笔帽供应商"的数据有何变化。应付款汇总表如图24-67所示。

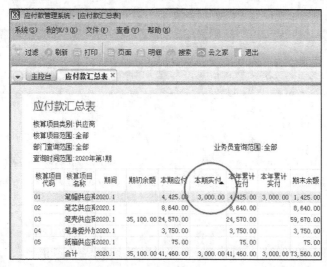

图24-67

请注意"本期实付"下数据的变化。双击"01—笔帽供应商"的应付款汇总记录,进入该供应商的应付款明细表,如图24-68所示。

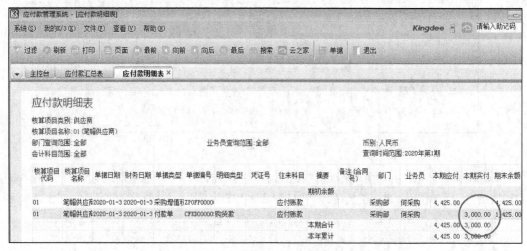

图24-68

在应付款明细表中请注意"本期实付"对应数据行的记录信息。

2. 根据前面的操作方法,录入例17-44中的付款单

以"何陈钰"身份登录账套,选择"财务会计"→"应付款管理"→"付款"→"付款单—新增",进入"付款单 - 新增"窗口;单击"核算项目"右侧的模糊查询按钮,系统弹出"供应商列表",选择"02—笔芯供应商";"源单类型"选择"采购发票",将光标放置在"源单编号"处,按"F7"功能键,进入"采购发票"窗口,选中"ZPOFP000001"号采购发票;单击"返回"按钮,系统自动返回"付款单 - 新增"窗口,并将参照的采购发票信息引用,修改"结算实付金额"为"5000"元,如图24-69所示。

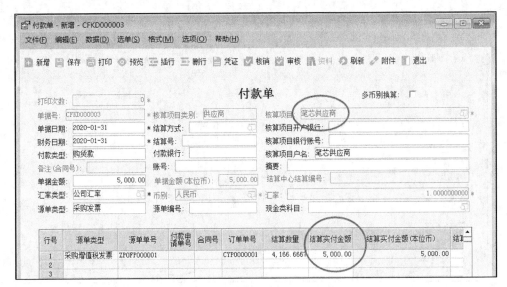

图 24-69

单击"保存"按钮，保存当前付款单。

3．录入例 17-45 中的付款单

在"付款单"处理窗口，单击"新增"按钮，进入"付款单 - 新增"窗口；单击"核算项目"右侧的模糊查询按钮，系统弹出供应商列表，选择"03—笔壳供应商"；单击"源单类型"选择"采购发票"，将光标放置在"源单编号"处，按"F7"功能键，进入"采购发票"窗口，选中"ZPOFP000002"号采购发票，再按住"Ctrl"键选择"OCZP000002"号采购发票，如图 24-70 所示。

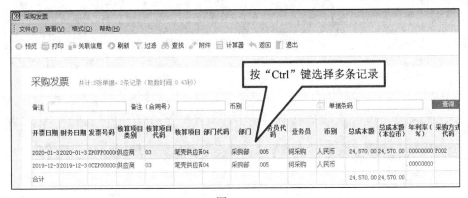

图 24-70

单击"返回"按钮，系统自动返回"付款单 - 新增"窗口，并将参照的采购发票信息引用，修改发票"ZPOFP000002"的"结算实付金额"为"14900"元，如图 24-71 所示。

单击"保存"按钮，保存当前付款单。

> **说明** 例 17-45 可以同时选择两张发票，并且可以修改"结算实付金额"。这可以解释为付给供应商 50000 元，先将期初应付款结清，再付一部分本期的应付款。

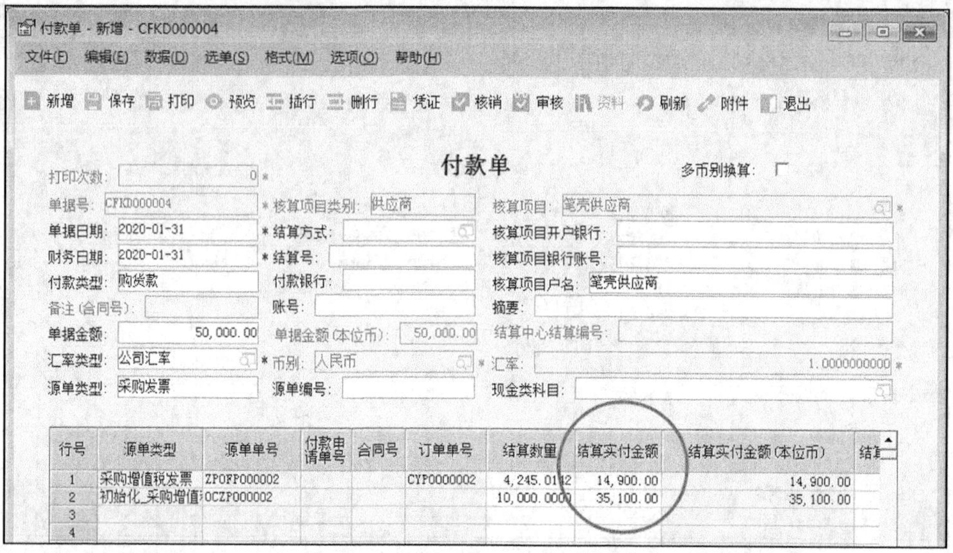

图 24-71

4. 以"陈静"身份审核例 17-44 和例 17-45 中的付款单

重新登录系统,以"陈静"身份登录本实例账套,选择"财务会计"→"应付款管理"→"付款"→"付款单—维护",系统弹出"过滤"窗口,保持默认值条件,单击"确定"按钮,进入"付款单序时簿"窗口,如图 24-72 所示。

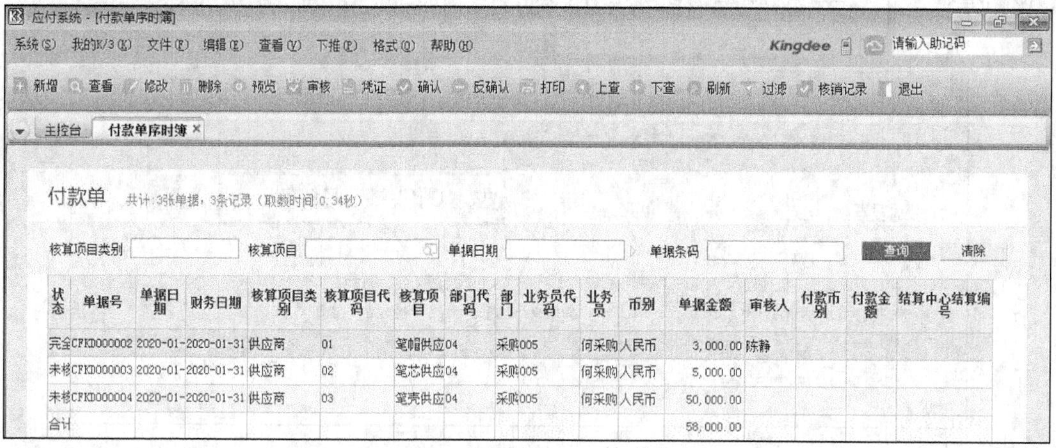

图 24-72

双击"CFKD000003"号付款单,进入"付款单 - 修改"窗口;单击"审核"按钮,窗口左下角"审核人"处显示"陈静",表示审核成功;单击"后张"按钮,切换到"CFKD000004"号付款单。单击"审核"按钮审核当前付款单。

新的付款单录入完成并审核和核销后,再查看应付款汇总表和应付款明细表下各供应商的数据有何变化。查询到的应付款汇总表如图 24-73 所示。

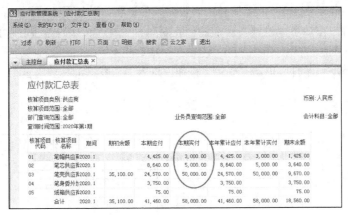

图 24-73

24.8 收款单处理

收款单是处理从客户处收货款的凭据，录入收款单是为了保存原始单据。收款单也是系统与应收款余额进行减法处理的核销单据，同时是生成收款类凭证的原始单据。

收款单的处理流程："收款单录入"→"收款单审核"→"收款单与应收款核销"。

 说明 当录入的收款单是由参照单据生成，并且选中"核销控制"（"系统设置"→"系统设置"→"应收款管理"→"系统参数"）下的"审核后自动核销"时，收款单审核后会自动与应收款进行核销处理。若收款单是手工录入，无参照单据来源，则只能手工进行核销处理，该功能位于"财务会计"→"应收款管理"→"结算"→"应收款核销—收款结算"。

24.8.1 应收款查询

企业在收款之前，通常需要先查询该客户的应收款情况，以做出正确的应收款情况表，供领导审阅。财务人员可以通过应收款明细表和应收款汇总表查询到客户的应收款情况。

下面以例 17-46 为例，练习应收款的查询方法，操作步骤如下。

（1）先查询应收款汇总表。以"何陈钰"身份登录本实例账套，选择"财务会计"→"应收款管理"→"账表"→"应收款汇总表"，如图 24-74 所示。

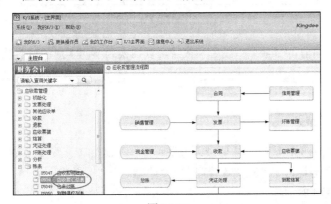

图 24-74

（2）双击"应收款汇总表"，系统弹出"过滤条件"窗口，如图 24-75 所示。

在"过滤条件"窗口可以设置要查询的会计期间、核算项目代码范围、包括单据情况，并可以设置高级条件和汇总方式。

（3）在此保持默认条件，单击"确定"按钮，进入"应收款汇总表"窗口，如图 24-76 所示。

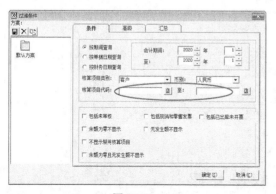

图 24-75

图 24-76

若要查询某客户的应收款明细表，则可以双击该客户记录，或者单击"明细"按钮，系统自动进入该客户的"应收款明细表"窗口。例如，选中"北京远东公司"并双击，进入"应收款明细表"窗口，如图 24-77 所示。

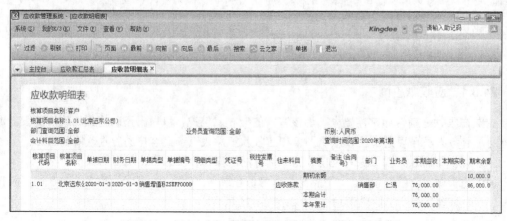

图 24-77

单击"最前""向前""向后""最后"按钮可以切换到不同客户的应收款明细表。

> 注　查询应收款明细表也可以使用"财务会计"→"应收款管理"→"账表"→"应收款明细表"。

24.8.2　收款单录入

下面以例 17-47 为例，练习收款单录入方法，操作步骤如下。

（1）选择"财务会计"→"应收款管理"→"收款"→"收款单—新增"，进入"收款单 - 新增"窗口，如图 24-78 所示。

图 24-78

（2）单击"核算项目"右侧的浏览按钮，系统弹出客户下拉列表，选择"1.01—北京远东公司"，单击"源单类型"选择"销售发票"，将光标放置在"源单编号"处，按"F7"功能键，进入"销售发票"窗口，如图 24-79 所示。

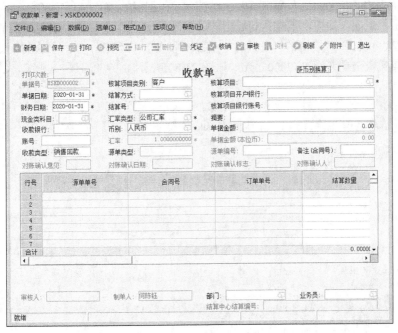

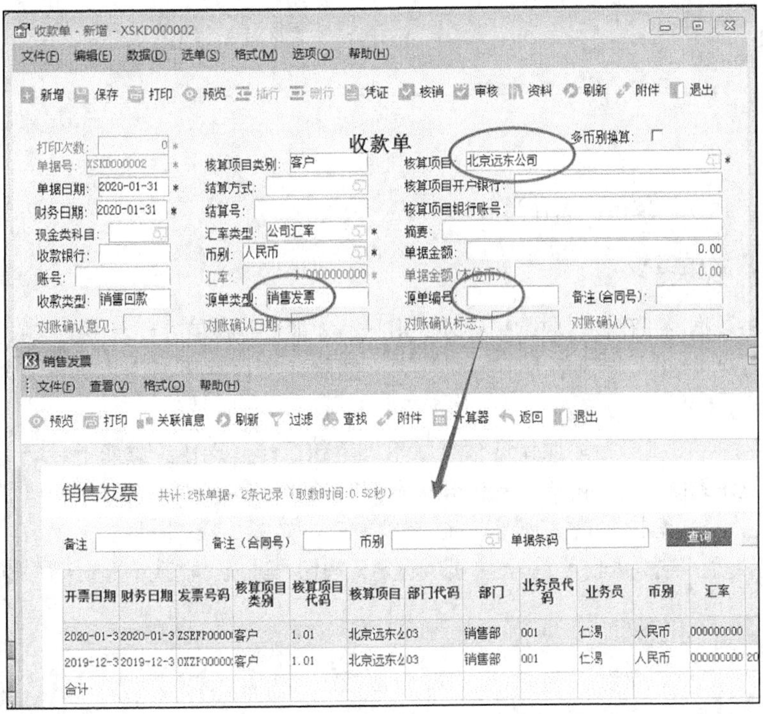

图 24-79

（3）选中"ZSEFP000001"号销售发票，按住"Ctrl"键，再选择"OXZP000002"号期初销售发票，单击"返回"按钮，系统自动返回"收款单 - 新增"窗口，并引用参照的"销售发票"信息；"OXZP000002"号期初销售发票的"结算实收金额"不变，修改"ZSEFP000001"号销售发票的"结算实收金额"为"40000"元，如图24-80所示。

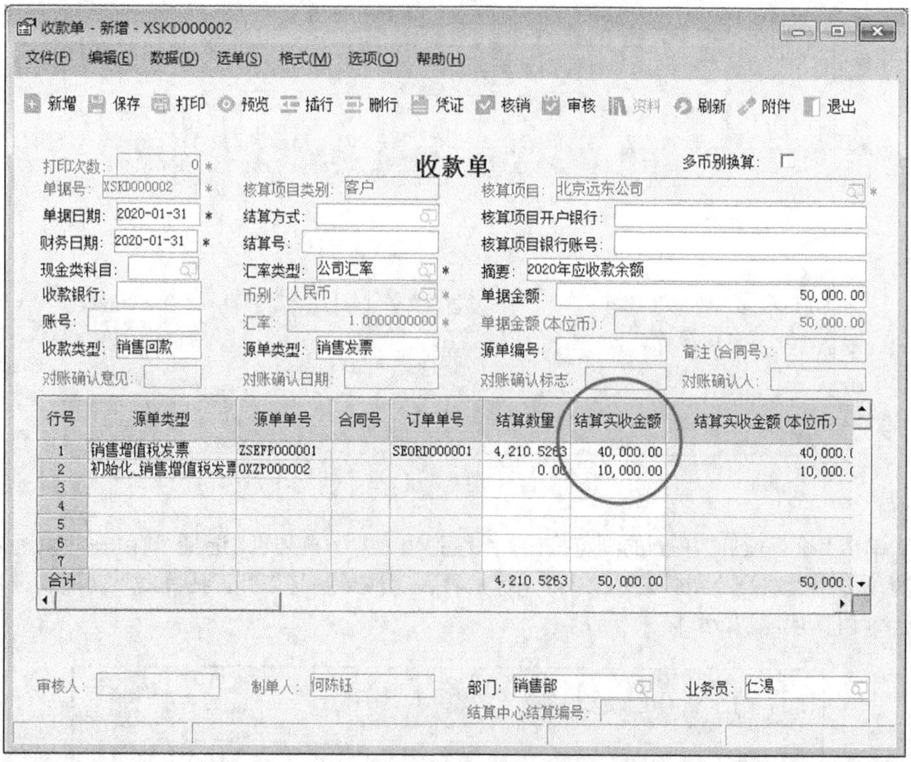

图 24-80

（4）单击"保存"按钮，保存当前收款单。

24.8.3 收款单审核

为保证财务单据的正确性，收款单必须经审核后才能进行核销处理。由于本账套中的"应收款参数"中设置了"审核人与制单人不为同一人"控制，所以要更换为有审核权限的操作员后才能审核。

根据例17-47，由"陈静"操作进行收款单的审核工作，操作步骤如下。

（1）重新登录系统，以"陈静"身份登录本实例账套，选择"财务会计"→"应收款管理"→"收款"→"收款单—维护"，系统弹出"过滤"窗口，如图24-81所示。

（2）"事务类型"选择"收款单"，单击"确定"按钮，进入"收款单序时簿"窗口，如图24-82所示。

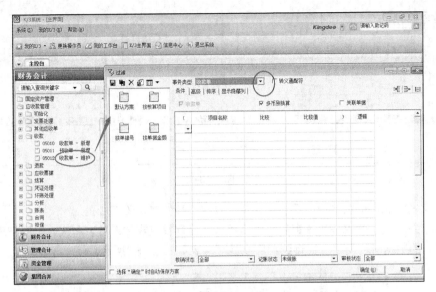

图 24-81

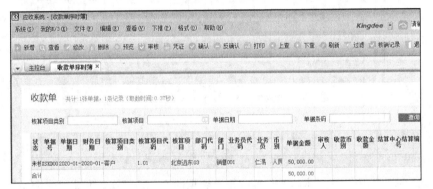

图 24-82

（3）单击"审核"按钮，"审核人"处显示"陈静"，表示审核成功，如图 24-83 所示。

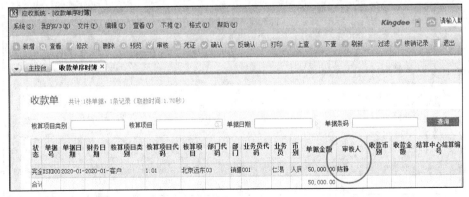

图 24-83

（4）单击工具栏上的"核销记录"按钮，进入"核销管理"窗口，如图 24-84 所示。

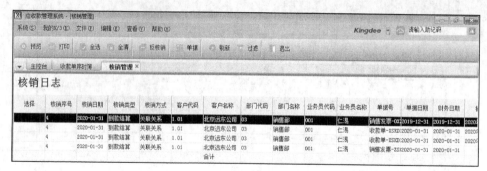

图 24-84

通过核销日志,可以确切地看到收款单是收哪一种发票、收多少的。

收款单录入完成并审核和核销后,请读者再自行查看应收款汇总表和应收款明细表下"北京远东公司"的数据有何变化。查询到的应收款汇总表如图 24-85 所示。

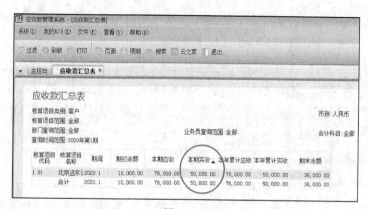

图 24-85

请注意"本期实收"和"本年累计实收"下数据的变化。双击"北京远东公司"的应收款汇总记录,进入该客户的应收款明细表,如图 24-86 所示。

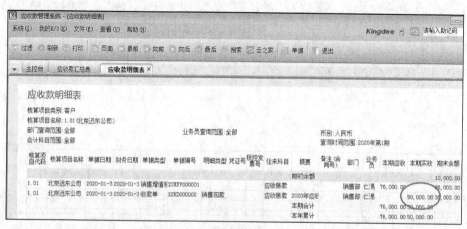

图 24-86

请注意"本期实收"对应数据行的记录信息。

24.9 材料成本核算

材料成本核算功能由存货核算系统完成。操作流程：先核算材料入库成本，然后再核算材料出库成本。

入库成本通常包括以下几类。

- 外购入库核算：是核算采购行为的入库单据，并且是在已经收到采购发票的情况下进行钩稽，是可以正确计算材料入库成本的核算。操作方法参见前面章节。
- 存货估价入账：是处理外购入库行为的入库单，但是对应采购发票未送到的情况，因不能正确计算材料的入库成本，而采用估价入账的行为。
- 自制入库核算：是处理产品入库单据的材料成本核算，在未使用成本系统的情况下，该入库单价由手工录入。
- 其他入库核算：是处理其他入库单据的材料成本核算，入库单价可以通过手工录入和更新无单价单据。
- 委外加工入库核算：是处理委外加工入库单据的材料入库成本，它主要由材料费用和加工费用组成，处理方法可参见前面章节。

出库成本的核算：必须在已经有入库成本的情况下，系统自动根据物料档案中的计价方法，如先进先出法、移动平均法等，计算出该张出库单据上的单价，从而核算正确的出库成本。材料出库成本核算主要包括以下几类。

- 材料出库成本核算：核算材料（物料属性为外购类的物料）的出库成本。
- 产成品出库核算：该功能主要用来核算产品出库成本（产品是指物料属性为非外购类的物料）。
- 特殊出库单据核算：核算不确定单价的单据。

材料成本核算的流程：外购入库核算→委外加工出库材料核算→委外加工入库核算→材料出库核算→自制入库核算→产成品出库核算。

前面章节已经讲述过外购入库核算和委外加工入库核算，本节重点讲解自制入库核算和产成品出库核算。

24.9.1 自制入库核算

下面以例17-48为例，练习自制入库核算的处理方法，具体操作步骤如下。

（1）选择"供应链"→"存货核算"→"入库核算"→"自制入库核算"，弹出"过滤"窗口，如图24-87所示。

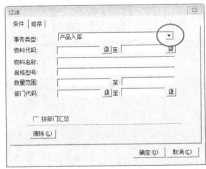

图 24-87

保持默认条件，单击"确定"按钮，进入"自制入库核算"窗口，如图 24-88 所示。

由于本账套没有使用成本系统，所以在"自制入库核算"窗口需手工录入单价，通常此单价由财务人员获取产品的 BOM 结构，然后再获取每个物料的单价，得到理论材料成本后再加上当月的制造费用和人工费得出结果来录入。

（2）在"自制入库核算"窗口，"单价"录入"5.50"，如图 24-89 所示。

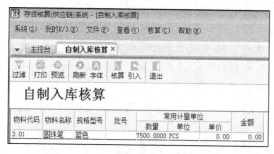

图 24-88

图 24-89

（3）单击"核算"按钮，开始计算自制入库核算，稍后弹出提示，表示核算成功。

24.9.2 产成品出库核算

下面以例 17-49 为例，练习产成品出库核算的处理方法，操作步骤如下。

（1）选择"供应链"→"存货核算"→"出库核算"→"产成品出库核算"，弹出向导窗口，单击"下一步"按钮，进入"结转存货成本 - 第一步"窗口，选中"结转本期所有物料"，如图 24-90 所示。

（2）单击"下一步"按钮，进入"第二步"窗口，如图 24-91 所示。

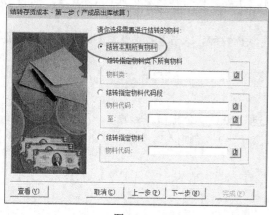

图 24-90

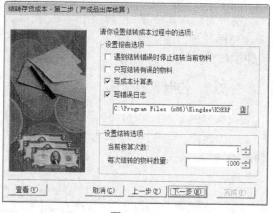

图 24-91

（3）单击"下一步"按钮，开始计算出库成本；稍后进入"完成"窗口，单击"完成"按钮结束产成品出库核算。

第 25 章 财务系统实战（二）

> **本章重点**
> - 各种供应链单据生成凭证
> - 凭证模板
> - 财务单据生成凭证
> - 总账处理
> - 账簿查询

本章完成的实例与第 17 章的实例一一对应。

25.1 供应链单据生成凭证

供应链单据生成凭证是金蝶 K/3 系统的一大特点，能起到数据共享作用，并且财务人员从凭证可以联查到该凭证由什么源单生成、源单又是由什么行为而产生，从而在财务核算和公司管理上达到有据可查的目的。

供应链单据生成凭证前，需要设置对应的凭证模板，这样在实际生成凭证时，系统将引用该模板，从而可以轻松快速地完成工作。

通常所有供应链单据都需要生成凭证，但实际业务处理中，可以只选择有需要的单据生成凭证。本章中将讲述以下几种单据生成凭证的操作方法，也可以完成财务核算。

（1）采购发票，生成的凭证格式如下。

　　借：原材料
　　　　进项税
　　贷：应付账款

（2）委外发料单，生成的凭证格式如下。

　　借：委托加工物资
　　贷：材料档案中的科目

（3）委外加工入库单，生成的凭证格式如下。

　　借：原材料
　　　　贷：委托加工物资
　　　　　　应付账款（加工费）
　　借：进项税

（4）生产领料单，生成的凭证格式如下。

　　借：生产成本
　　贷：材料档案中的科目

（5）产品入库单，生成的凭证格式如下。

借：库存商品
  贷：生产成本
（6）销售发票，生成的凭证格式如下。
借：应收账款
  贷：销项税
    主营业务收入

25.1.1 采购发票生成凭证

下面以例 17-50 为例，练习采购专用发票生成凭证的处理方法，操作步骤如下。

（1）先新增"采购发票"生成凭证模板。以"何陈钰"身份登录账套，选择"供应链"→"存货核算"→"凭证管理"→"凭证模板"，进入"凭证模板设置"窗口，如图 25-1 所示。

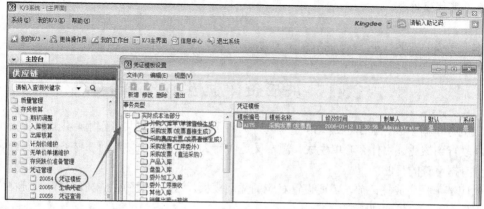

图 25-1

在"凭证模板设置"窗口可以进行凭证模板的修改、删除和新增等操作。

选择"采购发票（发票直接生成）"项目，再单击"新增"按钮，进入"凭证模板"窗口，如图 25-2 所示。

图 25-2

"模板编号"录入"Z001"，"模板名称"录入"采购发票凭证"，"凭证字"选择"记"，如图 25-3 所示。

图 25-3

单击第 1 行的"科目来源"项目,在弹出的列表中选择"单据上物料的存货科目","借贷方向"选择"借","金额来源"选择"采购发票不含税金额",如图 25-4 所示。

单击"摘要"按钮,弹出"摘要定义"窗口,在"摘要公式"中录入"原材料采购",如图 25-5 所示。

图 25-4

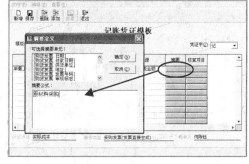

图 25-5

单击"确定"按钮返回"凭证模板"窗口。第 2 行的"科目来源"选择"凭证模板",将光标放置在"科目"处,再单击"查看"按钮,弹出"会计科目"窗口,如图 25-6 所示。

图 25-6

"会计科目"选择"2221.01.01—进项税额",单击"确定"按钮返回"凭证模板"窗口;"借贷方向"选择"借","金额来源"选择"采购发票税额",如图25-7所示。

图25-7

第3行的"科目来源"选择"单据上的往来科目","金额来源"选择"采购发票价税合计",再单击"核算项目"按钮,弹出"核算项目取数"窗口,如图25-8所示。

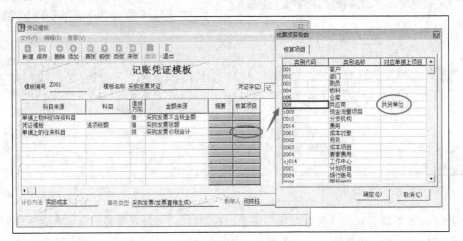

图25-8

单击"008—供应商"所在行的"对应单据上项目"中的"供货单位",再单击"确定"按钮返回"凭证模板"窗口,单击"保存"按钮保存当前模板;单击"退出"按钮返回"凭证模板设置"窗口。新增成功的凭证模板如图25-9所示。

图25-9

选中"Z001"号凭证模板,选择"编辑"→"设为默认模板"。

(2)生成凭证。选择"供应链"→"存货核算"→"凭证管理"→"生成凭证",进入"生成凭证"窗口,选中左侧的"采购发票(发票直接生成)",再单击工具栏上的"重设"按钮,系统弹出"条件过滤"窗口,如图25-10所示。

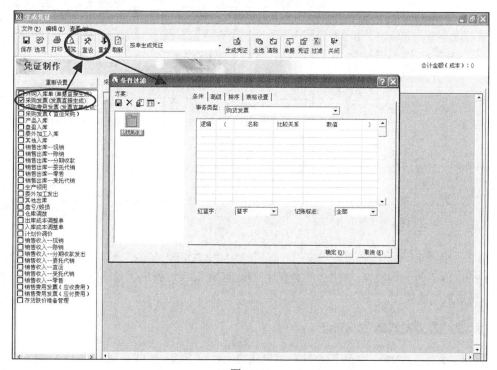

图 25-10

(3)保持默认条件,单击"确定"按钮,弹出满足条件的单据显示,选中"ZPOFP000001"号采购发票,保持选择"按单生成凭证",如图25-11所示。

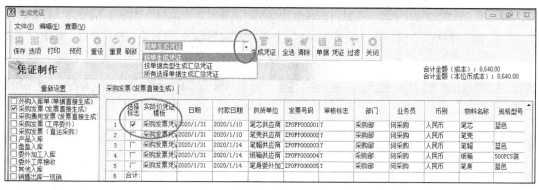

图 25-11

(4)单击"生成凭证"按钮,系统开始自动处理,稍后弹出提示窗口,如图25-12所示。
(5)单击"确定"按钮完成凭证生成工作。再次选中"ZPOFP000001"号采购发票,单击"凭证"按钮,弹出"记账凭证 - 查看"窗口,如图25-13所示。

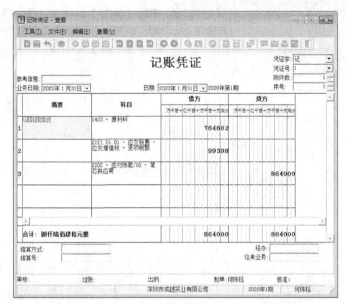

图 25-12　　　　　　　　　　　图 25-13

（6）退出"记账凭证 - 查看"窗口，同时选中"ZPOFP000002"号、"ZPOFP000003"号、"ZPOFP000004"号采购发票，单击"生成凭证"按钮；稍后系统弹出生成凭证成功提示，单击"确定"按钮结束生成凭证。

25.1.2　委外发料单生成凭证

下面以例17-51为例，练习委外发料单生成凭证处理方法，操作步骤如下。

（1）先新增"委外发料单"生成凭证模板。以"何陈钰"身份登录账套，选择"供应链"→"存货核算"→"凭证管理"→"凭证模板"，进入"凭证模板"设置窗口；选择"委外加工发出"项目，单击"新增"按钮，进入"凭证模板"新增窗口；"模板编号"录入"Z002"，"模板名称"录入"委外发料凭证"，"凭证字"选择"记"，如图25-14所示。

单击第1行的"科目来源"项目，在弹出的列表中选择"凭证模板"，将光标放置在"科目"处，按"F7"功能键获取"委托加工物资"科目，"借贷方向"选择"借"，"金额来源"选择"委外加工出库单实际成本"，如图25-15所示。

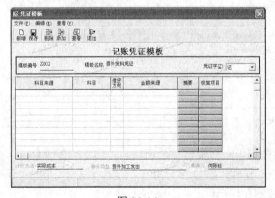

图 25-14　　　　　　　　　　　图 25-15

单击"摘要"按钮,弹出"摘要定义"窗口,在"摘要公式"中录入"委外加工发料",单击"确定"按钮返回"凭证模板"窗口;第2行的"科目来源"选择"单据上物料的存货科目","借贷方向"选择"贷","金额来源"选择"委外加工出库单实际成本",如图25-16所示。

图 25-16

单击"保存"按钮,保存当前模板,单击"退出"按钮返回"凭证模板设置"窗口,选中"Z002"号凭证模板,选择"编辑"→"设为默认模板"。

(2)生成凭证。选择"供应链"→"存货核算"→"凭证管理"→"生成凭证",进入"生成凭证"窗口,选中左侧"委外加工发出",再单击工具栏上的"重设"按钮,弹出"条件过滤"窗口,如图25-17所示。

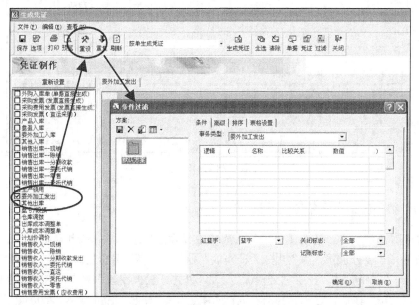

图 25-17

(3)保持默认条件,单击"确定"按钮,系统显示出满足条件的单据,选中"JOUT000001"号委外发料单,如图25-18所示。

图 25-18

（4）单击"生成凭证"按钮，系统开始自动处理，稍后弹出提示窗口，单击"确定"按钮完成凭证生成工作。再次选中"JOUT000001"号委外发料单，单击"凭证"按钮，弹出"记账凭证 - 修改"窗口，如图 25-19 所示。

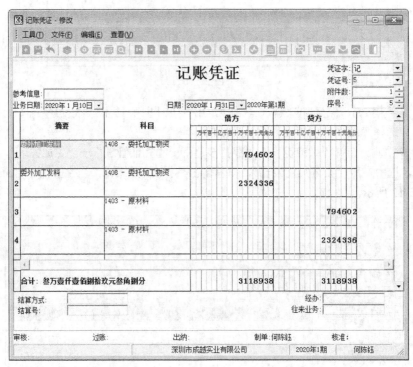

图 25-19

25.1.3 委外加工入库单生成凭证

下面以例 17-52 为例，练习委外加工入库单生成凭证处理方法，操作步骤如下。

（1）先新增"委外加工入库"生成凭证模板。以"何陈钰"身份登录账套，选择"供应链"→"存货核算"→"凭证管理"→"凭证模板"，进入"凭证模板设置"窗口；选择"委外加工入库"项目，单击"新增"按钮，进入"凭证模板"新增窗口；"模板编号"录入"Z003"，"模板名称"录入"委外加工入库凭证"，"凭证字"选择"记"，如图 25-20 所示。

单击第 1 行的"科目来源"项目，在弹出的列表中选择"单据上物料的存货科目"选项，"借贷方向"选择"借"，"金额来源"选择"委外加工入库单实际成本"选项，如图 25-21 所示。

图 25-20

图 25-21

单击"摘要"按钮,弹出"摘要定义"窗口;在"摘要公式"中录入"委外加工入库",单击"确定"按钮返回"凭证模板"窗口;第 2 行的"科目来源"选择"凭证模板",将光标放置在"科目"处,单击"查看"按钮,"科目"获取"委托加工物资"科目,"借贷方向"选择"贷","金额来源"选择"委外加工入库材料费";第 3 行的"科目来源"选择"单据上的往来科目","金额来源"选择"委外加工入库加工费(含税)";单击"核算项目"按钮,弹出"核算项目取数"窗口,如图 25-22 所示。

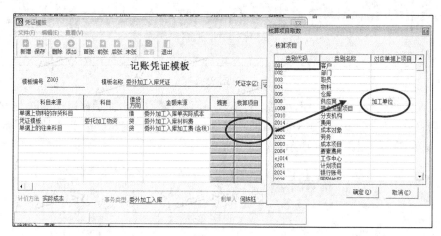
图 25-22

单击"008—供应商"所在行的"对应单据上项目"中的"加工单位",再单击"确定"按钮返回"凭证模板"窗口;第 4 行的"科目来源"选择"凭证模板",将光标放置在"科目"处,单击"查看"按钮,"科目"获取"进项税额"科目,"借贷方向"选择"借","金额来源"选择"委外加工入库税额",如图 25-23 所示。

单击"保存"按钮保存当前模板,单击"退出"按钮返回"凭证模板设置"窗口。选中"Z003"号凭证模板,选择"编辑"→"设为默认模板"。

(2)生成凭证。选择"供应链"→"存货核算"→"凭证管理"→"生成凭证",进入"生成凭证"窗口;选中左侧"委外加工入库",单击工具栏上的"重设"按钮,弹出"过滤"窗口;保持默认条件,单击"确定"按钮,系统弹出满足条件的单据显示,选中"JIN000001"号委外加工入库单,如图 25-24 所示。

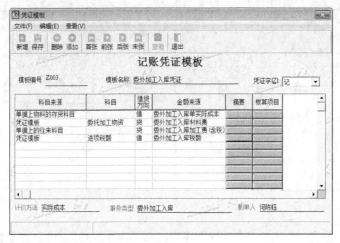

图 25-23

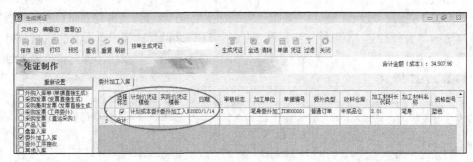

图 25-24

(3) 单击"生成凭证"按钮,系统开始自动处理,稍后弹出提示窗口,单击"确定"按钮完成凭证生成工作。再次选中"JIN000001"号委外加工入库单,单击"凭证"按钮,弹出"记账凭证 - 修改"窗口,如图 25-25 所示。

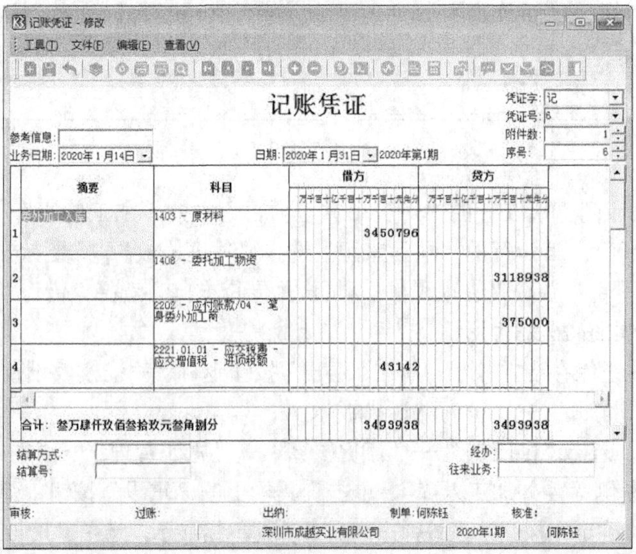

图 25-25

25.1.4 生产领料单生成凭证

下面以例 17-53 为例,练习生产领料单生成凭证的处理方法,操作步骤如下。

(1)先新增生产领料单生成凭证模板。以"何陈钰"身份登录账套,选择"供应链"→"存货核算"→"凭证管理"→"凭证模板",进入"凭证模板设置"窗口;选择"生产领用"项目,单击"新增"按钮,进入"凭证模板"窗口;"模板编号"录入"Z004","模板名称"录入"生产领料凭证","凭证字"选择"记",如图 25-26 所示。

图 25-26

单击第 1 行的"科目来源"项目,选择"凭证模板",在"科目"处按"F7"功能键获取"直接材料"科目,"借贷方向"选择"借","金额来源"选择"生产领料单实际成本",如图 25-27 所示。

单击"摘要"按钮,弹出"摘要定义"窗口,在"摘要公式"中录入"生产领料",单击"确定"按钮返回"凭证模板"窗口;第 2 行的"科目来源"选择"单据上物料的存货科目"选项,"借贷方向"选择"贷","金额来源"选择"生产领料单实际成本",如图 25-28 所示。

图 25-27

图 25-28

单击"保存"按钮保存当前模板,单击"退出"按钮返回"凭证模板设置"窗口。选中"Z004"号凭证模板,选择"编辑"→"设为默认模板"。

(2)生成凭证。选择"供应链"→"存货核算"→"凭证管理"→"生成凭证",进入"生成凭证"窗口;选中左侧"生产领用",单击工具栏上的"重设"按钮,弹出"过滤"窗口,保持默认条件;单击"确定"按钮,系统弹出满足条件的单据显示,选中"SOUT000001"号生产领料单,如图 25-29 所示。

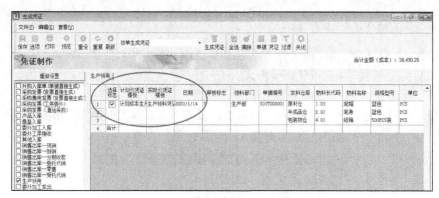

图 25-29

(3) 单击"生成凭证"按钮,系统开始自动处理,稍后弹出提示窗口,单击"确定"按钮完成凭证生成工作。再次选中"SOUT000001"号生产领料单,单击"凭证"按钮,弹出"记账凭证 - 修改"窗口,如图 25-30 所示。

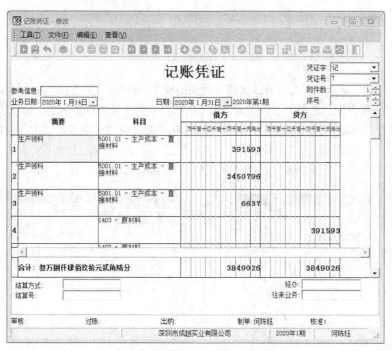

图 25-30

25.1.5 产品入库单生成凭证

下面以例 17-54 为例,练习产品入库单生成凭证的处理方法,操作步骤如下。

(1) 先新增产品入库单生成凭证模板。以"何陈钰"身份登录账套,选择"供应链"→"存货核算"→"凭证管理"→"凭证模板",进入"凭证模板设置"窗口;选择"产品入库"项目,单击"新增"按钮,进入"凭证模板"窗口;"模板编号"录入"Z005","模板名称"录入"产品入库凭证","凭证字"选择"记",如图 25-31 所示。

图 25-31

单击第 1 行的"科目来源"项目，选择"单据上物料的存货科目"，"借贷方向"选择"借"，"金额来源"选择"产品入库单实际成本"，如图 25-32 所示。

单击"摘要"按钮，弹出"摘要定义"窗口，在"摘要公式"中录入"产品入库单"，单击"确定"按钮返回"凭证模板"窗口；第 2 行的"科目来源"选择"凭证模板"，在"科目"处按"F7"功能键获取"直接材料"科目，"借贷方向"选择"贷"，"金额来源"选择"产品入库单实际成本"，如图 25-33 所示。

图 25-32　　　　　　　　　　　　　　图 25-33

单击"保存"按钮保存当前模板，单击"退出"按钮返回"凭证模板设置"窗口。选中"Z005"号凭证模板，选择"编辑"→"设为默认模板"。

（2）生成凭证。选择"供应链"→"存货核算"→"凭证管理"→"生成凭证"，进入"生成凭证"窗口，选中左侧"产品入库"，单击工具栏上的"重设"按钮，系统弹出"过滤"窗口；保持默认条件，单击"确定"按钮，系统弹出满足条件的单据显示，选中"CIN000001"号产品入库单，如图 25-34 所示。

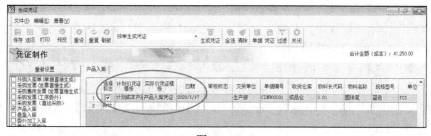

图 25-34

（3）单击"生成凭证"按钮，系统开始自动处理，稍后弹出提示窗口，单击"确定"按钮完成凭证生成工作。再次选中"CIN000001"号产品入库单，单击"凭证"按钮，弹出"记账凭证 - 修改"窗口，如图 25-35 所示。

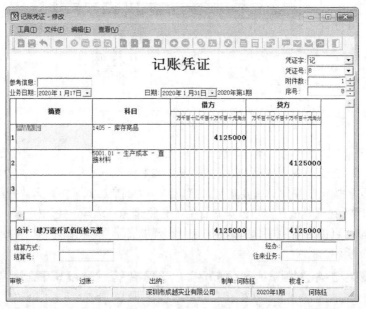

图 25-35

25.1.6 销售发票生成凭证

下面以例 17-55 为例，练习销售发票生成凭证的处理方法，操作步骤如下。

（1）先新增销售发票生成凭证模板。以"何陈钰"身份登录账套，选择"供应链"→"存货核算"→"凭证管理"→"凭证模板"，进入"凭证模板设置"窗口，选择"销售收入—赊销"项目；单击"新增"按钮，进入"凭证模板"窗口；"模板编号"录入"Z006"，"模板名称"录入"销售发票凭证"，"凭证字"选择"记"，如图 25-36 所示。

图 25-36

单击第 1 行的"科目来源"项目，选择"单据上的往来科目"，"借贷方向"选择"借"，"金额来源"选择"销售发票价税合计"；单击"核算项目"按钮，弹出"核算项目取数"窗口，在"001—客户"所在行的"对应单据上项目"中选择"购货单位"，如图 25-37 所示。

单击"确定"按钮返回"凭证模板"窗口，单击"摘要"按钮，弹出"摘要定义"窗口，在"摘要公式"中录入"销售收入"，单击"确定"按钮返回"凭证模板"窗口；第 2 行的"科目来源"选择"单据上物料的销售收入科目"，"借贷方向"选择"贷"，"金额来源"选择"销售发票不含税金额"，如图 25-38 所示。

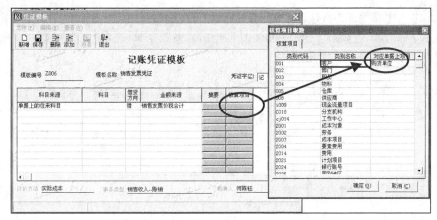

图 25-37

第 3 行的"科目来源"选择"凭证模板",将光标放置在"科目"处,按"F7"功能键获取"销项税额"科目,"借贷方向"选择"贷","金额来源"选择"销售发票税额",如图 25-39 所示。

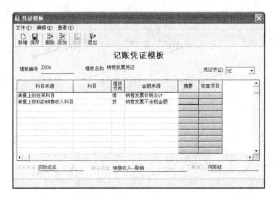

图 25-38

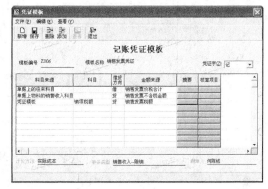

图 25-39

单击"保存"按钮保存当前模板,单击"退出"按钮返回"凭证模板设置"窗口。选中"Z006"号凭证模板,选择"编辑"→"设为默认模板"。

(2) 生成凭证。选择"供应链"→"存货核算"→"凭证管理"→"生成凭证",进入"生成凭证"窗口,选中左侧"销售收入—赊销"项目,单击工具栏上的"重设"按钮,系统弹出"过滤"窗口;保持默认条件,单击"确定"按钮,弹出满足条件的单据显示,选中"ZSEFP000001"号销售发票,如图 25-40 所示。

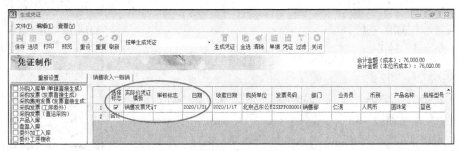

图 25-40

（3）单击"生成凭证"按钮，系统开始自动处理，稍后弹出提示窗口，单击"确定"按钮完成凭证生成工作。再次选中"ZSEFP000001"号销售发票，单击"凭证"按钮，弹出"记账凭证 - 修改"窗口，如图25-41所示。

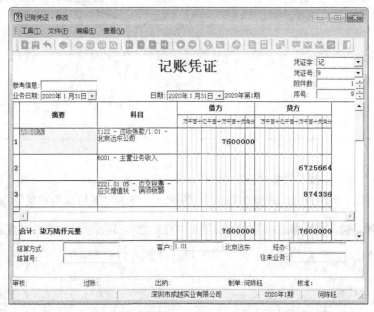

图 25-41

25.2 财务单据生成凭证

财务单据是指在应付款管理系统和应收款管理系统中录入的单据，如其他应付单、其他应收单、收款单、付款单等。本章主要处理以下两种凭证。

（1）付款单凭证，格式如下。

　　借：应付账款
　　　　贷：银行存款

（2）收款单凭证，格式如下。

　　借：银行存款
　　　　贷：应收账款

25.2.1 付款单生成凭证

下面以例17-56为例，练习付款单生成凭证的处理方法，操作步骤如下。

（1）选择"财务会计"→"应付款管理"→"凭证处理"→"凭证—生成"，如图25-42所示。

（2）双击"凭证—生成"，进入"凭证处理"窗口，选择不同的单据类型，可以切换到不同的单据序时簿窗口，"单据类型"选择"付款"选项，系统将显示满足条件的付款单，如图25-43所示。

图 25-42

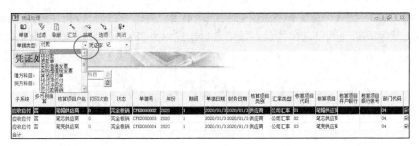

图 25-43

（3）当系统有多个"凭证字"时，单击"凭证字"按钮可以选择当前生成凭证要使用的凭证字。系统默认"借方科目"为"单据上的往来科目"，贷方科目设置后，系统将引用该科目。将光标放置在"贷方科目"处按"F7"功能键，弹出"会计科目"窗口，选择"1002.01—工行东桥支行125"科目，如图25-44所示。

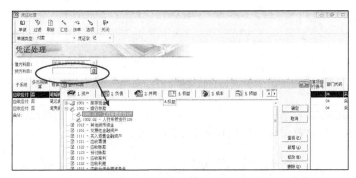

图 25-44

> 注　若贷方科目不用预设，则需要在生成的凭证中手工补充贷方科目。

（4）单击"确定"按钮，返回"凭证处理"窗口；选中"CFKD000002"号付款单，单击"按单"按钮，稍后系统进入"记账凭证 - 新增"窗口，如图25-45所示。

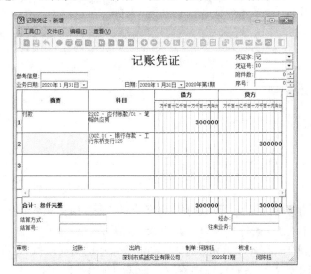

图 25-45

(5) 单击 "■"（保存）按钮，保存当前凭证。单击 "▶"（退出）按钮，返回 "凭证处理" 窗口，系统将已经生成凭证的付款单隐藏。请读者自行选中 "CFKD000003" 号、"CFKD000004" 号付款单以 "按单" 方式生成凭证，"CFKD000003" 号付款单生成的凭证，如图 25-46 所示。

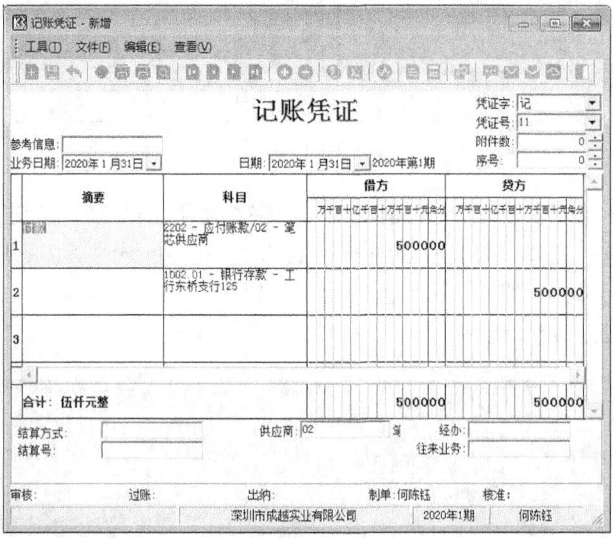

图 25-46

"CFKD000004" 号付款单生成的凭证如图 25-47 所示。

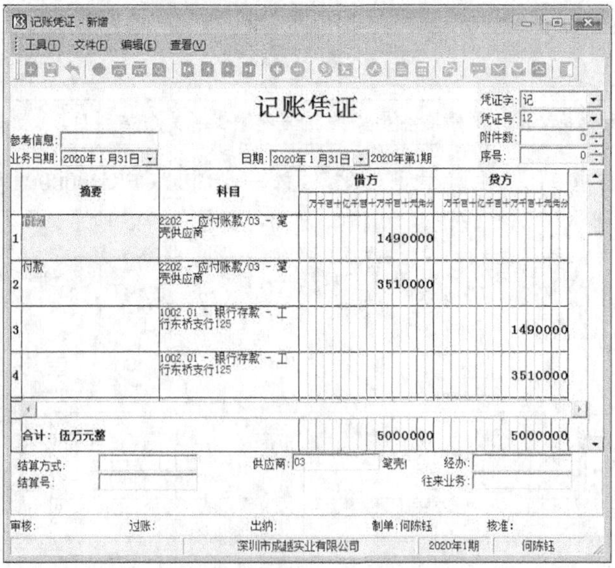

图 25-47

若要查询刚才所生成的凭证，可以选择 "财务会计" → "应付款管理" → "凭证处理" → "凭证—维护"，系统弹出 "过滤条件" 窗口，如图 25-48 所示。

保持默认条件，单击 "确定" 按钮，进入 "会计分录序时簿（应付）" 窗口，如图 25-49 所示。

在该序时簿窗口中，可以进行凭证的修改、审核和删除等操作。

第25章 财务系统实战（二）

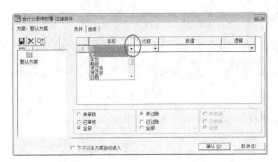

图 25-48

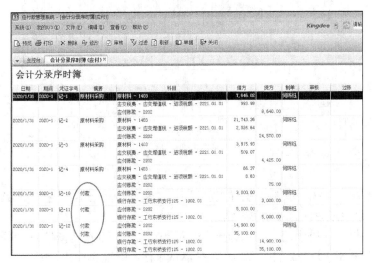

图 25-49

25.2.2 收款单生成凭证

下面以例 17-57 为例，练习收款单生成凭证的处理方法，操作步骤如下。

（1）选择"财务会计"→"应收款管理"→"凭证处理"→"凭证—生成"，进入"凭证处理"窗口；选择不同的单据类型，可以切换到不同的单据序时簿窗口，"单据类型"选择"收款"选项，系统将显示满足条件的收款单，如图 25-50 所示。

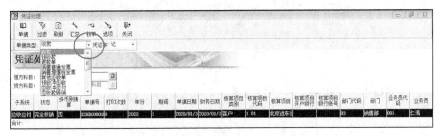

图 25-50

（2）系统默认"贷方科目"为"单据上的往来科目"，借方科目设置后，系统将引用该科目。将光标放置在"借方科目"处按"F7"功能键，弹出"会计科目"档案窗口；选择"1002.01—工行东桥支行125"科目，单击"确定"按钮，返回"凭证处理"窗口；选中"CFKD000002"号收

— 671 —

款单,单击"按单"按钮,稍后系统进入"记账凭证 - 新增"窗口,如图 25-51 所示。

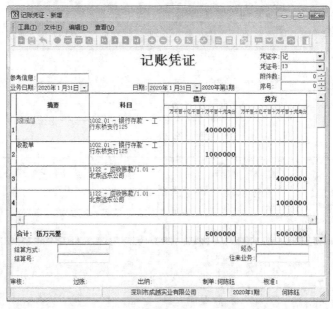

图 25-51

(3) 单击" "(保存) 按钮,保存当前凭证,单击" "(退出) 按钮,返回"凭证处理"窗口,系统将已经生成凭证的收款单隐藏。

若要查询刚才所生成的凭证,可以选择"财务会计"→"应收款管理"→"凭证处理"→"凭证—维护",系统弹出"过滤条件"窗口;保持默认条件,单击"确定"按钮,进入"会计分录序时簿(应收)"窗口,如图 25-52 所示。

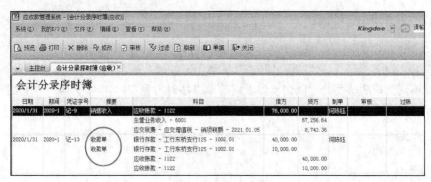

图 25-52

在该序时簿窗口中,可以进行凭证的修改、审核和删除等操作。

25.3 总账凭证处理

总账系统主要用于进行凭证处理,将凭证录入、审核、过账后,再查询总账、明细账和科目余额表等数据。总账系统的凭证有两个来源:一个是接收从业务系统生成的凭证,如前面小节所生成的凭证都可以在总账系统中查询到;另一个是手工录入,如从银行提现、报销费用和付工资等凭证。

先练习在总账系统中查询刚才生成的凭证。选择"财务会计"→"总账"→"凭证处理"→"凭证查询",系统弹出"会计分录序时簿 过滤"窗口,如图25-53所示。

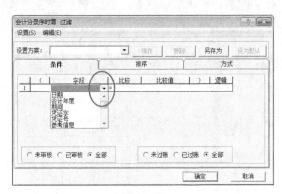

图 25-53

在该过滤窗口中可以设置凭证的"审核"状态和"过账"状态,如只想查询部分满足要求的凭证,则可以在"条件"选项卡中设置条件后再查询。

保持默认条件,单击"确定"按钮,进入"会计分录序时簿"窗口,如图25-54所示。

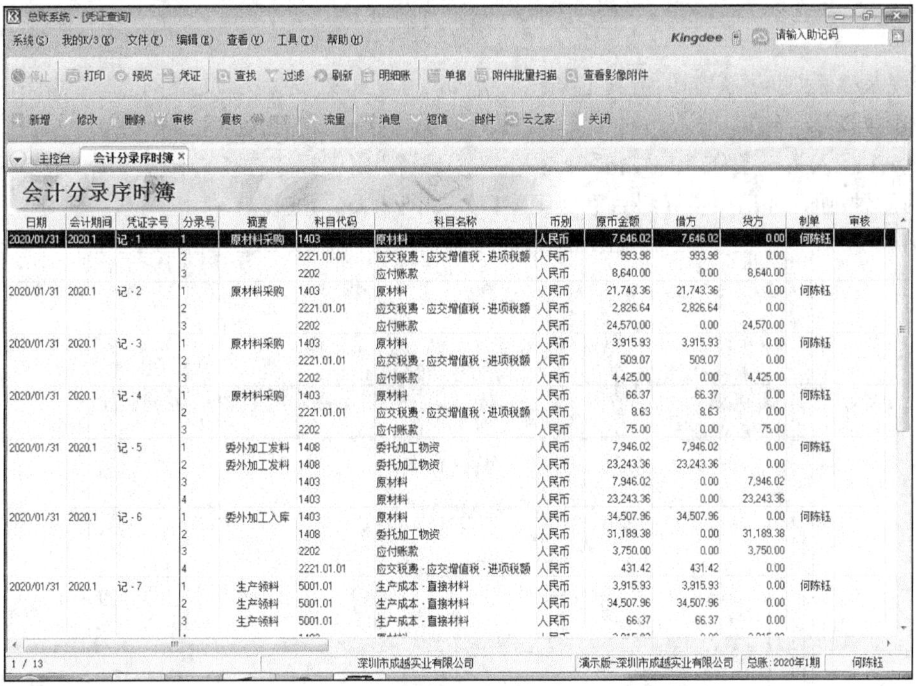

图 25-54

在"会计分录序时簿"窗口,可以进行凭证的新增、修改和审核等操作。

25.3.1 凭证录入

下面以例17-58为例,练习普通的凭证录入处理方法,操作步骤如下。

（1）选择"财务会计"→"总账"→"凭证处理"→"凭证录入"，进入"记账凭证 - 新增"窗口，如图 25-55 所示。

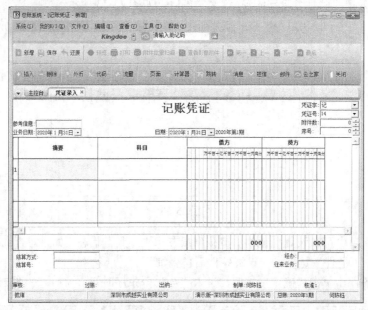

图 25-55

金蝶 K/3 系统为用户提供仿真记账凭证格式，用户只要按照手工处理的方式在相应位置录入对应的数据即可。

（2）先录入第一条分录，"摘要"录入"付工资"，将光标放置在"科目"处，单击工具栏上的"代码"按钮，弹出"会计科目"档案窗口，如图 25-56 所示。

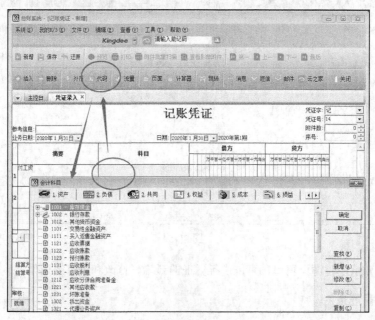

图 25-56

（3）选择"5—成本"类下的"5101.05—制作费用—工资"科目，单击"确定"按钮，返回"记账凭证 - 新增"窗口。系统将显示获取成功的科目，如图 25-57 所示。

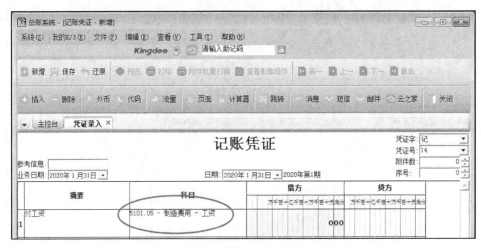

图 25-57

（4）将光标移至"借方"处，录入"9761"；将光标移至第 2 条分录，"摘要"录入"付工资"，"科目"获取"6601.04—销售费用—工资"科目，"借方"录入"5723"；第 3 行的"摘要"录入"付工资"，"科目"获取"6602.05—销售费用—工资"，"借方"录入"13000"，如图 25-58 所示。

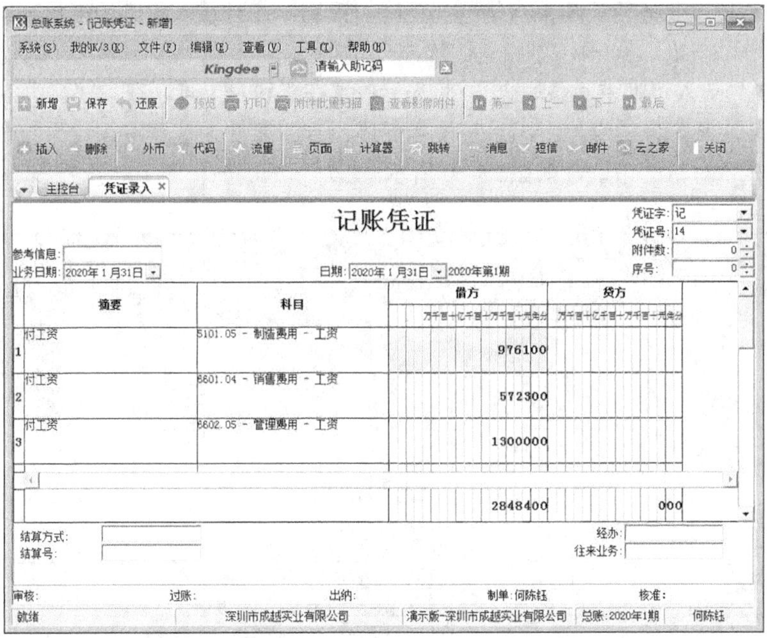

图 25-58

（5）第 4 条分录，"摘要"录入"付工资"，"科目"获取"1002.01—银行存款—工行东桥支行 125"科目，将光标放置在"贷方"处，按"Ctrl+F7"组合键，系统自动找平，如图 25-59 所示。

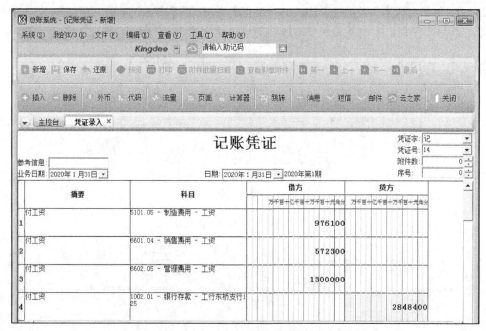

图 25-59

(6) 单击"保存"按钮，保存当前凭证。

下面以例 17-59 为例，练习含外币业务的凭证录入处理方法，操作步骤如下。

(1) 处理含外币业务凭证的重点是选择正确的币别，并且录入正确的汇率。继前一张凭证操作，单击"新增"按钮，窗口中出现一张空白记账凭证。

(2) "摘要"录入"换港币备用金"，将光标放置在"科目"项，获取"1001.02—库存现金—港币"科目。请注意窗口的变化：因系统检测到该科目的属性为核算港币，系统自动切换到外币处理状态，并显示对应的币别，如图 25-60 所示。

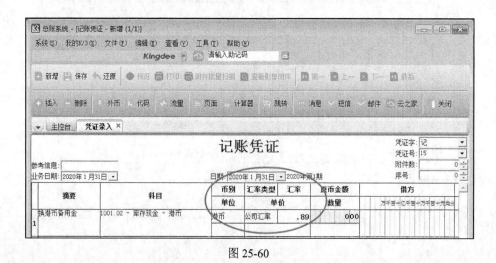

图 25-60

(3) 在"原币金额"处录入"10000"，系统自动计算出本位币金额，如图 25-61 所示。

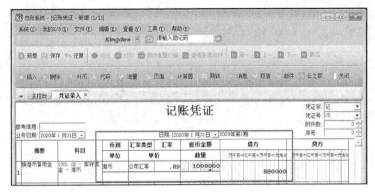

图 25-61

（4）第 2 条分录，"摘要"录入"换港币备用金"，"科目"获取"1002.01—银行存款—工行东桥支行 125"，"贷方"录入"8900"，如图 25-62 所示。

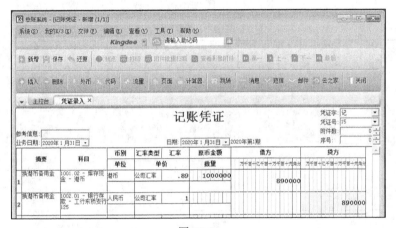

图 25-62

（5）单击"保存"按钮，保存当前凭证。

下面以例 17-60 为例，练习含报销费用凭证录入的处理方法，操作步骤如下。

（1）继前一张凭证操作，单击"新增"按钮，窗口中出现一张空白记账凭证，"摘要"录入"仁渴报销费用"，将光标放置在"科目"处，获取"6601.01—销售费用—差旅费"科目，"借方"录入"2315"；第 2 条分录，"摘要"录入"仁渴报销费用"，科目获取"1001.01—库存现金—人民币"，"贷方"录入"2315"，如图 25-63 所示。

（2）单击"保存"按钮，保存当前凭证。

下面以例 17-61 为例，练习含计提固定资产折旧凭证录入的处理方法，操作步骤如下。

（1）继前一张凭证操作，单击"新增"按钮，窗口中出现一张空白记账凭证，"摘要"录入"计提固定资产折旧费用"，将光标放置在"科目"处，获取"5101.03—制造费用—折旧费"科目，"借方"录入"2200"；第 2 条分录，"摘要"录入"计提固定资产折旧费用"，"科目"获取"6601.03—销售费用—折旧费"，"借方"录入"500"；第 3 条分录，"摘要"录入"计提固定资产折旧费用"，"科目"获取"6602.06—管理费用—折旧费"，"借方"录入"1100"；第 4 条分录，"摘要"录入"计提固定资产折旧费用"，"科目"获取"1602—累计折旧"，将光标放置在"贷方"处，按"Ctrl+F7"组合键，系统自动找平该凭证，如图 25-64 所示。

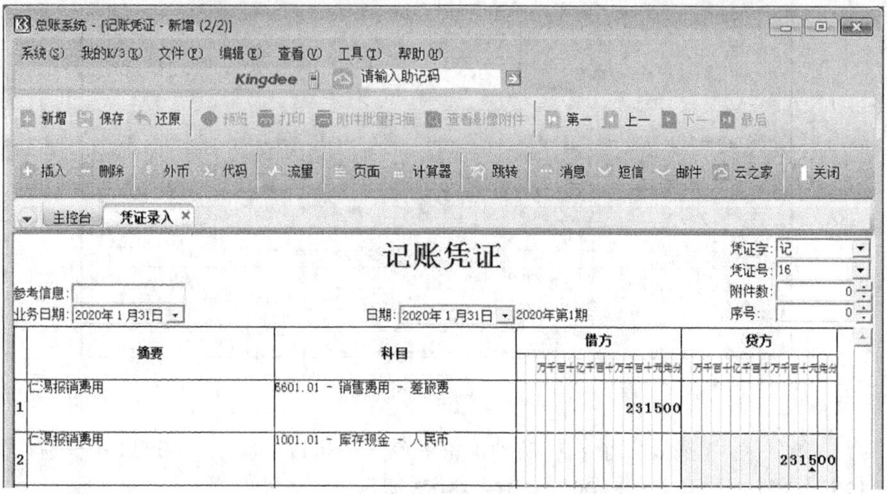

图 25-63

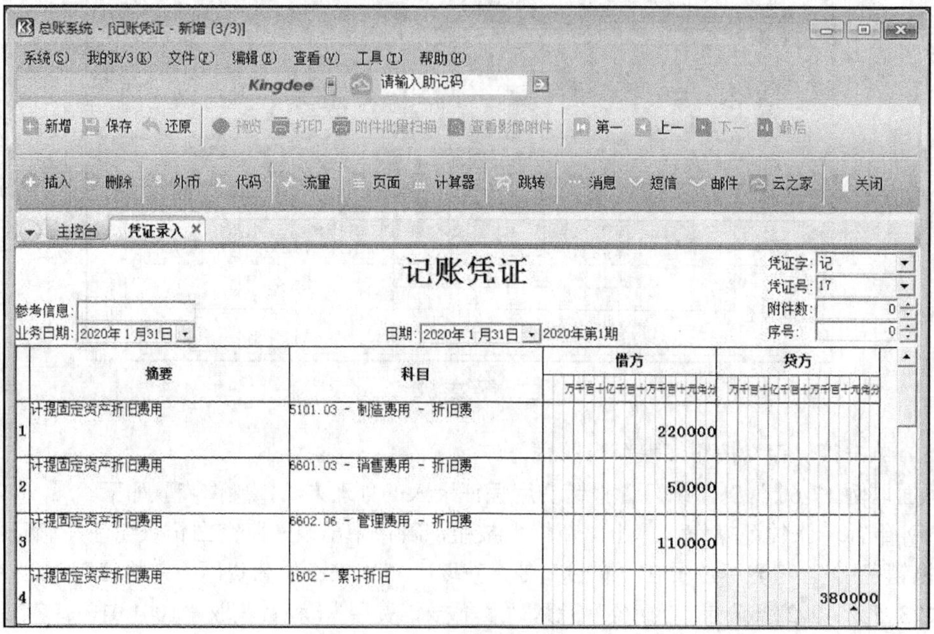

图 25-64

（2）单击"保存"按钮，保存当前凭证。

25.3.2 凭证查询

凭证录入完成，可以进行查询操作，通过查询可以发现凭证正确与否，并进行相关操作，如凭证修改、删除和审核等。可以根据自定义条件查询满足条件的凭证，如查询某日、某个会计科目等条件的所有凭证。凭证查询操作步骤如下。

（1）在主控台界面，选择"财务会计"→"总账"→"凭证处理"→"凭证查询"，弹出"会计分录序时簿 过滤"窗口，如图 25-65 所示。

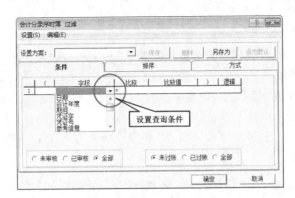

图 25-65

在"会计分录序时簿 过滤"窗口，可设置查询条件，如日期是大于、小于或等于某个日期，会计科目等于某个科目代码值。可以一次设定多个条件，并可设定凭证的审核和过账情况，查询条件为空时，则查询满足审核和过账情况的所有凭证。切换到"排序"选项卡，可设置查询凭证时的排序条件，默认先按日期先后排序，再按凭证号升序排序。切换到"方式"选项卡，可设置其他过滤条件。若需要经常使用某个查询条件，可在条件设定后，在"设置方案"处输入设置方案名，单击"保存"按钮将当前查询条件保存起来以备下次使用。

（2）查询条件为空，选中"未审核"和"未过账"选项，单击"确定"按钮，进入"会计分录序时簿"窗口，如图 25-66 所示。

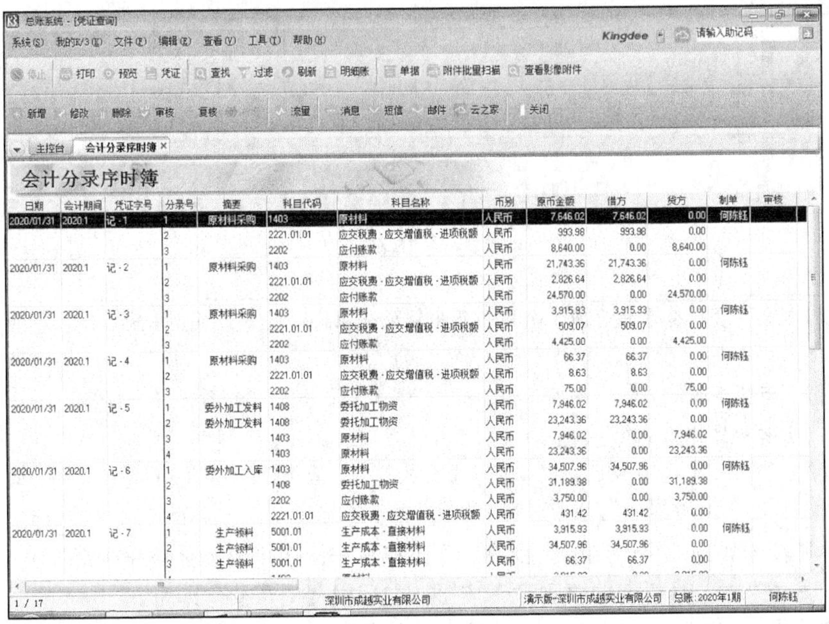

图 25-66

在该"会计分录序时簿"窗口可以进行凭证的查找、新增、修改和审核等操作。

通过该序时簿可以查看凭证日期、会计期间、会计科目、凭证字号、制单和审核人等所有内容。单击工具栏上的"过滤"按钮，弹出"会计分录序时簿 过滤"窗口，可以重新设置查询条件进行凭证查询。要查看某张凭证的详细内容，双击打开凭证查看窗口即可。

25.3.3 凭证的修改和删除

下面以修改"记 14"号凭证的第 1 条分录摘要"付生产部员工工资"为例，介绍凭证修改操作方法，具体操作步骤如下。

（1）在"会计分录序时簿"窗口，选中"记 14"号凭证任意分录，单击工具栏上的"修改"按钮，进入"记账凭证 - 修改"窗口。

（2）将第 1 分录的"摘要"直接修改为"付生产部员工工资"，单击"保存"按钮保存修改操作。修改成功后的凭证如图 25-67 所示。

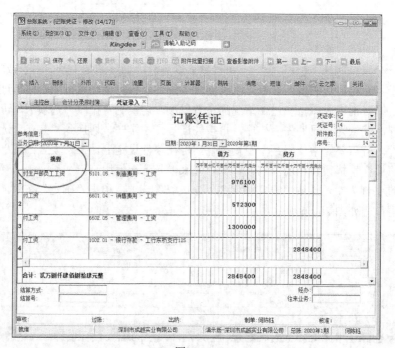

图 25-67

注

（1）在"会计分录序时簿"窗口，双击凭证分录进入的是凭证查看窗口，在查看状态下不能修改凭证。

（2）若要修改的凭证已经审核和过账，必须取消过账和审核后才能进行修改。

（3）若要修改的凭证是由业务系统生成的凭证，则只能在相应的业务系统下进行凭证修改，如要修改"记 13"号凭证，因为其是由收款单生成的凭证，所以可以在"财务会计"→"应收款管理"→"凭证处理"→"凭证—维护"中处理。

账套中作废的凭证，可以删除。删除凭证操作方法：在"会计分录序时簿"窗口，选中要删除的记账凭证，单击工具栏上的"删除"按钮，之后根据提示操作即可。

只能删除未过账和未审核的凭证，若要删除的凭证已经审核和过账，必须取消过账和审核后才能删除。

注

若要删除的凭证是由业务系统生成的凭证，则只能在相应的业务系统下进行凭证删除，如要删除"记 13"号凭证，因为其是由收款单生成的凭证，所以可以在"财务会计"→"应收款管理"→"凭证处理"→"凭证—维护"中处理。

25.3.4 凭证审核

为保证凭证的正确性，需要对凭证进行审核后才能进行凭证过账处理。为提高工作效率，金蝶 K/3 提供了未审核凭证也可以过账的控制：选择"系统"→"更换操作员"；以"陈静"（系统管理员身份）登录账套；选择"系统设置"→"系统设置"→"总账"→"系统参数"，弹出"系统参数"窗口，切换到"总账"选项卡下的"凭证"选项卡，勾选"凭证过账前必需审核"选项，如图 25-68 所示。

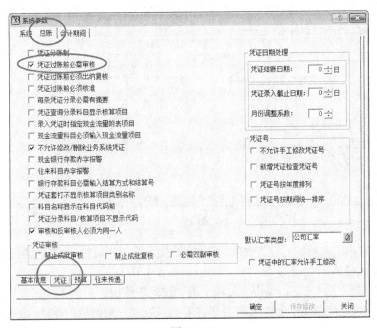

图 25-68

凭证审核方式有两种：一种是单张审核，另一种是成批审核。下面以审核账套中凭证为例，分别讲解两种操作方法，以实例 17-62 为例练习对凭证的审核。

> **注** 审核人与制单人不能为同一人。

1．单张审核

（1）更换操作员，以"陈静"身份登录账套，选择"财务会计"→"总账"→"凭证处理"→"凭证查询"，弹出"会计分录序时簿 过滤"窗口；条件设置为空，选择"未审核"和"未过账"选项，单击"确定"按钮进入"会计分录序时簿"窗口。

（2）选中要审核的凭证，如选中"记 1"号凭证，单击工具栏上的"审核"按钮，进入"记账凭证 - 审核"窗口，再单击工具栏上的"审核"按钮，凭证窗口下方"审核"处显示审核人身份表示审核成功，如图 25-69 所示。

2．成批审核

为提高工作效率，系统提供成批审核功能，方法如下。

（1）在"会计分录序时簿"窗口，选择"编辑"→"成批审核"，弹出"成批审核凭证"窗口，如图 25-70 所示。

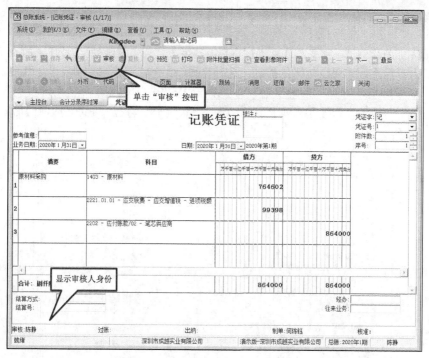

图 25-69

（2）选中"审核未审核的凭证"选项，单击"确定"按钮，稍后系统弹出提示窗口，单击"确定"按钮完成审核操作。

查看是否审核成功的方法：单击工具栏上的"过滤"按钮，弹出"过滤"窗口，选中"已审核"选项，单击"确定"按钮，进入会计分录序时簿，显示出来的凭证都是已经审核成功的凭证。

3．取消审核

已经审核的凭证不能随意修改，必须由审核人取消审核后才能进行修改。取消审核又称为反审核。下面以取消"记1"号凭证的审核为例，讲解取消审核的方法。

（1）在"会计分录序时簿"中选中要取消审核的"记1"号凭证。

（2）单击工具栏上的"审核"按钮，进入"记账凭证 - 审核"窗口。

（3）再单击工具栏上的"审核"按钮，这时凭证左下角"审核"处审核人消失，表示取消审核成功。

系统也提供成批取消审核功能，在成批审核操作基础上，系统弹出"成批审核凭证"窗口，如图 25-70 所示，选择"对已审核的凭证取消审核"选项即可。

请审核完成账套所有凭证，以供下一节使用。

图 25-70

25.3.5 凭证过账

凭证过账是指系统根据已录入的凭证的会计科目将其登记到相关的明细账簿。只有本期的凭证过账后才能期末结账。以例 17-63 为例，练习对凭证过账，操作步骤如下。

（1）在主界面窗口，选择"财务会计"→"总账"→"凭证处理"→"凭证过账"，弹出"凭证过账"窗口，如图 25-71 所示。

（2）在窗口中根据需要设置相应选项，在此采用默认值。单击"开始过账"按钮，稍后系统弹出过账情况信息，如图 25-72 所示。

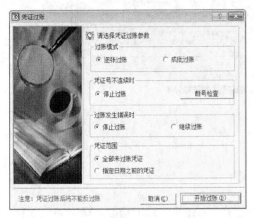
图 25-71

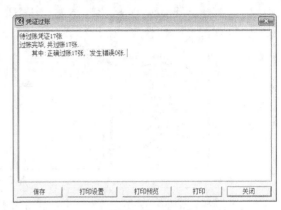
图 25-72

（3）单击"关闭"按钮。以凭证查询的方式进入"会计分录序时簿"窗口查看是否过账完成，过账成功的凭证会在"过账"项目下显示过账人的用户名，如图 25-73 所示。

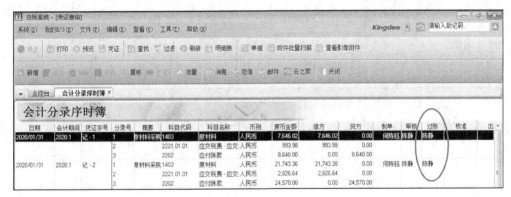
图 25-73

> **注** 理论上已经过账的凭证不允许修改，只能采取补充凭证或红字冲销凭证的方式进行更正。因此，在过账前应该对记账凭证的内容仔细审核，系统只能检验记账凭证中的数据关系是否错误，而无法检查其业务逻辑关系。
> 金蝶 K/3 为用户提供了反过账功能，在"会计分录序时簿"窗口中选择"编辑"→"反过账"即可。

25.3.6 期末调汇

期末调汇是将有核算外币且在该科目属性中有期末调汇项的科目，根据币种期末的汇率，调汇生成一张调汇凭证。期末调汇的流程：设置新的汇率体系后，再进行期末调汇操作。以例 17-64 为例练习期末调汇处理，操作步骤如下。

（1）以"何陈钰"身份登录账套，选择"系统设置"→"基础资料"→"公共资料"→"汇率体系"，系统进入"汇率体系"设置窗口，如图 25-74 所示。

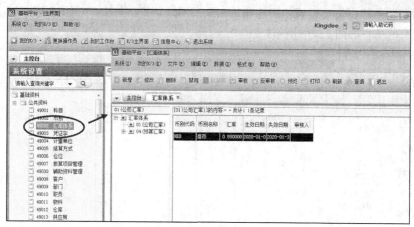

图 25-74

（2）选择左侧的"公司汇率"，此时窗口右侧会显示汇率体系记录。修改记录中的失效日期为"2020-01-30"。选中窗口右侧中的汇率记录，单击"修改"按钮，进入"汇率 - 修改"窗口，在失效日期处修改，或者双击，系统弹出日历窗口供选择，如图 25-75 所示。

（3）失效日期设置为"2020-01-30"，保存设置并退出。

（4）新增一条汇率记录，以供调汇使用。"币别代码"选择"HKD"，"汇率"录入"0.839"，"生效日期"选择"2020-01-31"，"失效日期"选择"2020-02-28"，如图 25-76 所示。

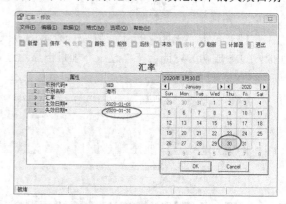

图 25-75

（5）保存设置并退出汇率体系窗口。

（6）进行期末调汇。选择"财务会计"→"总账"→"结账"→"期末调汇"，弹出"期末调汇"窗口，如图 25-77 所示。

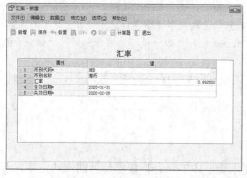

图 25-76　　　　　　　　　　图 25-77

请注意图 25-76 中"汇率"处显示的是 0.892，这是因为调汇日期为"2020-01-31"，系统会自动根据刚才所设置的汇率体系档案获取数据。

（7）单击"下一步"按钮，在"汇兑损益科目"按"F7"功能键获取"6603.03"科目，其他保持默认值，如图 25-78 所示。

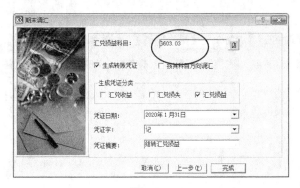

图 25-78

（8）单击"完成"按钮，开始后台处理，稍后系统弹出提示，根据提示可以在"记账凭证 - 查看"窗口中查询所生成的调汇凭证，如图 25-79 所示。

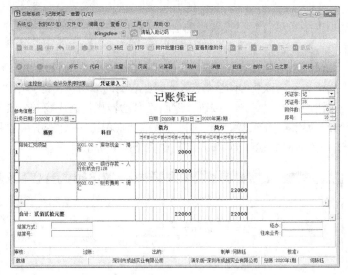

图 25-79

以"陈静"身份登录账套，对刚才生成的凭证进行审核和过账。

25.3.7 自动转账

自动转账用于将相关科目下的余额转入另一相关科目下。例如，将制造费转入生产成本科目，可以直接录入，即查看相关科目下的余额，用凭证录入功能将余额转出；也可以使用自动转账功能，定义好转账公式，在期末选中要转账的项目生成凭证，这样既简单又高效。

> **注** 进行转账凭证结转时，一定要把总账系统中的所有凭证过账。

1．制造费用转生产成本

制造费用科目余额转生产成本下的制造费用转入科目是一个比较固定的结转操作，可以将其保存为一个自动转账方案，然后再生成凭证。操作步骤如下。

（1）选择"财务会计"→"总账"→"结账"→"自动转账"，弹出"自动转账凭证"窗口，如图 25-80 所示。

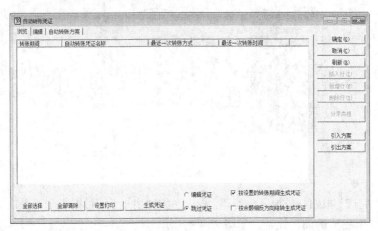

图 25-80

在"浏览"选项卡中可以查看已设置好的自动转账凭证。在"编辑"选项卡中可对自动转账凭证进行新增和编辑等操作，在"自动转账方案"中可以进行转账方案的设置。

（2）切换到"编辑"选项卡，单击"新增"按钮，在"名称"处录入"制造费用转生产成本"，选择"机制凭证"为"自动转账"；单击"转账期间"右侧的编辑按钮，弹出"转账期间"设置窗口，单击"全选"按钮，单击"确定"按钮，返回"自动转账凭证"窗口，在第 1 条分录中录入"凭证摘要"为"制造费用转生产成本"，"科目"获取"5001.03—制造费用转入"，选择"方向"为"自动判定"，选择"转账方式"为"转入"，如图 25-81 所示。

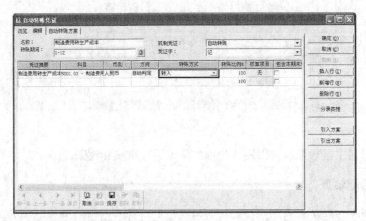

图 25-81

（3）在第 2 条分录中录入"凭证摘要"为"制造费用转生产成本"，"科目"获取"5101.01—房租"，选择"方向"为"自动判定"，选择"转账方式"为"按公式转出"，选择"公式方法"为"公式取数"，单击"公式定义"下的"下设"按钮，弹出"公式定义"窗口，如图 25-82 所示。

单击窗口右侧的"公式向导"按钮，弹出"报表函数"窗口，如图 25-83 所示。

选择"常用函数"下的"ACCT"函数，单击"确定"按钮，进入"函数公式"设置窗口，如图 25-84 所示。

第 25 章 财务系统实战（二）

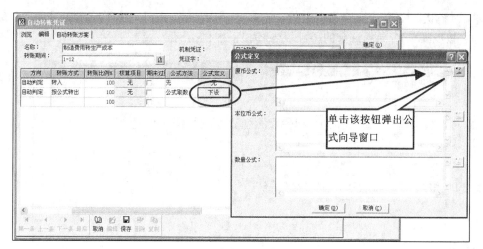

图 25-82

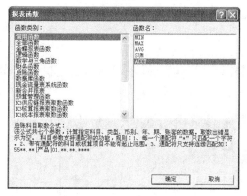

图 25-83

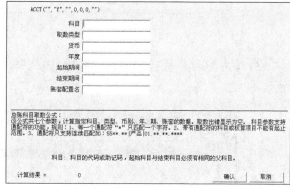

图 25-84

将光标放置在"科目"处，按"F7"功能键进入"取数科目向导"窗口，科目代码范围设置为"5101.01"至"5101.01"，单击"填入公式"按钮，"科目参数"处显示该科目范围，如图 25-85 所示。

单击"确定"按钮返回"函数公式"设置窗口，请注意"科目"处显示的内容；在"取数类型"处按"F7"功能键，选择"Y"类型，如图 25-86 所示。

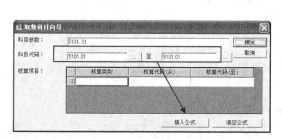

图 25-85

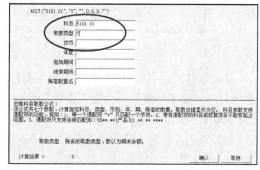

图 25-86

单击"确认"按钮,返回"公式定义"窗口。单击"确定"按钮,返回"自动转账凭证"窗口。

(4) 按步骤(3)录入剩余的科目,结果如图 25-87 所示。

图 25-87

(5) 单击"保存"按钮,切换到"浏览"选项卡,选中刚才所建立的转账凭证方案,如图 25-88 所示。

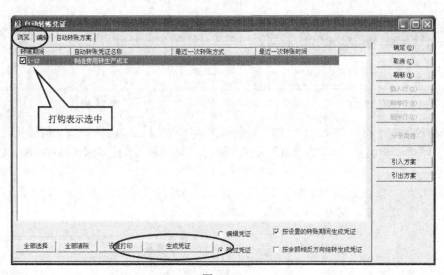

图 25-88

(6) 单击"生成凭证"按钮,稍后系统弹出提示窗口。若要查看生成的凭证,选择"财务会计"→"总账"→"凭证处理"→"凭证查询",设定过滤条件后进入"会计分录序时簿"窗口,生成的凭证如图 25-89 所示。

(7) 以"陈静"身份登录账套,对刚才生成的凭证进行审核和过账。

> 注：在以后期间要生成该张转账凭证,直接在"浏览"选项卡中处理即可,不用再次设置转账方案,这样更为简单快捷。如果要重新设置转账方案,则切换到"编辑"选项卡,重新编辑。

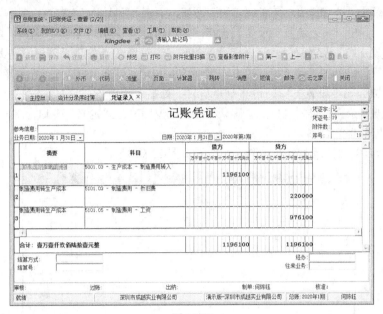

图 25-89

2．生产成本结转库存商品

生产成本结转库存商品的操作方法可以参照"制造费用转生产成本"的操作方法。下面以例 17-66 为例，介绍本转账凭证的设置方法。

（1）以"何陈钰"身份登录账套，选择"财务会计"→"总账"→"结账"→"自动转账"，弹出"自动转账凭证"窗口；切换到"编辑"选项卡，单击"新增"按钮，"名称"录入"生产成本结转库存商品"，选择"机制凭证"为"自动转账"；单击"转账期间"右边的编辑按钮，弹出"转账期间"设定窗口，单击"全选"按钮；单击"确定"按钮，返回"自动转账凭证"窗口。在第 1 条分录中录入"凭证摘要"为"生产成本结转库存商品"，"科目"获取"1405—库存商品"，选择"方向"为"自动判定"，选择"转账方式"为"转入"，如图 25-90 所示。

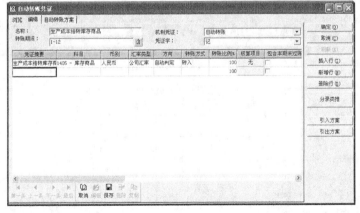

图 25-90

（2）在第 2 条分录中录入"凭证摘要"为"生产成本结转库存商品"，"科目"获取"5001.01—直接材料"，选择"方向"为"贷方"，选择"转账方式"为"按公式转入"，选择"公式方法"为

"公式取数";单击"公式定义"下的"下设"按钮,弹出"公式定义"窗口,单击窗口右侧的"公式向导"按钮,弹出"报表函数"窗口,选择"常用函数"下的"ACCT"函数;单击"确定"按钮,进入"函数公式"设置窗口,将光标放置"科目"处,按"F7"功能键,进入"取数科目向导"窗口,科目代码范围设置为"5001.01"至"5001.01",单击"填入公式"按钮;单击"确定"按钮返回"函数公式"设置窗口,请注意"科目"处显示的内容;"取数类型"处按"F7"功能键,选择"Y 期末余额"类型,单击"确认"按钮,返回"公式定义"窗口;单击"确定"按钮,返回"自动转账凭证"窗口。

(3)按照步骤(2)录入剩余的科目,结果如图 25-91 所示。

图 25-91

(4)单击"保存"按钮,切换到"浏览"选项卡,选中刚才所建立的"生产成本结转库存商品"转账凭证方案,单击"生成凭证"按钮,稍后系统弹出提示窗口。若要查看生成的凭证,选择"财务会计"→"总账"→"凭证处理"→"凭证查询",设定过滤条件后进入"记账凭证 - 查看"窗口,生成的凭证如图 25-92 所示。

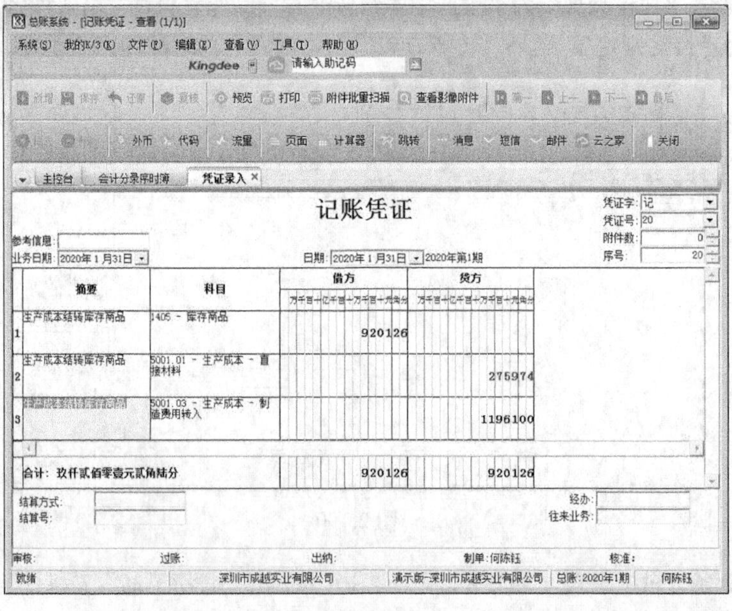

图 25-92

（5）以"陈静"身份登录账套，对刚才生成的凭证进行审核和过账。

3．库存商品转主营业务成本

库存商品结转主营业务成本的凭证可以参照制造费用转生产成本进行设置。进行该凭证操作时，建议先审核、过账总账系统中的所有凭证。

以"何陈钰"身份登录账套，选择"财务会计"→"总账"→"结账"→"自动转账"，弹出"自动转账凭证"窗口，按照例 17-67 设置转账方案，设置成功的自动转账方案窗口如图 25-93 所示。

图 25-93

切换到"浏览"选项卡，选中刚才所设置的方案并生成凭证。生成的凭证可在"记账凭证 - 查看"中查询，如图 25-94 所示。

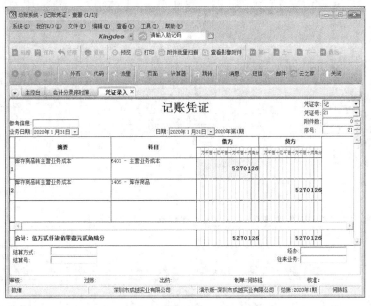

图 25-94

以"陈静"身份登录账套，对刚才生成的凭证进行审核和过账。

25.3.8 结转损益

结转损益将损益类科目下的所有余额结转到本年利润科目，并生成一张结转损益的凭证。

> 注　在结转损益前，一定要将本期的凭证都过账，包括自动转账生成的凭证。

（1）以"何陈钰"身份登录账套，选择"财务会计"→"总账"→"结账"→"结转损益"，弹出"结转损益"窗口，单击"下一步"按钮，进入损益类科目对应本年利润科目窗口，如图 25-95 所示。

（2）单击"下一步"按钮，进入凭证生成模式设置窗口，如图 25-96 所示。

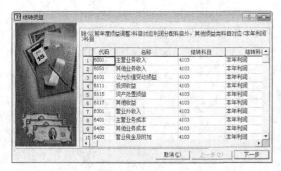

图 25-95

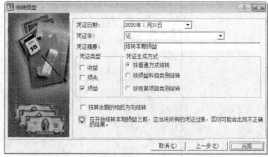

图 25-96

（3）保持默认值，单击"完成"按钮。稍后系统弹出提示，表示结转成功。在"记账凭证 - 查看"窗口中查询刚才生成的结转损益凭证，如图 25-97 所示。

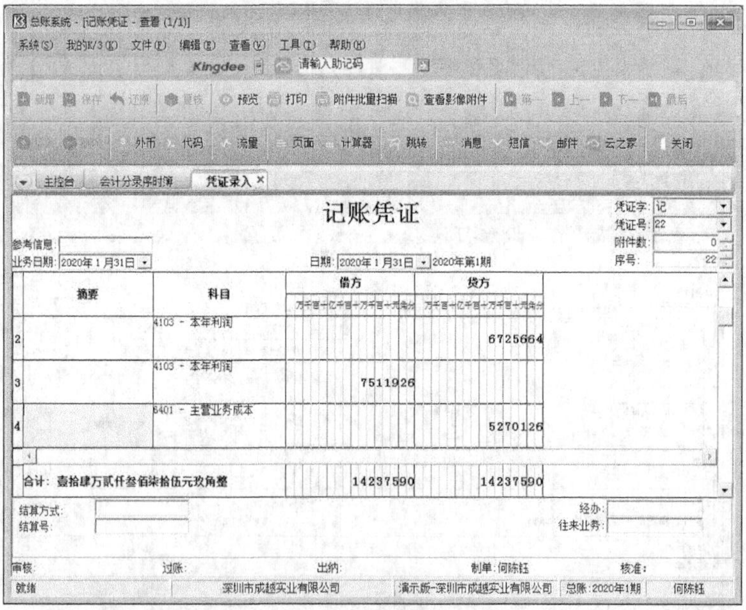

图 25-97

以"陈静"身份审核所有凭证，并过账所有凭证。

第 26 章　财务账簿和报表

> **本章重点**
> - 总分类账、明细分类账、多栏账
> - 资产负债表、利润表
> - 公式向导
> - 报表打印

26.1　账簿查询

总账主要用于录入凭证和接收由业务系统传递下来的凭证,经过审核和过账后生成相应的账簿,同时提供详细的账簿查询功能。账簿有总分类账、明细分类账、数量金额总账、数量金额明细账、多栏账、核算项目分类总账和核算项目明细账等。

26.1.1　总分类账

总分类账用于查询科目总账数据,查询科目的本期借方发生额、本期贷方发生额和期末余额等项目数据。操作步骤如下。

(1) 选择"财务会计"→"总账"→"账簿"→"总分类账",弹出"过滤条件"窗口,如图 26-1 所示。

(2) 保持默认条件,单击"确定"按钮,进入"总分类账"窗口,如图 26-2 所示。

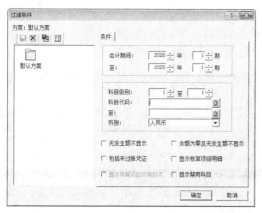

图 26-1

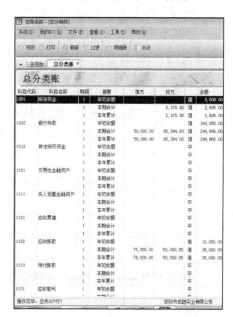

图 26-2

(3) 在"总分类账"窗口中查询某个科目的明细账的方法：选中该科目记录，单击工具栏上的"明细账"按钮，在系统弹出的明细账窗口中进行查看。

(4) 单击"预览"按钮，对打印格式进行预览。单击"打印"按钮，输出查询到的当前总分类账。

(5) 页面设置。通过页面设置，可以设置账簿输出时的前景色、背景色和超宽是否警告等。操作方法是选择"查看"→"页面设置"，弹出"页面设置"窗口，如图26-3所示。

在"页面选项"窗口中可以对页面进行更详细的设置，如图26-4所示。

图 26-3

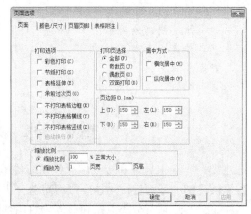

图 26-4

 注　一般情况下，无须在"页面设置"窗口进行操作。如果要进行页面设置，建议每设定一个项目后，马上返回查看效果，以便及时做出更正。

26.1.2 明细分类账

明细分类账用于查询各科目下的明细账数据，操作步骤如下。

(1) 选择"财务会计"→"总账"→"账簿"→"明细分类账"，弹出"过滤条件"窗口，如图26-5所示。

(2) 在此，"科目级别"设置为"1"至"3"级，选中"按明细科目列表显示"，单击"确定"按钮，进入"明细分类账"窗口，如图26-6所示。

单击"第一""上一""下一""最后"按钮

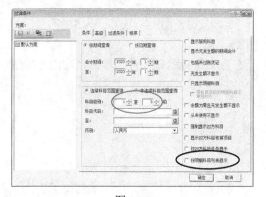

图 26-5

可查询不同科目的明细账，单击"总账"按钮可查看该科目的总账数据。

图 26-6

有关明细分类账的页面设置和输出可参见 26.1.1 小节。

26.1.3 多栏账

不同企业的科目设置情况不同，因此多栏式明细账需要用户自行设定。先以查询制造费用的多栏账为例，介绍多栏账的设置方法。操作步骤如下。

（1）选择"财务会计"→"总账"→"账簿"→"多栏账"，弹出"多栏式明细分类账"窗口，如图 26-7 所示。

（2）设计制造费用多栏明细账。单击"设计"按钮，弹出"多栏式明细账定义"窗口，如图 26-8 所示。

（3）在"编辑"选项卡，单击"新增"按钮，在"会计科目"处按"F7"功能键获取"5101"科目；再单击窗口右下角的"自动编排"按钮，系统会自动将该科目下的明细科目排列出来，如图 26-9 所示。

图 26-7

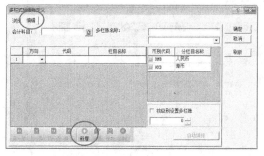

图 26-8

图 26-9

（4）"币别代码"选择"人民币"，"多栏账名称"保持默认值，单击"保存"按钮保存当前设置。若要编辑、删除已设计好的多栏账，或修改多栏账设置，则可以切换到"浏览"选项卡，选中多栏账后，再返回"编辑"选项卡进行编辑和删除操作。

（5）在"浏览"选项卡选中"制造费用多栏明细账"，单击"确定"按钮，返回"多栏式明细分类账"窗口。

（6）"多栏账名称"选择刚才所设计的"制造费用多栏明细账"，单击"确定"按钮，弹出"制造费用多栏明细账"窗口，如图 26-10 所示。

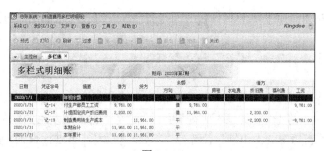

图 26-10

过滤条件设置、页面设置方法与总分类账的相关设置方法基本相同。使用同样的方法新增管理费用、营业费用等多栏账。

26.1.4 科目余额表

科目余额表用于查询所有会计科目的余额情况，可以设置查询期间范围和查询级次等。操作方法与总分类账基本相同。

选择"财务会计"→"总账"→"财务报表"→"科目余额表"，系统弹出"过滤条件"窗口，在该窗口中可以设置查询条件，单击"高级"按钮可以进行更复杂的条件设置。"科目级别"设为"2"，单击"确定"按钮，进入"科目余额表"窗口，如图26-11所示。

 注　工具栏上的"明细账"按钮非常有用，通过该按钮可以查看该科目的明细账，再通过明细账窗口查看总账或凭证。

图 26-11

26.1.5 试算平衡表

试算平衡表用于查询账套中数据借贷方向是否平衡。可设置查询期间范围、查询级次、币别等，操作步骤如下。

（1）选择"财务会计"→"总账"→"财务报表"→"试算平衡表"，弹出"试算平衡表"窗口。

（2）设置查询条件，单击"确定"按钮，进入"试算平衡表"窗口，如图26-12所示。

请注意窗口上显示的"试算结果不平衡"字样，这是因为本期发生的业务涉及外币。单击"过滤"按钮，在弹出的窗口中的"币别"处选择"综合本位币"，再进行查询，如果账套中没有错误就会显示"试算结果平衡"字样。

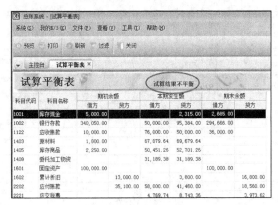

图 26-12

26.2 报　　表

报表系统为用户预设有部分行业的报表模板，如资产负债表、利润表和利润分配表等。用户可以利用公式向导更改取数公式，也可以通过页面设置更改输出格式。下面先以处理资产负债表为例，讲述报表的操作方法。

26.2.1 查看报表

下面以例 17-69 为例，练习财务报表的处理方法。

（1）以"陈静"身份登录练习账套。选择"财务会计"→"报表"→"新会计准则"→"新会计准则资产负债表"，进入"新会计准则资产负债表"窗口，如图 26-13 所示。

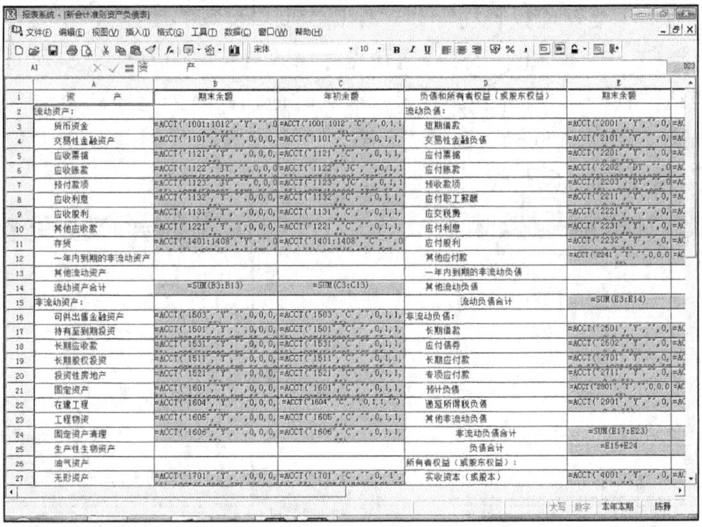

图 26-13

（2）选择"视图"→"显示数据"，再选择"数据"→"报表重算"，系统将显示计算出来的数据，如图 26-14 所示。

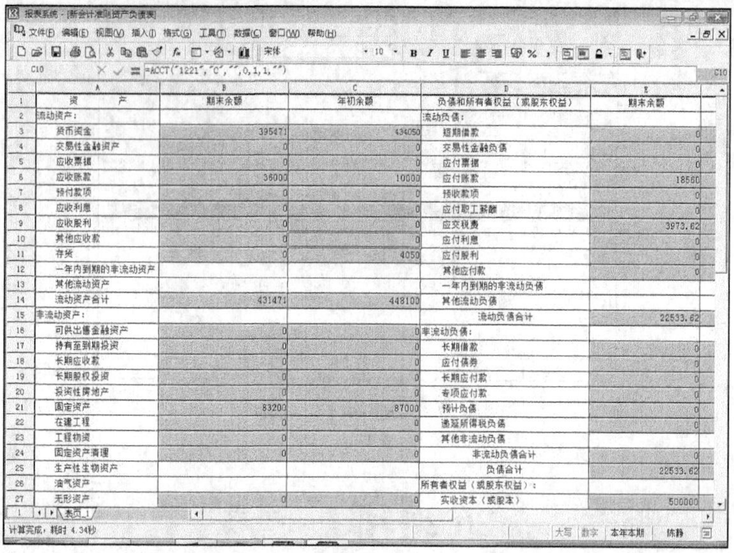

图 26-14

> **注** "视图"菜单下的"显示数据"和"显示公式"命令,用于查看报表数据和报表公式。

(3) 经查,报表资产与负债平衡,单击"保存"按钮保存报表。

26.2.2 打印

为求报表输出美观,随时要对报表格式进行设置,如列宽、行高、字体和页眉页脚等内容。下面以输出资产负债表为例介绍报表格式的设置步骤。

(1) 报表属性查看。选择"格式"→"表属性",弹出"报表属性"窗口,如图 26-15 所示。

"报表属性"窗口主要管理报表的行列、外观、页眉页脚的属性。

(2) 修改列宽。方法有两种:一种是拖动光标修改列宽,如要修改 C 列的宽度,将光标移到 C、D 列之间的竖线位置,当光标变成"↔"箭头时拖动,将列宽拖动至适当位置再放开鼠标左键即可;另一种是选定要修改的列,选择"格式"→"列属性",在弹出的"列属性"窗口中修改"列宽"为"300",如图 26-16 所示。

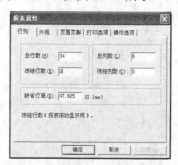

图 26-15

图 26-16

将 B、C、E、F 列的"列宽"都修改为"300"。

(3) 修改对齐方式。检查发现数值列的有些单元格对齐方式不统一,选中要修改的数值列或单元格,单击工具栏上的"≡≡≡"(对齐方式)按钮,有左对齐、居中对齐和右对齐等方式可供选择。在此为B、C、E、F列选择"居中对齐"方式。

（4）设置打印时使用的纸张大小和方向。单击工具栏上的"打印预览"按钮，进入"打印预览"窗口，发现该报表分两页输出，高度刚好够打印完，宽度不够打印右侧的"负债和股东权益"等项目列。单击窗口上的"打印设置"按钮，弹出"打印设置"窗口，将"方向"改为"横向"，单击"确定"按钮返回"打印预览"窗口，发现宽度满足要求，而高度不够。在这种情况下，有两种可选方式：一种是在"打印设置"窗口，选择"纸张大小"为"A3"；另一种是更改文字大小、单元格高度、宽度等设置，以使其能在一张A4纸上打印出来。

本练习采用第二种方式，"纸张大小"选择"A4"，"方向"选择"横向"打印。

（5）更改文字大小。单击"退出"按钮，返回报表窗口。选定整张表格的内容，如图26-17所示。

选择"格式"→"单元属性"，弹出"单元属性"窗口，如图26-18所示。

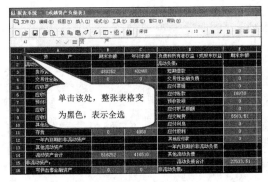

图 26-17

图 26-18

单击窗口上的"字体"按钮，弹出"字体"窗口，"大小"选择"9"号，如图26-19所示。

单击"确定"按钮，返回"单元属性"窗口，再单击"确定"按钮返回报表，报表中的所有文字已变小。

（6）压缩行高。全选整张表格，选择"格式"→"行属性"，弹出"行属性"窗口，如图26-20所示。

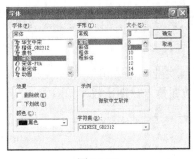

图 26-19

图 26-20

取消对"缺省行高"的选中，将"行高"修改为"45"，单击"确定"按钮，返回报表窗口。

（7）单击工具栏上的"打印预览"按钮，进入"打印预览"窗口，单击"打印设置"按钮，系统弹出"打印设置"窗口，选择"横向"方向，再单击"确定"按钮返回"打印预览"窗口，效果如图26-21所示。

图 26-21

> **注** 在做格式调整时,建议多使用打印预览功能,以查看格式是否满足要求。若字体、行高、列宽已经设到最小,还是不能满足要求,建议使用大的纸张打印或分页打印。

(8) 修改表头项目和页眉页脚。通过预览发现,"编制单位"为空,"日期"没有显示完整。下面在"页眉页脚"选项卡中修改,这样每一页都可以看到(也可在报表中设置)。

① 选择"格式"→"表属性",弹出"报表属性"窗口,单击"页眉页脚"选项卡,选中"单位名称"页眉,单击"编辑页眉页脚"按钮,弹出"自定义页眉页脚"窗口,如图 26-22 所示。

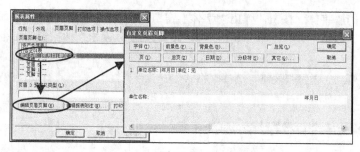

图 26-22

② 在"单位名称"处的冒号后录入"深圳市成越实业有限公司";将光标移到两竖线间,删除"年月日"3个字,再单击工具栏上的"日期"按钮插入日期函数,如图 26-23 所示。

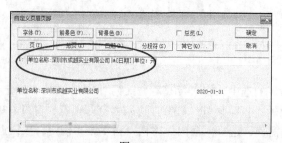

图 26-23

单击"确定"按钮,保存页眉修改并返回"报表属性"窗口;单击"确定"按钮,保存所有页眉页脚的修改。

(9)单击工具栏上的"打印预览"按钮,进入"打印预览"窗口,如图26-24所示。预览后发现,当前修改已经基本符合打印要求。

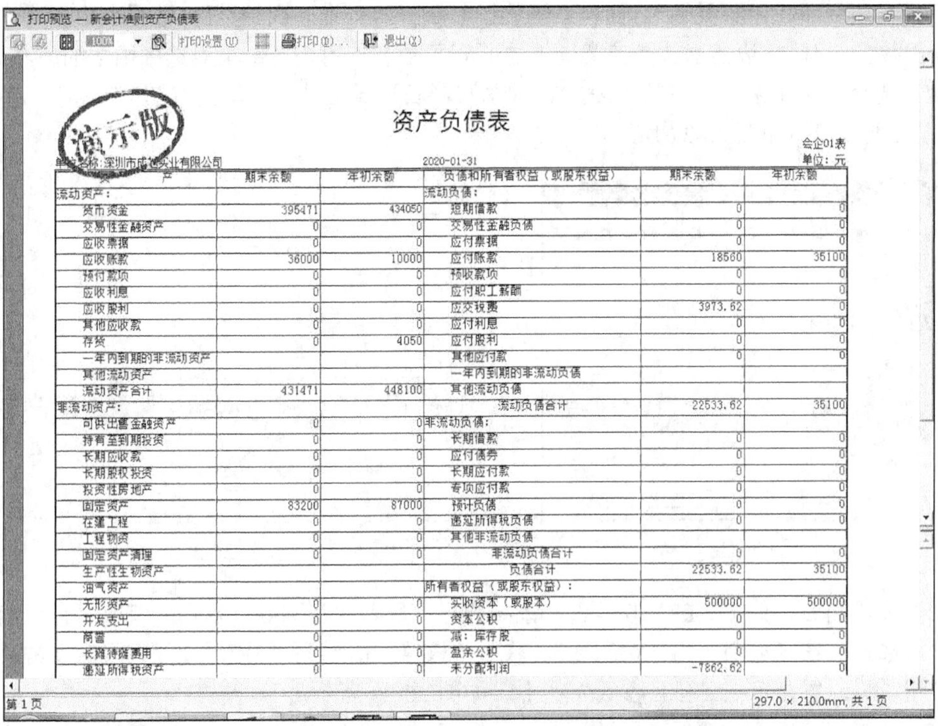

图 26-24

> **注** 因该报表的日期是计算机系统日期,若要修改只需修改计算机系统日期。

请读者用同样的方法将新会计准则下的利润表另存到报表下,并进行格式的调整及打印格式设置。

26.2.3 自定义报表

报表是多种多样的,不同企业有不同的要求,不同领导也需要不同的报表。报表系统提供了自定义报表功能,用户可以根据需要随意编制报表。

下面以例 17-70 为例,介绍如何自定义报表。

(1)在主界面窗口,选择"财务会计"→"报表"→"新建报表"→"新建报表文件",双击新建报表文件,系统进入"新报表:报表_1"窗口。

(2)选择"视图"→"显示公式"功能,录入文字项目。选定 A1 单元格录入"供应商名称",以同样方法录入其他单元格内容,如图 26-25 所示。

图 26-25

> **注** 若要修改单元格内容，修改后单击"√"按钮表示确定，不单击表示取消，此操作不能省略。
> 修改报表内容、公式，或自定义报表时，建议在"显示公式"状态下进行。

（3）在 B2 单元格取"应收账款"下"笔帽供应商"的本期期初数。选定 B2 单元格，单击工具栏上的"f_x"（函数）按钮，系统弹出"报表函数"窗口，如图 26-26 所示。

窗口左边显示"函数类别"，如取工资数据时选择"工资取数函数"，取报表数据时选择"金蝶报表函数"；窗口右边显示的是该类别下的所有函数名；窗口下部是对选中函数的解释。

（4）选择"常用函数"下的"ACCT"（总账科目取数公式），单击"确定"按钮，系统进入"公式"设置窗口，如图 26-27 所示。

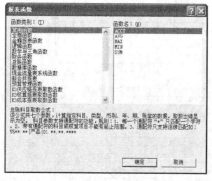
图 26-26

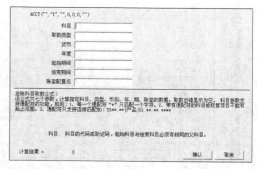
图 26-27

（5）在"科目"处按"F7"功能键，系统弹出"取数科目向导"窗口，获取"科目代码"为"2202"，选择"核算类别"为"供应商"，获取"核算代码"为"01"，设置完成后单击"填入公式"按钮，将设置显示在"科目参数"栏中，如图 26-28 所示。

（6）单击"确定"按钮保存取数设置，并返回"公式"设置窗口，请注意窗口的变化。光标移到"取数类型"处，按"F7"功能键，系统弹出取数类型列表，如图 26-29 所示。

图 26-28

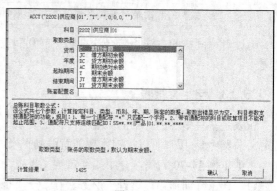
图 26-29

（7）选择"期初余额"类型，单击"确认"按钮保存该公式，以同样的方法录入其他单元格的公式，公式录入完成后，选择"视图"→"显示数据"，系统根据所设置的公式自动计算出数据，如图 26-30 所示。

（8）隐藏多余的行和列。选择"格式"→"表属性"，系统弹出"报表属性"窗口，如图 26-31 所示。

图 26-30

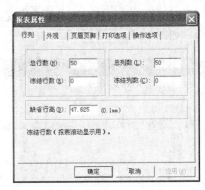
图 26-31

"报表属性"窗口主要管理报表的行列、外观、页眉页脚等。

① "行列"选项卡，包含总行数、总列数、冻结行数、冻结列数和缺省行高。

② "外观"选项卡，包含前景色、背景色、网格色、缺省字体、是否显示网格及公式或变量底色。

③ "页眉页脚"选项卡，包含页眉页脚内容、编辑页眉页脚、编辑附注和打印预览。

④ "打印选项"选项卡，包含标题行数、标题列数、是否彩打、是否显示页眉页脚及表格、页脚是否延伸。勾选"页脚延伸"选项，表示页脚定位于页面底部，反之页脚显示在表格后。

⑤ "操作选项"选项卡，包含自动重算和人工重算。要人工重算，可以按"F9"功能键或选择"数据"→"报表重算"。当编辑大量单元公式并且计算较慢时，该选项较为适用。

在"行列"选项卡中，将"总行数"修改为"6"，"总列数"修改为"5"，"缺省行高"修改为"55"。"外观"选项卡中的"字体"修改为"小四"号字体。设置完成后，单击"确定"按钮，返回报表窗口，若部分项目没有显示或列宽过大，可以调整列宽。

（9）选中第1列，选择"格式"→"单元属性"，"前景色"改为"白色"，"背景色"改为"黑色"，单击"确定"按钮返回"报表"窗口。

（10）选择"格式"→"表属性"，系统弹出"报表属性"窗口，切换到"页眉页脚"选项卡，选中"报表名称"页眉，单击"编辑页眉页脚"按钮，系统弹出"自定义页眉页脚"窗口，在录入框中将"报表名称"改为"应付账款情况表"，如图26-32所示。

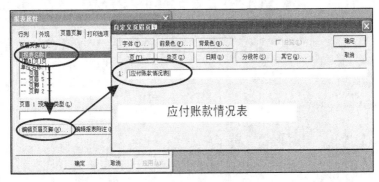
图 26-32

单击"确定"按钮返回"报表属性"窗口，以同样的方法在"单位名称"页眉后增加"深圳市成越实业有限公司"，设置完成的窗口如图26-33所示。

（11）单击"确定"按钮保存设置，单击工具栏上的"预览"按钮，系统进入"打印预览"窗口，如图26-34所示。

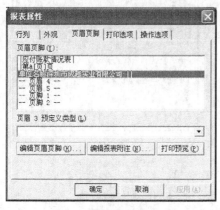

图26-33　　　　　　　　　　　　图26-34

（12）单击"关闭"按钮，返回"报表"窗口，选择"文件"→"保存"，将当前自定义报表保存起来，方便以后随时调用。

至此整个报表的定义工作结束。

第 27 章 期末结账

> **本章重点**
>
> ● 结账
> ● 反结账

期末结账是当前会计期间的业务已经处理完毕,即所有业务单据录入完毕,并且正确无误,有审核和过账等处理,可以结束当前期间的业务操作,将本期余额结转为下一期间的期初余额,以便进行下一会计期间的业务操作。

结账次序:先对业务系统进行结账后,才能对总账系统进行结账。

27.1 业务系统结账

当业务系统中的所有单据已审核、核销,相关单据已生成凭证,同时与总账系统中的单据已核对完毕时,系统可以进行期末结账,期末结账完毕后系统进入下一会计期间。操作方法如下。

物流系统在期末结账前,往往需要对本期的出入库单据进行后续处理,如出入库核算、生成凭证、与财务系统对账等。但此时本期的核算单据录入尚未截止,可能会造成对账结果的不确定,而通过关账功能可截止本期出入库单据的录入和其他处理,有利于期末结账前的核算处理。用户可以根据实际情况使用,是否关账并不影响期末结账。本实例采用直接结账方式。

由于本账套中有部分业务单据并未生成凭证,所以要先进行系统参数的修改再结账。选择"系统设置"→"系统设置"→"存货核算"→"系统设置",进入"系统参数维护"窗口,选择左侧的"核算系统选项"项目后,不选择"期末结账时检查未记账的单据",如图 27-1 所示。

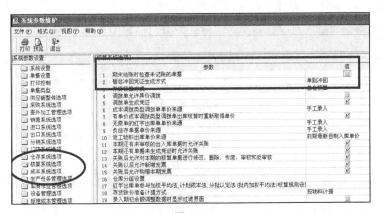

图 27-1

开始业务系统期末结账。选择"供应链"→"存货核算"→"期末处理"→"期末结账",弹出"期末结账 - 介绍"窗口,如图 27-2 所示。

"结账状态"项目下显示"是",则表示该会计期间已经结账。单击"下一步"按钮,弹出"期末结账 - 完成"窗口,单击"确定"按钮,稍后系统自动处理后,弹出"完成"窗口,如图27-3所示。

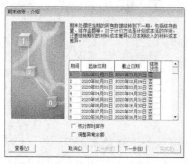

图 27-2

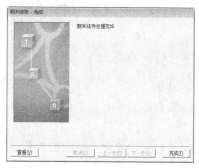

图 27-3

单击"完成"按钮,结束期末结账。

若要返回修改已经结账期间的单据,可以使用反结账功能,该功能位于"供应链"→"存货核算"→"反结账处理"→"反结账"。

反结账的前提是没有当期的计划价调价单。

另外,反结账时,以前期间的外购入库单在当期如果已经生成暂估凭证,则反结账前需要删除生成的凭证;当期的外购入库单生成的暂估凭证则可以不删除。

27.2 应收款管理结账

当应收款管理系统中的所有单据已审核、核销,相关单据已生成凭证,同时与总账系统中的单据已核对完毕时,系统可以进行期末结账,期末结账完毕后系统进入下一会计期间。操作方法如下。

选择"财务会计"→"应收款管理"→"期末处理"→"结账",弹出"金蝶提示"窗口,如图27-4所示。

单击"是"按钮,进入"应收系统对账检查"窗口,如图27-5所示。

图 27-4

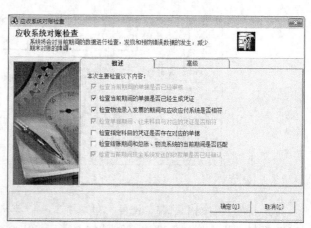

图 27-5

单击"确定"按钮，系统开始检查，完成后再单击"确定"按钮，系统弹出"金蝶提示"窗口，如图 27-6 所示。

单击"是"按钮，进入"受控科目对账 - 过滤条件"窗口，"科目代码"获取"1122"科目，如图 27-7 所示。

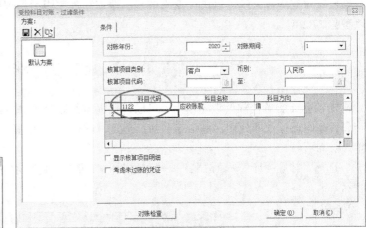

图 27-6   图 27-7

单击"确定"按钮，进入"期末科目对账"窗口，如图 27-8 所示。

图 27-8

数据检查完且对账成功后，再次选择"财务会计"→"应收款管理"→"期末处理"→"结账"，系统弹出检查提示窗口时，单击"否"按钮，系统提示对账时，也单击"否"按钮，进入"期末处理"窗口，如图 27-9 所示。

选择"结账"选项，单击"继续"按钮，若本期所有单据处理正确，稍后系统将弹出期末结账完毕提示窗口，单击"确定"按钮结束结账。

图 27-9

反结账，即取消结账，如系统需要修改以前已经结账期间的单据，必须反结账、反审核后，才能进行修改操作。

若系统参数选中"期末处理前凭证处理应该完成"和"期末处理前单据必须全部审核"选项，结账前必须保证本期所有的单据已生成凭证并且本期所有的单据已全部审核，否则弹出不予结账的提示。

— 707 —

27.3 应付款管理结账

当应付款管理系统中的所有单据已审核、核销,相关单据已生成凭证,同时与总账系统中的单据已核对完毕,系统可以进行期末结账;期末结账完毕后系统进入下一会计期间。操作方法可以参见27.2节。

27.4 总 账 结 账

本期会计业务全部处理完毕后,可以进行期末结账处理。本期期末结账后,系统才能进入下一会计期间进行业务处理。总账结账的前提是,同一会计期间所有业务系统都已经结账完毕。操作方法如下。

选择"财务会计"→"总账"→"结账"→"期末结账",弹出"期末结账"窗口,如图27-10所示。

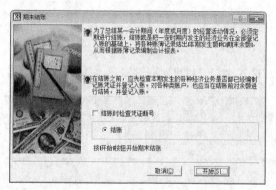

图 27-10

选中"结账"选项,勾选"结账时检查凭证断号"选项,则凭证中有断号时弹出提示,提示用户是否结账。单击"开始"按钮即可结账。

高级应用篇

  高级应用篇是在入门篇和实战篇基础上，从更高级的业务操作的角度，结合企业用户所提出的一些问题，讲解如何灵活应用金蝶K/3，以使其更能适用于本企业，达到管理分析的目的。

  本书高级应用篇内容主要包括：金蝶K/3安装不成功的解决方案；账套自动备份的设置；采购最高限价预警；采购退货如何处理；生产退料如何处理等。

第 28 章　金蝶 K/3 安装不成功的解决方案

本　章　重　点

- 金蝶 K/3 安装不成功的解决方案

有些用户反映金蝶 K/3 太难安装，或者安装好后不能使用。其实只要不能使用就表示金蝶 K/3 没有安装成功，要想一次安装成功金蝶 K/3，可以参考以下解决方案。

1．保证操作系统干净、安装次序正确

什么叫"干净的操作系统"？这很难定义。我们可以简单地认为操作系统没有"病毒"即为干净，所以建议条件允许的用户在安装金蝶 K/3 之前最好重新安装一个新的操作系统。

有了"干净的操作系统"，还不一定安装成功，大家可以参照以下次序安装。

安装新操作系统→安装操作系统补丁→安装 Office 软件（视情况可后安装）→安装 SQL 数据库→环境检测→安装必需部件→安装金蝶 K/3 系统→安装防病毒软件→安装其他应用软件。

以上安装次序是根据个人经验总结出来的，基本上按照以上步骤能一次安装成功。许多用户安装后不能使用，可能是在安装金蝶 K/3 之前安装有杀毒软件或其他应用软件，软件间互相冲突，部分组件不能正常注册所致。

2．安装前关闭防火墙、禁用杀毒软件

重新安装操作系统太麻烦，如果想直接安装金蝶 K/3 系统，建议一定要先关闭防火墙并禁用杀毒软件。

3．重新注册中间层组件

有的时候金蝶 K/3 安装完成，但是不能使用，可能是部分中间层组件没有注册成功，可以再次注册中间层组件。在进行中间层注册时参照解决方案 2，关闭防火墙，禁用杀毒软件，这样安装金蝶 K/3 的成功率会大大提高。注册中间层组件的步骤如下。

（1）选择"开始"→"所有程序"→"金蝶 K/3 WISE"→"金蝶 K/3 服务器配置工具"→"中间层组件注册"，如图 28-1 所示。

（2）系统弹出"中间层组件安装"窗口，单击"全选"按钮选择所有系统，选择"交互式用户方式"，如图 28-2 所示。

（3）单击"安装"按钮，系统开始进行中间层组件的注册安装，如图 28-3 所示。

（4）注册成功后，系统会弹出提示窗口，如图 28-4 所示。

第 28 章 金蝶 K/3 安装不成功的解决方案

图 28-1

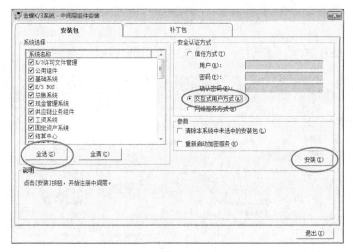

图 28-2

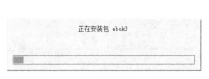

图 28-3

图 28-4

4. 修复安装金蝶 K/3

有时候金蝶 K/3 不能使用，可以采用修复方式重新安装金蝶 K/3。重新安装时，关闭防火墙，禁用杀毒软件，这样安装金蝶 K/3 的成功率会大大提高。步骤如下。

（1）选择"开始"→"设置"→"控制面板"，系统进入"控制面板"界面，如图 28-5 所示。

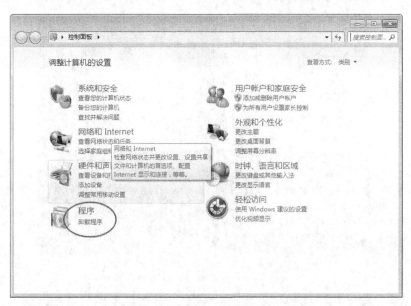

图 28-5

（2）单击"卸载程序"，系统进入"卸载或更改程序"界面，如图 28-6 所示。

图 28-6

（3）选择"Kingdee K/3 WISE"项目，再单击"更改"按钮，系统进入"金蝶 K/3 WISE"安装程序向导窗口，如图 28-7 所示。

第 28 章 金蝶 K/3 安装不成功的解决方案

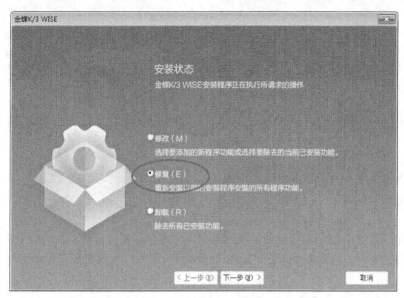

图 28-7

（4）选择"修复"选项，再单击"下一步"按钮，然后系统开始重新安装金蝶 K/3 程序。
以上几种解决方案主要是针对单机版安装的，建议采用第一种方案进行安装。

第 29 章　账套高级应用

> **本章重点**
> ● 账套升级
> ● 设置账套自动备份计划
> ● 系统使用状况

账套在金蝶 K/3 系统中占有举足轻重的地位，只有保证账套正常，各用户才能登录金蝶 K/3 系统进行日常的操作。本章将重点讲述如何进行账套升级、如何设置账套备份计划以及账套的特殊恢复方法。

29.1　账套升级

账套升级是指将低版本的账套升级到高版本的账套，如将 14.0 版本账套升级为 15.1 版本账套。账套升级功能通常在软件版本升级时使用，如原来使用的是金蝶 K/3 V14.0 版本，那么如果系统升级为 15.1 版本，则原来的账套必须升级后才能在 15.1 版本中打开，否则登录时会提示出错。

下面将配套资源中的"金蝶 K3 低版本账套"恢复并升级为 15.1 版本账套，操作步骤如下。

（1）首先将配套资源中的所附文件"金蝶 K3 低版本账套"解压到本地硬盘中。再打开"金蝶 K/3 账套管理"窗口，单击"恢复"按钮，系统弹出"恢复账套"窗口，选中解压文件下的"F 深圳市理想科技有限公司.dbb"文件，"账套号"录入"123"，如图 29-1 所示。

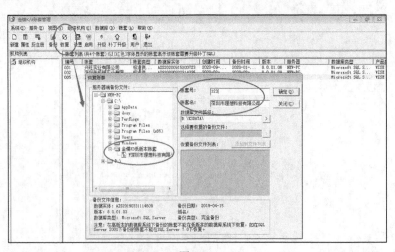

图 29-1

（2）单击"确定"按钮，系统开始恢复账套，恢复成功后会在"金蝶 K/3 账套管理"窗口显示，如图 29-2 所示。

图 29-2

（3）测试登录。双击桌面"金蝶 K/3 WISE 创新管理平台"图标，系统弹出"金蝶 K/3 系统登录"窗口，"当前账套"选择刚才恢复的"123 | 深圳市理想科技有限公司"账套，选择"命名用户身份登录"选项，"用户名"录入"Administrator"，"密码"为空，如图 29-3 所示。

单击"确定"按钮，系统开始登录账套，稍后系统弹出提示，如图 29-4 所示。

图 29-3

图 29-4

（4）根据提示将账套升级。返回"金蝶 K/3 账套管理"窗口，选中要升级的账套"123"，单击"升级"按钮，系统开始检测并弹出提示窗口，如图 29-5 所示。

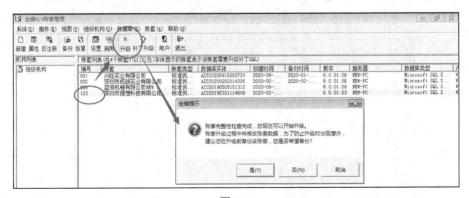

图 29-5

（5）单击"是"按钮，系统弹出"账套备份"窗口，如图 29-6 所示。

（6）选择账套备份路径，单击"确定"按钮开始备份账套，备份成功后系统弹出提示窗口，单击"确定"按钮，系统进入"K/3 账套升级检查向导"窗口，如图 29-7 所示。

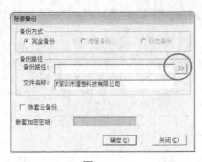

图 29-6　　　　　　　　　　图 29-7

（7）单击"检查"按钮，系统开始检查，检查完成的窗口如图 29-8 所示。

（8）单击"下一步"按钮，系统进入下一窗口，选择"升级过程中遇到错误时继续，最后显示错误日志"选项，如图 29-9 所示。

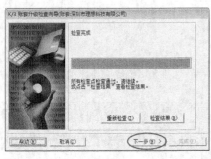 

图 29-8　　　　　　　　　　图 29-9

（9）单击"升级"按钮，系统开始升级账套。账套升级成功后，自动隐藏升级状态条。再次登录测试，参照第（3）步，登录成功后的窗口如图 29-10 所示。

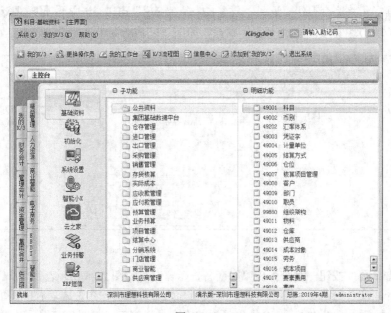

图 29-10

29.2 设置账套自动备份计划

账套恢复是一种保护账套安全的方法,而账套自动备份则将烦琐的手工备份账套工作转变为一项轻松的工作。自动备份通常应该在不进行业务数据处理时进行,所以建议在 22:00 左右开始。账套备份时具备中间层服务器功能的计算机必须处于开机状态。

下面设置"123"备份方案为在每天 22:00 备份 007 账套,操作步骤如下。

(1)在"金蝶 K/3 账套管理"窗口,选择"数据库"→"账套自动批量备份",系统弹出"账套批量自动备份工具"窗口,如图 29-11 所示。

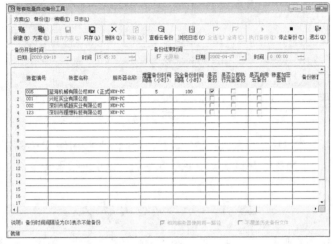

图 29-11

(2)将备份"时间"设置为"22:00:00","完全备份时间间隔(小时)"设置为"24",勾选该数据行的"是否备份"项目,单击备份路径右侧的"▭▭▭"(获取)按钮,如图 29-12 所示,系统弹出"选择数据库文件路径"窗口。

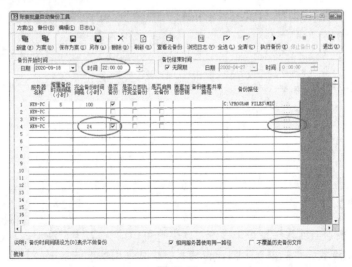

图 29-12

（3）选择备份保存的路径，单击"确定"按钮返回"账套批量自动备份工具"窗口，单击"保存方案"按钮，系统弹出"方案保存"窗口，如图29-13所示。

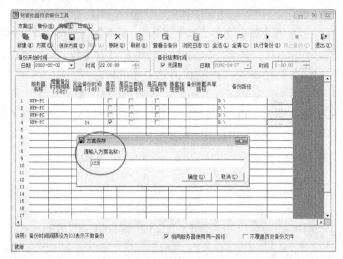

图 29-13

（4）在"请输入方案名称"处录入"123"，单击"确定"按钮保存方案，至此自动备份计划设置完成。这样，在中间层服务器开机状态下系统在每天22:00进行账套备份工作。

29.3 系统使用状况

作为金蝶K/3系统管理员，当用户需要了解自己所购买的软件的模块名称和站点数量是否与合同上相符，或者想查询当前软件的使用状况时，可以通过账套管理下的系统使用状况功能查询。

下面练习系统使用状况功能的使用方法，操作步骤如下。

（1）在"金蝶K/3账套管理"窗口，选择"系统"→"系统使用状况"，如图29-14所示。

（2）系统进入"系统使用状况"查询窗口，如图29-15所示。

图 29-14

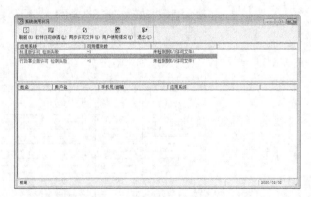

图 29-15

"检测失败"表示当前软件系统未进行"软件许可申请"，若申请注册成功，系统会根据实际所购买的模块和站点数显示在窗口上部。查询系统模块使用状况的前提是必须有人正在使用金蝶K/3系统。

第 30 章 销售、采购管理高级应用

本章重点

- 销售订单全程跟踪
- 销售订单自定义
- 销售订单变更
- 采购最高限价预警
- 外购入库不允许超采购订单
- 数量、单价精度控制
- 业务单据录入高级应用
- 单据套打设计
- 使用 Excel 打印模板

在生产型企业中,销售管理和采购管理具有举足轻重的作用。各个企业因为自身的业务模式或管理要求不同,所需的供应链单据、报表、计划、跟踪和资金结算方式也不同,而金蝶 K/3 是一通用型系统,可以满足不同公司的需求。例如,实现销售订单全程跟踪、销售订单变更、采购最高限价预警和控制是否超采购入库等业务处理。

30.1 销售订单全程跟踪

ERP 系统的企业管理思想中有一条是这样说的:"ERP 的实现是为了不断提高客户满意度。"只有不断提高客户满意度,企业才具有最大竞争力。客户满意度往往取决于以下 3 个要点:(1)产品价格合理;(2)质量符合要求;(3)供货即时。第(1)点和第(2)点是发生销售业务的基本要求,第(3)点是长期业务往来的关键,所以如果希望与客户有长期业务可做,作为销售员必须时刻跟踪好销售业务,监控订单的生产情况、发货情况、销售开票和收款情况,以做到与客户沟通订单信息时心中有数。

金蝶 K/3 具有销售订单全程跟踪功能,可以即时、透明化地了解销售订单的执行情况。

销售订单全程跟踪操作方法如下。

(1)以"Administrator"用户登录"深圳市成越实业有限公司"账套,保持流程图窗口模式,选择"供应链"→"销售管理",系统切换到"销售管理"明细功能操作窗口,如图 30-1 所示。

(2)双击"销售订单全程跟踪"项目,系统进入"销售订单全程跟踪"查询窗口,如图 30-2 所示。

(3)单击"选单"项目旁的获取按钮,系统弹出销售订单"条件过滤"窗口,如图 30-3 所示。

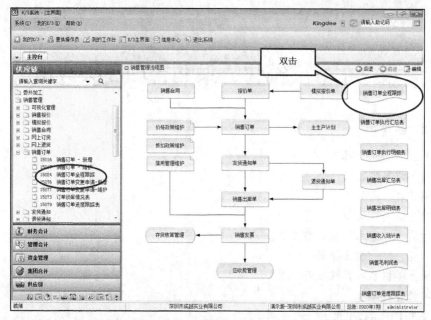

图 30-1

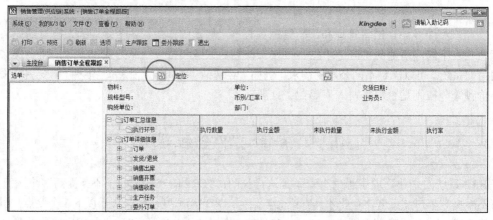

图 30-2

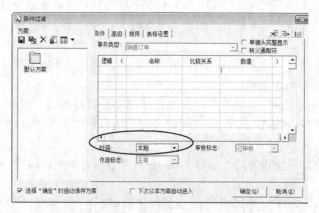

图 30-3

(4)"时间"选择"全部",表示查询所有时间内的销售订单。单击"确定"按钮,系统进入"销售订单序时簿"窗口,如图30-4所示。

图 30-4

(5)双击窗口中的销售订单记录,系统返回"销售订单全程跟踪"窗口,请注意窗口的变化,如图30-5所示。

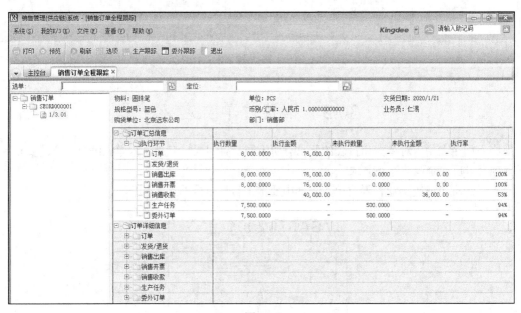

图 30-5

窗口右上部是"订单汇总信息",窗口右下部是"订单详细信息",单击每个项目前的"+"即可展开查询详细信息,例如,选择"订单详细信息"→"生产任务",系统弹出该笔销售订单关联的生产任务单,双击该生产任务单,可以联查到生产任务单详细信息,如图30-6所示。

通过销售订单全程跟踪功能可以查询到销售订单的发货、出库、开票、收款和生产任务情况。这样,销售人员能大大提高销售订单的跟踪效率,减少人工现场跟踪的烦琐和大量时间的浪费。

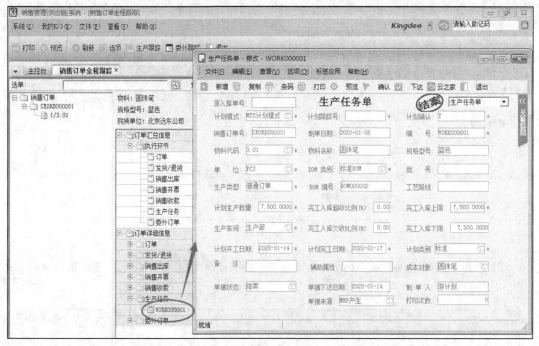

图 30-6

30.2 销售订单自定义

在不同企业中,对单据和报表的要求有所不同,有的要求自由录入单据编号,有的要求新增一些项目以反映企业的管理需求。

在"深圳市成越实业有限公司"账套中要求销售订单号的格式如下:

并且同时要求在 ERP 系统中能以客户采购单号进行业务跟踪,具体实现方法如下。

(1) 先对单据编号格式进行设置。选择"系统设置"→"系统设置"→"销售管理"→"单据设置",如图 30-7 所示。

系统进入"系统参数维护"设置窗口,选择窗口左侧的"单据设置"项目,窗口右侧显示可以修改的单据项目,如图 30-8 所示。

第 30 章 销售、采购管理高级应用

图 30-7

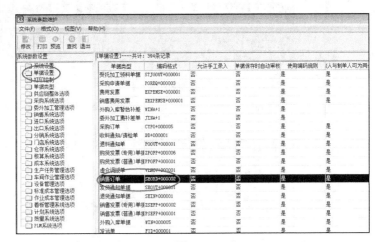

图 30-8

（2）选择窗口右侧的"销售订单"项目，单击工具栏上的"修改"按钮，系统弹出"修改单据参数设置"窗口，如图 30-9 所示。

> 注：在单据编码自定义中，虽然金蝶 K/3 系统提供了多种编码规则，如自定义前缀、自定义流水号的长度，编码中可以使用部门、业务员和日期等特殊编码，但是"深圳市成越实业有限公司"账套中的编码含有"年份"和"月份"两个项目，所以本账套可以采用手工录入的方式设置，在录入销售订单时，订单编码手工录入即可。

（3）第 1 行"自定义"的"格式"设置为"CYSA"，第 2 行"项目"选择"日期"，"格式"设置为"yymm"，第 3 行"项目"选择"流水号"，"格式"设置为"001"，如图 30-10 所示。

图 30-9

图 30-10

（4）单击"保存"按钮保存设置，单击"退出"按钮退出"修改单据参数设置"窗口。
（5）在销售订单录入模板中新增"客户采购单号"项目，本操作需要使用金蝶 K/3 系统提供的单据自定义功能。选择"开始"→"所有程序"→"金蝶 K/3 WISE"→"金蝶 K/3 工具"→

"客户端工具包",系统进入"金蝶 K/3 客户端工具包"窗口,如图 30-11 所示。

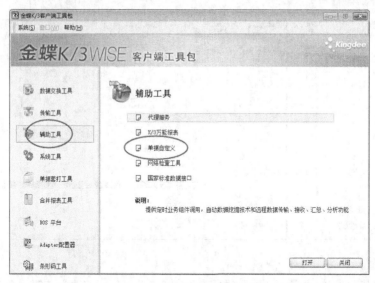

图 30-11

金蝶 K/3 系统为用户提供了丰富的系统工具,有单据自定义、数据交换工具和单据套打设置等工具。

(6)选择"辅助工具"下的"单据自定义"工具,单击"打开"按钮,系统进入"金蝶 K/3 系统登录"窗口,如图 30-12 所示。

图 30-12

(7)在"当前账套"处选择"002 | 深圳市成越实业有限公司",在"用户名"处录入"Administrator"。单击"确定"按钮,系统进入"自定义"窗口,如图 30-13 所示。

(8)单击"单据"菜单下的"打开"命令,系统弹出"选择自定义单据类型"窗口,利用滚动条选择"销售订单",如图 30-14 所示。

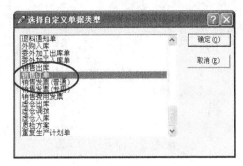

图 30-13　　　　　　　　　　　　　　　　图 30-14

（9）单击"确定"按钮，系统将该单据格式打开，如图 30-15 所示。

可以发现当前显示的"格式"与实际录入销售订单时的"格式"有所不同，这是因为单据自定义功能会利用"设置可见性"来设置项目是否显示。

（10）单击"编辑"菜单下的"新增单据头字段"命令，系统自动新增一单据头字段，可以看到"自定义项55"即为刚才所新增的单据头字段，如图 30-16 所示。

图 30-15　　　　　　　　　　　　　　　　图 30-16

（11）将"自定义项55"名称修改为"客户采购单号"并移动到"订货机构"上方。选择"自定义项 55"并右击，选择快捷菜单中的"属性"命令，系统弹出"属性设置"窗口，它包含"属性""高级"和"设置可见性"3 个选项卡。在"属性"选项卡将"名称"修改为"客户采购单号"，如图 30-17 所示。

（12）单击"关闭"按钮，返回单据"自定义"窗口，可以看到修改成功后的项目，如图 30-18 所示。

（13）单击"保存"按钮保存设置，单击"关闭"按钮退出单据"自定义"窗口。

（14）查询设置是否启用。双击桌面中的"金蝶 K/3 主控台"重新登录到"002"账套，选择"供应链"→"销售管理"→"销售订单"→"销售订单—新增"，系统进入"销售订单 - 新增"窗口，窗口中的"编号"已经可以由手工录入，"客户采购单号"显示在单据中，如图 30-19 所示。

图 30-17

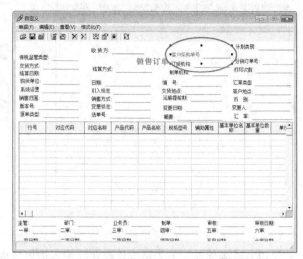

图 30-18

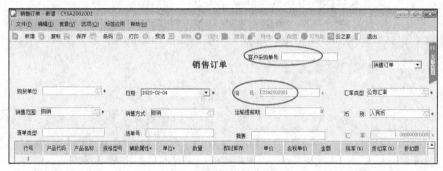

图 30-19

这表示刚才所设置的功能已经在单据录入时起到相应的管理作用,而且在"销售订单序时簿"窗口单击"过滤"按钮,系统弹出"条件过滤"窗口,在"表格设置"选项卡的最后一列显示"客户采购单号",表示刚才新增的单据项目同样可以在序时簿中进行显示设置,以满足更多的销售订单跟踪需求,如图 30-20 所示。

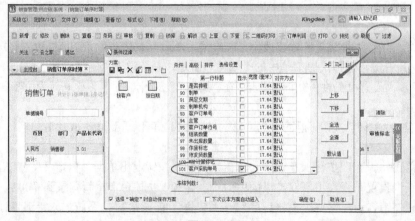

图 30-20

30.3　销售订单变更

在实际业务中，经常会遇到客户临时增加或减少订单量、提前或推后交货等情况，当该情况发生在公司内部销售订单还未下达或未被执行关联时，就非常容易处理，直接在金蝶 K/3 系统中录入、修改为正确的信息即可。但是当该销售订单已经被执行和关联时，就只能使用销售订单变更功能进行销售订单信息变更处理。

下面以图 30-21 为例录入销售订单，并进行 MRP 计算后，再将该订单的数量由 500PCS 变更为 1000PCS。

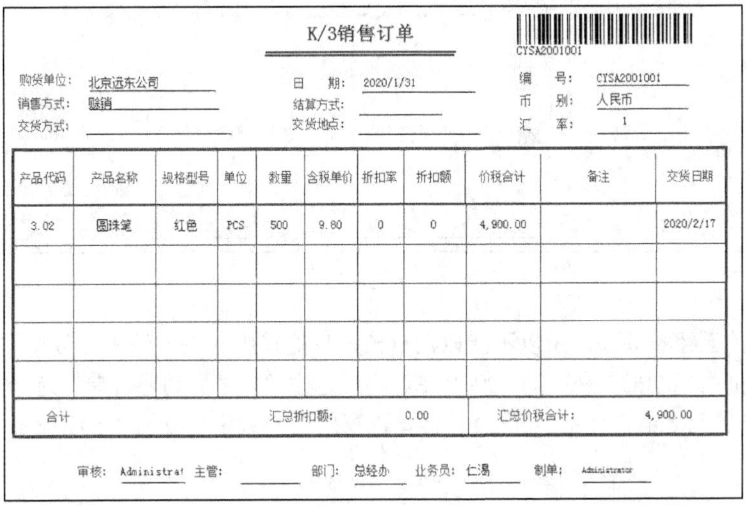

K/3销售订单

CYSA2001001

购货单位：北京远东公司　　日　期：2020/1/31　　编　号：CYSA2001001
销售方式：赊销　　结算方式：　　币　别：人民币
交货方式：　　交货地点：　　汇　率：1

产品代码	产品名称	规格型号	单位	数量	含税单价	折扣率	折扣额	价税合计	备注	交货日期
3.02	圆珠笔	红色	PCS	500	9.80	0	0	4,900.00		2020/2/17
合计				汇总折扣额：			0.00	汇总价税合计：		4,900.00

审核：Administrat　主管：　部门：总经办　业务员：仁渴　制单：Administrator

图 30-21

（1）录入销售订单。在“销售订单序时簿”窗口单击“新增”按钮，系统进入销售订单“录入单据”窗口，按照图 30-21 所示信息录入完成后的窗口如图 30-22 所示。

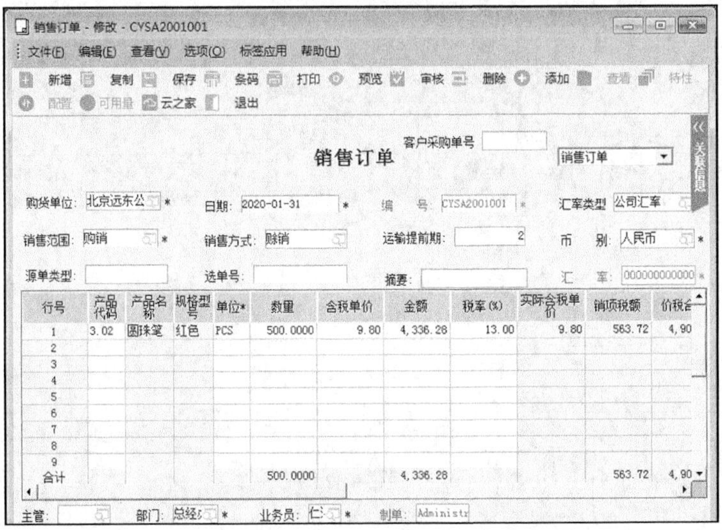

图 30-22

（2）审核该销售订单。

（3）MRP 计算。选择"计划管理"→"物料需求计划"→"MRP 计算"→"MRP 计算"，按照向导进行 MRP 计算。

（4）测试将销售订单取消审核后进行数量修改。返回"销售订单序时簿"窗口，选中"2 号"销售订单，选择"编辑"→"反审核"，系统弹出提示窗口，如图 30-23 所示。

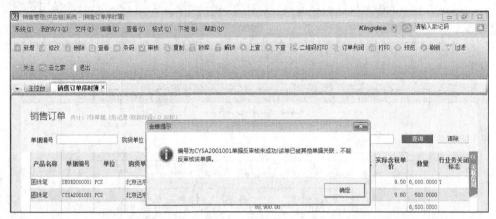

图 30-23

因为该订单已经被关联，所以不能取消审核，只能采用变更方法进行数量的修改。

（5）将数量由 500PCS 变更为 1000PCS。再次选中"2 号"销售订单，选择"编辑"→"订单变更"，系统进入"销售订单 - 修改"窗口，直接在"数量"处将"500"修改为"1000"，如图 30-24 所示。

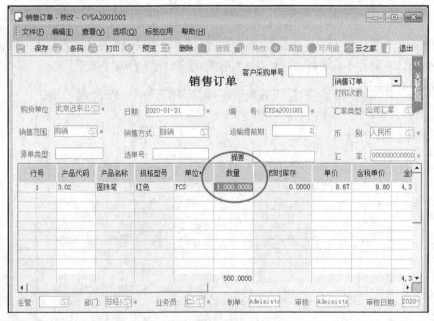

图 30-24

（6）单击"保存"按钮保存变更内容。

30.4 采购最高限价预警

企业生存的目的就是追求利润最大化。这要从两方面入手，一是提高销售单价，二是控制采购原材料的最高价，并降低各种费用。金蝶 K/3 系统为用户提供采购最高限价预警功能，以达到控制采购成本的目的。

下面举例说明设置"4.01—纸箱"的最高限价为 5.50 元，同时启用采购最高限价预警功能，然后录入采购订单，测试预警功能是否有效。

（1）启用采购最高限价预警功能。选择"系统设置"→"基础资料"→"采购管理"→"采购价格参数设置"，系统进入"采购价格参数设置"窗口，如图 30-25 所示。

（2）保持"限价控制"选项卡中的"预警提示"被选中，切换到"应用场景"选项卡，设置"采购订单"在保存和审核时都进行限价控制，如图 30-26 所示。

图 30-25

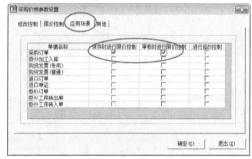
图 30-26

（3）单击"确定"按钮保存设置。

（4）设置"4.01—纸箱"的采购价格和最高限价资料。选择"系统设置"→"采购管理"→"供应商管理"→"采购价格管理"，系统进入"采购价格管理"窗口，如图 30-27 所示。

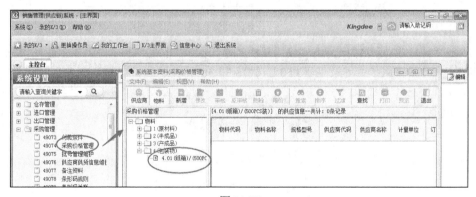
图 30-27

（5）首先选择"4（包装物）"下的"4.01（纸箱）"，再单击工具栏上的"新增"按钮，系统进入"供应商供货信息"窗口，在"供应商代码"项目处按"F7"功能键，系统进入"供应商"档案窗口，双击"05—纸箱供应商"返回"供应商供货信息"窗口，在"报价"处录入"5"，如图 30-28 所示。

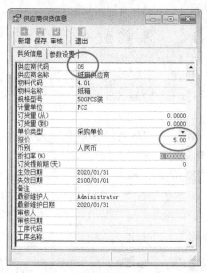

图 30-28

(6) 单击"保存"按钮保存当前设置,单击"审核"按钮审核当前设置。单击"退出"按钮返回"采购价格管理"窗口,设置成功后的价格如图 30-29 所示。

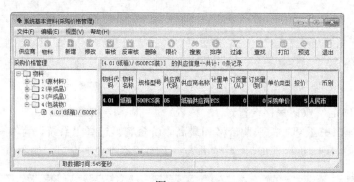

图 30-29

(7) 选中刚才成功新增的记录,单击工具栏上的"限价"按钮,系统进入"供应商供货最高限价"窗口,在"最高限价"处录入"5.50",如图 30-30 所示。

图 30-30

(8)单击"确定"按钮返回"采购价格管理"窗口,可以看到限价设置成功的记录,如图 30-31 所示。

图 30-31

(9)测试设置是否成功。进入"采购订单 - 新增"窗口,在"供应商"处获取"纸箱供应商",在"物料代码"处录入"4.01","数量"栏中录入"123",在"单价"栏(不含税单价)中录入"5.60",录入主管、部门和业务员,如图 30-32 所示。

图 30-32

单击"保存"按钮,系统弹出"采购最高限价报警和控制"窗口,如图 30-33 所示。

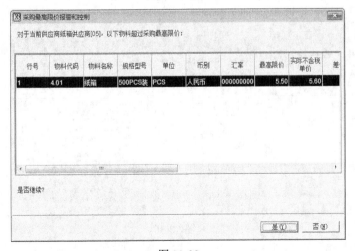

图 30-33

这表示设置的采购最高限价预警功能发挥作用。

30.5 外购入库不允许超采购订单

在金蝶 K/3 系统中追求的是"适时、适量"。适时是指企业正好在有需求时得到所需要的物料,如果太早,可能会形成库存积压,如果太晚,可能会导致无法按时完成订单;适量是指供应商适时地送达刚好需求的物料数量,如果数量太少,可能会导致无法完工,如果数量过多,可能会形成不必要的库存积压。所以,金蝶 K/3 系统为用户提供了"订单执行数量允许超过订单数量"的选项。选中该选项,则可以超采购订单入库;不选中该选项,则不能超采购订单入库。

下面举例说明录入图 30-34 所示的采购订单后,测试不允许超采购订单入库功能。

图 30-34

(1) 首先录入图 30-34 所示的采购订单,并且审核。

(2) 修改采购选项。选择"系统设置"→"系统设置"→"采购管理"→"系统设置",系统进入"系统参数维护"窗口,选中窗口右侧的"采购系统选项",再在窗口左侧取消对"订单执行数量允许超过订单数量"的选中,如图 30-35 所示。

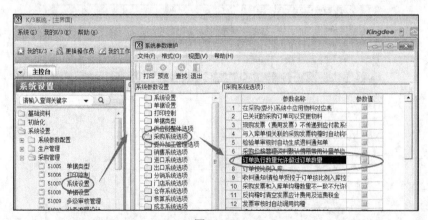

图 30-35

(3) 退出"系统参数维护"窗口,进入"外购入库单 - 新增"窗口,"源单类型"选择"采购订单","选单号"处按"F7"功能键获取"CYPO000006"号采购订单,"实收数量"由"500"

修改为"501",如图 30-36 所示。

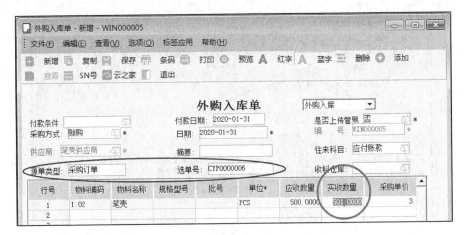

图 30-36

(4)"日期"修改为"2020-02-01",在"仓库"处获取"原材仓",在"保管"处获取"管仓库",在"验收"处获取"郑质量",单击"保存"按钮,系统弹出提示窗口,如图 30-37 所示。

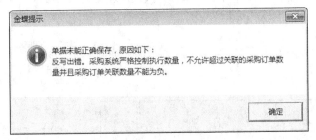

图 30-37

这表示刚才所设置的功能已经产生作用。

(5)把"实收数量"修改为"500",单击"保存"按钮将当前单据保存成功。

30.6 数量、单价精度控制

数量、单价精度控制是指控制物料数量和单价的小数位,通过设置精度可以达到减少录入错误或者扩充数据精度的目的。有的物料在所设定的计量单位下不可能使用到小数,如桶装水,计量单位是"桶"时,一般来说不可能录入 0.3 桶或 0.4 桶,所以在系统设置时就可以将该物料数的量精度控制为无小数,以减少录入错误。在单价精度方面,有些物料价格非常小,如小螺丝可能只有几厘钱一粒,所以当单位精度只有 2 位小数时就不能满足单据要求,可以通过加大该物料的单价精度,达到录入目的。

下面举例说明设置"1.02—笔壳"的数量精度为 0(无小数位),单价精度为 3 位小数,练习数量和单价精度控制的方法。

(1)测试当前"1.02—笔壳"物料的数量精度和单价精度。进入"采购订单 - 新增"单据窗口,在"物料代码"处录入"1.02",系统自动获取该物料基础信息,光标移至"数量"处,这时可以发现"数量"项目显示为"0.0000",表示该物料目前的数量精度为 4 位小数,"单价"显示

"3.11",表示该物料目前的单价精度为2位小数,如图30-38所示。

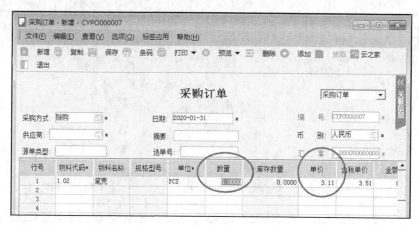

图 30-38

（2）进行数量精度和单价精度设置。退出"采购订单 - 新增"窗口,选择"系统设置"→"基础资料"→"公共资料"→"物料",系统进入"物料"档案管理窗口,如图30-39所示。

（3）选中"1.02—笔壳"物料,单击"属性"按钮,系统进入"物料 - 修改"窗口,如图30-40所示。

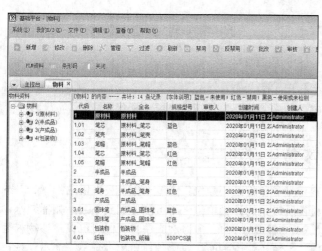

图 30-39　　　　　　　　　　　图 30-40

（4）将"基本资料"选项卡中"数量精度"项目中的"4"修改为"0",如图30-41所示。

（5）切换到"物流资料"选项卡,"单价精度"修改为"3",如图30-42所示。

（6）单击"保存"按钮保存修改设置。退出"物料 - 修改"窗口,退出"物料"档案管理窗口。

（7）再次进入"采购订单 - 新增"窗口,"物料代码"录入"1.02",光标移至"数量"栏中,可以发现当前已经不能录入小数位,并且"单价"项目显示为"3.110",表示可以录入3位小数,如图30-43所示。

第 30 章 销售、采购管理高级应用

图 30-41

图 30-42

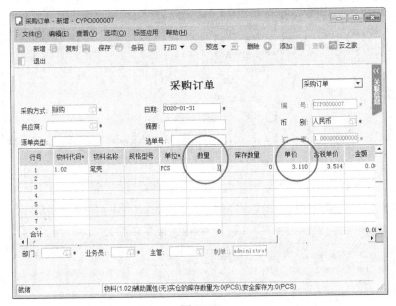

图 30-43

> 注　数量、单价精度一次设定，所有业务单据通用，如本练习实例设置的精度也会应用到外购入库单等业务单据。

30.7　业务单据录入高级应用

为保证业务单据录入的正确性和高效性，金蝶 K/3 为用户提供多种单据录入控制功能，如录入相同物料时是否提示，录入完物料代码后是否转入下一行，以及单据保存后是否进入新增界面

— 735 —

等高级应用功能。

30.7.1 录入相同物料时提示

在实际业务单据操作中,从理论上讲,在同一张单据上,同一种物料不可能重复出现,如要采购"1.01—笔芯"1000PCS,在下达采购订单时不会录入两条分录。所以在此种情况下为了预防错误,在单据处理时,系统为用户提供"录入相同物料时提示"功能。

下面以采购订单业务处理为例,练习"录入相同物料时提示"操作方法。

(1)进入"采购订单 - 新增"窗口。

(2)查询"录入相同物料时提示"选项是否被选中。在"采购订单 - 新增"窗口,单击"选项"菜单,系统列出子菜单,如图30-44所示。

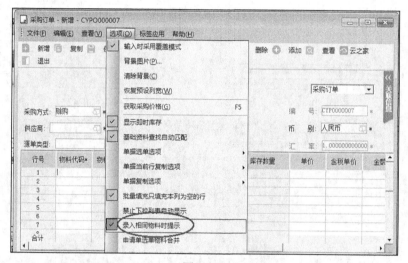

图 30-44

菜单中的"录入相同物料时提示"已被选中,表示该功能已生效。

(3)表体第一行"物料代码"录入"1.01",按"Enter"键,如图30-45所示。

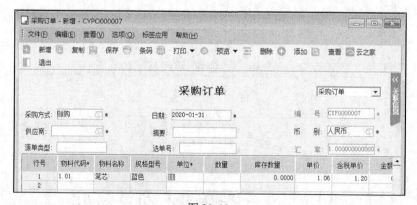

图 30-45

(4)将光标移至第二行,"物料代码"录入"1.01",按"Enter"键,系统弹出提示窗口,如图30-46所示。

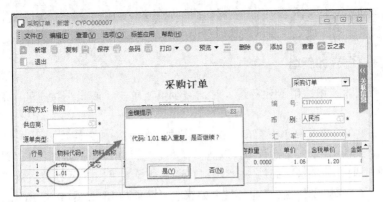

图 30-46

系统检测到当前录入的物料代码重复,所以弹出提示询问是否继续。在此用户可以根据实际情况选择,单击"是"按钮,则该条分录物料代码可以保留,反之不保留。

在此单击"否"按钮,不允许重复物料存在,再单击工具栏上的"恢复"按钮,取消当前业务处理,以供下一练习使用。

30.7.2 录入物料后自动跳转下一行

当一张单据上物料数量多时,某些用户习惯于先依次录入物料代码,再录入数量和单价等信息,以提高录入效率。金蝶 K/3 系统为用户提供了录入物料后自动跳转下一行功能。

下面举例说明在"采购订单 - 新增"窗口,录入物料后自动跳转下一行的操作方法。

(1)测试录入物料后自动跳转下一行功能。在"采购订单 - 新增"窗口,在表体第一行"物料代码"处录入"1.01",然后按"Enter"键,请注意当前光标并未移至某个项目上,也没有跳转到下一行,要录入其他项目数据时必须手工移动光标。

(2)启用录入物料后自动跳转下一行功能。单击"恢复"按钮,恢复单据初始录入状态。选择"选项"→"录入物料后自动跳转下行",如图 30-47 所示,再次单击"选项"菜单,可以看到"录入物料后自动跳转下行"选项前已经打钩,表示选中。

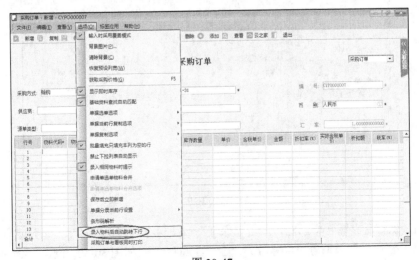

图 30-47

（3）测试该功能。在表体第一行"物料代码"处录入"1.01"，按"Enter"键，光标自动跳转到下一行的"物料代码"项目，表示该功能已经生效。

30.7.3 保存后立即新增

单据保存后立即新增适用于业务量大时，减少手工单击"新增"按钮的时间，以提高工作效率。

下面举例说明在"采购订单"窗口，保存后立即新增的操作方法。

（1）在默认设置后，录入采购订单，以测试保存后立即新增单据功能。在"采购订单"窗口，在"供应商"处获取"笔芯供应商"，在"物料代码"处录入"1.01"，在"数量栏"中录入"1"，在"部门"处获取"采购部"，在"业务员"处获取"何采购"，如图30-48所示。

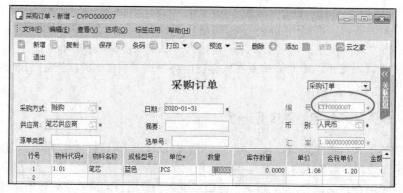

图 30-48

请注意当前采购订单的编号为"CYPO000007"。

（2）启用保存后立即新增功能。选择"选项"→"保存后立即新增"，如图30-49所示。

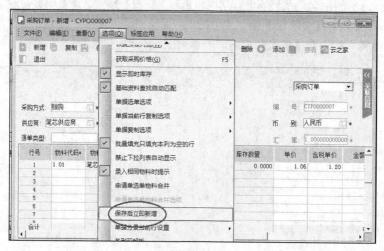

图 30-49

（3）测试保存后立即新增功能。单击"保存"按钮保存当前采购订单，请注意，进入"采购订单 - 新增"窗口，订单编号已经修改为"CYPO000008"，如图30-50所示。

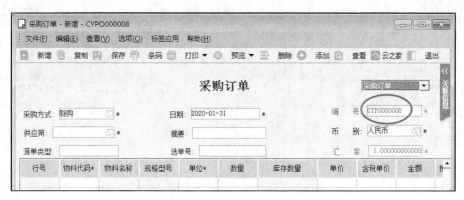

图 30-50

30.8　单据套打设计

在“实战篇”第 17 章的实例资料中，有些单据除手工单据外，还补充有一张“套打格式”的图片。读者可能会说，如果能按照自己的意图设计一些美观的套打格式该多好啊，既可以提高业务水平，又能在实际应用中提升公司的形象。

本节讲解套打格式设置方法，将以销售出库单为例进行讲述，至于其他单据请读者自行练习。

我们要进行设置的销售出库单格式如图 30-51 所示。

深圳市成越实业有限公司
Shenzhen ChengYueIndustrialCo.,Ltd.
地址：深圳市宝安区文汇路19号　电话：0755-12345678

销售出库单

客户全称：　日期：　单号：
送货地址：　备注：

客户订单	料品编码	料品名称	规格型号	单位	数量	单价	金额	仓库	销售订单

本单一式六联：第一联存根(白)，第二、三联财务(红、黄)，第四联客户(蓝)，第五联业务(绿)，第六联PMC(白)
客户签收(盖章)：　审核：　提货人：　仓管：　制单人：

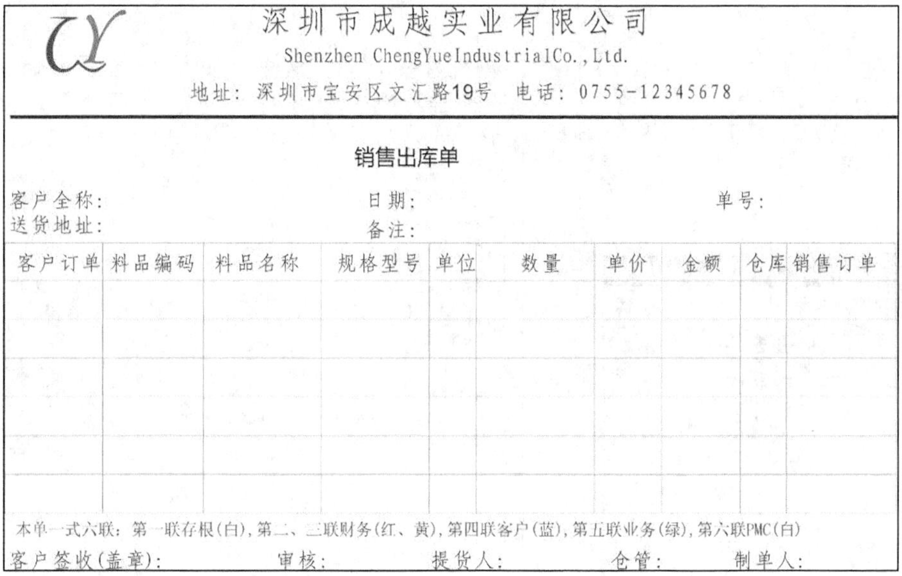

图 30-51

（1）先测试系统中默认的销售出库单套打格式。先选中“使用套打”，即选择“文件”→“使用套打”，此时该选项处于选中状态，如图 30-52 所示。

（2）引入套打文件格式。选择“文件”→“套打设置”，系统弹出“套打设置”窗口，切换到“注册套打单据”选项卡，如图 30-53 所示。

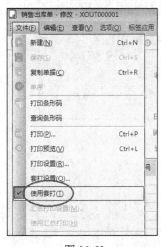
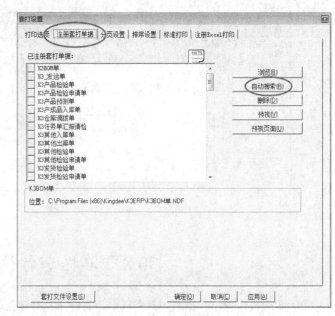

图 30-52　　　　　　　　　　　　图 30-53

先注册套打单据，单击"自动搜索"按钮，系统弹出"浏览文件夹"窗口，选择"K3ERP"目录，如图 30-54 所示。

单击"确定"按钮，稍后系统自动引入文件夹下已有的套打格式，如图 30-55 所示。

图 30-54　　　　　　　　　　　　图 30-55

（3）选择要使用的格式文件。切换到"打印选项"选项卡，"套打单据"选择"K3 销售出库单"，取消对"超出纸边距时警告"的选中，如图 30-56 所示。

第30章 销售、采购管理高级应用

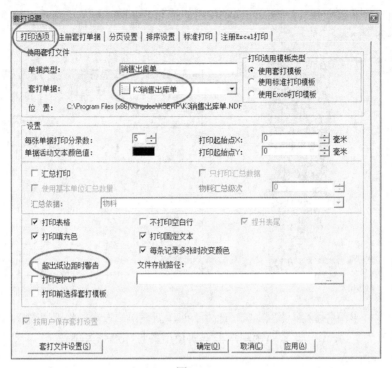

图 30-56

（4）单击"确定"按钮返回单据窗口，再单击"打印预览"按钮，系统进入预览窗口，看到的效果如图 30-57 所示。

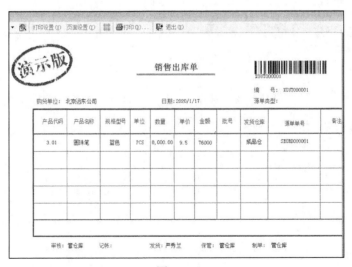

图 30-57

现在预览的效果，纸张宽度太小。先自定义纸张大小为 24cm×14cm（常用的穿孔纸尺寸），再返回预览窗口，最后进行套打文件设计。

（5）自定义纸张大小。单击"开始"菜单"设置"下的"打印机和传真"选项，如图 30-58 所示。

— 741 —

系统弹出"打印机和传真"窗口,选中使用的打印机名称,再单击菜单下的"打印服务器属性",如图30-59所示。

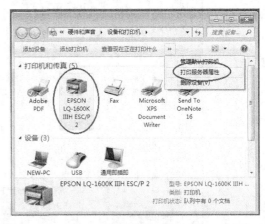

图30-58　　　　　　　　　　　　　　图30-59

系统弹出"打印服务器 属性"窗口,选中"创建新表单"选项,将"宽度"修改为"24cm",将"高度"修改为"14cm"(此数值由用户根据所使用的打印纸张大小设定)。表单名称录入"单据",如图30-60所示。

单击"保存表单"按钮保存所设置的格式。单击"关闭"按钮退出窗口。

切换到金蝶K/3的"打印预览"窗口,单击窗口上部的"打印设置"按钮,系统弹出"打印设置"窗口,在窗口中可以选定打印机的名称、纸张大小和方向等,纸张大小选择刚才设置的"单据",如图30-61所示。

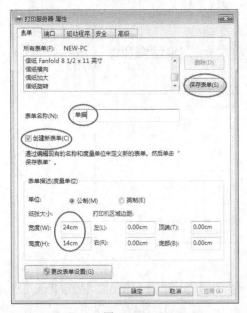

图30-60　　　　　　　　　　　　　　图30-61

单击"确定"按钮返回"打印预览"窗口,这时请注意打印格式的变换。

（6）设置图 30-51 所示的套打格式。

① 选择"文件"→"套打设置"，系统弹出"套打设置"窗口，单击设置窗口左下角的"套打文件设置"按钮，系统弹出登录窗口，如图 30-62 所示。

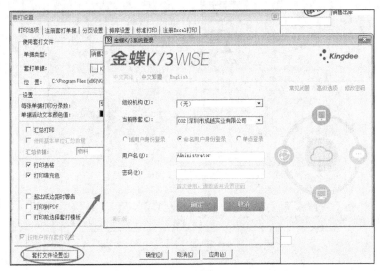

图 30-62

② 以"Administrator"登录实例账套，进入"K/3 套打设计器"窗口，如图 30-63 所示。

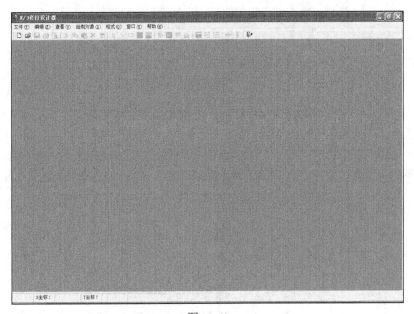

图 30-63

③ 以"K3 销售出库单"为模板另存为"CYK3 销售出库单"文件，目的是在新文件中修改设计。选择"文件"→"打开"，系统弹出"打开"窗口，找到安装目录下的"K3 销售出库单"，通常在"C:\Program Files (x86)\Kingdee\K3ERP"下，如图 30-64 所示。

④ 单击"打开"按钮，系统显示"销售出库单"格式，如图 30-65 所示。

图 30-64

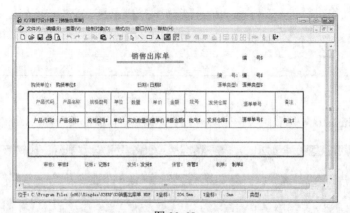

图 30-65

选择"文件"→"另存为二进制类型",系统弹出"另存为"窗口,"文件名"录入"CYK3销售出库单",单击"保存"按钮保存。

⑤ 重新打开"CYK3 销售出库单",将纸张高度稍微拉大。将鼠标指针移至纸面底部的小黑方框处,当指针成为上下双向箭头的时候,向下拖动鼠标指针,加大高度,增加高度后如图 30-66 所示。

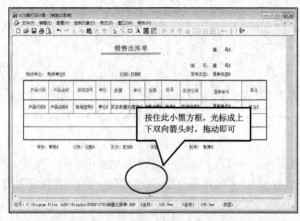

图 30-66

⑥ 框选"CYK3 销售出库单"的所有项目，然后向下拖动鼠标指针，在移动表格的时候，只需选中并直接移动，表格中的项目就会自动同时移动，再移动表头项目，移动后效果如图 30-67 所示。

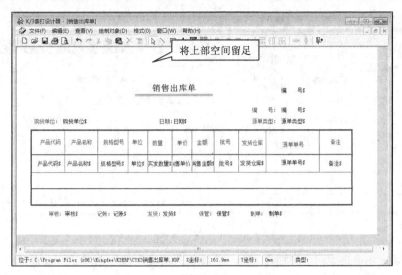

图 30-67

⑦ 增加表头公司名称。单击工具栏上的"**A**"（文本）按钮，然后在表头上面拖动出一个方框，如图 30-68 所示。

图 30-68

"文本"方框即为刚才拖动生成的方框，在"文本"方框上双击，系统弹出"属性"窗口，切换到"文本内容"选项卡，将"固定文本"修改为"深圳市成越实业有限公司"，如图 30-69 所示。

图 30-69

修改字体大小。切换到"文本属性"选项卡,单击"字体"按钮,弹出"字体"设置窗口,大小选择"22"号,如图 30-70 所示。

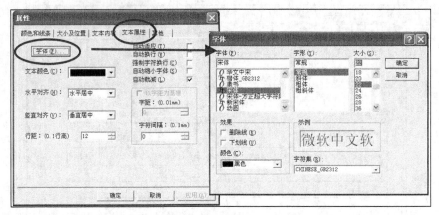

图 30-70

单击"确定"按钮返回"属性"窗口,再单击"确定"按钮返回套打设置窗口,刚才新增的公司名称格式如图 30-71 所示。

图 30-71

用同样的方法新增英文名称和地址等,字体大小请自行修改,设置成功后如图 30-72 所示。

图 30-72

⑧ 在销售出库单上面画一条横线,并在线上增加公司 Logo。单击工具栏上的"\"(画线工具)按钮,然后拖动画线工具画一条横线,双击线条,系统进入"属性"窗口,可以设置该线条的颜色、线型和粗细等,如图 30-73 所示。

选择"绘制对象"→"插入图形",系统弹出选择图片窗口,选中要使用的公司 Logo,然后打开,系统将选中的图片引入格式中,缩放图片到合适的大小,如图 30-74 所示。

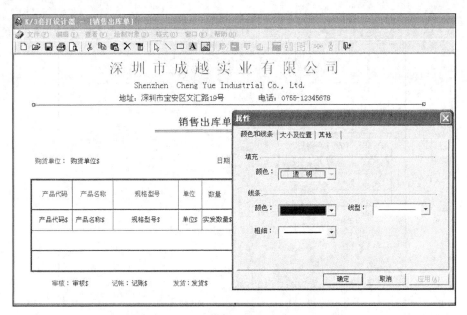

图 30-73

图 30-74

插入的图形文件只能是 BMP 或 ICO 格式,在插入前要把 Logo 制作好。
单击"销售出库单"字样,稍微向上移动到合适的位置,效果如图 30-75 所示。

图 30-75

⑨ 修改和设置表格外的项目,先新增"备注"(摘要)项目。

单击工具栏上的"**A**"按钮,在日期下拖出一个方框,双击将文本内容修改为"备注:",然后再单击"**A**"按钮,在备注后面拖出一个方框,双击进入"属性"窗口,选中"活动文本"选项,在"关键字"处选择"摘要$",如图 30-76 所示。

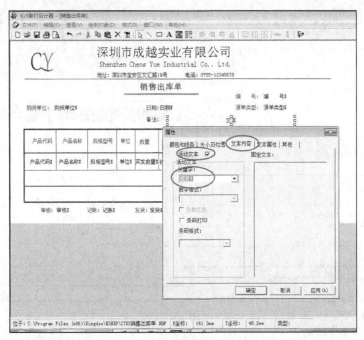

图 30-76

单击"确定"按钮返回"K/3 套打设计器"窗口,此时"文本"字样修改为"摘要$"字样,如图 30-77 所示。

图 30-77

删除"源单类型",新增"交货地址",获取活动文本"收货地址$",并将项目向上移动到合适的位置,然后移动表格,再移动底部项目,效果如图 30-78 所示。

图 30-78

修改底部内容。在表格和底部的"审核"项目之间插入一个文本项，然后修改为"本单一式六联：第一联存根（白），第二、第三联财务（红、黄），第四联客户（蓝），第五联业务（绿），第六联 PMC（白）"。

删除"记账"及"发货人"，在相关项目位置插入"提货人"，不用加入活动文本，此处为手工签名，然后在"审核"前面新增"客户签收（盖章）："项目，也不用增加活动文本，如图 30-79 所示。

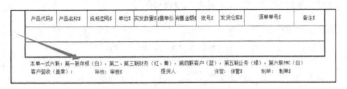

图 30-79

⑩ 修改表格中的项目。删除"备注"和备注左侧的竖线，再将单据中的项目向右移动，给"客户订单"留下一定的空间，如图 30-80 所示。

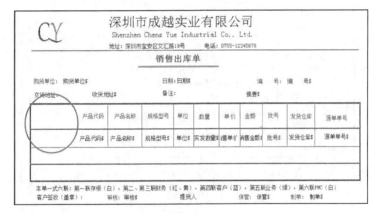

图 30-80

单击工具栏上的"**A**"按钮，在表格第一行中生成一个文本项，修改为"客户订单"，然后再单击"**A**"按钮，在表格第二行生成一个文本项，设置为活动文本，关键字选择"客户订单$"，在客户订单与产品代码之间画竖线分隔，单击工具栏上的"＼"（画线工具），在客户订单和产品代码之间画竖线，一次只能画一行，成功后如图 30-81 所示。

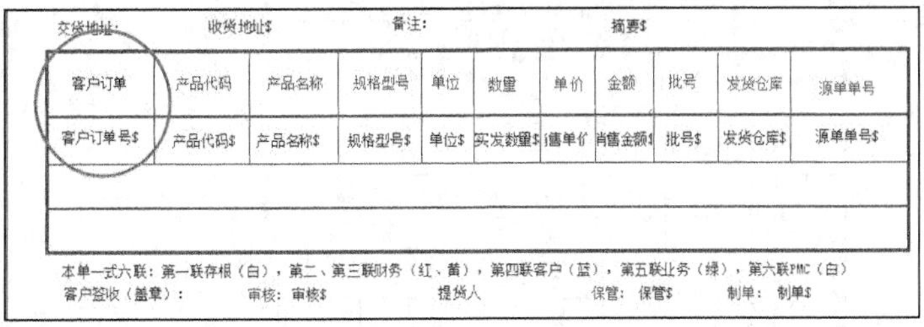

图 30-81

大家在画线或文本不对齐时，可以使用工具栏上的以下几个按钮。

：左边线对齐　　：右边线对齐　　：上边线对齐　　：下边线对齐
：宽度相等　　　：高度相等　　　：相同大小

使用方法是先选中第一个作为基准的项目，按住"Shift"键，再选中第二个项目，然后单击上面的相应按钮即可得到所需要的效果。

（7）保存套打文件设置，切换回实例账套中，进入"销售出库单"界面，选择"文件"→"套打设置"，系统弹出"套打设置"窗口，在"注册套打单据"选项卡，使用自动搜索功能引入刚才所编辑的套打格式，然后切换回"打印选项"选项卡，在"套打单据"处选择"CYK3销售出库单"，"每张单据打印分录数"设置为"4"，如图30-82所示。

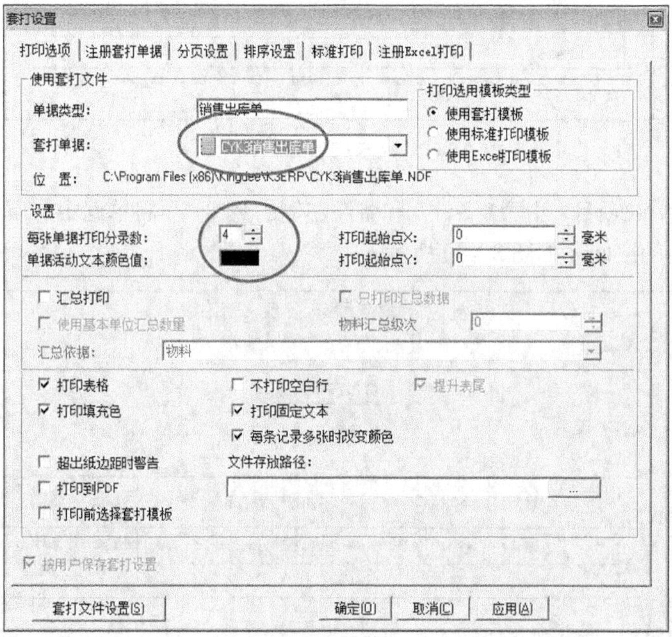

图 30-82

（8）单击"确定"按钮，使用打印预览功能查看打印效果，如图30-83所示。

图 30-83

如果对打印效果不满意，可以返回“K/3 套打设计器”窗口中继续编辑套打格式，直到满意为止。

由于套打设计比较烦琐，修改后不能恢复，所以在初次应用时，一定要将原套打文件另存为一个文件名，然后在另存的文件上进行修改，以保证当修改错误后，源文件还存在。

30.9　使用 Excel 打印模板

上节讲到了套打的使用方法，由于套打设计比较复杂，在金蝶 K/3 的 V15.1 版本中，为使打印设计和格式更人性化，特提供 Excel 打印模板功能。

下面以“采购订单”为例讲述 Excel 打印模板的使用方法，采购订单格式如图 30-84 所示。

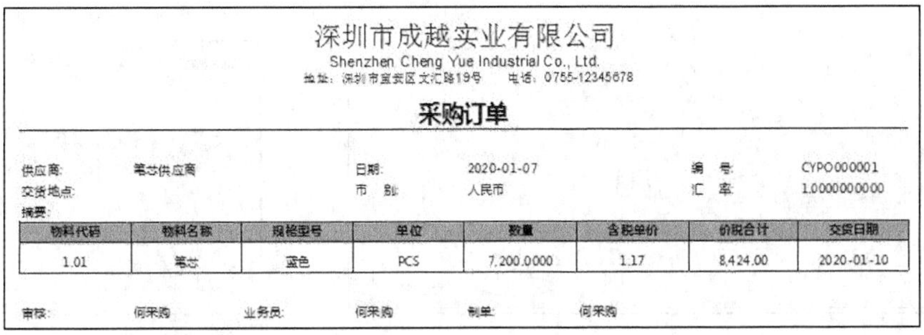
深圳市成越实业有限公司
Shenzhen Cheng Yue Industrial Co., Ltd.
地址：深圳市宝安区文汇路19号　电话：0755-12345678

采购订单

供应商：笔芯供应商　日期：2020-01-07　编　号：CYPO000001
交货地点：　币　别：人民币　汇　率：1.0000000000
摘要：

物料代码	物料名称	规格型号	单位	数量	含税单价	价税合计	交货日期
1.01	笔芯	蓝色	PCS	7,200.0000	1.17	8,424.00	2020-01-10

审核：何采购　业务员：何采购　制单：何采购

图 30-84

（1）选择“供应链”→“采购管理”→“采购订单”→“采购订单—维护”，进入“采购订单序时簿”窗口，双击任意一份采购订单，系统弹出“采购订单 - 修改”窗口，选择“文件”→“使用套打”，再选择“文件”→“套打设置”，系统弹出“套打设置”窗口，在“打印选项”选项卡下选择“使用 Excel 打印模板”，如图 30-85 所示。

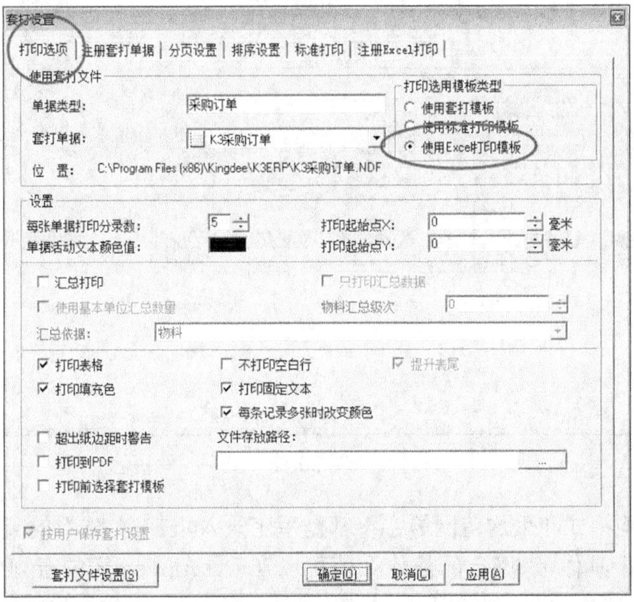

图 30-85

（2）切换到"注册 Excel 打印"选项卡，单击"内置模板引出"按钮，弹出"引出 Excel 打印内置模板"窗口，如图 30-86 所示。

（3）文件名保持不变，单击"保存"按钮，稍后系统弹出提示窗口，如图 30-87 所示。

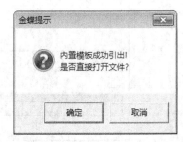

图 30-86　　　　　　　　　　　　　　　图 30-87

（4）单击"确定"按钮，系统弹出 Excel 窗口，如图 30-88 所示。

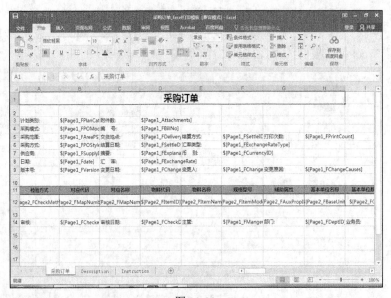

图 30-88

计划类别、采购模式和采购范围等字符都是手工录入，带有"$"的英文字符则是对后台数据库表的取值标识，具体带"$"的是什么值可以在 Description 表中查询到，如"供应商"为"$[Page1_FSupplyID]"，如图 30-89 所示。

第 30 章 销售、采购管理高级应用

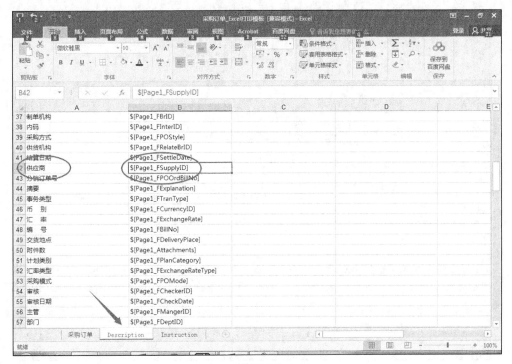

图 30-89

（5）切换回"采购订单"表，增加 4 行，分别录入公司中文名称、英文名称、地址和电话，并且设置相应的字体格式和大小，然后参考采购订单目前的宽度进行合并，第 4 行的行高缩小，如图 30-90 所示。

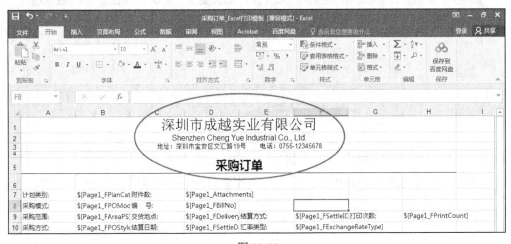

图 30-90

（6）表头部分保留供应商、日期、编号、交货地点、币别、汇率和摘要，并调整位置，把摘要的 "$[Page1_FExplanation]" 所在的 B9 至 H9 单元格合并，如图 30-91 所示。

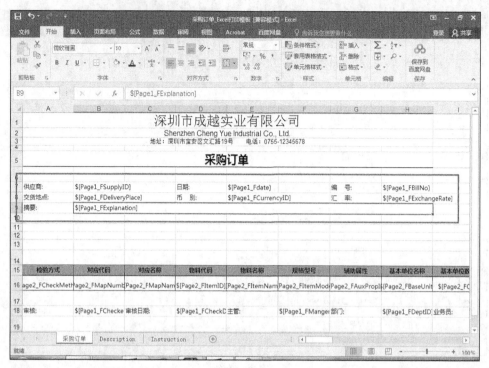

图 30-91

（7）删除表头与表体之间的空白行，删除表体部分不需要打印的列，删除时选择"右侧单元格左移"选项，如图 30-92 所示。

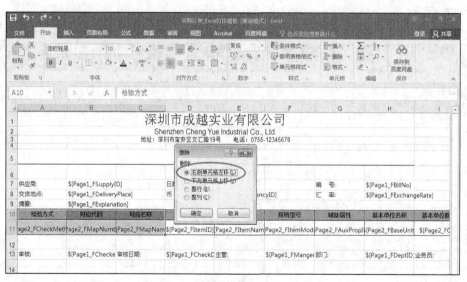

图 30-92

选择"右侧单元格左移"选项的目的是不影响最下面的审核项目。

（8）表体保留物料代码、物料名称、规格型号、单位、数量、含税单价、价税合计和交货日期 8 个项目，其他都删除，如图 30-93 所示。

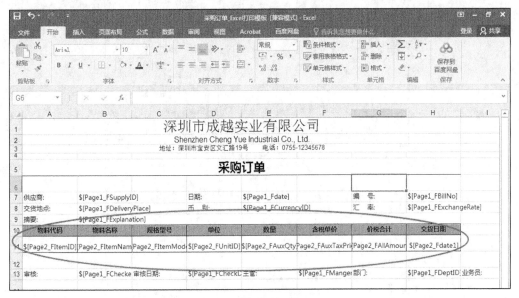

图 30-93

（9）结尾项目保留审核、业务员和制单 3 个项目，其他都删除，如图 30-94 所示。

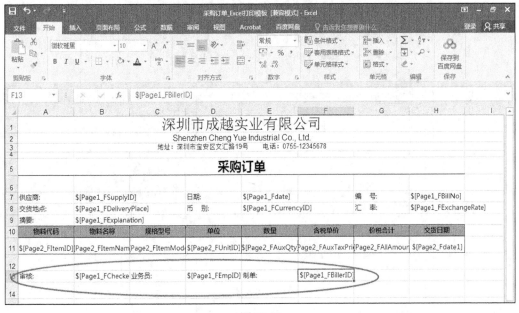

图 30-94

（10）单击"保存"按钮保存当前模板，返回采购订单的"套打设置"窗口，在"注册 Excel 打印"选项卡，单击"模板注册"按钮，系统弹出"注册 Excel 打印模板"窗口，如图 30-95 所示。

图 30-95

（11）在该窗口中选择"采购订单_Excel 打印模板"，单击"打开"按钮，稍后提示注册成功，返回"套打设置"窗口的"注册 Excel 打印"选项卡中，在"标志"下打钩，如图 30-96 所示。

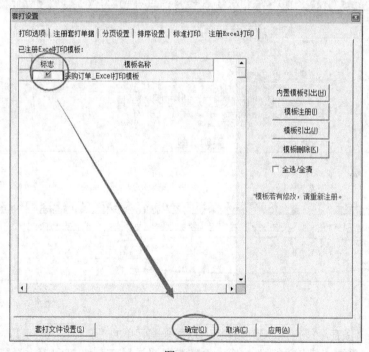

图 30-96

（12）单击"确定"按钮返回采购订单窗口，单击"预览"按钮，系统弹出 Excel 打印预览窗口，如图 30-97 所示。

第30章 销售、采购管理高级应用

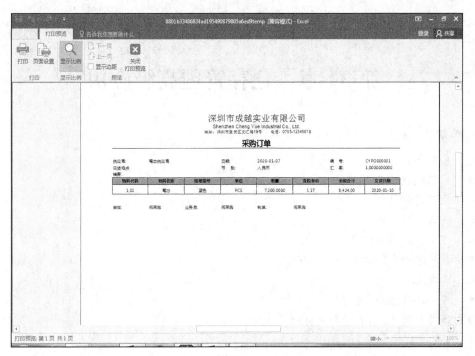

图 30-97

图 30-97 表示 Excel 打印模板设置成功。

第 31 章　仓存管理高级应用

> **本章重点**
> - 采购备品
> - 采购退货
> - 生产退料单
> - 销售退货
> - 不同仓库同时出库/入库
> - 物料配套查询录入
> - 库存配套分析表
> - 安全库存预警分析表
> - 库存超储/短缺/呆滞料分析表
> - 库存账龄分析表

仓库作为企业的各种物料集散地，担负着中转站的功能，企业中几乎所有的流动资产都集中在仓库。仓库的流动顺畅与否、账实是否相同，物料的收发是否正常有序，直接关系到企业的生产效率、数据统计和财务核算等工作。

在仓库日常业务处理工作中，会遇到各种各样的单据格式，除外购入库单、产品入库单、其他入库单、销售出库单、生产领料单和其他出库单等六大单据外，还有委外加工发出单、委外加工入库单、外购退货单、生产补料单等单据，本章将讲述如何利用金蝶 K/3 系统处理不同的仓库业务。

31.1　采 购 备 品

采购备品通常是指在企业下达采购订单时，都要求供应商按照采购数量、订单的数量比例同时提供备品，或者由于供应商超订单送货，超出部分承诺不收回，并且免费赠送。由于该备品属于免费品，所以不能正常以参照采购订单的方式录入外购入库单，如果正常以参照采购订单的方式生成外购入库单，则下推生成发票时的"单价"就会与实际采购订单上的"单价"有出入；若该部分备品录入系统，可能会产生账实不符的问题。

为了将该部分备品录入系统，同时又不影响应付发票处理，并且达到账实相符，处理方式有两种：一种是不以参照采购订单的方式录入外购入库单，在备注写明"采购订单号和备品"字样；另一种是以参照其他入库单的方式录入，写明物料来源。

下面举例说明：供应商为"CYPO000003"号采购订单送货 7510PCS 笔帽，现已有 7500PCS 入库，剩余 10PCS 为备品，用外购入库单处理。

（1）进入"外购入库单 - 新增"窗口。

（2）在"供应商"处获取"笔帽供应商"，"收料仓库"处录入"原材仓"，"物料编码"处录入"1.03"，系统自动将物料信息引入，"实收数量"栏录入"10"，"保管"处获取"管仓库"，"验收"处获取

"郑质量","摘要"处录入"采购订单 CYPO000003 备品",如图 31-1 所示。

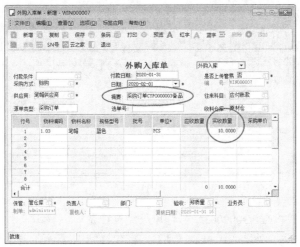

图 31-1

(3) 单击"保存"按钮保存当前单据,再单击"审核"按钮审核该单据。

31.2 采购退货

采购退货是指供应商送达货物,经过品质部检验后,发现不合格品,需要将该部分物料退回供应商。

退货以红字外购入库单的方式处理,以该方式处理时可以清楚地知道退货供应商、退货相关的采购订单号,并可以正确地查询采购订单执行情况,方便后期应付款处理。

下面以"CYPO000003"号采购订单内容为例,练习采购退货处理,本次退货检验不合格品 6PCS。

(1) 先查询"CYPO000003"号采购订单执行明细情况,选择"供应链"→"采购管理"→"报表分析"→"采购订单执行情况明细表",系统弹出"过滤"窗口,日期范围设置为"2020 年 1 月 1 日"至"2020 年 2 月 1 日",订单编号获取为"CYPO000003"至"CYPO000003",如图 31-2 所示。

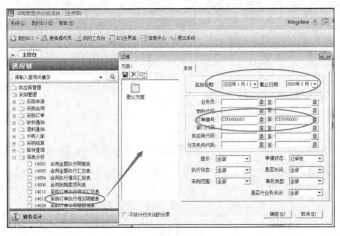

图 31-2

（2）单击"确定"按钮，系统进入"采购订单执行情况明细表"窗口，如图31-3所示。

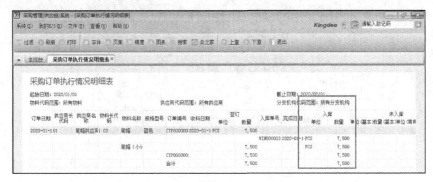

图 31-3

通过该表可以得知"CYPO000003"号订单已经执行完毕。

（3）退货处理。进入"外购入库单 - 新增"窗口，单击工具栏上的"红字"按钮，系统进入红字录入状态，如图31-4所示。

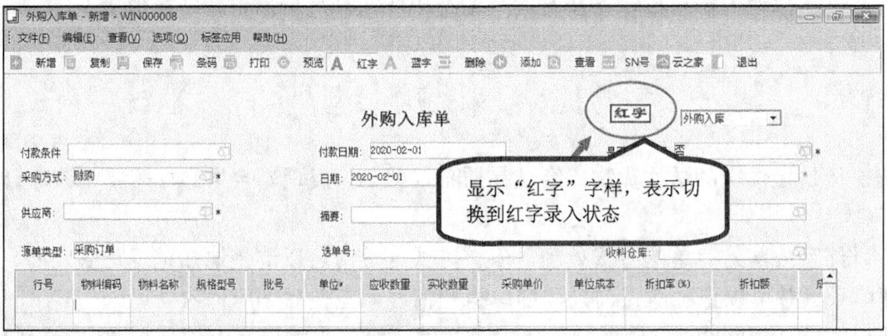

图 31-4

（4）"源单类型"选择"采购订单"，"选单号"处录入"CYPO000003"，系统将引用该采购订单信息，并自动处于红字录入状态，将"实收数量"修改为"6"，如图31-5所示。

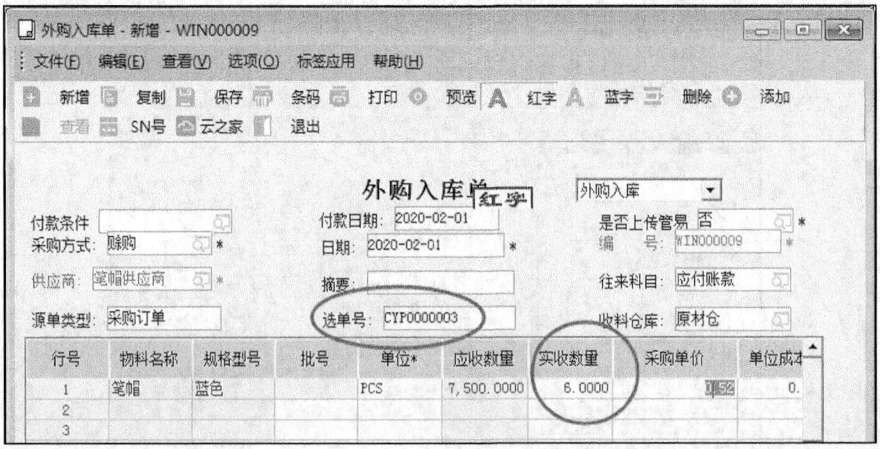

图 31-5

(5)"收料仓库"处录入"原材仓","保管"处录入"管仓库","验收"处录入"郑质量",单击"保存"按钮保存当前单据,并且审核该单。再次查询"CYPO000003"号采购订单执行情况明细表,如图 31-6 所示。

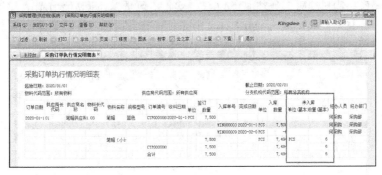

图 31-6

在明细表中可以查询到该订单的执行情况,"入库"为"7494"PCS,"未入库"为"6"PCS,这表示退货成功。

31.3 生产退料单

在企业生产过程中,生产部因多领料、生产损耗率降低,或者其他原因,需要将车间没有使用完的好料退回仓库,以方便财务核算实际的生产用料成本。

下面新增一张生产任务单,生产"3.01—圆珠笔",生产数量为1000PCS,练习生产部退料的处理方法。

(1)新增生产任务单。进入"生产管理"→"生产任务管理"下的"生产任务单 - 新增"窗口,在"物料代码"处获取"3.01","生产计划数量"处录入"1000","生产车间"处获取"生产部","计划开工日期"修改为"2020-02-03","计划完工日期"修改为"2020-02-06",如图 31-7 所示。

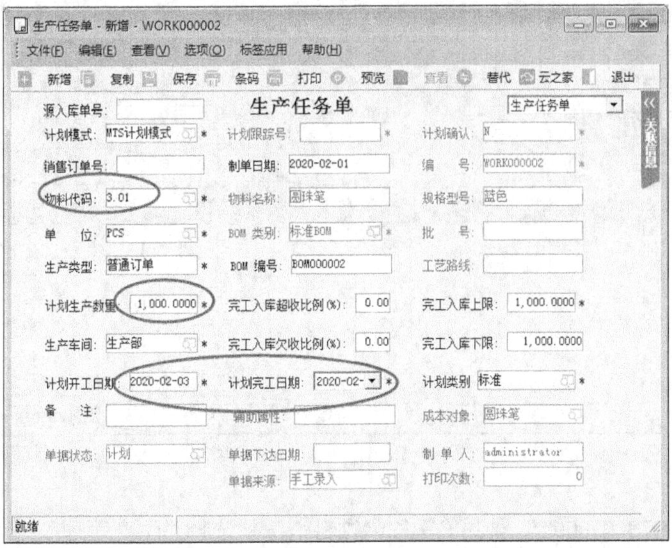

图 31-7

保存并确认后,下达该生产任务单。

(2) 2020年2月3日收到10PCS纸箱,该业务暂未下达采购订单,只能以手工方式录入。先录入纸箱,进入"外购入库单 - 新增"窗口,在"供应商"处获取"纸箱供应商","收料仓库"处获取"原材仓","物料编码"处获取"4.01",实收"数量"处录入"10","保管"处获取"管仓库","验收"处获取"郑质量",如图31-8所示。保存并审核本外购入库单。

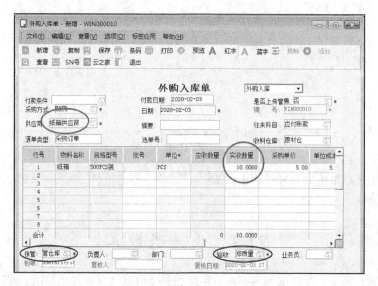

图 31-8

(3) 生产部领出物料。进入"领料单 - 新增"窗口,在"源单类型"处选择"生产任务单","选单号"处获取"WORK000002",双击"4.01—纸箱"记录返回领料单,"发料仓库"处获取"原材仓","实发数量"栏修改为"2","领料"处获取"龚生产","发料"处获取"管仓库",如图31-9所示。保存并审核领料单。

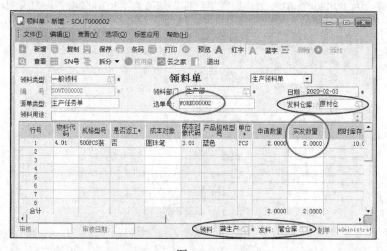

图 31-9

(4) 查询"WORK000002"号生产任务单领料情况。选择"生产管理"→"生产任务管理"→"报表分析"→"生产任务单领料差异分析",系统弹出"过滤"窗口,"生产任务单"处获取

"WORK000002","日期范围"选择"2020-02-01"至"2022-02-03",单击"确定"按钮,进入"领料差异分析表"窗口,如图31-10所示。

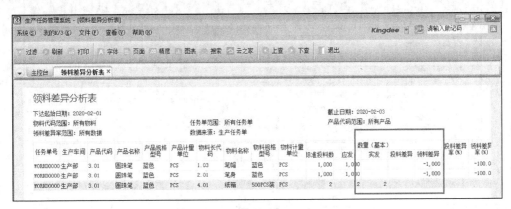

图 31-10

2020年2月3日接到PMC的通知,暂停"WORK000002"号生产任务单执行,把领出的纸箱退回。

(5)退回料使用红字领料单的方式处理。进入"领料单 - 新增"窗口,单击"红字"按钮切换到红字录入状态,在"源单类型"处选择"生产任务单","选单号"处获取"WORK000002",双击"4.01—纸箱"返回领料单,"发料仓库"处选择"原材仓","实发数量"栏修改为"2","领料"处获取"龚生产","发料"处获取"管仓库",如图31-11所示。

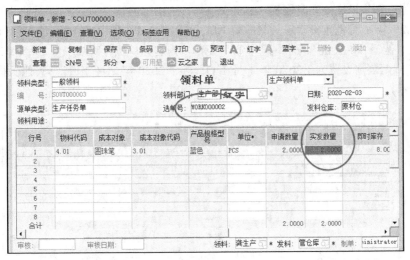

图 31-11

(6)再查询"WORK000002"号生产任务单领料情况。选择"生产管理"→"生产任务管理"→"报表分析"→"生产任务单领料差异分析",系统弹出"过滤"窗口,"生产任务单"处获取"WORK000002","日期范围"选择"2020-02-01"至"2022-02-03",单击"确定"按钮进入"领料差异分析表"窗口,如图31-12所示。

通过分析表可以有效地知道"WORK000002"号生产任务单的"领料差异"为负数,表示退回成功。

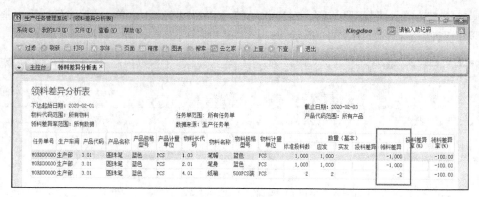

图 31-12

31.4 销售退货

在企业销售过程中,可能会遇到质量问题、包装问题和运输过程中产生的问题,导致销售给客户的产品有部分或者全部不符合客户的收货标准,客户会将该部分产品退回公司,称为销售退货。为了有效地关联客户退货情况,在退货处理时最好是参照销售订单退货,并且使用红字销售出库单的方式处理,这样才能有效地知道关联销售订单的执行明细情况。

下面举例说明:2020年1月销售给"北京远东公司"的"3.01—圆珠笔—蓝色",由于运输过程中没有做好防雨工作,其中两个包装箱损坏,客户要求退回并重新处理好后再发货,总数量为1000PCS,练习销售退货处理流程。

(1)2020年1月销售出库单关联的是"SEORD000001"号销售订单,先查询该销售订单执行明细情况。选择"供应链"→"销售管理"下的"销售订单执行明细表",系统弹出"过滤"窗口,将所有日期范围设置为"2020年1月1日"至"2020年2月3日",其他保持默认值,如图 31-13 所示。

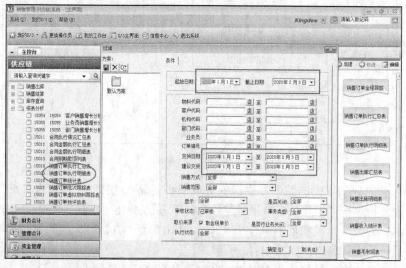

图 31-13

单击"确定"按钮，系统进入"销售订单执行情况明细表"窗口，如图31-14所示。

图31-14

通过报表可以得知"SEORD000001"号销售订单已经发货完成。

（2）2020年2月3日收到客户退回的2箱"3.01—圆珠笔—蓝色"，共1000PCS。进入"销售出库单 - 新增"窗口，单击工具栏上的"红字"按钮，切换到红字录入状态，"源单类型"处选择"销售订单"，"选单号"处获取"SEORD000001"，"摘要"处录入"包装破损客户退回"，"发货仓库"处获取"待处理仓"，"实发数量"栏录入"1000"，"发货"和"保管"处都获取"管仓库"，如图31-15所示。保存并审核红字销售出库单。

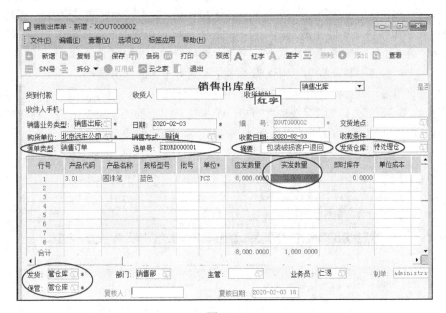

图31-15

（3）再查询该"SEORD000001"号销售订单的执行明细情况。选择"供应链"→"销售管理"下的"销售订单执行明细表"，系统弹出"过滤"窗口，将所有"日期范围"设置为"2020-01-01"至"2020-02-03"，其他保持默认值，单击"确定"按钮，系统进入"销售订单执行情况明细表"窗口，如图31-16所示。

通过报表可以看到"SEORD000001"号销售订单的发货情况、退货情况，以及未出库数量情况。所以销售退货以红字销售出库单的方式处理，可以很好地查询到销售订单的执行明细情况。

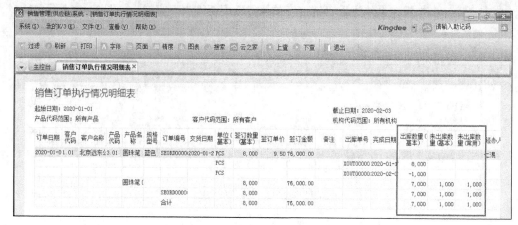

图 31-16

31.5 不同仓库同时出库/入库

不同仓库同时出库/入库是指在同一张单据上进行入库和出库处理时，可以选择不同仓库存放，例如，当要生产"3.01—圆珠笔"时，需要用到存放笔身的半成品仓、存放笔帽的原材仓和存放纸箱的包装物仓。由于涉及不同的仓库，如果系统不支持不同仓库同时出库/入库功能，那么系统需要录入3张领料单才能完成发货工作，但是当系统能支持不同仓库同时出库/入库功能时，那么系统只要录入1张领料单就能完成发货工作，这样能大大提高工作效率。

下面以生产"3.01—圆珠笔"为例说明不同仓库同时出库的业务操作。

（1）先查询笔帽、笔身和纸箱的存放仓库。选择"供应链"→"仓存管理"→"库存查询"→"即时库存查询"，系统进入"库存查询"窗口，单击工具栏上的"仓库"按钮，再在窗口左侧分别选择"01（原材仓）"和"02（半成品仓）"进行查询，查询结果如图31-17所示。

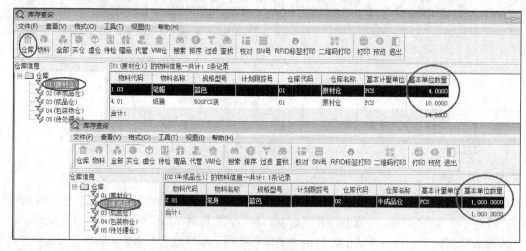

图 31-17

在"库存查询"窗口可以得知，笔帽和纸箱存放在原材仓，而笔身存放在成品仓。

（2）进入"领料单 - 新增"窗口，"领料部门"处获取"生产部"，"物料代码"处录入"1.03""4.01"和"2.01"，"数量"栏录入"1"，表体"发料仓库"列中的"笔帽"和"纸箱"获取"原材仓"、"笔身"获取"半成品仓"，如图31-18所示。

图 31-18

"领料"处获取"龚生产"，"保管"处获取"管仓库"，保存并审核领料单。

31.6 物料配套查询录入

在生产领料时，为能快速、准确地完成发货工作，可以使用物料配套查询录入功能。该功能可以参照销售订单、生产任务单等上的产品信息和数量信息，按照该产品的物料清单（BOM）展开子件物料，并计算生产或组装产品需要领用的子件数量。

下面举例练习物料配套查询录入功能。

（1）进入"领料单 - 新增"窗口。

（2）选择"选项"菜单下的"物料配套查询录入"命令，系统弹出"物料配套查询表"窗口，如图31-19所示。

在该窗口，可以设置"BOM展开选项"，"选单类型"可以是"销售订单""生产任务单"或"委外订单"等。

（3）在窗口右下侧可以进行手工录入，"物料编码"录入"3.01"，"数量"录入"1000"，如图31-20所示。

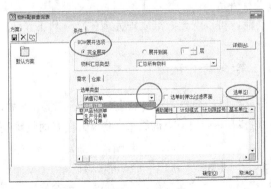

图 31-19

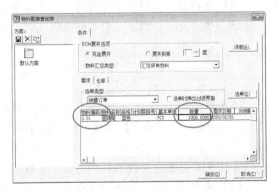

图 31-20

（4）单击"确定"按钮，系统进入"物料配套查询表"结果窗口，如图 31-21 所示。

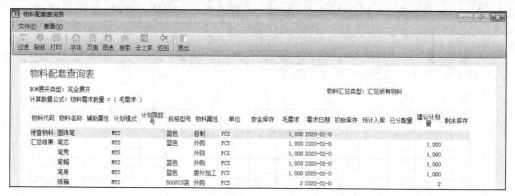

图 31-21

在配套查询报表中可以看到"3.01—圆珠笔"的 BOM 完全展开后的物料需求情况。

（5）使用子件物料的方法是选中该物料后，单击"返回"按钮；如果是使用多条，则可以在按"Ctrl"或"Shift"键的同时单击多行记录后，单击"返回"按钮。同时选中所有子件物料，选中后的物料呈反黑显示，单击"返回"按钮返回"领料单 - 新增"窗口，系统显示选中的子件，如图 31-22 所示。

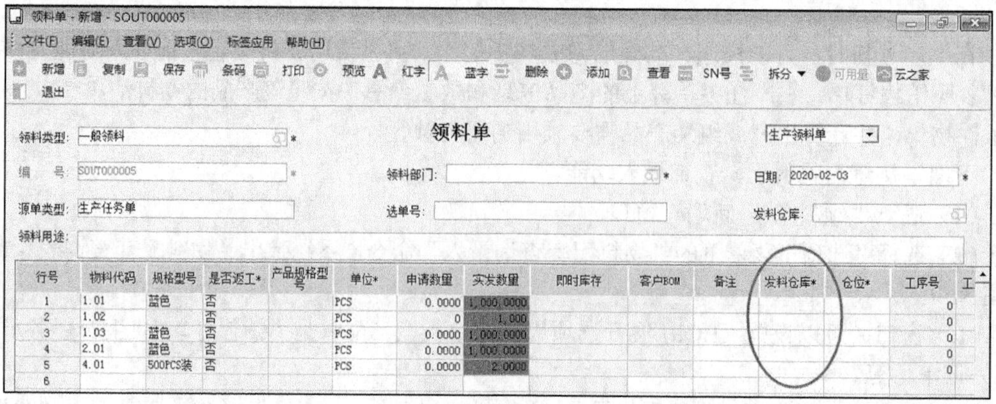

图 31-22

实际发料要从不同仓库发货时，在表体中的"发料仓库"中录入正确的仓库名称即可。

通过物料配套查询录入和不同仓库同时出库功能，可以快速、准确地完成生产领料工作。

31.7　库存配套分析表

在生产过程中，PMC 和生产部经常需要知道仓存物料是否能满足当前生产任务的需求，例如，想知道当前仓库物料储存量能满足多少套数的产品数量，然后根据查询结果，能够方便及时地调整生产任务。

下面查询当前仓存物料能满足多少套数的"3.01—圆珠笔—蓝色"产品的组装。

（1）选择"供应链"→"仓存管理"→"报表分析"→"库存配套分析表"，系统弹出"过滤"窗口，如图 31-23 所示。

在"物料代码"栏录入查询分析的产品代码。

在"分析类型"处选择是只分析当前产品代码的第一层级子件物料，还是综合分析整个BOM所涉及的子件物料。

（2）"物料代码"处获取"3.01—圆珠笔"，"分析类型"处选择"综合展开"，单击"确定"按钮，系统进入"库存配套分析表"窗口，如图31-24所示。

图 31-23

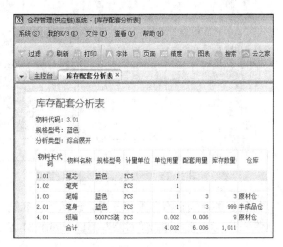

图 31-24

在分析表中可以得知需要的子件物料情况、当前库存数量情况和所有物料可以配套出来的数量。

通过库存配套分析表，PMC和生产部主管可以事先查询、了解所要生产的产品子件的库存备料情况，当备料不能满足生产需求时，可以做到及时跟踪物料或者调整生产计划。

31.8　安全库存预警分析表

安全库存预警分析表是对仓库所有物料的库存数量，与安全库存数量进行比较、分析，对库存数量低于安全库存数量的物料进行预警提示的分析报表。通过安全库存预警分析，PMC或采购人员可以快速、准确地了解当前库存数量低于安全库存的所有物料，以及低于安全库存的数量。

> **注**　安全库存预警分析的来源数据是当前库存数量和物料档案中的"安全库存"项目数据，由于物料档案中的安全库存数据默认为0，所以必须设置好该数据后，才能进行安全库存预警分析。

下面设置"1.01—笔芯"的安全库存为50，然后再进行安全库存分析。

（1）先设置"1.01—笔芯"档案的安全库存为50。进入"系统设置"→"基础资料"→"公共资料"下的"物料"档案管理窗口，双击"1.01—笔芯"档案，系统进入"物料 - 修改"窗口，将"安全库存数量"修改为"50"，如图31-25所示。保存当前修改。

（2）查询"1.01—笔芯"的即时库存。在"库存查询"窗口，可以得知当前笔芯的库存数量为0，即低于安全库存，如图31-26所示。

图 31-25

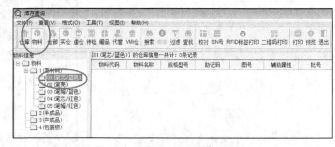
图 31-26

（3）进行安全库存预警分析。选择"供应链"→"仓存管理"→"报表分析"→"安全库存预警分析表"，系统弹出"过滤"窗口，如图 31-27 所示。

图 31-27

在"过滤"窗口可以设置要分析的物料代码范围和仓库代码范围。

（4）保持默认值，即分析所有物料，单击"确定"按钮，系统进入"安全库存预警分析表"窗口，如图 31-28 所示。

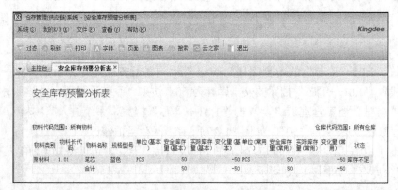
图 31-28

在该分析表中，可以清楚地知道当前库存数量与安全库存的差异，以及状态情况。

31.9 超储/短缺库存分析表

超储是指当前库存数量高于"物料"档案中所设置的"最高库存"数量。

短缺是指当前库存数量低于"物料"档案中所设置的"最低库存"数量。

超储/短缺库存分析表，是将所有物料的库存数量，与"物料"档案中的最低库存数量、最高库存数量进行比较、分析，然后将库存数量低于最低库存数量或高于最高库存数量的物料显示出来进行预警提示的分析报表。

通过分析及时控制超储物料的库存数量，从而将库存资金控制在一个合理的范围；及时补充短缺物料，以保证生产的正常进行。

下面举例说明，先设置"1.01—笔芯"的最低库存为50，然后进行超储/短缺库存分析。

（1）先设置"1.01—笔芯"档案的最低库存为50。进入"系统设置"→"基础资料"→"公共资料"下的"物料"档案管理窗口，双击"1.01—笔芯"档案，系统进入"物料 - 修改"窗口，将"最低存量"修改为"50"，如图31-29所示。保存当前修改。

（2）进行"超储/短缺库存分析"。选择"供应链"→"仓存管理"→"报表分析"→"超储/短缺库存分析表"，系统弹出"过滤"窗口，如图31-30所示。

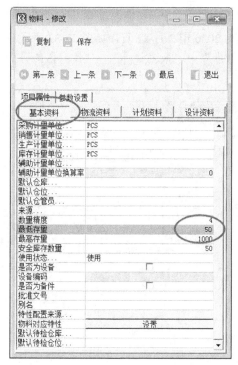

图 31-29

图 31-30

在"过滤"窗口中可以设置要分析的物料代码范围和仓库代码范围，"分析类别"可以选择是只分析超储物料，还是短缺物料，或者是两者都分析。

（3）保持默认值，即分析所有物料，单击"确定"按钮，系统进入"超储短缺库存分析表"窗口，如图31-31所示。

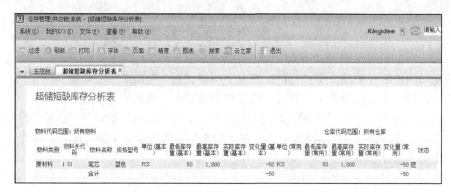

图 31-31

在分析表中,可以清楚地知道当前库存数量是处于超储状态还是短缺状态。

31.10　库存账龄分析表

库存账龄分析表,是对库存所有物料的存储时间进行分析,并将入账时间与当前系统时间进行对比的分析报表。

下面查询本账套的库存账龄分析表。

(1) 为使用户更容易理解该查询,将系统时间修改为 2020 年 2 月 22 日,如图 31-32 所示。

(2) 进行库存账龄分析。选择"供应链"→"仓存管理"→"报表分析"→"库存账龄分析表",系统弹出"过滤"窗口,如图 31-33 所示。

图 31-32

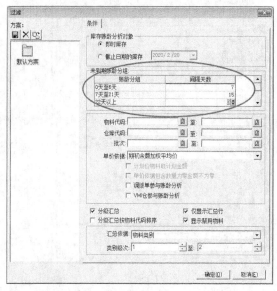

图 31-33

在"过滤"窗口,可以自由设置账龄分组、物料代码范围和仓库代码范围等条件。

(3) 不选择"分级汇总",也不选择"仅显示汇总行",单击"确定"按钮,系统进入"库存账龄分析表"窗口,如图 31-34 所示。

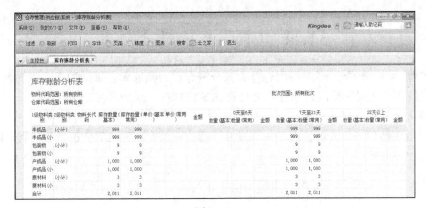

图 31-34

在分析报表中可以清楚地知道在不同时间段中的储存量情况。

（4）为使报表更容易理解，下面进行报表格式修改。选择"查看"→"显示/隐藏列"，系统弹出"显示/隐藏列"窗口，重新设置项目如图 31-35 所示。

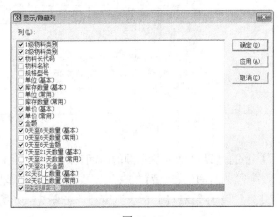

图 31-35

单击"确定"按钮，系统显示重新设置的格式，如图 31-36 所示。

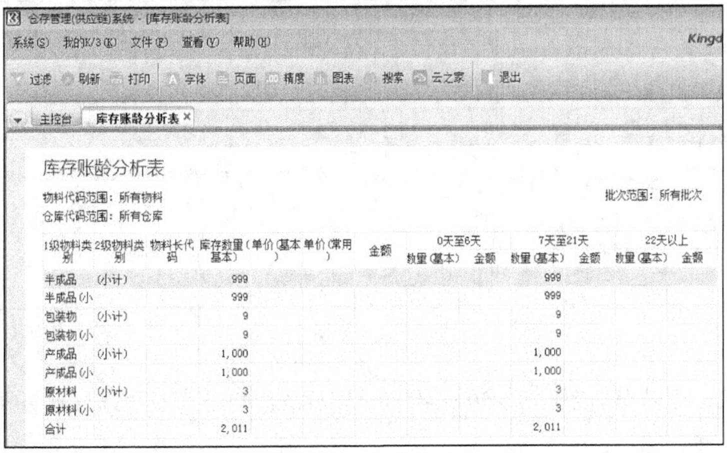

图 31-36

31.11 库存呆滞料分析表

在生产型企业中,货仓通常占用企业大部分资金,为降低库存资金积压,作为企业管理层,需要随时了解库存呆滞料情况,以便即时处理该部分物料,减少库存资金积压。

下面查询库存呆滞料分析表。

选择"供应链"→"仓存管理"→"报表分析"→"库存呆滞料分析表",系统弹出"过滤"窗口,如图31-37所示。

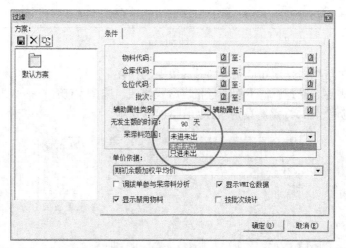

图 31-37

在"过滤"窗口,最重要的是设置"无发生额的时间"和选择"呆滞料范围"。

为显示效果,将"无发生额的时间"修改为"3"天,并将"呆滞料范围"选择为"未进未出",单击"确定"按钮,系统进入"库存呆滞料分析表"窗口,如图31-38所示。

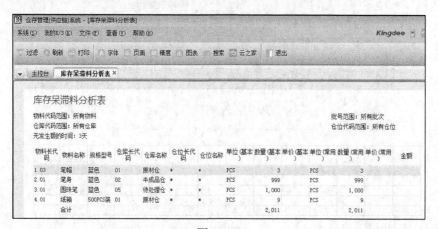

图 31-38

通过分析表,可以得知超过3天从来没有出库业务,也从来没有入库业务发生的所有物料,以及当前库存数量。

第 32 章　BOM 高级应用

本章重点

- 配置类 BOM
- 虚拟件 BOM
- 倒冲业务
- BOM 成批修改

BOM（Bill of Material，物料清单）是 MRP 展开计算的最基础的资料。正确、灵活地设置 BOM 档案可以高效地保证企业正常运作。

32.1　配置类 BOM

配置类 BOM 是指某子件物料可以有很多种选择，如生产同一款沙发，其表面皮革可以有真皮、普通皮和人造皮革等面料，但是只能使用其中一种面料。当建立"配置类 BOM"时，可以只建立一个 BOM 档案，在"销售订单"开单时，再选择相对应的"子件"即可，这样可以大大提高 BOM 的运用效率。

下面举例说明：建立图 32-1 所示的 BOM 档案，然后进行销售开单，并查询是否达到提高效率的目的。

图 32-1

（1）首先建立物料档案。进入"基础资料"中的"物料"档案管理窗口，进入"物料 - 新增"窗口，在"代码"处录入"3.03"，"名称"栏录入"CY-5 沙发"，物料属性选择"配置类"，如图 32-2 所示。

> 注　当建立的是"配置类 BOM"时，成品的物料属性必须为"配置类"。

（2）其他项目按照常规设置，保存"3.03—CY-5"沙发档案。

（3）再新增"1.07—其他零件""1.08—真皮""1.09—普通皮""1.10—人造皮革"物料档案，物料属性都为"外购"，新增完成的窗口如图 32-3 所示。

（4）建立 BOM 档案。进入"BOM 单 - 新增"窗口，表头"物料代码"获取"3.03"，表体第一行"物料代码"获取"1.07—其他零件"，表体第二行"物料代码"获取"1.08—真皮"，将第二行的"配置属性"修改为"可选"，如图 32-4 所示。

保存并审核，然后使用该 BOM 单。

（5）2020 年 2 月 3 日接到"北京远东公司"订购 100PCS"3.03—CY-5 沙发"的订单，要求皮革采用人造皮革，单价为 1250 元，以"销售订单"录入。进入"销售订单 - 新增"窗口，在"购货单位"处获取"北京远东公司"，表体第一行"产品代码"获取"3.03"，"数量"处录入"100"，"单价"处录入"1250"，光标移至"BOM 编号"项目，单击"查看"按钮，系统弹出"BOM 选择"窗口，如图 32-5 所示。

图 32-2

图 32-3

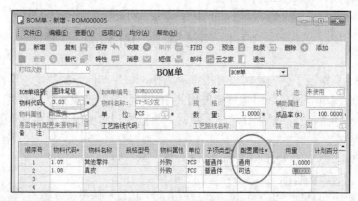

图 32-4

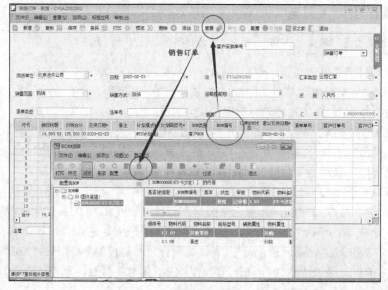

图 32-5

（6）由于"3.03—CY-5沙发"为配置类BOM，所以必须在"BOM选择"窗口中进行配置后，才能下达销售订单。在"BOM选择"窗口选择刚才建立的"3.03—CY-5沙发"BOM，单击工具栏上的"配置"按钮，系统进入"客户BOM单 - 新增"窗口，如图32-6所示。

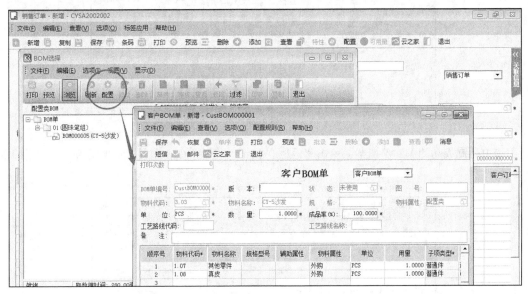

图 32-6

在"客户 BOM 单 - 新增"窗口，只有"可选"的物料才能修改。

（7）将表体第二行的"物料代码"修改为"1.10—人造皮革"物料，其他项目保持不变，如图32-7所示。

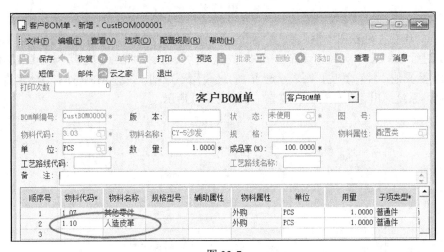

图 32-7

保存当前客户BOM单，然后单击"查看"菜单下的"审核"命令，审核BOM单。

（8）单击"退出"按钮返回"BOM 选择"窗口，这时看到窗口左侧的"BOM000005（CY-5沙发）"前面有"+"，单击"+"展开，可以看到刚才配置成功的"CustBOM000001（CY-5沙发）"，如图32-8所示。

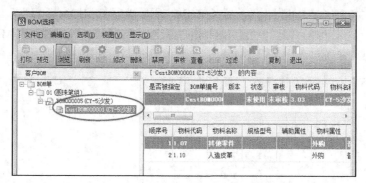

图 32-8

选中配置成功的 BOM 档案，单击"返回"按钮，将该 BOM 引用到销售订单中，如图 32-9 所示。

图 32-9

（9）在"部门"处获取"销售部"，"业务员"处获取"仁渴"，保存并审核本销售订单。

（10）进行 MRP 计算，如果计算出来的采购需求为其他零件和人造皮革，表示配置 BOM 使用成功，如果是其他零件和真皮，则表示配置 BOM 使用不成功。进行 MRP 计算，然后查询"MRP 计划订单"，系统弹出"条件过滤"窗口，如图 32-10 所示。

图 32-10

单击"确定"按钮，系统进入"计划订单序时簿（MRP）"窗口，如图 32-11 所示。

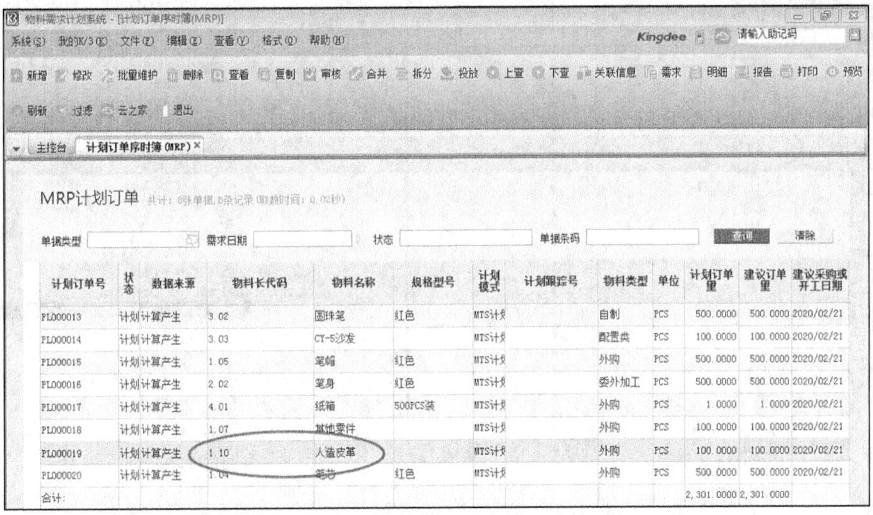

图 32-11

在窗口中可以看到"1.10—人造皮革"物料记录，表示配置 BOM 使用成功。

32.2 虚拟件 BOM

虚拟件 BOM 是指由一组具体物料（以实体存在）组成，但是为方便业务管理而以虚拟形式存在的成套件。虚拟属性物料由于不是具体物料，所以不进行成本核算。销售订单上的产品代码为"虚拟件"，关联生成销售出库单时，系统会自动在销售出库单上展开并以子项的形式出库。

例如，有些品牌电脑店，在销售电脑时通常是以"某某电脑 1 套"销售，而实际出库的是以"电脑主机 1 台、显示器 1 台、鼠标 1 个和键盘 1 个"出库，这时就可以将"某某电脑 1 套"称为虚拟件。

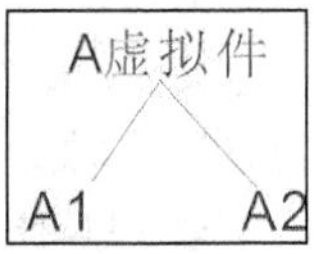

下面举例说明：建立图 32-12 所示的虚拟件 BOM，然后练习销售出库时虚拟件的应用效果。

图 32-12

（1）首先建立物料档案。进入"基础资料"中的"物料"档案管理窗口，进入"物料 - 新增"窗口，在"代码"处录入"3.04"，"名称"处录入"A 虚拟件"，"物料属性"选择"虚拟件"，如图 32-13 所示。

> 注　当建立的是"虚拟件 BOM"时，成品的物料属性必须为"虚拟件"。

（2）其他项目按照常规设置，保存"3.04—A"虚拟件档案。

（3）再新增"1.11—A1""1.12—A2"，物料档案和物料属性都设置为"外购"，新增完成的窗口如图 32-14 所示。

（4）建立 BOM 档案。进入"BOM 单 - 新增"窗口，表头"物料代码"获取"3.04—A 虚拟件"，表体第一行"物料代码"获取"1.11—A1"，表体第二行"物料代码"获取"1.12—A2"，如图 32-15 所示。

保存并审核，然后使用该 BOM 单。

图 32-13

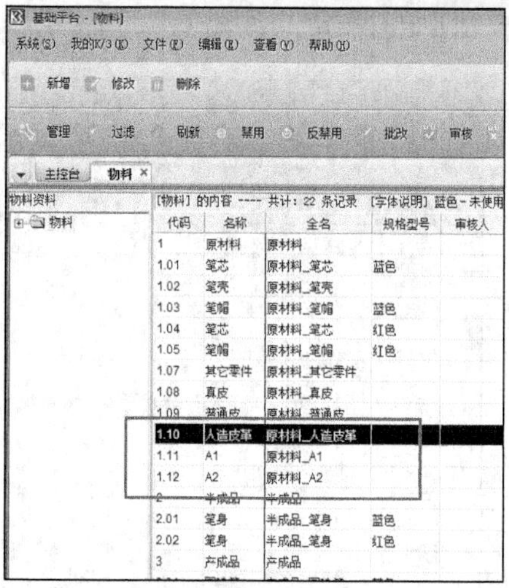

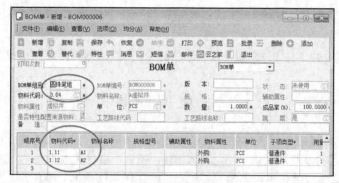

图 32-14

图 32-15

（5）2020年2月3日接到"北京远东公司"订购100PCS"3.04—A虚拟件"的订单，以"销售订单"录入。进入"销售订单 - 新增"窗口，在"购货单位"处获取"北京远东公司"，表体第一行"产品代码"处获取"3.04"，"数量"处录入"100"，"部门"处获取"销售部"，"业务员"处获取"仁渴"，如图32-16所示。

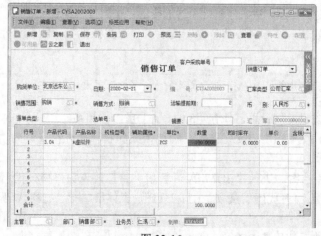

图 32-16

保存并审核销售订单。

（6）以销售出库单关联销售订单，查看虚拟件 BOM 的应用。进入"销售出库单 - 新增"窗口，在"源单类型"处选择"销售订单"，"选单号"处获取"CYSA2002003"，获取成功的窗口如图 32-17 所示。

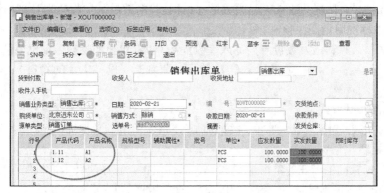

图 32-17

请注意表体显示的是"A1"和"A2"，而不是"A 虚拟件"，表示虚拟件 BOM 应用成功。在此恢复单据，不进行销售出库处理。

32.3 倒冲业务

包装不可分割或价值较低的材料时，通常会将材料存放在生产线或委外商处（将材料从普通仓库调拨到生产车间仓库或委外仓库），在产品完工后，根据录入的完工数量，再关联成品 BOM 档案自动倒扣仓库的材料耗用数量，这种业务模式称为倒冲业务。

应用倒冲业务，可以实时地查询到生产车间仓库或委外仓库的库存情况，更方便实时控制生产发料和公司实际库存资金。

倒冲业务参数是在"系统参数设置"的"生产任务管理选项"下"倒冲领料与在制品冲减方式"中设置，如图 32-18 所示。

图 32-18

（1）倒冲计算公式。

金蝶 K/3 系统为用户提供两种倒冲数量计算方式。

方式 1：按计划投料数量倒冲领料。

① 倒冲领料：材料应发数量 = 产品入库数量 ×（计划投料数量/计划产量）。

② 在制品冲减：在制品数量 = 已领数量 −（计划投料数量 × 实收数）/计划产量 − 报废数量。

方式 2：按标准用量倒冲领料。

① 倒冲领料：材料应发数量 = 产品入库数量 ×（投料单上的物料）单位用量。

② 在制品冲减：在制品数量 = 已领数量 − 实收数 ×（投料单上的物料）单位用量 − 报废数量。

（2）在制品扣减方式。

① 入库时扣减：对于产品入库单、委外加工入库单，在相应单据维护下，选择"编辑"→"倒冲领料"进行处理。

② 汇报时扣减：生产任务单汇报/请检单、工序汇报、工序流转卡汇报保存时，委外工序转出单审核时，在相应单据维护下，选择"编辑"→"倒冲领料"进行处理。

（3）交互方式：选中，在倒冲领料处理时，弹出交互式对话，以供详细处理；不选中，快速处理。

倒冲参数设置窗口保持默认设置。

下面举例说明：以生产 100PCS B 产品为例，练习倒冲业务。

（1）先建立图 32-19 所示 BOM 中的物料档案，B 物料的代码为"3.05"，属性为"自制"，B1 的代码为"1.13"，B2 的代码为"1.14"，属性都为"外购"，注意计价方法和会计科目的选择，新增完成的窗口如图 32-20 所示。

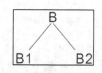

图 32-19

（2）在有倒冲业务处理的时候，通常会设置一个车间仓库，用于存放从材料仓领出的物料，同时是核算车间物料的基础。在系统中新增一个"生产车间仓库"。进入"基本资料"选项卡中的"仓库"档案，新增一个"06—生产车间仓库"，如图 32-21 所示。

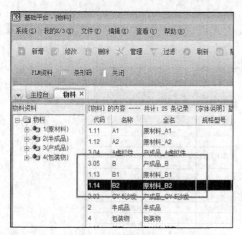

图 32-20

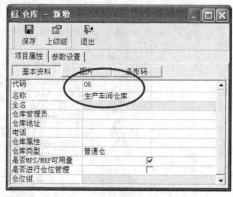

图 32-21

保存"仓库"档案。

（3）BOM 档案中预设倒冲业务，预设发料仓库。进入"BOM 单 - 新增"窗口，在"BOM 单组别"处获取"圆珠笔组"，表头"物料代码"处获取"3.05"，表体第一行和第二行"物料代码"

分别获取"1.13"和"1.14","用量"保持为"1",1.13的损耗率设置为"1%",将光标移至"是否倒冲",单击"查看"按钮,系统弹出辅助资料"是/否"窗口,如图32-22所示。

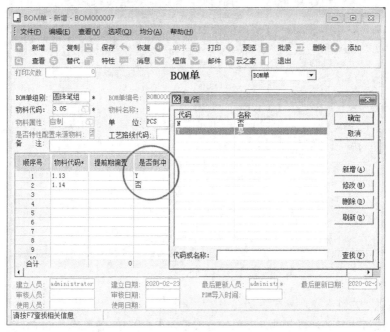

图 32-22

将B1和B2的"是否倒冲"设置为"是"。将光标移至"发料仓库",将B1和B2的"发料仓库"都设置为"生产车间仓库",如图32-23所示。

图 32-23

保存并审核,然后使用该BOM单。

(4)要进行倒冲业务,必须要有生产任务单,新增生产100PCS B产品的生产任务单。进入"生产管理"下的"生产任务单 - 新增"窗口,在"物料代码"处获取"3.05"物料,"计划生产数量"处录入"100","生产车间"处获取"生产部",如图32-24所示。

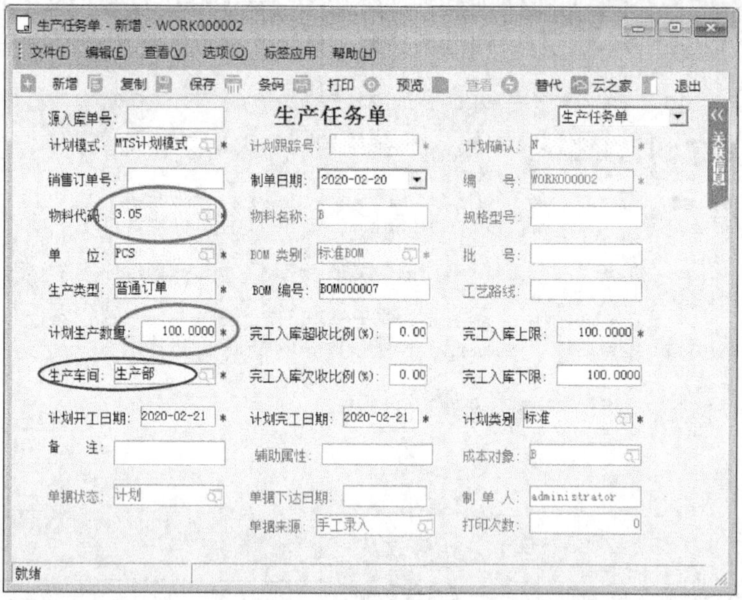

图 32-24

保存并确认生产任务单，然后下达。

（5）为完成练习任务，以其他入库单的方式录入 B1 和 B2 各入库 500PCS 到"原材仓"。进入"其他入库单 - 新增"窗口，"供应商"选择"笔帽供应商"，在"部门"处获取"采购部"，"摘要"处录入"供应商提供样品"，"收货仓库"处获取"原材仓"，表体第一行和第二行"物料代码"处分别获取"1.13"和"1.14"，"实收数量"处都录入"500"，如图 32-25 所示。保存并审核其他入库单。

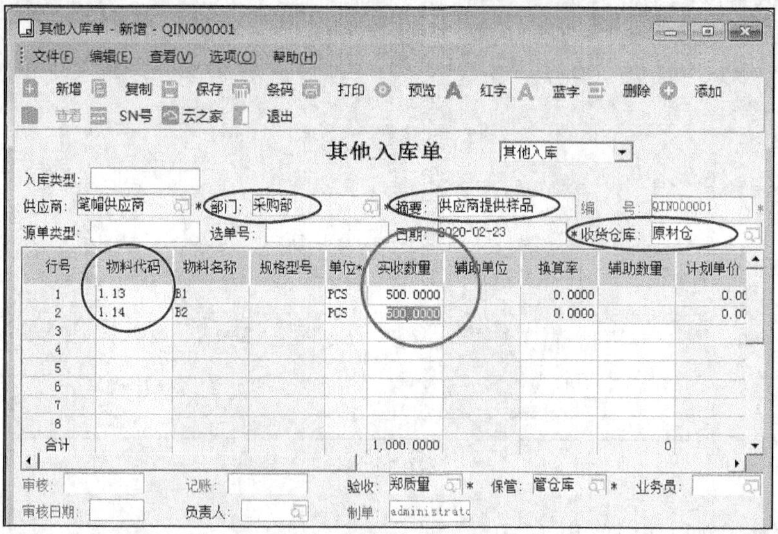

图 32-25

（6）当使用倒冲业务，生产部要领出物料生产时，物料是由原材仓转移到生产车间仓库，所以要使用调拨单进行物料转移。进入"调拨单 - 新增"窗口，"源单类型"选择"生产任务单"，选单号处单击"查看"按钮,系统进入"生产投料单序时簿"窗口,按住"Ctrl"键,同时选中生产投料单的两行记录,选中后呈蓝色,如图32-26所示。

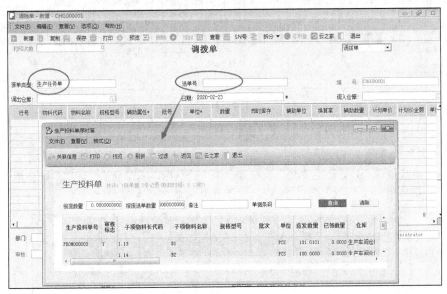

图 32-26

单击"返回"按钮返回"调拨单 - 新增"窗口,系统将生产任务单所需要的物料信息引入调拨单,"数量"修改为"100",在"调出仓库"处获取"原材仓","调入仓库"处获取"生产车间仓库","验收"处获取"郑质量","保管"处获取"管仓库",如图32-27所示。

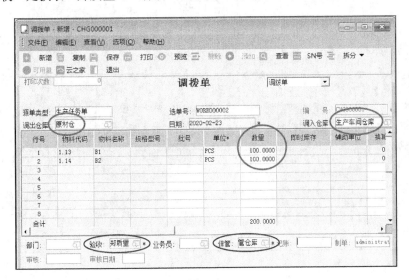

图 32-27

保存并审核调拨单。

(7) 查询是否调拨成功。进入"库存查询"窗口,在窗口左侧的"仓库信息"处选择"仓库"→"生产车间仓库",可以看到生产车间仓库中已有的 B1 和 B2 物料的数量,表示调拨成功,如图 32-28 所示。

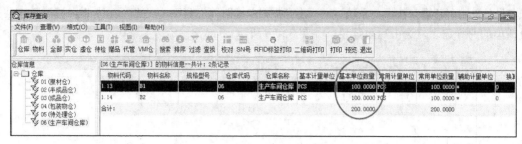

图 32-28

（8）生产部有完工的 B 产品 50PCS，需要进行入库处理。进入"产品入库单 - 新增"窗口，在"源单类型"处选择"生产任务单"，"选单号"处获取 B 的生产任务单，系统将生产任务单的信息引入，"实收数量"处修改为"50"，"收货仓库"处获取"成品仓"，"验收"处获取"郑质量"，"保管"处获取"管仓库"，如图 32-29 所示。保存并审核产品入库单。

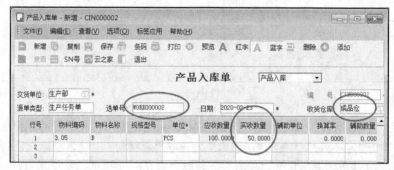

图 32-29

（9）进行"倒冲"业务处理。选择"供应链"→"仓存管理"→"验收入库"→"产品入库单维护"，进入"产品入库序时簿"窗口，如图 32-30 所示。

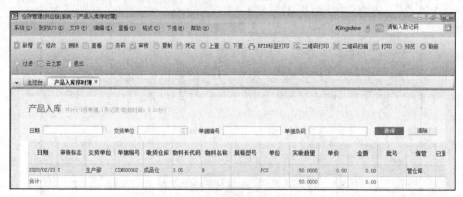

图 32-30

选中"CIN000002"号产品入库单，单击"编辑"菜单下的"倒冲领料"命令，"默认发料人"处获取"管仓库"，"默认领料人"处获取龚生产的代码"009"，表示默认领料人是龚生产，如图 32-31 所示。

单击"确定"按钮，系统进行后台处理后弹出提示，如图 32-32 所示。

通过提示可以得知倒冲成功，生成的领料单号码为"SOUT000002"。

图 32-31

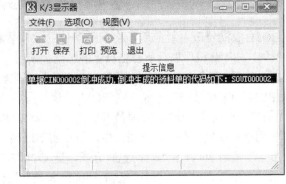

图 32-32

（10）查询"SOUT000002"号领料单。进入"生产领料序时簿"窗口，双击"SOUT000002"号领料单记录，系统弹出"SOUT000002"号领料单，如图 32-33 所示。

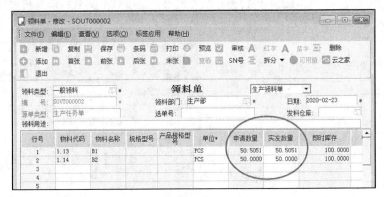

图 32-33

在"领料单 - 修改"窗口可以看到倒冲成功的物料和数量，"发料仓库"为"生产车间仓库"，这表示在 BOM 单中预设的发料仓库起到了作用。

由于默认"生产领料单"未审核，因此需审核该张生产领料单。

（11）重新查询即时库存，如图 32-34 所示。从即时库存查询可以看到 B1 和 B2 的数量已经有变化，表示倒冲领料成功。

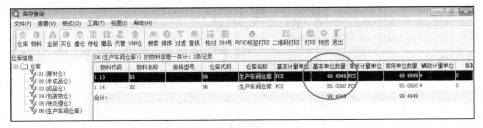

图 32-34

通过倒冲业务即可看到生产车间仓库的即时库存，如果与核算管理系统连接使用，可以同时看到生产车间仓库的库存资金情况。

32.4 BOM 成批修改

BOM 成批修改主要应用于将满足条件的父项物料下的子项物料成批替换为正确的子项物料。例如，某计算机厂以前所有主机箱的螺丝都使用"不镀锌表面处理"，经过销售部反映和工程部重新设计后，计划以后所有机箱螺丝必须采用"镀锌处理"，由于公司机箱产品太多，如果采用每一 BOM 档案单独修改方式，则 BOM 管理员需要花大量的时间对 BOM 档案进行修改。采用 BOM 成批修改功能，BOM 管理员可以快速准确地完成修改工作。

下面举例说明：在本实例账套中，经销售部反映，纸箱包装过大，公司计划以后"圆珠笔"的"纸箱"采用 200PCS 每箱的包装方式，建立 200PCS 包装箱，并成批修改 BOM 档案。

（1）首先查询一下"4.01—纸箱—500PCS 装"物料使用在何种产成品 BOM 中。选择"计划管理"→"生产数据管理"→"BOM 查询"→"BOM 单级反查"，系统弹出"过滤"窗口，"物料范围"录入"4.01"到"4.01"，如图 32-35 所示。

（2）单击"确定"按钮，系统进入"BOM 单级反查"窗口，选择窗口左侧的最末级"4.01（纸箱）"物料，系统在窗口右上侧显示该物料的基本信息，窗口右下侧显示该物料使用的是何种产品的 BOM 信息，如图 32-36 所示。

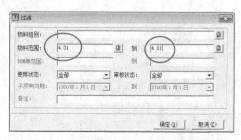

图 32-35

图 32-36

通过"BOM 单级反查"窗口可以得知，"4.01—纸箱"使用在"3.01—蓝色圆—珠笔"和"3.02—红色—圆珠笔"的 BOM 中。

（3）以复制方法建立"200PCS 装"的纸箱物料档案。选择"系统设置"→"基础资料"→"公共资料"→"物料"，系统弹出"物料 - 修改"窗口，如图 32-37 所示。

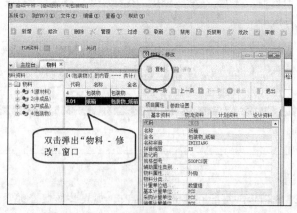

图 32-37

（4）在"物料 - 修改"窗口上单击"复制"按钮，这时系统呈"新增"状态，并自动将"4.01"的物料信息复制到新的窗口，修改代码为"4.02"，规格型号修改为"200PCS 装"，如图 32-38 所示。

（5）单击"保存"按钮保存当前复制的档案，退出"物料 - 新增"窗口，稍后在"物料"管理窗口可以看到新增成功的"4.02—纸箱"档案，如图 32-39 所示。

图 32-38

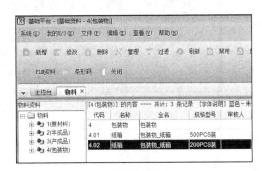

图 32-39

（6）成批修改 BOM。选择"计划管理"→"生产数据管理"→"BOM 维护"→"BOM 成批修改"，系统弹出"BOM 成批修改"窗口，如图 32-40 所示，"父项物料"选择"所有物料"，"被替换物料"获取"4.01—纸箱—500PCS 装"物料，"用量"修改为"0.002"，"替换物料"获取"4.02—纸箱 200PCS 装"，"用量"修改为"0.005"。

（7）单击"下一步"按钮，系统显示符合条件的父项物料信息，如图 32-41 所示。

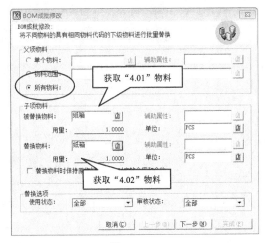

图 32-40

图 32-41

若父项物料信息中有不需要修改的 BOM，则可以单击"取消"按钮或"上一步"按钮重新设置父项物料范围。

（8）在此单击"完成"按钮，系统弹出"替换成功"提示，表示替换工作完成。

（9）查询是否替换成功。选择"计划管理"→"生产数据管理"→"BOM 查询"→"BOM 单级展开"，系统弹出"过滤"窗口，保持默认过滤条件，单击"确定"按钮，系统进入"BOM 单级展开"窗口，选择"BOM000002"号 BOM 单，可以看到该 BOM 下子项物料的纸箱已经被替换为"4.02—纸箱—200PCS 装"，如图 32-42 所示。

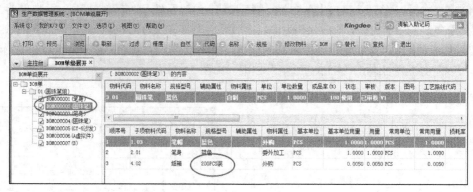

图 32-42

第 33 章　物料需求计划和生产任务高级应用

本章重点

- 产品预测单
- 指定单据进行 MRP 计算
- 生产任务单全程跟踪
- 生产任务单可视化查看

33.1　产品预测单

产品预测，是指企业为满足未来市场销售需求，根据企业历史生产数据和市场、销售预测等资料，制订企业在未来一段时间内需要安排生产什么、生产多少、什么时候生产等的一种生产计划。产品预测单是 MRP 计算的需求来源之一。

下面举例说明：录入图 33-1 所示的产品预测单，练习预测单处理流程。

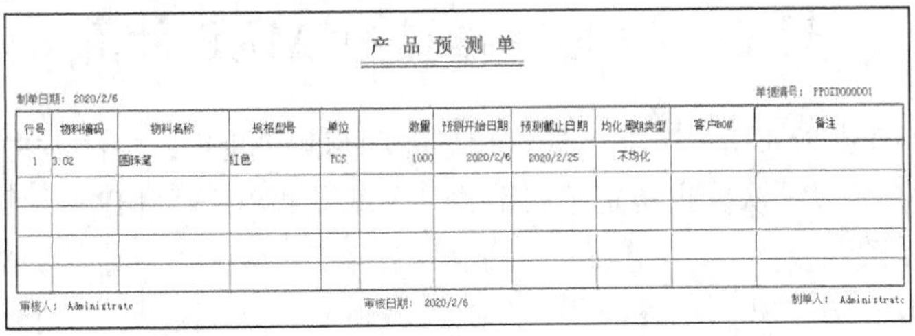

产品预测单

制单日期：2020/2/6　　单据编号：PPOID000001

行号	物料编码	物料名称	规格型号	单位	数量	预测开始日期	预测截止日期	均化周期类型	客户BOM	备注
1	3.02	圆珠笔	红色	PCS	1000	2020/2/6	2020/2/25	不均化		

审核人：Administrate　　审核日期：2020/2/6　　制单人：Administrate

图 33-1

（1）选择“计划管理”→“物料需求计划”→“产品预测”→“产品预测—新增”，系统进入“产品预测单 - 新增”窗口，如图 33-2 所示。

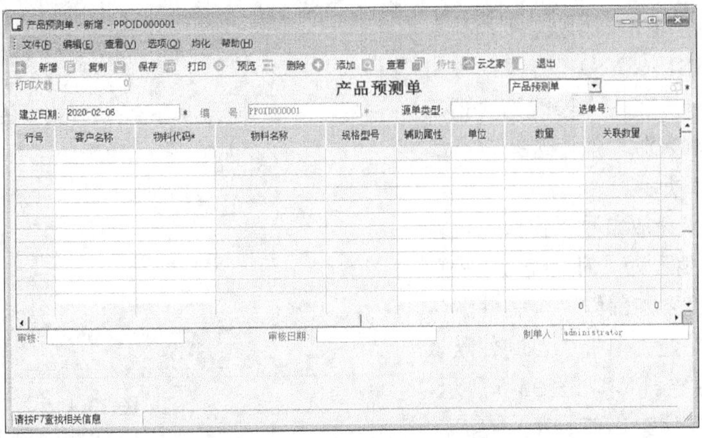

图 33-2

（2）在"物料代码"处获取"3.02—圆珠笔—红色"，"数量"处录入"1000"，"预测截止日期"修改为"2020-02-25"，如图 33-3 所示。

图 33-3

（3）保存并审核该产品预测单。

> 注　产品预测单也可以同时指定"客户"。

33.2　指定单据进行 MRP 计算

MRP 的计算原理是针对所有未完工的销售订单和预测单进行统一的 MRP 计算，当企业实际业务有特殊要求时，可以分次分批指定某张销售订单或预测单进行 MRP 计算，以达到按单计算出 MRP 计划单的目的。

下面举例说明：使用"MTS1（SYS）" MRP 计划方案，然后指定"PPOID000001"号产品预测单进行 MRP 计算。

（1）选择"计划管理"→"物料需求计划"→"系统设置"→"MRP 计划方案维护"，系统进入 MRP"计划方案维护"窗口，选择"MTS1（SYS）"方案，单击"修改"按钮，"计算范围"修改为"指定需求单据"，"需求来源"保持选择"产品预测"，如图 33-4 所示。

（2）切换到"投放参数"窗口，设置"采购申请人默认值"为"何采购"，"采购部门默认值"为"采购部"，"自制件默认生产类型"为"普通订单"，"自制件默认生产部门"为"生产部"，如图 33-5 所示。单击"保存"按钮保存当前 MRP 方案。

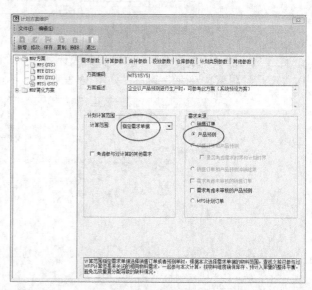

图 33-4

（3）进行 MRP 计算。选择"计划管理"→"物料需求计划"→"MRP 计算"→"MRP 计算"，系统弹出"MRP 运算向导 - 开始"窗口，如图 33-6 所示。

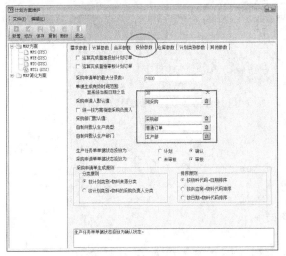
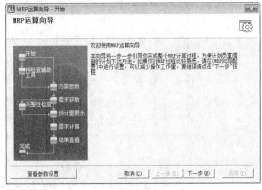

图 33-5　　　　　　　　　　　图 33-6

单击"下一步"按钮，系统进入"MRP 运算向导 - 预检查辅助工具"窗口，如图 33-7 所示。

跳过检查，单击"下一步"按钮，进入"MRP 运算向导 - 方案参数"窗口，单击"运算方案"输入框右侧的获取按钮，获取"MTS1（SYS）"计划方案，如图 33-8 所示。

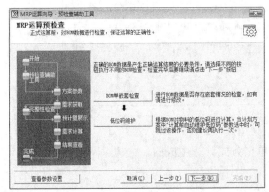
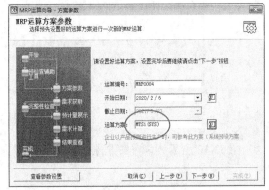

图 33-7　　　　　　　　　　　图 33-8

单击"下一步"按钮，系统进入"MRP 运算需求获取"窗口，单击"选择"按钮，系统进入"产品预测单序时簿"窗口，如图 33-9 所示。

选中"PPOID000001"号产品预测单，单击"返回"按钮返回"MRP 运算需求获取"窗口，单击"下一步"按钮，系统进入"预计量展示"窗口，跳过预计量展示，单击"下一步"按钮，系统开始 MRP 计算，计算完成进入"计算结果查询"窗口，单击"完成"按钮，结束 MRP 计算。

（4）查询 MRP 计划单据情况。选择"计划管理"→"物料需求计划"→"MRP 维护"→"MRP 计划订单维护"，系统弹出"条件过滤"窗口，保持默认条件，单击"确定"按钮，进入"计划订单序时簿（MRP）"窗口，如图 33-10 所示。

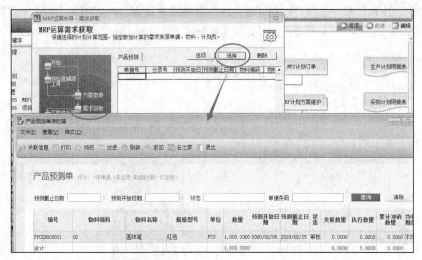

图 33-9

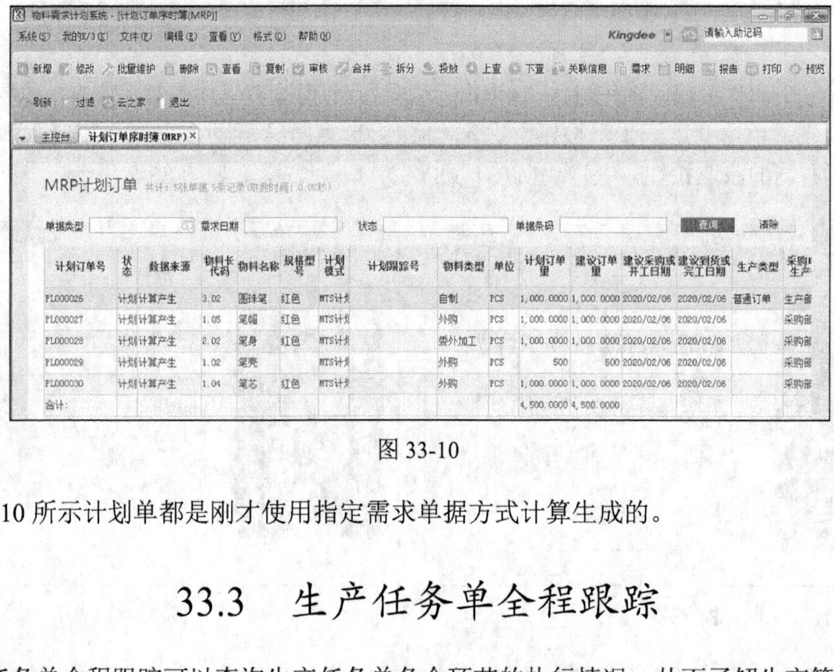

图 33-10

图 33-10 所示计划单都是刚才使用指定需求单据方式计算生成的。

33.3　生产任务单全程跟踪

生产任务单全程跟踪可以查询生产任务单各个环节的执行情况，从而了解生产管理部门事前对生产进行准备的投料单等生产准备信息，仓库部门的正常领料、报废补料等物料控制信息，产品完成后向质检部门提出申请和质检部门进行具体检验的质检信息，以及具体生产部门完工后进行的任务单汇报和产品入库等实际生产信息，从而方便客户进行有效的生产进度控制并根据需要进行生产计划调整。

选择"生产管理"→"生产任务管理"→"生产任务"→"任务单全程跟踪"，系统进入"任务单全程跟踪"窗口，如图 33-11 所示。

在"任务单全程跟踪"窗口，通过"选单"功能来查询所要查询的跟踪情况，例如，选择"WORK000001"号生产任务单查询全程情况。

第33章 物料需求计划和生产任务高级应用

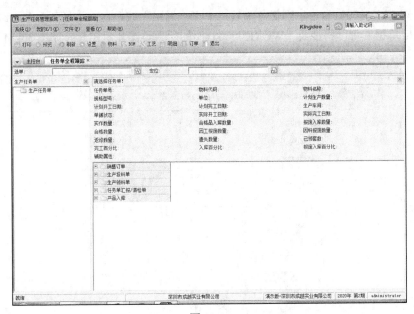

图 33-11

在"选单"处按"F7"功能键,系统弹出"条件过滤"窗口,将"时间"项目修改为"全部",表示查询所有时间段内的生产任务单,如图33-12所示。

图 33-12

单击"确定"按钮,系统进入"生产任务单序时簿"窗口,如图33-13所示。

图 33-13

- 795 -

选中"WORK000001"号生产任务单后,单击"返回"按钮返回"任务单全程跟踪"窗口,展开右侧相应单据,可以将涉及"WORK000001"的所有单据显示出来,如图33-14所示。

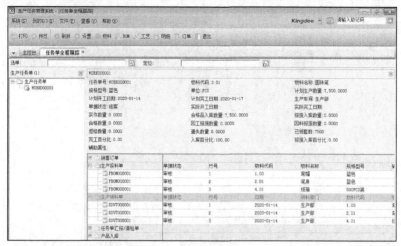

图 33-14

33.4 生产任务单可视化查看

生产任务单可视化查看可以快速查询到生产任务单的需求情况、生产日历排程情况、生产能力情况和生产任务所需要的物料情况,通过生产任务单可视化可以一目了然地查看生产任务的安排情况。

选择"生产管理"→"生产任务管理"→"生产任务"→"生产任务单可视化查看",系统弹出"过滤"窗口,保持默认值,单击"确定"按钮,系统进入"生产任务单可视化查看"窗口,如图33-15所示。

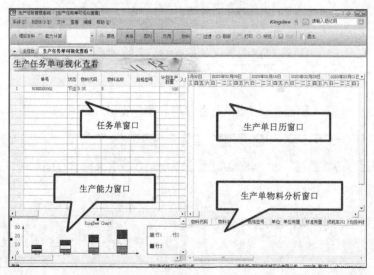

图 33-15

- 任务单窗口：显示生产任务单列表。
- 生产单日历窗口：以"甘特图"形状显示每一张生产任务单的开工日期和完工日期。
- 生产能力窗口：显示生产能力柱形图。
- 生产单物料分析窗口：选择任务单窗口中的生产任务单，在此显示该任务单所需要的物料信息，如用量关系、投料多少、已领料多少和未领料多少。

在生产单日历窗口，用户可以根据"甘特图"显示的信息，安排、调整生产情况，将光标放置在该任务单的"横向柱状图"上，可以查询到对应的任务单信息。

下面举例说明：新增一张生产任务单，生产"3.02—圆珠笔—红色"，数量是1000PCS，计划开工日期是"2020-02-23"，计划完工日期是"2020-02-28"，练习查询"生产任务单可视化查看"数据。

（1）进入"生产任务单 - 新增"窗口，在"物料代码"处获取"3.02"，"数量"处录入"1000"，"生产车间"处获取"生产部"，"计划完工日期"修改为"2020-02-28"，如图33-16所示。

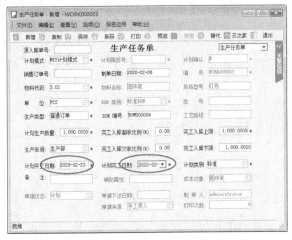

图 33-16

（2）保存该任务单。进入"生产任务单可视化查看"窗口，如图33-17所示。

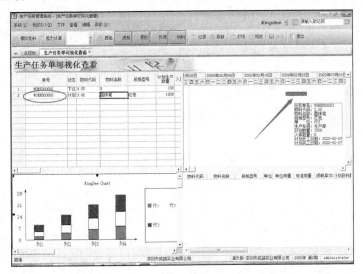

图 33-17

> **注** 在生产单日历窗口中任务单甘特图的颜色为蓝色，是因为该任务单暂处于"计划"状态。

"确认"生产任务单后，再查看甘特图颜色变化。在左侧的任务单窗口双击任务单，系统进入"任务单"编辑窗口，单击"确认"按钮，单击"退出"按钮返回"生产任务单可视化查看"窗口，单击"刷新"按钮，生产单日历窗口中的甘特图的颜色已经变化为淡绿色。

通过生产任务单可视化查看功能，用户可以快速地查询到生产任务单信息，生产任务单所处的状态是计划、确认，还是下达，以及该任务单的开工日期和完工日期等信息，使用户能够通过一个界面快速掌握生产安排情况。

第 34 章　财务系统高级应用

> **本章重点**
> - 显示科目最新余额
> - 模式凭证
> - 从报表数据联查原始单据
> - 报表非会计科目类取数函数
> - 报表多表页管理
> - 凭证套打打印
> - 账簿打印

金蝶 K/3 的财务系统作为标准化程度最高的系统，为用户提供了多种加强功能，以提高用户的操作效率，帮助领导层及时、准确地分析企业目前财务现状。

34.1　显示科目最新余额

设置"显示科目最新余额"选项，可以在凭证录入窗口查询录入会计科目的当前最新余额，通过显示最新余额，可以及时预防和修正错误。

下面举例说明：设置显示科目最新余额功能，并测试该功能是否生效。

（1）修改"显示科目最新余额"选项。选择"系统设置"→"系统设置"→"总账"→"系统参数"，进入"系统参数"设置窗口，切换到"总账"选项卡下的"预算"选项卡，选中"显示科目最新余额、预算额"选项，如图 34-1 所示。

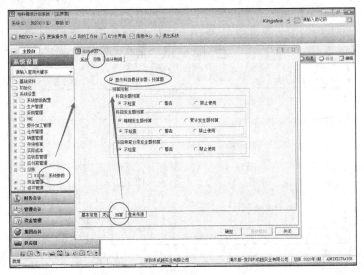

图 34-1

（2）单击"保存修改"按钮，再单击"确定"按钮。

（3）测试"显示科目最新余额"控制是否生效。进入"记账凭证 - 新增"窗口，在"摘要"处随意录入，"科目"处获取"1001.01—库存现金—人民币"，光标移至"借方"或"贷方"处，窗口左上角显示当前"1001.01—库存现金—人民币"的余额，如图34-2所示。

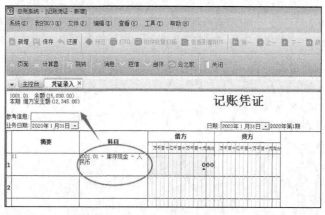

图 34-2

看到图34-2所示左上角的最新科目余额，表示设置功能生效。

 注　要显示最新科目余额，一定要将光标移至"借方"或"贷方"项目处。

34.2　模　式　凭　证

模式凭证，可以称为凭证模板，也就是预先将经常用到的同一类型凭证建立为"模式凭证"，使用时将模式凭证引入，可以不用修改会计科目，只需修改金额，以提高财务人员凭证录入的处理速度。

下面举例说明：建立图34-3所示"交房租水电"凭证，并保存为模式凭证，然后练习调用模式凭证。

摘要	会计科目	借方本位币	贷方本位币
交房租	5101.01 制造费用 - 房租	5000 00	
交水电费	5101.02 制造费用 - 水电费	1234 00	
交房租水电费	1002.01 银行存款 - 工行东桥支行125		6234 00
附件 张	合计 陆仟贰佰叁拾肆元整	6234 00	6234 00

图 34-3

(1) 进入"记账凭证 - 新增"窗口,在第一行分录"摘要"处录入"交房租","科目"处获取"5101.01—制造费用—房租","借方"栏录入 5000,第二行分录"摘要"处录入"交水电费","科目"处获取"5101.02—管理费用—水电费","借方"栏录入"1234",第三行分录"摘要"处录入"交房租水电费","科目"处获取"1002.01—银行存款—工行东桥支行 125","贷方"处录入"6234",保存当前凭证,保存成功的凭证如图 34-4 所示。

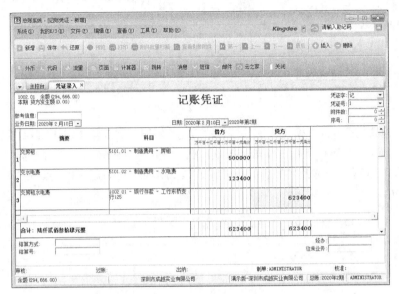

图 34-4

(2) 将当前凭证保存为模式凭证。选择"文件"→"模式凭证",系统弹出"保存模式凭证"窗口,在"名称"处录入"交房租水电模板",并可以自由选择要应用在模式凭证中的项目,如图 34-5 所示。

(3) 单击"类型"右侧的查看/编辑按钮,系统进入"模式凭证类别"管理窗口,切换到"编辑"选项卡,单击"新增"按钮,录入"常用凭证"并保存,如图 34-6 所示。

图 34-5

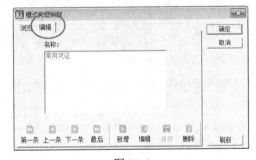

图 34-6

(4) 单击"确定"按钮,返回"保存模式凭证"窗口,在"类型"处选择刚才新增的"常用凭证",如图 34-7 所示。

(5) 单击"确定"按钮,保存模式凭证,稍后系统弹出提示窗口,如图 34-8 所示。

(6) 单击"确定"按钮,结束模式凭证保存工作。

图 34-7

图 34-8

（7）调用模式凭证，查看模式凭证是否设置成功。例如，2020年2月15日补交房租1000元、水电费222元，从工行东桥支行125账号扣款。在"凭证"处理窗口，单击"新增"按钮，系统进入空白凭证录入窗口，选择"文件"→"调入模式凭证"，系统弹出"模式凭证"管理窗口，如图34-9所示。

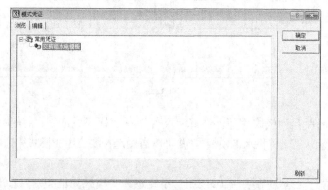
图 34-9

（8）选中"交房租水电模板"，系统将所保存的模式凭证引入，如图34-10所示。

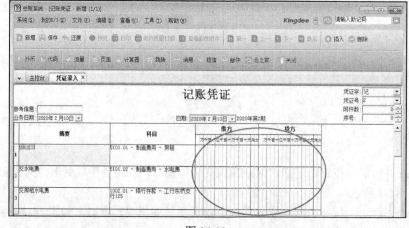
图 34-10

（9）在第一行分录"借方"处录入"1000"，第二行分录"借方"处录入"222"，第三行分录"贷方"处录入"1222"，如图34-11所示。

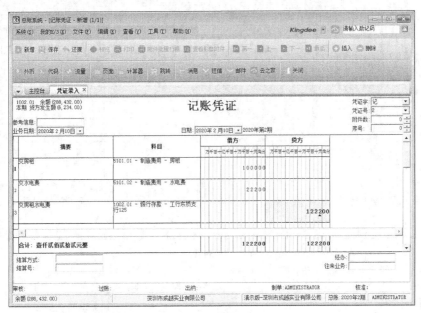

图 34-11

（10）保存当前凭证。

通过练习得知，使用模式凭证可以有效地提高凭证录入速度。

34.3 从报表数据联查原始单据

采用手工业务方式时，如果对财务报表中的某些数据有异议，只能从原始单据中查询，这样需要花费大量的时间去寻找原始单据。金蝶K/3为用户提供超强的联查功能，可以从当前下查到最后一张业务单据，也可以向上查询到最前端单据。通过联查功能即可快速查询业务数据是否发生错误，并能查询到该数据的来龙去脉。

下面举例说明：查询资产负债表中的存货数据，联查到最前端单据。

（1）进入报表系统，选择"（行业）—新企业会计准则"下的"新会计准则资产负债表"，如图34-12所示。

（2）系统进入"新会计准则资产负债表"管理窗口，在"存货"项目的"年初数"处右击，系统弹出快捷菜单，选择"联查"，再弹出下一级快捷菜单，如图34-13所示。

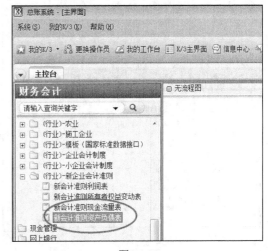

图 34-12

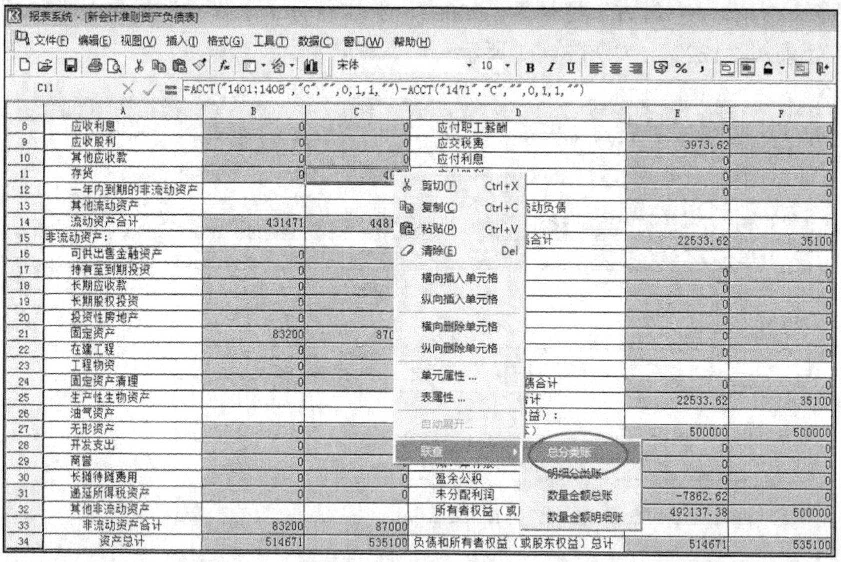

图 34-13

（3）单击"总分类账"，系统弹出"公式选择"窗口，如图 34-14 所示。

（4）选择最后一条公式，单击"确定"按钮，任务栏上的"总账系统"在闪动，表示该联查功能激活了"总账系统"，切换到"总账系统"，可以看到选择"公式"后查询到所涉及科目的总账数据，如图 34-15 所示。

（5）查询"原材料"科目的明细账，双击"原材料"科目记录行，系统进入"原材料"科目的"明细分类账"窗口，如图 34-16 所示。

图 34-14

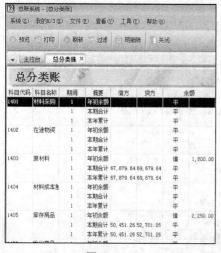

图 34-15

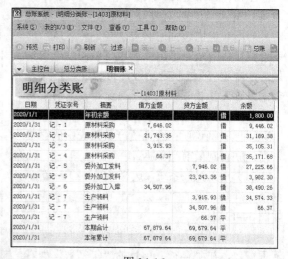

图 34-16

（6）双击"记-1"明细分类账，系统进入"记账凭证 - 查看"窗口，如图 34-17 所示。

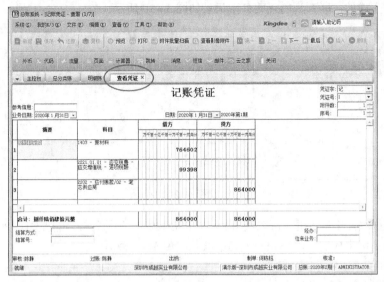

图 34-17

（7）选择"查看"→"查看单据"，系统弹出"记-1"凭证对应的"ZPOFP000001"号购货发票（专用），如图 34-18 所示。

图 34-18

（8）单击"上查"按钮，可以查询到"ZPOFP000001"号购货发票（专用）是由"WIN000001"号外购入库单生成的发票，联查到的外购入库记录如图 34-19 所示。

图 34-19

（9）单击"上查"按钮，可以查询到"WIN000001"号外购入库单是由"CYPO000001"号采购订单关联生成的，联查到的采购订单记录如图 34-20 所示。

图 34-20

（10）单击"上查"按钮，可以查询到"CYPO000001"号采购订单是由"POREQ000001"号采购申请单关联生成的，联查到的采购申请单如图 34-21 所示。

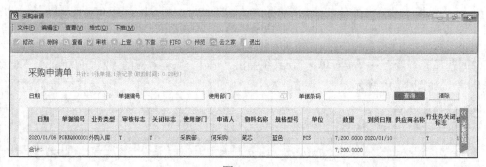

图 34-21

（11）单击"上查"按钮，可以查询到"POREQ000001"号采购申请单是由"PL000005"号计划订单生成的，联查到的计划订单如图 34-22 所示。

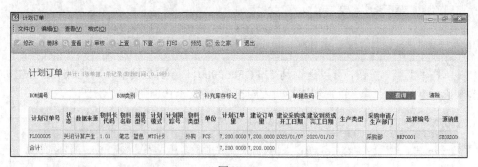

图 34-22

通过金蝶 K/3 超强的联查功能，可以有效地知道财务数据最终的来龙去脉。

34.4 报表非会计科目类取数函数

在财务分析上经常使用不同的报表完成分析，分析报表除从总账系统取会计科目数据外，还有些报表可能会涉及不同的系统，如固定资产数据和供应链数据等。金蝶 K/3 的报表系统为用户提供了丰富的取数函数功能，可以从固定资产、供应链、应收、应付和人力资源等系统中取数并生成报表。

下面举例说明：制作图 34-23 所示的报表，并练习非会计科目类函数取数方法。

图 34-23

（1）进入"新报表：报表_1"窗口，选择"视图"→"显示公式"，将报表切换到可编辑状态，在 A1 单元格录入"存货金额收发存表"，同时选中 A1 至 D1 单元格，选择"格式"→"单元融合"，然后将文字居中，字号设置为 16 号，并加粗显示，将第 1 行的行高拉高，如图 34-24 所示。

（2）分别在 A2 至 D2 栏中录入"期初金额""本月收入金额""本月发出金额"和"本月结存金额"，如图 34-25 所示。

图 34-24

图 34-25

（3）取"期初金额"数据，光标移至 A3 单元格，选择"插入"→"函数"，系统弹出"报表函数"窗口，选择"K3 核算报表取数函数"下的"FOIOJ_LFBEGA"函数，请注意窗口下的公式说明，如图 34-26 所示。

单击"确定"按钮，系统进入参数录入窗口，在"会计期间处"录入"1"，如图 34-27 所示。

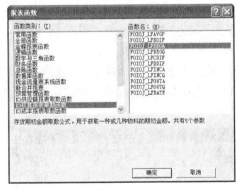

图 34-26

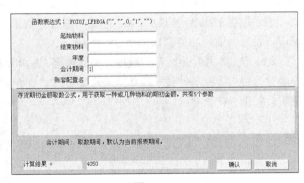

图 34-27

图 34-27 表示取当前账套所有物料第 1 期的期初金额数据，单击"确定"按钮，返回"新报表：报表_1"窗口，设置函数成功的窗口如图 34-28 所示。

（4）取"本月收入金额"数据，光标移至 B3 单元格，选择"插入"→"函数"，系统弹出"报表函数"窗口，选择"K3 核算报表取数函数"下的"FOIOJ_LFINCA"函数，请注意窗口下的说明，如图 34-29 所示。

图 34-28

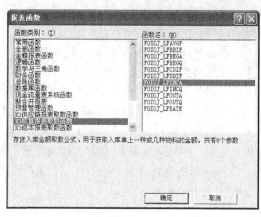

图 34-29

单击"确定"按钮,系统进入参数录入窗口,在"起始期间"和"结束期间"栏中都录入"1",如图 34-30 所示。

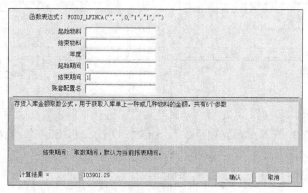

图 34-30

表示取当前账套所有物料第 1 期的入库金额数据,单击"确定"按钮,返回"新报表:报表_1"窗口,设置函数成功的窗口如图 34-31 所示。

(5)取"本月发出金额"数据,光标移至 C3 单元格,选择"插入"→"函数",系统弹出"报表函数"窗口,选择"K3 核算报表取数函数"下的"FOIOJ_LFOUTA"函数,请注意窗口下的说明,如图 34-32 所示。

图 34-31

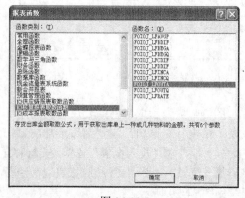

图 34-32

单击"确定"按钮,系统进入参数录入窗口,在"起始期间"和"结束期间"栏中都录入"1",如图34-33所示。

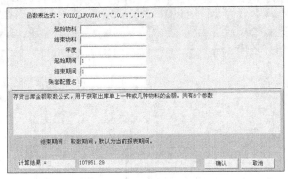

图 34-33

表示取当前账套所有物料第 1 期的出库金额数据,单击"确定"按钮,返回"新报表:报表_1"窗口,设置函数成功的窗口如图 34-34 所示。

(6)设置"本月结存金额"项目的公式,该项目由于无函数可使用,所以只能手工录入公式。光标放至 D3 单元格,在编辑栏中录入"=A3+B3-C3",如图 34-35 所示。

图 34-34

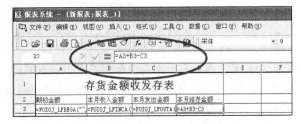

图 34-35

(7)查看设置公式是否生效。选择"查看"→"显示数据",系统切换到数据显示,自动将设置的公式取数成功,如图 34-36 所示。

(8)查询所设置的报表数据是否正确。切换到主界面窗口,选择"供应链"→"核算管理"→"报表分析"→"综合分析类"→"存货收发存汇总表",系统弹出"过滤"窗口,"会计期间"范围都设置为"1",如图 34-37 所示。

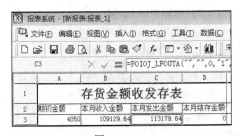

图 34-36

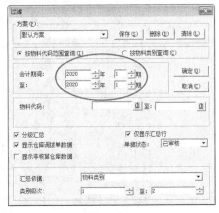

图 34-37

单击"确定"按钮,系统进入"存货收发存汇总表"窗口,如图 34-38 所示。

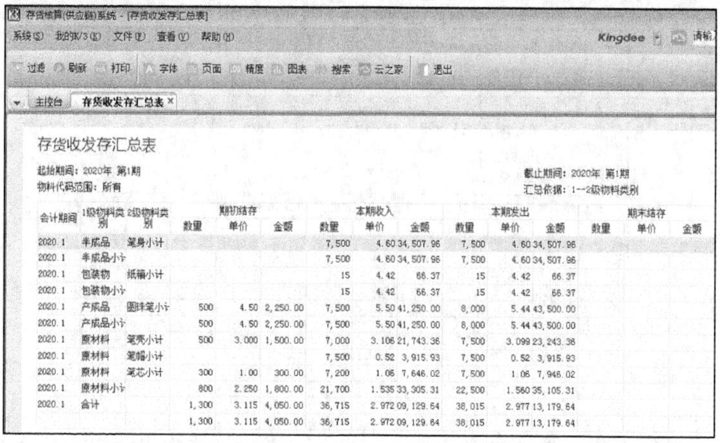

图 34-38

在"存货收发存汇总表"窗口中可以看到期初金额、本期收入金额、本期发出金额和期末结存都与所设置的报表数据相同,表示报表设置成功。

34.5 报表多表页管理

金蝶 K/3 报表系统为用户提供多表页管理功能。虽然用户在查询不同会计期间数据时可以设置会计期间再计算,但是有些公司为管理方便,希望不设置会计期间就看到原历史数据,在此使用多表页管理功能即可满足该需求。

下面举例说明:对资产负债表进行多表页管理,并练习不同会计期间的取数操作。

(1)进入报表系统,选择"(行业)—新企业会计准则"下的"新会计准则资产负债表",系统进入"新会计准则资产负债表"窗口,如图 34-39 所示。

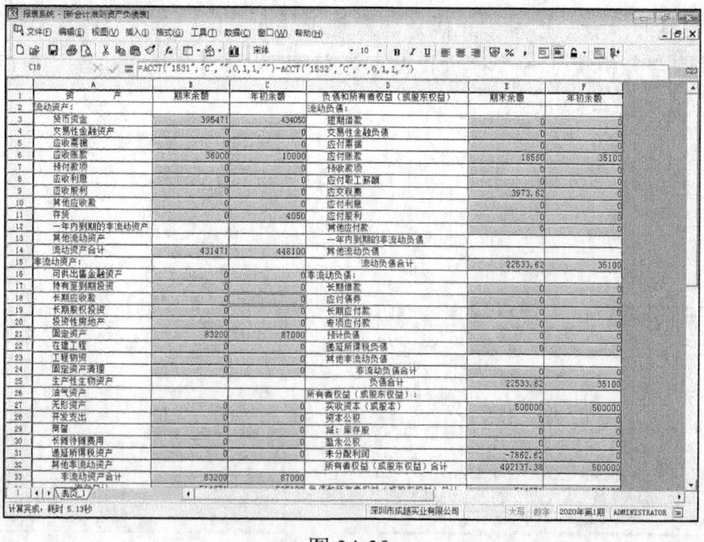

图 34-39

（2）双击"表页_1"标签，系统弹出"表页管理"窗口，在"表页标识"处将"表页_1"修改为"202001"，如图 34-40 所示，然后单击"应用"按钮，系统将修改结果显示在左侧窗口。

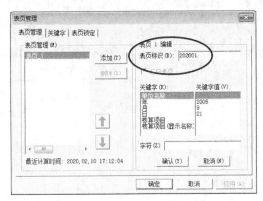

图 34-40

（3）单击"确定"按钮，返回"新会计准则资产负债表"窗口，可以看到修改后的表页标签，如图 34-41 所示。

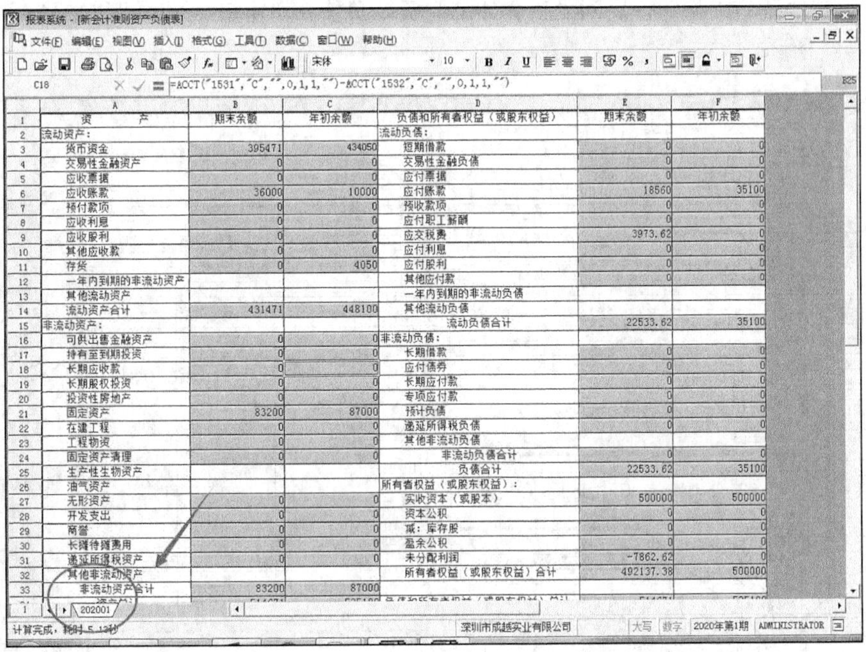

图 34-41

（4）将当前表页的取数会计期间设置为只取"1"会计期间数据。选择"工具"→"公式取数参数"，系统弹出"设置公式取数参数"窗口，期间范围设置为"1"，表示取 1 月数据，如图 34-42 所示。

（5）单击"确定"按钮，返回"新会计准则资产负债表"窗口，选择"数据"→"报表重算"，系统计算出的结果即表示为当前会计年度 1 月的利润表。

（6）追加一张表页，并设置为"202002"。选择"格式"→"表页管理"，系统弹出"表页管理"窗口，单击"添加"按钮，将新表页的标识修改为"202002"并应用，如图 34-43 所示。

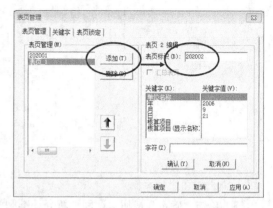

图 34-42　　　　　　　　　　　　　　　图 34-43

（7）单击"确定"按钮，返回"新会计准则资产负债表"窗口，这时可以看到新增成功的表页如图 34-44 所示。

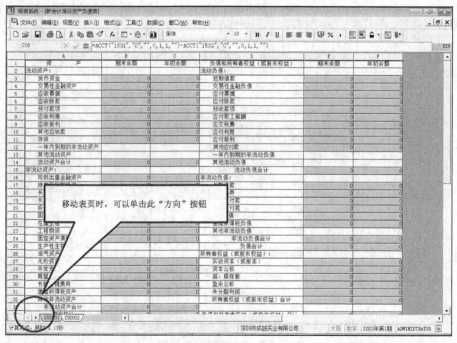

图 34-44

（8）请注意在"202002"表页中数据都为"0"，修改取数"会计期间"为"2"，并进行报表重算。选择"工具"→"公式取数参数"，系统弹出"设置公式取数参数"窗口，期间范围设置为"2"，表示取 2 月数据，并选中"ACCT 公式取数时包括总账当前期间未过账凭证"，如图 34-45 所示。

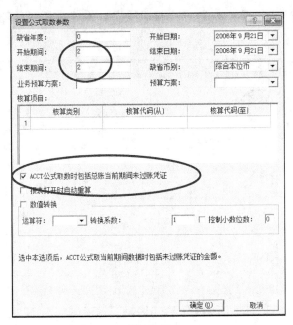

图 34-45

> **注** 在此选中"ACCT 公式取数时包括总账当前期间未过账凭证",是因为 2 月有录入凭证,但是暂未过账,为了看到报表效果,先使用本功能。

(9)单击"确定"按钮,返回"新会计准则资产负债表"窗口,选择"数据"→"报表重算",系统计算出的结果即表示为当前会计年度 2 月的利润表。

使用多表页管理功能时,如果要查询不同会计期间的数据,只要单击相应的选项卡即可,这样既可以保留历史报表数据,又可以实现快速查询。

34.6 凭证套打打印

金蝶 K/3 系统提供功能强大、操作方便的套打功能,系统已经预先为用户设计好凭证、总账、明细账、多栏式明细账、数量金额明细账、发票和各种出入库单据类型的套打输出格式,可在系统中利用套打功能进行凭证的套打输出。

若系统中没有自己满意的套打格式,用户可以使用"金蝶单据套打设计工具"设计自己满意的格式。

下面练习将会计分录序时簿中的凭证以套打形式打印,操作步骤如下。

(1)在"会计分录序时簿"窗口,选择"文件"→"打印凭证"→"使用套打",再次查看"使用套打"命令,该命令前面已经"打钩",如图 34-46 所示,表示目前正在使用套打方式进行凭证打印。

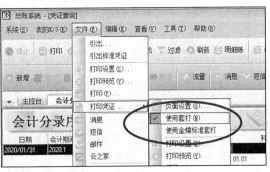

图 34-46

（2）再选择"文件"→"打印凭证"→"打印预览"，系统弹出"打印预览"窗口，如图 34-47 所示。

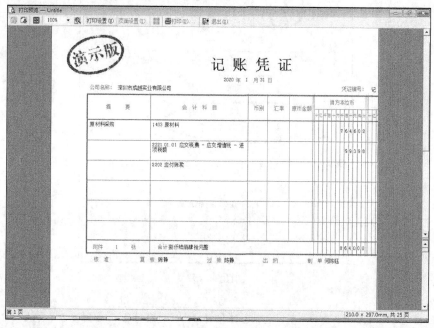

图 34-47

（3）单击工具栏上的"打印设置"按钮，系统弹出"打印设置"窗口，将"方向"改为"横向"，如图 34-48 所示。

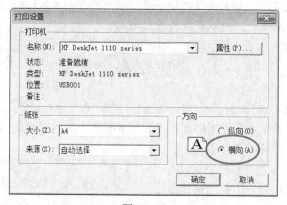

图 34-48

（4）单击"确定"按钮，返回"打印预览"窗口，这时可以看到凭证已经可以全部打印，但是纸张过大，如图 34-49 所示。

> **注** 因系统中预设的格式与专用的金蝶凭证套打纸（金蝶公司有售）规格相同，若用户使用该种纸张，应在打印机的服务器属性设置中先自定义纸张，之后再返回选择打印纸张。在购买套打纸之后，金蝶销售人员会为用户调整好打印机。

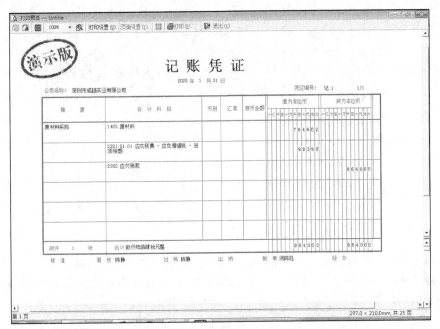

图 34-49

(5) 不同套打格式的选择。在"会计分录序时簿"窗口选择"工具"→"套打设置",系统弹出"套打设置"窗口,如图 34-50 所示。

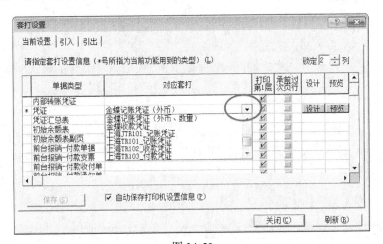

图 34-50

"单据类型"项目是指只有这些类型的单据才能使用套打功能,"对应套打"项目是选择该种单据使用何种格式套打,单击"设计"按钮则进入格式设计窗口(有关套打设计的内容,请参照金蝶的相关操作手册),单击"预览"按钮可以预览格式。

- 引入:将外部已经设计好的套打格式引入本账套。
- 引出:从账套中引出套打格式,以供其他账套使用。

(6) 在"单据类型"为"凭证"的"对应套打"项目中选择所需要的格式进行预览,在此选择"金蝶记账凭证",如图 34-51 所示。

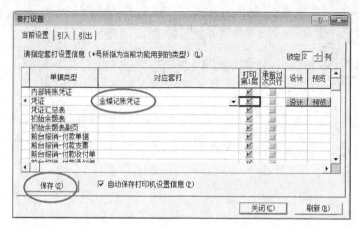

图 34-51

（7）单击"保存"按钮保存当前套打格式更改，单击"关闭"按钮返回"会计分录序时簿"窗口，选择"文件"→"打印凭证"→"打印预览"，在"打印预览"窗口，纸张大小选择前面所设置的"凭证纸"，再次预览发现该套打格式和纸张刚好合适，如图 34-52 所示。

图 34-52

若当前打印格式符合要求，可选择"文件"→"打印凭证"→"打印"进行凭证打印输出。

34.7 账簿打印

在每个会计年度末期，当凭证处理正确，并且记账处理后，都可以将各种账簿打印出来，并装订成册妥善保管。账簿打印在会计电算化中也是财务资料的另一种备份形式。

金蝶 K/3 系统为用户提供了两种账簿打印方式，一种是普通打印，另一种是套打打印。

下面以明细分类账为例，练习账簿的打印操作方法。

（1）选择"财务会计"→"总账"→"账簿"→"明细分类账"，系统弹出"过滤条件"窗口，"会计期间"设置为"2020 年 1 期"至"2020 年 2 期"，如图 34-53 所示。

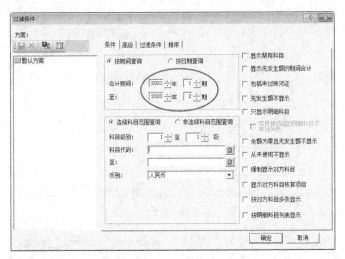

图 34-53

（2）单击"确定"按钮，进入"明细分类账"窗口，如图 34-54 所示。

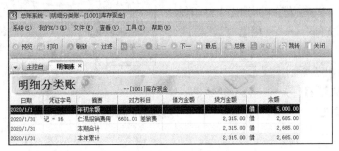

图 34-54

（3）选择"文件"→"打印凭证"→"打印预览"，系统弹出"打印预览"窗口，或者单击"预览"按钮进入"打印预览"窗口，如图 34-55 所示。

图 34-55

当前所看到的是普通打印的效果。

（4）在"打印预览"窗口单击"页面选项"按钮，系统弹出"页面选项"设置窗口，如图 34-56 所示。

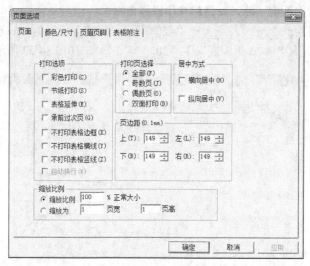

图 34-56

在"页面选项"窗口可以对"页面"选项卡中各选项进行设置,可以设置打印时的颜色/尺寸、页眉页脚和表格附注信息等。在此暂不用设置,单击"取消"按钮退出设置窗口。

(5)使用套打方式进行打印。退出"打印预览"窗口,选择"文件"→"使用套打",再次单击"文件"菜单,此时"使用套打"命令已经被勾选,如图 34-57 所示,表示目前正在使用套打方式进行凭证打印。

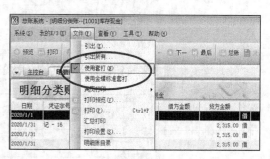

图 34-57

(6)设置套打文件。选择"工具"→"套打设置",系统弹出"套打设置"窗口,如图 34-58 所示。

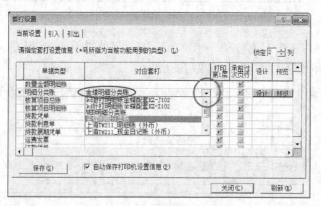

图 34-58

在"单据类型"为"明细分类账"的"对应套打"项目中,选择"金蝶明细分类账"。

(7)单击"关闭"按钮,系统提示是否保存,单击"是"按钮保存,选择"文件"→"打印预览",系统进入"打印预览"窗口,套打格式如图 34-59 所示。

图 34-59

由于纸张方向问题，导致不能完整打印。

（8）修改纸张方向。单击"打印设置"按钮，系统进入"打印设置"窗口，纸张"方向"选择"横向"，如图 34-60 所示。

（9）单击"确定"按钮，返回"打印预览"窗口，此时的纸张大小和方向刚好适合使用套打格式打印，如图 34-61 所示。

图 34-60

图 34-61

（10）在打印预览设置过程中，可能读者也注意到了，打印时只能打印当前会计科目的明细账簿。如果想一次性打印所有会计科目的明细账怎么办？要实现连续打印，选择"文件"→"连续打印"即可，如图 34-62 所示。

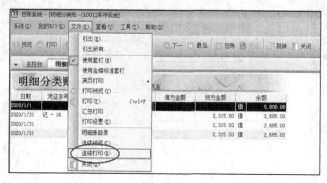

图 34-62

第 35 章　其他高级应用

本 章 重 点

- K/3 数据交换平台
- 供应链数据导入导出
- 单据金额查看权限

35.1　K/3 数据交换平台

在 ERP 的初始化阶段，用户常常需要花费大量的时间录入各种基础资料，而大多数用户精通 Excel 软件，所以都希望先以 Excel 格式录入文件，再导入 ERP 系统中。金蝶 K/3 为了满足用户这一要求，特提供 K/3 数据交换平台功能，用于导出和导入基础资料。

下面以 K/3 数据交换平台功能在本账套中导入"USD 美元"币别为例，练习导出和导入资料的使用方法。

（1）在导入基础资料之前，必须要知道导入文件的格式要求。若不知道格式，有一个非常简单的方法，就是先从系统中导出基础资料文件作为模板，然后在模板中录入需要导入的数据。选择"开始"→"所有程序"→"金蝶 K/3 WISE"→"金蝶 K/3 工具"→"客户端工具包"，系统进入"金蝶 K/3 客户端工具包"窗口，如图 35-1 所示。

（2）选择"BOS 平台"下的"BOS 数据交换平台"，单击"打开"按钮，系统进入"金蝶 K/3 系统登录"窗口，如图 35-2 所示。

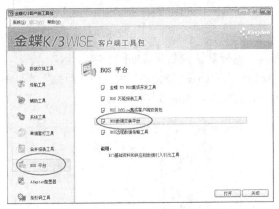

图 35-1

图 35-2

（3）当前账套选择"002 | 深圳市成越实业有限公司"，用户名录入"Administrator"，单击"确定"按钮，系统进入"数据交换平台"窗口，如图 35-3 所示。

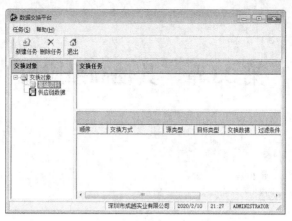

图 35-3

（4）选中左侧窗口的"基础资料"，单击"新建任务"按钮，系统进入"基础资料数据导入导出向导"窗口，如图 35-4 所示。

（5）单击"下一步"按钮，选择要实现的操作，选择"导出基础资料数据"选项，如图 35-5 所示。

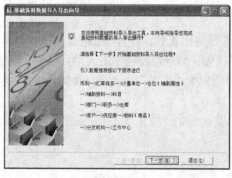

图 35-4

图 35-5

（6）单击"下一步"按钮，选择导出源账套，保持默认源账套，如图 35-6 所示。

（7）单击"下一步"按钮，选择要导出的数据和保存路径，"类别"中选中"币别"，"导出文件的保存路径"设置为"C:\"，"文件格式"为 Excel 文件，如图 35-7 所示。

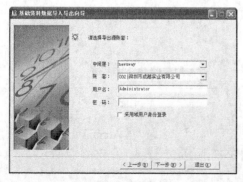

图 35-6

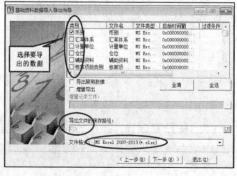

图 35-7

（8）单击"下一步"按钮，选择窗口中的"立即执行"，系统进行任务执行，如图 35-8 所示。

（9）单击"下一步"按钮，系统开始后台导出操作，导出结束后，系统会显示相应的提示，如图 35-9 所示。

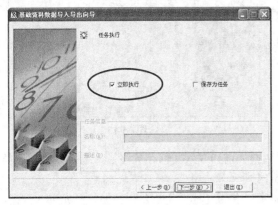
图 35-8

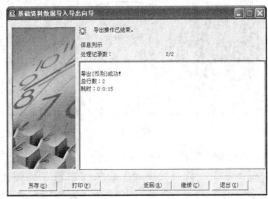
图 35-9

（10）单击"退出"按钮，结束导入导出操作。要查看导出的文件，打开"我的电脑"，打开 C 盘，可以看到该盘中有一名为"币别"的 Excel 文件，打开该文件，可以看到导出的数据，如图 35-10 所示。

（11）参照导出文件格式，录入美元资料。在 A4 处录入"USD"，B4 处录入"美元"，C4 处录入"6.93"，选中 D3 至 G3 复制到 D4 至 G4，然后删除第 2、3 行资料，剩余资料如图 35-11 所示。

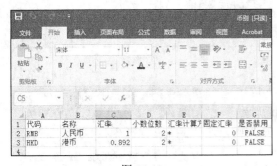
图 35-10

图 35-11

（12）保存修改后的"币别"文件，并退出 Excel 软件。

> 注　保存时，若系统提示为"只读文件"，则另存一个文件，修改文件名后再复制粘贴到 C 盘。

（13）导入新增的美元档案。切换到"数据交换平台"窗口，单击"新建任务"按钮，系统进入"基础资料数据导入导出向导"窗口，单击"下一步"按钮，选择要实现的操作，选中"导入基础资料数据"，如图 35-12 所示。

（14）单击"下一步"按钮，选择导入目标账套，选择"002［深圳市成越实业有限公司］"，如图 35-13 所示。

图 35-12　　　　　　　　　　　　图 35-13

（15）单击"下一步"按钮，选择要导入的数据类别和导入文件存放路径，选择"币别"类别，"导入文件存放路径"选择为 C 盘，如图 35-14 所示。

（16）单击"下一步"按钮，系统进行任务执行，继续单击"下一步"按钮，开始导入数据，稍后导入成功，弹出相应提示，如图 35-15 所示。

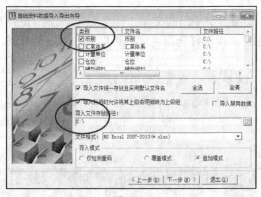 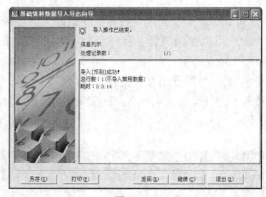

图 35-14　　　　　　　　　　　　图 35-15

（17）退出导入导出向导，到账套中查询导入成功后的币别档案。双击桌面上的"金蝶 K/3WISE 创新管理平台"图标，进入"002"账套，查询基础资料下的"币别"档案，查询到的币别档案如图 35-16 所示。

图 35-16 中的美元即刚才所导入的档案。在此虽然只练习了"币别"档案的导入操作，但在实际应用中，如供应商、客户和物料都是包含大量数据的档案，当导入此类档案时，利用数据交换平台工具就能体现出其速度优势。

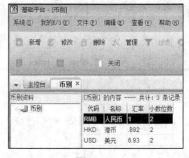

图 35-16

35.2　供应链数据导入导出

在上一节我们练习了基础资料的导入和导出操作，实际工作中可能会需要将 A 账套的数据导入 B 账套处理，金蝶 K/3 为满足此要求，为用户提供了供应链数据导入导出功能。

下面举例说明：从"002"账套中导出"QIN000001"号其他入库单，重新编辑后再导入"002"账套，练习供应链数据导入导出功能。

（1）先导出"QIN000001"号其他入库单。返回"数据交换平台"窗口，选中左侧窗口中的"供应链数据"项目，如图35-17所示。

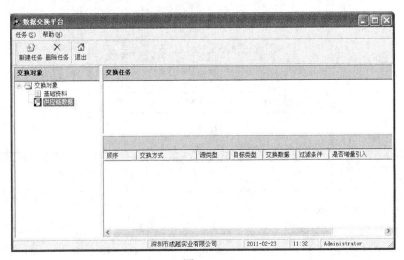

图 35-17

（2）单击"新建任务"按钮，系统进入"单据引出引入工具"窗口，切换到"引出"选项卡，选择"其他入库"单据类型，文件类型和文件路径保持不变，如图35-18所示。

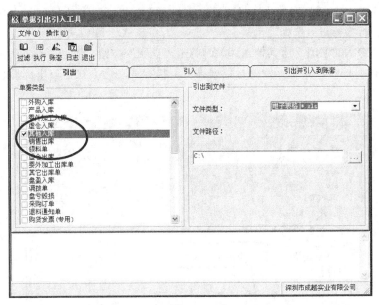

图 35-18

（3）单击"过滤"按钮，系统弹出"条件过滤"窗口，如图35-19所示。
（4）"时间"选择"全部"，其他保持默认条件，单击"确定"按钮，系统进入"其他入库序时簿"窗口，如图35-20所示。

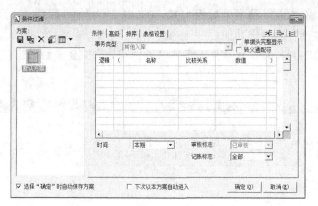

图 35-19

图 35-20

在"其他入库序时簿"窗口中选择要导出的单据行,若要导出多张单据,可以结合"Ctrl"或"Shift"键进行多行记录选择。

(5)选择"QIN000001"号其他入库单,单击"返回"按钮,返回"单据引出引入工具"窗口,单击"执行"按钮,系统开始执行数据导出,执行成功后会在窗口下部显示提示信息,如图 35-21 所示。

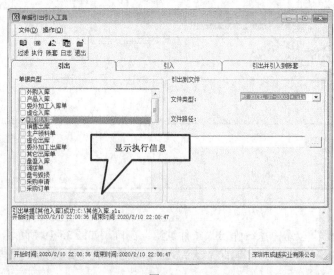

图 35-21

(6) 查看导出的文件。打开"我的电脑",打开 C 盘,再打开 C 盘下名为"其他入库"的 Excel 文件,导出的数据结果如图 35-22 所示。

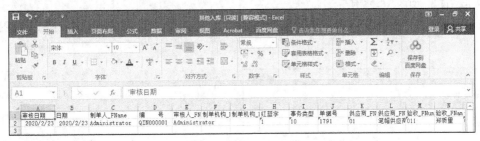

图 35-22

(7) 修改"其他入库"文件后,再导入"002"账套。导入文件的单据"编号"一定不能与系统中已有的编号相同,如从系统导出的为"QIN000001"号其他入库单,必须修改单据号,在此修改为"QIN000002",如图 35-23 所示。

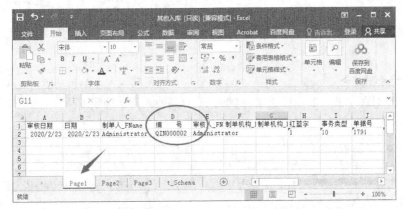

图 35-23

(8) 切换到"Page2"表中,将"单据号_FBillno"下的编号修改为"QIN000002",如图 35-24 所示。

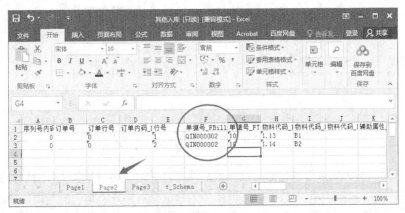

图 35-24

(9) 保存并退出"其他入库"文件。

(10) 返回"单据引出引入工具"窗口,切换到"引入"选项卡,在"文件名"处获取"C:\其他入库.xls",如图 35-25 所示。

(11) 单击"执行"按钮,系统开始引入"单据",稍后引入成功,系统弹出相应提示,如图 35-26 所示。

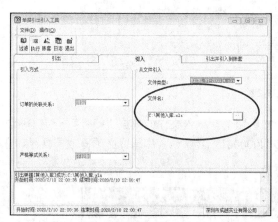
图 35-25

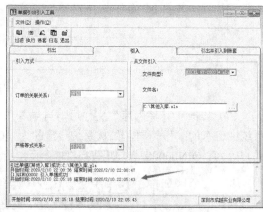
图 35-26

(12) 查询单据是否导入成功。进入"002"账套,利用其他入库维护功能,进入"其他入库序时簿"窗口,序时簿中的最后一行"QIN000002"号其他入库单即刚才所导入的单据,如图 35-27 所示。

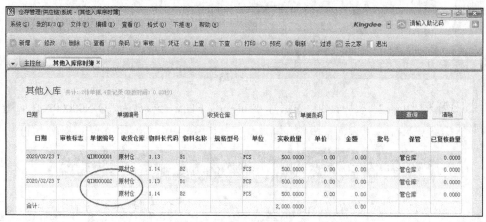
图 35-27

35.3 单据金额查看权限

金额信息属于财务重点保密信息,金额信息泄露容易给公司带来损失,所以某些部门不能知道对应物料的价格,如采购部人员不应知道成品销售价格,销售人员不应知道构成产品每一种物料的价格,仓管人员只要管理好数量账即可,不需要看到所有单据的金额。为了达到此目的,金蝶 K/3 系统为用户提供了金额查看权限的控制功能。

下面以控制"管仓库"不能查看所有仓库单据的金额为例,练习金额查看权限的控制操作。

(1)首先测试"管仓库"的金额查看权限。选择"系统"→"更换操作员",系统进入"金蝶 K/3 系统登录"窗口,"用户名"处录入"管仓库",如图 35-28 所示。

(2)密码为空,单击"确定"按钮进入业务流程窗口,选择"供应链"→"仓存管理"→"验收入库"→"外购入库—维护",系统弹出"条件过滤"窗口,"时间"选择"全部",如图 35-29 所示。

图 35-28

图 35-29

(3)单击"确定"按钮,系统进入"外购入库序时簿"窗口,任意打开一张外购入库单,"管仓库"当前可以看到采购单价和单位成本,如图 35-30 所示。

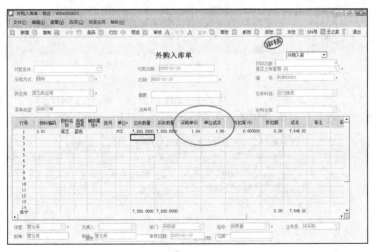
图 35-30

(4)进行权限设置。退出金蝶 K/3 系统,选择"开始"→"所有程序"→"金蝶 K/3 WISE"→"金蝶 K/3 服务器配置工具"→"账套管理",系统弹出"账套管理登录"窗口,如图 35-31 所示。

(5)"用户名"保持为"Admin",密码为空,单击"确定"按钮,系统进入"金蝶 K/3 账套管理"窗口,选中"002—深圳市成越实业有限公司"账套,选择"账套"→"用户管理",如图 35-32 所示。

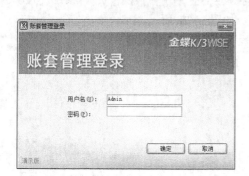
图 35-31

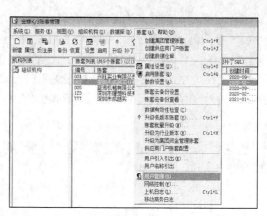
图 35-32

（6）系统进入"用户管理"窗口，选中"管仓库"用户，如图 35-33 所示。

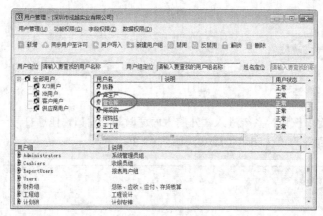
图 35-33

（7）右击"管仓库"，系统弹出快捷菜单，选择"属性"命令，系统弹出"用户属性"窗口，切换到"用户组"选项卡，选中左侧的"Administrators"组，如图 35-34 所示。

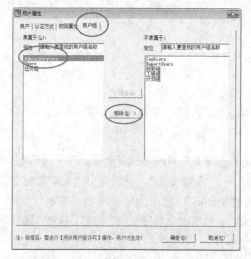
图 35-34

（8）单击"移除"按钮，将用户"管仓库"从"Administrators"组中移除，以方便后面的权限控制练习。单击"确定"按钮返回"用户管理"窗口。

（9）选择"功能权限"→"功能权限管理"，系统进入"用户管理_权限管理"窗口，如图35-35所示。

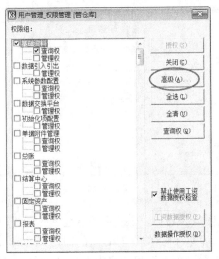

图 35-35

（10）单击"高级"按钮，系统进入"用户权限"高级设置窗口，在窗口左侧的"系统对象"处选择"供应链单据_验收入库"，此时系统将该对象可以设置的权限自动显示在窗口右侧，取消对"金额查看"的勾选，如图35-36所示。

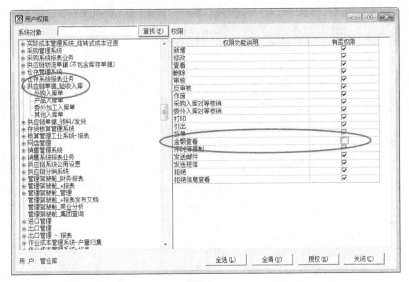

图 35-36

（11）单击"授权"按钮进行授权操作。在窗口左侧的"系统对象"处选中"供应链单据_领料/发货"，取消对窗口右侧"权限"项目中"金额查看"的勾选，并单击"授权"按钮进行授权，如图35-37所示。

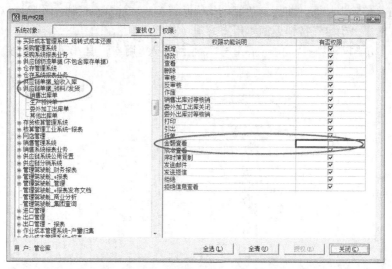

图 35-37

（12）授权完成，退出权限设置窗口，重新以"管仓库"身份登录"002—深圳市成越实业有限公司"账套，进入"外购入库单序时簿"窗口，任意打开一张外购入库单，请注意，经过权限设置后，在单据中已经不能查看采购单价和单位成本，表示设置权限成功，如图35-38所示。

图 35-38

附录　部分习题答案

第 1 章

（1）硬件和软件环境参看 1.3.1 小节。
（2）SQL Server 2005/2008/2012/2014 其中一种。
（3）客户端不用安装数据库。
（4）一定先要备份好所需的账套，以免造成不必要的损失。

第 2 章

（1）账套是一个数据库文件，存放所有的业务数据资料，包含会计科目、凭证、账簿、报表和出入库单据等内容，所有工作都需要打开账套后才能进行。一个账套只能做一个会计主体（公司）的业务。

（2）公司名称，以确定取什么账套名方便查看；系统，以选择合适的账套方案；启用日期，以确定启用之前的期初数据是否完成；币别，以确定本位币。

（3）金蝶 K/3 提供两种备份方法：一是单次备份一个账套；二是自动批量备份，即一次备份多个账套，而且备份工作在后台定时执行，不用人工干预。

备份方式有 3 种。

① 完全备份：执行完整的数据库备份，也就是为账套中的所有数据建立一个副本。备份后，生成完全备份文件。

② 增量备份：记录上次完整数据库备份后对数据库所做的更改，也就是为上次完整数据库备份后发生变动的数据建立一个副本。备份后，生成增量备份文件。

增量备份比完全备份工作量小而且备份速度快，因此可以经常备份，以减少丢失数据的危险。

③ 日志备份：事务日志是自上次备份事务日志后对数据库执行的所有事务的记录。一般情况下，事务日志备份比数据库备份使用的资源少，因此可以经常创建事务日志备份以减少丢失数据的危险。

第 3 章

（1）会计科目是填制会计凭证、登记会计账簿、编制会计报表的基础。

（2）用户可以给明细的科目指定一个对应的受控系统。在用户录入应收应付系统中的收付款等单据时，系统将只允许使用那些被指定为受控于应收应付系统的科目。

（3）核算项目的特点如下：

① 具有相同的操作，如新增、修改、删除、禁用、条形码管理、保存附件和审核等，并可

以在单据中通过按"F7"功能键进行调用；

② 核算项目是构成单据的必要信息，如录入单据时需要录入客户、供应商、商品、部门和职员等信息；

③ 本身可以包含多个数据，并且这些数据需要以层级关系保存和显示。

第 4 章

（3）由于发票涉及财务核算，所以应收款管理系统需要启用后方能生成发票并保存。设置方法：在主控制台窗口，选择"系统设置"→"系统设置"→"销售管理"→"系统设置"，系统弹出"系统参数维护"窗口，将"供应链整体选项"下的"若应收应付系统未结束初始化，则业务系统发票不允许保存"的"√"（选中）去掉即可。

第 5 章

（2）工厂日历是指在自然月份的基础上，设置什么时候上班、什么时候休息，以便计划部在做计划时将休息日因素考虑在计划日期中，这是物料需求计划系统展开 MRP 计算的基础资料。

（3）物料关系、数量关系、时间关系。

第 6 章

（2）产品预测单是指企业为了满足市场和销售需要，根据公司以往的历史数据，如产品市场情况、以往年度或月份的产品销售情况，预测在未来一段时间内需要什么产品、需要多少数量，以便公司安排生产什么产品、生产多少数量、什么时候生产完工的预测单据。产品预测单的作用是指导生产部门进行生产准备、生产，采购部门进行采购准备。

（3）详见 6.3.1 小节。

（4）MRP 计算后可以得到：

① 需要什么物料；

② 需要多少数量；

③ 什么时间采购或开工；

④ 什么时间到货或完工。

第 7 章

（3）价格管理中设置。

第 8 章

（3）确认：表示该生产任务同意生产，类似"审核"概念，确认状态下的生产任务会按照BOM用量自动生成"投料单"，在"投料单-维护"窗口可以进行投料单的修改和审核等操作。

（4）下达：表示该任务单同意生产并投放到车间进行实际生产，下达后的任务单可以参照生成"生产领料"和"产成品入库"。若系统设置参数选中"下达生产任务单时自动审核投料单",则"投料单"同步审核。

第9章

（3）调拨单用于处理由于仓库变化，而不产生任何费用的物料转移存储位置的业务，如外购来料经质检不合格，需要调拨到待处理仓库进行再次核定再做处理，或零售公司从集团仓库将货物调拨到分公司的仓库的物料转移业务处理。调拨单可以参照委外加工生产任务单和外购入库单等单据生成，若无源单引用时，可以直接手工录入。

（4）盘点流程。

① 首先新增1个盘点方案，确定盘点范围（要进行盘点的仓库和盘点截止日期），进行盘点账存数据备份。

② 输出盘点表。可以将盘点表打印，以备在实物盘点时书写正确的实存数；或者引出盘点数据（引出功能在"物料盘点报告单"中的"文件"菜单），提供仓管人员进行盘点。

③ 实物盘点结束，录入盘点数据，或者把 Excel 格式的盘点结果数据引入。

④ 编制盘点报告单，系统进行账存数据与实存数据差异比较，再生成盘盈单、盘亏单。

第10章

（1）新增单据时，在单据序时簿或单据新增界面即时生成凭证；采用凭证模板，凭证处理时直接根据模板生成凭证；采用凭证处理时以随机定义凭证科目的方式生成凭证。

（2）只有未审核的合同才能修改，已审核的合同只有在取消审核后方能修改。

（3）核销类型有7种：到款结算、预收款冲应收款、应收款冲应付款、应收款转销、预收款转销、预收款冲预付款和收款冲付款。核销方式有3种：单据、存货数量和应收单号。

（4）凭证过账是在总账系统中处理的。

（5）一定要有该客户的收款单，只有已审核但未生成凭证的收款单才可以参与坏账收回处理。

第11章

（3）不能。

（4）选择"供应链"→"存货核算"→"凭证管理"→"生成凭证"，系统进入"生成凭证"窗口。

第12章

（1）当期已进行变动的资产不能清理。

（2）在"卡片管理"窗口中选中清理记录，单击工具栏上的"清理"按钮，系统弹出提示窗口。单击"是"按钮，系统弹出"固定资产清理—编辑"窗口，在窗口中可以修改清理内容，单击"删除"按钮，可以取消该固定资产的清理工作。

（3）在账套中未设置折旧方法为"工作量法"的固定资产，可以不使用。

第 13 章

（1）每次进入工资管理系统时都要求选择类别。在不同工资类别切换时使用。
（2）3 种：从其他工资类别中导入部门信息；从总账系统中导入部门信息；从某一个类别下导入部门信息。
（3）所有工资数据要审核通过。

第 14 章

（1）审核人不能与制单人相同。
（2）修改、删除功能是灰色，表示该凭证已审核或已过账，必须先反过账、反审核后才能进行修改、删除。
（3）两种，一种是普通打印，另一种是套打打印，使用套打时建议购买金蝶公司的专用套打纸。
（4）以"综合本位币"进行查询。
（5）要应用这些功能的前提是科目的属性必须设置"往来业务核算"。
（6）有两种处理方法，一种是直接录入，即查看相关科目下的余额，用凭证录入功能将余额转出；另一种是自动转账功能，定义好转账公式，在期末只要选中要转账的项目，生成凭证即可，这样既简单又能提高效率。
（7）本期所有凭证已经过账，与固定资产管理、应收款管理和应付款管理等系统联接使用时，固定资产管理、应收款管理和应付款管理等系统一定要先结账。

第 15 章

（1）3 种。第 1 种是"总账数据"下的"复核记账"；第 2 种是单击工具栏上的"引入"按钮，从总账系统引入现金日记账，该方式与"总账数据"下的"引入日记账"相同；第 3 种是单击工具栏上的"新增"按钮。
（2）两种，一种是多行输入，另一种是单张输入。控制点在"编辑"→"多行输入"中。
（3）在"现金收付流水账"中可以生成凭证。
（4）两种，一种是根据银行对账单的打印文本手工录入，另一种是从银行取得对账单数据文件（要求必须转化成文本文件，即扩展名为 TXT 的文件），直接引入对账单。
（5）两种。自动对账和手工对账。
（6）在"票据"下的"支票管理"中处理。

第 16 章

（1）建议自定义报表在"显示公式"状态下编辑。